Thomas Beschorner, Reinhard Pfriem (Hrsg.)

Evolutorische Ökonomik und Theorie der Unternehmung

# Theorie der Unternehmung

Band 9

# Evolutorische Ökonomik und Theorie der Unternehmung

Herausgegeben von

Thomas Beschorner und Reinhard Pfriem

Metropolis-Verlag
Marburg 2000

Foto auf dem Umschlag: Paul Klee: Die Zwitscher-Maschine". 1922.
AKG Berlin.
Copyright: VG Bild Kunst Bonn, 2000

**Die Deutsche Bibliothek — CIP-Einheitsaufnahme**

Ein Titeldatensatz für diese Publikation ist bei Der Deutschen Bibliothek erhältlich.

Metropolis-Verlag für Ökonomie, Gesellschaft und Politik GmbH
Bahnhofstr. 16a, D-35037 Marburg
http://www.metropolis-verlag.de
Copyright: Metropolis-Verlag, Marburg 2000
Alle Rechte vorbehalten
Druck: Rosch-Buch, Scheßlitz

ISBN 3-89518-311-3

# Inhalt

*Reinhard Pfriem und Thomas Beschorner*
Einführung ................................................................. 7

*Teil I*
*Handlungstheoretische Grundlagen*

*Josef Wieland und Markus Becker*
Methodologische Grundlagen der Neuen Organisationsökonomik ........ 25

*Frank Beckenbach*
Beschränkte Handlungsrationalität und Theorie der
Unternehmung ............................................................. 51

*Peter Walgenbach*
Kognitive Skripten und die Theorie der Strukturation ..................... 93

*Andreas Aulinger*
Vertrauen, Institutionen und Wandel ..................................... 123

*Teil II*
*Unternehmens- und organisationstheoretische Konzepte*

*Klaus Rathe und Ulrich Witt*
Evolutionäre Ansätze in der Theorie der Unternehmung .................. 153

*Sybille Sachs*
Die Anforderungen der Populationsökologie an die
„Theory of the Firm" ..................................................... 169

*Margit Osterloh und Jetta Frost*
Koordination, Motivation und Wissensmanagement
in der Theorie der Unternehmung ......................................................... 193

*Dirk Fischer und Alexander T. Nicolai*
Schumpeter, Strategie und evolutorische Ökonomik .......................... 219

*Birger P. Priddat*
Dissipationsökonomie „in between virtual and
learning organizations" ........................................................................ 257


*Teil III*
*Unternehmensethische und sozialökologische Öffnungen*
*für die Theorie der Unternehmung*


*Thomas Beschorner*
Evolutorische Ökonomik, verstehende Soziologie
und Wirtschaftsethik ............................................................................ 279

*Marco Lehmann-Waffenschmidt und Markus Reichel*
Kontingenz, Pfadabhängigkeit und Lock-In als
handlungsbeeinflussende Faktoren der Unternehmenspolitik .............. 337

*Helge Majer*
Das nachhaltige Unternehmen – Versuch einer
Begriffsbestimmung ............................................................................. 377

*Uwe Schneidewind und Marc Hübscher*
Nachhaltigkeit und Entrepreneurship in der New Economy ................ 419

*Reinhard Pfriem*
Jenseits von Böse und Gut .................................................................... 437

Autorenverzeichnis ............................................................................... 477

# Einführung

## Warum ist die Evolutorische Ökonomik eine ernstzunehmende Kandidatin für eine Theorie der Unternehmung?

*Reinhard Pfriem und Thomas Beschorner*

Dieses Buch möchte Anstoß sein zu einer längst überfälligen Diskussion. Mehr als ein Jahrzehnt ist es inzwischen her, dass einer der Mitautoren dieses Bandes, Ulrich Witt, im Verein für Socialpolitik, d.h. der volkswirtschaftlichen Standesvereinigung, den Anstoß zur Gründung eines Ausschusses für Evolutorische Ökonomik gab. In diesem Ausschuss sind Vertreter der Betriebswirtschaftslehre bis heute fast nicht präsent, und in der eigenen Standesorganisation, dem Verband der Hochschullehrer für Betriebswirtschaftslehre, gibt es bislang keine sich mit der Evolutorischen Ökonomik beschäftigende Kommission.

Dieser scheinbar organisatorische Befund ist für uns als Herausgeber Ausdruck eines relevanten theoretischen Defizits in der akademischen Betriebswirtschaftslehre. Denn sowohl massive praktische wie auch theoretische Gründe sprechen dafür, sich der Arbeit an einer evolutorischen Theorie der Unternehmung zuzuwenden. Die Wirtschaft durchläuft infolge des breiten Einsatzes der Informations- und Kommunikationstechnologien, im Rahmen der unter dem Begriff „Globalisierung" gefassten Prozesse sowie auch bedingt durch einschneidende Veränderungen in Arbeits- und Lebenswelt der Menschen derzeit einen Strukturwandel, der an Ausmaß und Tiefe seinesgleichen sucht. Und eine gefestigte unternehmenstheoretische Selbstverortung kann die Betriebswirtschaftslehre weniger denn je von sich behaupten: gemessen an der Gutenberg-Ära und der theoretischen Konsistenz der damit verbundenen Konzeption scheint das Fach seither nicht nur einen Prozess der Pluralisierung, sondern auch einen der Enttheoretisierung durchgemacht zu haben.[1] Für die ökonomisch-theoretische Fundierung scheint nach Auffassung allzu vieler betriebswirtschaftlicher Fachvertreter immer noch die Volkswirtschaftslehre zuständig zu sein[2], und dies hat in der Regel das Andocken an den dort gepflegten neoklassischen Mainstream zur Folge.

Was das eigene Suchen nach Theorieanschlüssen betrifft, scheint sich ein nicht unerheblicher Teil der akademischen Betriebswirte immer noch dagegen zu wehren, das eigene Fach vor allem sozialwissenschaftlich zu definieren. Vor allem überall dort, wo in der (volkswirtschaftlichen) Neoklassik der quasi natürliche Partner für das eigene Tun gesehen wird, besteht eine Abwehrhaltung gegen

> „Beimengungen, das heißt von Ideen, Begriffen und Hypothesen, die aus anderen Sozialwissenschaften stammen. Man versucht also eine Abgrenzung und Einteilung der Wissenschaften beizubehalten, die historisch einmal eine gewisse Berechtigung gehabt haben mag, aber heutigen Problemsituationen in keiner Weise mehr gerecht wird. Die Autonomie des ökonomischen Denkens kann auf diese Weise ohne Zweifel gerettet werden, aber nur auf Kosten der Probleme."[3]

*Betriebswirtschaftslehre und Neue Institutionenökonomik*

Nun soll allerdings nicht geleugnet werden, dass eine Reihe von Betriebswirten inzwischen damit begonnen haben, neuere Entwicklungen der ökonomischen Theorie aufzunehmen und zu verarbeiten, die die Grundannahmen der Neoklassik modifizieren. Gemeint sind jene Vorschläge, die meist unter dem Begriff der Neuen Institutionenökonomik zusammengefasst werden, also vor allem der Transaktionskostenansatz, die property-rights-Konzeption und das principal-agent-Modell. Solche theoretischen Beschäftigungen nehmen in der Betriebswirtschaftslehre in

---

[1] Vgl. dazu Pfriem 1995, 123 ff.

[2] Vgl. dazu ausführlicher Pfriem in Weber 1997.

[3] Albert 1998, 237 f.

jüngster Zeit zu, nachdem ein gleichsam offizieller Anstoß in dieser Richtung über die Jahrestagung des Verbandes 1990 in Frankfurt zunächst ohne größere Folgen geblieben war.[4]

Ohne im Rahmen dieser kurzen Einführung auch nur grobe theoretische Begründungen liefern zu können, scheinen uns die Vorschläge der Neuen Institutionenökonomik von drei Merkmalen geprägt, die zu dem Befund einer Modifikation (als Modernisierung), nicht aber Überwindung der neoklassischen Ökonomie Anlass geben.

(i) Es wird nach wie vor von einer objektiv gegebenen ökonomischen Realität ausgegangen. Dass Unternehmen Sozialsysteme sind, die eigene Wirklichkeiten erzeugen, und die Umwelten von Unternehmen insofern nur als systemrelative Wirklichkeiten zugänglich sind[5], spielt in diesem ökonomischen Denken nach wie vor keine Rolle. Dies ist zum einen eine Frage der wissenschafts- und erkenntnistheoretischen Grundposition, die durch „realitätsnähere" Beschreibungen einerseits und worse-case-Szenarien (insbesondere die Opportunismus-Annahme bei Williamson) andererseits zunehmend unklarer erscheint und offenbart, dass die ökonomische Theorie in methodischer und methodologischer Hinsicht einen erheblichen Nachholbedarf hat. Zum anderen sind damit handfeste und systematische Konsequenzen für den beobachtenden Blick auf das System Wirtschaft (in) der Gesellschaft verbunden.

(ii) Damit wird – unternehmenstheoretisch betrachtet – das adaptionistische Verhaltensmodell fortgeführt. Unternehmen verhalten sich als Anpassungsoptimierer gegenüber Rahmenbedingungen und Restriktionen, denen gegenüber die Aufhellung der „black box" Unternehmen, d.h. die Analyse von deren internen und endogenen Entwicklungsmustern und -potentialen, völlig in den Hintergrund tritt: Es bleibt in der Neuen Institutionenökonomik gängige Praxis „to treat changes in the institutional environment as exogenous and examine how governance structures vary with parameter shifts thereof" – so Williamson zu seinem Pro-

---

[4] Publiziert ist diese Tagung in Ordelheide / Rudolph / Büsselmann 1991.
[5] Vgl. dazu ausführlicher die Einleitung von Hejl und Stahl in dem gerade (2000) erschienenen, von ihnen herausgegebenen Sammelband „Management und Wirklichkeit" sowie die Arbeit von Schumann (2000, bes. Kap. 4.2).

gramm[6]. Die für die Entwicklungsfähigkeit von Unternehmen so wesentlichen soft factors oder soft skills (Visionen, Ziele, Kommunikationsfähigkeit nach innen und außen etc.) bleiben für die meisten Autoren theoretisch uninteressant.[7]

(iii) Der Schein einer sauberen Abgrenzbarkeit ökonomischer Theorie (und der wirtschaftswissenschaftlichen Disziplin) bleibt weiter erhalten. Moderne Einsichten über Unternehmen als soziale Systeme werden damit nicht nur verfehlt, sondern bleiben auch ausgeschlossen. Demgegenüber vertreten wir die Auffassung, dass eine theoretisch angemessene und empirisch gehaltvolle Theorie der Unternehmung heutzutage nur zu gewinnen ist über bewusste Vielfalt von Beobachtung und Beschreibung. Mit dem Kunsthistoriker Werner Hofmann könnte man von „Polyfokalität" sprechen, die sich gegenüber einer monofokalen Sichtweise dadurch auszeichnet, dass sie von uns verlangt, „die Sichtweise zu wechseln und das Unvereinbare zu kombinieren".[8]

*Betriebswirtschaftslehre und Evolutorische Ökonomik*

Die Evolutorische Ökonomik ist für uns insbesondere deshalb eine ernstzunehmende Kandidatin für eine Theorie der Unternehmung, weil mit ihr ein Forschungsprogramm verbunden ist, das interessante Vorschläge zu Umstellungen der ökonomischen Theorie beinhaltet: Sie impliziert durch ihre kognitionstheoretische Orientierung konstruktivistische – nicht notwendigerweise radikal konstruktivistische – Elemente und stellt auch in methodologischer Hinsicht die Theorie um. Dadurch erscheint die wirtschaftliche und gesellschaftliche „Wirklichkeit" in einem neuen Licht, aus dem sich auch veränderte Gestaltungsempfehlungen ableiten lassen.

Ein aus unserer Sicht besonders wichtiger und längst überfälliger Vorschlag zur Weiterentwicklung der Ökonomik betrifft die konstruktive

---

[6] Williamson 1993, 58; zur Kritik an diesem Typus ökonomischer Analyse s.a. Pfriem 2000, Beschorner 2000.

[7] Eine Ausnahme stellt sicherlich Wieland (1996; 1999) dar. Vgl. auch den Beitrag in diesem Band.

[8] Hofmann 1998, 13

Auseinandersetzung mit neuen entscheidungs- oder handlungstheoretischen Überlegungen. Die Evolutorische Ökonomik bleibt zwar weiterhin dem methodischen Individualismus verhaftet, gleichwohl jedoch nicht in dessen spezieller Variante als Nutzenmaximierung, sondern indem Handlungsroutinen und das Wissen der Akteure in den Mittelpunkt gerückt werden. Mit Gewohnheiten und Routinen als zentraler Analyseeinheit beginnend, geht es ihr jedoch darüber hinaus und weiterhin um eine sozialwissenschaftliche Theorie, um die Beschreibung und Erklärung einer Rekursivität zwischen individuellem Handeln und sozialen Systemen. Individuen und Unternehmen werden in diesem Zusammenhang weder als atomistisch noch als ahistorische Akteure beschrieben, sondern sind durch Eingebundenheit in soziale Prozesse und in Geschichte modelliert.

Damit wird es letztlich auch möglich, die „black box" Unternehmung zu öffnen und das Verhältnis zwischen Individuum und Organisation sowie zwischen Organisation und Unternehmensumwelt zu erhellen. An hervorragender Stelle stehen dabei der Prozess respektive die Bedingungen des Wandels (der auch Nicht-Wandel impliziert).

Nur den wenigsten Evolutorischen Ökonominnen und Ökonomen kann man nach unserer Einschätzung den Vorwurf machen, hier würden biologische Kategorien auf soziale Prozesse und Strukturen blind übertragen – dass damit freilich wohl auch wenig gewonnen wäre, zeigt nicht zuletzt die Orientierung der orthodoxen ökonomischen Theorie am Paradigma der Newtonschen Physik. Wir erhielten nach Durchsicht der eingereichten Manuskripte eher den gegenteiligen Eindruck: Die Evolutorische Ökonomik scheint uns im hohen Maße an Überlegungen anderer Sozialwissenschaften anschlussfähig zu sein, sei es an die moderne Kognitionspsychologie, sei es an soziologische Überlegungen (z.B. Giddens), sei es an organisationstheoretische Ansätze (z.B. der Stanford School) oder sei es an die Neue Institutionenökonomik, um nur einige zu nennen. Die vielfältigen Anknüpfungspunkte und der damit ermöglichte Dialog zwischen Evolutorikern und Vertretern anderer Provienzen bestärken uns in der Vermutung, dass es sich bei der Evolutorischen Ökonomik um eine fruchtbares Forschungsfeld handelt.

Die Herausforderung, die mit Begriff und Programm der Evolutorischen Ökonomik für die Arbeit an einer Theorie der Unternehmung gestellt ist, scheint uns gerade für die betriebswirtschaftliche Disziplin und deren eigene Debatten in die richtige Richtung zu gehen. Wir sind sehr froh darüber, dass wir für dieses Buch, dem keine Tagung vorausging, von den angeschriebenen Autorinnen und Autoren trotz der bekannten Belastungsprobleme fast keine Absage bekommen haben. Und es dient vermutlich nicht nur der Verbreitung des Buches, sondern bestätigt den Eindruck der Richtigkeit dieser Richtung, dass vor Abgabe an den Verlag bekannt geworden ist, dass das Thema der Jahrestagung des Verbandes der Hochschullehrer für Betriebswirtschaftslehre 2001 in Freiburg heißen wird: „Die Evolution der Unternehmung im Wettbewerb".

Vor einem Überblick über die Beiträge des Buches möchten wir nicht vergessen, besonderen Dank zu sagen, selbstverständlich allen mit Texten Beteiligten, Andreas Aulinger, Dirk Fischer und Peter Walgenbach für ergiebige Textdiskussion im schönen Erfurt, ferner Heinke Röbken und zuletzt Stephan Schaa für die technische Unterstützung sowie – last but not least – dem Verleger Hubert Hoffmann für sein wie immer bewundernswertes Engagement.

*Überblick über den Sammelband*

Das Buch ist in drei Teile gegliedert. Teil I befasst sich mit den handlungs- und entscheidungstheoretischen Grundlagen der Evolutorischen Ökonomik, die gewissermaßen als Gegenmodell zu den neoklassischen Grundannahmen verstanden werden können. In Teil II stehen Beiträge zur evolutorischen Theorie speziell der Firma sowie organisationstheoretische Ansätze im Mittelpunkt der Betrachtung. Der abschließende Teil III versucht ausgewählte Aspekte der Evolutorischen Ökonomik auf mögliche unternehmensethische und sozialökologische Öffnungen für die Theorie der Unternehmung zu beziehen und prüft die Möglichkeiten und Grenzen dieser Zugänge für eine Theorie der Unternehmenspolitik.

Die gemeinsame Zielsetzung des Buches ist es, die geistige Herausforderung und – soweit vorhanden – das Programm der Evolutorischen Ökonomik für die Arbeit an einer theoretisch angemessenen und empirisch gehaltvollen Theorie der Unternehmung fruchtbar zu machen. Das schließt Schnittstellen wie Trennlinien gegenüber anderen Forschungsrichtungen als Grundvoraussetzung für weitere Untersuchungen ein. Deshalb hatten wir zu diesem Buchprojekt sowohl Wissenschaftlerinnen

Einführung 13

und Wissenschaftler eingeladen, die bereits jetzt zum engeren Kreis der Evolutorischen Ökonomik gezählt werden können, als auch solche, deren Überlegungen unseres Erachtens interessante Anknüpfungen an und Weiterentwicklungen für eine evolutorische Theorie der Unternehmung ermöglichen.

*Teil I: Handlungstheoretische Grundlagen*

*Josef Wieland* und *Markus Becker* erörtern in ihrem Beitrag Gemeinsamkeiten und Unterschiede zwischen Neuer Institutionenökonomik und Evolutorischer Ökonomik. Im Gegensatz zur Neoklassik akzeptieren beide Ansätze das Argument von Coase und betrachten die Wirkungsprinzipien in Organisationen als genuine Koordinationsmechanismen. Sie plädieren für eine Öffnung der „black box" und gehen von, der Realität angenäherten, „Analyseeinheiten" aus (zum einen Transaktionen, zum anderen Routinen), die – trotz unterschiedlicher Interpretation – keine vollständig rationalen Akteure unterstellen. Sodann werden einige Differenzen zwischen Institutionalismus und Evolutorik herausgearbeitet. Im Mittelpunkt stehen dabei zum einen Unternehmen als „Governancestrukturen" und zum anderen als „beschützte Nische" zur Generierung von Ressourcen, womit insbesondere auf das Lernen und die Dynamik von Organisationen abgestellt wird. Trotz gravierender Differenzen halten die Autoren eine gemeinsame theoretische Forschungsperspektive für möglich. Sie plädieren allerdings dafür, die beiden Theorien nicht ineinander zu überführen, sondern Komplementaritäten zu suchen. Einige Verbindungslinien zwischen Unternehmen als Kooperations- und als Ressourcenprojekt werden in diesem Sinne aufgezeigt.

*Frank Beckenbach* entwickelt über die Verbindung beschränkt rationaler Handlungen eine evolutorische Theorie der Unternehmung, die Firmen als Ressourcenbündel begreift. Mit Nelson und Winter wird davon ausgegangen, dass weder eine perfekte zentrale Steuerung möglich ist noch die ablaufenden Organisationsprozesse völlig transparent sind. Darüber hinausgehend wird der Versuch unternommen, die individuellen Rationalitätsbeschränkungen handlungstheoretisch zu begründen und darauf aufbauend die Dynamik dieser „genetischen Struktur" analytisch einzubeziehen. Es ergibt sich eine differenzierte Handlungstypologie, die den Typus der wahlorientierten Handlung bei beschränkter Rationalität, den regelorientierten sowie den qualifikationsorientierten Handlungstyp einschließt. Von daher wird das Unternehmen als ein kontextabhängiges Netzwerk informationsverarbeitender Wahl- und Regelprozeduren verstanden. Diese Prozeduren ermöglichen einen zieladäquaten Kompromiss zur Handlungskoordination. Im letzten Teil werden diese Überlegungen zu einem formalen Modell verdichtet.

Auch *Peter Walgenbach* fragt nach einer angemessenen handlungstheoretischen Grundlage, die das Handeln in Organisationen realistischer zu beschreiben vermag als dies von den konventionellen Ansätzen geleistet wird. Zur Beantwortung dieser Frage untersucht der Autor die Strukturationstheorie von Giddens und eine mögliche Verknüpfung mit dem Konzept der kognitiven Skripten. Giddens' Überlegungen können mit ihrer Betonung sozialer Praktiken als Alternative zu oder gar als Ausweg aus der Dichotomie subjektivistischer und objektivistischer Ansätze verstanden werden. Walgenbach konkretisiert die allgemeine Theorie von Giddens für organisationstheoretische Fragen, indem zentrale Elemente der Strukturationstheorie (Handlungsregeln, handlungspraktisches Wissen und Erinnerungsspuren) im Hinblick auf das Skriptkonzept erörtert werden. Dadurch ist es möglich, eine „Theorie mittlerer Reichweite" zu entwickeln, die verdeutlicht, welche Funktionen der Organisations- und Managementforschung durch realistischere Beschreibungen zukommen können.

*Andreas Aulinger* wirft in evolutionsökonomischer Perspektive die Frage auf, wie Vertrauen, Institutionen und Wandel verknüpft werden können. Argumentativer Ausgangspunkt ist die Bedeutung von Vertrauen für das Zustandekommen von Kooperationen, die ihrerseits in jüngster Zeit als eine mögliche Grundlage für die Entstehung von Neuem intensiv diskutiert werden. Sowohl in der Vertrauensforschung wie auch bei der Erforschung von Wandel nimmt der Begriff der Institutionen eine wichtige Rolle ein, so der Verfasser, und wird deswegen näher beleuchtet. Als Selbstbindungen begrenzen Institutionen die Menge der individuellen Wahlmöglichkeiten und tragen damit zur Reduktion von Unsicherheit bei. Ein wesentlicher Teil des Beitrags beschäftigt sich dann mit unterschiedlichen theoretischen Zugängen zum Phänomen des Vertrauens. Dabei werden eine ökonomische und eine soziologische Perspektive unterschieden. Ein zusammenführender Blick auf die verschiedenen Theorieangebote erlaubt es, die verschiedenen Aspekte von Vertrauen differenziert zu systematisieren: funktionale wie dysfunktionale, statische wie dynamische, lineare wie komplexe und personale wie institutionale Aspekte. In einer modelltheoretischen Vertiefung der Gleichzeitigkeit dieser Aspekte wird eine wichtige Herausforderung für künftige Forschungen gesehen.

*Teil II: Unternehmens- und organisationstheoretische Konzepte*

*Klaus Rathe* und *Ulrich Witt* diskutieren in einem Überblick unterschiedliche evolutionäre Ansätze in der Theorie der Unternehmung. Nach einer kurzen Darstellung über die Genese der Firmentheorie im Bereich der Evolutorischen Ökonomik stehen aktuelle Entwicklungen im Mittelpunkt der Betrachtung. Die Autoren fokussieren dabei im besonderen Maße Verhaltens- und Entscheidungsroutinen als wichtigste Umstellung gegenüber der neoklassischen Theorie. Sie unterscheiden die Behandlung der phylogenetischen und der ontogenetischen Entwicklung, wobei sie die Konzeptualisierung von Firmen in vielen phylogenetischen Modellen recht kritisch betrachten und der ontogenetischen Perspektive größere Chancen einräumen. Im Anschluss daran werden Lebenszyklus- und Lernmodelle analysiert, die in der Organisationstheorie schon länger eine wichtige Rolle spielen. Der besondere Reiz für die weiter auszuarbeitende evolutorische Theorie der Unternehmung liegt nach Ansicht der Verfasser darin, Erkenntnisse über das Zusammenwirken von Firmen- und Industrieentwicklung gewinnen zu können. Dabei kommt den unterschiedlich ausgeprägten Fähigkeiten der Firmen, Wissen zu generieren, also endogenen Faktoren, eine große Bedeutung zu. Es erscheint jedenfalls lohnend, im Sinne der Verknüpfung beider Ebenen weitere Integrationsanstrengungen zu unternehmen.

*Sybille Sachs* formuliert „Anforderungen der Populationsökologie an die ‚Theory of the Firm'". Als analytischer Rahmen dient ihr ein Mehrebenenmodell, indem sie – im Gegensatz zur konventionellen Populationsökologie – nicht nur die externe Ebene der organisationalen Evolution betrachtet, sondern diese um die intraorganisationale Ebene (besonders

Routinen), die Produkt-Markt-Ebene, die Ebene der Unternehmung als Ganzes sowie die Ebene der Allianzen ergänzt. Aus dieser Perspektive fordert sie von einer modernen Unternehmenstheorie, die verschiedenen Ebenen des Wandels interaktiv zu berücksichtigen. Weiterhin diskutiert sie zwei Erscheinungen heutiger Wettbewerbsrealität: Komplexität und Dynamik. Es wird diesbezüglich gezeigt, dass Variationen sowohl durch bewusste Handlungen als auch durch emergente, zufällige Einflüsse hervorgerufen werden können. Die Einführung der Komplexitätstheorie erlaubt es zudem, Handlung und Struktur rekursiv zu verbinden sowie im Anschluss an Maturana und Varela eine wichtige Unterscheidung zwischen biologischen Organismen und sozialen Systemen zu machen. Letztlich wird eine statische Sichtweise von Unternehmen aufgegeben, indem Handlungspfade und Veränderungsraten analytisch einbezogen werden.

*Margit Osterloh* und *Jetta Frost* erörtern Aspekte der Koordination, der Motivation und des Wissensmanagements in der Theorie der Firma, indem der resource-based-view of the firm zu einer wissens- und motivationsbasierten Unternehmenstheorie erweitert wird. Dazu werden zunächst die Grundlagen organisationsökonomischer Theorien der Unternehmung diskutiert. Besondere Aufmerksamkeit wird dabei den Motivations- und Anreizmechanismen gewidmet. Die nähere Betrachtung des Wissens- und Innovationspotentials der Mitarbeiterinnen und Mitarbeiter führt zur genaueren Erörterung des ressourcenorientierten Ansatzes. Dieser vernachlässigt nach Auffassung der beiden Autorinnen das Motivationsrepertoire fast vollständig, sodass er für die angestrebte theoretische Konzeption kein ausreichendes Fundament liefert. Über eine differenzierte Analyse zunächst von Wissen als heute wichtigster unternehmerischer Ressource, dann von extrinsischer und vor allem intrinsischer Motivation führt der Beitrag dann zu einer erweiterten Fassung des Steuerungsrepertoires, das den Unternehmen zur Verfügung steht. Als wesentliche Bestandteile des organisatorischen Steuerungsrepertoires werden das Koordinationsrepertoire, das Orientierungsrepertoire und das Motivationsrepertoire unterschieden.

*Dirk Fischer* und *Alexander T. Nicolai* zielen auf die bisherige Reichweite der Theorien strategischen Managements für eine evolutorische Theorie der Unternehmung. Zu Beginn stellen sie die nur scheinbar triviale Frage: wieso sind Unternehmen eigentlich unterschiedlich? Im Rahmen der Theorien zum strategischen Management wurde und wird dabei insbesondere die Frage nachhaltig supranormaler Gewinne verfolgt. Wie können diese theoretisch erklärt werden? Auch für Fischer und Nicolai liegt es nahe, den ressourcenorientierten Ansatz des strategischen Managements einer genaueren Betrachtung zu unterziehen. Die beiden wesentlichen Strömungen dieses Ansatzes, Structural School und Process School, werden vorgestellt und diskutiert. Bei der ersten Richtung wird ein Gestaltungsparadox, bei der zweiten Erklärung ohne Ende konstatiert. Das führt die beiden Verfasser zu grundlegenderer Skepsis hinsichtlich der Eignung der ökonomischen Theorie als Fundament der Strategischen Unternehmensführung. Die Schwierigkeiten der wissenschaftlichen Erklärung, wie denn das Neue in die Welt kommt, lassen sich anhand des schöpferisch zerstörenden Unternehmers in der Theorie Schumpeters weiter plausibilisieren. Das Fazit führt die beiden Verfasser dazu, dass der ressourcenorientierte Ansatz durchaus einige Erklärungskraft hat, wenn die Schwächen im Auge behalten werden.

*Birger P. Priddat* behandelt learning organizations und virtual organizations als zwei diametral entgegengesetzte Enden eines Organisationsspektrums, in dem die meisten Unternehmen Mischformen darstellen. Wesentlicher Ausgangsbefund ist die Entwicklung, dass nicht nur Unternehmen als neue Leistungseinheiten kleiner werden, sondern die Leistungseinheiten sich selber auf ihren Kompetenzkern verkleinern, um den Rest ihrer Arbeit an den Markt abzugeben. Das bedeutet einen Bruch mit der Tradition überkommener Unternehmensorganisationen, für die Arbeiter ähnliche Kooperationsmodi anzubieten, wie sie vorher die Zünfte für ihre Meister und Gesellen boten. Die damit gegebene längerfristige Zusammenarbeit lieferte ein entsprechendes Fundament für organisationale Lernprozesse. Die vom Verfasser so bezeichnete Dissipation lenkt die Richtung nun vom rheinischen zum amerikanischen Modell, auf die virtuelle Organisation hin. Wenn nun aber die aktuellen Wissensressourcen vor allem vom Markt her bezogen werden müssen, dann, so der Verfasser, bedarf es eines neuen Schnittstellenmanagements, das die Innen-/Außen-Beziehungen organisiert. Für die eher virtuellen Organisationen stellt sich die Frage nach den Bedingungen der Herstellung von Identitätsmustern. Externe Kommunikation gewinnt auf diese Weise schlagartig an Gewicht.

*Teil III: Unternehmensethische und sozialökologische Öffnungen
für die Theorie der Unternehmung*

**Thomas Beschorner** versucht in seinem Beitrag, Überlegungen aus der Evolutorischen Ökonomik für eine wirtschafts- und unternehmensethische Konzeption fruchtbar zu machen. Es wird an zentraler Stelle vorgeschlagen, Wirtschafts- und Unternehmensethik als Handlungstheorie zu betreiben, indem auf Theorieelemente der Evolutorischen Ökonomik und der verstehenden Soziologie zurückgegriffen wird. Die Verwendung von Idealtypen und einer subjektiv-verstehenden Methode ermöglicht es, einen handlungstheoretischen Ansatz zu entwickeln, der neben der Zweckrationalität noch weitere empirisch relevante Handlungstypen kennt: traditionales Handeln (Routinen und Gewohnheiten) und wertrationales Handeln. Darüber hinaus wird die „Einbettung" von Handlungen in Ordnungen und in die „Strukturen der Lebenswelt" dargelegt. Die entwickelte methodologische und methodische Umstellung führt zu weitreichenden Konsequenzen für eine Wirtschafts- und Unternehmensethik: Das Unternehmen beschreibt der Autor als ein „System von Gewohnheiten" und diskutiert seine wirtschaftliche und gesellschaftliche Stellung zwischen Legitimität und Wettbewerbsfähigkeit, ohne es moralisch unter- oder überfordern zu wollen. Die Herausforderung für eine praktisch wirksame Unternehmensethik wird letztlich u.a. in der Schaffung institutioneller Konfigurationen gesehen, die eine (auch ethische) Lern- respektive Reflexionsfähigkeit ermöglichen.

*Marco Lehmann-Waffenschmidt* und *Markus Reichel* versuchen, sich einem ganz besonders wichtigen Problemzusammenhang einer evolutorischen Theorie von Unternehmenspolitik zu nähern. Die Pfadabhängigkeit ist ein Phänomen, bei dem sich biologische und kulturelle Evolution in besonders interessanter Weise begegnen. Auch vergangene Entwicklungen sind ja, so schwer das auch fallen mag, als kontingent zu behandeln, das heißt: es hätte an verschiedenen Stellen auch einen anderen Verlauf nehmen können. Diese Gesichtspunkte sind gerade für die Betrachtung ökonomischer Prozesse von größtem Interesse. Lock-in bezeichnet die Verriegelung von alternativen Handlungsoptionen, sodass sich die Frage nach dem Lock-out stellt, d.h. die Frage nach der Möglichkeit, einer solchen Konstellation wieder entrinnen zu können. Mit Kontingenz, Lock-In, Lock-Out und Pfadabhängigkeit lassen sich jedenfalls, so die Verfasser, neue Einsichten für ein evolutorisches Analysekonzept von Unternehmenspolitik gewinnen. Dafür wird in dem Beitrag einerseits eine vorsichtige Formalisierung vorgenommen, zum anderen werden auch zwei Fallstudien vorgeführt, über die das Analysekonzept mit empirischem Bezug plausibilisiert werden kann. Gegenstand dieser Fallstudien sind die Entwicklung der Windenergie in Deutschland sowie die Ermittlung kosteneffizienter Umweltschutzmaßnahmen in einem polnischen Textilbetrieb.

*Helge Majer* versucht in seinem Beitrag eine Begriffsbestimmung des nachhaltigen Unternehmens. Theoretisch interessant scheint dafür zunächst die Ökologische Ökonomik als Versuch, auf dem Feld der Volkswirtschaftslehre zu einer neuen paradigmatischen Orientierung zu gelangen. Diese Frage wird auch für die Betriebswirtschaftslehre gestellt. Danach geht es vor allem um zwei Problemkreise: Durch welche Kriterien kann ein nachhaltiges Unternehmen gekennzeichnet werden? Und: welche gesellschaftlichen Bedingungen müssen vorliegen, damit sich ein Unternehmen dem Nachhaltigkeitsziel nähern kann? Der Beitrag konzentriert sich vor allem auf die erste Frage. Dazu werden globale, regionale und sektorale Nachhaltigkeit unterschieden und auf dieser Grundlage Nachhaltigkeit als ganzheitliche Konzeption näher beleuchtet. Wichtig ist dem Verfasser dabei, zwischen Dimensionen, Handlungsebenen und Akteuren zu differenzieren. Der nicht unumstrittene Begriff der Ganzheitlichkeit wird von ihm näher ausgeleuchtet, als Ganzheitlichkeit bei Innovationen, in der Zeit und im Raum. Auf dem damit geschaffenen Fundament werden einige Managementregeln für die Nachhaltigkeit entworfen, die danach in theoretisch-systematische Überlegungen und empirische Aspekte eingebunden werden. Die Gegenüberstellung von sustainable und neoclassical firm schließt den Beitrag ab.

*Uwe Schneidewind* und *Marc Hübscher* setzen sich mit dem brandaktuellen Thema der New Economy unter Gesichtspunkten der Nachhaltigkeit auseinander. Die Hinführung zu diesem Gegenstand erfolgt über das evolutorische Zusammenspiel von Entrepreneurship und unternehmerischer Strukturpolitik. Entrepreneurship wird von ihnen unter dem Gesichtspunkt betrachtet, wie Handlungsvariationen von Unternehmen in die Welt kommen. In der Analyse der Sache selbst ergeben sich zunächst einmal unter Nachhaltigkeitsgesichtspunkten viele Risiken oder sogar direkt negative Entwicklungen infolge der Ausbreitung der New Economy.

Dabei werden vor allem drei Formen der Entkopplung konstatiert, eine quantitative, eine zeitliche und eine institutionelle Entkopplung. Vor diesem Hintergrund stellen die Autoren die Frage, wie weit es über Entrepreneurship gelingen kann, zu neuen Steuergleichgewichten in der New Economy zu kommen. Die dementsprechenden Gestaltungsherausforderungen führen zur Rolle des Sustainopreneurs als Schlüsselfigur einer nachhaltigen New Economy. Das Risiko im Blick habend, damit einen Über-Akteur zu zeichnen, setzen sich die Autoren im weiteren mit dessen Handlungsbedingungen und -möglichkeiten auseinander.

*Reinhard Pfriem* macht in seinem Beitrag zum begründeten Ausgangspunkt, dass die Option auf eine evolutorische Theorie der Unternehmung die Verknüpfung unterschiedlicher Theorietypen erfordert. Im Anschluß daran wird herausgearbeitet, inwiefern die dominante Prägung der ersten 150 Jahre kapitalistischer Marktwirtschaft durch die Gestalt der industriellen Fabrik bezüglich des Wirtschaftens allgemein zu gesellschaftlichen Konstruktionsleistungen führte, die spezifische Organisationsmuster für die Beziehung zwischen Wirtschaft und Gesellschaft hervorbrachten. Diese Organisationsmuster werden mit den Begriffen externes und internes Zweiweltenmodell näher beschrieben. Die wichtigste Argumentation des Textes wird im Anschluß daran zur kulturellen Aufgeladenheit und Geprägtheit von Ökonomie als gesellschaftlicher Veranstaltung entfaltet. Diese Prägung kommt nicht nur in einem stark expandierenden freizeit- und erlebnisökonomischen Sektor zum Ausdruck, sondern vor allem im nur kulturell zu begreifenden Charakter ökonomischer Entscheidungen auf Anbieter- wie Nachfragerseite im heutigen Wirtschaftsleben insgesamt. Daraus läßt sich ein neuer Blick auf das Unternehmerische am Unternehmertum gewinnen, Schumpeter muß sowohl theoretisch reaktiviert als auch modifiziert werden. Der Text schließt mit Überlegungen dazu, daß das Programm der Evolutorischen Ökonomik deshalb insbesondere kulturwissenschaftlich verstanden werden sollte.

*Literatur*

Albert, Hans (1998): Marktsoziologie und Entscheidungslogik: zur Kritik der reinen Ökonomik, Tübingen.

Beschorner, Thomas (2000): Wertorientierte Unternehmensführung einmal anders... – Überlegungen zu einer Wirtschaftsethik nach Max Weber, in: Die Unternehmung, 54/3, im Erscheinen.

Hejl, Peter M. / Stahl, Heinz K. (2000): Management und Wirklichkeit. Das Konstruieren von Unternehmen, Märkten und Zukünften, Heidelberg

Hofmann, Werner (1998): Die Moderne im Rückspiegel. Hauptwege der Kunstgeschichte, München.

Ordelheide., Dieter/Rudolph, Bernd/Büsselmann, Elke (Hg.) (1991): Betriebswirtschaftslehre und ökonomische Theorie, Stuttgart.

Pfriem, Reinhard (1995): Unternehmenspolitik in sozialökologischen Perspektiven, Marburg.

Pfriem, Reinhard (1997): Umweltmanagement und Theorie der Unternehmung, in (Hg.): Weber, Jürgen: Umweltmanagement. Aspekte einer umweltbezogenen Unternehmensführung, Stuttgart 1997.

Pfriem, Reinhard (2000): Jenseits des Sachzwangs. Unternehmenspolitische Konstruktionen für das 21.Jahrhundert, in (Hg.): Hejl, P. M./Stahl, H. K. (2000), Heidelberg.

Schumann, Olaf (2000): Wirtschaftsethik und Radikaler Konstruktivismus, München, Mering.

Wieland, Josef (1996): Ökonomische Organisation, Allokation und Status, Tübingen.

Wieland, Josef (1999): Die Ethik der Governance, Marburg.

Williamson, Oliver E. (1993): The Evolving Science of Organization, in: Journal of Institutional and Theoretical Economics (JITE), 149/1, 36-63.

# TEIL I

# Handlungstheoretische Grundlagen

# Methodologische Grundlagen der Neuen Organisationsökonomik

Berührungspunkte und Differenzen zwischen Neuer Institutionenökonomie und Evolutorischer Ökonomie

*Josef Wieland und Markus Becker*

*1. Was ist die Neue Organisationsökonomik?*

Die Neue Organisationsökonomik (New Economics of Organization) ist aus dem Bemühen hervorgegangen, das von Coase herausgearbeitete Argument ernst zu nehmen, dass Organisation (mit Autorität als Organisationsprinzip) eine alternative Form zu Markt (mit dem Preismechanismus als Organisationsprinzip) für die Abwicklung wirtschaftlicher Transaktionen ist.[1] Im Mittelpunkt der Neuen Organisationsökonomik steht daher nicht der Markt, sondern die Organisation als zentrale Kooperations- und Allokationsform der Wirtschaft.[2] Demnach stellt sie einen Versuch dar, auch die Organisationsform des Unternehmens in das ökonomische Theoriegebäude einzubeziehen, die von der neoklassischen Standardtheorie ignoriert wurde.[3] Präziser ausgedrückt, wurde das Unternehmen entweder nur als Produktionsfunktion oder als Marktsurrogat bzw. Quasi-Markt konzipiert. Daher stellte die Organisationsform „Unternehmung" keinen

---

[1] Vgl. Coase 1937.
[2] Vgl. Wieland 1996, 95ff.
[3] Vgl. Coase 1937, 1972.

eigenständigen und zum Markt alternativen ökonomischen Mechanismus dar.

Die zentralen Themen einer Ökonomik der Organisation in der Tradition von Coase sind nicht Preise und Leistung, sondern a) die Anpassungsfähigkeit von Governancestrukturen zur Führung, Steuerung und Kontrolle der Kooperation von Ressourcenbesitzern, b) das Verhältnis von Beschränkung und Erweiterung der individuellen Ressourcen, Fähigkeiten und Kompetenzen durch Kooperation und Organisation und c) die kostenoptimale Abwicklung von Transaktionen innerhalb und zwischen diesen Kooperationsprojekten.[4]

## 2. Neue Organisationsökonomik aus der Perspektive der Neuen Institutionenökonomik

Die Beschäftigung mit Themen der Organisationsform innerhalb der Neuen Institutionenökonomik ist weitgehend durch die Brille der Transaktionskostenökonomik erfolgt.[5] Wenn wir daher in der Folge abkürzend von der Neuen Institutionenökonomik sprechen, dann ist damit immer die transaktionskostenökonomische Variante gemeint. Deren analytische Perspektive baut in Anlehnung an Commons auf der Transaktion als Analyseeinheit auf. Von Commons stammt auch die konzeptionelle Trennung zwischen physischen Gegenständen und den Eigentums- und Verfügungsrechten daran (property rights), auf die sich die Transaktionskostentheorie als Vertragstheorie letztlich konzentriert.[6]

In der Einsicht, dass die Frage, ob es zu einer Transaktion kommt, nicht nur von den Marktsignalen, sondern ebenfalls von den institutionellen und organisatorischen Bedingungen ihrer Durchführung abhängt, gilt das zentrale Interesse der Neuen Institutionenökonomik der Gestaltung von Governancestrukturen zur reibungslosen Abwicklung von Transaktionen.[7] Folglich werden Organisationen in dieser Perspektive als

---

[4] Vgl. Wieland 1999, 45ff.
[5] Vgl. Langlois/Robertson 1995, 1.
[6] Vgl. Commons 1934.
[7] Vgl. Wieland 1999, 30.

Hierarchien zur Abwicklung von Transaktionen gesehen, die auf Autorität als Organisationsprinzip beruhen. Autorität – genau dies war Coases Argument – stellt ein alternatives Organisationsprinzip neben dem Preismechanismus dar. Die Unternehmung ist daher eine alternative Organisationsform neben dem Markt, eben Hierarchie. Transaktionskosten stellen das Entscheidungskriterium zwischen diesen beiden Modi des Organisierens dar.[8]

Das theoretische Instrumentarium, das der Neuen Institutionenökonomik zur Verfügung steht, ist von Williamson zu einem sehr aussagekräftigen Analyseinstrumentarium ausgebaut worden.[9] Der hohe Grad der Detailliertheit sowie die Zahl der empirischen Arbeiten, die dieses Instrumentarium angewendet, getestet und verfeinert haben, sind die hervorstechendsten Argumente für die Attraktivität der Neuen Institutionenökonomik.

Kern des analytischen Instrumentariums sind die von Williamson herausgearbeiteten Merkmale von Transaktionen, die über die Zuordnung der optimalen Governance-Struktur zu einer Transaktion entscheiden. Diese sind Spezifität, Häufigkeit und Unsicherheit von Transaktionen.[10] Williamson hat nicht nur herausgearbeitet, dass bei jeweils hoher Ausprägung dieser Merkmale die Unternehmung anstelle des Marktes die Organisationsform der Wahl sein sollte, sondern hat auch dazu beigetragen, den unterschiedlichen Charakter der beiden Organisationsformen weiter zu erhellen: der Übergang vom Markt in die Hierarchie stellt eine fundamentale Transformation dar, bei der die Identität der handelnden Personen zu zählen beginnt. Damit kommen in der Organisation Vertrauen und andere atmosphärische Parameter ins Spiel und erhalten ökonomische Relevanz.[11]

Das Interesse der transaktionsökonomischen Institutionenökonomik an einer Neuen Organisationsökonomik speist sich im wesentlichen aus der Perspektive, die Williamson häufiger als „incomplete contracting in its entirety" definiert. Kombiniert mit empirischen und stark mikropolitischen Ansprüchen der Transaktionskostentheorie, werden organisatori-

---

[8] Vgl. Coase 1937.
[9] Vgl. Williamson 1975, 1985.
[10] Vgl. Williamson 1985.
[11] Vgl. Williamson 1985.

sche, psychologische oder moralische Parameter zu Elementen von Governancestrukturen, die über deren Adaptivität bestimmen. Das Problem der Adaptivität aber ist der methodologische Focus der Transaktionskostentheorie. Theoretisch formuliert kann man sagen, dass Vertrag und Organisation, deren Interaktion und wechselseitiger Ausschluss grundlegende Bezugspunkte der transaktionsökonomischen Institutionenökonomik sind, deren Interesse an einer Neuen Organisationsökonomik erklären.[12] Man muss allerdings hinzufügen, dass diese Perspektive eher projektiert als schon durchgeführt ist.

## 3. Die Neue Organisationsökonomik aus der Perspektive der Evolutionsökonomik

Hauptanliegen der Evolutionsökonomik ist es, die Entwicklung von Entitäten über die Zeit zu erklären.[13] Insbesondere steht dabei die Erklärung von Wandel (z.B. technologischem Wandel, Wandel von Institutionen, Wandel der Organisationsstruktur von Unternehmen etc.) im Vordergrund. Den zentralen Platz in den theoretischen Bemühungen der Evolutionsökonomik nimmt die Erklärung des Wandels von Prozessen ein, d.h. von Wandel in der Art und Weise, Aufgaben zu erledigen.[14] Seit Veblen, der als die Gründerfigur der Evolutionsökonomik angesehen werden kann[15], wird dabei eine sequentielle, kontinuierliche Erklärung angestrebt, eine „genetische Erklärung eines sich entfaltenden Prozesses".[16]

Die Erklärung von Wandel beinhaltet jedoch nicht nur die Erklärung von Veränderung. Im evolutionsökonomischen Paradigma beinhaltet sie auch die Erklärung von Persistenz und Konsistenz bzw. die Berücksichtigung von sowohl Wandel als auch Kontinuität bzw. Persistenz.[17]

---

[12] Vgl. Williamson 1990b.

[13] Siehe hierzu Nelson 1995, 56; Winter 1991, 187.

[14] The central task of evolutionary economics is to understand the changing prevalence of various ways of doing things (Winter 1986, 165).

[15] Siehe z.B. Veblen 1898, 1899.

[16] Rutherford 1994, 10.

[17] Vgl. Winter 1975, 101; Winter 1986, 166; Nelson 1995, 56; Hodgson 1998a, 174f.

Bei der Konzeption von Wandel wird es von vielen Autoren als ein unverzichtbares Merkmal evolutionärer Ansätze angesehen, das Phänomen der Novität („novelty") sowie ihre Emergenz und Verbreitung ernst zu nehmen.[18] Dabei geht es um die Annahme, dass „evolutionäre" ökonomische Prozesse „mit Novität und Kreativität zu tun haben, und daher Variationen in Institutionen, Regeln, Gütern und Technologien generieren und erhalten".[19]

Innerhalb des evolutionsökonomischen Paradigmas können verschiedene Schulen unterschieden werden. Hodgson geht dabei anhand von drei Kriterien vor. Das erste Kriterium besteht darin, ob Novität und Kreativität ein zentraler Stellenwert zuteil wird. Zweitens, ob Erklärungen reduktionistisch oder nicht-reduktionistisch vorgehen. „Reduktionistisch" bedeutet dabei, dass komplexe Phänomene durch eine einzige Erklärungseinheit oder -ebene erklärt werden können müssen. Das dritte Kriterium besteht darin, ob biologische Metaphern verwendet werden oder nicht.[20]

Wie auch im umfassenderen Fall der Evolutionsökonomie generell, ist das zentrale Anliegen ihrer Theorie der Firma die Beschreibung und Untersuchung der in der Firma ablaufenden (und sie kennzeichnenden) Prozesse.[21] Dabei geht es um die Erklärung von Wandel sowie gleichzeitig der zu beobachtenden Persistenz von Prozessen.

Organisationen werden dabei als „Bündel routinisierter Kompetenz"[22] angesehen, eine Perspektive, die mit der stärkeren Betonung von Produktionsaspekten in der evolutionsökonomischen Theorie der Firma zusammenhängt. Darauf werden wir noch zurückkommen.

Auf der Suche nach einer geeigneten Analyseeinheit für die Erklärung der Veränderung und auch Persistenz von Prozessen sind die von Nelson

---

[18] Vgl. Witt 1993, 3.

[19] Hodgson 1999b, 131.

[20] Hodgson identifiziert die folgenden Autoren als die ersten beiden Kriterien erfüllend und daher den „harten Kern" der Evolutionsökonomen im engeren Sinne bildend (zu dem auch Hodgson selbst gerechnet werden muss): Boulding, Georgescu-Roegen, der späte Hayek, Hobson, Metcalfe, Mokyr, Nelson, Veblen, Winter, Commons, Dosi, Keynes (Hodgson 1999b, 135).

[21] Vgl. Winter 1986, 152.

[22] Winter 1990, 280.

und Winter vorgeschlagenen Routinen zu der bevorzugten Analyseeinheit geworden.[23] Obwohl die Definition von Routinen eine noch offene Forschungsfrage darstellt[24], kann als Arbeitsdefinition „wiederholt auftretende Handlungsmuster" genommen werden.

Im Gegensatz zum analytischen Instrumentarium der Transaktionskostenökonomik, das von Williamson in ein sehr fortgeschrittenes Stadium entwickelt wurde, sind Routinen als Analyseeinheit zum einen noch mit sehr vielen Unklarheiten behaftet. Zum anderen steht auch noch kein detailliert ausgearbeitetes analytisches Instrumentarium zur Analyse von Routinen zur Verfügung.

Ein Vorschlag für Dimensionen, in die Routinen heruntergebrochen werden können, ist beispielsweise deren Verfügbarkeit, Spezifität und Konkretheit.[25] Winter hat ebenfalls einen Fragenkatalog zur Ermittlung der Persistenz vorgeschlagen, der folgende Punkte abtestet: die Existenz Routinen-spezifischer Aspekte, den Grad an Konflikten unter Mitgliedern der Organisation, die in die Routine involviert sind, die Absenz von übergeordneten Adaptations-Routinen und von Adaptations-Kompetenz in der Organisation, die Existenz von kognitiven Strukturen die eng mit der Routine verbunden sind, sowie die Nicht-Verfügbarkeit von starken Alternativen zu den aktuellen Routinen.[26]

*4. Berührungspunkte von Neuer Institutionenökonomik und Evolutionsökonomik im Hinblick auf Neue Organisationsökonomik*

Obwohl es weitreichende Differenzen zwischen Neuer Institutionenökonomik und Evolutionsökonomik gibt, bestehen doch auch einige Berührungspunkte. Diese sind größtenteils auf eine gemeinsame „Geschichte"

---

[23] Vgl. Nelson/Winter 1982.
[24] Siehe zum Stand der Forschung über das Routinenkonzept Cohen et al. 1996 sowie Becker 1999.
[25] Vgl. Winter 1986, 180.
[26] Vgl. Winter 1986, 182.

und Motivation zur jeweiligen Theorieentwicklung zurückzuführen, insbesondere der Bezug auf das Coase'sche Argument.[27]

Als ein erster Berührungspunkt kann festgehalten werden, dass beide Ansätze das Coase'sche Argument akzeptieren: Die Unternehmung wird als alternative Organisationsform der Organisation ökonomischer Transaktionen gesehen. Beide Theorien bemängeln das Versagen der neoklassischen Standardökonomie, die ökonomische Organisationsformen des Unternehmens zu erklären.[28]

Zweitens teilen beide Ansätze die Kritik an der neoklassischen Standardökonomie, dass diese die Unternehmung als „black box" auffasst und ihre Wirkungsprinzipien nicht beschreiben kann. Beide Ansätze postulieren die Notwendigkeit einer Erklärung der Wirkungsprinzipien der Unternehmen. Wenn auch – wie schon angedeutet wurde und im folgenden im Detail ausgeführt werden wird – verschiedene Schlussfolgerungen daraus gezogen werden, so besteht doch in diesem Punkt zumindest Einigung.

Ein dritter Punkt der Übereinstimmung besteht zum einen darin, dass beide Ansätze der Standardökonomik einen Mangel an Realismus vorwerfen und zum anderen darin, dass sowohl in der Neuen Institutionenökonomik als auch der Evolutionsökonomik beobachtetes ökonomisches Verhalten, und nicht hypothetische Alternativen-Sets, im Mittelpunkt der Aufmerksamkeit stehen.[29]

Der Empirie-Bezug ist bei beiden Theorien gleichermaßen sehr stark ausgeprägt, wenn auch aus unterschiedlichen Gründen. Für Williamson spielt Operationalisierbarkeit eine entscheidende Rolle (vgl. etwa Williamson 1993). Evolutionsökonomische Theorien haben die Erklärung von Prozessen technologischen oder institutionellen Wandels zum Gegenstand. Sehr oft sind dabei empirisch beobachtete Muster oder Gesetzmäßigkeiten, etwa Entwicklungspfade von Technologien oder Industrien, Ausgangspunkt.[30]

---

[27] Vgl. Coase 1937.
[28] Vgl. zum folgenden Williamson 1990a, 202 ff.; Winter 1991, 182 ff.
[29] Winter 1991, 187.
[30] Siehe etwa die Arbeiten von Malerba, z.B. Malerba/Orsenigo 1996, Malerba/Nelson/Orsenigo/Winter 1999.

Eine vierte Gemeinsamkeit in Abgrenzung zur neoklassischen Standardökonomik besteht darin, dass beide Ansätze andere Analyseeinheiten verwenden als die standardökonomischen Ansätze, und dass diese Analyseeinheiten „feinere", mehr mikroanalytisch geprägtere und mikropolitisch interessierter als die der neoklassischen Standardökonomik sind. Während die neoklassische Firmentheorie die Firma selbst als Analyseeinheit nimmt[31], fokussiert die Neue Institutionenökonomik die Transaktion, die Evolutionsökonomik die Routine.

Fünftens verwerfen beide Ansätze die in der neoklassischen Standardökonomie getroffene Annahme vollkommener Rationalität (die dort mit unendlicher Geschwindigkeit der Informationsverarbeitung und freier Verfügbarkeit aller Informationen auf dem Markt einhergeht).

Die Transaktionskostenökonomik muss hier schon deswegen eine Alternativkonzeption entwerfen, weil diese Annahme im Verbund mit den anderen beiden Annahmen Transaktionskosten logisch ausschließt. Damit aber würde der Dreh- und Angelpunkt der Transaktionskostentheorie wegfallen, die ja gerade in diesen ihr Hauptkriterium für die Wahl zwischen den beiden alternativen Organisationsformen ökonomischer Aktivität sieht. In der Neuen Institutionenökonomik wird daher eine eingeschränkte Form von Rationalität vertreten: die „bounded rationality" Simons.[32]

In der Evolutionsökonomik ist die Motivation für die Arbeit mit einer eingeschränkten Form von Rationalität eine andere – wenn auch im Ergebnis oft die Simonsche „bounded rationality" herangezogen wird. Zum einen gibt es schlicht eine Verschiebung der Aufmerksamkeit auf beobachtete Prozesse und deren Charakterisierung, wobei die Frage, ob beobachtetes Verhalten der engen Form von Rationalität entspricht, in den Hintergrund gerät.[33] Zum zweiten sind – wie Teece und Winter argumentieren – die meisten Managementprobleme in der Realität dynamisch, komplex und oft sehr schwierig zu analysieren.[34] Die neoklassische Annahme transparenter rationaler Entscheidungen in einer Welt bekannter

---

[31] Vgl. Langlois/Robertson 1995, 8.
[32] Vgl. Williamson 1985.
[33] Vgl. Winter 1986, 152.
[34] Vgl. Teece/Winter 1984.

Wahrscheinlichkeiten wird daher als von wenig Nutzen angesehen.[35] Zum dritten würde die Annahme vollkommener Rationalität das Phänomen des Lernprozesses ausschließen, da Lernen bedeutet, dass gerade nicht alle Informationen schon bekannt sind.[36] Lernprozesse jedoch scheinen ein wichtiges ökonomisches Phänomen zu sein.

Beide Theorien arbeiten also mit dem Rationalitätsbegriff „bounded rationality", jeweils unter Berufung auf Simon. Dieser wird jedoch in unterschiedlicher Weise verwendet. Die Transaktionskostenökonomik interpretiert ihn primär in einem Kostenzusammenhang: durch die Begrenztheit kognitiver Ressourcen entsteht ein Knappheitsproblem, dem durch ein Kosten-Minimierungs-Kalkül begegnet wird. Für die Evolutionsökonomik ist dies eine verengte Interpretation Simon's.[37] Das Problem, das die Begrenztheit kognitiver Ressourcen herbeiführt, ist vielmehr das Versagen „rationaler" Problemlösungsstrategien (z.B. Such-Algorithmen) in Situationen von hoher Komplexität oder hohem Zeitdruck. „Bounded rationality" wird damit ein Element der Begründung der Relevanz „nicht-rationaler" Problemlösungsstrategien wie z.B. Heuristiken, Faustregeln oder Routinen.

Sechstens stimmen beide Ansätze dabei überein, dass sie einen wesentlich weiteren Begriff der Unsicherheit annehmen als dies die neoklassische Standardökonomie tut. In der neoklassischen Standardtheorie wird Unsicherheit als stochastische oder parametrische Unsicherheit konzipiert: die Wahrscheinlichkeitsverteilungen unsicherer Ereignisse sind bekannt und können durch Median- und Standardabweichungen charakterisiert werden – die Unsicherheit bezieht sich auf Parameter des Problems. Wie Knight herausgearbeitet hat, stellt diese Art von Unsicherheit eine enge Form von Unsicherheit dar, die auch als Risiko bezeichnet werden kann.[38] Dem gegenübergestellt gibt es jedoch auch weiter gefasste Formen von Unsicherheit, z.B. die Form der strukturellen Unsicherheit (Langlois), d.h. Unsicherheit über das fundamentale Wesen des Problems und die Art der möglichen Ergebnisse. Diese strukturelle Unsi-

---

[35] Vgl. Hodgson 1999b, 9.
[36] Vgl. Hodgson 1993a, 4.
[37] Vgl. Hodgson 1993b, S. 85.
[38] Vgl. Knight 1921.

cherheit wird von der neoklassischen Theorie nicht abgedeckt[39], jedoch von sowohl der Neuen Institutionsökonomie als auch der Evolutorischen Ökonomik.

Wie auch bei anderen Gemeinsamkeiten der beiden Theorien spielt auch die im Vergleich zur Standardökonomik weitere Auffassung von Unsicherheit in beiden Theorien eine jeweils unterschiedliche Rolle. Für die Transaktionskostenökonomik ist sie eine Bedingung dafür, dass überhaupt theoretisch interessante Probleme auftreten.[40] Für die Evolutionsökonomik dagegen führt ein umfassenderer Begriff von Unsicherheit zur Begründung für habituelle Verhaltensweisen (z.B. organisationaler Routinen). Diese spielen in dieser Perspektive eine entscheidende Rolle in der Verarbeitung von Unsicherheit.[41]

Siebtens weichen bezüglich des Zusammenhangs von „Rationalitätsbegriff – Unsicherheitsbegriff – Vollständigkeit" beide Ansätze gleichermaßen von der Position der neoklassischen Standardökonomik ab. Diese besteht bekanntlich darin, davon auszugehen, dass auf dem Markt ein Zustand vollständiger Information oder alternativ optimaler Suchkosten herrscht. Im Zusammenspiel mit den Rationalitäts- und Unsicherheitsannahmen der Neoklassik übersetzt sich dies dann in vollständige oder suchkostenoptimale Kenntnis der jeweiligen Marktlage von Seiten der Akteure. Unter anderem bedeutet dies auch, dass vollständige oder „optimale" Verträge geschlossen werden können, in denen sämtliche denkbaren oder relevanten Fälle ex ante geregelt sind. Transaktionskostentheorie und Evolutorische Ökonomik sind hier der gegenteiligen Auffassung. Bei beiden spielen Phänomene genuiner Unsicherheit, des Lernens und der Innovation, daher eine große Rolle.

So argumentiert etwa Wieland, dass gerade weil zukünftige Lernprozesse und gegenwärtige Ressourcenausstattungen eines Mitglieds eines Kooperationsprojekts von diesem nicht vollständig evaluiert und antizipiert werden können, unvollständige Verträge notwendig werden. Anders gesagt: die Unvollständigkeit von langfristigen Verträgen kann gerade wegen ihres Innovationspotentials gewollt sein, weil diese Potentiale überhaupt nur praktisch aktiviert und theoretisch rekonstruiert werden

---

[39] Vgl. Hodgson 1988, 204.

[40] Vgl. Williamson 1985.

[41] Siehe Heiner 1983; für einen empirischen Test Becker/Knudsen 2000.

können, wenn Unvollständigkeit und Unsicherheit in Vertragsbeziehungen zugelassen sind.[42] Unsicherheit ist daher nicht nur eine Quelle von Opportunismus, sondern vor allem von Wettbewerbsvorteilen.

Diese Einsicht in die Relevanz unvollständiger und unsicherer Verträge eröffnet interessante Andockungsmöglichkeiten im Rahmen der Theorie der Firma, auf die wir später zurückkommen werden.

Achtens gibt es sowohl in der Neuen Institutionsökonomie als auch der Evolutionsökonomie Übereinstimmung darüber, dass Nutzenmaximierung eine wenig fruchtbare Perspektive bei der Erklärung von Organisationsverhalten ist. Folglich stellt Nutzenmaximierung in beiden Theorien auch kein Ziel der Unternehmung dar.

Auch hier ziehen die beiden Theorien unterschiedliche Schlussfolgerungen aus dieser übereinstimmenden Annahme: die Transaktionskostenökonomik arbeitet mit Kostenminimierung statt Nutzenmaximierung als Ziel ökonomischer Akteure. Dies ist eine wesentlich besser zu operationalisierende Handlungsmaxime. Sie vermeidet damit nicht nur (schon lange diskutierte) Probleme, sondern ist auch konsistent in ihrer Ausrichtung auf Operationalisierbarkeit. Für die Autoren evolutionsökonomischer Ansätze hingegen stellt Kostenminimierung nur das Gegenstück zu Nutzenmaximierung dar. Dies jedoch stellt aus methodologischer Perspektive keine Alternative dar, sondern ist mit denselben Problemen behaftet wie Nutzenmaximierung.

---

[42] Vgl. Wieland 1999, 52f.

## 5. Differenzen zwischen Neuer Institutionenökonomik und Evolutionsökonomik im Hinblick auf die Neue Organisationsökonomik[43]

### 5.1 Differenz 1: Lernen

In einem bisher noch unveröffentlichten Aufsatz von 1998 gesteht Williamson ein, dass sein Ansatz Lernen vernachlässigt.[44] Wie von Denzau und North herausgearbeitet, ist diese Kritik berechtigt, da insbesondere die Emergenz und der Wandel von Firmen und Property-Right-Systemen ohne eine Theorie des Lernens schwer verständlich sind.[45]

Die Erklärung von Wandel und Entstehung u.a. von Firmen ist jedoch genau das Hauptanliegen der Evolutorischen Firmentheorie.[46] Dabei spielt Lernen eine wichtige, vielleicht sogar die wichtigste Rolle: Lernen ist dabei mehr als nur die Akquisition von Information, sondern wird aufgefasst als die Entwicklung neuer kognitiver Möglichkeiten.[47] Es wird aufgefasst als ein sozialer Prozess kognitiver Entwicklung, in dem kognitive Kategorien entstehen und adoptiert sowie möglicherweise geändert werden. Eine solche Auffassung von Lernen geht weit über das hinaus, was darunter im Informationsverarbeitungs-Paradigma sowie in der konventionellen Auffassung der beschränkten Rationalität verstanden wird.[48]

---

[43] Die folgenden Ausführungen konzentrieren sich weitgehend auf Unterschiede im *Theoriegehalt*. Eine umfassende Behandlung von Differenzen auf zugrundeliegender *methodologischer* Ebene würde die gründliche Aufarbeitung dieser Ebene erfordern und den Rahmen dieses Artikels sprengen. Aufgrund der Fundamentalität und der teilweisen großen Differenzen der zugrundeliegenden Methodologien ist eine eingehende Diskussion der Differenzen auf methodologischem Niveau sowie von deren Implikationen jedoch dringend nötig. Von einer solchen Diskussion sind bisher nur Ansätze erkennbar (siehe z.B. Rutherford 1994).

[44] Siehe Foss 1999, 2.
[45] Siehe Foss/Foss 1999, 26.
[46] Vgl. z.B. Winter 1964, Nelson/Winter 1982.
[47] Vgl. Hodgson 1998a, 175.
[48] Vgl. Foss/Foss 1999, 27.

## 5.2 Differenz 2: Organisation von Transaktionen vs. Organisation von Produktion

Eine der am häufigsten herausgestellten Differenzen zwischen Transaktionskostenökonomik und Evolutorischen Ansätzen ist die unterschiedliche Schwerpunktsetzung auf der Organisation der Abwicklung von Transaktionen vs. der Organisation von Produktion. In anderen Worten besteht die Differenz in der Koordination von vertraglichen Verpflichtungen (commitments) vs. der Koordination von Produktion.[49] Während die Transaktionskostenökonomik ihr Hauptaugenmerk auf die Organisation von Transaktionen richtet und die Firma als eine Governance Struktur dafür sieht, steht der Aspekt der Produktion mehr im Mittelpunkt der Evolutorischen Ansätze. Folglich wird die Firma als die Aufbewahrungs- und Organisationsform produktiven Wissens gesehen.[50] Die Firma ist eine spezielle Methode, Wissen zu organisieren: Sie verbindet verschiedene Arten von Wissen (Fähigkeiten) zur Koordination produktiver Aktivitäten.[51]

Sidney Winter[52] war wohl der erste, der diesen Kontrast herausgestrichen hat, der seitdem oft zur Gegenüberstellung verwendet wird.[53]

Die evolutionsökonomische Kritik an der Vernachlässigung des Produktionsaspektes durch die Transaktionskostentheorie besteht darin, dass zum einen damit eine vermeintliche Separation der Kostenproblematik vom Produktionsprozess und von Technologie eingeführt wird.[54] Zum anderen sind im Produktionsprozess ganz klar nicht nur Governance-Strukturen und Technologie, sondern auch Fähigkeiten und Kompetenzen (sowie Wissen) notwendig. Damit werden, wenn der Produktionsaspekt vernachlässigt wird, die ökonomische Tätigkeit wesentlich charakterisierende Aspekte vernachlässigt.

Des weiteren ignoriert eine Charakterisierung der Firma mittels Ressourcenallokation ihre grundsätzliche Natur als „Produktions-Distributi-

---

[49] Vgl. Langlois 1998, 193.
[50] Vgl. Winter 1991, 190.
[51] Vgl. Langlois /Everett 1994, 27.
[52] Vgl. Winter 1988.
[53] Siehe Foss 1999, 5.
[54] Vgl. Hodgson 1998b, 29.

ons-Einheit".[55] Dies ist auch der Grund, warum Firmen nicht auf Vertragsverhältnisse reduziert werden können, wie dies u.a. Alchian/Demsetz versuchen.[56] Schließlich verwischt ein Zusammenwerfen kontraktueller und physischer Aktivitäten die essentiellen Unterschiede der beiden Sphären.[57]

*5.3 Differenz 3: Das Unternehmen als Governance Struktur vs. das Unternehmen als „beschützte Nische" zur Generierung von Ressourcen*

Die Transaktionskostenökonomik sieht Firmen bekanntlich als vertraglich konstituierte Governance-Mechanismen zur Organisation von Transaktionen. Aus dem ressourcenbasierten Ansatz heraus ist jedoch eine andere Funktion von Firmen in den Vordergrund der Evolutionstheoretischen Ansätze gerückt worden: dies ist ihre Funktion als Speicher von Ressourcen und Wissen[58], aber auch ihre Rolle bei der Generierung von Ressourcen. Dies kann in der Aussage zugespitzt werden, der wesentliche, wenn auch nicht exklusive Erklärungsfaktor für die Existenz, Grenzen, Natur und Entwicklung des kapitalistischen Unternehmens sei seine Fähigkeit, die Kompetenzen der Gruppen und Individuen in ihm zu schützen und zu entwickeln.[59] Unternehmen würden dann als mit speziellen institutionellen Fähigkeiten versehen angesehen, die es ihnen ermöglichen, organisationale und individuelle Kompetenzen und Wissen heranzubilden, zu binden und zu schützen. Die Unternehmung ist eine vor den „potentiell korrosiven Kräften des Marktes schützende Enklave".[60]

---

[55] Dietrich 1994, 5.
[56] Vgl. Alchian/Demsetz 1972.
[57] Vgl. Dietrich 1994, 7.
[58] Vgl. Foss/Foss 1999, 15.
[59] Vgl. Hodgson 1996.
[60] Hodgson 1999b, 214; Hodgson 1999c, 89.

### 5.4 Differenz 4: Dynamik

Die komparativ-statische Methodologie der Transaktionskostenökonomik ist oft von Evolutionisten bemängelt worden.[61] Ein besonders wichtiges Problem könnte nach unserer Auffassung darin bestehen, dass Zeit in dem komparativ-statischen Modell der Transaktionskostenökonomik nur in der Form eines ex ante/ex post-Vergleichs existiert. Der Raum zwischen weit- oder kurzsichtig vorausschauender Vertragsgestaltung und der Vertragserfüllung markiert ein Zeitintervall, dessen Länge von der Fristigkeit der Verträge abhängt. Zeit ist daher eine statische Größe zwischen Leistungsversprechen in der Gegenwart und Leistungserfüllung in der Zukunft, die zugelassen wird als Konstituens des Vertragsproblems. Bei spot contracting spielt sie daher keine Rolle. Für Unternehmen ist Zeit jedoch noch in anderen Modi von Bedeutung, etwa als Dynamik. Dynamik existiert in zweierlei Form: als turbulente Entwicklung und als Relativität von Zeit. Beiden Formen liegt zugrunde, dass der Vorsprung vor der Konkurrenz entscheidend ist, nicht der absolute Zeitverbrauch in einer Organisation. In der von Wettbewerb getriebenen Ökonomie kann man sehr schnell sein und trotzdem zu langsam. Nicht die Integration von Zeit scheint uns daher das Entwicklungshindernis einer zeitgenössischen Theorie der Firma, sondern Dynamik ist das zu lösende Problem.[62]

Eine Möglichkeit in diesem Zusammenhang stellt eine Dynamisierung des Transaktionskostenkonzeptes dar, die auf einer Berücksichtigung nicht nur der Governancekosten, sondern auch der Governanceerträge beruhen muss.[63] Langlois hat dies mit der Einführung des Begriffes „dynamische Transaktionskosten" geleistet.[64] Diese umfassen die Kosten „für Überredung, Verhandlung, Koordination und Unterrichtung".[65] Das bedeutet, sie entspringen der Einführung neuen Wissens.[66] Anders ausgedrückt sind dynamische Transaktionskosten die Kosten, die dadurch ent-

---

[61] Vgl. z.B. Dietrich 1994; Hodgson 1998b, 30.
[62] Vgl. Wieland/Becker 1999.
[63] Vgl. Dietrich 1994, 5.
[64] Langlois 1992; Langlois/Everett 1994; Langlois/Robertson 1995.
[65] Langlois/Everett 1994, 28.
[66] Vgl. Langlois/Everett 1994, 29.

stehen, dass Fähigkeiten dann nicht vorhanden sind, wenn sie gebraucht werden.[67]

Dies ist ein interessanter Vorschlag, insbesondere wegen seiner Verknüpfung zu Kompetenzen und Fähigkeiten[68].

Es existieren jedoch noch andere Möglichkeiten, Dynamik zu endogenisieren. So könnte etwa Dynamik statt über den Vertrag in den Transaktionskostenbegriff über die Adaptivität in den Organisationsbegriff hineingezogen werden. Dies könnte geschehen, indem man ökonomische Organisationen als über distinkte und idiosynkratische Ressourcen, Fähigkeiten und Kompetenzen für die Generierung und Abwicklung von Transaktionen verfügend versteht. Diese Eigenschaften lassen sich als organisationsspezifische Governance-Parameter für Transaktionen verstehen, die deren Dynamik bestimmen. Dazu gehören etwa Ressourcen (Fähigkeiten und Kompetenzen) wie die Fähigkeit von „coordination of commitments" als Flexibilisierungsstrategie oder „Atmosphäre", Identität, Status, Werte, Kommunikation, die einen wesentlichen Einfluss auf die Dehnbarkeit und Plastizität und damit auf die Dynamik der Governance von Vertragsbeziehungen haben. Die Prozesse der Generierung von und des Zugriffs auf Ressourcen in und zwischen Unternehmen könnten somit eine weitere Form der Endogenisierung von Dynamik in den Organisationsbegriff darstellen.[69]

## 6. Theoretische Perspektiven der Neuen Organisationsökonomik

Die Gemeinsamkeiten und Unterschiede von Institutionen- und Evolutionsökonomik mit Blick auf das Phänomen Organisation werfen die Fra-

---

[67] Vgl. Langlois/Robertson 1995, 35.

[68] Die Endogenisierung von Dynamik an der Stelle der Transaktionskosten scheint jedoch nicht allzu weit zu tragen. Dies kann man daran sehen, dass, wenn man das Konzept der Dynamischen Tranksaktionskosten ernst nimmt, man auch Lernen thematisieren muss, da auch die Veränderung von Präferenzen eine Rolle spielt. Ist man an diesem Punkt angelangt, wird jedoch eine reine Kostenbetrachtung (wenn auch dynamisiert) nicht mehr ausreichen. Das Konzept sprengt so seinen eigenen Rahmen.

[69] Vgl. Wieland/Becker 1999.

ge nach einer gemeinsamen theoretischen Perspektive auf. Wir glauben, dass eine solche nicht unmöglich ist.

Der Vorschlag lautet, sich als Ausgangspunkt auf solche Gebiete zu konzentrieren, in denen die beiden Theorien zumindest in gewissem Maße in einem komplementären Verhältnis zueinander stehen. Was damit gemeint ist, möchten wir nun an einigen Beispielen erörtern.

Wendet man eine dynamische Betrachtung auf den „Lebenszyklus" einer Unternehmung an, so fällt auf, dass die evolutionsökonomische Theorie der Firma nicht die Emergenz von Firmen erklären kann. In anderen Worten: obwohl sie Aussagen über die Entwicklung von Firmen, über den Wandel von Prozessen und Strukturen treffen kann, kann sie keine Aussagen darüber treffen, warum es zur Gründung einer Unternehmung kommt. Auch über die Grenzen der Firma erfährt man nur wenig. Die Firmentheorie der Neuen Institutionenökonomik dagegen, die vertragsbasiert ist, kann über den Begriff der Transaktionskosten erklären, warum es zur Gründung und zur Begrenzung von Unternehmen kommt. Obwohl sie dabei die Bedeutung der Ökonomisierung der Adaptivität von Governance-Strukturen mikroanalytisch thematisiert und in das Zentrum der Analyse stellt, erreichen ihre Analyseinstrumente mit Blick auf die Prozesse in einem Unternehmen jedoch nicht das Niveau der Evolutionsökonomik. Man könnte daher überlegen, die beiden Theorien als komplementär bezüglich des Lebenszyklus eines Unternehmens zu sehen: Institutionenökonomische Ansätze mit einer Stärke in der Erklärung der Gründung und Grenze von Unternehmen, und Evolutionsökonomische Ansätze mit einer Stärke für die Erklärung von Wandel, Entwicklung und Adaption. In welcher Weise aber soll nun diese Komplementarität verstanden werden? Als arbeitsteiliger Joinder oder als Merger?

Als Ausgangspunkt – wenn auch nicht als endgültige Definition des Verhältnisses beider Theorien – schlagen wir vor, sie nicht ineinander zu überführen, sondern zunächst als unterschiedliche Perspektiven auf gleiche Fragestellungen aufzufassen, die beide produktive analytische Instrumentarien zur Bearbeitung dieser Fragestellungen bereithalten. Der tiefere Grund für diese Möglichkeit zur Komplementarität ist die Form der Unternehmung selbst.

Die Unternehmung ist zum einen ein Kooperationsprojekt. Sie ist ein kollektives Kooperationsprojekt zwischen individuellen Akteuren zur

Erzielung einer Kooperationsrente. Als das beste analytische Instrument und die beste theoretische Symbolisierung dieses Kooperationsprojektes kann der Vertrag angesehen werden. Durch einen – explizit und implizit unvollständigen – konstitutionellen Vertrag entsteht aus dem aufeinander abgestimmten Handeln individueller Akteure ein kollektiver Akteur, der den Kontext definiert für die postkonstitutionellen Verträge der einzelnen Akteure.

Zum anderen ist eine Unternehmung ein Ressourcenprojekt. Eine Unternehmung dient per definitionem der Leistungserstellung.[70] Dieser Aspekt ist schon in der klassischen und neoklassischen Theorie ausgeprägt und erst in der Transaktionkostentheorie in den Hintergrund getreten. Zur Produktion aber sind finanzielle, sachliche und humane Ressourcen notwendig. Wie schon herausgearbeitet, betont die Evolutionsökonomie die Produktionsaspekte und hat, da ressourcen- bzw. kompetenzbasiert – Vorteile und Stärken bei der Analyse der Unternehmung als Ressourcenprojekt. Dieses Ressourcenprojekt wiederum hat zwei Aspekte: Ressourcenzugang und Ressourcengenerierung.[71]

In Ansätzen der Neuen Institutionsökonomie wird gemeinhin davon ausgegangen, dass Ressourcen prinzipiell „gebrauchsfertig" auf dem Markt zu erhalten seien. Evolutionsökonomische Ansätze hingegen weisen darauf hin, dass manche Ressourcen nicht über Märkte transferiert werden können (kontextualisiertes Wissen z.B.). Andere Ressourcen mögen so noch nicht „vorhanden" sein und müssen erst erstellt werden. Wieder andere mögen zwar existieren und prinzipiell transferierbar sein, sind aber nicht als die Ressourcen erkennbar, die gesucht werden. Abgesehen davon könnte es auch schlicht aus Transaktionskostengründen effizienter sein, Ressourcen zu erstellen statt zu kontraktieren. Dies bedeutet nichts anderes, als dass der Zugang zu Ressourcen nicht stets ein Transaktionsproblem[72], sondern entweder ein Transaktionsproblem (Zugang zu Ressourcen) oder ein Ressourcengenerierungsproblem ist.

Dies wiederum bedeutet, dass Ressourcen in der Theorie der Firma nicht ausschließlich und erschöpfend durch Ressourcenzugangsprobleme abgebildet werden können. Vielmehr muss eine Theorie der Firma, die

---

[70] Vgl. Dietrich 1994.
[71] Vgl. Wieland /Becker 1999.
[72] Vgl. Hodgson 1998b.

Unternehmen auch als Ressourcenprojekte sieht, anerkennen, dass es der Erkennung, der Akquisition oder Generierung, der Nutzung und der Allokation von Ressourcen bedarf. Dies wiederum stellt jedoch selbst eine Ressource, eine Kompetenz von Firmen dar – vielleicht die zentrale.[73] Ebenfalls wird dadurch herausgestrichen, dass es bei diesen Ressourcen v.a. um *Prozesskompetenzen* geht, weniger um Ressourcen im Sinne von statischen Beständen wie etwa an Finanzmitteln.

Während es einleuchtend scheint, dass Verträge ein wichtiges Instrument sind, um den Zugang, also die Nutzungsrechte an Ressourcen zu analysieren, ist es ebenso einleuchtend, dass nicht Verträge, sondern Konzepte aus dem Bereich der Fähigkeiten und des Wissens geeignet sind, die Generierung von Ressourcen zu analysieren. Wir sehen hier, wie sich auch die beiden Ansätze der Theorie der Firma in der Analyse verschränken.

Die Verschränkung der beiden Aspekte „Kooperationsprojekt" und „Ressourcenprojekt" führt dazu, die Unternehmung als eine Governancestruktur zu verstehen, die simultan mehrere Aufgaben bewältigen muss und bewältigt.[74] Coriat und Dosi haben diesen Gesichtspunkt der simultanen Multidimensionalität für Routinen untersucht, die ihrer Meinung nach simultan sowohl Governance- als auch Problemlösungsfunktion haben.[75]

Parallel dazu scheint die Firma als Organisationsstruktur zumindest zwei Funktionen haben zu müssen: zum einen die, die Kooperation zwischen den individuellen Akteuren herzustellen, zu sichern und sie als kooperativen Akteur handeln zu lassen. Zum anderen diejenige Funktion, die Generierung von Ressourcen zu ermöglichen, zu unterstützen und zu fördern. Eine Funktion der Firma wäre damit, paradox formuliert, eine „vor den Marktkräften schützende Enklave" unter Wettbewerbsbedingungen zu sein.[76] Wie Teece und Pisano ausführen, kann die „Injektion von ‚high-powered' (markt-ähnlichen) Anreizen sehr wohl kooperative

---

[73] Vgl. Wieland/Becker 1999.

[74] Wir führen hier eine von Williamson selbst formulierte Kritik weiter, nämlich dass „Rückkopplungen in der Transaktionskostenökonomik unterentwickelt sind" (Williamson 1993, 23).

[75] Vgl. Coriat/Dosi 1998, 104.

[76] Hodgson 1999b, 214.

Aktivitäten und Lernen zerstören", so dass darin eine Schlüsselfunktion der Unternehmung für die Generierung von Ressourcen liegen könnte.[77] Hodgson betont, dass dies ein sehr wichtiges Argument auch aus dem Grund ist, dass organisationales Lernen – das wiederum zentral für den Aufbau von Fähigkeiten und Wissen ist – auf kooperativen und andauernden Beziehungen basiert und daher vor den „potentiell korrosiven Kräften des Marktes" geschützt werden muss.[78] Wir denken, dass diese Schutzfunktion nur selektiver Natur sein kann, ebenso wie die Funktion des Marktes, durch Wettbewerb kollektive Lernprozesse anzustacheln.

Beide erfüllen wichtige Funktionen in der Ermöglichung organisationalen Lernens. Der Markt stellt Anreize zum Lernen bereit. Er liefert Anstösse für Lernprozesse und setzt diese damit in Gang. Die Organisation hat die oben erwähnte Schutz- und Abschirmfunktion. Wenn der Lernprozess einmal in Gang gesetzt worden ist, kann sie ihn vor gegenläufigen Anreizen abschirmen, so dass er sich entfalten kann – so dass z.B. Erfahrung gemacht und internalisiert oder explizites Wissen in Fähigkeiten konvertiert werden kann. Beide Funktionen sind damit komplementär hinsichtlich der Dynamik von Lernprozessen. Aus der Sicht der Organisation und ihrer Kompetenzen bedeutet dies, dass sie in der Lage sein muss, beide Funktionen selektiv aktivieren zu können.

Nur Organisationen, die die Fähigkeit besitzen, sich selektiv für marktgetriebene Anreize zum Lernen zu öffnen, haben die Möglichkeit, die verfügbare Menge von Lernchancen wahrzunehmen. Nur Organisationen, die über eine selektiv aktivierbare Fähigkeit verfügen, vor bestimmten Anreizen aus dem Markt abschirmen zu können, haben die Möglichkeit, die geöffneten Lernpfade auch erfolgreich zu beschreiten.

Am Beispiel des Lernens zeigt sich auch plastisch, wie sich erst in der Verschränkung beider Aspekte der Kreis schließt und die Erklärungskraft einer komplementären Theorie der Firma freisetzt: Lernen hält den Schlüssel zum Verständnis und zur Erklärung von Adaptivität. Zwar ist dies zum Teil ein Kooperationsproblem, das mit Mitteln der Gestaltung einer entsprechenden Governancestruktur angegangen werden kann (indem eine Lernatmosphäre zugelassen und entsprechende Lernanreize bereitgestellt werden). Dies erschöpft jedoch nicht die ganze Natur des

---

[77] Teece/Pisano 1994, 539.

[78] Vgl. Hodgson 1999c, 89.

Themas, denn ohne Thematisierung der Speicherung von Wissen durch die Unternehmung würde zwar die Entstehung, aber nicht der Bestand von Lernerfahrung und Wissen erklärt. Ein anderes Beispiel bestünde darin, dass Lernanreize zwar durch Anreizstrukturen gegeben werden können, jedoch erst voll wirken, wenn die Akteure vor gegenläufig wirkenden, aus dem Markt eindringenden Anreizen abgeschirmt werden – das heißt, ein schlüssiges Bild ergibt sich hier erst dann, wenn sowohl die Anreizfunktion wie auch die „Abschirmfunktion" simultan betrachtet werden.

Diese simultane Rekursivität der Verschränkung von Kooperations- und Ressourcenaspekten lässt sich auf weitere Bereiche der Theorie der Firma ausdehnen. So wäre es beispielsweise denkbar, Kooperationsbeziehungen anders als in der standardökonomischen Theorie der Firma nicht nur unter dem Gesichtspunkt des freiwilligen Tausches bei wechselseitiger Nutzenerwartung zu betrachten. Dies wird deutlich, wenn wir die Annahme der Standardtheorie fallen lassen, dass Kooperationsbereitschaft und -fähigkeit als immer schon gegebene Voraussetzungen gegeben sind. In der Praxis der Wirtschaft hat sich jedoch insbesondere im Zuge der Globalisierung gezeigt, dass die Herstellung und Ökonomisierung von Kooperationsbereitschaft und -fähigkeit ein zentrales Problem und eine wichtige Ressource von Unternehmen darstellt.[79] Kooperationen werden wegen der damit verbundenen Kooperationsrente gesucht, zu der alle Kooperationspartner beitragen müssen.

Alchian/Demsetz haben auf die damit verbundenen Mess- und Zurechnungsprobleme verwiesen[80], die nicht vollständig durch Verträge gesteuert werden können.[81] Damit werden zusätzliche Mechanismen notwendig, um die Kooperation individueller Akteure in einer Firma zu erklären, etwa Mechanismen zur Steuerung und Gestaltung von Vertrauens-Generierung und -Zurechnung über Status und Reputation.[82] Diese Mechanismen jedoch involvieren gerade soziale Phänomene (Vertrauen, Reputation), die selbst organisationale Ressourcen sind. Sie sind damit

---

[79] Vgl. Wieland/ Becker 1999.
[80] Vgl. Alchian/Demsetz 1972.
[81] Vgl. Williamson 1985.
[82] Für einige dieser Mechanismen siehe Wieland 1996.

genau diejenigen Mechanismen, die den kollektiven Akteur mitkonstituieren.

In beiden Beispielen ist die Differenz zwischen vollständigen und unvollständigen sowie expliziten und impliziten Verträgen theorietechnisch von ausschlaggebender Bedeutung. Die Theorien unvollständiger und impliziter Verträge[83] eröffnen die Chance, die konzeptionelle Dreiteilung der Firma als Produktionsfunktion, als optimalem Vertrag und als Organisation zu überwinden.[84] Dies gelingt genau dadurch, dass langfristige Verträge zur Etablierung eines Kooperationsprojektes in und zwischen Unternehmen mit Blick auf die Bereitschaft und Fähigkeit zur Kooperation systematisch unvollständig und durch Ambiguität und Kontingenz gekennzeichnet sind.

## 7. Schlussfolgerungen

Zusammenfassend zeigt sich aus der vorstehenden Betrachtung der neoinstitutionalistischen und der evolutionsökonomischen Theorie der Firma, dass im wesentlichen zwei Maßnahmen günstige Ausgangspunkte für eine Weiterentwicklung der Neuen Organisationsökonomik sein könnten. Die erste besteht darin, die beiden Theorien als komplementär hinsichtlich des Lebenszyklus der Unternehmung zu verstehen. Der zweite Ausgangspunkt für eine Weiterentwicklung dieser beiden Theorien hin zu einer Neuen Organisationsökonomik besteht darin, die simultane Multiplizität von Funktionen der Unternehmung anzuerkennen. Dabei ist wesentlich, dass diese simultane Multiplizität besonders gut von der Figur der gegenseitigen Verschränkungen abgebildet zu werden scheint. So muss die Unternehmung beispielsweise sowohl Anreize für das Handeln individueller Akteure geben, als auch diese vor bestimmten Reizen abschirmen, so dass Vertrauensbildungs- und Lernprozesse stattfinden können.

Die hier vorgestellten Überlegungen konnten nur eine Skizze der Landschaft und zwei von vielen möglichen Ausgangspunkten liefern.

---

[83] Vgl. Wieland 1996, 120 ff., 158ff.

[84] Wieland 1999, 53f.

Dieses jedoch sollte dazu ermutigen, den Weg hin zu einer Neuen Organisationsökonomik zu beschreiten.

*Literatur*

Alchian/Demsetz (1972): Production, Information Costs, and Economic Organization, in: American Economic Review, Vol. 62, S. 777-795.

Becker, Markus (1999, im Erscheinen): Routinen, in: Herrmann-Pillath, Carsten/ Lehmann-Waffenschmidt, Marco (Hrsg.): Handbuch zur evolutorischen Ökonomik, Vol. 1. Springer, Berlin.

Becker, Markus/Knudsen, Thorbjørn (2000): The Role of Routines in Reducing Uncertainty – Some Empirical Evidence. Paper to be presented at the ACE meeting, Ribadesella/Spain, 19-22 July 2000, mimeo.

Coase, Ronald H. (1937): The Nature of the Firm, in: Economica, Vol. 4, S. 386-405.

Coase, Ronald H. (1972): Industrial Organization. A Proposal for Research, in: Fuchs, V.R. (Hrsg.): Policy Issues and Research Opportunities in Industrial Organization. NBER, New York.

Cohen, Michael D./Burkhart, Roger/Dosi, Giovanni/Egidi, Massimo/Marengo, Luigi/Warglien, Massimo/Winter, Sidney: Routines and Other Recurring Action Patterns of Organizations: Contemporary Research Issues, in: Industrial and Corporate Change, Vol. 5, No. 3, 1996, 653-698.

Commons, John R. (1934): Institutional Economics. Macmillan, NewYork.

Coriat, Benjamin/Dosi, Giovanni (1998): Learning how to Govern and Learning how to Solve Problems: On the Co-Evolution of Competences, Conflicts and Organizational Routines, in: Chandler, Alfred D. Jr./Hagström, Peter/Sölvell, Örjan (Hrsg.): The Dynamic Firm – The Role of Technology, Strategy, Organization, and Regions, Oxford University Press, Oxford.

Dietrich (1994): Transaction Cost Economics and Beyond: Towards a New Economics of the Firm. Routledge, London.

Foss, Nicolai J. (1999): Capabilities, Confusion, and the Costs of Coordination: On Some Problems in Recent Research On Inter-Firm Relations. DRUID WP 99-7.

Foss, Kirsten/Foss, Nicolai J. (1999): The Knowledge-Based Approach and Organizational Economics: How Much Do They Really Differ? And How Does It Matter? DIES WP 99-1.

Heiner, Ronald (1983): The origin of predictable behavior, in: American Economic Review, Vol. 73, No. 4, 560-595.

Hodgson, Geoffrey (1993a): Economics and Evolution. Polity Press, Cambridge.

Hodgson, Geoffrey M. (1993b): Transaction Costs and the Evolution of the Firm, in: Pitelis, Christos (Hrsg.): Transaction Costs, Markets and Hierarchies. Blackwell, Oxford, 77-100.

Hodgson, Geoffrey M. (1996): Corporate Culture and the nature of the firm, in: Groenewegen, John (Hrsg.): Transaction Cost Economics and Beyond. Kluwer, Boston, S. 249-269.

Hodgson, Geoffrey M. (1998a): The Approach of InstitutionalEconomics, in: Journal of Economic Literature, Vol. 36, March 1998, 166-192.

Hodgson, Geoffrey M. (1998b): Evolutionary and competence-based theories of the firm, in: Journal of Economic Studies, Vol. 25, No. 1, 25-56.

Hodgson, Geoffrey M. (1999a): Structures and Institutions – Reflections on Institutionalism, Structuration Theory and Critical Realism. unpublished mimeo.

Hodgson, Geoffrey M. (1999b): Evolution and Institutions – On Evolutionary Economics and the Evolution of Economics. Edward Elgar, Cheltenham.

Hodgson, Geoffrey (1999c): Economics and Utopia – Why the Learning Economy is Not the End of History. Routledge, London.

Knight, Frank (1921): Risk, Uncertainty and Profit. Houghton Mifflin, New York.

Langlois, Richard N. (1992): Transaction-cost Economics in Real Time, in: Industrial and Corporate Change, Vol. 1, No. 1, 99-127.

Langlois, Richard N. (1998): Capabilities and the Theory of the Firm, in: Foss, Nicolai J./Loasby, Brian J. (Hrsg.): Economic Organization, Capabilities and Coordination. Routledge, London, 183-203.

Langlois, Richard N./Everett, Michael (1994): What is Evolutionary Economics?, in: Magnusson, Lars (Hrsg.): Evolutionary and Neo-Schumpeterian Approaches to Economics, Kluwer, Dordrecht.

Langlois, Richard N./Robertson, Paul, L. (1995): Firms, Markets and Economic Change. Routledge, London.

Malerba, Franco/Orsenigo, Luigi (1996): Technological Regimes and Firm Behavior, in: Dosi, Giovanni/Malerba, Franco (Hrsg.): Organization and Strategy in the Evolution of the Enterprise. Macmillan, Houndmills, 42-71.

Malerba, Franco/Nelson, Richard/Orsenigo, Luigi/Winter, Sidney (1999): "History-friendly" Models of Industry Evolution: The Computer Industry, in: Industrial and Corporate Change, Vol. 8, No. 1, 3-40.

Nelson, Richard R. (1995): Recent Evolutionary Theorizing About Economic Change, in: Journal of Economic Literature, Vol. 33 (March 1995), 48-90.

Nelson, Richard/Winter, Sidney (1982): An Evolutionary Theory of Economic Change. Belknap Press/Harvard University Press, Cambridge/MA.

Rutherford, Malcom (1994): Institutions in Economics – The old and the new institutionalism. Cambridge University Press, Cambridge.

Teece, David/Pisano, Gary (1994): The Dynamic Capabilities of Firms: an Introduction, in: Industrial and Corporate Change, Vol. 3, No. 3, 537-556.

Teece, David/Winter, Sidney G. (1984): The Limits of Neoclassical Theory in Management Education, in: American Economic Review, Vol. 74, No. 2, 116-121.

Veblen, Thorstein (1898): Why is Economics Not an Evolutionary Science?, in: Quarterly Journal of Economics, Vol. XII, July, 373-397. Reprinted in: Hodgson, Geoffrey M. (Hrsg.): The Foundation of Evolutionary Economics: 1890 – 1973, Vol. 1. Edward Elgar, Cheltenham, 163-187.

Veblen, Thorstein (1899/1970): The Theory of the Leisure Class – An Economic Study of Institutions. Unwin, London.

Wieland, Josef (1996): Ökonomische Organisation, Allokation und Status. Mohr, Tübingen.

Wieland, Josef/Becker, Markus (1999, im Erscheinen): Die Emergenz neuer Governancestrukturen in der globalen Ökonomie – Schlussfolgerungen für eine New Economics of Organization, in: Herrmann-Pillath, Carsten/ Lehmann-Waffenschmidt, Marco (Hrsg.): Handbuch zur evolutorischen Ökonomik, Vol. 2. Springer, Berlin.

Wieland, Josef (1999): Die Ethik der Governance. Metropolis, Marburg.

Williamson, Oliver E. (1975): Markets and Hierarchies: Analysis and Anti-Trust Implications: A Study in the Economics of Internal Organization. Free Press, New York.

Williamson, Oliver E. (1985): The Economic Institutions of Capitalism. Free Press, New York.

Williamson, Oliver E. (1990a): Chester Barnard and the Incipient Science of Organization, in: (ders) (Hrsg.): Organization Theory. From Chester Barnard to the Present and Beyond. Oxford: Oxford University Press.

Williamson, Oliver E. (1990b): A Comparison of Alternative Approaches to Economic Organization, in: Journal of Institutional and Theoretical Economics 146 (1): 61-71.

Williamson, Oliver E. (1991): Comparative Economic Organization – The Analysis of Discrete Structural Alternatives., in: Administrative Science Quarterly Vol. 36, S. 269-296.

Williamson, Oliver E. (1993): Transaction Cost Economics and Organizational Theory, in: Industrial and Corporate Change, Vol. 2, 107-156.

Williamson, Oliver E. (1998): Strategy Research: Governance and Competence Perspectives. unpublished paper.

Winter, Sidney G. (1964): Economic 'Natural Selection' and the Theory of the Firm, in: Yale Economic Essays, Vol. 4, No. 1, 1964, 225-272.

Winter, Sidney G. (1975): Optimization and Evolution in the Theory of the Firm, in: Day, Richard H./Groves, Theodore (Hrsg.): Adaptive Economic Models. Academic Press, New York, 73-118.

Winter, Sidney (1986): The research program of the behavioral theory of the firm: Orthodox critique and evolutionary perspective, in: Gilad, B./Kaish, S. (Hrsg.): Handbook of Behavioral Economics, Vol. A: Behavioral Microeconomics: 151-188, JAI Press, Greenwich/CT.

Winter, Sidney (1988): On Coase, Competence, and the Corporation, in: Journal of Law, Economics and Organization, Vol. 4, No. 1, S. 225-272.

Winter, Sidney, G. (1990): Survival, Selection, and Inheritance in Evolutionary Theories of Organization, in: Singh, Jitendra V. (Hrsg.): Organizational Evolution – New Directions. Sage, Newbury Park/CA, 269-297.

Winter, Sidney G. (1991): On Coase, Competence and the Corporation, in: Williamson, Oliver E./Winter, Sidney G. (Hrsg.): The nature of the firm – Origins, Evolution and Development. Oxford University Press, New York, 179-195.

Witt, Ulrich (1993): Evolutionary Economics: Some principles, in: Witt, Ulrich (Hrsg.): Evolution in Markets and Institutions, 1-16. Physica, Heidelberg.

# Beschränkte Handlungsrationalität und Theorie der Unternehmung

*Frank Beckenbach*

*1. Einleitung*

Die Behandlung der Unternehmen in der ökonomischen Theorie wird durch zwei Sichtweisen geprägt: einerseits durch die Auffassung der mikroökonomischen Standardtheorie, dass in Unternehmen Produktionsfaktoren unter technischen und ökonomischen Effizienzvorgaben (Produktionsfunktion, Kostenfunktion und Zielmaximierung) im organisationsfreien Raum kombiniert werden und andererseits durch die Auffassung der Transaktionskostentheorie, dass gerade die kostenminimale Organisation ökonomischer Aktivitäten ganz unabhängig von der Produktionstechnik die Unternehmen als spezifischen Akteur begründet. Diesen Sichtweisen ist ein instrumentelles Unternehmenskonzept gemeinsam. Die Merkmale dieses Konzepts sind: (i) dass die Aktivitäten von Unternehmen in voneinander isolierbare Instrumentvariablen zerlegt werden können (wie etwa bei der postulierten Trennbarkeit von produktionstechnischen und organisatorischen Bedingungen des Faktoreinsatzes), (ii) dass Unternehmen umfassend durch eine zentrale Instanz gesteuert werden, die die Aktivität des Unternehmens weitgehend im Wege planvoller Ziel-/Mittelfestlegungen determinieren kann und (iii)dass die unternehmensinternen Prozesse transparent sind und insoweit die für einen effizienten Mitteleinsatz erforderlichen Informationen verfügbar sind.

Demgegenüber wird im folgenden davon ausgegangen, *erstens* dass Unternehmen „Systeme" sind und insoweit eine Verknüpfung der verschiedenen Dimensionen der Unternehmensaktivität besteht: „Each firm is a bundle of commitments to technology, personel, and methods, all contained and constrained by an insulating layer of information that is specific to the firm, and this bundle cannot be altered or imitated easily and quickly"[1]. Unternehmen sind in dieser Sichtweise informationsverarbeitende und wissensgenerierende Systeme, die durch eine Vielfalt von Handlungseinheiten mit beschränkten Informationsverarbeitungskapazitäten gebildet werden. Dies impliziert *zweitens*, dass Unternehmen in ihrer Gesamtheit nicht einfach ein Instrument einer zentralen Steuerungseinheit sein können, sondern durch eine Kombination aus Fremd- und Selbstorganisation gekennzeichnet sind: „(W)hile the organization we describe are often the sort that we have a top management that is concerned with the general direction of the organization, the scale and complexity of the organization are presumed to make it impossible for that top management to direct or observe many of the details of the organization's functioning"[2]. *Drittens* wird unterstellt, dass in Unternehmen keine vollständige Transparenz der in ihnen ablaufenden Prozesse gegeben ist. Weder sind alle dafür erforderlichen Wissensbestände transferierbar noch sind die transferierbaren Informations- und Wissensbestände bei allen Mitgliedern einer Unternehmung verfügbar.

Unternehmen werden hier insoweit als ein vertikal und horizontal verknüpftes Netzwerk informationsverarbeitender Prozeduren aufgefasst. Als solche sind sie eine „effiziente" (d.h. den Informations- und Wissensaufwand minimierende) Form der Bewältigung eines unsicheren marktwirtschaftlichen Umfelds. Genau dadurch stellen Unternehmen – soweit möglich – ihr Überleben in einem derartigen Umfeld sicher. Sie sind eine einzigartige Form, sowohl um gegebene dezentrale Informations- und Wissensbestände zu kombinieren und in Handlungsmöglichkeiten umzusetzen als auch um unter bestimmten Bedingungen systematisch neue Handlungsmöglichkeiten zu erschließen.[3] „(W)e suggest that organiza-

---

[1] Demsetz 1993, 165.
[2] Nelson/Winter 1982, 97.
[3] Für Nicht-Unternehmen gibt es diese Möglichkeit der dynamischen Erschließung nicht-transferierbarer bzw. kollektiver Wissensbestände nicht. Diese wissenstheoretische Begründung für die Existenz von Unternehmen ist unabhängig von der Realisierung von Skalen- und Breitenerträgen oder von Spezialisierungsvorteilen, die

tions are social communities in which individual and social expertise is transformed into economically useful products and services by the application of a set of higher-order organizing principles. Firms exist, because they provide a social community of voluntaristic action structured by organizing principles that are not reducable to individuals."[4]

Im folgenden soll verdeutlicht werden, dass diese Produkte bzw. Dienstleistungen und Organisationsprinzipien von Unternehmen als Folge einer Verkopplung beschränkt rationaler Handlungen interpretiert werden können. Vorschläge, Unternehmen als Gesamtheiten mit einer eher marginalen Bedeutung vollständig rationaler Entscheidungen zu verstehen, sind v.a. in der evolutionsökonomischen Literatur gemacht worden. So sehen Nelson/Winter das Handeln von Unternehmen durch „routines" und „skills" geprägt, ohne allerdings hinreichend zu klären, *erstens* wie diese Rationalitätsbeschränkungen in Unternehmen handlungstheoretisch begründet werden können und *zweitens* wie die Dynamik dieser „genetischen Strukturen" von Unternehmen berücksichtigt werden kann.[5] Eine Heuristik für die Behandlung einer derartigen Dynamik lässt sich ableiten aus dem von Holland formalisierten Klassifizierersystem, in dem ein aus einer Regelmenge bestehendes System erfolgsabhängig Regeln aktiviert, intern bewertet und ggf. neu komponiert.[6] Arthur und Marengo haben Teile dieser Klassifizierer-Heuristik für unternehmenstheoretische Fragestellungen spezifiziert.[7] An diese Versuche soll hier – unter expliziter Berücksichtigung der handlungstheoretischen Fundierung – angeschlossen werden.

In *Abschnitt 2* werden daher in Absetzung zum Konzept der vollständigen Handlungsrationalität die wichtigsten Typen beschränkter Handlungsrationalität vorgestellt. In *Abschnitt 3* wird dann gezeigt, wie die Typen beschränkter Handlungsrationalität für die Analyse des Handelns von Unternehmen fruchtbar gemacht und entsprechende Überlegungen modelltheoretisch verdichtet werden können.

---

oft als Begründung für die Existenz von Unternehmen angeführt werden (vgl. z.B. Alchian/Demsetz 1972, 779; Jensen/Meckling 1990, 28).

[4] Kogut/Zander 1992, 384.

[5] Vgl. Nelson/Winter 1982.

[6] Vgl. Holland 1975/1992.

[7] Vgl. Arthur 1993; Marengo 1992.

## 2. Typologisierung des beschränkt rationalen Handelns

### 2.1 Der Typus der vollständigen Wahlhandlungsrationalität

Der Standardökonomik unterliegt ein *wahlhandlungstheoretisches Modell mit vollständiger Rationalität („Rationalismus")* ($T_1$). Durch dieses Modell wird eine Brücke geschlagen zwischen einer gegebenen Güter- bzw. Ressourcenverfügbarkeit einerseits und beobachtbaren ökonomischen Handlungen (Tauschoperationen, Einsatz von Produktionsfaktoren) andererseits. Mit Lane et al. kann dieses Modell in drei Postulaten zusammengefasst werden:

– Handeln ist Ergebnis von Wahloperation (Entscheidungspostulat).

– Dieses Entscheidungshandeln setzt einen vorhandenen Kontext in Gestalt von bekannten Alternativen und (mutmaßlichen) Handlungsfolgen voraus (Kontextpostulat).

– Diese Handlungsfolgen werden zwecks Diskriminierung durch den Handelnden bewertet (Rationalitätspostulat).[8]

Dies bedeutet im Falle einer vollständigen Rationalität, dass eine Handlungssituation durch den Handelnden identifiziert werden kann (Erkennen und Verstehen einer Situation: pc) und dass der Handelnde ein Bewusstsein seiner eigenen psychischen Zustände hat und daher über eine klare Handlungsmotivation und Bewertungsfähigkeit verfügt (Annahme der Introspektion).[9] Entsprechend gibt es für den Akteur eine Vielzahl von Handlungsalternativen, zwischen denen er durch die Zuordnung eines Zielwerts (z) diskriminieren kann. Dies setzt die Existenz von Präferenzen (PO) voraus, d.h. eines von den Umfeldbedingungen und den Restriktionen des Handelnden unabhängigen, in sich konsistenten, Diskriminierungsinstruments. Diese Zielwertzuordnung erfolgt „prospektiv" also durch die Bildung von Erwartungen über (unterschiedlich wahrscheinliche) künftige Zustände. Bei gegebenem Umfeld und gegebener Präferenzordnung ist der (anzustrebende) maximale Zielwert (z*) exogen

---

[8] Vgl. Lane et al. 1996, 44f.
[9] Vgl. Wilson/Keil 1999, 419.

gegeben.[10] Gibt es mehrere Teilziele, wird er bei Voraussetzen einer Kommensurabilität der Teilziele global und simultan über alle Teilziele ermittelt. Dieses Globalziel wird im Wege der Deduktion hergeleitet.[11] In Abb. 1 ist dieses Handlungsmodell schematisch wiedergegeben.

*Abb. 1*

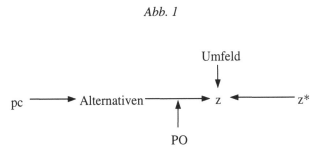

Quelle: eigene

Dieses Handlungsmodell kann als ein Informationen aufnehmendes und verarbeitendes System charakterisiert werden. In der neoklassischen Entscheidungstheorie wird die sich dann eigentlich stellende Aufgabe der Spezifizierung der informationellen und kognitiven Implikationen dieses Systems durch zwei Hypothesen umgangen: (i)die Hypothese der (tendenziell) vollständigen Information über Umfeld und Handlungsalternativen und (ii)die Hypothese der Introspektion, also das Gegebensein einer von den Umfeldbedingungen, den Restriktionen und den bisherigen Erfahrungen unabhängigen Erkenntnisfähigkeit in Bezug auf die inneren psychischen Zustände. (i) und (ii) werden in unterschiedlichen Varianten vorgetragen: prominent für (ii) ist die Unterstellung einer Nutzenfunktion mit speziellen Eigenschaften (doppelte Differenzierbarkeit, Stetigkeit, Monotonie, Nicht-Konvexität usw.); prominent für (i) ist das Konzept der

---

[10] Er ist entsprechend sensitiv in Bezug auf eine Veränderung des Umfeldes des Handelnden.
[11] Vgl. die Charakterisierung des Wahlhandelns, als „consequential" und „preference-based" bei March 1994, 2ff. Für diesen Handlungstyp stellen sich die Fragen der Handlungsalternativen, der Erwartungen, der Präferenzen und der Entscheidungsregel (ebenda).

rationalen Erwartungen, d.h. der Annäherung des individuellen inneren Modells in Bezug auf das Umfeld an ein objektiv feststellbares Modell der Umwelt.[12] (i) und (ii) sind die Grundlage für die Annahme einer gegebenen Präferenzordnung.

Gegen dieses Handlungsmodell lassen sich aus drei unterschiedlichen Perspektiven Einwände formulieren:

(a) aus *methodologischer* Sicht, der gemäß sich die inneren psychischen Vorgänge, die für die Postulierung einer Wahlhandlungsrationalität erforderlich sind, nicht beobachten lassen;

(b) aus *experimenteller* Sicht, der gemäß die Inszenierung wahlhandlungstheoretischer Kontexte zu einer systematischen Verletzung der wahlhandlungstheoretischen Rationalitätspostulate führt[13] und

(c) aus *empirischer* Sicht, der gemäß eine wahlhandlungstheoretische Erklärung für Handlungssituationen unangemessen ist, wenn starke Unsicherheit, wiederholte Standardsituationen und starke Zeitrestriktionen vorliegen.

Die Position (a) ist der Ausgangspunkt für den „Behaviorismus", der Handlungseinheiten als signalverarbeitende black boxes behandelt und allenfalls über den Mechanismus der Konditionierung eine spezifische Handlungserklärung zu formulieren in der Lage ist.[14] Die Positionen (b) und (c) sind der Ausgangspunkt für die Konzeptualisierungen einer „beschränkten Handlungsrationalität". Kennzeichnend für die letztere ist die

---

[12] Das innere Modell des Handelnden ist in diesem Fall lediglich vorübergehend von Bedeutung.

[13] Vgl. Wilson/Keil 1999, 76ff, 259ff, 699ff. Diese Befunde liegen überwiegend in Gestalt von „Effekten" vor, die aus jeweils speziellen Handlungssituationen generalisiert wurden. Unterschieden werden i.d.R. context effects, reference point effects, availability effects, superstition effects, process effects, projection effects, endowment effects und compatibility effects (vgl. ebenda, 220ff, 259; McFadden 1998, 16ff). Daraus werden zwei Folgerungen in Bezug auf die Handlungstheorie gezogen: (i) wird Handeln als informationsprozessierender Vorgang verstanden und (ii) wird eine Anreicherung der Entscheidungs- und Handlungstheorie um psychologische Erkenntnisse gefordert (vgl. Wilson/Keil 1999, 260, 699).

[14] Vgl. Wilson/Keil 1999, 76ff; Witt 1987. Was in der Sicht des oben behandelten Modells als Wahl erscheint, ist aus der Sicht des Behaviorismus eine positive Konditonierung in Bezug auf ausgewählte Umfeldbedingungen (vgl. Wilson/Keil 1999, 78).

Einschränkung bzw. Ersetzung der für die Wahlhandlungsrationalität typischen Transparenz der Umfeldbedingungen (Identifikation) und der inneren psychischen Zustände (Introspektion). Der Handelnde ist nunmehr mit Informations-, Kalkulations- und Kompetenzbeschränkungen konfrontiert, die zu einem Identifikationsproblem, einem Diskriminierungsproblem und einem Zielfindungsproblem führen. Offensichtlich ist dann Handlungsfähigkeit an die Art der Informationsverarbeitung geknüpft. Die aus dieser Informationsverarbeitung resultierenden psychischen Konstrukte können weder durch die Introspektionsannahme des „Rationalismus" noch durch die black box-Hypothese des „Behaviorismus" erfasst werden. Insofern ist damit ein eigener Erklärungstyp für das Handeln gegeben. Diese handlungstheoretische Sichtweise soll hier mit dem Terminus „*Kognitivismus*" gekennzeichnet werden. Zwischen die Güter- bzw. Ressourcenverfügbarkeit einerseits und die beobachtbaren ökonomischen Operationen andererseits tritt in dieser Sichtweise die situations- und akteurstypische Verarbeitung von Informationen als eine eigenständige Erklärungsebene. Kennzeichen des Kognitivismus ist sowohl das Heranziehen von teilweise subkognitiven Fähigkeiten (wie z.B. skills) als auch von kognitiven Ressourcen (wie z.B. das Gedächtnis, die Wiedererkennungsfähigkeit usw.) für die Erklärung des Handelns. Die v.a. in den Kognitionswissenschaften[15] thematisierten Elemente des Kognitivismus machen darauf aufmerksam, dass zwischen der „objektiven", gebundenen Information und der Auslösung einer Handlung eine eigenständige Welt subjektiver Konstrukte liegt, die aus der Informationsverarbeitung durch die Handelnden resultiert. Diese Konstrukte sind individuell und gesellschaftlich ordnungsstiftend.[16]

Im folgenden sollen unter Aufnahme dieser Überlegungen dem Typus der vollständigen Wahlrationalität drei weitere Handlungstypen gegenübergestellt werden:

– ein wahlorienter Handlungstyp mit beschränkter Rationalität (Abschnitt 2.2),

---

[15] Vgl. Wilson/Keil (1999) für eine erste Systematisierung der Erkenntnisse in diesem Bereich.

[16] Auf dieser Grundlage gibt es daher keine einfache (An-)Reiz-/Reaktionslogik für die Akteure des Systems.

- ein regelorientierter Handlungstyp (Abschnitt 2.3) und
- ein qualifikationsorientierter Handlungstyp (Abschnitt 2.4).

## 2.2 Der Typus der beschränkten Wahlrationalität

Die *beschränkte Wahlrationalität* ($T_2$) stellt eine Einschränkung der Wahlkomponente des Handelns dar. Die Grundlage für diese Einschränkung liegt darin, dass keine vollständige Antizipation der Umfeldzustände möglich ist; entsprechend sind die Handlungsalternativen nicht vollständig bekannt. Dem entspricht, dass Teilziele des Handelns nicht mehr kommensurabel sind (die dafür erforderliche Urteilsfähigkeit fehlt). Entsprechend weist auch die Präferenzordnung multiplen Charakter auf.[17] Dazu kommt ein Einfluss der Situationswahrnehmung auf die Präferenzordnung. Diese ist insoweit inkonsistent, instabil und endogen.[18] Diese Beschneidung der Wahlrationalität ist das Ergebnis der Beschränkung der informationellen und kognitiven Ressourcen eines Akteurs.[19]

---

[17] Zur Schwierigkeit der Integration eines „multiple self" in die traditionelle ökonomische Entscheidungstheorie vgl. Steedman/Krause 1986 und Wiesenthal 1990. Castelfranchi/Conte (1998, 132f) weisen darauf hin, dass mit der Berücksichtigung multipler Akteursidentitäten die übliche Trennung zwischen Zielen und Präferenzen aufgegeben werden muss. Sie zeigen darüberhinaus, wie die situationsabhängige Gewichtung von Zielen und das Entstehen von kooperativen Handlungsformen auch mit der Architektur der Spieltheorie nicht erfasst werden können (vgl. ebenda, 134ff).

[18] Vgl. March 1994, 188f. Es gibt multiple Präferenzen, die sich in der Zeit – u.a. in Abhängigkeit von der Situationswahrnehmung bzw. der Zielrealisierung – verändern.

[19] Dies bedeutet umgekehrt, dass allein der Verweis auf eine Beschränkung der informationellen und kognitiven Ressourcen eines Akteurs nicht hinreichend für eine *Aufhebung* der Wahlrationalität ist. So weisen Lane et al. (1996, 50f) darauf hin, dass weder die „combinatorial explosion" möglicher Entscheidungsalternativen, noch die Unsicherheit im Knightschen Sinne, noch die Existenz nicht-intendierter Handlungsfolgen über den Rahmen des rational choice-Ansatzes hinausweisen. Wenn die genannten Merkmale aber dazu führen, dass der Akteur auf eine vollständige Situationserfassung (Kontexterstellung) verzichtet und eine Bewertung der Handlungsalternativen unterbleibt, sind dies Umstände, die durchaus herangezogen werden können für den Übergang zu einem anderen Handlungstyp (vgl. z.B. Foley 1998, pass.).

Bei der Wahrnehmung (pc) kann diese Beschränkung durch die Fokussierung der Aufmerksamkeit bedingt sein oder aber sich als Folge einer gestörten Informationsübermittlung einstellen. Bei der Observation bzw. Bewertung kann diese Beschränkung durch ein mangelndes Verständnis des eigenen Handlungsumfeldes (und seiner Beeinflussung durch das eigene Handeln) bzw. durch eine begrenzte Gedächtnisfähigkeit bedingt sein.[20]

*Abb. 2*

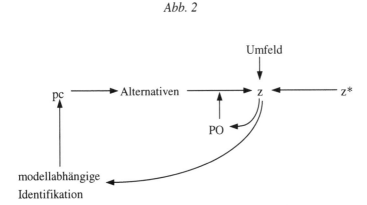

Quelle: eigene

Die Wahrnehmungsprobleme werden dann so bewältigt, *erstens* dass die Situationswahrnehmung simplifiziert wird und sequentiell (ggf. entlang von Teilzielen) behandelt wird[21], *zweitens*, dass die bekannten Entscheidungsalternativen durch eine Referenzalternative oder eine „situational salience" gewichtet werden (framing of choice)[22] und *drittens*, dass ein subjektives Erwartungsmodell konstruiert bzw. (erfolgsabhängig) aktualisiert wird. Die Observations- und Evaluationsprobleme werden zum einen durch eine Zerlegung der Problemgesamtheit in handhabbare (d.h.

---

[20] Vgl. March 1994, 10f.
[21] „Editing"; vgl. ebenda, 12, 24.
[22] Dies ist konstitutiv etwa für das der beschränkten Wahlrationalität zuzurechnende prospect-Konzept und das discriminiation-Konzept (vgl. Lindenberg 1993, 11ff).

verstehbare) Teilaufgaben („decomposition") und zum andern durch einen Rückgriff auf erfolgreiche Problembehandlungsstrategien („heuristics") kleingearbeitet.[23] Abb. 2 gibt das Modell der beschränkten Wahlrationalität schematisch wieder.

## 2.3 Der Typus der Regelrationalität

Der *regelorientierte Handlungstyp* ($T_3$) ist durch die Suspendierung des in Abschnitt 2.1 genannten Entscheidungs-, Kontext- und Rationalitätspostulats (i.e.S.) gekennzeichnet. Dies bedeutet, dass die Handlungssituation nicht durch den Handelnden identifiziert (verstanden) werden kann, sondern er lediglich in der Lage ist, eine gegebene Situation zu einer ihm bekannten Situation zu analogisieren (Klassifizierung). Ebensowenig ist er mit einer per Introspektion gewonnen Klarheit über seine inneren Zustände (Motive, Bewertungen) ausgestattet. Vielmehr folgt er motivations- und bewertungsunabhängig einem durch seine Vorgeschichte (Sozialisation) bedingten Rollenschema (bzw. einer „gewählten" Regelmenge). Daher gibt es für den Handelnden auch nur wenige (oder nur eine) Alternative. An die Stelle der Präferenzordnung tritt die Erfahrung als Diskriminierungsinstrument; damit wird die Diskriminierung von Alternativen (wenn es mehr als eine Alternative gibt) abhängig von den Umfeldbedingungen und den Restriktionen des Handelnden. Die Zielwertzuordnung erfolgt „retrospektiv", also durch die Auswertung von Ergebnissen, die mit einer gegebenen Regel(-menge) erzielt werden. Insofern entfällt die Notwendigkeit eines detaillierten prospektiven Umfeldmodells (Erwartungsbildung).[24] Auch der angestrebte Zielwert ist von der Aufbereitung von Erfahrungen und Beobachtungen abhängig (Bildung eines Anspruchsniveaus und satisfiszierende Zielbestimmung).[25] Dadurch

---

[23] Vgl. March 1994, 12ff.

[24] Möglich ist allerdings, dass auch im Falle des regelorientierten Handelns eine Bildung von Erwartungen über künftige Situationen stattfindet. Dann würde ein prospektives Element in Bezug auf den Handlungsrahmen (und nicht: in Bezug auf einzelne Alternativen!) in den regelorientierten Handlungstyp eingehen.

[25] March (1994, 21) nennt zwei Gründe für die Bedeutung von satisficing: (a) „From a cognitive perspective, targets simplify a complex world." (b) „From a

wird die Zielfixierung (z*) endogenisiert. Die bereits bei der beschränkten Wahlrationalität zu verzeichnende Auflösung der globalen Zielbestimmung in inkommensurable Teilziele, die sequentiell abgearbeitet werden, findet sich auch bei diesem Handlungstyp wieder. Diese Zielermittlung erfolgt induktiv, indem sowohl die Reihenfolge der Verfolgung der Teilziele als auch die jeweiligen Anspruchsniveaus durch vergangene Erfahrungen bedingt sind. Auch die für die beschränkte Wahlrationalität typische Bewältigung der Perzeptions-, Observations- und Bewertungsprobleme mittels editing, framing, decompositon und heuristics findet sich beim regelorientierten Handlungstyp. Allerdings entfällt hier die (prospektive) Erwartungsbildung als Einflussfaktor für das Handeln. An deren Stelle tritt eine durch die Vorgeschichte des Handelnden (Sozialisation und Erfahrungen) geprägte Vorformung der Situationswahrnehmung (framing of perception).[26] Abb. 3 gibt das Modell des regelorientierten Handelns schematisch wieder.

*Abb. 3*

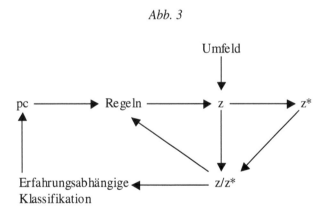

Quelle: eigene

---

motivational perspective, it appears to be true that the world of psychological sensation gives a privileged position to deviations from some status quo."

[26] Für das Regelhandeln stellen sich die Fragen der „recognition" einer Handlungssituation, der Identität des Handelnden und der Regelanwendung (vgl. March 1994, 58).

## 2.4 Der Typus der Qualifikationsrationalität

Der *qualifikationsorientierte Handlungstyp* ($T_4$) unterscheidet sich vom regelorientierten Handlungstyp dadurch, dass das Handeln durch erlernte Fähigkeiten („expertise") geprägt ist. Diese Fähigkeiten können durch Erfahrung, durch Training und durch Beobachtung anderer gewonnen werden. Bei der Spezifikation dieses Handlungstyps spielen drei Problemkreise eine Rolle: der Anteil der „deliberativen" Operationen (i), das Verhältnis zum Wahl- bzw. Regelhandeln (ii) und die Abbildbarkeit mittels eines Computerprogramms (iii). Die kontroversen Einschätzungen zu diesen Problemkreisen sollen im folgenden kurz skizziert werden.

*Zu (i)*: Grundlage des qualifikationsorientierten Handlungstyps ist eine unstrukturierte Situation, in der „.....the goal, what information is relevant, and the effects of our decisions are unclear"[27]. Unterschiedlich wird die Art des Handelns in solchen Situationen beschrieben:

– Simon sieht das Handeln durch eine deliberative (intelligente) Zerlegung einer unübersichtlichen Situation in handhabbare Teilaufgaben („decomposition"), durch Klassifizierung dieser Teilaufgaben entsprechend des verfügbaren Wissens (Erfahrung) und dem bewussten Rückgriff auf eine Menge bewährter Regeln geprägt.[28]

– Demgegenüber sehen Dreyfus/Dreyfus den qualifikationsorientierten Handlungstyp als durch Training und Erfahrung vermittelte Abkehr von einer deliberativen Regelpraktizierung hin zu einem auf Situationserkennung und Intuition beruhenden Handeln: "What should stand out is the progression *from* the analytic behavior of a detached subject, consciously decomposing his environment into recognizable elements, and following abstract rules, *to* involved skilled behavior based on holistic pairing of new situations with associated responses produced by successful experiences in similar situations"[29].

– Eine Zwischenposition nehmen Lane et al. ein. Für sie erfolgt qualifikationsbestimmtes Handeln auf drei Ebenen: *erstens* im Rahmen ei-

---

[27] Dreyfus/Dreyfus 1986, 36; vgl. Wilson/Keil 1999, 675.

[28] Vgl. Simon in Wilson/Keil 1999, 675 und krtisch dazu: Dreyfus/Dreyfus 1986, 27, 33.

[29] Dreyfus/Dreyfus 1986, 35.

nes „categorization-action system", in dem eine gegebene Handlungssituation mit bekannten Handlungssituationen verglichen wird, *zweitens* durch „deliberation", die die Gemeinsamkeiten und v.a. Unterschiede einer gegebenen Handlungssituation zu bekannten Handlungssituationen behandelt und *drittens* mittels „planning", als Stufenfolge von Handlungsschritten, die zur Erreichung eines gewünschten Ziels (oder zur Bewältigung eines entstandenen Problems) führen.[30]

*Zu (ii)*: Unklar ist, inwieweit der qualifikationsorientierte Handlungstyp die anderen Handlungstypen enthält und inwieweit er substitutiv oder komplementär zu den anderen Handlungstypen ist.

– Geht man davon aus, dass qualifikationsorientiertes Handeln deliberative und nicht-deliberative Handlungselemente enthält, dann können die letzteren als unbewusstes Praktizieren von Regeln und Metaregeln verstanden werden. Allerdings liegt es in der Natur der Intuition, dass die Aktivierung der Regeln ab einer bestimmten Ebene nicht selbst wieder regelhaft erfolgt. Unbenommen davon bleibt aber, dass das deliberative Element wenigstens teilweise als Regelpraktizierung verstanden werden kann.

– Hinsichtlich des Wahlhandelns wird der qualifikationsorientierte Handlungstyp kontrovers beurteilt: einerseits gehen Nelson/Winter davon aus, dass „skillful acts" auf einer unbewussten Wahl der geeigneten Option beruhen.[31] Zudem sehen sie die Möglichkeit, diese unbewusste Wahl bewusst zu machen und dadurch die Flexibilität des Handelns zu vergrößern. Dem steht andererseits die Einschätzung von Dreyfus/Dreyfus und Lane et al. gegenüber, dass zumindest beim Handeln (in unstrukturierten Situationen) unter starken Zeitrestriktionen das bewusste Wählen von Handlungsoptionen zu Verschlechterungen in der Zielrealisierung führt.[32]

*Zu (iii)*: Nelson/Winter nehmen an, dass sich qualifikationsbestimmtes Handeln in Analogie zum Vollziehen eines Computer-Programms ver-

---

[30] Vgl. Lane et al. 1996, 52ff.

[31] Vgl. Nelson/Winter 1982, 84f.

[32] Vgl. Dreyfus/Dreyfus 1986, 36; Lane et al. 1996, 57f.

stehen lasse: die letzteren funktionieren als Einheit, werden seriell abgearbeitet, wirken automatisch und sind effektiv.[33] Dem widerspricht aber, dass das dem qualifikationsbestimmten Handeln zugrundeliegende Wissen größtenteils „tacit" ist.[34] Dies gilt sowohl für die Intuition als auch für die idiosynkratische Komponente im deliberativen Element des qualifikationsbestimmten Handelns. Insofern scheint Skepsis gegenüber der computertechnischen Abbildbarkeit dieser Seiten des qualifikationsbestimmten Handlungstyps angebracht zu sein.[35]

Wie auch beim regelorientierten Handlungstyp ist die Erfahrung das entscheidende Diskriminierungsinstrument: „Expert cognitive processes do not rely on explicit and exhaustive representations of future consequences. Rather they operate on representations of the concrete details of past experiences. And they do not calculate the value to be gained from possible actions. Instead they rely on similarities with past situations, the value of whose associated action has already been assessed experientially."[36] – Damit verbinden die Autoren die These, dass die in der Neoklassik thematisierte deliberative Wahlsituation eher die Ausnahme ist und Handeln im allgemeinen auf akkumulierte Fähigkeiten zurückgreift (vgl. ebenda, 58). Als Begründung kann einerseits die Eigenart vieler Handlungssituationen herangezogen werden: sie müssen unter engen Zeitrestriktionen erfolgen[37] und/oder erlauben keine a priori-Kalkulation der Handlungsfolgen.[38] Andererseits nimmt diese Überlegung Bezug darauf, dass der handelnde Mensch aus seinem Gedächtnis und „subkognitiven" Fähigkeiten Handlungsfähigkeit gewinnen kann. Abb. 4 gibt die

---

[33] Vgl. Nelson/Winter 1982, 74ff.

[34] Vgl. ebenda, 76ff.

[35] Es bliebe zu diskutieren, inwieweit dieses Problem durch eine Abbildung des nicht-deliberatives Elements mittels neuronaler Netze zumindest teilweise gelöst werden kann. Darauf deutet etwa die Verknüpfung von $T_4$ mit der Eigenschaft des „structural coupling", der aktivitätsauslösenden erfahrungsbedingten Verknüpfung von Nervenzellen bei Winograd/Flores (1986, 46, 75) hin.

[36] Lane et al. 1996, 56. Dreyfus/Dreyfus (1986, 28) weisen ergänzend darauf hin, dass im Unterschied zum regelorientierten Handlungstyp nicht die Erfahrung bezüglich dekomponierter Situationselemente als Diskriminierungsinstrument eingesetzt wird, sondern die Erfahrung „ganzheitlicher" Situationen.

[37] Vgl. das Ballwurf-Beispiel ebenda, 57f.

[38] Beispiel: Schach.

Komponenten des qualifikations-orientierten Handlungstyps schematisch wieder.

*Abb. 4*

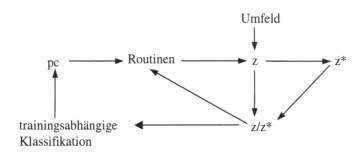

Quelle: eigene

*2.5 Zusammenfassung*

Die bisher skizzierten Handlungstypen beschränkter Rationalität lassen sich hinsichtlich der in ihnen unterstellten Situationswahrnehmung, der Orientierungsrichtung, der Kennzeichnung der inneren Zustände der Handelnden, den jeweils implizierten Diskriminierungsfähigkeiten, der Zielfindung und dem Problemlösungsmodus unterscheiden (vgl. Tab. 1). Die Handlungstypen $T_1...T_4$ können einerseits hinsichtlich ihrer Rationalität unterschieden werden: während $T_1$ im strikten Sinne als „rational" bezeichnet werden kann, sind $T_2...T_4$ „beschränkt rational".

*Tab. 1*

| | $T_1$ | $T_2$ | $T_3$ | $T_4$ |
|---|---|---|---|---|
| **Situationswahrnehmung** | vollständige Identifikation | unvollständige Identifikation | Klassifizierung | Klassifizierung |
| **Orientierung** | prospektiv | prospektiv | retrospektiv | retrospektiv |
| **innerer Zustand** | vollständige Introspektion | unvollständige Introspektion | Sozialisation | Qualifikation |
| **Optionen** | alle | >>2 | ≥1 | ≥1 |
| **Diskriminierung** | apriorische Nutzenkenntnis (Präferenzordnung):<br>– unabh. von Umfeld<br>– unabh. von Restriktionen<br>– Konsistenz | apriorische Nutzenkenntnis (Präferenzordnung):<br>– unabh. von Umfeld<br>– unabh. von Restriktionen<br>– Inkonsistenz | segmentierter Erfahrungsnutzen:<br>– abh. von Umfeld<br>– abh. von Restriktionen<br>– abh. von Situationszerlegung | ganzheitlicher Erfahrungsnutzen:<br>– abh. von Umfeld<br>– abh. von Restriktionen<br>– unabh. von Situationszerlegung<br>– abh. von Training |
| **Zielfindung** | – exogen<br>– einheitliche Dimension<br>– global<br>– simultan<br>– Umfeldsensibilität | – exogen<br>– multiple Dimensionen<br>– lokal<br>– sequentiell<br>– Zielsensibilität | – endogen<br>– multiple Dimensionen<br>– lokal<br>– sequentiell<br>– Zielsensibilität | – endogen<br>– multiple Dimensionen<br>– lokal<br>– sequentiell<br>– Zielsensibilität |
| **Problemlösungsmodus** | Deduktion<br>kein framing<br>objektive Erwartungsbildung | Deduktion<br>framing of choice<br>decomposition<br>subjektive Erwartungsbildung | Induktion<br>framing of situation<br>decompostion<br>editing<br>heuristics | Induktion<br>framing of situation<br>intuition<br>categorisation<br>deliberation/planning |

Quelle: eigene

Gleichwohl können $T_2$ und $T_3$ als prozedural rational charakterisiert werden; für $T_4$ bietet sich die Charakterisierung „unrational" an.[39] $T_3$ und $T_4$

---

[39] Vgl. Dreyfus/Dreyfus 1986, 36. Winograd/Flores (1986, 14ff) rechnen $T_1..T_3$ einer „rationalistic tradition" zu. Deren allgemeine Merkmale sehen sie in: 1.) einer Charakterisierung der Situation, 2.) dem Auffinden allgemeiner Regeln und 3.) dem Bewerten der Konsequenzen dieser Regelanwendung. Der problemlösende Handlungstyp ($T_3$) bewerkstelligt für die Autoren den Übergang von 1.) zu 2.) durch eine interne (symbolische) Repräsentation und das Suchen nach brauchbaren Alternativen (vgl. ebenda 22ff, 95ff, 145). Dem stellen sie einen Handlungstyp gegenüber, in

verbindet nicht nur eine starke Unsicherheit bei der Kalkulation künftiger Erträge, sondern auch eine Trägheit und Pfadabhängigkeit bei der Regelfestlegung. Dafür sind der erfahrungsabhängige Zeitbedarf des Regelerfolgs und die Kosten des Regelwechsels (Entwertung der alten Regel, Erlernkosten für die neue Regel) ausschlaggebend.[40] Ein wichtiges Unterscheidungsmerkmal ist andererseits die Art der Diskriminierung und der damit korrespondierende Problemlösungsmodus. Hier lassen sich die mit Präferenzordnung und subjektiver Erwartungsbildung operierenden prospektiven Handlungstypen von den retrospektiven Handlungstypen unterscheiden.

Für die im folgenden zu betrachtende Art der Rationalitätsbeschränkung des Handelns in Unternehmen ist schließlich die Unterscheidung zwischen Handeln, das überwiegend in deliberativen Wahlakten besteht („*W-Prozeduren*") und Handeln, das überwiegend einem vorgegebenen Ablaufmuster folgt („*R-Prozeduren*") von Bedeutung. Diese R-Prozeduren sind entsprechend der obigen Typologisierung in erfahrungsinduzierte Uniformisierungsregeln ($R_U$), trainingsinduzierte Qualifikationsnutzung ($R_Q$) und verordnungsinduzierte Koordinationsregeln ($R_K$) unterscheidbar. Fasst man alle informationserschließenden Operationen in Bezug auf das Umfeld (Informationserschließung und deren Einspeisung in die interne „Weltsicht" einschließlich einer ggf. erfolgenden Korrektur dieser Weltsicht) in Gestalt gegebener Perzeptoren (pc) zusammen, dann können die R-Prozeduren wie folgt symbolisch dargestellt werden:[41]

---

dem aufgrund eines „pre-understanding" einer Handlungssituation und eines „structural coupling" der Handlungselemente die deliberativen Komponenten des Handelns eine untergeordnete Rolle spielen ($T_4$)(vgl. ebenda, 74f). Diese Einteilung ist noch stark von einer (implizit) konnektionistischen Frontstellung gegen die symbolistische Orientierung der Schule von Simon geprägt.

[40] Wegner (1995, 71) nimmt dies zum Anlass, die Regelfestlegung mit einer Investition zu vergleichen: „Die Etablierung einer Regel geht mit der Investition in Humankapital einher, und zwar sowohl auf der Seite der Regelanwender, als auch derer, die gegebenenfalls mit der Einhaltung/Durchsetzung der Regel beauftragt sind....".

[41] Der untere Index von H steht für unterschiedliche Handlungen derselben Person; der obere Index steht für Handlungen unterschiedlicher Personen; „E" bedeutet Erfahrung, „T" bedeutet Training und „V" bedeutet Verordnung.

$$R_U: pc \xrightarrow{E} H;$$
$$R_Q: pc \xrightarrow{T} \{H_k\};$$
$$R_K: pc \xrightarrow{V} \{H_k^n\}.$$

R-Prozeduren können aber selbst wieder ein Gegenstand von W-Prozeduren oder R-prozeduren sein (Meta-Entscheidungen bzw. Meta-Regeln). Im letzteren Fall lautet die symbolische Darstellung:

$$R'_U: pc \xrightarrow{E} R_U;$$
$$R'_Q: pc \xrightarrow{T} \{R_Q\};$$
$$R'_K: pc \xrightarrow{V} \{R_K\}.$$

Geht man von einem gegebenen Raum diskreter Umfeldzustände aus, die jeweils als unterschiedliche Ausprägung weniger Merkmale (Dimensionen) abgebildet werden können, dann bedeutet die hier unterstellte beschränkte Rationalität (in Gestalt einer beschränkten Information über alle möglichen Zustände), dass für einen gegebenen Akteur *erstens* nur eine lokal beschränkte Menge solcher Zustände „sichtbar" ist und *zweitens* diese beschränkte Menge – entsprechend des inneren Weltbildes, Modells und der Wissensverfügbarkeiten – in Zustandsmöglichkeiten für diesen Akteur abgebildet werden. Entweder selektiert der Akteur zwischen diesen internen Zustandsmöglichkeiten oder aber er findet in der lokalen Nachbarschaft zu ihm bekannten Zuständen neue Möglichkeiten (in Abhängigkeit von seinen jeweils aktuellen W- bzw. R-Prozeduren). Verändert der Akteur dann seinen internen Zustand, verändert er damit auch sein Umfeld. Von diesem neuen Umfeldzustand aus kann er neue, ihm bisher nicht zugängliche Umfeldzustände realisieren und in seinem inneren Modell erfassen (und dieses ggf. korrigieren). Auf diese Weise durchwandert der Akteur den diskreten Raum der Umfeldzustände und verarbeitet die dabei anfallenden Informationen mit Hilfe der ihm verfügbaren kognitiven Konstrukte.

*Abb. 5*

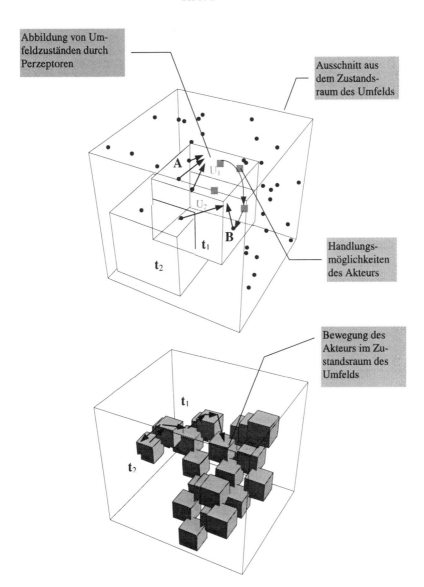

Quelle: eigene

Dies ist in Abb. 5 veranschaulicht. Der Ausgangszustand sei A; es gibt (in $t_1$) fünf verschiedene Umfeldzustände, die gemäß innerem Modell in zwei verschiedenen bekannten Zuständen abgebildet werden $(U_1, U_2)$[42], für die jeweils zwei Handlungsoptionen existieren (Rechtecke). Dann erfolgt die Selektion/Suche der gewünschten Option (B) im inneren Modell und die Realisierung der entsprechenden Alternative B. Ist B realisiert, verschiebt sich die Wahrnehmung der möglichen Umfeldzustände $(t_2)$.

Mit der Unterscheidung zwischen dem Rationalismus der Standardökonomik $(T_1)$ und den anderen Typen rationalen Handelns $(T_2..T_4)$ ist eine akteursbezogene Pluralität möglich. „(a) rationality is a relative and contextual notion: there is not an absolute rationality; (b) there is more than one type of rational agent; (c) there is more than one type of rational decision making."[43] Unternehmen sollen im folgenden – entsprechend dieser Sichtweise – als eine umfeldabhängige Kombination von beschränkt rationalen Entscheidungs- und Handlungsprozeduren interpretiert werden.[44]

---

[42] Diese Abbildung der Observationen in „bekannte" Zustände kann entweder durch eine erfahrungsabhängige Klassifizierung bedingt sein $(T_3)$ oder durch ein aktiviertes inneres Modell des Handelnden $(T_2)$ erfolgen. Im ersten Fall werden Regeln, im zweiten Fall Handlungsoptionen gewählt.

[43] Castelfranchi/Conte 1998, 132.

[44] Im Mittelpunkt der folgenden Betrachtung stehen insoweit nicht die Personen, die eine Unternehmung bilden, sondern die durch diese Personen ausgeführten Handlungsprozeduren. Von dem Problem der „Einpassung" von einzelnen Personen in ein gegebenes Organisationsgefüge (vgl. March 1991, 74ff; Kogut/Zander 1992, 388ff) wird daher ebenso abgesehen wie von den Problemen, die sich ergeben, wenn mehrere Handlungsprozeduren in einer Person verkörpert sind.

## 3. Die Unternehmung als Verknüpfung beschränkt rationaler Handlungseinheiten

### 3.1 W- und R-Prozeduren in Unternehmen

Unternehmen werden im vorliegenden Zusammenhang als ein hierarchisches Netzwerk informationsverarbeitender Prozeduren verstanden.[45] In dieser Sichtweise steht im Mittelpunkt der Aktivitäten von Unternehmen:

(i) die Erschließung und Aufbereitung umfeldbezogener Informationen durch Perzeptoren (pc),

(ii) die Festlegung einer Struktur für die Umsetzung dieser Informationen in Handlungsanweisungen (W,R),

(iii) die Ausführung dieser Handlungen (H),

(iv) die Auswertung der Ergebnisse dieser Handlungen in Bezug auf ihren Zielerreichungsgrad (z) und

(v) eine Rückkopplung dieser Auswertung an (i) bzw. (ii).

Die Aktivitäten (i)–(v) führen – vermittelt durch einen andauernden Lernprozess – zur Herausbildung einer Struktur, die eine Verkopplung der Handlungstypen $T_2$, $T_3$ und $T_4$ darstellt: $T_2$ liegt der Wahl einer Unternehmensstrategie bzw. einer unternehmerischen Reaktion auf diskretionäre Umfeldereignisse zugrunde. $T_3$ liegt der Ausbildung einer vertikalen und horizontalen Organisation der Unternehmensaktivitäten zugrunde. Schließlich kann die Herausbildung der „Faktorspezifität" der Mitglieder einer Unternehmung mit Hilfe von $T_4$ abgebildet werden. Die Verkopplung dieser Handlungstypen erfolgt *erstens* dadurch, dass der Gegenstand von $T_2$ die Festlegung von R-Prozeduren ist, wie sie in $T_3$ enthalten sind. *Zweitens* erfolgt die Verknüpfung dadurch, dass die Regelimplementation das Vorhandensein von Qualifikations- und Erfahrungswissen der Unternehmensmitglieder erfordert. Symbolisiert man die in $T_2$ enthaltenen W-Prozeduren mit W, unterteilt man die in $T_3$ enthaltenen R-Prozeduren in Koordinationsregeln ($R_K$) und Uniformisierungsregeln ($R_U$), und symbolisiert man die in $T_4$ enthaltene Ausbildung einer

---

[45] Vgl. Nelson 1994, 245.

Qualifikation mit $R_Q$, dann lassen sich die Handlungsschemata aus Abb. 2, 3 und 4 zu dem in Abb. 6 wiedergegebenen Schema für das Handeln in Unternehmen synthetisieren.[46]

Abb. 6

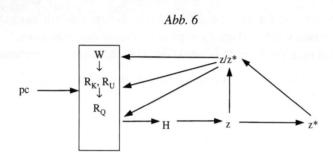

Quelle: eigene

In dem Algorithmusschritt (ii), der die Handlungsmöglichkeiten eingrenzt, werden W-Prozeduren und R-Prozeduren (i.S. von Abschnitt 2) verknüpft. Durch die *W-Prozedur* wird ein Zielbündel, die zu diesen Zielen[47] gehörigen Anfangswerte der Zielerreichungsansprüche und die für die jeweiligen Ziele erforderlichen R-Prozeduren festgelegt.[48]

Demgegenüber definieren die *R-Prozeduren* dann die eigentliche Handlungsstruktur einer Unternehmung. In diesen R-Prozeduren werden Uniformisierungsregeln, Routinen und Koordinationsregeln in horizontaler, aufwärtsvertikaler und abwärtsvertikaler Weise kombiniert.[49] Die

---

[46] Unberücksichtigt bleibt die ergebnisabhängige Veränderung der Perzeptoren und – zunächst – die Binnenstruktur von R.

[47] Z.B. das Erreichen eines Anspruchsniveaus in Bezug auf die Rentabilität als Primärziel, Markteroberungs- bzw. Kooperationsoptionen als Sekundärziel, die Eingrenzung der Produkt- bzw. Dienstleistungspalette als Tertiärziel usw.. Diese Zielfindungen können sich gegenseitig beeinflussen.

[48] Vgl. Nelson 1994, 244f.

[49] Aufwärtsvertikal ist eine R-Prozedur dann, wenn mindestens zwei der von pc ausgelösten Handlungen auf verschiedenen Hierarchie-Ebenen liegen. Eine Hierarchieebene ist durch die Gesamtheit aller Akteure und Handlungsprozeduren gegeben, die untereinander nicht durch ein Anweisungsverhältnis verknüpft werden.

mögliche Elemente der R-Prozedur (und ihre symbolische Darstellung) sind durch Tab. 2 wiedergegeben.

*Tab. 2*

|  | **U-Regel** | **Qualifikation** | **K-Regel** |
|---|---|---|---|
| **horizontal** | $\vec{R}_U$ | $\vec{R}_Q$ | $\vec{R}_K$ |
| **aufwärtsvertikal** | $\uparrow R_U$ | $\uparrow R_Q$ | $\uparrow R_K$ |
| **abwärtsvertikal** | $\downarrow R_U$ | $\downarrow R_Q$ | $\downarrow R_K$ |

Quelle: eigene

Prinzipiell ist eine Vielfalt der Verknüpfung von W- und R-Prozeduren möglich. Hier wird von der Hypothese ausgegangen, dass Unternehmen – aufgrund der unterschiedlichen Ausstattungen ihrer Mitglieder – durch W-Prozeduren mit Anweisungscharakter und durch das Vorkommen von $\vec{R}_U$, $\vec{R}_Q$, $\vec{R}_K$, $\downarrow R_U$ und $\downarrow R_K$ charakterisiert sind.

Je mehr Unternehmensmitglieder von den aus den W-Prozeduren folgenden Anweisungen betroffen sind, und je größer der Anteil der abwärtsvertikalen R-Prozeduren ist, je *hierarchischer* ist eine *Unternehmensorganisation*. In Abb. 7 sind für eine Unternehmung mit zwei Organisationseinheiten ($H_1$, $H_2$) und einer Zentrale die Extremfälle einer vollständig hierarchischen Organisation und einer vollständig dezentralen Organisation wiedergegeben. Im ersteren Fall (vgl. Abb. 7(a)) nimmt die Zentrale die Beobachtungen vor und ist auch der Ort, an dem die Handlungsregeln generiert werden; Dezentralität ist nur in Gestalt der Vollzugseinheiten gegeben. Im Falle der vollständig dezentralen Organisation (vgl. Abb. 7(b)) beschränkt sich die Rolle der Zentrale auf das wechselseitige Bekanntmachen der jeweiligen regelbedingten Handlungsoptionen der einzelnen Organisationseinheiten; die Umweltdeutung, die Regelgenerierung und die Bewertung ist den Organisationseinheiten überlassen.

*Abb. 7*

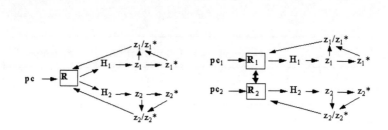

Quelle: eigene

Ist der Informationsbedarf für eine Unternehmung gegeben, kann in den Dimensionen „Hierarchiegrad"(HG)[50] und „Informationseffizienz"(IE)[51] eine Organisationsmöglichkeitskurve und die durch eine gegebene Organisation gegebene Lage auf dieser Kurve skizziert werden (vgl. Abb. 8).[52]

*Abb. 8*

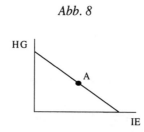

Quelle: eigene

Abgesehen von dem mehr oder weniger hierarchischen Charakter der Unternehmensorganisation ist diese durch eine *Komplementarität* der

---

[50] Dieser kann durch den Indikator: Anzahl der Hierarchieebenen erfasst werden.

[51] Diese kann durch den Indikator: Zeitdauer und Aufwand für die Überführung einer neuen Information in eine veränderte Handlungsorientierung erfasst werden.

[52] Ähnliche Folgerungen ziehen Decanio/Watkins (1998, 289f) aus einem graphentheoretischen Simulationsmodell.

einzelnen R-Prozeduren gekennzeichnet. Gemeinsam ist diesen zunächst die Bewältigung von Handlungserfordernissen unter starken Zeitrestriktionen und/oder einem repetitiven Kontext sowie die Verfügung über ein nur eingeschränktes Wissen (Klassifikation statt Identifikation des Umfeldes, induktive statt deduktive Festlegung der Handlungen, nur lokale statt globale Übersicht über Handlungsmöglichkeiten). Eine spezifische Begründung im Unternehmenskontext erhalten R-Prozeduren durch die hier gegebenen Grenzen der Kontrolle des Handelns aller Mitglieder und durch die Bewältigung von Interessenskonflikten, die aufgrund der Ausstattungsunterschiede der Unternehmensmitglieder möglich sind.[53] Voraussetzung für die Aktivierung einer R-Prozedur ist die unternehmensinterne Übermittlung einer interpretierten Nachricht. Auf dieser Grundlage setzt dann eine Koordinationsregel ($R_K$) ein Spektrum bekannter Handlungsmöglichkeiten voraus und verweist damit auf das Wirksamwerden von Uniformisierungsregeln ($R_U$). Diese wiederum beruhen oftmals nicht nur auf der Möglichkeit, kognitive Erfahrungswerte abzurufen, sondern setzen auch subkognitive, durch Training erworbene, Fähigkeiten voraus ($R_Q$).[54] Je mehr diese Fähigkeiten unternehmensspezifisch sind, je wahrscheinlicher ist es, dass daraus ein Konflikt um Lohn und Leistung zwischen dem Unternehmer (Prinzipal) und dem spezifisch qualifizierten Arbeiter (Agent) entsteht.[55] Ist ein derartiger Konflikt gegeben, gibt es einen neuen Anlass für die Etablierung von Koordinations- und Uniformisierungsregeln.

Einerseits ist mit der Strukturierung durch R-Prozeduren eine Veränderungsträgheit und ein lock-in-Effekt für die Unternehmensorganisation gegeben.[56] Andererseits gibt es aber exogene und endogene Gründe für die *Veränderung* dieser R-Prozeduren. *Erstens* verändert sich beständig das Umfeld eines Unternehmens in Gestalt des Handelns der Mitkonkurrenten. Insofern ist zu erwarten, dass die Beibehaltung einer gegebenen R-Struktur (und der dieser zugrundeliegenden Klassifikation der Umfeld-

---

[53] Vgl. Nelson/Winter 1982, 109ff.
[54] Dies schließt selbstredend nicht aus, dass in der Organisationspraxis von Unternehmen eine Mischung zwischen kognitivem Erfahrungswissen und subkognitiven Befähigungen erforderlich ist.
[55] Vgl. Williamson 1985, 52ff, 95ff.
[56] Vgl. Nelson/Winter 1982, 112ff.

zustände) auf Dauer zu Zielwertverschlechterungen führen wird. *Zweitens* ist auch unabhängig von einem veränderten Umfeld mit Fehlern bzw. Modifikation bei der Replikation dieser R-Prozeduren zu rechnen. Dies ist dann der Fall, wenn gegebene Regeln durch neu in die Unternehmung eintretende Personen ausgeführt werden sollen oder in einem neuen Kontext (etwa beim Aufbau neuer Filialen) zur Anwendung kommen. Da für einen Teil der R-Prozeduren nicht-transferierbares Wissen von Bedeutung ist bzw. das erforderliche Wissen erst „erfahren" werden muss, ist mit „Kopierfehlern" bei der Regelreplikation zu rechnen.

### 3.2 Ein einfaches Modell

Im folgenden soll anhand eines einfachen Modells verdeutlicht werden, wie ein Unternehmen durch die Verarbeitung von Informationen Handlungsmöglichkeiten erschließt. Es soll gezeigt werden, wie die klassifizierten Umweltzustände unter Hinzuziehung von internen produktionstechnischen und organisatorischen Wissensbeständen[57] zur Eingrenzung von Handlungsmöglichkeiten führen und wie eine dieser Handlungsmöglichkeiten durch eine Meta-Regel aktiviert wird bzw. (durch Verbindung von W- und R-Prozeduren) neue Handlungsmöglichkeiten ermittelt werden.

Das in einer Unternehmung verfügbare Wissen bestehe *erstens* in den möglichen Konfigurationen der Produktionselemente z.B. „Maschine" und „Arbeit" (technisches Wissen):[58]

---

[57] Unternehmensinternes Wissen ist die Folge gedeuteter Informationen. Dieses Wissen kann in zustandsbezogenes Wissen und in prozessbezogenes Wissen unterteilt werden. Während Routinen reines Prozesswissen darstellen, sind in Regeln und Befähigungen (skills) Elemente von Zustands- und Prozess-Wissen enthalten. Insofern ist die Unterscheidung allein zwischen „Information" und „Befähigungen" (know-how) wie etwa bei Kogut/Zander 1992, 386f unzureichend.

[58] Die Indizes stehen dabei jeweils für den unterschiedlichen Ausprägungsgrad eines qualitativen Merkmals; im Falle des Elements Maschine kann dies z.B. der Grad ihrer Automatisierung sein, im Falle des Elements Arbeit kann dies z.B. der Qualifikationsgrad des Personals sein.

$$\mathbf{M} = \{M_1, M_2, M_3\}$$
$$\mathbf{A} = \{A_1, A_2, A_2\}$$
[1]

*Zweitens* bestehe das Wissen in der Bekanntheit von diskreten Kombinationsmöglichkeiten von „Maschine" und „Arbeit" und den dazu gehörenden organisatorischen Strukturen, die im vorliegenden Fall durch die Kombination von R-Prozeduren beschrieben werden (organisatorisches Wissen). Dann lässt sich der Raum der Produktionsmöglichkeiten (**P**) durch folgende beispielhafte „Rezeptsammlung" (Verbindung von produktionstechnischem und organisatorischem Wissen) für die beiden genannten Produktionselemente charakterisieren:[59]

$$\mathbf{P} = \begin{cases} [1]: \{M_1, A_2, R^{M1-A2}\} \\ [2]: \{M_2, A_2, R^{M2-A2}\} \\ [3]: \{M_3, A_2, R^{M3-A2}\} \\ [4]: \{M_3, A_3, R^{M3-A3}\} \end{cases}$$
[2]

In ausführlicher Schreibweise sind dann etwa die Produktionsrezepte $P_{[1]}$ und $P_{[2]}$ gegeben durch:

$P_{[1]}$: $M_1 \wedge A_2 \wedge (\vec{R}_U^1, \vec{R}_Q^1, \downarrow R_K^1)$.

$P_{[2]}$: $M_2 \wedge A_2 \wedge (\vec{R}_U^{21}, \vec{R}_U^{22}, \vec{R}_Q^2)$

Während $P_{[1]}$ eine hierarchische Organisation einschließt, ist $P_{[2]}$ an eine nicht-hierarchische R-Prozedur gebunden. Es sei angenommen, dass das Unternehmen zwischen diesen Produktionsrezepten ohne Umstellungskosten wechseln kann.

Die *dritte* Wissenskomponente ist eine Sammlung bekannter, d.h. durch die Perzeptoren der Unternehmung verarbeiteter, Umfeldzustände (Umfeldwissen). Im vorliegenden Fall werden zwei solcher bekannter Umfeldzustände ($U_1$, $U_2$) angenommen. Gemäß einer Meta-Regel sollen dann $P_{[1]}$ und $P_{[2]}$ um die Aktivierung konkurrieren, wenn für das Unter-

---

[59] Dies impliziert – anders als im transaktionskostentheoretischen Ansatz – eine Abhängigkeit von Produktionstechnik und Organisation.

nehmen ein Umweltzustand $U_1$ vorliegt, und $P_{[3]}$ und $P_{[4]}$ sollen konkurrieren, wenn für das Unternehmen ein Umweltzustand $U_2$ vorliegt (Klassifikation). In Abb. 9 wird – wiederum beispielhaft – der Raum der bekannten Produktionsrezepte und ihre Zuordnung zu unterschiedlichen Umweltzuständen grafisch dargestellt („+" bedeutet, dass Produktionsrezepte mit den entsprechenden Kombinationen bekannt sind, „0" bedeutet, dass dies nicht der Fall ist).

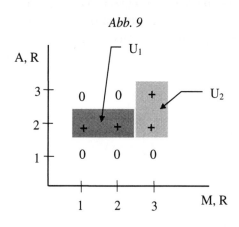

*Abb. 9*

Quelle: eigene

Auf Grundlage der erfolgten Klassifikation treten die passenden Regeln in einen unternehmensinternen Wettbewerb zueinander. Dieser interne Wettbewerb soll im folgenden – als pars pro toto für die unternehmensinterne Wissensgenerierung – analysiert werden (vgl. dazu Arthur 1993).

Für die Alternativen $P_{[1]}$ und $P_{[2]}$, deren Aktivierungskonkurrenz hier genauer formalisiert werden soll, wird eine stochastische Auszahlung (pb(pf)) unterstellt. Diese Stochastik ist zum einen die Folge der dem Unternehmen ex ante unbekannten (bzw. nicht vollständig bekannten) Umfeldbedingungen und zum andern der ex ante unbekannten (bzw. nicht vollständig bekannten) Produktivität der kombinierten Produktionselemente, da diese das Ergebnis der Nutzung dezentraler und u.U. nicht transferierbarer Wissenselemente ist. Es wird hier angenommen, dass der hierarchischen Variante $P_{[1]}$ wegen der geringeren Anreizwirkung für die Arbeiter eine geringere Produktivität (und damit eine geringere mittlere

Auszahlung) entspricht, dafür aber das Ergebnis besser kontrollierbar ist (geringere Varianz der Auszahlung). Demgegenüber sei die Produktivität in der nicht-hierarchischen Variante P$_{[2]}$ höher, dafür aber die Kontrolle des Ergebnisses schwieriger (größere mittlere Auszahlung und größere Varianz der Auszahlung). Aus Vereinfachungsgründen sei angenommen, dass die Auszahlungsstochastik mittels einer Normalverteilung abgebildet werden kann (vgl. Abb. 10). Da dem Unternehmen (bzw. seinem Management) die Verteilungsfunktionen für die beiden Produktionsalternativen (annahmegemäß) nicht bekannt sind, muss unter Verwendung induktiv gewonnener Auszahlungserkenntnisse eine Diskriminierungsregel in Gestalt von Bewertungskennziffern, die diese früheren Auszahlungen widerspiegeln, gebildet werden. In diesen Bewertungskennziffern drückt sich ein Erfolgsanspruch dergestalt aus, dass die Wechselwahrscheinlichkeit zunimmt, wenn das aktuell realisierte Ergebnis für eine Alternative kleiner als die gebildete Bewertung ist.[60] Diese in jedem Zeitschritt aktualisierten Bewertungskennziffern stellen im vorliegenden Zusammenhang die *vierte* Wissenskomponente in Unternehmen dar.

*Abb. 10*

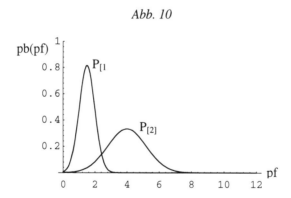

Quelle: eigene

---

[60] Insofern stellt dieser Alternativenbewertungs- und Auswahlalgorithmus eine Variante der in Abschnitt 2.3 erwähnten Orientierung an einem Anspruchsniveau dar.

Die Bewertungskennziffern für alle möglichen Produktionsalternativen i=1,2 zum Zeitpunkt t werden durch den Vektor $\mathbf{S}(t) = \{S_i(t)\}$ ausgedrückt.[61] Ist SUM die Summe dieser Messzahlen und $\mathbf{S}_0$ die Anfangsverteilung derselben, soll gelten:

$$\sum_{i=1}^{2} S_i(t) = SUM(t),$$
$$\mathbf{S}_0 > 0.$$
[3]

Der Lernprozess, der in dieser Meta-Regel für die Alternativenwahl enthalten ist, wird durch folgende Beziehungen abgebildet:[62]

- [I] Der Vektor der Wahrscheinlichkeiten für die Wahl der verschiedenen Produktionsalternativen sei:

$$\mathbf{pb}_i(t) = \frac{\mathbf{S}(t)}{SUM(t)} = \mathbf{S}(t) \frac{1}{SUM(t)}.$$
[4]

Damit wird unterstellt, dass es keinen deterministischen Zusammenhang zwischen den unternehmensintern gebildeten Bewertungen für eine Produktionsalternative und ihrer Aktivierung gibt. Eine höhere Bewertungskennziffer begründet lediglich eine höhere Wahlwahrscheinlichkeit für die entsprechende Alternative und belässt auf diese Weise der aktuell geringer bewerteten Alternative noch eine Überlebenschance. Auf diese Weise wird berücksichtigt, dass nicht sofort an der Auszahlung sichtbare Entwicklungsmöglichkeiten einer Alternative gewahrt bleiben.[63]

- [II] Der Vektor der Bewertungskennziffern wird um den in jedem Zeitschritt für die jeweils aktive Alternative erzielten pay-off vergrö-

---

[61] „We may think of the above strength vector as summarizing the current confidence of the agent or automaton has learned to associate with actions 1 through n. (Bezeichnung angepasst – F.B.) The confidence associated with an action increases according to the (random) pay off it brings in when taken." (Arthur 1993, 5)

[62] Vgl. Arthur 1993, 5f.

[63] Negativ kann dies auch als organisationsbezogenes Beharrungsvermögen (sei dies ein Ergebnis der fehlerhaften Informationsübermittlung, sei dies ein Ergebnis des Umstellungsunwilligkeit der Beschäftigten) ausgedrückt werden.

ßert. Für die Handlung j ist diese Vergrößerung: $\mathbf{b}_t = pf(j)\mathbf{e}_j$ (mit $\mathbf{e}_j$ als dem j-ten Einheitsvektor). Dann soll gelten:

$$\mathbf{S}(t+1) = \mathbf{S}(t) + \mathbf{b}(t).\qquad [5]$$

− [III] Die Summe der Bewertungskennziffern pro Zeiteinheit soll einer vorgegebenen Konstanten gleich sein:

$$[III.1]\ SUM(t) = SUM\ bzw.\qquad [6]$$

$$[III.2]\ SUM(t) = SUM \cdot t^v.\qquad [7]$$

Es gibt dann zu den Alternativen i =1,2 verschiedene Bewertungen, die darum „konkurrieren", beim dem Unternehmen eine Handlung auszulösen. Handlungstheoretisch ausgedrückt: der Unternehmer, ausgestattet mit einer Anfangsstruktur von Vermutungen und Erfahrungen (erfasst in den Bewertungen: $\mathbf{S}_t$), modifiziert diese in Abhängigkeit von den erzielten Ergebnissen (d.h. er lernt) unter der Maßgabe, dass die Gesamtheit dieser Maßzahlen konstant ist (Fall [III.1]) bzw. mit der Zeit zunimmt (Fall [III.2]). Die Lerngeschwindigkeit ist dabei gegeben durch $\frac{1}{SUM}$ (im Fall [III.1]). Im Fall [III.2] verändert sich dagegen das gesamte Beeinflussungspotential (die Summe der Bewertungen) mit der Zeit. In diesem Fall ist die Lerngeschwindigkeit: $\frac{1}{SUM \cdot t^v}$. Ist $v = 1$, sinkt die Lerngeschwindigkeit mit der Zeit rascher als im Fall $v < 1$. In Abb. 11 ist das Lerntempo ($l = \frac{1}{SUM}$ bzw. $l = \frac{1}{SUM \cdot t^v}$) für den Fall [III.1] mit SUM=10, $v = 0$ (durchgezogene Gerade) und für den Fall [III.2] mit SUM=10, $v = 0,5$ (durchgezogene Kurve) bzw. für $v = 1$ (gestrichelte Kurve) wiedergegeben.

Die Festlegung der Lerngeschwindigkeit ist im vorliegenden Modellkontext ein Parameter, der im Rahmen einer W-Prozedur festgelegt werden muss: das Unternehmen muss im Rahmen einer Strategie-Entscheidung den trade-off zwischen der Exploitation einer gewählten Produktionsalternative und dem Übergang zu einer anderen Alternative (Exploration) auflösen.[64] Durch diese Festlegung wird die Dynamik von **S**(t) und **pb**$_i$(t) entscheidend geprägt.[65]

*Abb. 11*

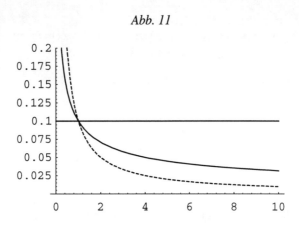

Quelle: eigene

Für die Beantwortung der Frage, ob und ggf. unter welchen Bedingungen der obige Lernalgorithmus die bessere Alternative selektieren kann, sind zwei Eigenschaften bedeutsam: zum einen der stochastische Charakter, der es möglich macht, dass grundsätzlich alle Alternativen (mit unterschiedlicher Wahrscheinlichkeit) Gegenstand der Exploration sind. Damit ist auch eine Chance gegeben, die günstigste Alternative (die Alternative mit der größten erwarteten Auszahlung) zu finden (Auszahlungs-

---

[64] „Both exploration and exploitation are essential for organizations, but they compete for scarce resources. As a result, organizations make explicit and implicit choices between the two. The explicit choices are found in calculated decisions about alternative investments and competitive strategies. The implicit choices are buried in many features of organizational forms and costums, for example in organizational procedures for accumulating and reducing slack, in search rules and practices, in the ways in which targets are set and changed, and in incentive systems." (March 1991, 71)

[65] Für die Einzelheiten der Modellierung dieser Dynamik sei auf Arthur (1993) verwiesen.

Effekt). Wird diese Alternative gefunden, sorgt (bei hinreichender Häufigkeit der Wahl) der Effekt der Auszahlung auf die Bewertungszahl (vgl. Gleichung [5]) dafür, dass diese Alternative auch eine zunehmende Wahlwahrscheinlichkeit aufweist. Zum andern ist die nicht-lineare Eigenschaft des obigen Lernalgorithmus bedeutsam: sofern die aus einer gegebenen Wahl resultierende Auszahlung hinreicht, vermittelt über den Einfluss auf die Bewertungszahl die Wahrscheinlichkeit dieser Wahl günstig zu beeinflussen, können damit schlechtere Alternativen „exploitiert" werden (feedback-Effekt). Umgekehrt kann diese Nicht-Linearität die Grundlage dafür sein, dass die bessere Alternative (wegen zunächst unzureichender Ergebnisse) dadurch ungenügend „exploriert" wird (vgl. Arthur 1993, 8).

Welches dieser beiden Merkmale dominiert, hängt (i) zunächst davon ab, wie groß die Differenz zwischen der erwarteten Auszahlung der besten Alternative und den nächst besten Alternativen ist (Vorteilsgrad). Je größer dieser Vorteilsgrad ist, je wahrscheinlicher ist eine optimale Exploration (bessere Diskriminierungsfähigkeit). Diese Wahrscheinlichkeit einer optimalen Exploration hängt aber weiterhin (ii) davon ab, welchen Wert die Parameter SUM und $v$ haben. Je größer SUM ist (Niveau des Lerntempos), je kleiner ist gemäß [4] die „Schrittweite" des Lernprozesses, so dass die Attraktion durch eine suboptimale Alternative langsam genug erfolgt, um noch eine Entdeckung der optimalen Alternative zu ermöglichen. Umgekehrt steigt mit sinkendem SUM das Lerntempo und daher das Risiko eines lock-in durch eine suboptimale Lösung. Schließlich hängt die Optimierungsfähigkeit des obigen Algorithmus (iii) von der Größe der durch $v$ festgelegten Veränderung des Lerntempos ab. Sind die erwarteten Auszahlungen nach oben und unten beschränkt und verschieden und ist v=1, konvergiert **pb**$_i$(t) gegen die bessere Lösung. Ist dagegen $0 < v < 1$ (d.h. die Schrittweite des Lernprozesses vermindert sich – weniger rascher als im vorhergenden Fall – mit der Rate $\frac{1}{t^v}$), dann konvergiert **pb**$_i$(t) mit einer positiven Wahrscheinlichkeit gegen eine schlechtere Lösung (vgl. Arthur 1993, 8, 18ff).

Die Unterschiede zwischen den Zeitpfaden der unterschiedlichen Varianten des obigen Lern- und Entscheidungsmodells seien an Hand des obigen Beispiels mit zwei Alternativen (i=1,2) verdeutlicht (vgl. Abb. 10). Diese Wahrscheinlichkeitsfunktionen unterscheiden sich hinsichtlich ihres Erwartungswertes ($\mu_1 = 1.5; \mu_2 = 4$) und der Standardabweichung ($\sigma_1 = 0.49; \sigma_2 = 1.2$).[66] Obwohl die (nur dem externen Beobachter bekannte) Differenz zwischen „Erwartungsprofiten" (Produkt aus Erwartungswert und Wahrscheinlichkeit dieses Erwartungswerts) für beide Alternativen relativ klein ist, lassen sich bereits innerhalb eines überschaubaren Zeithorizonts (t =100) signifikante Unterschiede in der Entwicklung der Wahlwahrscheinlichkeiten ($pb_1, pb_2$), der Wahl der Alternativen (i=1,2) und der Auszahlungen ($pf_1, pf_2$) ausmachen. Abb. 12 zeigt die beispielhafte Entwicklung der Wahlwahrscheinlichkeit für $P_{[1]}$, der Alternativenwahl selbst und der resultierenden Auszahlung in den zwei verschiedenen „Lern- und Anpassungsregimen" ((a): $v = 0.1$ und (b): $v = 1$). Offensichtlich wird in dem langsamen Lernregime die Exploration der besseren Alternative durch einen starken positiven Rückkopplungseffekt, der von den Ergebnissen der schlechteren Alternative $P_{[1]}$ auf die Wahlwahrscheinlichkeit dieser Alternative ausgeht, verhindert.[67]

„The algorithm in fact reproduces three important „stylised facts" of human learning: that human learning varies over experiments with different payoff structures in a characteristic way; that humans „meliorate" in the case where payoff depend on the frequency of choice; and that there is a threshold of discrimination beyond which humans may fail to discover eventually the best alternative....If alternatives are distinct, non-random and clearly different, we can expect standard outcomes. But where alternatives are random and difficult to discriminate among, non-standard outcomes – not too distant from optimality – are possible." (Arthur 1993, 17) In diesem Fall findet – anders als in den üblichen ökonomischen Erwartungstheorien – auch keine Homogenisierung der Erwartungen statt.

---

[66] Die „Auswahl" einer Alternative erfolgt in Gestalt einer Ziehung aus einer zufallsgenerierten Zahlenmenge, die aus beiden Wahrscheinlichkeitsfunktionen gespeist wird.

[67] Insofern gilt der Befund, dass langsames Lernen bessere Explorationsmöglichkeiten bietet (vgl. March 1991, 76), nicht generell.

Beschränkte Handlungsrationalität und Theorie der Unternehmung 85

*Abb. 12*

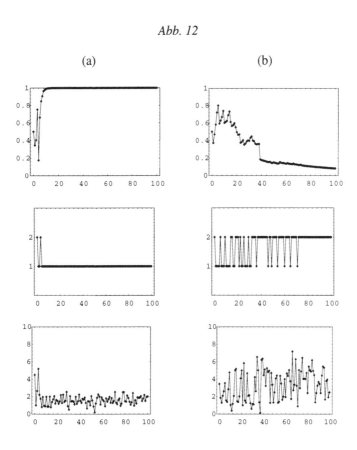

Quelle: eigene

Selbst wenn aber unter den gegebenen Umweltbedingungen eine optimale Gleichgewichtslösung existieren sollte, kann das Erreichen derselben durch eine Veränderung der Umfeldbedingungen verhindert werden, weil der Zeitbedarf u. U. für deren optimierende Exploration zu groß ist: „....(T)here is *characteristic learning time* or „relaxation time" for human decisions in the economy that depends on the frequency of observed feedback on actions taken and on the payoff structure of the problem itself. There is also, naturally, a problem-horizon over which the economic environment of a decision problem stays more or less constant. For some parts of the economy, this learning time may be shorter than the problem-horizon, and we can expect these part to be at equilibrium – a slowly changing, adiabatic one. For other parts, learning may take place more slowly than the rate at which the problem shifts"[68]. Ein Beispiel für ein sich veränderndes Umfeld wäre eine endogene Dynamik für die Auszahlungsstruktur etwa als Folge von Innovation, Diffusion und Wachstum.

*Abb. 13*

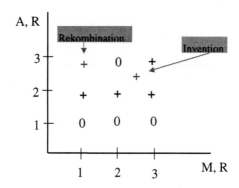

Quelle: eigene

Die *fünfte* Wissenskomponente besteht schließlich in der Erschließung neuer Kombinationsmöglichkeiten der hier beispielhaft betrachteten Arbeits- und Maschinenkonfigurationen $\{A_i, M_i\}$. Diese Innovation wird im vorliegenden Zusammenhang ausgelöst durch ein Unterschreiten des Anspruchsniveaus in Bezug auf die Zielrealisierung über mehrere Zeitschritte hinweg. Die Innovation kann zum einen dadurch geschehen, dass bekannte Konfigurationen der Produktionselemente neu kombiniert wer-

---

[68] Arthur 1993, 17f. Hinzuweisen ist auch auf den für die ökologisch-ökonomische Modellierung wichtigen Sachverhalt, dass ein in „learning motion" befindliches Teilsystem das Umfeld für ein anderes Teilsystem sein kann (vgl. ebenda, 18).

den (Rekombination) oder dadurch, dass neue Konfigurationen entwickelt werden (Invention). Im Falle der Rekombination besteht die Aufgabe in der Ermittlung geeigneter R-Prozeduren für die organisatorische Bewältigung des Einsatzes der Produktionselemente. Im Falle der Invention besteht die Aufgabe darüber hinaus in der Ermittlung neuer technischer Möglichkeiten für den Einsatz der Produktionselemente (vgl. Abb. 13).

In beiden Fällen wird dies die Einbeziehung der Qualifikationen des betroffenen Personals ($R_Q$) erfordern. Damit bleibt aber seitens der Unternehmensleitung (des Prinzipals) die Unsicherheit bestehen, ob die für die Rekombination bzw. Invention erforderlichen nicht-transferierbaren Wissenselemente beim Agenten (i) vorhanden sind und (ii) von ihm auch zum Einsatz gebracht werden.[69] Obwohl die Erfolgsaussichten im vorhinein nicht kalkulierbar sind, kann (ii) u.U. durch transaktionskostenträchtige Anreizschemata befördert werden. Im vorliegenden Modellbeispiel soll daher unterstellt werden, dass die mittlere Auszahlung einer neuen Alternative (j) mit der Häufigkeit (h), mit der sie in einem Unternehmen „probiert" wird, zunimmt, für ihre Implementierung aber Such- und Anreizkosten (Transaktionskosten: TK) in Abzug gebracht werden müssen. Für den Erwartungswert der Auszahlungsfunktion und die Auszahlungsfunktion selber soll daher gelten:

$$\mu_j(t+1) = \mu_j(t) + \alpha \cdot h_j;$$

$$\overline{pf}_j = pf_j - TK.$$

[8]

Die Höhe dieser Transaktionskosten wird dann im Rahmen des oben skizzierten Algorithmus für die Wahl einer Alternative zur Schlüsselgröße dafür, ob eine Innovation erfolgreich (zielwertverbessernd) ist oder nicht.

---

[69] Vgl. Minkler 1993. Im Unterschied zur Fragestellung in der principal/agent-Literatur wird damit unterstellt, dass nicht alle Komponenten des Handelns der Agenten dem Prinzipal bekannt sind.

*Abb. 14*

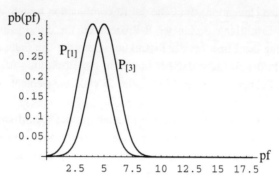

Quelle: eigene

Nimmt man als Ausgangspunkt eine bereits bekannte Alternative (i=1) und eine neue Alternative (i=3), die sich lediglich hinsichtlich ihrer mittleren Auszahlung leicht zugunsten von i=3 unterscheiden (vgl. Abb. 14), dann gibt es eine für die neue Alternative prohibitive Höhe der Transaktionskosten, die ihre Durchsetzung verhindert (vgl. die beispielhafte Simulation in Abb. 15 (a) für TK=2 und (b) für TK=6 im Lernregime mit v=0.5 und $\alpha$=0.1). Die Aufgabe des innovationsorientierten Managements besteht daher darin, durch eine geeignete Implementierung von W- und R-Prozeduren das Verhältnis von Innovationsgewinn und Transaktionskosten so zu gestalten, dass die neue Alternative durch den obigen Algorithmus bei der Alternativenauswahl strukturell bevorzugt wird.

Durch dieses einfache Modell und seine beispielhafte Spezifikation sollte deutlich geworden sein, wie mittels einer Kombination von W-Prozeduren und (Meta-)Regeln innerhalb des Unternehmens eine Lernrationalität begründet werden kann. Durch diese Lernrationalität wird ein zielverbessernder Einsatz der Produktionselemente sowohl (i) bei bekannten Produktions- und Organisationsalternativen als auch (ii) die transaktionskostenüberwindende Erschließung neuer Produktions- und Organisationsalternativen sichergestellt.

*Abb. 15*

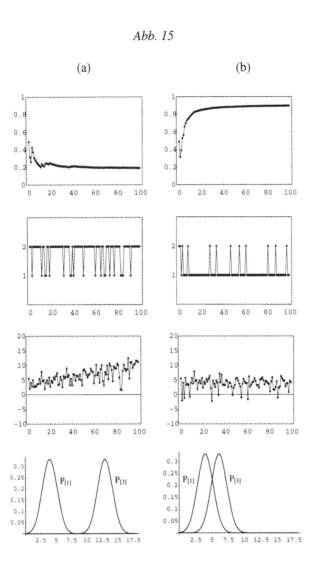

Quelle: eigene

## 4. Folgerungen

Unternehmen lassen sich als eine Kombination von beschränkt rationalen Handlungstypen beschreiben. Trotz eines unvollständigen – überwiegend induktiv gewonnenen – Wissens über Umweltzustände einerseits und Faktoreinsatzmöglichkeiten andererseits können Unternehmen in einem sich beständig verändernden Umfeld nicht nur überleben, sondern auch eine Realisierung ihrer endogen gesetzten Ziele sicherstellen. Eine wichtige Rolle bei der Relationierung dieser umfeld-, technologie- und organisationsbezogenen „lokalen" Wissenskomponenten spielen die W- und R-Prozeduren.

Die W- und R-Prozeduren stellen dabei bezüglich des Umfeldes eine institutionalisierte Komplexitätsreduktion dar, insoweit für eine Vielzahl (perzipierter) unterschiedlicher Umfeldzustände Entscheidungen ähnlich ausfallen bzw. dieselben Regeln zum Einsatz kommen. Bezüglich der internen Organisation der Unternehmensaktivitäten stellen diese Prozeduren einen zieladäquaten Kompromiss zwischen der Zentralität und der Dezentralität der Handlungsabläufe her. Bezüglich der Handlungsergebnisse vermitteln diese Prozeduren zwischen der Exploitation bewährter Alternativen und der Exploration von bekannten aber wenig praktizierten Alternativen (Adaptation) ebenso wie zwischen der Beschränkung auf das Spektrum der bekannten Alternativen und der Suche nach unbekannten Alternativen (Innovation). Die Adaptation ist im vorliegenden Zusammenhang durch die erfolgsabhängige Auswahl einer bekannten Regel im Rahmen des unternehmensinternen Regelwettbewerbs gegeben. Führt dies nicht zum gesetzten Ziel, gibt es die Möglichkeit der Innovation, sei es in Gestalt einer Verfeinerung des Klassifikationsschemas, sei es in Gestalt einer Generierung neuer Regeln (und ggf. Meta-Regeln). Auf diese Weise kann die Effizienz der informationsverarbeitenden bzw. wissensgenerierenden Organisation einer Unternehmung gesteigert werden.[70]

---

[70] D.h. der Punkt A in Abb. 8 wandert in Richtung Abszisse.

*Literatur*

Alchian, A. A. & Demsetz, H. (1972): Production, Information Costs and Economic Organisations, in: American Economic Review, 62, S. 777- 95.

Arthur, W. B. (1993): On Designing Economic Agents that Behave like Human Agents, in: Journal of Evolutionary Economics, 3, S. 1-22.

Castelfranchi, C. & Conte, R. (1998): Limits of Economic and Strategic Rationality for Agents and MA Systems, in: Robotics and Autonomous Systems, 24, S. 127-39.

Decanio, S. J. & Watkins, W. E. (1998): Information Processing and Organizational Structure, in: Journal of Economic Behavior and Organization, 36, S. 275-94.

Demsetz, H. (1993): The Theory of Firm Revisited, in: Williamson, O. E. & Winter, S. G. (Hrsg.): The Nature of the Firm, S. 159-78, Oxford: Oxford University Press.

Dreyfus, H. L. & Dreyfus, S. E. (1988): The Power of Human Intuition and Expertise in the Era of the Computer. New York: The Free Press.

Foley, D. K. (1998): Introduction, in: Albin, P. S. (Hrsg.): Barriers and Bounds to Rationality: Essays in Economic Complexity and Dynamics in Interactive Systems, Princetown: Princeton University Press.

Holland, J. H. (1975/1992). Adaptation in Natural and Artificial Systems. 2. Aufl. Ann Arbor: University of Michigan Press.

Jensen, M. C. & Meckling, W. H. (1990): Specific and General Knowledge, and Organizational Structure (http://papers.ssrn.com/ sol3/paper.taf).

Kogut, B. & Zander, U. (1992): Knowledge of the Firm, Combinative Capabilities, and the Replication of Technology, in: Organization Science, 3, S. 383-97.

Lane, D. e. al. (1996): Choice and Action, in: Journal of Evolutionary Economics, 6, S. 43-76.

Lindenberg, S. (1993): Framing, Empirical Evidence, and Applications, in: Herder-Dornreich, P., Schenk, K. E. & Schmidtchen, D. (Hrsg.): Neue Politische Ökonomie von Normen und Institutionen, 12, S. 11-38, Tübingen: J.C.B. Mohr.

March, J. G. (1991). Exploration and Exploitation in Organizational Learning, in: Organization Science, 2, S. 79-87.

March, J. G. (1994): A Primer on Decision Making. New York: The Free Press.

Marengo, L. (1992): Structure, Competence and Learning in an Adaptive Model of the Firm (Papers on Economics & Evolution). Jena: Max-Planck-Institut zur Erforschung von Wirtschaftssystemen.

McFadden, D. (1998): Rationality for Economists? Berkeley: University of California.

Minkler, A. P. (1993): The Problem with Dispersed Knowlegde: Firms in Theorie and Practice. Kyklos, 46, S. 569-587.

Nelson, R. N. & Winter, S. G. (1982). An Evolutionary Theory of Economic Change. Cambridge: Havard University Press.

Nelson, R. R. (1994): Firm, Theory of the (II), in: Hodgson, G. M., Samuels, W. J. & Tool, M. R. (Hrsg.): The Elgar Companion to Institutional and Evolutionary Economics, S. 241-6, Aldershot: Edward Elgar.

Steedman, I. & Krause, U. (1986): Goethe's Faust, Arrow's Possibility Theorem and the Individual Decision-Taker, in: Elster, J. (Hrsg.): The Mutiple Self, S. 197-231, Cambridge: Cambridge University Press.

Wegner, G. (1995): Regelwahl, Regelbefolgung und ökonomische Entwicklung, in: Wagner, A./Lorenz, H.W. (Hrsg.): Studien zur Evolutorischen Ökonomik III. Berlin: Duncker & Humblot.

Wiesenthal, H. (1990): Unsicherheit und Multiple-Self-Identität: Eine Spekulation über die Voraussetzungen strategischen Handelns (Mpifg Discussion Paper). Köln: Max-Planck-Institut für Gesellschaftsforschung.

Williamson, O. (1985): The Economic Institutions of Capitalism: Firms, Markets, Relational Contracting. New York: The Free Press.

Wilson, R. A. & Keil, F. C. (Hrsg.) 1999. The MIT Encyclopedia of the Cognitive Sciences. Cambridge/Mass.: MIT Press.

Winograd, T. & Flores, F. (1986): Understanding Computers and Cognition: A New Foundation for Design. Reading/Mass.: Addison- Wesley Publishing Company.

Witt, U. (1987): Individualistische Grundlagen der Evolutorischen Ökonomik. Tübingen: J.C.B. Mohr.

# Kognitive Skripten und die Theorie der Strukturation

*Peter Walgenbach*

*Einleitung*

Auf der Suche nach einer angemessenen handlungstheoretischen Grundlage, mit der eine realistische Beschreibung des Handelns in Organisationen gelingen könnte, sehen sich Organisations- und Managementwissenschaftler mit einem Problem konfrontiert. Auf der einen Seite findet sich in der Literatur eine Reihe von Organisations- und Managementtheorien, die dazu neigen, vom institutionellen Kontext, in dem Organisationsmitglieder handeln, zu abstrahieren. Eine solche Betrachtung des Handelns in Organisationen zeigt sich bspw. explizit in interpretativen Ansätzen oder häufig – und dann zumeist implizit – in der Literatur zu Führung (Leadership) in Organisationen. Den Akteuren bzw. den Führungskräften wird dort ein erheblicher Handlungs- und Gestaltungsspielraum zugesprochen. Strukturen, die das Handeln der Akteure begrenzen, finden kaum eine Beachtung. Das Ergebnis der Ausblendung des institutionellen Kontextes, d.h. der Strukturen in denen Organsiationsmitglieder handeln, ist ein Bild voluntaristischen Handelns. Auf der anderen Seite findet sich eine Reihe von Theorien, in denen Handeln in Organisationen als durch strukturelle Zwänge determiniert betrachtet wird. Die (politischen) Prozesse, die Dynamik in Organisationen als auch die Handlung- und Gestaltungsspielräume, die den Organisationsmitgliedern offen stehen, werden – so z. B. in einigen Spielarten des Situativen Ansatzes – ausgeblendet. Die Folge ist ein Bild von Organisation und Management, das Ergebnis zwingender Umwelteinflüsse ist.

Beiden Perspektiven – das ist unbestritten – kommt ein Erklärungswert zu. Dennoch: Handeln in Organisationen ist weder vollkommen frei von strukturellen Einflüssen noch vollkommen durch strukturelle Zwänge bestimmt. Zudem lassen sich Strukturen auch für die Realisierung individueller Ziele nutzen. Um zu einer realistischen Beschreibung des Handelns in Organisationen zu gelangen, ist es also erforderlich, die beiden Perspektiven miteinander zu verbinden und zugleich den instrumentellen Charakter von Strukturen zu verdeutlichen. Hier aber zeigt sich das Problem, dass die beiden Perspektiven auf grundlegenden Annahmegefügen übergeordneter Theorieprogramme basieren, die zueinander in Widerspruch stehen, d.h., dass eine Verbindung also nicht ohne weiteres möglich ist. Eine Integration setzt deshalb zunächst eine Vermittlung zwischen diesen Theorieprogrammen voraus.

Mit der Strukturationstheorie soll eben diese Vermittlung gelingen. Mit ihr will Giddens das Problem der Widersprüchlichkeit bzw. der Unvereinbarkeit zwischen theoretischen Grundpositionen überwinden.[1] Giddens will den Dualismus zwischen Handeln und Struktur in der Sozial- und Organisationstheorie überbrücken.[2]

Giddens betont in der Strukturationstheorie deutlich, dass der Handlungsspielraum des einzelnen sozialen Akteurs nicht unbegrenzt ist, dieser wird durch die Kontextualität des Handelns, d.h. durch die Vorgegebenheit strukturierter Aspekte sozialer Systeme, eingeschränkt.[3] Giddens verweist aber zugleich auch darauf, dass Strukturen (z.B. Regeln) interpretationsfähig und somit grundsätzlich für verschiedene Handlungsweisen offen sind. Die Beziehungen zwischen Handeln und Struktur sind somit nicht eindeutig.[4] Handeln betrifft für Giddens Ereignisse, bei denen ein Individuum Akteur in dem Sinne ist, dass er in jeder Phase einer Verhaltenssequenz hätte anders handeln können. Handeln schließt Macht

---

[1] Siehe hierzu Scherer 1999.
[2] Vgl. Giddens 1991, 201; zu den Grundpositionen in der Organisationstheorie siehe insbesondere Burrell/Morgan 1979, 1ff.; siehe auch Astley/Van de Ven 1983.
[3] Vgl. Giddens 1984, 173f.
[4] Vgl. Giddens 1979, 65.

im Sinne eines Vermögens zur Umgestaltung ein.[5] Er spricht dem Individuum Handlungsmächtigkeit („capability") zu und wendet sich so gegen den Determinismus strukturtheoretischer Ansätze. Strukturen entwickeln in der Strukturationstheorie ihre Wirkung nicht unabhängig von Gründen, die Handelnde für das, was sie tun, haben. Damit versucht Giddens hervorzuheben, dass sich Strukturen instrumentalisieren lassen.[6] Um das am Beispiel von Organisationen zu illustrieren: Man sollte die in solche sozialen Institutionen eingebauten Beherrschungsstrukturen nicht so verstehen, als brächten sie fügsame Organisationsmitglieder – in der Terminologie Webers „Rädchen"[7]– hervor. Die strukturelle Ausgestaltung von Organisationen und das Handeln in Organisationen ist nicht allein Ergebnis irgendwelcher Umweltanforderungen, mit denen sich Organisationen konfrontiert sehen.

Die Strukturationstheorie scheint insofern einen Ansatzpunkt zu bieten, mit dem Handeln in Organisationen realistischer beschrieben werden kann. Nach Giddens ist es nämlich denkbar, dass radikal neue Praktiken generiert werden, die einen fundamentalen sozialen Wandel zur Folge haben, es ist aber auch möglich, dass immer wieder die gleichen, routin(is)ierten Handlungen durchgeführt werden, die sozialen Systemen einen stabilen Charakter verleihen. Es scheint plausibel, davon auszugehen, dass im ersten Fall die Strukturen offen für unterschiedliche Interpretationen und im zweiten Fall die Regeln mehr oder minder eng definiert sind. Giddens selbst unterlässt es jedoch zu spezifizieren, wo und wann welche Bedingungen vorliegen.[8] Darüber hinaus bleiben viele der zentralen theoretischen Begriffe innerhalb der Strukturationstheorie relativ unbestimmt. Insofern verwundert die häufig vorzufindende Kritik an der Strukturationstheorie nicht, dass sie nicht ausreichend genau und differenziert sei[9] und sie sich deshalb sowohl generell einer Anwendung in der empirischen Forschung versperre[10] als auch beim Einsatz in der

---

[5] Vgl. Giddens 1984, 14ff.

[6] Vgl. Schienstock 1991, 35.

[7] Weber 1988, 413.

[8] Vgl. Craib 1992, 149ff.

[9] Vgl. z.B. Sewell 1992; Thompson 1989; Dallmayr 1982; Craib 1992.

[10] Vgl. Gregson 1989.

Management- und Organisationsforschung sperrig zeigt.[11] Es bedarf für die Nutzbarmachung der Strukturationstheorie also einer weiteren Ausformulierung. Die konkrete Ausfüllung, um sie im Sinne einer Theorie mittlerer Reichweite zu nutzen, will Giddens jedoch nicht selber leisten. Er sieht seine Leistung und seinen Beitrag vielmehr in der Entwicklung eines grundlegenden Konzeptes, „to be used in a selective way in thinking about research questions or interpreting findings".[12] Er will die Strukturationstheorie nämlich als Sozialtheorie verstanden wissen, wobei der Begriff Sozialtheorie für Giddens eine Klammer bezeichnet, die alle Problemfelder umfasst, die für die Sozialwissenschaften von Belang sind. Die Abstraktheit, die einzelne Autoren der Strukturationstheorie vorwerfen,[13] ist insofern eine notwendige. Die Strukturationstheorie sollte deshalb auch „nur" als ein konzeptueller Rahmen betrachtet werden, der darauf abzielt, die Defizite strukturtheoretischer (objektivistischer) und interpretativer (subjektivistischer) Theorieprogramme zu überwinden. Giddens überträgt damit die Aufgabe, die inhaltliche Konkretisierung der Strukturationstheorie voranzutreiben, den einzelnen sozialwissenschaftlichen Disziplinen.

Im vorliegenden Beitrag soll ein solcher Versuch der Konkretisierung der Strukturationstheorie in einem Teilbereich vorgenommen werden. Es wird versucht die Strukturationstheorie mit dem Konzept der kognitiven Skripten zu verbinden, um zentrale Elemente der Strukturationstheorie, nämlich die Konzepte der Regel, des handlungspraktischen Wissens und der Erinnerungsspuren, im Hinblick auf die Bedürfnisse von Organisations- und Managementforschung inhaltlich genauer zu spezifizieren (ein ähnlich gelagerter Versuch ist schon durch Barley 1986 vorgenommen worden). Ziel ist, die Fruchtbarkeit der Strukturationstheorie für die Organisations- und Managementforschung zu erhöhen.

Das Skriptkonzept findet seinen Ursprung in entwicklungspsychologischen und kognitiven Theorien in der Psychologie. Mit Skripten werden kognitive Ordnungsmuster oder Schemata bezeichnet, die es Individuen erlauben, soziale Interaktionen zu verstehen, ihnen eine Bedeutung zu geben und zu strukturieren. Es handelt sich bei Skripten um im Gedächt-

---

[11] Vgl. Walgenbach 1995, 1999.

[12] Giddens 1991, 213.

[13] Siehe exemplarisch Callinicos 1985; Gregson 1989.

nis einer Person gespeicherte Schemata, die Verhaltens- oder Ereignissequenzen beschreiben, die zu spezifischen Kontexten oder zu spezifischen Situationen gehören. Skripten als kognitiv repräsentierte Wissensbestände ermöglichen es Organisationsmitgliedern, Situationen, Strukturen oder auch das Verhalten anderer Organisationsmitglieder zu interpretieren und aus dieser Interpretation sinnvolles Verhalten abzuleiten. Das heißt, Skripten repräsentieren aus der Sicht des Individuums Mittel im Sinne von Deutungsschemata, mit deren Hilfe Organisationsmitglieder Strukturen und Interaktionen interpretieren. Zugleich aber stellen sie einen kognitiven Mechanismus dar, der Struktur und Handeln verbindet. Über die Interpretation (Deutung) von Struktur fließen strukturelle Momente in Interaktionen ein.

Durch die Verknüpfung der Strukturationstheorie mit dem Konzept der kognitiven Skripten ist es möglich, die von Giddens betonten Reproduktionsprozesse sozialer Strukturen plastischer zu beschreiben. Zugleich aber ermöglicht es das Skriptkonzept, den instrumentellen Charakter von Strukturen zu verdeutlichen. Zudem lassen sich mit Hilfe des Konzepts der kognitiven Skripten die Bedingungen näher spezifizieren, unter denen neue soziale Praktiken generiert werden können bzw. unter denen sich mit hoher Wahrscheinlichkeit immer wieder die gleichen routini(si)erten Handlungen zeigen.

Der vorliegende Beitrag ist wie folgt aufgebaut. Zunächst werden jene Kernargumente der Strukturationstheorie dargelegt, die im Hinblick auf die geplante Verknüpfung mit dem Skriptkonzept von Relevanz sind.[14] Anschließend werden das Konzept der kognitiven Skripten dargestellt und mögliche Anknüpfungspunkte zur Strukturationstheorie aufgezeigt. In der Schlussbetrachtung werden die Ergebnisse des Beitrags zusammengefasst.

---

[14] Für eine ausführlichere Zusammenfassung der Strukturationstheorie siehe Kießling 1988; Ortmann/Sydow/Windeler 1997; Walgenbach 1995, 1999.

## Die Strukturationstheorie

Die Strukturationstheorie[15] findet in der angloamerikanischen[16] ebenso wie in der deutschsprachigen[17] organisations- und managementwissenschaftlichen Debatte zunehmende Aufmerksamkeit. Es liegen inzwischen bereits auch einige empirische Arbeiten vor, in denen auf die Strukturationstheorie Bezug genommen wurde.[18]

Die Strukturationstheorie ist – so Giddens[19] – eine ausführliche Reflexion über einen oft zitierten Satz von Karl Marx: „Menschen machen ihre Geschichte, aber sie machen sie nicht aus freien Stücken, nicht unter selbstgewählten, sondern unter unmittelbar vorgefundenen, gegebenen und überlieferten Umständen".[20] In diesem Satz deutet sich an, was Giddens mit der Strukturationstheorie zu leisten beabsichtigt. Er wendet sich gegen objektivistische Positionen (Strukturalismus, Funktionalismus), in denen das Objekt (die Gesellschaft, die Organisation) das Subjekt (das menschliche Wesen, den sozialen Akteur) beherrscht. Struktur erscheint in diesen Ansätzen mehr oder minder verdinglicht, dem menschlichen Handeln äußerlich und als unabhängig von diesem existierend. Die Zwang ausübenden Eigenschaften von Struktur werden besonders stark betont. Das Subjekt hingegen ist passiv, Resultat, hilfloses Opfer über-

---

[15] Giddens 1976, 1979, 1984.

[16] Siehe exemplarisch Willmott 1984, 1987; Whittington 1992.

[17] Siehe exemplarisch Schienstock 1991; Meyer/Sandner 1994; Walgenbach 1995; Becker 1996; Beckert 1997; Elšik 1998.

[18] Einen guten Überblick über Arbeiten in der Organisationsforschung, in denen die Strukturationstheorie allgemein diskutiert und empirisch anzuwenden versucht wird, vermitteln Ortmann/Sydow/Windeler 1997: Untersucht wurde u.a.: Technikeinsatz in Organisationen (Barley 1986), Personalentwicklung (Hanft 1995), Unternehmensnetzwerke (Sydow et al. 1995; Sydow/van Well 1996), Produktionskonzepte wie Lean Management (Ortmann 1994, 1995), organisationale Regeln und Routinen (Pentland/Rueter 1994), das Rechnungswesen (Macintosh 1994), Kommunikation in Organisationen (Boden 1994), Mikropolitik (Ortmann et al. 1990), Handlungsspielräume im ostdeutschen Management (Lang/Alt 1996), Arbeitsverhalten von Managern (Walgenbach 1994; Walgenbach/Kieser 1995), Organisationskultur (Riley 1983; Spybey 1984).

[19] Vgl. Giddens 1984, XXI.

[20] Marx 1969, 115.

mächtiger, strukturell-gesellschaftlicher Kräfte. Diese Position wird bspw. in einigen Fassungen des Situativen Ansatzes der Organisationstheorie deutlich, die auf der Annahme einer Wirkungskette „Situation der Organisation → Formale Organisationsstruktur → Verhalten der Organisationsmitglieder" basieren.[21] Sie findet sich aber auch – mehr implizit – in der sogenannten klassischen Managementlehre.[22] In dieser wird häufig unterstellt, dass sich die institutionalisierten Muster sozialer Beziehungen den Organisationsmitgliedern aufdrängen und bestimmte Verhaltensweisen wenn nicht erzwingen, so doch stark vorformen.[23]

Giddens wendet sich aber auch gegen subjektivistische Ansätze (interpretative Ansätze, Hermeneutik), in denen Handeln und Sinn den gemeinsamen Primat in der Erklärung menschlichen Handelns besitzen, strukturelle Konzepte jedoch nicht besonders wichtig sind und von Zwang kaum die Rede ist.[24] Diese Position findet sich besonders deutlich in einigen Spielarten des Organisationskulturansatzes, in denen unter Organisation eine von den Organisationsmitgliedern immer aufs neue ausgehandelte Sinngemeinschaft verstanden wird.[25] Sie findet sich ebenso in Rollenkonzepten, die dem symbolischen Interaktionismus zuzuordnen sind.[26] In diesen Konzepten werden soziale Rollen als in Interaktionsprozessen eingespielt, angeeignet und ausgehandelt verstanden. Rollen können in diesen Rollenkonzepten ständig verändert werden und unterliegen zudem unterschiedlicher Interpretation und Deutung.[27] Sie findet sich auch in eher populärwissenschaftlichen Büchern über erfolgreiche Manager,[28] in denen der Handlungs- und Gestaltungsspielraum dieser Personen nahezu unbegrenzt erscheint.

Strittig zwischen diesen beiden Grundpositionen ist von jeher, wie die Konzepte des Handelns, des Sinns und der Subjektivität mit den Konzepten der Struktur und des Zwangs in Verbindung gebracht werden

---

[21] Kieser/Kubicek 1992.
[22] Siehe exemplarisch Gulick 1969.
[23] Vgl. Schienstock 1991.
[24] Vgl. Giddens 1984, 1f.
[25] Vgl. Schultz 1994, 75ff.
[26] Vgl. Turner 1962.
[27] Zusammenfassend Neuberger 1995; Wiswede 1992.
[28] Vgl. Kotter 1990.

können.[29] Strittig ist auch die Frage, worin der Primat – Objekt oder Subjekt – der Erklärung zu liegen habe. Diesen Streitfragen will Giddens ein Ende setzen. Er will eine Verbindung zwischen strukturalistischen und funktionalistischen Positionen auf der einen Seite und hermeneutischen und interpretativen auf der anderen herstellen. Dazu muss der bestehende Dualismus überwunden, d.h. konzeptuell neu gefasst werden, und zwar als eine Dualität – die Dualität von Struktur.[30] Die „zentrale Figur" Dualität von Struktur in Giddens' Konzept[31] meint: „(T)he essential recursiveness of social life, as constituted in social practices: structure is both medium and outcome of social practices. Structure enters simultaneously into the constitution of the agent and social practices, and 'exists' in the generating moments of this constitution".[32] Das grundlegend „Neue" und die Kernsätze der Strukturationstheorie werden in diesem Zitat recht deutlich:

1. Die sozialen Akteure reproduzieren durch ihre Handlungen die Bedingungen (Struktur), die ihr Handeln ermöglichen, und

2. Strukturen sind sowohl das *Medium* als auch das *Ergebnis* sozialen Handelns.

Handlung und Struktur stehen in der Strukturationstheorie nicht konkurrierend einander gegenüber, sondern sie setzen sich wechselseitig voraus.[33] Durch die Fassung von Struktur als Dualität verschiebt sich zugleich der Fokus der Analyse. Das zentrale Forschungsfeld der Sozialwissenschaften sollte der Strukturationstheorie zufolge weder die Erfahrung des individuellen Akteurs noch die Existenz irgendeiner gesellschaftlichen Totalität, sondern (die über Raum und Zeit geregelten) soziale(n) Praktiken sein.[34] „If we look at social practices in one way, we can see actors and actions; if we look at them another way, we can see struc-

---

[29] Vgl. Archer 1982, 455.
[30] Vgl. Giddens 1984, XXf.; Bryant/Jary 1991, 7.
[31] Vgl. Bernstein 1986.
[32] Giddens 1979, 5.
[33] Vgl. Sewell 1992, 4.
[34] Vgl. Giddens 1984, 2.

tures".[35] Die Ausrichtung der Analyse auf soziale Praktiken ermöglicht einen „theoretischen Spagat". Sie schafft die Grundlage für die Dezentrierung des Subjekts, ohne jedoch dabei den Handelnden aus den Augen zu verlieren. Sie drängt den übermächtigen, Handeln determinierenden Charakter von Struktur zurück, ohne deren Existenz und Wirkung zu leugnen.[36]

Handelnde (soziale Akteure) sind gemäß der Strukturationstheorie mit Reflexionsmächtigkeit und Intentionalität ausgestattete menschliche Wesen. Sie wissen – trotz unbewusster Handlungsmotive – viel über sich, über ihr Handeln und die strukturellen Bedingungen ihres Handelns. „All competent members of society are vastly skilled in the practical accomplishments of social activities and are expert 'sociologists'".[37] Dieses Wissen, das die Akteure haben, ist ein „Wissen um Struktur", das jedoch nur „dunkel" ist. Es ist seinem Wesen nach *praktisch*: Es gründet in dem Vermögen, sich innerhalb der Routinen, den kontinuierlichen Praktiken des Lebens zurechtzufinden.[38]

Mit den Konzepten des (handlungs)praktischen Wissens bzw. der (handlungs)praktischen Bewusstheit meint Giddens, dass die Akteure die Struktur des jeweiligen Kontextes, in dem sie in Interaktion treten, nicht oder zumindest nicht vollständig zu benennen vermögen. Struktur ist den Akteuren zwar im Geiste, d.h. in Form von Erinnerungsspuren („memory traces"), gegenwärtig, allerdings meist nur in stillschweigender („tacit"), dunkler, nichtbewusster oder implizit akzeptierter Form. „What agents know about what they do, and why they do – their knowledgeability *as* agents – is largely carried in practical consciousness. Practical consciousness consists of all the things which actors know tacitly about how to „go on" in the contexts of social life without being able to give them direct discursive expression".[39]

Handlungspraktische Bewusstheit kann jedoch in diskursive Bewusstheit übergehen. Das heißt, dass Akteure dann die Struktur zu benennen vermögen. Zwischen den beiden Wissens- oder Bewusstheitsarten beste-

---

[35] Craib 1992, 3; zum Praxiskonzept siehe auch Harris 1980; Reed 1985, 1989.
[36] Vgl. Cohen 1989; Clark 1990; Craib 1992; Walgenbach 1994.
[37] Giddens 1984, 26.
[38] Vgl. Giddens 1984, 4.
[39] Giddens 1984, XXIII.

hen keine undurchlässigen Schranken. Beispielsweise kann durch die Vermittlung von Wissen über Struktur und Strukturationsprozesse sowie durch eigene Erfahrungen die Trennung zwischen diesen aufgehoben werden. „Between discursive and practical consciousness there is no bar; there are only the differences between what can be said and what is characteristically simply done".[40]

Nach Giddens ist die reflexive Steuerung des Handelns ein generelles Kennzeichen des Alltagshandelns. Die Akteure haben – gemäß der Strukturationstheorie – ein Verständnis oder Wissen um die Inhalte und Gründe des eigenen Handelns. Sie besitzen das Vermögen, ihr Handeln im Hinblick auf ihre Intentionen oder die intendierten Zwecke zu steuern. Nur wird dieses Wissen nicht immer diskursiv geäußert. „Human agents ... have as an inherent aspect of what they do, the capacity to understand what they do while they do it. The reflexive capacities of the human actor are characteristically involved in a continuous manner with the flow of day-to-day conduct in the contexts of social activity. But reflexivity operates only partly on a discursive level".[41] Von kompetenten Akteuren erwartet man jedoch üblicherweise, dass sie die Gründe für ihr Handeln darlegen können (Rationalisierung des Handelns); ob sie es auch tatsächlich tun (wollen), steht auf einem anderen Blatt. Allerdings werden von den Akteuren Fragen nach den Intentionen und Gründen des Handelns im Alltag selten aufgeworfen. Es sei denn, eine eigene oder die Verhaltensweise eines anderen Akteurs hat ihnen besonderes Kopfzerbrechen bereitet. Normalerweise, d.h. in Routinesituationen, ist allen an einer Interaktionssequenz beteiligten Personen klar, warum der eine oder andere in bestimmter Weise handelt. Fragen nach den Handlungsgründen wären überflüssig. Die Akteure haben eine Art „theoretisches Verständnis" für die Gründe ihres Handelns: „Ich mache das, weil ... ", „sie macht das, um ... "

Die reflexive Steuerung des Handelns richtet sich nicht nur auf das eigene Verhalten, sondern auch das anderer. Akteure steuern nicht nur den Fluss ihrer Aktivitäten, sie erwarten dasselbe auch von anderen Akteuren. Darüber hinaus beziehen sie routinemäßig die sozialen und physischen Aspekte des Kontextes, in dem sie sich bewegen, in die eigene Hand-

---

[40] Giddens 1984, 7.
[41] Giddens 1984, XXIIf.

lungssteuerung ein.⁴² Mit einem Beispiel lassen sich diese Überlegungen leicht verdeutlichen: Orte wie die Geschäftsräume einer Unternehmung sind nicht einfach Plätze, sondern Bezugsrahmen für Interaktion,⁴³ und die Mitarbeiter einer Unternehmung wissen nicht nur, dass in einer Unternehmung bestimmte Ziele verfolgt werden, dass arbeitsteilig vorgegangen wird und die eigene Arbeit an die anderer anschließt, sondern sie wissen zudem eine Menge darüber, was die institutionalisierte Identität eines Vorgesetzten, eines Kollegen, eines Kunden, eines Kreditgebers oder eines Wirtschaftsprüfers ausmacht. Dieses Wissen fließt in der Gesamtheit in die Kontrolle des eigenen Verhaltens ein.

Trotz der Intentionalität, der Reflexionsmächtigkeit und der (handlungs)praktischen Bewusstheit, die Giddens den Akteuren zubilligt, verweist er darauf, dass Handlungen, die durch die Bezugnahme auf Struktur ermöglicht werden, auch unbeabsichtigte Folgen haben. Diese Folgen können sich in systematischen Rückkopplungsprozessen als die unerkannten (nichteingestandenen) Bedingungen weiteren Handelns darstellen.⁴⁴ Die Handlungen führen so zu dem, was Giddens mit Rekursivität des sozialen Lebens bezeichnet. Das heißt, dadurch, dass sich die Akteure in ihren routini(si)erten Handlungen auf Struktur (als Medium) beziehen, reproduzieren sie zugleich diese Struktur (als Ergebnis ihrer Handlungen). Routinemäßiges Handeln ist jedoch nicht gleichzusetzen mit „blinder Gewohnheit". Giddens will gerade das routinemäßige Handeln als grundsätzlich zweckgerichtetes Handeln konzeptualisieren.⁴⁵ Zudem schließt Handeln Macht im Sinne eines Vermögens zur Umgestaltung ein.

Dennoch: Durch die unerkannten Handlungsbedingungen, nämlich Struktur, und die unbeabsichtigten Handlungsfolgen, nämlich wiederum Struktur, entzieht sich die menschliche „Geschichte" – obwohl durch intentionale Handlungen geschaffen – den beständigen Anstrengungen, sie unter bewusste Führung zu bringen.⁴⁶ „Social life is in many respects not an intentional product of its constituent actors, in spite of the fact that

---

[42] Vgl. Giddens 1984, 5.
[43] Vgl. Giddens 1984, XXV.
[44] Giddens 1984, 8.
[45] Vgl. Giddens 1984, 64f.
[46] Vgl. Giddens 1984, 27.

day-to-day conduct is chronically carried out in a purposive fashion".[47] In ihrem und durch ihr Handeln produzieren und reproduzieren die Akteure die „strukturelle Objektivität" ihres Lebenszusammenhangs, ohne dass sie das Ergebnis ihres Handelns (Struktur) als solches intendieren noch die zugrundeliegenden Prozesse immer und vollständig durchschauen.

Ein zentrales Argument von Giddens, durch das er sich wesentlich von objektivistischen Theorieprogrammen absetzt, ist also, dass Struktur nicht als ein außerhalb des handelnden Subjekts wirkender Faktor das Handeln determiniert, sondern dass die rekursive Reproduktion sozialer Struktur deshalb erfolgt, weil sie in der (handlungs)praktischen Bewusstheit der Akteure repräsentiert ist und als Medium wirkt, an dem Handeln orientiert ist. Handeln, das von Absichten geleitet ist. Insofern wirken Strukturen eben nicht hinter dem Rücken der Akteure.

Dabei ist jedoch zu beachten, dass sich die inhaltliche Füllung des Begriffs „Struktur" in der Strukturationstheorie erheblich von Definitionen unterscheidet, die in anderen Organisationstheorien zu finden sind. Struktur versteht Giddens als *Regeln* und *Ressourcen*, die interaktive Beziehungen über Raum und Zeit stabilisieren.[48] Regeln treten dabei in der spezifischen Weise des (handlungs)praktischen Wissens in die Subjektivität der Akteure ein, während die Ressourcen[49] das Handlungsvermögen der Akteure begründen. Regeln verstanden als verallgemeinerbare Verfahrensweisen der Praxis sollten jedoch nicht als formalisierte Vorschriften gedacht und auch nicht im Singular thematisiert werden. Regeln sollten als mehr oder weniger lose organisierte Regelkomplexe begriffen werden. Formalisierte Regeln, wie wir sie in Organisationen finden, sind

---

[47] Giddens 1984, 343.

[48] Siehe auch Outhwaite 1990, 46; und Thompson 1989, der sich kritisch mit der konzeptuellen Fassung von Struktur als Regeln und Ressourcen auseinandersetzt.

[49] Giddens unterscheidet zwei Arten von Ressourcen: Allokative Ressourcen beziehen sich auf Fähigkeiten oder – genauer gesagt – auf Formen des Vermögens zur Umgestaltung, die *Herrschaft* über Objekte, Güter oder materielle Phänomene generieren. Allokative Ressourcen leiten sich aus der Herrschaft des Menschen über die Natur her. Autoritative Ressourcen beziehen sich auf Formen des Vermögens zur Umgestaltung, die *Herrschaft* über Personen oder Akteure ermöglichen (Giddens 1984, 33; Cohen 1990, 43). Sie ergeben sich aus der Herrschaft von Akteuren über andere Akteure. Es ist jedoch durchaus denkbar, dass beide Arten von Ressourcen in einem Mittel zusammenfallen. Das universelle Allokationsmedium Geld bspw. verleiht zugleich auch Autorität.

gemäß der Strukturationstheorie keine Regeln, sondern „codified interpretations of rules".[50]

Mit Beispielen lassen sich die doch recht abstrakten Überlegungen von Giddens illustrieren und zugleich mit konkreten Inhalten füllen. Giddens selbst liefert eine sehr allgemeine Illustration: Eine regelmäßige Folge seiner Bemühungen, korrekt Englisch zu schreiben und zu sprechen, ist, dass er einen Beitrag zur Reproduktion der gesamten englischen Sprache leistet. Sein Versuch, korrektes Englisch zu sprechen, ist beabsichtigt. Der Beitrag, den er zur Reproduktion der englischen Sprache leistet, nicht.[51] Ein anderes, betriebswirtschaftlich relevanteres Beispiel lässt sich anhand der „just-in-time-production" geben. Das Bemühen eines Zulieferers, pünktlich zu liefern, ist eine intendierte Handlung. Die dabei zugleich stattfindende Reproduktion der Vorstellung vom „ökonomischen Wert der Zeit" dürfte hingegen nicht beabsichtigt sein.[52]

Deutlich wird schon in den beiden Beispielen, dass der Strukturationstheorie eine prozessuale Betrachtungsweise zugrunde liegt. Es entstehen Bilder von sozialen Systemen als Ströme von Handlungen, die eine bestehende soziale Welt aufrechterhalten.[53] Diese Betrachtungsweise findet ihren Niederschlag in dem für diese Theorie zentralen Neologismus *Strukturation*, der andeuten soll, dass Struktur als ein Prozess der Produktion und Reproduktion betrachtet werden muss und nicht als stabiler Zustand.[54]

Struktur – und hier zeigt sich, wie sehr sich Giddens' Strukturbegriff von reifizierenden Strukturkonzepten unterscheidet – ist jedoch nur insofern existent, als sie in Erinnerungsspuren – der organischen Basis der menschlichen Bewusstheit – vorhanden ist und sich in sozialen Praktiken

---

[50] Giddens 1984, 21.

[51] Vgl. Giddens 1984, 8.

[52] Dass Zeit einen ökonomischen Wert – „Zeit ist Geld" – besitzt, ist keinesfalls eine Vorstellung, die in allen Kulturen vorzufinden ist und war. Ein Weltbild, in dem Zeit nicht Gott gehört, sondern legitimerweise ökonomisch genutzt werden darf, z.B. durch das Erheben eines Zinses, musste sich dafür erst herausbilden (siehe ausführlich hierzu Wendorf 1985). Von daher werden durch die oben beschriebene Handlung unbeabsichtigt Strukturen einer spezifischen Gesellschaftsform reproduziert. Siehe auch Ortmann 1994, 149f.

[53] Vgl. Archer 1982, 457.

[54] Vgl. Sewell 1992, 4.

realisiert.[55] Das (handlungs)praktische Wissen der Akteure ist das Medium der kontinuierlichen Existenz sozialer Strukturen. In ihrem Alltagshandeln beziehen sich die einzelnen sozialen Akteure immer und notwendigerweise auf Strukturen, insbesondere die institutionalisierten Aspekte sozialer Systeme, deren strukturelle Momente sie durch die Bezugnahme zugleich reproduzieren. „Gemäß dem Begriff der Dualität von Struktur sind die Strukturmomente sozialer Systeme sowohl Medium wie Ergebnis der Praktiken, die sie rekursiv organisieren. Struktur ist den Individuen nicht „äußerlich": in der Form von Erinnerungsspuren und als in sozialen Praktiken verwirklicht, ist sie in gewissem Sinne ihren Aktivitäten eher „inwendig" als ein ... außerhalb dieser Aktivitäten existierendes Phänomen".[56]

Damit sind einige, d.h. die für die Zielsetzung dieses Beitrags relevanten Kernelemente der Strukturationstheorie dargelegt. Im folgenden soll durch die Bezugnahme auf das Konzept der kognitiven Skripten, einige dieser Elemente, insbesondere die Begriffe der Regel, des handlungspraktischen Wissens und der Erinnerungsspuren, in denen sich Struktur im Sinne Giddens ablagert, spezifischer gefasst werden, um die Nutzungsmöglichkeiten der Strukturationstheorie für die Management- und Organisationsforschung zu verbessern. Zugleich wird durch die Verknüpfung mit der Strukturationstheorie versucht, die Bedingungen zu spezifizieren, unter denen eher mit der Reproduktion von Struktur bzw. unter denen eher mit einem Wandel der Struktur oder – anders ausgedrückt – mit der Möglichkeit der Produktion von (neuer) Struktur zu rechnen ist.

*Das Konzept der kognitiven Skripten*

Das Skriptkonzept findet seinen Ursprung in entwicklungspsychologischen Ansätzen und kognitiven Modellen der Psychologie[57] sowie in

---

[55] Vgl. Giddens 1984, 16ff.
[56] Vgl. Giddens 1988, 77f.
[57] Einen Überblick vermittelt Hastie 1981, 41ff.

phänomenologischen Ansätzen der Wissenssoziologie.[58] Mit Skripten werden kognitive Ordnungsmuster oder Schemata bezeichnet, die es Individuen erlauben, soziale Situationen und Informationen zu strukturieren, ihnen eine Bedeutung zu geben und sie zu verstehen.[59] Allgemein wird unter einem Schema ein von der konkreten Erfahrung abstrahierender Wissensbestand oder Wissensrahmen verstanden, den „an individual uses to impose structure upon, and impart meaning to, social information or social situations in order to facilitate understanding. A schema provides a knowledge base that serves as a guide for the interpretation of information, actions, and expectations".[60] Ein Skript ist ein im Gedächtnis einer Person gespeichertes Schema, das Ereignisse oder Verhalten bzw. Sequenzen von Ereignissen oder Sequenzen von Verhalten beschreibt, die zu spezifischen Kontexten bzw. spezifischen Situationen gehören.[61] Skripten sind prozedurale Schemata[62] oder Ereignisschemata[63], die in das Verhalten eines Individuums in bestimmten Situationen und Kontexten einfließen. Dieses im Gedächtnis gespeicherte schematische Wissen wird aktiviert, wenn bestimmte Situationen Erwartungen über weitere Ereignisse auslösen. Insofern beschreibt das Konzept der kognitiven Skripten das, was Giddens mit Erinnerungsspuren (memory traces) meint. Allerdings werden im Konzept der kognitiven Skripten die Entstehung, die Funktionen und möglichen dysfunktionalen Wirkungen der Ablagerung von Struktur im menschlichen Gedächtnis wesentlich deutlicher herausgearbeitet. Das, was Giddens als handlungspraktisches Wissen bezeichnet, bekommt durch die Bezugnahme auf das Konzept der Skripten klarere Konturen.

Ein typisches Beispiel für ein Skript wird von Abelson gegeben: „John was feeling very hungry as he entered the restaurant. He settled himself at a table and noticed that the waiter was nearby. Suddenly, however, he realized that he'd forgotten his reading glasses".[64] Die Bedeutung der

---

[58] Siehe hierzu auch Berger/Luckmann 1969; Schütz/Luckmann 1975.
[59] Siehe auch Hastie 1981, 39ff.; Lord/Foti 1986, 23ff.; Mandl et al. 1988, 124ff.
[60] Gioia/Poole 1984, 449f.
[61] Siehe hierzu Abelson 1981, 715; Lord/Foti 1986, 29.
[62] Vgl. Hastie 1981, 41.
[63] Vgl. Taylor/Crocker 1981, 91.
[64] Vgl. Abelson 1981, 715.

vergessenen Lesebrille liegt darin, dass als nächstes Ereignis das Studium der Menükarte erwartet wird, was John ohne die Brille offensichtlich Schwierigkeiten bereitet. Das Restaurant-Skript enthält eine Standardsequenz von Verhaltensweisen, die wir bei einem Restaurantbesucher erwarten. Mit Hilfe von Skripten ist es möglich, sich in einem Restaurant „passend" zu verhalten, ohne dass jede wahrnehmbare Information von neuem verarbeitet werden muss. Skripten finden sich jedoch nicht nur im Alltagsleben, sondern sie zeigen sich auch in Organisationen.[65]

Skripten entwickeln sich einerseits durch direkte Erfahrungen, die ein Individuum z.B. bei der Ausführung vergleichsweise gleichbleibender Aufgaben und auf bestimmten Rollen basierendem Verhalten gewinnt.[66] Es entsteht auf der anderen Seite durch mittelbare Erfahrungen. So können Erfahrungen in Organisationen vermittelt durch Medien oder in Gesprächen mit Kollegen und Vorgesetzten von einem Individuum erworben werden. Sie können aber auch durch Beobachtung des Verhaltens und der Konsequenzen dieses Verhaltens bei anderen oder durch Geschichten,[67] die in Organisationen erzählt werden, gewonnen werden.[68]

Zentrale Bedeutung innerhalb des Erfahrungs- und Lernprozesses kommt der organisationalen Sozialisation sowie der „On the job"-Erfahrung zu.[69] Organisationale Sozialisation[70] umfasst Erfahrungen, die in formalen Trainingsprogrammen, beim Lernen durch Versuch und Irrtum bei der Aufgabenbewältigung, durch Leistungsbeurteilungen, organisationale Rituale oder auch die Kommunikation mit Rollen-Modellen (wie bspw. Vorgesetzten), an denen sich ein Organisationsmitglied orientiert, gewonnen werden. Diese Erfahrungen, die das Organisationsmitglied durchläuft bzw. durchlaufen muss, zielen einerseits darauf ab, eine Kenntnis von der Organisation, d.h. über deren Werte und Ziele, aber auch über wichtige Zusammenhänge, Abläufe und Si-

---

[65] Siehe hierzu Walgenbach 1994, der bei seiner empirischen Untersuchung über das Arbeitsverhalten mittlerer Manager eine Reihe von Skripten identifizieren konnte.

[66] Vgl. Ashforth/Fried 1988, 309.

[67] Vgl. Martin 1982.

[68] Vgl. Gioia/Manz 1985, 530.

[69] Vgl. zum folgenden Ashforth/Fried 1988, 310f.

[70] Siehe hierzu auch Schein 1978, 94ff.

tuationen in der Organisation zu vermitteln, die im Hinblick auf die Bewältigung der mit einer Stelle verbundenen Aufgaben von zentraler Bedeutung sind. Andererseits zielen sie darauf ab, Verhaltensweisen zu vermitteln, die im Hinblick auf das Arbeitsverhalten und das Interaktionsverhalten erwartet werden. In Skripten lagern sich insofern sowohl zentrale Grundregeln des Verhaltens in Organisationen im allgemeinen als auch Verhaltensregeln, die nur in einer spezifischen Organisation Bedeutung besitzen, ab. Skripten sind also ganz im Sinne Giddens' als Ablagerungen von Struktur im menschlichen Gedächtnis zu verstehen. Wird ein Skript ausgeführt, um ein bestimmtes Ergebnis zu erreichen – sei es, um eine bestimmte Aufgabe zu erfüllen, sei es um in einem Unternehmen Karriere zu machen – werden in der Ausführung des Skripts die Regeln eben dieses Kontextes reproduziert. Die Ausführung der Handlungen erfolgt beabsichtigt, sie ist zweckgerichtet, dient also bestimmten Zielen, die Reproduktion der in den Skripten erhaltenen Regeln aber erfolgt unbeabsichtigt.

Die zur Vermittlung erwünschter Verhaltensweisen in Organisationen gezielt eingesetzten Techniken und Verfahrensweisen stellen darauf ab, das Erlernen von Skripten für das Individuum zu erleichtern und zugleich das Erlernen der Skripten so zu steuern, dass diese sich konsistent mit den Zielen der Organisation zeigen. „On the job"-Erfahrungen verstärken und erweitern die organisationale Sozialisation und befähigen so das Organisationsmitglied, umfangreiche erwartete Verhaltensmuster und -sequenzen anzuwenden, die sich im Hinblick auf spezifische Situationen in der Organisation als passend erweisen. Dabei hängen die „On the job"-Erfahrungen und ihr Einfluss auf die Generierung von Skripten wesentlich von der Gestaltung einer Stelle, einer Abteilung und der Organisation ab.

Abelson geht davon aus, dass die Entwicklung skriptgeleiteten Verstehens und Verhaltens in drei aufeinander folgenden Stufen erfolgt, die er mit den Begriffen episodisch, kategorisierend und hypothetisch belegt.[71] In der ersten Stufe entwickeln sich episodische Skripten. Ein episodisches Skript ist elementar und bezieht sich auf eine einzelne kontextspezifische Erfahrung. Die Wiederholung von Erfahrungen in ähnlichen Situationen, also die Ansammlung vieler episodischer Skripten führt zur

---

[71] Vgl. Abelson 1976, 34f.

Entwicklung eines kategorisierenden Skripts, das sich auf eine relativ eng gefasste Gruppe von Situationen bezieht und sich in diesen anwenden lässt. Durch weitere Erfahrungen kann sich dann ein hypothetisches Skript (Metaskript) entwickeln. Solche Skripten leiten das Verhalten in einer weit gefassten, jedoch immer noch Gemeinsamkeiten aufweisenden Gruppe von Situationen. Es wird davon ausgegangen, dass die Skripten um so umfassender, aufeinander abgestimmter und generalisierter werden, je größer der Erfahrungsschatz eines Individuums wird.[72] Ashforth und Fried argumentieren, dass der Anteil an skriptgeleitetem Verhalten um so höher ist, je mechanistischer (im Sinne repetitiver und standardisierter Aufgaben und Arbeitsprozesse) die Stelle bzw. die Abteilung gestaltet ist (siehe auch Abbildung 1).[73] Unter solchen Bedingungen dürfte eher mit einer kontinuierlichen Reproduktion von Struktur zu rechnen sein. Allerdings heißt das nicht, dass in Positionen mit weniger standardisierten Aufgabenbündeln und weniger eingeschliffenen Interaktionsmustern keine Skripten entwickelt werden. Es ist jedoch zu vermuten, dass hier die Zeitspanne, die zur Entwicklung umfassender Skripten erforderlich ist, erheblich größer sein wird, da sich einerseits die Situationen, mit denen sich ein Stelleninhaber konfrontiert sieht, weniger gleichen und andererseits seltener wiederholen.[74] Weiterhin ist zu vermuten, dass mit zunehmender Verweildauer in einer Position die entwickelten Skripten eine stärkere Differenzierung aufweisen, um der Vielfalt und der Komplexität der Situationen gerecht zu werden.[75]

Skripten erfüllen aus der Sicht des Individuums zwei zentrale Funktionen. Sie ermöglichen es, Ereignisse und Situationen in der Organisation zu verstehen, und sie bieten zugleich Richtlinien für ein diesen Ereignissen oder Situationen angemessenes Verhalten.[76] Typische Beispiele in der Literatur für Situationen in Organisationen, in denen Skripten zur Anwendung kommen, sind die Durchführung von Leistungsbeurteilungen, Einstellungsgespräche, offizielle Besprechungen oder auch informelle Gespräche mit Vorgesetzten, Kollegen oder Mitarbeitern. Allen

---

[72] Vgl. Lord/Foti 1986.

[73] Vgl. Ashforth/Fried 1988, 310f.

[74] Ähnlich Lord/Kernan 1987, 265.

[75] Vgl. Lurigio/Carroll 1985, 1115f.; Lord/Kernan 1987, 273.

[76] Vgl. Gioia/Manz 1985, 529; Lord/Kernan 1987, 265.

diesen Situationen ist gemeinsam, dass es sich für ein Organisationsmitglied um alltägliche, sich wiederholende Ereignisse handelt, deren Ablauf in einem bestimmten Umfang vorhersagbar ist. Gioia und Poole gehen davon aus, dass Organisationsmitglieder wissen, wie sie sich in solchen Situationen zu verhalten haben, da sie auf in ihrem Gedächtnis gespeicherte Wissensbestände über die Arbeitswelt in ihrer Organisation zurückgreifen können. „Richtiges" Verhalten von Organisationsmitgliedern wird also darauf zurückgeführt, dass diese ein umfassendes „Set" von spezifischen Skripten anwenden können, das typische Situationen in Organisationen abdeckt.[77]

Es wird davon ausgegangen, dass die Skripten in prototypischer Weise vorliegen, d.h., dass es sich um Wissensbestände über Situationen und Verhalten handelt, die in von der konkreten Erfahrung abstrahierenden Form im Gedächtnis gespeichert werden. Zudem enthalten Skripten an verschiedenen Stellen abstrakte Kategorien oder Freistellen (slots), die in variabler Weise belegt werden können.[78] Dies erscheint notwendig, da frühere Situationen und aktuelle Situationen in den seltensten Fällen eine vollständige Übereinstimmung aufweisen dürften.

Situationen in Organisationen, die sich in ähnlicher Weise ständig wiederholen, können mit einem vergleichsweise einfachen prototypischen Skript (Protoskript) bewältigt werden.[79] Andere Situationen hingegen erweisen sich als weniger stereotyp. Solche Situationen erfordern einerseits eine differenzierte kognitive Wissensstruktur, die das Individuum befähigt, Unterschiede zwischen Situationen zu erkennen, andererseits aber auch Variationsmöglichkeiten innerhalb der Verhaltensweisen und Verhaltenssequenzen eines Protoskripts, die das Individuum befähigen, unterschiedliche Aktivitäten zu zeigen. Solche Variationsmöglichkeiten innerhalb eines Skripts werden mit Spuren (tracks) bezeichnet.[80]

Das Verstehen einer spezifischen Situation und die Ausführung einer Verhaltenssequenz nimmt dabei im Skriptkonzept folgenden Verlauf. Das Individuum sucht, wenn es mit einer Situation konfrontiert wird, in der eigenen Erinnerung nach früheren Erfahrungen, die eine Ähnlichkeit

---

[77] Vgl. Gioia/Poole 1984.
[78] Vgl. Weinert/Waldmann 1988, 177.
[79] Vgl. Gioia/Poole 1984, 451.
[80] Vgl. Abelson 1981, 723ff.

mit der aktuellen Situation aufweisen.[81] Die früheren Verhaltensweisen, die in dieser, der jetzigen Situation ähnlichen, gezeigt wurden, sowie die Effektivität oder die Konsequenzen dieser Verhaltensweisen gehen in das Schema ein und dienen so als Richtlinie für das Verhalten in der aktuellen Situation. Skripten stellen also in gewisser Weise Heuristiken dar, die zur routinemäßigen Lösung von alltäglichen Problemen herangezogen werden. Sie beschreiben mögliche Problemlösungswege, mit deren Hilfe Ziele erreicht werden können.[82] Werden diese Lösungswege beschritten, wird die ihnen zugrundeliegende Struktur reproduziert.

Durch Skripten werden viele Handlungen des Individuums routini(si)ert. Sie ermöglichen einen effizienten Umgang mit alltäglichen Problemen. Skripten zeigen insofern bestimmte Gemeinsamkeiten mit den aus der Organisationstheorie bekannten „Ausführungsprogrammen". [83]Es bestehen aber wichtige Unterschiede. Skripten sind schematische Wissensbestände der Organisationsmitglieder über Situationen und diesen Situationen angemessenes Verhalten. Organisationale Ausführungsprogramme hingegen sind formalisierte Regeln, sie schreiben eine Folge von bestimmten Aktionen in bestimmten Situationen vor. Sie sind somit dem Individuum „äußerlich", obwohl sie durch organisationale Sozialisation und „training on the job" durchaus in die Skripten eines Organisationsmitglieds einfließen können. Weiterhin beziehen sich Skripten auch auf eine Vielzahl von Situationen und Verhaltensweisen, die nicht oder nicht explizit durch organisationale Ausführungsprogramme geregelt werden, wie bspw. informale Interaktionen mit Kollegen, Mitarbeitern oder Vorgesetzten.[84] Analog zu den Ausführungsprogrammen üben Skripten eine stabilisierende Wirkung aus, da das Verhalten der Organisationsmitglieder vorhersagbar wird. Ashforth und Fried haben einen Katalog entwickelt, der acht wichtige Funktionen von Skripten in Organisationen zusammenfasst:[85]

---

[81] Vgl. Schank/Abelson 1977, 67.

[82] Vgl. Lord/Kernan 1987, 273.

[83] Siehe March/Simon 1958, 136ff.

[84] Vgl. Ashforth/Fried 1988, 320.

[85] Vgl. Ashforth/Fried 1988, 307ff.

- Durch die Strukturierung und Routinisierung von Ereignisabläufen und -inhalten erleichtern Skripten die Steuerung von Aktivitäten.
- Die Übernahme von Praktiken, die sich als konsistent mit bestehenden normativen Erwartungen zeigen, führt zu einer Legitimation dieser Aktivitäten.
- Dadurch, dass Skripten zur Analogiebildung herangezogen werden können, erleichtern sie dem Handelnden die Sinnstiftung.[86]
- Sie erleichtern die Koordination von Handlungen zwischen interdependenten Akteuren, da die Skripten aufeinander abgestimmt sind.[87]
- Dadurch, dass sich die Skripten auf relativ stabile Ereignisse oder Ereignissequenzen beziehen, bieten sie Verhaltensrichtlinien für das Individuum, sie ermöglichen es ihm aber zugleich, das Verhalten anderer vorherzusagen.
- Bestimmte Praktiken werden institutionalisiert. Die Institutionalisierung ermöglicht es dem Individuum, seine Handlungen zu rechtfertigen und so Rollenkonflikte zu vermindern oder zu vermeiden.
- Dadurch, dass Skripten sich zu normativen Standards entwickeln, bieten sie eine Basis zur Evaluation gezeigten Verhaltens.
- Da Skripten routinemäßig ausgelöst und durchgeführt werden, können individuelle kognitive Kapazitäten eingespart werden.

Aufgrund der routinemäßigen Durchführung von Verhaltenssequenzen werden Skripten auch dysfunktionale Wirkungen zugeschrieben.[88] So wird oft betont, dass skriptgeleitetes Verhalten dazu führen kann, dass den feinen Unterschieden einer spezifischen Situation (bspw. in der Aufgabenausführung oder in Entscheidungsprozessen) nicht oder nicht ausreichend Rechnung getragen wird. Das liegt daran, dass „(t)he understanding provided by script-based analogies is based on *past* contingencies; contingencies which may no longer hold".[89] Die Autoren sprechen insofern von „mindlessness of organizational behaviors". Eine solche

---

[86] Siehe auch Weick 1983; Gioia 1986; Isenberg 1986.
[87] Siehe auch Lord/Kernan 1987.
[88] Vgl. Ashforth/Fried 1988, 311ff. und die dort angegebene Literatur.
[89] Ashforth/Fried 1988, 317, Hervorhebung im Original.

Sichtweise ist jedoch zu restriktiv.[90] Skriptgeleitetes Verhalten ist nicht gleichzusetzen mit automatischem Verhalten.[91] Wenn auch in vielen Fällen die Zuordnung von Situationen, als auch skriptgeleitetes Verhalten an sich mehr oder minder unbewusst erfolgen mag, sind Individuen durchaus in der Lage, zwischen Situationen zu differenzieren und über ihre Handlungen zu reflektieren.[92] Außerdem ermöglicht ihnen die Ausübung erwarteter, d.h. positiv sanktionierter Verhaltensweisen, ihre Ziele leichter zu erreichen. Sie „ecken" nicht an.

*Abb.1: Das Kontinuum zwischen Handlungsplänen und Skripten*

| Bewusste Handlungssteuerung | | | | Quasi-automatischer Handlungsablauf |
|---|---|---|---|---|
| Neue Situation | Gelegentlich auftretende Situation | Konventionelle Situation | Partiell stereotypische Situation | Stereotypische Situation |
| ↓ | ↓ | ↓ | ↓ | ↓ |
| Kein skriptgeleitetes Verhalten, Entwicklung von Handlungsplänen | Beginn der Entwicklung von Skripten | Bewusste Ausführung erwarteter Verhaltensweisen | Schwach ausgeprägte Skripten, die in jeweils modifizierter Form ablaufen | Unbewusster, quasi-automatischer Ablauf von Skripten |
| Gering <------------------------------------------------------------> Hoch Bekanntheitsgrad der Situation für den Stelleninhaber | | | | |

Quelle: Gioia/Poole 1984, 454

Es erscheint sinnvoll, von einem Kontinuum zwischen einem bewussten, kontrollierten Einsatz und einer quasi-automatischen, unbewussten Durchführung von Skripten auszugehen.[93] Abelson unterscheidet zwischen „starken" und „schwachen" Skripten.[94] „Schwache" Skripten enthalten Erwartungen über das eigene und das Verhalten anderer. Sie legen

---

[90] Vgl. Gioia/Manz 1985, 529.

[91] Vgl. Abelson 1981, 723.

[92] Vgl. Gioia/Poole 1984, 452ff.; siehe auch Goffman 1983.

[93] Vgl. Gioia/Poole 1984, 453f.

[94] Vgl. Abelson 1981, 717.

jedoch nicht die Sequenz der Aktionen fest. „Starke" Skripten hingegen legen auch die Reihenfolgen der Aktionen fest, so dass man hier eher von einem quasi-automatischen Verhalten sprechen kann (siehe auch Abbildung 1).

Weiterhin schließt das Vorhandensein und die Anwendung von Skripten nicht zwingend Lernfähigkeit und Flexibilität aus.[95] Denn Skripten können so gestaltet sein, dass 1) neue Erfahrungen integriert werden können, 2) eine Übertragung auf neue, wenn auch ähnliche Situationen möglich ist, 3) sie alternative Wege zur Erreichung eines bestimmten Ziels enthalten, 4) ihre Ausführung durch außergewöhnliche Ereignisse unterbrochen wird und 5) sie bewusst gesteuerte Subroutinen enthalten. Kurz: die stabilisierende Wirkung von Skripten schließt nicht notwendigerweise deren Anpassungsfähigkeit aus. Zudem kann handlungspraktische Bewusstheit – um hier die Terminologie von Giddens zu verwenden – in diskursive Bewusstheit übergehen. Akteure sind nicht Ausführungsorgane „eingebrannter" Verhaltensregeln. Sie müssen nicht ewig eingeschliffene Routinen ausführen. Bei diesem Übergang von handlungspraktischer Bewusstheit in diskursive Bewusstheit, durch den Umgestaltungsmöglichkeiten bewusst und sprachlich äußerbar werden, kann sozialwissenschaftliche Forschung unterstützend wirken. Denn Ziel sozialwissenschaftlicher Forschung sollte nach Giddens sein, jene Faktoren aufzuzeigen, denen gegenüber das Wissen der Akteure begrenzt ist.[96] Die Aufgabe sozialwissenschaftlicher Forschung sei, die „Undurchsichtigkeit" der Struktur aufzulösen. Dadurch würden die Möglichkeiten einer bewussten Veränderung von Struktur erhöht.

### *Schlussbetrachtung*

Im vorliegenden Beitrag wurde zunächst verdeutlicht, dass die Strukturationstheorie durch die Fokussierung auf soziale Praktiken und durch das Zurückdrängen der Konzepte des Handelns und der Struktur eine realistischere Beschreibung des Handelns in Organisationen ermöglicht als

---

[95] Vgl. Abelson 1981, 723f.; Lord/Kernan 1987, 266ff.; Ashforth/Fried 1988, 319.
[96] Vgl. Giddens 1984, 282.

andere Organisationstheorien. Die Strukturationstheorie bleibt aber, weil als Sozialtheorie angelegt, relativ abstrakt und entzieht sich so einer unmittelbaren Anwendbarkeit in der Organisations- und Managementforschung. Deshalb wurde versucht, die Strukturationstheorie mit dem Konzept der kognitiven Skripten zu verbinden, in dem regelmäßig ablaufende soziale Praktiken den zentralen Untersuchungsgegenstand darstellen. Dabei zeigte sich, dass durch die Verknüpfung der beiden Theorien die Fruchtbarkeit zentraler Argumente der Strukturationstheorie für die Organisations- und Managementforschung gesteigert werden kann. Ein häufiger Kritikpunkt an der Strukturationstheorie, nämlich ihre Abstraktheit und mangelnde Anwendbarkeit in der empirischen Forschung, kann so – zumindest in Teilen – behoben werden.

Gleichzeitig wurde deutlich, welche Funktion der Organisations- und Managementforschung über eine realistische Beschreibung des Handelns in Organisationen hinaus zukommen kann. Sie können der Praxis wichtige und kritische Einblicke in die Struktur geben, die durch soziale Praktiken – bspw. in routinemäßig ausgeführten Skripten – kontinuierlich reproduziert wird. Es kann als Aufgabe von Organisations- und Managementforschung verstanden werden, die den Akteuren undurchsichtigen Momente der Struktur aufzuzeigen, auf die sie sich in ihrem Handeln beziehen und dabei zugleich reproduzieren. Und zwar vor allem dann, wenn die Praktiken unerwünschte Ergebnisse oder dysfunktionale Folgen zeigen. Inwieweit es aber durch sozialwissenschaftliche Forschung auf Basis der Strukturationstheorie gelingen kann, neue Praktiken zu entwerfen und zu institutionalisieren, die bessere, d.h. wünschenswerte Ergebnisse zeigen, ist eine Frage, die (auch bei Giddens) offen bleibt.[97]

---

[97] Vgl. Walgenbach 1999.

*Literatur*

Abelson, R.P. (1976): Script processing in attitude formation and decision making, in: Carroll, J.S./Payne, J.W. (Hrsg.): Cognition and Social Behavior. Hillsdale, S. 33-45.

Abelson, R.P. (1981): Psychological status of the script concept, in: American Psychologist 36, S. 715-729.

Archer, M.S. (1982): Morphogenesis versus structuration: On combining structure and action, in: British Journal of Sociology 33:455-483.

Ashforth, B.E./Fried, Y. (1988): The mindlessness of organizational behaviors, in: Human Relations 41, S. 305-329.

Astley, W.G./Van de Ven, A.H. (1983): Central perspectives and debates in organization theory, in: Administrative Science Quarterly 28, S. 245-273.

Barley, S.R. (1986): Technology as an occasion for structuring: Evidence from observation of CT scanners and the social order of radiology departments, in: Administrative Science Quarterly 31, S. 78-108.

Becker, A. (1996): Rationalität strategischer Entscheidungsprozesse. Ein strukturationstheoretisches Konzept. Wiesbaden

Beckert, J. (1997): Grenzen des Marktes. Die sozialen Grundlagen wirtschaftlicher Effizienz. Frankfurt.

Berger, P.L./Luckmann, T. (1969): Die gesellschaftliche Konstruktion der Wirklichkeit. Eine Theorie der Wissenssoziologie. Frankfurt am Main.

Bernstein, R.J. (1986): Structuration as critical theory. In: Praxis International 5, S. 235-249.

Boden, D. (1994): The Business of Talk. Organizations in Action. Cambridge.

Bryant, C.G.A./Jary, D (1991): Introduction. Coming to terms with Anthony Giddens, in: Bryant, C.G.A./Jary, D. (Hrsg.): Giddens" Theory of Structuration – A Critical Appreciation. London, S. 1-31.

Burrell, G./Morgan, G. (1979): Sociological Paradigms and Organizational Theory. London

Callinicos, A. (1985): Anthony Giddens. A contemporary critique, in: Theory and Society 14, S. 133-166.

Clark, J. (1990): Anthony Giddens, sociology and modern social theory, in: Clark, J./Modgil, C./Modgil, S. (Hrsg.): Anthony Giddens – Consensus and Controversy. London, S. 21-27.

Cohen, I.J. (1989): Structuration Theory – Anthony Giddens and the Constitution of Social Life. New York.

Cohen, I.J. (1990): Structuration theory and social order: Five issues in brief, in: Clark, J./Modgil, C./Modgil, S. (Hrsg.): Anthony Giddens – Consensus and Controversy. London, S. 33-45.

Craib, I. (1992): Anthony Giddens. London.

Dallmayr, W. (1982): The theory of structuration – A critique, in: Giddens, A. (Hrsg.): Profiles and Critiques in Social Theory. London, S. 18-25.

Elšik, W. (1998): Personalmanagement als Spiel. Stuttgart.

Giddens, A. (1979): Central Problems in Social Theory. London.

Giddens, A. (1984): The Constitution of Society. Cambridge.

Giddens, A. (1988): Die Konstitution der Gesellschaft. Grundzüge einer Theorie der Strukturierung. Frankfurt am Main.

Giddens, A. (1991): Structuration theory: Past, present and future, in: Clark, J./Modgil, C./Modgil, S. (Hrsg.): Anthony Giddens – Consensus and Controversy. London, S. 297-315.

Giddens, A. (1976): New Rules of the Sociological Method – A Positive Critique of Interpretative Sociologies. London.

Gioia, D.A. (1986): Symbols, scripts, and sensemaking: Creating meaning in the organizational experience, in: Sims, H.P./Gioia, D.A. (Hrsg.) The Thinking Organization: Dynamics of Organizational Social Cognition. San Francisco, S. 49-74.

Gioia, D.A./Poole, P.P. (1984): Scripts in organizational behavior, in: Academy of Management Review 9, S. 449-459.

Gioia, D.A./Manz, C.C. (1985): Linking cognition and behavior: A script processing interpretation of vicarious learning, in: Academy of Management Review 10, S. 527-539.

Goffman, E. (1983): Wir alle spielen Theater – Die Selbstdarstellung im Alltag. München.

Gregson, N. (1989): On the (ir)relevance of of structuration theory to empirical research, in: Held, D./Thompson, J.B. (Hrsg.): Social Theory of Modern Societies: Anthony Giddens and his Critics. Cambridge, S. 235-249.

Gulick, L.H. (1969): Notes on the theory of administration, in: Gulick, L.H./Urwick, L.F. (Hrsg.): Papers on the Science of Administration. New York, S. 1-45.

Hanft, A. (1995): Personalentwicklung zwischen Weiterbildung und „organisationalem Lernen". München.

Harris, C.C. (1980): Fundamental Concepts of the Sociological Enterprise. London.

Hastie, R. (1981): Schematic principles in human memory, in: Higgins, E.T./Herman, C.P./Zanna, M.P. (Hrsg.): Social Cognition – The Ontario Symposium, Vol. 1, Hillsdale, S. 39-88.

Isenberg, D.J. (1986): The structure and process of understanding: Implications for managerial action, in: Sims, H.P./Gioia, D.A. (Hrsg.): The Thinking Organization: Dynamics of Organizational Social Action. San Francisco, S. 238-262.

Kieser, A./Kubicek, H. (1992): Organisation. 3. A., Stuttgart.

Kießling, B. (1988): Kritik der Giddensschen Sozialtheorie: Ein Beitrag zur theoretisch-methodischen Grundlegung der Sozialwissenschaften. Frankfurt am Main.

Kotter, J. (1990): A Force for Change. How Leadership Differs from Management. New York

Lang, R./Alt, R. (1996): Handlungsspielräume des ostdeutschen Managements im Umbruch, in: Sadowski, D./Czap, H./Wächter, H. (Hrsg.): Regulierung und Unternehmenspolitik. Wiesbaden, S. 355-377.

Lord, R.G./Foti, R.J. (1986): Schema theories, information processing, and organizational behavior, in: Sims, H.P./Gioia, D.A. (Hrsg.): The Thinking Organization. San Francisco, S. 20-48

Lord, R.G./Kernan, M.C. (1987): Scripts as determinants of purposeful behavior in organizations, in: Academy of Management Review 12, S. 265-277.

Lurigio, A.J./Carroll, J.S. (1985): Probation officers" schemata of offenders: Content, development, and impact on treatment decisions, in: Journal of Personality and Social Psychology 48, S. 1112-1126.

Macintosh, N.B. (1994): Management Accounting and Control Systems. Chichester.

Mandl, H./Friedrich, H.F./Hron, A. (1988): Theoretische Ansätze zum Wissenserwerb, in: Mandl, H./Spada, H. (Hrsg.): Wissenspsychologie. München, S. 123-160.

March, J.G./Simon, H.A. (1958): Organizations. New York.

Martin, J. (1982): Stories and scripts in organizational settings, in: Hastorf, A.H./Isen, A.M. (Hrsg): Cognitive Social Psychology. New York, S. 255-305.

Marx, K. (1969): Der achtzehnte Brumaire des Louis Bonaparte, in: Marx, K./Engels, F.: Werke. 8. Bd., Berlin, S. 111-217.

Meyer, K./Sandner, R. (1994): Zur Entstehung organisierten Handelns in Unternehmen, in: Schreyögg, G./Conrad, P. (Hrsg.): Managementforschung 4. Berlin, S. 185-218.

Neuberger, O. (1995): Führungstheorien – Rollentheorie, in: Kieser, A./Reber, G./Wunderer, R. (Hrsg.): Handwörterbuch der Führung. 2. A., Stuttgart, S. 979-993.

Ortmann, G. (1994): „Lean" – Zur rekursiven Stabilisierung von Kooperation, in: Schreyögg, G./Conrad, P. (Hrsg.): Managementforschung 4. Berlin, S. 143-184.

Ortmann, G. (1995): Formen der Produktion. Organisation und Rekursivität. Opladen.

Ortmann, G./Sydow, J./Windeler, A. (1997): Organisation als reflexive Strukturation, in: Ortmann, G./Sydow, J./Türk, K. (Hrsg.): Theorien der Organisation – Die Rückkehr der Gesellschaft. Opladen, S. 315-354.

Outhwaite, W. (1990): Agency and structure, in: Clark, J./Modgil, C./Modgil, S. (Hrsg.): Anthony Giddens – Consensus and Controversy. London, S. 63-72.

Pentland, B.T./Rueter, H.H. (1994): Organizational routines as grammars of action, in: Administrative Science Quarterly, S. 484-510.

Reed, M. (1985): Redirections in Organizational Analysis. London.

Reed, M. (1989): The Sociology of Management. New York.

Riley, P. (1983): A structurationist account of political culture, in: Administrative Science Quarterly 28, S. 414-437

Schank, R.C./Abelson, R.P. (1977): Scripts, Plans Goals and Understanding – An Inquiry into Human Knowledge Structures. Hillsdale.

Schein, E.H. (1978): Career Dynamics: Matching Individual and Organizational Needs. Reading.

Scherer, A.G. (1999): Kritik der Organisation oder Organisation der Kritik? Wissenschaftstheoretische Bemerkungen zum kritischen Umgang mit Organisationstheorien, in: Kieser, A. (Hrsg.): Organisationstheorien. 3. A., Stuttgart, S. 1-37.

Schienstock, G. (1991): Struktur, Politik oder soziale Praxis – Perspektiven einer soziologischen Theorie des Managements, in: Österreichische Zeitschrift für Soziologie 16, S. 27-40.

Schultz, M. (1994): On Studying Organizational Cultures: Diagnosis and Understanding. Berlin.

Schütz, A./Luckmann, T. (1975): Strukturen der Lebenswelt. Neuwied.

Sewell, W.H. (1992): A theory of structure: Duality, agency and transformation, in: American Journal of Sociology 85, S. 1-29.

Spybey, T. (1984): Traditional and professional frames of meaning in management, in: Sociology 18, S. 550-562.

Sydow J./Windeler, A./Krebs, M./Loose, A./van Well, B. (1995): Organisation von Netzwerken – Strukturationstheoretische Analysen der Vermittlungspraxis in Versicherungsnetzwerken. Opladen.

Sydow, J./van Well, B. (1996): Wissensintensiv durch Netzwerkorganisation – Strukturationstheoretische Analyse eines wissensintensiven Netzwerkes, in: Schreyögg, G./Sydow, J. (Hrsg.): Managementforschung 6. Berlin, S. 191-234.

Taylor, S.E./Crocker, J. (1981): Schematic bases of social information processing, in: Higgins, E.T./Herman, C.P./Zanna, M.P. (Hrsg.): Social Cognition – The Ontario Symposium, Vol. 1. Hillsdale, S. 89-134.

Thompson, J.B. (1989): The theory of structuration, in: Held, D./Thompson, J.B. (Hrsg.): Anthony Giddens and his Critics. Cambridge, S. 56-76.

Turner, R.H. (1962): Role-taking: Process versus conformity, in: Rose, A.M. (Hrsg.): Human Behavior and Social Processes. London, S. 20-40.

Walgenbach, P. (1994): Mittleres Management. Aufgaben – Funktionen – Arbeitsverhalten. Wiesbaden.

Walgenbach, P. (1995): Die Theorie der Strukturierung, in: Die Betriebswirtschaft 55, S. 761-782.

Walgenbach, P. (1999): Giddens" Theorie der Strukturierung, in: Kieser, A. (Hrsg.) Organisationstheorien. 3. A., Stuttgart, S. 355-375.

Walgenbach, P./Kieser, A. (1995): Mittlere Manager in Deutschland und Großbritannien, in: Schreyögg, G./Sydow, J. (Hrsg.): Managementforschung 5. Berlin, S. 259-309.

Weber, M (1988): Gesammelte Aufsätze zur Soziologie und Sozialpolitik. Tübingen.

Weick, K.E. (1983): Managerial thought in the context of action, in: Srivastva, S. (Hrsg.): The Executive Mind – New Insights on Managerial Thought and Action. San Francisco, S. 221-242.

Weinert, F.E./Waldmann, M.R. (1988): Wissensentwicklung und Wissenserwerb, in: Mandl, H./Spada, H. (Hrsg.): Wissenspsychologie. München, S. 161-199.

Wendorf, R. (1985): Zeit und Kultur – Geschichte des Zeitbewusstseins in Europa. 3. A., Opladen.

Whittington, R. (1992): Putting Giddens into action.: Social systems and managerial agency, in: Journal of Management Studies 29, S. 693-712.

Willmott, H. (1984): Images and ideals of managerial work: A critical examination of conceptual and empirical accounts, in: Journal of Management Studies 21, S. 348-368.

Willmott, H. (1987): Studying managerial work: A critique and proposal, in: Journal of Management Studies 24, S. 249-270.

Wiswede, G. (1992): Rolle, soziale, in: Gaugler, E./Weber, W. (Hrsg.): Handwörterbuch des Personalwesens. 2. A., Stuttgart, S. 2001-2010.

# Vertrauen, Institutionen und Wandel

Ansätze zur Modellierung einer rekursiven Beziehung

*Andreas Aulinger*

*1. Vorneweg*

Das Forschungsprogramm der evolutorischen Ökonomik steht für die Frage, wie eine Theorie inhaltlich und methodisch konzipiert sein müsste, die die Entstehung und die Bedingungen von Wandel als endogene Ereignisse der ökonomischen Welt erklären kann. Die Vertreter der evolutorischen Ökonomik machen dabei keinen Hehl daraus, dass der Begriff der evolutorischen Ökonomik heute eher für die Existenz dieser ungeklärten Fragen als für deren Antwort steht.[1] Einig[2] ist man sich darin, dass die ökonomische Theorie und die Neoklassik mit ihren Analogien zur Physik und der Modellierung eines Strebens nach Gleichgewichten gerade nicht in der Lage sind, diese Fragen zu beantworten. Einig ist man sich auch darin, dass es sich mit der evolutorischen Ökonomik nicht um eine simple Analogiebildung zur Evolutionsbiologie handeln kann bzw. nicht handeln sollte.[3] Ungeklärt ist aber, wie das „Evolutorische"

---

[1] Vgl. Witt 1990, 13. oder Dopfer 2000, 2, der die fehlende „autonome Formation" der evolutorischen Ökonomik beklagt.

[2] Soweit man in einem sehr offenen Forschungsfeld die Ansichten der führenden Forscher als Stimmungsbild deuten darf.

[3] Vgl. Penrose 1952; vgl. Schnabel (1990), der trotz wichtiger Unterschiede aber auch die Chancen zur Modellierung eines Isomorphiekerns evolutorischer Theorien sieht. Vgl. auch die Kritik von Schneider (1996), der danach fragt, ob biologische

der evolutorischen Ökonomik, wenn es keine Analogie zur Biologie sein soll, gefasst werden sollte.

Um mich selbst an der Suche nach Modellen zu beteiligen, die erklären können, wie das Neue in die ökonomische Welt kommt, möchte ich verschiedene Zugänge zur Vertrauensforschung vorstellen. Diese Suchoption scheint insofern nicht ganz fern, da Vertrauen als eine unverzichtbare Bedingung für bzw. als Wesensmerkmal von Kooperationen betrachtet wird.[4] Und Kooperationen werden – gerade in jüngerer Zeit – ergänzend zu Wettbewerbstheorien als eine mögliche Grundlage für die Entstehung von Neuem intensiv diskutiert.[5]

Die Frage nach dem Stand der Erklärungsangebote zum Phänomen Vertrauen und dessen Bedeutung für die Entstehung von Neuem möchte ich dabei insbesondere mit der Frage verbinden, welche verschiedenen Antworten zum Verhältnis von Vertrauen und Institutionen angeboten werden. Da, wie zu zeigen sein wird, Institutionen auf der einen Seite als eine Voraussetzung für die Entstehung von Vertrauen betrachtet, auf der anderen Seite aber auch als Ziel bzw. Empfänger von Vertrauen gehandelt werden, deutet sich hier ein erstes modelltheoretisches Henne-Ei-Problem an. Dem kann ein weiteres hinzugefügt werden, wenn gefragt wird, ob institutioneller bzw. gesellschaftlicher Wandel auch auf der Grundlage von Vertrauen in der Gesellschaft entsteht, oder ob sich institutioneller Wandel auch dadurch auszeichnet, dass mit ihm neue Vertrauensformen in der Gesellschaft oder in Organisationen evolvieren. Ziel dieses Aufsatzes kann nun nicht sein, diese wechselseitigen Abhängigkeiten modelltheoretisch mit einem (oder gar ein für alle) mal zu sortieren. Ziel soll es aber sein, vor dem Hintergrund der aufgezeigten Fragestellungen einige der gängigen Beschreibungsoptionen für das Phänomen Vertrauen und dessen Beziehung zu Institutionen und Wandel darzustellen.

---

Vorbilder für eine evolutorische Theorie der Unternehmung hilfreich und damit eine solche Unternehmenstheorie sinnvoll anzustreben sind.

[4] Vgl. Sydow 1995; Roeder 2000.

[5] Vgl. etwa im betriebswirtschaftlichen Kontext die Diskussion um unternehmensinterne und -externe Kooperationen und Netzwerke für Innovation und Wandel, etwa bei Staudt 1992, 6ff; Hillig, 1997.

## 2. Warum Vertrauen und Wandel?

Die These, dass die Existenz von Vertrauen für die Entstehung von Neuem auf technologischer, auf organisatorischer oder auf gesellschaftlicher Ebene von Bedeutung sein könnte, ist keineswegs selbstverständlich. Schließlich gehört es zu den paradigmatischen Grundlagen der ökonomischen Theorie, dass moderne Marktwirtschaften ihre Erfolge als Innovations- und Wohlstandsmotoren gerade aus dem ihnen innewohnenden Wettbewerbsprinzip schöpfen. „Konkurrenz belebt das Geschäft" ist die alltägliche Kurzformel für das, was Adam Smith als die „unsichtbare Hand des Marktes" bezeichnete und was bei Röpke als „Evolutionsmotor komplexer Systeme" bezeichnet wird.[6] Alle diese Ansichten betonen zurecht die Wichtigkeit von Wettbewerb als Grundprinzip wirtschaftlicher Aktivität, um zunächst zu Innovationen und darüber zu Wohlstand zu gelangen. Was haben hier Vertrauen oder Kooperationen verloren? Bestenfalls kommt ihnen eine Statistenrolle zu, wenn der Markt an der ein oder anderen Stelle versagt. Aber reicht dies als Argument, um Vertrauen und Kooperationen im Kontext der Entstehung von Neuem oder im Kontext der Herausforderungen der vielen Formen von Wandel unternehmenstheoretisch aufzuarbeiten?

So sehr das Paradigma des Wettbewerbs die ökonomische Theoriebildung dominieren mag, so sehr kann auch attestiert werden, dass jenseits ökonomischer Modellbildung das Phänomen des Vertrauens als Grundlage jeder wirtschaftlichen Entwicklung ernst genommen wird. So ist die Aussage „Vertrauen ist der Anfang von allem" nicht aus den Schriften der Philosophie oder Soziologie bekannt, sondern aus der Werbung der Deutschen Bank. Und wenn Unternehmensberatungen wie die Management Partner GmbH aus Stuttgart ihrem KooperationsNavigator[7] auf die Elemente der Strategiekompetenz, der Gestaltungskompetent und der Vertrauenskompetenz fußen lassen, dann mag auch das ein weiteres von vielen Beispielen dafür sein, dass das Phänomen Vertrauen in der Praxis deutlich mehr Aufmerksamkeit erhält, als dies von der ökonomischen Modellbildung nachgezeichnet wird.

---

[6] Röpke 1980, 125.

[7] Vgl. Management Partner GmbH 2000.

Freilich ist damit erst einmal angedeutet, das Vertrauen überhaupt eine Rolle für die Wirtschaftspraxis spielt. Von dort ist es aber kein weiter Schritt mehr zu der Vermutung, das soziale Phänomen Vertrauen habe auch eine Bedeutung für die Entstehung oder auch das Ausbleiben von Wandel. Ich denke, dass es auf der Grundlage dieses „Anfangsverdachts" berechtigt sein sollte, diesen Zusammenhang zu untersuchen bzw. erste Schritte in Richtung einer solchen Untersuchung zu gehen. Denn gegenwärtig kann attestiert werden, dass eine Bearbeitung der Frage nach dem Zusammenhang von Vertrauen und Wandel im betriebswirtschaftlichen Kontext kaum stattgefunden hat. Zwar gibt es eine große Anzahl von Publikationen, die die Bedeutung von Kooperationen für die Innovationsfähigkeit von Unternehmen oder die Fähigkeit zum Wandel betonen. Der postive Zusammenhang von Kooperationen und Vertrauen auf der einen Seite sowie Innovationsfähigkeit und Wandel auf der anderen Seite wird dabei häufig an den Ausgangspunkt der Betrachtungen gestellt, und nicht selbst zum Thema gemacht, hinterfragt und unternehmenstheoretisch nachgezeichnet.[8]

Eine solche Auseinandersetzung müsste – und hier kommen die Fahnenträger der Wettbewerbsidee zu Wort – im Blick behalten, dass auch zahlreiche Belege dafür gefunden werden können, dass Vertrauen weder auf technologischer, noch organisatorischer, noch gesellschaftlicher Ebene eine bedingungslos positive Funktion zukommen muss. Vertrauen bedeutet auch Filz und Klüngel, bedeutet Erlahmen von Kreativität und Ausruhen in sozialen Hängematten.[9] Und da Vertrauen für Kooperation steht, steht es auch für den von Ridley beobachteten Effekt, dass sich Gruppen umso aggressiver gegenüber anderen Gruppen verhalten, je enger die Kooperation innerhalb einer Gruppe ist.[10] Wenn Kern daher behauptet, „dass der in Mode gekommene Vertrauensdiskurs zu viel Vertrauen ins Vertrauen setzt, also dem komplexen Zusammenspiel von Ver-

---

[8] Beispielhaft genannt seien etwa Munser 1999, Aulinger 1999, Blumberg 1998, Justus 1998 oder Picot/Reichwald/Wigand 1996, die auf technologischer oder organisatorischer Ebene die Notwendigkeit von Kooperationen, Netzwerken oder virtuellen Unternehmen betonen.

[9] Vgl. Kern 1997; Husted 1998.

[10] Vgl. Ridley 1997, 269.

trauen und Misstrauen zu wenig Aufmerksamkeit schenkt"[11], dann ist auch – aber eben nicht nur – dieser Beobachtung zuzustimmen.

### 3. Warum Vertrauen und Institutionen?

Der Begriff der Institutionen nimmt sowohl in der Vertrauensforschung wie auch der Erforschung von Wandel eine wichtige, wenn nicht eine Schlüsselrolle ein. In der Vertrauensforschung werden Institutionen sowohl als Voraussetzung wie auch als Empfänger von Vertrauen thematisiert. Außerdem wird, wie bereits genannt, institutioneller Wandel auch als Wandel von dominierenden Vertrauensformen interpretiert. Bei der Untersuchung und der Erklärung von Wandel werden Institutionen – grade auch in evolutionsökonomischer Perspektive – als Ausgangsbasis und Ergebnis jeder Form von Wandel diskutiert. Ein Blick auf die Bandbreite der Forschungsarbeiten zu Institutionen macht deutlich, dass über die Erklärung des Wandels von Institutionen gesellschaftlicher und organisatorischer Wandel beschrieben wird.[12] Aus diesem Grund soll ein Einstieg in die Untersuchung der positiven wie negativen Beziehungen von Vertrauen und Wandel über die Beschreibung des Verhältnisses von Institutionen und Vertrauen gefunden werden.

Auch der Begriff der Institution bedarf nun aber einiger Präzisierungen, wenn damit gearbeitet werden soll. Zwar soll dieser Beitrag weniger Gewicht auf die vielfältigen Interpretationsmöglichkeiten des Begriffs der Institution legen, wie er dies mit dem Begriff des Vertrauens beabsichtigt. Aber zumindest einige wenige Präzisierungen scheinen wichtig. Die wohl prominenteste Definition des Begriffs der Institution geht auf Oliver North zurück: „Institutions are the rules of a game in a society or, more formally, are the humanly devised constraints that shape human interaction."[13] Generell gelten Institutionen dabei als Bindungen, denen die Menschen sich selbst freiwillig unterwerfen, da sie Unsicherheit reduzieren, indem sie eine stabile Struktur für die menschlichen Interaktio-

---

[11] Kern 1997, 272.

[12] Vgl. Hodgson 1999; Biervert/Held 1992, 7ff.; North 1990.

[13] North 1990, 3.

nen einrichten. Institutionen definieren und begrenzen die Menge der Wahlmöglichkeiten der Individuen. Weitergehend unterscheidet North zwischen Institutionen als informellen, z.t. unbewusst wirksamen Begrenzungen wie Tabus, Gebräuchen, Sitten, Traditionen etc. und Institutionen als formellen, bewusst geschaffenen Regeln wie Verfassungen, Gesetze, Organisationsanweisungen etc. In einer anderen Perspektive können Institutionen aber auch hierarchisch geordnet werden in fundamentale Institutionen (Gesetze, Kultur, Sprache, Geld, Märkte) und nachgeordnete Institutionen (z.B. Unternehmen, Koordinations- und Motivationsinstrumente im Unternehmen).[14] Die Abgrenzung verschiedener Arten von Institutionen soll im weiteren Verlauf dazu dienen, an verschiedenen Stellen der Darlegung der Beziehung von Vertrauensformen und Institutionen zu präzisieren, welche Art von Institution denn nun gerade gemeint ist.

### 4. Zugänge zum Phänomen des Vertrauens

Ungeachtet der attestierten Fehlens einer Thematisierung der Beziehung von Vertrauen und Wandel ist die Betriebswirtschaftslehre seit einiger Zeit darum bemüht, sich mit dem Phänomen des Vertrauens zu befassen. Vertrauen wurde lange Zeit nur als explanans, nicht aber als explanandum aufgegriffen.[15] In den nun stärker werdenden Bemühungen um ein Verständnis des Phänomens Vertrauen schwankt die Betriebswirtschaftlehre zwischen einer Orientierung und Inspiration durch benachbarte Disziplinen, wie z.B. der Soziologie und der Psychologie und der Erklä-

---

[14] Die unterschiedlichen institutionenorientierten Theorien wie z.B. der Institutionalismus, der Neo-Institutionalismus oder die Neue Institutionenökonomie orientieren sich denn auch in unterschiedlicher Art und Weise an einzelnen dieser Perspektiven. Während institutionalistische Theorien auf das gesamte Spektrum möglicher Institutionen reflektieren, fokussiert die Neue Institutionentheorie auf die formalen Institutionen. Die Principal-Agent-Theory und der Transaktionskostenansatz, als Theorierichtungen innerhalb der Neuen Institutionentheorie, verengen ihren Fokus weiter auf die formalen Institutionen im marktlichen und unternehmerischen Kontext. Vgl. dazu ausführlich Reuter 1994, 29ff.

[15] Vgl. Ripperger 1999, 7.

rung von Vertrauen auf der Basis des für die BWL so zentralen, vermeintlich originär betriebswirtschaftlichen Paradigmas der ökonomischen und neoklassischen Theorie bzw. deren Nachfahren aus der Familie der Neuen Institutionenökonomie.[16]

Weil die Auseinandersetzung mit dem Phänomen des Vertrauens innerhalb der Betriebswirtschaftslehre nicht mehr neu ist und zudem unterschiedliche Zugänge um Anerkennung werben, gibt es eine bemerkenswerte Vielfalt an Ein- und Ansichten zu dem, was mit der stärkeren Thematisierung denn nun eigentlich gewollt, und was mit dem Phänomen selbst eigentlich gemeint sein könnte. Bevor der Frage nachgegangen wird, welche Beziehungen von Vertrauen und Institutionen dabei modelliert werden, seien einige der Zugänge zur Beschreibung und Thematisierung des Phänomens Vertrauen zusammengestellt.

Eine zentrale Differenz in Zugängen zur Beschreibung des Phänomens Vertrauen liegt in der Frage, ob Vertrauen vor allem als Problem einer zeitlichen Interdependenz zwischen Handlungen thematisiert wird, oder ob die Sozialdimension im Vordergrund steht. Im ersten Falle ist der Akteur dem sozialen Geschehen vorgeordnet. Mithin werden Phänomene wie Reziprozität, Kooperation und Vertrauen unwahrscheinlich und erklärungsbedürftig. Vertrauen wird hier als Handlung betrachtet und ist das Ergebnis eines Entscheidungsaktes. Hier wird das kalkulierende Vertrauen verortet. Im zweiten Falle ist der Akteur dem sozialen Geschehen konstitutionslogisch nachgeordnet. Das Prinzip der Reziprozität wird gewissermaßen tiefer gelegt und gilt bereits als „Startmechanismus" der Interaktion. Vertrauen wird in dieser Perspektive als Einstellung betrachtet, die sich in Gewohnheiten und Handlungsroutinen entdecken lässt und die bestimmte Handlungsweisen ermöglicht.[17] Diese Differenz der Zugänge wird später mit der exemplarischen Darlegung ökonomischer und soziologischer Zugänge wieder sichtbar werden.

Eine andere Unterscheidung ergibt sich aus Diskussionssträngen a) um die Sinnhaftigkeit einer vermehrten Schenkung von Vertrauen (im

---

[16] „Vermeintlich" originär deshalb, da durchaus darüber gestritten werden darf (und auch gestritten wird), ob die Betriebswirtschaftslehre zu ihrem Selbsterhalt notwendig auf den Axiomen der ökonomischen Theorie aufzusetzen hat, oder ob das bloß eine von vielen paradigmatischen Optionen ist.

[17] Vgl. Junge 1998, 29.

Sinne von Gestaltungsanregungen z.B. zur Vertrauensorganisation)[18] und b) um die Sinnhaftigkeit einer vermehrten Berücksichtigung des in der Lebenswelt offensichtlich sehr präsenten Vertrauens in der bisweilen vertrauensentleerten Theorie der Unternehmung[19]. Weitergehend gibt es die Frage, ob Vertrauen etwas ist, das nur zwischen Personen anzutreffen ist, oder etwas, das auch zwischen Personen und Institutionen oder gar direkt zwischen Institutionen vorkommt. Auch diese Frage wird als ein zentrales Anliegen dieses Beitrags noch explizit zu vertiefen sein. Weitergehend uneins sind sich die Vertrauensforscher in der Frage, ob Vertrauen Kontrolle ersetzt oder ob es nur andere Arten von Kontrolle nach sich zieht.[20] Brückerhoff unterscheidet außerdem verschiedene Zugänge zur Vertrauensforschung, indem sie die Bemühungen um eine phänomenologische Besinnung auf der einen Seite und die Versuche einer messbaren Konzeptualisierung auf der Seite unterscheidet.[21] Zu guter letzt sei

---

[18] Vgl. u.a. Bleicher 1995; Grunwald 1995; Stahl 1996; Sydow 1996; Nieder 1997. Zu den konkreten Optionen eines vertrauensbewussten Managements vgl. Sydow 1995, S. 195; Aulinger 2000.

[19] Vgl. etwa Sydow 1995; Vogt 1997; Ripperger 1998; Huemer 1998.

[20] Da diese Frage im Rahmen des vorliegenden Aufsatzes nicht mehr aufgegriffen wird, sei zumindest hier auf die Erkenntnis etwa von Sjurts (1998) hingewiesen, dass Vertrauen nur im Zusammenhang mit Kontrolle Sinn macht. Das ist insofern zwar fast trivial (auch wenn es im Sprachgebrauch anders konnotiert ist), als der Vertrauende fast immer irgendwie erfährt, ob sein Vertrauen berechtigt war. Die Frage ist aber, wie genau und wann er das erfährt bzw. kontrolliert. Gefragt sei, so Sjurts, im Hinblick auf Selbstorganisation, Netzwerke etc. daher eine Kontrolle, die nicht den einzelnen Agenten im Auge hat, sondern die Ergebnisse der autonomen Einheiten insgesamt. Vgl. auch Krystek 1997, 283.

[21] Vgl. Brückerhoff 1982, 97. Repräsentanten der „phänomenologischen Besinnung" sind z.B. der Soziologe Niklas Luhmann, der Vertrauen insbesondere funktional erklärt als Mittel zur Reduzierung von Komplexität (Luhmann 1989). Aber auch Erikson (1965) mit einem psychologischen Ansatz oder Schottländer (1957) mit einem philosophisch-anthropologischen Ansatz werden hier eingeordnet. Um eindimensionale, messbare Konzeptualisierungen von Vertrauen haben sich Deutsch (1958) und in anderer Form Rotter (1967) bemüht. Bei Deutsch und Rotter wird eine weitere Differenz im möglichen Umgang mit Vertrauen sichtbar. Während Deutsch Vertrauen eher als Situationsvariable kennzeichnet, die im Verhalten manifest wird, fokussiert Rotter auf eine Fassung von Vertrauen als messbare Personenvariable (im Sinne von Urvertrauen). Andere soziologische Zugänge zur Erklärung von Vertrauen finden sich bei Coleman, der Vertrauen eher mikroökono-

hier auf die zahlreichen Angebote hingewiesen, der Vielfalt an Zugängen zum Phänomen des Vertrauens durch die Unterscheidung verschiedener Formen von Vertrauen gerecht zu werden. Dabei wird sehr häufig eine Unterscheidung von personen- und institutionenbasiertem Vertrauen mit eingeführt.[22] Die alleinige Unterscheidung verschiedener Vertrauensformen gibt jedoch, auch wenn dort institutionen- oder systembasiertes Vertrauen genannt werden, noch wenig Aufschluss über die tatsächliche Rolle von Institutionen als Quelle oder Ziel von Vertrauen.

Anhand einer sehr vereinfachten Darstellung (Abb. 1) sollen die verschiedenen möglichen Quellen und Ziele von Vertrauen unter besonderer Berücksichtigung von Institutionen dargestellt werden. Diese Abbildung kann freilich nur einen kleinen Ausschnitt einer Modellierung des Phänomens Vertrauen liefern. So fehlen hier zahlreiche der Theorieelemente, die im Überblick bereits Erwähnung gefunden haben. Insbesondere findet in dieser Abbildung die Unterscheidung eines kalkulierten gegenüber einem habitualisierten Vertrauen keine Berücksichtigung. Daher können hier mit dem Begriff der Erfahrung sowohl bewusst wie auch unbewusst gemachte Wahrnehmungen gemeint sein. Vertrauensgeber (im Sinne der Erfahrungsträger) sind in dieser Abbildung immer Personen. Ein Vertrauen zwischen Institutionen, dessen Modellierung theoretisch ja auch denkbar wäre, wird hier also nicht abgebildet. Auch könnten die Quellen von Vertrauen wesentlich feiner aufgesplittet werden, indem die mögli-

---

misch als Wette modelliert (vgl. Coleman 1982) oder bei Giddens, der Vertrauen in „abstrakte Systeme" (Recht, Wissenschaft, Politik, Wirtschaft) als zentralen Mechanismus der Natur moderner Gesellschaften rekonstruiert (vgl. Giddens 1990).

[22] Zucker unterscheidet zwischen characteristic-based-, process-based- und institutional-based-trust (vgl. Zucker 1986); Sako unterscheidet zwischen contractual trust, competence trust und goodwilll trust (vgl. Sako 1991); Williamson unterscheidet zwischen calculative, personal und institutional trust (vgl. Williamson 1993, 485); Bentele unterschiedet zwischen interpersonalem Basisvertrauen, öffentlichem Systemvertrauen, öffentlichem Institutionenvertrauen und öffentlichem Personenvertrauen (vgl. Bentele 1994, 143); Lewicki/Bunker unterscheiden zwischen Vertrauen als individueller Charakteristik, als Charakteristik interpersoneller Transaktionen und als institutionellem Phänomen (vgl. Lewicki/Bunker 1995, 115); Sheppard/Tuchinsky unterscheiden zwischen deterrence-based-, knowledge-based- und identification-based-trust (vgl. Sheppard/Tuchinsky 1996); Misztal unterscheidet zwischen trust as habitus, trust as passion und trust as policy (vgl. Misztal 1996).

chen Erfahrungen mit Personen und Institutionen ihrerseits in mehrere Kategorien geteilt werden.[23] Auf der anderen Seite wird hier ergänzend zu den bisherigen Theorieansätzen die Option des „indirekten" Vertrauens eingeführt, indem etwa die Möglichkeit beschrieben wird, einer Person aufgrund der Erfahrungen mit einer Institution zu vertrauen.[24]

*Abb. 1: Mögliche Quellen und Ziele von Vertrauen*

| Quelle von Vertrauen / Ziel von Vertrauen | Erfahrungen mit Personen | Erfahrungen mit Institutionen |
|---|---|---|
| Vertrauen in Personen | Vertrauen in die Person, mit der Erfahrungen vorliegen oder Vertrauen in eine unbekannte Person aufgrund Erfahrung mit einer Person, mit der Erfahrungen vorliegen | Vertrauen in eine unbekannte Person aufgrund Erfahrungen mit einer Institution, deren verhaltenssteuernde Wirkung auch für die unbekannte Person gilt |
| Vertrauen in Institutionen | Vertrauen in eine unbekannte Institution aufgrund Erfahrungen mit einer Person, die Erfahrungen mit der Institution hat | Vertrauen in eine Institution, mit der Erfahrungen vorliegen oder Vertrauen in eine unbekannte Institution aufgrund Erfahrungen mit einer anderen Institution |

Quelle: eigene

---

[23] So unterscheiden etwa Mayer/Davis/Schoorman (1995) drei mögliche Quellen einer personalen Vertrauensentscheidung, nämlich A) die Fähigkeiten, B) das Wohlwollen und C) die Integrität eines potenziellen Vertrauensnehmers. Auf der Seite der Institutionen könnten in Anlehnung an Lepsius (1996) A) das Leitbild oder die Leitidee einer Institution, B) die Fairness ihrer Verfahren oder C) die Qualität ihrer Leistungen oder Ergebnisse als Quellen von Vertrauen unterschieden werden.

[24] Hier könnte weitergehend an Beobachtungen zum Phänomen der Reputation angeknüpft werden. Siehe hierzu etwa Vogt, der in seinen Bemühungen um eine institutionalistische Öffnung des Transaktionskostenansatzes verschiedene Reputationsarten beschreibt und voneinander abgrenzt. Vgl. Vogt 1997, 140ff.

In diesem Aufsatz sollen nun drei der bereits erwähnten Ansätze aus ökonomischer und soziologischer Perspektive exemplarisch ausführlicher dargestellt und im Hinblick auf deren Modellierung des Verhältnisses von Vertrauen und Institutionen beleuchtet werden. Aus ökonomischer Sicht wird dabei insbesondere der Ansatz von Tanja Ripperger vorzustellen sein. Anschließend sollen die Vertrauenskonzepte von zwei Soziologen, nämlich Niklas Luhmann und Anthony Giddens, vorgestellt werden. In allen drei Fällen werden Aussagen zum Zusammenhang von Vertrauen und Wandel bestenfalls angerissen. Bereits hier sei die Feststellung erlaubt, dass entsprechende Aussagen in den Konzepten selber kaum explizit gemacht werden. Der Weg über die Darstellung der Beziehung von Vertrauen und Institutionen soll daher – quasi als Zwischenschritt – Optionen für eine weitere Thematisierung von Vertrauen und Wandel schaffen. Dieser folgende Schritt kann hier aber nur als weiteres Forschungsanliegen formuliert, nicht aber sogleich gegangen werden.

*4.1 Vertrauen in ökonomischer Perspektive*

Wenn aus ökonomischer Perspektive die Diskussion um Vertrauen überhaupt irgendein Fundament haben soll, dann bestenfalls in der Institutionenökonomie mit ihrem begrenzt rationalen homo oeconomicus. In einer ökonomischen bzw. neoklassischen Idealwelt, in der alle Informationen nicht nur vorhanden, sondern auch gleichverteilt sind, bedürfte es zweifellos keines Vertrauens.[25] Aber auch die Frage, ob ein begrenzt rationaler, zum Opportunismus neigender homo oeconomicus Vertrauen benötigt, um mit Seinesgleichen zu interagieren, wird auf Seiten der Institutionenökonomie nicht einheitlich beantwortet. Grund für eine gewisse Bandbreite an Interpretationen ist die aus der doppelten Kontingenz[26] vieler Entscheidungssituationen resultierende Ungewissheit. Da es nicht möglich ist, „rationale" Erklärungen für Entscheidungen unter Unge-

---

[25] Vgl. Simmel 1922, 263ff.; Albach 1980, 3.
[26] Doppelte Kontingenz bedeutet, dass das Ergebnis (oder der Nutzen) einer Entscheidung im Zeitpunkt des Entscheidens nicht nur davon abhängt, wie sich der Entscheider selbst verhält, sondern auch davon, wie sich andere Personen, auch in Anbetracht der getroffenen Entscheidung, verhalten werden.

wissheit zu modellieren (man kann nicht rational irrational sein),[27] bietet sich die modelltheoretische Integration von Vertrauen als Brücke zum Umgang mit dem Phänomen der Ungewissheit an.

Während Williamson trotz dieses Dilemmas eine Integration des Phänomens Vertrauen in die Axiomatik der Neuen Institutionenökonomie für nicht zielführend hält,[28] wird von anderer institutionenökonomischer Seite genau dies mit Hinweis auf die problematische Abgrenzung von Moral und Kalkül umgesetzt.[29] Nach der reinen institutionenökonomischen Lehre ist es zunächst aber gerade die Abwesenheit von Vertrauen in die lauteren Motive (die Moral?) der Vertragspartner, die die Existenz von Organisationen und ihrer Hierarchien überhaupt erst begründet.[30] Und obwohl offensichtlich ist, dass das Opportunismusproblem[31] mit Hierarchien nicht wirklich bewältigt werden kann, resultieren nach Auffassung Williamsons alle Bemühungen um einen modelltheoretischen Umgang mit diesem Problem in der Modellierung von Kalkulationsakten, weshalb die Rede von Vertrauen innerhalb der institutionenökonomischen Axiomatik irreleitend sei.[32] In Opposition zu dieser Sichtweise gibt es aber auch Bemühungen, Vertrauen in das institutionenökonomische Gewand zu kleiden. Dazu wird entweder die Institutionenökonomie um i.d.R. soziologische Überlegungen ergänzt und erweitert,[33] oder der Begriff des Vertrauens wird – dann sehr eng gefasst – in einer originär ökonomischen Perspektive eingeführt. Wenn die Bemühungen um eine addi-

---

[27] Vgl. ausführlich Beckert 1997, 60ff.

[28] Vgl. Williamson 1993, 469.

[29] Vgl. u.a. Wieland 1996 und 1997 oder Ripperger 1998, die damit nicht das Phänomen der Ungewissheit, sondern das der Moral als Argument für eine Einführung von Vertrauen in die Neue Institutionenökonomie anführen. Das hat zur Folge, dass Vertrauen dort als grundsätzlich positives Phänomen konnotiert wird. Vgl. kritisch dazu noch einmal Kern 1997.

[30] Vgl. Walgenbach 1999, 6.

[31] Korrekt muss man von „den Opportunismusproblemen" sprechen. Diese umfassen „cheating" inkl. „adverse selection" als vorvertragliche Qualitätsunsicherheit, „hold up" als nachvertragliche Leistungsverweigerung und „shirking" bzw. „moral hazard" als nachvertragliche Leistungszurückhaltung. Vgl. ausführlicher u.a. Richter/Furobotn 1996, 144ff.; Vogt 1997, 27ff.; Jost 1999, 157.

[32] Vgl. Williamson 1993, 463 und 484.

[33] Vgl. Rößl 1996 und Vogt 1997.

tive soziologische Ergänzung hier nicht nachgezeichnet werden, so soll deren Leistung damit nicht geringgeschätzt werden. Ihre Darlegung würde aber nicht dem Anliegen dieser Ausführungen entsprechen, zunächst die grundlegenden Differenzen der unterschiedlichen Theorieströmungen aufzuzeigen. Um diese zu leisten, soll hier stellvertretend auf Rippergers Ansatz einer „Ökonomik des Vertrauens" hingewiesen werden.[34] Ripperger definiert Vertrauen als Ergebnis einer bewussten Entscheidung, die sich ausschließlich auf die motivationalen Dispositionen anderer Akteure bezieht:

> „Vertrauen ist die freiwillige Erbringung riskanter Vorleistungen unter Verzicht auf explizite vertragliche Sicherungs- und Kontrollmaßnahmen gegen opportunistisches Verhalten in der Erwartung, dass der Vertrauensnehmer motiviert ist, freiwillig auf opportunistisches Verhalten zu verzichten."[35]

Ripperger definiert neben Vertrauen auch verwandte Begriffe wie Zutrauen, Hoffnung und Zuversicht. In diesem Definitionsgebäude kommt der Zuversicht die Funktion zu, in Situationen unbestimmbarer Unsicherheit (also Unsicherheit bzw. Ungewissheit im eigentlichen Sinne, da Risiken immer bestimmbar bzw. quantifizierbar sind) bereitzustehen. Hoffnung greift bei exogenen Risiken (also solchen, die außerhalb des Einflussbereichs der Akteure liegen). Die Überwindung endogener Risiken ist nun aber auch nicht vollständig Angelegenheit des Vertrauens. Dies nur dann, wenn es sich um endogene Verhaltensrisiken (wer will was?) handelt. Endogene Kompetenzrisiken (wer kann was?) werden in diesem Modell durch Zutrauen überwunden.[36]

---

[34] Vgl. des weiteren u.a. Wieland 1996; Furlong 1996 oder Bhattacharya et al., die im Hinblick auf modelltheoretische Einfachheit eigene Maßstäbe setzen: „By showing, that trust can be separated into two natural components – our F und c functions – we are able to greatly simplify the investigation of trust and to reduce the philosophical confusion between the different definitions of trust." Bhattacharya et al. 1998, 470.

[35] Ripperger 1998, 45.

[36] Vgl. ebd. 40. Zur hier fehlenden Abgrenzung von Vertrauen und Glaube schreibt Kahler: „Glaube löst sich mehr oder weniger von der Frage, was in Erfahrung gebracht werden kann." Kahler 1999, 728. Dies sei hier im Hinblick auf die in Fußnote 17 gegebenen Hinweise zum Verhältnis von Vertrauen und Kontrolle ergänzt.

So sehr damit die Vielfalt von Mechanismen sozialer Interaktion aufgefächert wird, so sehr werden gleichzeitig die Grenzen deutlich, trotz besten Willens auf der Grundlage eines homo oeconomicus soziale Realitäten einfach und vollständig zu modellieren. Während es nämlich gerade noch gelingt, ein ausschließlich interpersonales und kalkulatives Verständnis von Vertrauen[37] in die Ökonomik einzuführen, bleiben solche sozialen Koordinationsmechanismen, die unbewusst das (Vertrauens-) Verhalten beeinflussen, weiterhin außerhalb des eigenen Betrachtungsfeldes. Bestenfalls in den Rahmenbedingungen wird derartigen Vertrauensmechanismen[38] eine Rolle zugestanden. Dort sind sie als stabile ceteris-paribus-Bedingungen aber nicht mehr Gegenstand der eigenen Betrachtung.

Gegenstand der eigenen Betrachtung sind die formalen Institutionen, die endogen als Ergebnis eines Wettbewerbsprozesses geschaffen werden. Ihre Aufgabe ist, in Abhängigkeit von den ebenfalls endogen beobachtbaren Opportunitätsspielräumen, die Minimierung der Transaktionskosten. Da vertrauensvolles und vertrauenswürdiges Verhalten jenseits einer unmittelbar personenbezogenen Vertrauensbeziehung aber nicht in den Modellierungsbereich einbezogen wird, bleibt nichts anderes übrig, als die endogenen Institutionen so zu modellieren, dass man a) auf derartige Vertrauensmechanismen nicht angewiesen ist, und dass man b) die Effizienzpotenziale verschiedener anderer Vertrauensmechanismen damit von vorneherein modelltheoretisch ausblendet oder negiert.

Institutionen repräsentieren in den Modellen der Institutionenökonomie daher weiterhin nicht die Basis und Grundlage von Vertrauen, sondern die Basis einer möglichst vertrauensbefreiten Koordination zwischen Personen. Es sei darauf hingewiesen, dass es sich hierbei zunächst um eine Modellbildung handelt, nicht um eine Aufforderung an die Menschen, sich genauso zu verhalten.[39]

---

[37] Der Akteur wird hier dem sozialen Geschehen vorgeordnet, Vertrauen wird als Entscheidungsakt modelliert.

[38] Diese werden im eigenen Definitionsgebäude dann aber auch gar nicht mehr als Vertrauen bezeichnet, sondern als Zutrauen, Hoffnung oder Zuversicht.

[39] Es besteht allerdings die Gefahr, dass mit der ökonomischen worst-case-Modellierung systematisch eine Misstrauenskultur und das In-Gang-Setzen von Misstrauensspiralen gefördert wird. So bezeichnet Krystek „Misstrauen als Para-

## 4.2 Vertrauen aus der Perspektive Luhmanns und Giddens'

In der Vorbemerkung zum Phänomen des Vertrauens wurden bereits zahlreiche nicht-ökonomische Zugänge zur Erklärung und Beschreibung von Vertrauen erwähnt. Aus der Vielfalt dieser Erklärungen will ich hier zunächst das Verständnis von Niklas Luhmann, anschließend das von Anthony Giddens zum Phänomen Vertrauen skizzieren.

Luhmann leitet sein Buch „Vertrauen. Ein Mechanismus der Reduktion sozialer Komplexität"[40] mit den Worten ein:

> „Vertrauen im weitesten Sinne eines Zutrauens zu eigenen Erwartungen ist ein elementarer Tatbestand des sozialen Lebens. Der Mensch hat zwar in vielen Situationen die Wahl, ob er in bestimmten Hinsichten Vertrauen schenken will oder nicht. Ohne jegliches Vertrauen aber könnte er morgens sein Bett nicht verlassen."[41]

Luhmann schreibt Vertrauen eine soziale Funktion in dem Sinne zu, dass sie Komplexität und Ungewissheit reduziert und soziales Handeln damit erst möglich macht. Solange kein soziales System existiert, ist es höchst unwahrscheinlich, dass zwei Akteure ihre Handlungen im Sinne einer sozialen Interaktion untereinander koordinieren können. Die Vielfalt an denkbaren Verhaltensweisen beider Akteure produziert ein äußerstes Maß an Komplexität und Ungewissheit. Wenn Akteure in der realen Welt dennoch in der Lage sind, ihre Erwartungen und Handlungen zu koordinieren, dann liegt dies an Mechanismen, die das Handeln von Akteuren in bestimmten Bahnen lenken. Nach Auffassung Luhmanns lässt sich Vertrauen als ein solcher Mechanismus begreifen. Dafür beschreibt Luhmann Vertrauen zwar als „riskante Vorleistung" bei der Entscheidung für eine Handlungsalternative. Er setzt aber nicht voraus, dass das

---

digma traditioneller Unternehmensführung" Krystek 1997, 271ff. Zur Entstehung von Vertrauens- und Misstrauensspiralen als Konsequenz aus „self-fulfilling-prophecys" vgl. Zand 1972.

[40] Luhmann 1989. Dieses Buch Luhmanns, das 1968 erstmals veröffentlicht wurde, ist nur in Ansätzen in der Sprache der von ihm erst später vorgestellten Systemtheorie geschrieben. Dies gilt bemerkenswerter Weise auch für einen Aufsatz zum Vertrauen, den Luhmann erst ca. 20 Jahre später veröffentlicht hat. Vgl. Luhmann 1988.

[41] Luhmann 1989, 1.

Risiko und die Gründe des Vertrauens vor dieser Entscheidung rational abgewogen werden.[42] Vielmehr seien soziale Institutionen von entscheidender Bedeutung für die implizite oder explizite Abschätzung des Risikos von Vertrauen. Somit gilt selbiges bei Luhmann prima facie nicht als Ergebnis rationalen Abwägens, sondern als Mechanismus zur Ermöglichung sozialen Handelns. Luhmann übersieht dabei nicht, dass soziale Akteure gelegentlich auch explizit bedenken, ob sie das Risiko, dass ihr Vertrauen missbraucht werden könnte, in einer bestimmten Situation eingehen wollen oder nicht. Dies ist jedoch ein nachgelagertes Problem, dessen Bearbeitung eine strukturierte soziale Welt bereits voraussetzt. Luhmann unterscheidet insgesamt zwei Formen von Vertrauen: das persönliche Vertrauen zwischen einzelnen, sich bekannten Akteuren und das Systemvertrauen, etwa in Geld oder politische Macht[43], das das erstere nicht nur unterstützt, sondern das bei sozialen Interaktionen in einer komplexen Welt an dessen Seite tritt.

Neben diesem in die Zukunft gerichteten Personen- und Systemvertrauen beschreibt Luhmann zusätzlich das Phänomen der Vertrautheit. Die aus der Vergangenheit genährte Vertrautheit gilt mehr noch als das in die Zukunft gerichtete Vertrauen als Voraussetzung für die oben zitierte Bereitschaft, sich den alltäglichen Herausforderungen zu stellen.[44] Die von Luhmann vorgelegte Beschreibung von Vertrauen und Vertrautheit lässt keine Zweifel hinsichtlich der Bedeutung von Institutionen für die Entstehung von Vertrauen. Analogien zu den oben getroffenen Unterscheidungen verschiedener Arten von Institutionen bestehen etwa bei der Vertrautheit in den informalen Institutionen auf über- und auch untergeordneter Ebene. Das Systemvertrauen zielt dagegen auf formale Institutionen. Auch hier können beide Ebenen betroffen sein. In beiden Fällen geht es Luhmann aber nicht um das Proklamieren eines blinden Vertrau-

---

[42] Vgl. ebd. 23ff.

[43] Vgl. ebd. 50ff.

[44] Erst in seinem 1988 veröffentlichten, englischsprachigen Aufsatz weist Luhman ausdrücklich darauf hin, dass man immer dann von „trust" und nicht von „confidence" sprechen sollte, wenn verschiedene Handlungsoptionen gegeben sind und mithin eine echte Vertrauensentscheidung möglich ist. Außerdem führt er hier in Anlehnung an Deutsch die Unterscheidung von erlebter Gefahr und eingegangenem Risiko als Unterscheidungskriterien für confidence und trust an. Vgl. Luhmann 1988.

ens, sondern alleine um die Feststellung der Möglichkeit, der Existenz und der großen Bedeutung, die der Vertrautheit und, in modernen Gesellschafts- und Wirtschaftssystemen zunehmend mehr, auch dem habitualisierten Systemvertrauen als funktionalem Äquivalent zur zunehmenden Komplexität zukommt.

Dennoch bleiben bei Luhmann hinsichtlich der Frage nach der Rolle von Institutionen als Quelle oder Ziel von Vertrauen Interpretationsspielräume. Dies mag daran liegen, dass diese vermeintlich klare Unterscheidung realiter gar nicht so klar zu ziehen ist. Ist die Quelle von Vertrauen überhaupt sinnvoll vom Ziel des Vertrauens zu unterscheiden? Oder ist Quelle und Ziel nicht zunächst einmal identisch und wird erst über Reputationsmechanismen ein Übertrag von einer Quelle auf ein anderes Ziel vollzogen?[45] Wenn ich etwa Vertrauen zu unserem Rechtssystem habe, und mit auf der Grundlage dieses Vertrauens einen Arbeitsvertrag mit einem Unternehmen schließe, ist dann der Arbeitsvertrag, den ich mit einem Unternehmen schließe, ein Akt des Vertrauens gegenüber dem Rechtssystem oder gegenüber dem Unternehmen? Und vertraut umgekehrt das Unternehmen, das mich einstellt, mir persönlich oder eher dem Erziehungs- und Ausbildungssystem, das ich durchlaufen habe?[46] Die Fragestellung kann noch komplizierter gestaltet werden, wenn man mit Kahle das ontologische Vertrauen ins Spiel bringt. Dieses Vertrauen gilt der Zuverlässigkeit der eigenen Wissensbestände und geistigen Landkarten (im Sinne von Verhaltensregeln und Erklärungsmustern), die sich ein Individuum durch Kommunikation mit anderen Individuen aufgebaut hat.

> „Während institutionelles Vertrauen weitgehend als eine Weiterentwicklung, eine strukturelle und komplexitätsverarbeitende Vertiefung ontologischen Vertrauens angesehen werden kann, das im Wesentlichen über die Sprache vermittelt wird, lässt sich persönliches Vertrau-

---

[45] Vgl. hierzu noch einmal Vogt 1997, 140ff.

[46] Die Bedeutung von Vertrauen ist für Arbeitsverträge von großer Bedeutung, da der schriftliche Arbeitsvertrag nur einen sehr begrenzten Teil des insgesamt entstehenden „Vertrages" umfassen kann. So fehlen i.d.R. bindende Verpflichtungen etwa zu Qualifizierungsmaßnahmen und Karrieresprüngen (als Leistung des Arbeitgebers) oder zur Loyalität gegenüber Unternehmensinteressen (als Leistung des Arbeitnehmers).

en im Wesentlichen auf direkte Erfahrungen in Begleitung verbaler Kommunikation zurückführen."[47]

Auch Luhmann übersieht diese ontologische Vorbedingung für Vertrauen nicht und räumt daher dem Selbstvertrauen eine entscheidende Bedeutung für die Entstehung von Vertrauen bei. Daraus resultiert eine weitere Verkomplizierung des Begreifens von Vertrauens:

„Sieht man schärfer hin, dann lassen sich mehrere verschiedene Formen des Vertrauens in Vertrauen unterscheiden, je nachdem, in welches Vertrauen man Vertrauen setzt. Der einzelne kann einmal seinem eigenen Vertrauen vertrauen, sowie er auch seine Gefühle fühlen oder über sein Denken nachdenken kann; er kann ferner darauf vertrauen, dass andere ihm vertrauen, und schließlich darauf, dass andere in gleicher Weise wie er Dritten vertrauen. Je nachdem, welche Form gewählt wird, differieren Anwendungsmöglichkeiten, Risiken und Folgenprobleme."[48]

Ich möchte es hier mit dem Hinweis auf die von Luhmann selbst beschriebene Perspektivenvielfalt bewenden lassen. Eine analytische Durchdringung und Systematisierung dieser verschiedenen Facetten des Vertrauens steht auch nach den Ausführungen Luhmann noch aus.

Abschließend soll nun die Sicht von Anthony Giddens auf das Phänomen des Vertrauens skizziert werden. Giddens bezeichnet Vertrauen als „confidence in the reliability of a person or system, regarding a given set of outcomes or events, where that confidence expresses a faith in the probity or love of another, or in the correctness of abstract principles."[49] Auch Giddens wendet sich dem Phänomen des Vertrauens vor dem Hintergrund des Wandels von Gesellschaft und der Moderne zu und fragt nach den Bedingungen von Vertrauen in modernen Gesellschaften. Während in vormodernen Gesellschaften der Bedarf nach Vertrauen aufgrund geringer Arbeitsteilung und nur gering ausgeprägter Tauschbeziehungen eher gering war, ändern sich sowohl der Bedarf als auch die Bedingungen von Vertrauen in modernen Gesellschaften. In vormodernen Gesellschaften vermochten Rahmenbedingungen wie die stärkere Bedeutung

---

[47] Kahle 1999, 8.
[48] Vgl. Luhmann 1989, 76/77.
[49] Giddens 1990, 34.

von Verwandtschaftsbeziehungen, die geringere Mobilität, ausgeprägtere religiöse Gemeinschaften und die stärkere Traditionsorientierung ein Großteil des Bedarfs nach bewusstem Vertrauen zu kompensieren.[50] Die Zurückdrängung dieser Bedingungen vormoderner Gesellschaften ist es nun gerade, die einen zunehmenden Vertrauensbedarf hochgradig arbeitsteiliger Gesellschaften, die Giddens als „disembedded" bezeichnet, begründet. Die Frage, wie diese auseinandergehende Vertrauensschere in modernen Gesellschaften wieder geschlossen wird, beantwortet Giddens zunächst mit der Betonung der Gleichzeitigkeit von persönlichen Beziehungen (und daraus entstehendem personenbezogenen Vertrauen) und eines routinisierten und habitualisierten Vertrauen gegenüber informalen (den „abstract principless") und formalen Institutionen (insbesondere in Form von Experten und der Qualitätssicherung des entsprechenden Expertentums).[51] Später modifiziert er dieses Konzept in Richtung eines „aktiven Vertrauens"[52]. Sowohl gegenüber Personen wie auch gegenüber Institutionen können Vertrauensbeziehungen nicht mehr alleine auf gewachsenen Erfahrungshintergründen basieren. Sie werden auch nicht mehr als entweder vorhanden oder eben nicht vorhanden thematisiert. Vielmehr sei es das zentrale Merkmal von Vertrauensbeziehungen in modernen Gesellschaften, dass diese in diskursiven Prozessen aktiv gesucht und produziert werden und, selbst wenn sie einmal aufgebaut sind, immer wieder neu zu bestätigen seien. Dazu müssen auch Institutionen personale Schnittstellen bereitstellen, die diesen fortgesetzten Vertrauensdiskurs ermöglichen.[53]

Auch Giddens unterscheidet damit weiterhin ein personenbezogenes und ein Vertrauen in Institutionen. Institutionen wird aber, zumindest in der jüngeren Lesart und im Unterschied zu Luhmann, nicht mehr gleichzeitig die Rolle als Vertrauensproduzenten zugeschrieben. Mit der Notwendigkeit der Generierung eines aktiven Vertrauens ist die Basis auch eines Vertrauens in Institutionen zunehmend mehr die diskursive Erfahrung mit Personen, die diese Institutionen vertreten. Die Grenze zwischen Personen- und Institutionenvertrauen verwischt daher. Selbstverständlich

---

[50] Vgl. Giddens 1990, 127 ff.
[51] Vgl. ebd. 115 ff.
[52] Vgl. Giddens 1994, 186.
[53] Vgl. Giddens 1994.

beschreibt Giddens mit der Bedeutung des aktiven Vertrauens nicht einen binären switch von vormodernen zu modernen Gesellschaften. Elemente vormoderner Vertrauenssurrogate finden sich zweifellos auch in modernen Gesellschaften und entfalten dort ihre Vertrauenswirkung. Es wäre jedoch ein Fehler, alleine diese Möglichkeit der Vertrauensbildung zur Grundlage einer Diskussion von Vertrauen in modernen Gesellschaften zu machen.

Anzumerken ist noch, dass Giddens seine Beschreibung von Vertrauen nicht in das Gewand der von ihm selbst entwickelten Strukturationstheorie und deren darin beschriebenen Dualität von Struktur und Handlung kleidet. Der Schritt zur Anwendung dieser Theorie auf das Phänomen des Vertrauens ist jedoch naheliegend und vielversprechend.[54] Dabei dient die Strukturationstheorie aber weniger dazu, das Phänomen selber zu beschreiben und unterschiedliche Formen von Vertrauen abzuleiten, als vielmehr auf der Grundlage eines bestehenden Verständnisses von Vertrauen die Entstehung eben dieses Vertrauen in der rekursiven Beziehung von Struktur und Handlung zu beschreiben.

## 5. Vertrauen und Institutionen – ein erstes Resümee als Ausgangspunkt weiterer Untersuchungen

Die Diskussion der verschiedenen hier dargelegten Vertrauenskonzepte hat deutlich gemacht, dass diese sowohl in definitorischer Hinsicht wie auch in der Frage der Beziehung zwischen Vertrauen und Institutionen eine bemerkenswerte Bandbreite an Diskussionsangeboten machen. Insbesondere bei den institutionenökonomischen Ansätzen zur Beschreibung von Vertrauen fehlt eine Verbindung der Erklärung von Vertrauen mit einem Bezug auf Institutionen vollständig. Hier wird, wenn überhaupt, nur ein personenbezogenes Vertrauen modelliert.

Das Vertrauensmodell von Niklas Luhmann unterscheidet sich in mehrfacher Hinsicht von dem institutionenökonomischen Modell. Zwar wird auch dort eine Unterscheidung[55] zwischen Vertrauen und Vertraut-

---

[54] Vgl. Sydow 1995; Ortmann 1994.

[55] Die Unterscheidung entspricht in etwa in der Rippergerschen Unterscheidung von Vertrauen (was will mein Gegenüber?) und Zutrauen (was kann mein Gegenüber?)

heit gemacht. Im Unterschied zum institutionenökonomischen Modell blendet Luhmann aber Phänomene der Vertrautheit und des Systemvertrauens nicht aus der Betrachtung aus, sondern räumt diesen einen großen Stellenwert ein. Dies gilt gerade für das Systemvertrauen, dem in modernen Gesellschaften zunehmend die Funktion zukommt, fehlende Optionen von Vertrautheit und personalem Vertrauen zu kompensieren. Dabei wird zwar auf der einen Seite der Charakter der Wahlmöglichkeit von Vertrauensentscheidungen betont, einen bewussten Umgang mit dem oder den Phänomenen des Vertrauens und vor allem Dingen die Generierung von Vertrauen beschreibt Luhmann aber nicht.

Dies ist sicherlich der prägnanteste Unterschied zur Beschreibung des Phänomens Vertrauen bei Giddens. Zumindest in den jüngeren Veröffentlichungen wird mit der Beschreibung des aktiven Vertrauens ein wesentlicher Akzent bei der phänomenologischen Beschreibung von Vertrauen gesetzt. Dabei ist das von Giddens beschriebene aktive Vertrauen nicht zu verwechseln mit einem kalkulierten Vertrauen, bei dem im Sinne einer Chancen-/Risiko-Kalkulation bewusst eine (einmalige) Vertrauensentscheidung getroffen wird. Von Giddens wird Vertrauen weder als primär funktionales Systemerfordernis, noch als Resultat eines rationalen Entscheidungsaktes beschrieben. Vielmehr wird der Prozess der Vertrauensbildung als rekursiver Prozess beschrieben, in dem Akteure unter Bezugnahme auf Strukturen[56] zum einen bewusst Vertrauensbeziehungen entwickeln, zum anderen diese Strukturen bzw. Institutionen entweder stabilisieren oder modifizieren.

Trotz der verschiedenen hier dargelegten Sichtweisen bleiben zahlreiche Fragen zur Beschreibung des Phänomens Vertrauen offen. So gibt es zwar eine Fülle von beschriebenen Vertrauensphänomenen, aber noch sehr wenig modelltheoretisch Verbindendes zwischen diesen Phänomenen. Dies gilt umso mehr, wenn man Phänomene des Selbstvertrauens oder der ontologischen Vertrauens mit in die Betrachtung aufnimmt. Ebenso erscheint eine Betrachtung der möglichen Dysfunktionalitäten

---

auf der einen Seite (bei Luhmann personenbezogenes Vertrauen) und Zuversicht (bei Ungewissheit) und Hoffnung (bei exogenen Risiken) auf der anderen Seite (bei Luhmann Vertrautheit).

[56] Hier könnte ebenso die Rede von Institutionen sein, wie sie in Kapitel 3 beschrieben wurden.

des Phänomens Vertrauen noch viel Platz für Diskussionen. Wie eingangs beschrieben, ist Vertrauen nicht per se als Positivum im gesellschaftlichen oder betriebswirtschaftlichen Kontext zu betrachten. Und dies weniger wegen der Unverträglichkeit eines betriebwirtschaftlichen Planungsdenkens mit dem Phänomen eines teilweise unbewusst gewährten Vertrauens, als vielmehr wegen verschiedener negativer Effekte, die sich aus all zu engen Vertrauensbeziehungen ergeben können.

Die Konsequenz sollte aber nicht sein, die Bemühungen um eine unternehmenstheoretische Modellierung von Vertrauen aufzugeben bzw. sich auf die Modellierung von Misstrauen zu beschränken. Ziel könnte es sein, die Gleichzeitigkeit verschiedenster Aspekte rings um das Phänomen Vertrauen modelltheoretisch aufzunehmen: funktionale wie dysfunktionale, statische wie dynamische, lineare wie komplexe und personale wie institutionale. Insbesondere ein besseres Verständnis der Rolle von Institutionen für die Entstehung von Vertrauen könnte dafür eine erste wichtige Grundlage sein. Ansätze zur Beschreibung dieses Zusammenhangs sind, wie gezeigt wurde, bereits vorhanden und können als Ausgangspunkt weiterer Bemühungen dienen. Mit dem Verständnis des Zusammenhangs von Vertrauen und Institutionen könnte dann auch aussichtsreich der nächste Schritt gegangen werden. Die Untersuchung oder Modellierung des Zusammenhangs von Vertrauen und Wandel. Bisher ist dieser Zusammenhang wenig explizert. Die Überlegung, das dies schlicht an dem Fehlen eines Zusammenhangs zwischen beidem liegen könnte, scheint nach der Sichtung bisheriger Überlegungen zum Phänomen Vertrauen nicht plausibel.

*Literatur*

Albach, H. (1980): Vertrauen in der ökonomischen Theorie, in: Zeitschrift für die gesamte Staatswirtschaft 136, S. 2-11.

Aulinger, A. (1999): Wissenskooperationen – Eine Frage des Vertrauens? in: Engelhard, J./Sinz, E.J. (Hrsg.): Kooperation im Wettbewerb. Neue Formen und Gestaltungskonzepte im Zeichen von Globalisierung und Informationstechnologie, Wiesbaden 1999, S. 89-111.

Aulinger, A. (2000): Kooperationen und Netzwerke: Kontrolle ist gut – Vertrauen ist besser, in: Management Partner GmbH (Hrsg.): Schnell, flexibel und vernetzt. Erfolgreiches Management von Kooperationen und Netzwerken, Stuttgart, S. 52-57.

Bhattachaya, R./Devinney, T.M./Pillutla, M.M. (1998): A Formal Model on Trust Based on Outcomes, in: The Academy of Management Review, Special Topic Forum on Trust in and Between Organizations, Volume 23, 3, S. 459-472.

Beckert, J. (1997): Grenzen des Marktes. Die sozialen Grundlagen wirtschaftlicher Effizienz, Frankfurt, New York.

Bentele, G. (1994): Öffentliches Vertrauen – normative und soziale Grundlage für Public Relations, in: Armbrecht, W./Zabel, U. (Hrsg.): Normative Aspekte der Public Relations: grundlegende Fragen und Perspektiven; eine Einführung, Opladen, S. 131-158.

Biervert, B./Held, M. (1992) (Hrsg.): Einführung zu: Das Evolutorische in der Ökonomik: Neuerungen – Normen – Institutionen, S. 7-22.

Bleicher, K. (1995): Vertrauen als kritischer Faktor einer Bewältigung des Wandels, in: zfo 6, S. 390-395.

Blumberg, B. (1998): Management von Technologiekooperationen. Partnersuche und vertragliche Planung, Wiesbaden.

Brückerhoff, A., Vertrauen – Versuch einer phänomenologisch-ideographischen Näherung an ein Konstrukt, Münster, 1982.

Coleman, J.S. (1982): Systems of Trust: a Rough Theoretical Framework, in: Angewandte Sozialforschung, S. 277-299.

Deutsch, M.A., Trust and Suspicion, in: Journal of Conflict Resolution, 2/1958, 265-279.

Dopfer, K. (2000): Institutionelle Ökonomie. Institutionelle Ökonomie als Evolutionsökonomie und Evolutionsökonomie als Institutionelle Ökonomie, Tagungsbeitrag zum Workshop „Curriculum Evolutorische Ökonomik" vom 22. bis 24. März 2000 am Max-Planck-Institut zur Erforschung von Wirtschaftssystemen, Jena.

Erikson, E.H. (1965): Kindheit und Gesellschaft, Stuttgart.

Furlong, D. (1996): The Conceptualization of ‚Trust' in Economic Thought, Working Paper 35 des Institute of Development Studies (IDS) at the University of Sussex, Brighton.

Giddens, A. (1990): The Consequences of Modernity, Oxford.

Giddens, A. (1994): Risk, Trust, Reflexivity, in: Beck, U./Giddens, A./Lash, S. (Hrsg.): Reflexive Modernization, Stanford, S. 184-197.

Grunwald, W. (1995): Wie man Vertrauen erwirbt: Von der Misstrauens- zur Vertrauensorganisation, in: ioManagement 64/1995, S. 73-77.

Hillig, A. (1997): Die Kooperation als Lernarena in Prozessen fundamentalen Wandels. Ein Ansatz zum Management von Kooperationskompetenz, Bern, Stuttgart, Wien.

Huemer, L. (1998): Trust in Business Relations. Economic Logic or Social Interaction? Umea, Schweden.

Hodgson, G.M. (1999): Evolution and Institutions. On Evolutionary Economics and the Evolution of Economics, Cheltenham.

Husted, B. W. (1998): The Ethical Limitations of Trust in Business Relations, in: Business Ethics Quarterly 8, S. 233-248.

Jost P.J. (1999): Ökonomische Organisationstheorie. Eine Einführung in die Grundlagen. Wiesbaden.

Junge, K. (1998): Vertrauen und die Grundlagen der Sozialtheorie – Ein Kommentar zu James Coleman, in: Müller, H.P./Schmid, M. (Hrsg.): Norm, Herrschaft und Vertrauen. Beiträge zu James S. Colemans Grundlagen der Sozialtheorie, Opladen, Wiesbaden, S. 26-63.

Justus, A. (1998): Wissenstransfer in strategischen Allianzen. Eine verhaltenstheoretiche Analyse, Frankfurt a.M. et al.

Kahle, E. (1999): Vertrauen als Voraussetzung für bestimmte Formen organisatorischen Wandels, Beitrag zur Tagung der Kommission für Organisation des Verbandes der Hochschullehrer für Betriebswirtschaft e.V. vom 26. bis 27. Februar 1999 in Zürich.

Kahler, A. (1999): Vertrauen durch Nicht-Wissen? in: Mittelstraß (Hrsg.): Die Zukunft des Wissens. XVIII. Deutscher Kongress für Philosophie, Workshop-Beiträge, Konstanz, S. 726-731.

Kern, H. (1996): Vertrauensverlust und blindes Vertrauen: Integrationsprobleme im ökonomischen Handeln, in: Hradil, S. (Hrsg.): Differenz und Integration. Die Zukunft moderner Gesellschaften. Verhandlungen des 28. Kongresses der Deutschen Gesellschaft für Soziologie in Dresden 1996, S. 271-282.

Krystek, U. (1997): Vertrauen als Basis erfolgreicher strategischer Unternehmensführung, in: Hahn, T./Taylor, B. (Hrsg.): Strategische Unternehmensplanung – strategische Unternehmensführung: Stand und Entwicklungstendenzen, 7. Aufl., Heidelberg.

Lepsius, M.R. (1996): Vertrauen zu Institutionen, in: Hradil, S. (Hrsg.): Differenz und Integration. Die Zukunft moderner Gesellschaften. Verhandlungen des 28. Kongresses der Deutschen Gesellschaft für Soziologie in Dresden 1996, S. 283-293.

Lewicki, R.J./Bunker, B.B. (1995): Developing and Maintaining Trust in Work Relationships, in Kramer, R.M./Tyler, T.R. (Hrsg.): Trust in Organizations – Frontiers of Theory and Research, London, Thousand Oaks, New Delhi, S. 114-139.

Luhmann, N. (1988): Familarity, Confidence, Trust: Problems and Alternatives, in: Gambetta, D. (Hrsg.): Trust. Making and Breaking Cooperative Relations, Oxford, S. 94-107.

Luhmann, N. (1989): Vertrauen – Ein Mechanismus zur Reduktion sozialer Komplexität, 3. Aufl. Stuttgart.

Management Partner GmbH (2000): Schnell, flexibel und vernetzt. Erfolgreiches Management von Kooperationen und Netzwerken, Stuttgart.

Mayer, R.C./Davis, J.H./Schoorman, F.D. (1995): An Intergrative Model of Organizational Trust, in: Academy of Management Review, Vol 20, Nr. 3, 709-734.

Misztal, B.A. (1996): Trust in modern Societies – The Search for the Base of Social Order, Cambridge.

Munser, R.K. (1999): Bilaterale Kooperation als Form des Wissenstransfers, Köln.

Nieder, P. (1997): Erfolg durch Vertrauen – Abschied vom Management des Mißtrauens, Wiesbaden.

North, D.C. (1990): Institutions, Institutional Change and Economic Performance, Cambridge.

Ortmann, G. (1994): „Lean" Zur rekursiven Stabilisierung von Kooperation, in: Schreyögg, G./Conrad, P. (Hrsg.): Managementforschung 4, S. 143-184.

Penrose, E.T. (1952): Biological Analogies in the Theory of the Firm, in: The American Economic Review, S. 804-819.

Picot, Arnold/Reichwald, Ralf/Wigand, Rolf T. (1996): Die grenzenlose Unternehmung: Information Organisation und Management, Wiesbaden.

Reuter, N. (1994): Der Institutionalismus – Geschichte und Theorie der evolutionären Ökonomie, Marburg.

Richter, R./Furubotn, E. (1996): Neue Institutionenökonomik – Eine Einführung und kritische Würdigung, Tübingen.

Ridley, M. (1997): Die Biologie der Tugend. Warum es sich lohnt, gut zu sein, Berlin.

Ripperger, T. (1998): Ökonomik des Vertrauens – Analyse eines Organisationsprinzips, Tübingen.

Roeder, K. (2000): Management virtueller Unternehmen unter besonderer Berücksichtigung des Vertrauensmanagements, Bamberg.

Röpke, J. (1980): Zur Stabilität und Evolution marktwirtschaftlicher Systeme aus klassischer Sicht, in: Streißler, E./Watrin, C. (Hrsg.): Zur Theorie marktwirtschaftlicher Ordnung, Tübingen.

Rößl, D. (1996): Selbstverpflichtung als alternative Koordinationsform von komplexen Austauschbeziehungen, in: zfbf 4, S. 311-334.

Rotter, J.B. (1967): A New Scale for the Measurment of Interpersonal Trust, in: Journal of Personality 35, S. 651-665.

Sako, M. (1991): The Role of „Trust" in Japanese Buyer-Supplier Relationships, in: Ricerche Economiche 2-3, S. 375-399.

Schnabel, H. (1990): Biologische Evolution vs. Evolution von Firmen und Märkten – Ein Vergleich, in: Witt (Hrsg): Studien zur Evolutorischen Ökonomik, Berlin, S. 221-241.

Schneider, D. (1996): Biologische Vorbilder für eine evolutorische Theorie der Unternehmung? in: zfbf 48, S. 1098-1114.

Schottländer, R. (1957): Theorie des Vertrauens, Berlin.

Sheppard, B.H./Tuchinsky, M. (1995): Micro-OB and the Network Organization, in: Kramer, R.M./Tyler, T.R. (Hrsg.): Trust in Organizations: Frontiers of Theory and Research, London, Thousand Oaks, New Delhi, S. 140-165.

Simmel, G. (1922): Soziologie: Untersuchungen über die Formen der Vergesellschaftung, 2. Aufl., München, Leipzig.

Sjurts, I. (1998): Kontrolle ist gut, ist Vertrauen besser? in: DBW 58, S. 283-298.

Stahl, H.K. (1996): Die Vertrauensorganisation: Wie sie entsteht, welche Vorteile sie schafft, wo ihre Grenzen liegen, in: ioManagement 65/1996, S. 29-33.

Staudt, E./Toberg, M./Linné, H./Bock, J./Thielemann, F. (1992): Kooperationshandbuch. Ein Leitfaden für die Unternehmenspraxis, Stuttgart.

Sydow, J. (1995): Konstitutionsbedingungen von Vertrauen in Unternehmungsnetzwerken, in: Bühner, R./Haase, K.D./Wilhelm, J. (ed.): Die Dimensionierung des Unternehmens, Stuttgart, S. 177-200.

Sydow, J. (1996): Erfolg als Vertrauensorganisation? In: Office Management 7-8/1996, S. 10-13.

Vogt, J. (1997): Vertrauen und Kontrolle in Transaktionen, Wiesbaden.

Walgenbach, P. (1999): Das Konzept der Vertrauensorganisation – Eine theoriegeleitete Betrachtung, Working Paper Nr. 99-13 des Sonderforschungsbereichs 504 für Rationalitätskonzepte, Entscheidungsverhalten und ökonomische Modellierung an der Universität Mannheim.

Wieland, J. (1996): Ökonomische Organisation, Allokation und Status, Tübingen.

Wieland, J. (1997): Die neue Organisationsökonomik. Entwicklung und Probleme der Theoriebildung, in: Ortmann, G./Sydow, J./Türk, K. (Hrsg.):

Theorien der Organisation. Die Rückkehr der Gesellschaft, Opladen, S. 35-66.

Williamson, O. (1993): Calculativness, Trust, and Economic Organization, in: Journal of Law & Economics 4, S. 453-502.

Witt, U. (1990): Einleitung: Warum evolutorische Ökonomik, in: Witt (Hrsg): Studien zur Evolutorischen Ökonomik, Berlin, S. 9-18.

Zand, D. (1972): Trust and Managerial Problem Solving, in: Administrative Science Quarterly 17, S. 229-239.

Zucker, L.G. (1986): Production of Trust: Institutional Sources of Economic Structure, in: Staw, B.W./Cummings, L.L. (ed): Research in Organizational Behaviour 8, Greenwich, 53-111.

# TEIL II

# Unternehmens- und organisationstheoretische Konzepte

# Evolutionäre Ansätze in der Theorie der Unternehmung

*Klaus Rathe und Ulrich Witt*

Von den Märkten abgesehen hat in der ökonomischen Theorie keine Institution so viel Aufmerksamkeit auf sich gezogen wie die Unternehmung, nicht zuletzt wohl deshalb, weil der spontanen und informellen Organisationsweise vieler Märkte geradezu antagonistisch die formelle und hierarchische Organisation der (Mehrpersonen-)Unternehmung gegenübersteht. Tatsächlich steht in Anknüpfung an Coase[1] heute in der Theorie der Firma die Frage im Vordergrund, warum diese eigene formelle, hierarchische Organisationsform „Unternehmung" überhaupt neben Märkten existiert. Was ist die spezifische Funktion der Firma oder genauer: was sind die Vorteile, die daraus gezogen werden können, dass man, statt allein auf Markttransaktionen zu bauen, eine Unternehmung gründet? Coase suchte die Antwort auf diese Frage in *Transaktionskosten*ersparnissen, die die Firma als Organisationsform unter bestimmten Bedingungen zu realisieren erlaubt, wobei er vor allem auf die Vorteile der im Vergleich zu Marktkontrakten relativ unspezifizierten Beschäftigungsverträge abhob, die der Unternehmung zugrunde liegen. In diesen Erklärungsansatz sind später von Williamson[2] weitere Vertragsbeziehungen innerhalb von Firmenorganisationen einbezogen worden. Dadurch konnte die Rolle von spezifischen Investitionen („asset specificity") und des allgemeinen Problems des Vertragsopportunismus geklärt und die naheliegende Frage nach den Grenzen und der konkreten Gestaltungsform der Unternehmung thematisiert werden. Ein komplementärer Erklärungsansatz versucht, explizite Aussagen über firmeninterne Arran-

---

[1] Vgl. Coase 1937.

[2] Vgl. Williamson 1975.

gements zu machen, indem die ökonomische *Prinzipal-Agent-* Literatur auf die Theorie der Firma angewendet wird. In dieser Richtung geht es allgemein um die Anreizproblematik, die in firmeninternen hierarchischen Beziehungen aufgrund von unvollständigen und asymmetrischen Informationsverteilungen entstehen kann. Besondere Aufmerksamkeit wird dabei der Trennung von Eigentum und Verfügungsmacht in großen Firmen gewidmet.[3]

Ihren geradezu durchschlagenden Erfolg verdanken diese Ansätze ihrer konsequenten Orientierung auf die Funktion der Firma – im Vergleich zu Märkten – und ihren einfach strukturierten, statischen bzw. komparativ-statischen Transaktionskosten- und Anreizargumenten. Hierin finden sie jedoch auch ihre Grenzen. Für das Verständnis der Institution „Firma" ist ja keineswegs nur ihre Funktion, sondern auch die Erklärung des Verhaltens der Firmenorganisation entscheidend, ein Aspekt, der vor und neben der „institutionenökonomischen Revolution" die Theoriebildung bestimmte, oft allerdings verengt allein auf das Preissetzungs- und Investitionsverhalten. Auch sind Unternehmen nicht zeitlose, statische Gebilde. Ebenso wie die Märkte, in denen sie agieren, unterliegen sie einer Entwicklung, einem vermutlich zumindest teilweise systematischen Wandel. Für diese Entwicklung spielen neben Transaktionskosten und Anreizproblemen eine Reihe weiterer Faktoren eine entscheidende Rolle. Gerade an diesem Punkt hat sich in der Literatur in den letzten Jahren eine Diskussion entzündet, in der Ansätze zu einer *evolutorischen Theorie der Firma* erkennbar werden. In diesen wird neben den institutionenökonomischen Fragen nach der Existenz und den Grenzen der Firma auch die Verhaltenserklärung wieder aufgenommen. An die Stelle statischer Kalküle wird eine Prozessperspektive gesetzt, in der die möglichen Regelmäßigkeiten in der Entwicklung von einzelnen Firmen und ganzen Industrien analysiert werden. Im Zentrum des Interesses steht dabei – wie überhaupt in der evolutorischen Ökonomik – der durch die Generierung von Neuheit ausgelöste und am Leben gehaltene Wandel.[4] Individuelle Akteure wie Firmen bringen Innovationen hervor, die ihnen den temporären Aufbau und die Ausbeutung von Wettbewerbsvorteilen erlaubt.

---

[3] Siehe dazu den Überblick in Holmstrom/Tirole 1989.
[4] Vgl. Witt 1987.

Im folgenden werden diese Ansätze zusammen mit ihren Vorläufern in den Mittelpunkt der Betrachtung gerückt. Es sei darauf hingewiesen, dass wir bei unseren Ausführungen recht selektiv vorgehen und bei weitem nicht alle Theoriestränge darstellen.[5]

*Vorläufer*

Anfang der fünfziger Jahre wurde durch einen Aufsatz von Alchian[6] eine Kontroverse ausgelöst, die die Erklärung der Ziele und des Verhaltens von Unternehmungen betraf. Empirische Untersuchungen hatten zuvor Zweifel aufkommen lassen, ob Firmenorganisationen ihre Entscheidungen tatsächlich gemäß den einfachen Optimierungsvorstellungen in der ökonomischen Theorie fällten. Statt diese Frage empirisch zu entscheiden, schlug Alchian vor, die Handlungsspielräume von Unternehmen – und damit deren Verhalten – unabhängig von den vielfältigen, realiter verfolgten Zielen und Prozeduren durch ein explizites Selektionsargument einzugrenzen. Zwar können die Unternehmen die gewinnmaximierenden Preise, Produktionsmengen usw. nicht im voraus ermitteln, im Markt könne aber in jedem Fall nur das überleben, was hinreichend profitabel sei, wobei dieses Kriterium wesentlich vom Grad der Konkurrenz in den jeweiligen Märkten bestimmt sei, in jedem Falle aber mindestens Vermeidung dauerhafter Verluste bedeute. Damit war in Analogie zur Evolutionsbiologie das Argument der *„ökonomischen natürlichen Auslese"* in die Theorie der Firma eingeführt. In der Tat ist die Annahme von *a priori* maximierendem Verhalten tatsächlich unplausibel. Auch stellen, wie von Alchian behauptet, Faktor- und Produktmärkte oft leistungsfähige Mechanismen bereit, zwischen guten und weniger guten Problemlösungen zu diskriminieren. Seine Verwendung von *realisierten* Gewinnen als Selektionskriterium ist dagegen problematisch: Firmen können auch aufgrund negativer Erwartungen aus dem Markt ausscheiden, und zwar

---

[5] Für eine erschöpfende Übersicht zur ökonomischen Theorie der Firma siehe Foss 2000, für einen Überblick über die evolutionsökonomische Theoriebildung z.B. Witt 1992, Witt 1995, Nelson 1995, Witt 1997.

[6] Vgl. Alchian 1950.

auch dann, wenn ihr Gewinn positiv ist oder Erwartungen anderer Akteure (Kreditgeber, Abnehmer) zu schlechteren Aussichten der Firma oder ihrem Ausscheiden führen.[7] Das Selektionskriterium scheint also weniger der Markterfolg, sondern die Qualität des zugrundeliegenden intentionalen Verhaltens und der darauf basierenden Erwartungsbildung zu sein und ist damit (im Unterschied zu Modellen der natürlichen Evolution) systemendogen.

Des weiteren hat Edith Penrose[8] darauf hingewiesen, dass Alchians Argument unvollständig ist, weil es die *Ursachen*, durch die Firmenorganisationen Konkurrenzvorteile erlangen – und wodurch sie die Überlebensbedingungen für sich selbst und ihre Konkurrenten beeinflussen – unerklärt lässt, ein Problem, dass in der Folge der „Knowledge Based View on the Firm" in den Mittelpunkt der Überlegungen gestellt hat.[9]

Unabhängig von dieser Debatte hat sich in den fünfziger Jahren ebenfalls in Auseinandersetzung mit der Frage nach den Zielen und dem tatsächlich beobachtbaren Verhalten von Firmenorganisationen auch die *verhaltenswissenschaftlich orientierte Theorie der Firma* in der sog. Carnegie School entwickelt.[10] Auch hier ist der Ausgangspunkt das Unbehagen an simplizistischen Optimierungsvorstellungen. Die Firma wird als ein System aufgefasst, das Entscheidungen hervorbringt, und es wird gefragt, wie dies geschieht. Die These, dass Firmen ihre Entscheidungen aus Optimierungskalkülen herleiten, wird als realitätsfremd abgelehnt, da Individuen wie Organisationen nicht die dafür erforderliche Informationsverarbeitungskapazität besitzen („beschränkte Rationalität"). Auch seien sowohl Individuen wie Firmen nicht bestrebt, oft nur willkürlich bestimmbare Optima zu realisieren, sondern ihre aktuell bestehenden Anspruchsniveaus zu befriedigen („satisficing"). Wird das Anspruchsniveau nicht erfüllt, setzt zumeist ein Suchverhalten ein, durch das Problemlösungen identifiziert werden sollen. Von diesen Annahmen ausgehend hat die verhaltensorientierte Theorie der Firma regelhafte Entscheidungsprozeduren in Organisationen und das daraus folgende Firmenverhalten untersucht.

---

[7] Vgl. Demsetz 1995.

[8] Vgl. Penrose 1959.

[9] Siehe Foss 1993; Foss 2000.

[10] Siehe hierzu March/Simon 1958, Cyert/March 1963.

*Die Evolution von Firmen als Bündel von Entscheidungsroutinen*

Der Gedanke, das Konzept der Evolution systematisch für die Erklärung des Verhaltens von Firmen und der Entwicklung einzusetzen, findet sich erstmals bei Nelson/Winter.[11] Er beruht auf einer Synthese einerseits der Vorstellung der Carnegie School, dass sich Firmen durch die ihnen eigenen, regelhaften Entscheidungsprozeduren charakterisieren lassen, andererseits einem modifizierten Einsatz des Argumentes der ökonomischen natürlichen Auslese. Auch für Nelson und Winter handeln Firmen nur eingeschränkt rational. Sie gründen ihre organisationsinterne Interaktion daher auf dauerhafte Verhaltensroutinen, Daumenregeln und Richtlinien. Das idiosynkratische, produktive Wissen, das sie erwerben, wird in ihrer *Hierarchie von Routinen* gespeichert. Die Lösung produktionstechnologischer Probleme basiert so ebenso auf Routinen wie etwa Investitionen in Forschung und Entwicklung. Routinen regeln die Behandlung aller wiederkehrenden und prognostizierbaren Probleme, denen sich eine Firma gegenübersieht. Daneben ist die Firma einer Vielzahl von Zufallseinflüssen ausgesetzt, auf die sie mittels routinisiertem Verhalten nicht reagieren kann. Ergeben sich daraus unbefriedigende Gewinnsituationen, antwortet die Firma darauf getreu dem satisficing-Prinzip durch Aktivierung höherrangiger Suchroutinen oder mit einer unsystematischen Suche nach Problemlösungen. (Letztere hat den Charakter von stochastisch auftretenden Mutationen, die zu Änderungen in den verwendeten Routinen führen kann.)

Die Analogie zum Konzept der natürlichen Auslese kommt – in loser Form – darin zum Zuge, dass die Routinen einer Firma als *Genotypen*, die einzelnen Entscheidungen innerhalb der Firma als *Phänotypen* interpretiert werden. Nimmt man dann an, dass erfolgreiche Entscheidungsroutinen beibehalten und weniger erfolgreiche aufgegeben werden, nimmt die relative Häufigkeit erfolgreicher Routinen im Zeitverlauf zu; nicht notwendig in jeder einzelnen Firma, wohl aber in der – dem Konzept des Genpools analogen – Population von Firmen in einer Industrie. (Der aktuelle Zustand der Population wird dabei durch eine Häufigkeitsverteilung über die relevanten Merkmale in einer geeignet definierten Grundgesamtheit abgebildet.) Entsprechend verbessert sich auch die An-

---

[11] Vgl. Nelson/Winter 1982.

passung der Industrie an ihre Umgebungsbedingungen ausgedrückt durch Nachfragebedingungen, Technologien und Faktorpreise. Routine- und Suchverhalten von Firmen in Verbindung mit dem marktbestimmten Selektionsmechanismus beschreiben so einen dynamischen Prozess, der das Marktgeschehen ebenso wie den individuellen Firmenerfolg bestimmt und dadurch Rückwirkungen auf das Firmenverhalten ausübt. Nelson und Winter zeigen unter anderem, dass entgegen simplifizierenden, zur Rechtfertigung der Optimierungstheorie konstruierten Analogien zum Argument der natürlichen Auslese auch in kompetitiven Umgebungen nicht-optimierendes Verhalten überlebensfähig ist. Sie wenden sich mit ihrer Theorie explizit von der Fiktion der repräsentativen Firma ab und untersuchen die Konsequenzen der Varietät zwischen den Firmen für die Anpassungsdynamik der ganzen Industrie. Da sich diese Varietät nicht nur durch Marktein- und -austritte ändert, sondern auch endogen durch gezielte Suche nach Innovationen, wenn die Gewinne unter eine kritische Grenze fallen, liegt hier simultan ein *doppelter Anpassungsprozess* vor, der sich analog zum Fundamentaltheorem der Populationsbiologie von R. A. Fisher modellieren lässt. In seiner allgemeinen Form wird darin der Zusammenhang zwischen differentiellem Verhalten und Wandel auf der Populationsebene formalisiert, genauer: Die Selektionsgeschwindigkeit in einer Population mit differentiellen individuellen Eigenschaften hängt von der Varianz der Eigenschaften innerhalb der Population ab. Auf das Wachstum von Firmen in einer Industrie bezogen zeigt die Analyse den Einfluss von Firmenvarietät in bezug auf das Such- bzw. Innovationsverhalten für die Entwicklungsdynamik der gesamten Industrie.[12]

*Populations- vs. Individualentwicklung*

Sieht man die Verwendung von Analogien zur Biologie als charakteristisch für evolutionsökonomische Theorien an (was umstritten ist), so ist die von Nelson und Winter vorgeschlagene Theorie der Evolution von Firmen und Industrien nur eine Form, um Entwicklungsphänomene zu thematisieren. Sie stellt das Analogon zur *phylogenetischen* Entwicklung

---

[12] Vgl. Metcalfe 1994.

dar, die stets auf die Ebene der Population bezogen ist und in der vor allem Selektionseffekte eine Rolle spielen. In eine Extremform getrieben findet sich diese Analogie in den Ansätzen der *Organisationsökologie* wieder.[13] Daneben gibt es auch eine *ontogenetische* Entwicklung, die zum Gegenstand hat, wie das einzelne Exemplar einer Gattung sich typisch über seinen Lebenszyklus hinweg verändert, also auf systematische Entwicklungsphänomene auf der Individualebene abhebt. Bisher standen phylogenetische Entwicklung bzw. Phänomene auf Aggregatebene im Zentrum sowohl des evolutions- als auch standardökonomischen Interesses, während ontogenetische Aspekte der Entwicklung im wesentlichen Gegenstand der Betriebswirtschaftslehre waren, wie Richard Nelson anmerkt: „For a student of business management the question of what enables a firm to change directions effectively, and be a viable competitor in the new regime, is of central interest in its own right. For an economist what matters is that pharmaceutical R&D take advantage of the new possibilities by new biotechnology, and not whether the old pharmaceutical firms do it, or whether they fail, so long as new ones take up the torch".[14]

Wie in Rathe/Witt argumentiert wird, dürfte die ontogenetische Ebene in der Theorie der Firma eine nicht minder wichtige Rolle spielen, wenn es darum geht, den Regelmäßigkeiten im Wandel von Firmenorganisationen auf die Spur zu kommen, auch wenn man primär an höher aggregierten Phänomenen interessiert sein mag.[15] Die stilisierte Konzeptualisierung von Firmen in vielen phylogenetischen Modellen (z.B. durch Such- und Investitionsroutinen) beschreibt die Entwicklung von Firmen und Industrien im Zeitablauf nur unvollständig und lässt wichtige Fragen offen: Wie entstehen problemlösende Routinen und wie werden sie weitergegeben? Woher kommen die Unterschiede zwischen Firmen in Art und Umfang der Routinen, über die sie verfügen? Warum weisen diese Unterschiede eine hohe Persistenz auf? Gibt es lebenszyklische Veränderungen in Firmenorganisationen und welche Faktoren verursachen sie? Welchen Einfluss haben diese Veränderungen auf den Lebenszyklus von Branchen oder Industrien? Welche Rolle spielt unternehmerische Tätig-

---

[13] Vgl. Hannan/Freeman 1989.

[14] Nelson 1991, 70. Vgl. zur arbiträren Trennung zwischen Volks- und Betriebswirtschaftslehre im deutschsprachigen Raum auch Witt 1999.

[15] Vgl. Rathe/Witt 1999.

keit und organisationales Lernen und wie wirkt es sich auf die Firmenentwicklung und auf die Entwicklung der Industrie aus? In ontogenetischer Perspektive dürfte dabei vor allem der intentionale Charakter der Firma, also die mit und in ihr verfolgte *unternehmerische Konzeption* sowie ihr erfahrungsbedingter Wandel, in den Vordergrund rücken. Damit würde auch die in der Theorie der Firma nahezu vollständig vernachlässigte Rolle des Unternehmers die Bedeutung erlangen, die ihr zukommt.[16]

## *Lebenszyklus- und Lernmodelle*

In der Organisationstheorie nehmen *Lebenszyklusmodelle* schon lange einen prominenten Raum ein.[17] Sie stützen sich auf eine empirische Generalisierung über Wachstumsphasen von Firmen, die durch regelmäßig auftretende Diskontinuitäten geprägt sind und zum sukzessiven Übergang zwischen den jeweils phasentypischen Konfigurationsmustern führen. Die Abgrenzung der idealtypisch durchlaufenen Phasen wird unterschiedlich begründet, unter anderem mit der wechselnden kognitiven Orientierung der einzelnen Organisationsmitglieder, der Entwicklung der auf externe Anforderungen reagierenden Organisationsstruktur und mit der Struktur der Interaktionen zwischen der Firma und ihrer Umwelt. Lebenszyklusmodelle sind vor allem aus zwei Gründen kritisiert worden. Erstens erwecken sie oft den Eindruck eines Determinismus, nach dem sich Firmen entwickeln. Die Längen und Abfolgen der Phasen dürften dagegen von Branche zu Branche oder sogar von Firma zu Firma unterschiedlich sein. Außerdem übersteht nicht jede Firma die identifizierten Krisen. Zweitens werden kaum je die Triebkräfte thematisiert, die die unterstellte Entwicklung hervorbringen. Die Firma bleibt wie in phylogenetischer Perspektive letztlich eine „black box", wobei in Lebenszyklusmodellen von Umwelteinflüssen auf die Firma vollständig abstrahiert wird. Eine Weiterentwicklung solcher Theorieansätze müsste daher der Kontingenz von kritischen Übergängen in der Firmenentwicklung Rech-

---

[16] Vgl. Witt 1998, Rathe/Witt 1999.

[17] Für eine Übersicht siehe Quinn/Cameron 1983.

nung tragen, die auch firmenextern bedingt sein können. Die Triebkräfte der Entwicklung müssten identifiziert und Gründe dafür benannt werden, warum der Koordinationserfolg arbeitsteiliger Zusammenarbeit in der Firma schwankt, wie von Lebenszyklusmodellen behauptet.

Das Thema „Lernen" ist schon früh von der verhaltensorientierten Theorie der Firma aufgegriffen worden. Geht man davon aus, dass Akteuren ihre Handlungsmöglichkeiten nicht immer und erschöpfend bekannt sind, sie Umweltereignisse interpretieren müssen und ihr Verhalten aufgrund von Erfahrungen revidieren können, dann ist man mit den Problemen konfrontiert, die individuelles und *organisationales Lernen* stellen. Wegen der vielfältigen und komplexen Wechselwirkungen zwischen den Organisationsmitgliedern ist eine vollständige Reduktion organisationalen Lernens auf individuelle Lernvorgänge schwierig. Hinzu kommt, dass das Bündel von Routinen, das als eine Art für das in durch eine Firmenorganisation erlernte Wissen dient, nicht individuell zuordenbar ist. Es existiert unabhängig von einzelnen Angehörigen der Firma, die kommen und gehen können. (In diesem nicht vollständig individuell zuordenbaren Wissen, das folglich auch nicht zum Gegenstand von marktlichen Einzeltransaktionen zwischen den Individuen gemacht werden könne, und in organisationalen Lernprozessen verbessert und vermehrt wird, liegt nach Überzeugung von Vertretern des „Knowledge based view on the firm" ein vom Transaktionskostenargument unabhängiger Grund für die Existenz von Firmen)[18]. Auf der Organisationsebene findet Lernen statt, wenn die Erfahrung aus vergangenen Ereignissen in verhaltenssteuernde Routinen umgesetzt wird bzw. bestehende Routinen modifiziert werden. Dabei kann systematisches und Lernen durch Versuch und Irrtum unterschieden werden.[19]

Beim *Lernen durch Versuch und Irrtum* können zwei Typen von Lernen unterschieden werden: Erstens kann die Wahl zwischen Routinen gelernt werden. Außerdem kann innerhalb einmal ausgewählter Routinen gewählt werden. Wenn das Lernen in der Wahl zwischen Routinen fehlerbehaftet ist oder zu langsam verläuft, besteht die Gefahr, dass sich inferiores Verhalten, z.B. Ineffizienzen oder Festhalten an veralteten Pro-

---

[18] Siehe dazu z.B. Kogut/Zander 1996 und Foss 2000, für eine Kritik Foss 1996a, 1996b und Foss/Foss 1998.

[19] Vgl. zum folgenden Levitt/March 1988.

dukten, festsetzt. (Lernen, das in der theoretischen Vorstellung oft mit positiver Konnotation versehen ist, kann sich also auch dysfunkional, d.h. negativ auswirken.) *Systematisches Lernen* in Firmen hängt wesentlich mit deren Zielorientierung zusammen. Zwischen Routinen wird systematisch diskriminiert, indem ihr Beitrag zum Erreichen der Firmenziele bewertet wird. Dabei liegen die Ursachen für den Erfolg von Aktivitäten oft im dunklen, weil sie gar nicht festgestellt werden können (kausale Ambiguität) oder firmenintern umstritten sind.[20] Die Akteure interpretieren entsprechende Ereignisse jeweils individuell und stellen Kausalitätsvermutungen an. Solche Interpretationen müssen zwischen den Firmenangehörigen bis zu einem gewissen Grad miteinander kompatibel sein. Eine solche Kompatibilität wird von gemeinsam geteilten Interpretationsmustern, mentalen Modellen oder Paradigmen hergestellt, die in der Literatur teilweise mit dem Begriff der *Unternehmenskultur* umschrieben werden. Kollektiv geteilte Interpretationsmuster sind ein typisches Beispiel für die Interaktion zwischen individuellen und organisationalen Lernprozessen. Sie können für Kohärenz sorgen, sind aber anfällig für Manipulationen, sei es durch den Unternehmer oder durch dominante Koalitionen innerhalb von großen Firmen. Auch hier besteht also die Gefahr, dass sich inferiore handlungsleitende, kognitive Muster festsetzen.

Verschiedene Autoren betonen die vielfältigen, aber schlecht verstandenen Wechselwirkungen zwischen der internen Organisation von Firmen, ihrer Umwelt sowie dem Inhalt und der Richtung organisationaler Lernprozesse.[21] Einen interessanten Versuch, diese Beziehungen zu analysieren, unternimmt Luigi Marengo.[22] Ausgehend von einem stilisierten organisatorischen Entscheidungsproblem (im ersten Schritt wird das Nachfrageverhalten prognostiziert, dann müssen die Produktionsprozesse entsprechend koordiniert werden) wird mittels eines „Classifier systems"[23] die Koevolution des Repräsentationssystems der Akteure mit der Entscheidungsregel, die sie verwenden, abgebildet. Marengo zeigt, dass je nach (stationärer, sich systematisch oder unsystematisch ändernder)

---

[20] Vgl. Nelson 1991.
[21] Siehe z.B. Loasby 1991.
[22] Vgl. Luigi Marengo 1992.
[23] Holland 1975.

Umwelt, in der sich eine Firma bewegt, zentralisierte oder dezentrale Strukturen schneller erfolgreiche Koordinationsregeln lernen können.

*Zusammenspiel zwischen Firmen- und Industrieentwicklung*

Theorien über das Lernverhalten von und in Firmenorganisationen sind auf der Individualebene angesiedelt; das Modell von Marengo untersucht Lernen in Firmen in einer stilisierten Umwelt. Sollen Lernvorgänge der Firmen auch auf der Ebene der Populationsdynamik berücksichtigt werden, dann muss zusätzlich die Möglichkeit *interaktiven Lernens* einbezogen werden, denn die Firmen bewegen sich in einer Umgebung von ebenfalls lernenden Konkurrenten auf Input- und Absatzmärkten. Das von einzelnen Firmen erworbene Wissen ist dabei nicht vor Imitation geschützt, so dass auch die Modalitäten der Diffusion von firmenintern generiertem Wissen untersucht werden müssen. Kann das Wissen genügend lange Zeit vor Imitation geschützt und zur Generierung von Quasi-Renten ausgebeutet werden, spielen Lernprozesse eine fundamentale Rolle im Wettbewerbsprozess. Kleine Unterschiede in den Lernfähigkeiten zwischen Firmen werden sich über die kumulativen Differenzen in ihrem Wissenskapital dauerhaft in unterschiedlichen Wachstumsraten niederschlagen. Das Problem, das sich hier auftut – wie aus Hypothesen über die Firmenentwicklung schließlich Aussagen über die Entwicklung von Industrien zu gewinnen sind – ist bereits sehr klar von Penrose[24] herausgearbeitet worden und wird gegenwärtig in einer Reihe von Arbeiten weiter verfolgt, die unter verschiedenen Bezeichnungen firmieren („capabilities approach" bzw. „competence based approach" oder auch „resource-based perspective"). Firmen werden hier – wie in den Theorien organisationalen Lernens oder wie bei Nelson und Winter – wesentlich durch ihre *in Routinen verkörperten Fähigkeiten (Kompetenzen)* charakterisiert. Das in diesen Routinen akkumulierte Wissen, z.B. über Produktionsprozesse und die firmeninterne Koordination dieser Prozesse, ist von der jeweiligen Geschichte der einzelnen Firmen abhängig und damit hochgradig idiosynkratisch. Man kann dieses Wissen als eine Ressource auffassen,

---

[24] Vgl. Penrose 1959.

und es ist dann klar, dass Firmen je nach ihrer unterschiedlichen Lernfähigkeit unterschiedlich Zugang zu dieser Ressource haben.

Ist diese Ressource, wie man annehmen kann, für den Unternehmenserfolg entscheidend, dann wird der *Wachstumsprozess* jeder einzelnen Firma – aber auch der *Wettbewerbsprozess* in der ganzen Industrie – nicht, oder nicht in erster Linie, durch exogene Größen wie technologisch gegebene optimale Betriebsgröße, Informationsverteilungen o.ä., getrieben, sondern durch die Unterschiede zwischen den Firmen in ihren Fähigkeiten, Wissen zu generieren. Lassen sich darüber, wie Firmen im Zeitverlauf Wissen generieren und akkumulieren, genauere Aussagen machen, dann können auf diese Weise Hypothesen über die Grenzen der Firma nicht bloß statisch-funktionell, sondern auch in ihrer systematischen Veränderung über die Zeit hinweg abgeleitet werden[25]: Unternehmen akkumulieren mit der Zeit Ressourcen, die aufgrund von Unteilbarkeiten nur unvollständig genutzt werden und aufgrund hoher Transaktionskosten schlecht oder gar nicht gehandelt werden können. Das gilt insbesondere für Humankapital bzw. Managementressourcen, vor allem, weil ihre Übertragung aufgrund firmenspezifischer kognitiver Interpretationsmuster hohe Kosten verursachen kann. Entscheidend für den Firmenerfolg ist die *Nutzung der Fähigkeiten*, nicht deren Erwerb oder die Absicherung entsprechender Transaktionsbeziehungen. Die Grenzen der Firma werden dann durch die relativen Kosten des Zukaufs bzw. der internen Entwicklung von Fähigkeiten bestimmt. Dabei können manche Fähigkeiten kurzfristig überhaupt nicht zugekauft werden. Die *Kosten der internen Entwicklung* hängen von der „Nähe der Verwandtschaft" zwischen den aufzubauenden Fähigkeiten und der bestehenden Wissensbasis der Firma sowie der Lernfähigkeit der Firma ab. Die Lernfähigkeit der Firma dürfte dabei von Größe und Alter der Firma nicht unabhängig sein. Die *Kosten des Zukaufs* werden unter anderem von den Lernfähigkeiten konkurrierender Firmen und der Diffusionsgeschwindigkeit der Fähigkeiten zwischen Firmen bestimmt. Bei schneller Wissensdiffusion zwischen Firmen, die vor allem in reifen Industrien vermutet werden kann und zu hohen relativen Entwicklungskosten führt, ist daher vertikale Desintegration zu erwarten.

---

[25] Siehe Langlois/Robertson 1995 und Foss 1997a.

Die verschiedenen, hier kurz referierten Aspekte, die die Entwicklung von Firmen auf der Individualebene und der Populationsebene kennzeichnen, sollten zweierlei zeigen: zum einen, dass sie einen Beitrag leisten, die Firma als Institution zu verstehen; zum anderen, dass sie dem evolutionsökonomischen Anliegen gerecht werden, den Wandel auf Firmenebene ebenso wie auf der Ebene ganzer Industrien und Volkswirtschaften erklärbar zu machen. Es bleibt abzuwarten, inwieweit die verschiedenen Theorieansätze sich schließlich in diesem doppelten Anliegen als komplementär zueinander erweisen werden, wie es erste Integrationsversuche vermuten lassen könnten.[26]

## *Literatur*

Alchian, A.A. (1950): Uncertainty, evolution, and economic theory, in: Journal of Political Economy 58, 211-221.

Coase, R. (1937): The nature of the firm, in: Economica 4, 386-405.

Cyert, R.M., March, J.G. (1963): A behavioral theory of the firm. New Jersey: Prentice Hall.

Demsetz, H. (1995): The economics of the business firm: Seven critical commentaries. Cambridge: Cambridge University Press.

Foss, K., Foss, N.J. (1998): The knowledge-based approach and organizational economics: how much do they really differ? And how does it matter? RESPECT working paper, Copenhagen Business School.

Foss, N.J. (1993): Theories of the firm: contractual and competence perspectives, in: Journal of Evolutionary Economics 3, 127-144.

Foss, N.J. (1996a): Knowledge-based approaches to the theory of the firm: Some critical comments, in: Organization Science 7(5), 470-476.

Foss, N.J. (1996b): More critical comments on knowledge-based theories of the firm, in: Organization Science 7(5), 519-523.

Foss, N.J. (1997a): Equilibrium vs Evolution in the Resource-Based Perspective: The Conflicting Legacies of Demsetz and Penrose. DRUID Working Paper No. 97-10, Copenhagen Business School.

Foss, N.J. (1997b): Evolutionary and contractual theories of the firm: how do they relate? In: Rivista Internazionale di Scienze Sociali 105(3), 309-337.

---

[26] Siehe etwa Foss 1997b.

Foss, N.J. (2000): The theory of the firm: An introduction to themes and contributions, in: Foss, N.J. (ed.), The theory of the Firm. Critical perspectives on business and management. London: Routledge, xv-lxi.

Hannan, M.T., Freeman, J. (1989): Organizational Ecology. Cambridge, Massachusetts: Harvard University Press.

Holland, J.H. (1975): Adaptation in natural and artificial systems. Ann Arbor: University of Michigan Press.

Holmstrom, B.R., Tirole, J. (1989): The theory of the firm, in: Schmalensee, R., Willig, R.D. (ed.), Handbook of Industrial Organization, Volume I. Amsterdam: North-Holland, 61-133.

Kogut, B., Zander, U. (1996): What firms do? Coordination, identity, and learning, in: Organization Science 7(5), 502-518.

Langlois, R.N., Robertson, P.L. (1995): Firms, Markets and economic change. A dynamic theory of business institutions. London: Routledge.

Levitt, B., March, J.G. (1988): Organizational learning, in: Annual Review of Sociology 14, 319-340.

Loasby, B.J. (1991): Equilibrium and evolution. An exploration of connecting principles in economics. Manchester: Manchester University Press.

March, J.G., Simon, H.A. (1958): Organizations. New York: Wiley.

Marengo, L. (1992): Coordination and organizational learning in the firm, in: Journal of Evolutionary Economics 2, 313-326.

Metcalfe, J.S. (1994): Competition, Fisher's principle and increasing returns in the selection process. Journal of Evolutionary Economics 4, 327-346.

Nelson, R.R. (1991): Why do firms differ, and how does it matter? In: Strategic Management Journal 12, 61-74.

Nelson, R.R. (1995): Recent evolutionary theorising about economic change, in: Journal of Economic Literature 23, 48-90.

Nelson, R.R., Winter, S.G. (1982): An evolutionary theory of economic change. Cambridge, Massachusetts: Harvard University Press.

Penrose, E. (1959): The Theory of the Growth of the Firm. Oxford: Oxford University Press (2. Auflage 1995).

Quinn, R.E., Cameron, K. (1983): Organizational life cycles and shifting criteria of effectiveness: Some preliminary evidence, in: Management Science 29(1), 33-51.

Rathe, K., Witt, U. (1999): The „Nature" of the Firm – Functional vs. Developmental Views. Paper presented at the Workshop on Austrian Economics and the Theory of the Firm, Copenhagen, August 16-17, 1999.

Williamson, O.E. (1975): Markets and Hierarchies. Analysis and Antitrust Implications. New York: Free Press.

Witt, U. (1987): Individualistische Grundlagen der evolutorischen Ökonomik. Tübingen: Mohr Siebeck.

Witt, U. (1992): Evolutionary Concepts in Economics, in: Eastern Economic Journal 18, 405-419.

Witt, U. (1995): Evolutorische Ökonomik – Umrisse eines neuen Forschungsprogramms, in: Seifert, E.K., Priddat, B.P. (ed.), Neuorientierungen in der ökonomischen Theorie. Zur moralischen, institutionellen und evolutorischen Dimension des Wirtschaftens. Marburg: Metropolis, 153-179.

Witt, U. (1997): A „Darwinian Revolution" in Economics? In: Journal of Institutional and Theoretical Economics 152, 707-715.

Witt, U. (1998): Imagination and Leadership – The Neglected Dimension of an Evolutionary Theory of the Firm, in: Journal of Economic Behavior and Organization 35, 161-177.

Witt, U. (1999): Do entrepreneurs need firms? A contribution to a missing chapter in Austrian Economics, in: Review of Austrian Economics 11, 99-109.

# Die Anforderungen der Populationsökologie an die „Theory of the Firm"

*Sybille Sachs*

Die heutigen Wettbewerbsrealitäten, nämlich Komplexität, Dynamik und strategischer Wettbewerb auf mehreren Ebenen, finden in der modernen „theory of the firm" nur begrenzt Beachtung. Auch die Strategietheorien als zentrale Elemente der modernen „theory of the firm" weisen diesbezüglich große Realitätsdefizite auf. Diese Defizite können abgebaut werden durch den Einbezug von evolutionären Theorien wie der Populationsökologie und der evolutionären Ökonomik.

Im folgenden werden nun zuerst die heutigen Wettbewerbsrealitäten und ihre Anforderung an eine moderne „theory of the firm" charakterisiert. In einem zweiten Schritt werden die Erkenntnisse der Populationsökologie bezüglich dieser Wettbewerbsrealitäten analysiert und in einem dritten und letzten Schritt Konklusionen für die „theory of the firm" gezogen.

*1. Die Wettbewerbsrealitäten*

*1.1 Mehrebenenwettbewerb*

Die traditionelle ökonomische Theorie, aber auch die Strategietheorien, fokussieren überwiegend den Wettbewerb auf der Produkt-Markt-Ebene. Zweifellos ist diese Ebene des Wettbewerbs auch in der Realität sehr bedeutsam. Indessen ist sie nicht die alleinige Ebene strategischen Geschehens.[1] Der strategischen Rivalität auf der Produkt-Markt-Ebene ist nämlich eine weitere Wettbewerbsebene vorgelagert. Es handelt sich um den Wettbewerb um Ressourcen. Wie bedeutsam diese Ressourcen aus strategischer Sicht sind, erkennt man, wenn man bedenkt, dass ihre Einmaligkeit und Nichtimitierbarkeit (z.B. „tacit knowledge") einem Unternehmen eine derart ausgeprägte Sonderstellung verschaffen können, dass es von Konkurrenten kaum angreifbar wird. Eine weitere strategische Wettbewerbsebene betrifft die *Unternehmung als Ganzes*.[2] Mehr und mehr findet auf dieser Ebene ein Kampf um die richtigen Visionen, um das angemessene Selbstverständnis des Unternehmens und um die Annahmen, wie ein Geschäft in der heutigen Zeit zu betreiben sei, statt. Konzeptionen oder Visionen solcher Art sind etwa der Konglomeratskonzern, die Diversifikation gemeinsamer Kernfähigkeiten, die Fokussierung auf Kerngeschäfte, der Technologiekonzern, die transnationale Unternehmung, das kooperative Netzwerk, die multikulturelle Föderation von Betrieben in Holdingstrukturen u.a.m. Eine weitere Ebene der strategischen Konkurrenz ist auf der Stufe der Kooperationen zu sehen. Der Erfolg einer Unternehmung in der heutigen Zeit hängt oft maßgeblich von ihrer Fähigkeit ab, sich in den ökonomischen und gesellschaftlichen Netzwerken zu verankern. Damit findet der strategische Wettbewerb nicht nur zwischen isolierten Unternehmungen, sondern auch zwischen Unternehmungsclustern und Gruppierungen, die sowohl ökonomische wie gesellschaftliche Partner umfassen können, statt.[3]

*1.2 Wettbewerbskomplexität*

Die traditionellen ökonomischen Theorien und die Strategietheorien nehmen oft an, dass eine einzelne Unternehmung mit einer klar identifizierbaren Zahl von Konkurrenten in einem ebenfalls klar identifizierbaren Markt im Wettbewerb stehe. Dies trifft aus verschiedenen Gründen in der Realität nicht zu.[4] Technische, gesellschaftliche und organisatorische

---

[1] Vgl. dazu Klein et al. 1999.
[2] Vgl. Good et al. 1994.
[3] Vgl. Waddock/Graves 1996.
[4] Vgl. Anderson 1999.

Anforderungen der Populationsökologie an die „Theory of the Firm" 171

Entwicklungen in den vergangenen Jahren haben beispielsweise zu einer großen Varietät von tangiblen und intangiblen Ressourcen geführt, die durch ihre vielfältigen Kombinationsmöglichkeiten eine hohe Komplexität des strategischen Handelns ermöglichen.[5]

Weiter ist offensichtlich, dass vor allem durch Deregulierung und Liberalisierung viele Eintritts-, Mobilitäts- und Rückzugsbarrieren abgebaut wurden. Die Konsequenz davon ist, dass die Zahl der Wettbewerber sowie die Flexibilität und Vielfalt ihres strategischen Verhaltens rasch ansteigt. Der strategische Wettbewerb wird immer schwerer vorhersehbar und demzufolge immer komplexer. Dass auf der Stufe der Allianzen die Komplexität zugenommen hat, ergibt sich schon aus der Tatsache, dass die Zahl solcher Allianzen, Kooperationen und Netzwerkverbindungen im Vergleich zu früher stark zugenommen hat, wie alle Untersuchungen zeigen. Unternehmungen bilden oft rasch wandelnde Angebotsketten mit verschiedenen „players" aus dem Kreise der Anbieter, der Kunden und sogar der Konkurrenten.[6] Kooperation und Kompetition können dabei im Zeitablauf wechselnde Formen und Intensitätsstufen annehmen.

## *1.3 Dynamik des Wettbewerbs*

Die Tatsache, dass die Dynamik der strategischen Rivalität im Verlaufe der letzten Jahre zugenommen hat, ist kaum umstritten. Der Dynamik-Begriff der traditionellen ökonomischen Theorie, der die Interaktion von Variablen über Perioden zum Inhalt hat, ist hier viel zu eng. Vielmehr meint Dynamik hier den immer rascheren, intensiveren und schwerer vorhersehbaren Wandel aller marktlichen und außermarktlichen Bedingungen des unternehmerischen Handelns. Ökonomische und gesellschaftliche Bedingungen, die sich in letzter Zeit rasch verändert haben, könnten in großer Zahl aufgelistet werden. Entscheidend im Zusammenhang mit der vorliegenden Argumentation ist der Umstand, dass die Unternehmungen auch ihr strategisches Verhalten immer schneller, d.h. in kürzeren Zeitabständen verändern, und dass neue Wettbe-

---

[5] Vgl. Hall 1992.
[6] Vgl. Brandenburger/Nalebuff 1996.

werbsteilnehmer immer häufiger auftreten und evtl. auch wieder ausscheiden. Die Dynamisierung des strategischen Wandels führt auch dazu, dass einmal erreichte Wettbewerbsvorteile rascher als früher wegerodiert werden.[7]

Ein strategisches Denken, welches einen engen und starren Fit mit den aktuellen Marktverhältnissen anstrebt, kann in dynamischen Situationen aus dieser Sicht gefährlich sein: frühzeitige und konsequente Festlegungen sind nur große Chancen, wenn sie dem künftigen Wettbewerb entsprechen und flexibel bleiben. Nur der dynamische Fit im Sinne eines Fließgleichgewichtes mit Handlungsoptionen kann erfolgreich sein.

Diese Charakterisierung der heutigen Wettbewerbsrealitäten macht offensichtlich, dass die moderne „theory of the firm" vermehrt Erkenntnisse von Theorien, welche den Wandel einschließlich seiner Begrenztheit zum Gegenstand haben, d.h. also Prozesstheorien, berücksichtigen sollte. Wir wenden uns nun im nächsten Abschnitt den Erkenntnissen der Populationsökologie zu, die unserer Meinung nach solchen Anforderungen entspricht.

## 2. Die Populationsökologie

Im Jahre 1977 wurde das Fundament für den Populationsökologie-Ansatz in der Organisationstheorie durch die beiden Soziologen Michael T. Hannan und John Freeman mit ihrem wegweisenden Artikel *The population ecology of organizations* gelegt.[8] Hannan und Freemans zentrales Anliegen war es, eine neuartige Perspektive in die Organisationstheorie einzubringen, um das Aufkommen von neuen organisationalen Formen zu verstehen. Die Änderung von organisationalen Formen wurde in den Entscheidungstheorien und im strategischen Management auf traditionelle Weise mit adaptivem Lernen der Individuen erklärt. Dem setzen Hannan und Freeman die Idee der Begrenztheit der Anpassungsfähigkeit von Organisationen entgegen. Sie folgern: „As a consequence, the issue of structural inertia is central to the choice between adaptation and selection

---

[7] Vgl. D'Aveni 1994.

[8] Vgl. dazu auch die Arbeiten von Aldrich 1979 und Weick 1979.

models".⁹ Hannan und Freeman entwickeln sowohl interne als auch externe Faktoren und Kausalitäten, die diese Trägheit erklären. Der Ansatz der strukturellen Trägheit begründet, in Ergänzung zum Adaptionismus, die Sichtweise des sogenannten Selektionismus als eine weitere wichtige Perspektive, um das Entstehen unterschiedlicher organisationaler Formen zu verstehen.

Im Nachfolgenden geht es nun darum, die Einsichten der Populationsökologie zu nutzen und sie aufgrund der Wettbewerbsmerkmale „Mehrebenen", „Komplexität" und „Dynamik" zu analysieren.

## 2.1 Mehrebenenanalyse

In der Populationsökologie lässt sich die Mehrebenensicht auf die hierarchische Struktur der biologischen Evolutionstheorie[10] zurückführen. Baum und Singh,[11] die Herausgeber eines wegweisenden Buches, berufen sich im Vorwort auf Simon, der die Hierarchie als allgegenwärtige Architektur komplexer Systeme wie z.B. der Natur bezeichnet: „It is a commonplace observation that nature loves hierarchies. Most of the complex systems that occur in nature find their place in one or more of four intertwined hierarchic sequences".[12] Diese vier Hierarchieanwendungsmöglichkeiten umfassen gemäß Simon die Hierarchien von chemischen Substanzen, von Zellen, der DNS und letztlich diejenige der menschlich-sozialen Systeme. Simon sieht die biologischen und menschlich-sozialen Systeme in diesem Sinne zwar verknüpft, sucht aber zwischen ihnen keine Analogien, wie dies später Baum und Singh tun:[13] „A fourth hierarchy, not yet firmly connected with the others, leads from human societies to organizations, to small groups, to individual human beings, to cognitive programs in the central nervous system, to elementary informa-

---

[9] Hannan/Freeman 1977, 931.
[10] Vgl. Baum/Singh 1994b; Eldredge/Grene 1992.
[11] Vgl. Baum/Singh 1994a.
[12] Simon 1977, 246.
[13] Vgl. Baum/Singh 1994b.

tion processes – where the junctions with the tissues and organs of neurobiology largely remain to be discovered".[14]

Wir sehen ein grundsätzliches Problem in der Art der Anwendung des hierarchischen Verständnisses durch Baum und Singh,[15] als diese in Analogie zum genealogischen System der Biologie von einem „institutional memory" und in Analogie zum ökologischen System der Biologie von der ökonomischen Struktur und Integration organisationaler Einheiten sprechen.[16] Diese Bildung von zwei hierarchischen Systemen im sozialen Bereich in Analogie zur Biologie wird aber den Unterschieden zwischen den biologischen und den menschlich-sozialen Systemen kaum gerecht. Zudem liegt in der Populationsökologie im Gegensatz zur Biologie das Schwergewicht nicht auf der Taxonomie resp. beim genealogischen System[17], sondern, wie der Name des Ansatzes besagt, auf der ökologischen Perspektive.[18] Durchgesetzt hat sich hingegen in der modernen Populationsökologie die Idee der interaktiv verbundenen evolutionären Ebenen

---

[14] Simon 1977, 247.

[15] Vgl. Baum/Singh 1994a, 9.

[16] Die Sichtweise der hierarchischen Strukturen wird in der Biologie von den Naturalisten vertreten (vgl. dazu u. a. Eldredge 1995). Die Naturalisten untersuchen als Paläontologen vor allem Fossilaufzeichnungen. Diese Fossilaufzeichnungen machen ihrer Meinung nach deutlich, dass die Evolution nicht graduell bzw. kontinuierlich verläuft, sondern punktualistisch bzw. diskontinuierlich. Dabei kommen die Naturalisten zur Einsicht, dass Evolution nicht alleine von der Mikroebene her und durch die Erreichung des reproduktiven Erfolges erklärbar ist, sondern dass der sogenannte ökologische Erfolg ebenso von Bedeutung ist (Eldredge/Grene 1992). Dieser entsteht durch den Energieaustausch zwischen den verschiedenen Ebenen in Systemen. Die Existenz eines ökologischen Erfolges wiederum öffnet den Blick für die verschiedenen Ebenen der Evolution wie die Genebene, die Organismusebene und die Ebenen des Ökosystems. Diese Ebenen sind als Basis für den ökologischen Erfolg durch Interaktionen, nämlich über Stoff- und Energieaustausch, miteinander verbunden. Damit gibt es nach Ansicht der Naturalisten in der Evolution zwei zentrale Prozesse: Reproduzieren zwecks Erzielung des reproduktiven Erfolges und Interagieren zwecks Erzielung des ökologischen Erfolges. Die Berücksichtigung dieser beiden Prozesse führt zur Erkenntnis, dass die Evolution ein hierarchisches System schafft, das einerseits in einem genealogischen und andererseits in einem ökologischen System erfasst werden kann. Das genealogische System zeigt die Reproduktionsverhältnisse auf, das ökologische System das Energieaustauschverhältnis. In sozialen Systemen wie z.B. in einem Bienenstock findet eine Verbindung der beiden Systeme statt.

[17] Vgl. dazu v.a. Baum 1989; Baum/Singh 1994a; McKelvey 1982.

[18] Vgl. dazu als Grundlage Carroll 1984; Hannan/Freeman 1977; 1989.

Anforderungen der Populationsökologie an die „Theory of the Firm" 175

innerhalb und außerhalb von Organisationen: „But more and more work recognizes the value added by paying explicit attention to the nested nature of multiple levels of analysis in the study of organizational evolution".[19]

Als erste intraorganisationale Ebene wird unter dem Einfluss der ökonomischen Evolutionstheorie von Nelson und Winter die Ebene der Routinen bzw. „comps" studiert.[20] Die Autoren zeigen mit ihrer Sichtweise der Routinen auf, wie die Verhaltensweise einer Unternehmung durch Handlungsmuster, die sich in der Vergangenheit herausgebildet haben, beeinflusst wird. Sie unterscheiden drei Arten von Routinen: Erstens die Standardprozeduren, zweitens Routinen, die das Investitionsverhalten der Unternehmung betreffen und drittens Routinen, welche die kognitiven Prozesse der Unternehmung beeinflussen. Thematisiert werden dabei die „initial routines", die Rekombinationen von Routinen sowie die Gewinnung von Routinen („capabilities" und Kernkompetenzen) durch die Bildung, Bewahrung und Beendigung von Kooperationen.

Eine weitere organisationale Ebene stellt in der Populationsökologie die Produkt-Markt-Ebene, die in Unternehmungen in traditioneller Weise von primärer Bedeutung ist, dar. Dabei werden die Strategieentwicklung und die Ressourcenallokation für Geschäftseinheiten und deren Beziehung zu Routinen[21] studiert. Es wird auch vermehrt die Bedeutung des mittleren Managements[22], welches auf dieser Ebene wirkt, untersucht. Das mittlere Management nimmt in Strategiefindungsprozessen offensichtlich eine bis anhin unterschätzte Stellung ein. Insbesondere wird die Relevanz von „bottom up"-Prozessen hervorgehoben, in denen durch Handlungen des mittleren Managements emergent Strategien geformt werden. Die „top down"-Prozesse, ausgehend vom obersten Management, dienen lediglich der Schaffung strategischer Rahmenbedingungen: „Strategic initiatives therefore 'emerge' primarily from managerial activities of front-line and middle managers, as implied by the Carnegie school bottom-up problem-solving perspective and suggested in many other descriptive strategy process studies. Nevertheless, top managers

---

[19] Baum/Singh 1994a, 18.

[20] Siehe hierzu Burgelmann/Mittmann 1994; McKelvey 1994; Miner 1994.

[21] Vgl. Burgelman 1996; Burgelman/Mittman 1994.

[22] Vgl. dazu Burgelman 1996; Doz 1996; Noda/Bower 1996; Singh/Mitchell 1996.

can exercise critical influences on these activities by setting up the *structural context* (...) to reflect the corporate objectives, and thereby manipulating the context in which the decisions and actions of lower-level managers are made, as suggested by the Harvard top-down administrative perspective".[23] Neben der Interaktion zwischen dem mittleren und dem obersten Management wird in der neuen Populationsökologie-Literatur auch die spezielle Rolle und Bedeutung des mittleren Managements bei der Bildung von Allianzen thematisiert, wobei die Bedeutung des Lernens und der Gewinnung von Kernkompetenzen im Vordergrund steht.[24]

Eine weitere Analyse-Ebene der Populationsökologie stellt die Unternehmung als Ganzes dar. Die heutigen Betrachtungen der Unternehmungsebene basieren sehr oft auf der „theory of the growth of the firm" von Penrose, welche die Unternehmung als eine Kollektion von produktiven Ressourcen versteht.[25] Nelson und Winter sehen die Unternehmung als eine Hierarchie von praktizierten organisationalen „routines", welche die nachgeordneten organisationalen Fähigkeiten definieren und durch ihre Art der Koordination bestimmen, wie auf den übergeordneten Ebenen Entscheide gefällt werden können.[26] In der Sicht von Nelson formt die Kombination und Rekombination der „core capabilities" die Strategie einer Unternehmung als Ganzes. Dabei ist das „commitment" des obersten Managements ebenso wichtig wie die Vergangenheit der Unternehmung (Pfadabhängigkeiten) und das rationale Kalkulieren der Manager.[27] Die Grenzen der Veränderbarkeit ganzer Unternehmungen wird auch unter dem Aspekt der Kohärenz angesprochen.[28] Dabei werden mehrere, die Freiheit der strategischen Entscheidung limitierende Faktoren (u.a. auch Pfadabhängigkeiten) diskutiert.

Auch das von Teece, Pisano und Shuen dargelegte Paradigma der „dynamic capabilities" bezieht sich vor allem auf die Unternehmungsebene. Teece et al. nehmen dabei explizit Bezug auf die Ideen des frühen

---

[23] Noda/Bower 1996, 160.
[24] Vgl. Doz 1996; Singh/Mitchell 1996.
[25] Vgl. Penrose 1995.
[26] Vgl. Nelson/Winter 1982.
[27] Vgl. Nelson 1995.
[28] Vgl. Dosi et al.1992.

Schumpeter, die sich auf einen innovationsbasierten Wettbewerb und auf die kreative Destruktion der existierenden Kompetenzen beziehen. Generell lehnen sie sich auch an die Denkweise von Coase an, indem die Existenz von Unternehmungen dann begründet ist, wenn ihre Koordinationsleistung besser ist als diejenige des Marktes.[29] Dabei sind ihrer Meinung nach aber nicht nur die Transaktionskosten strategisch relevant, sondern entscheidend ist vor allem die Art, wie die „capabilities" entstehen und kombiniert werden. „Hence organizational processes, shaped by the firm's asset positions and molded by its evolutionary and coevolutionary paths, explain the essence of the firm's dynamic capabilities and its competitive advantage".[30] Offensichtlich ist dabei, dass vor allem auch die unternehmungsspezifischen Unterschiede aus der Vergangenheit und nicht etwa, wie lange Zeit aufgrund der japanischen Erfolge angenommen wurde, die spezifischen Örtlichkeiten erfolgsrelevant sind.

Der frühe Schumpeter legte das Schwergewicht seiner Argumentation auf die spezifischen Eigenschaften und Handlungen des dynamischen Unternehmers und damit auf die Unternehmungsebene.[31] In der Tradition der österreichischen Schule legt auch Witt das Hauptgewicht auf die Unternehmungsebene und auf die Erklärung der Motivation des Unternehmers, durch Leadership und durch Visionen, Neues zu schaffen.[32]

Weiter spielt in der Populationsökologie die Ebene der Allianzen[33] eine wesentliche Rolle. Das Eingehen von Partnerschaften zum Zweck einer Neupositionierung in einer Population für die Gewinnung von wesentlichen Kernkompetenzen oder zur Erreichung einer Reduktion des Wettbewerbsdrucks sind zentrale Themen in der modernen Populationsökologie. Neben dem Eingehen von Allianzen mit ökonomischen Stakeholdern wird auch die „societal embeddedness" und das „commitment"

---

[29] Vgl. Coase 1937.
[30] Teece et al. 1997, 518.
[31] Schumpeter (1912) hat aber dennoch den Wandel der Wirtschaft als Ganzes fokussiert. Dies im Gegensatz zu Penrose, die die Unternehmungsebene analysierte: „Schumpeter was interested in economic development and his entrepreneur was an innovator from the point of view of the economy as a whole; we are interested in the growth of firms, and here the entrepreneur is an innovator from the point of view of the firm not necessarily from the point of view of the economy as a whole" (Penrose 1995, 36).
[32] Vgl. Witt 1996.
[33] Vgl. dazu u.a. Arino/de la Torre 1998 sowie Dyer/Singh 1998.

der Stakeholder zu wesentlichen gesellschaftlichen Organisationen besprochen.[34] Untersucht werden Einflüsse von Konstellationen dieser sozialen Interaktionspartner auf die Erfolgs- bzw. Überlebensrate von Organisationen.

Wie bereits verschiedentlich angesprochen, ist die Populationsebene[35] traditionsgemäß eine der zentralen organisationalen Ebenen. Für die Betrachtung von Populationen bei Unternehmungen wirken sich in der heutigen Wettbewerbssituation die sich zunehmend verwischenden Grenzen von Populationen durch unternehmerische Diversifikationen und Allianzen sowie die Hyperdynamik und Globalisierung des Wettbewerbes problematisch aus. Wie wir aber schon bei der Darlegung zur Entstehung des Populationsökologie-Ansatzes erkennen konnten, ist gerade das Definieren von Populationen von Organisationen für diesen Ansatz zentral. Dieses Dilemma zwischen der Notwendigkeit der Abgrenzung von Populationen und der Verwischung von Grenzen in der heutigen Zeit sollte künftig eine wesentliche Forschungsfrage im Rahmen einer Mehrebenenbetrachtung sein.

Auf einer weiteren Ebene, nämlich jener der „community", wird die Koevolution zwischen Populationen[36] untersucht, wenn auch bis anhin von sehr uneinheitlichen Standpunkten aus. Ähnlich wie in der soziologischen Systemtheorie werden hier Beziehungen zwischen Systemen studiert, die nicht im Gleichgewicht und äußerst komplex sind.

## 2.2 Komplexität

Aus der evolutionären Perspektive ergibt sich Komplexität aus den Prozessen von Variation, Selektion und Retention. Dass aus diesen Prozessen mehr Vielfalt von und in Organisationen resultiert und dass wegen dieser Vielfalt das Problem der verschiedenen möglichen Beziehungen zur Aufrechterhaltung der Einheit entsteht, ist allgemein akzeptiert. Weick formuliert dies wie folgt: „..., dass ein Fortschreiten von Gestal-

---

[34] Vgl. u.a. Amburgey/Rao 1996; Baum/Oliver 1991; Bowman 1984; Bromiley 1991; Miner 1994.
[35] Vgl. dazu auch den Übersichtsartikel von Baum 1996.
[36] Vgl. dazu Barnett/Carroll 1987; Baum/Singh 1994a; Rosenkopf/Tushman 1994.

tung [Variation] über Selektion zu Retention stattfindet, aber auch, dass ein Prozess in den anderen hineinläuft".[37] Durch Variationen (resp. Gestaltung) tritt Vielfältigkeit auf und damit können auch mehr Selektionsprozesse greifen.[38]

In der Populationsökologie werden die Variations-Selektions-Retentions-Prozesse sowohl für die Erklärung der Komplexitätsreduktion durch Wettbewerbseinschränkung mittels Kooperationen (wie beispielsweise strategische Allianzen) als auch zur Begründung der Erhöhung der Komplexität durch Wettbewerbsintensivierung beigezogen.[39] Weiter wird auf die Art, wie diese Prozesse zustande kommen, näher eingegangen, d.h. auf die Frage, ob sich diese Prozesse zufällig ereignen oder ob sie absichtlich entstehen. Doz spricht in diesem Zusammenhang von einer evolutionären und einer teleologischen Perspektive, die er im Zusammenhang mit der Entstehung von strategischen Allianzen studiert: „..., we believe nonetheless that studying the evolution of cooperation in strategic alliances can shed light on the wider issues of teleological strategy implementation vs. evolutionary strategic adaptation and contribute to transcend the simple (and sometimes simplistic) debate to reconcile the two perspectives."[40] Diese Sowohl-als-auch-Sichtweise wurde bereits von Hannan und Freeman angesprochen, wobei diese davon ausgehen, dass in der Organisationstheorie bis anhin schwergewichtig die Adaptionsperspektive behandelt wurde, nicht aber die Selektionsperspektive. Die Selektionsperspektive beruht nach Hannan und Freemans Meinung primär darauf, dass Organisationen einen mehr oder weniger stark ausgeprägten Hang zur Trägheit bei der Generierung von Variationen aufweisen. Wenn hierbei die bremsenden Faktoren innerhalb einer Organisation vorherrschend sind und keine Variationen mehr zulassen, werden Organisationen sich nicht anpassen können; sie werden daher früher oder später selektioniert.[41]

Variationen treten in verschiedenen Formen sowie auf verschiedenen Ebenen auf: Variationen können durch Lernen, durch unbeabsichtigte

---

[37] Weick 1979, 210.
[38] Vgl. dazu die Argumentationsweise von Eldredge/Grene 1992.
[39] Vgl. Barnett et al. 1994.
[40] Doz 1996, 56.
[41] Vgl. Hannan/Freeman 1977.

Änderungen oder durch Reaktionen auf Veränderungen in der Innen- oder Umwelt entstehen. Variationen werden häufig auch als das Resultat eines lokalen Suchprozesses bezeichnet, der auf den früheren Erfahrungen und Fähigkeiten aufbaut.[42] Variationen, die in Unternehmungen etwa aufgrund der Allokation von entsprechenden Mitteln initiiert werden[43], können neues Wissen, Kernkompetenzen, Projekte, Allianzkonstellationen usw. betreffen.

Variationen werden aus der Sicht der intraorganisationalen Populationsökologie nicht nur als ein bewusster und rationaler Entscheidungsprozess thematisiert, sondern auch als emergent und zufällig interpretiert: „In either case, an evolutionary perspective allows that many variations arise essentially at random – a possibility sometimes built into evolutionary models".[44] Diese Sichtweise geht auf das Variations-Selektions-Retentions-Modell von Campbell zurück, der aufzeigen wollte, dass mehr Variationen unbeabsichtigt erfolgen als gemeinhin angenommen wird.[45] Trotzdem hat Weick durch die Aufgabe des Begriffs Variation zugunsten des Ausdrucks Gestaltung die Andersartigkeit der Variation in den Sozialwissenschaften im Vergleich zur Biologie hervorgehoben. Variation ist dann eben nicht mehr nur eine rein zufällige interne oder externe Veränderung, sondern Akteure versuchen ihre Handlungen (und damit die Variationen) zumindest zum Teil intentional zu gestalten, wenngleich sie aber zum Teil auch durch die Umstände gesteuert werden.[46]

Diese vielfältigen Variationen bilden das Ausgangsmaterial für die Selektion. In der modernen Populationsökologie nimmt dabei sowohl die interne als auch externe Selektion einen wesentlichen Stellenwert ein. William P. Barnett und Robert A. Burgelman bringen dies in ihrer Einleitung „Evolutionary perspectives" zum Special Issue des *Strategic Management Journals* wie folgt zum Ausdruck: „Selection processes take place within organizations, as well as among them, as illustrated here by Noda and Bower, Doz, and Burgelman. A central idea of this work is

---

[42] Vgl. Barnett/Burgelman 1996; Levinthal 1995; Stuart/Podolny 1996.
[43] Vgl. Burgelman/Mittman 1994.
[44] Barnett/Burgelman 1996, 6.
[45] Vgl. Campbell 1969.
[46] Vgl. Weick 1979.

'strategic context' the process through which new (existing) strategic variations are internally selected (deselected) and retained (abandoned) through an amendment of the firm's concept of strategy".[47] Interne Selektionsvorgänge erfolgen in Unternehmungen vor allem auch durch Ressourcenallokation, z.B. auf der Basis des Rufes der einzelnen Manager, der Überzeugungskraft ihrer Argumente oder dem Erfolg einzelner Projekte.[48]

Die Selektionsprozesse laufen oft interaktiv über die einzelnen hierarchischen Ebenen der Unternehmungen ab. Dabei werden sowohl organisationale wie auch individuelle Ebenen miteinander verbunden: So beeinflussen „organizational routines" die Strukturen, in denen Manager Entscheidungsprozesse und Ressourcenallokationen vornehmen. Durch die Entscheidungsprozesse der Manager werden aber auch die organisationalen Routinen verändert. In dieser Sicht der intraorganisationalen Evolution tritt der integrative Charakter von Selektionsprozessen wie auch generell der evolutionären Perspektive klar zutage. Levinthal bezeichnet die evolutionäre Perspektive als „evolutionary arguments as a bridge"[49], als Brücke, die sowohl die beiden zentralen Ansätze der Strategieliteratur (verhaltensbezogene, ökonomische), die individuelle und die kollektive Rationalität und schließlich auch die Vergangenheit mit der Gegenwart zusammenführt.

Externe Selektion läuft aus der Sicht der Populationsökologie[50] primär auf den Märkten oder aber bei der Allianzbildung[51] ab. Wie bereits erwähnt, kann die Allianzbildung dabei sowohl mit ökonomischen als auch mit gesellschaftlichen Stakeholdern[52] erfolgen. Dabei sind externe Selektionskriterien nicht einfach deterministisch gegeben, sondern sie können auch aufgrund interner Variations- und Selektionsprozesse von den Unternehmungen selbst initiiert und beeinflusst werden. Dies gilt insbesondere für große resp. multinationale Unternehmungen. Solche Unterneh-

---

[47] Barnett/Burgelman 1996, 7.
[48] Vgl. u.a. Burgelman/Mittman 1994; Noda/Bower 1996.
[49] Levinthal 1995, 24.
[50] Vgl. Burgelman/Mittman 1994.
[51] Singh/Mitchell 1996.
[52] Baum/Oliver 1991.

mungen vermögen die Selektionswirkung von Märkten und gesellschaftlichen Kräften aktiv und nachhaltig zu beeinflussen.

Die Selektionskriterien können sich im Verlaufe der Zeit ändern. Diese Veränderungen sind aber aufgrund ihrer Pfadabhängigkeiten und den damit verbundenen Mustern treibender und bremsender Faktoren wiederum in einer evolutionären Perspektive versteh- und erklärbar.

Retention ist schließlich die Speicherung von erfolgreichen Selektionsprozessen. Zwei Auswirkungen der Retention sind besonders hervorzuheben: Einerseits neigen Organisationen, insbesondere ältere, dazu, träge zu werden.[53] Zudem sind sie durch die Festlegung auf zahlreiche, ganz spezifische Merkmale eher gefährdet, in zukünftigen Wandelsituationen selektioniert zu werden.[54] Anderseits führt Retention zur Bewahrung, zu Kontinuität und damit zu Identitätsstabilisierung.[55] Diese kann vor Fehlentwicklungen und damit vor Selektion bewahren.

Durch die Einführung der Komplexitätstheorie in die evolutionäre Sichtweise von Unternehmungen[56] konnte das Verständnis für die Komplexität weiter ausdifferenziert werden. Organisationen sind dann erfolgreich, wenn sie sich „on the edge of chaos" befinden, d.h. wenn sie eine Balance zwischen Ordnung und Chaos erreichen: „Complexity theory focuses managerial thinking on the interrelationships among different parts of an organization and on the trade-off of less control for greater adaptation".[57] Diese Ordnung wird von Shona L. Brown und Kathleen M. Eisenhardt als „semi-structures" bezeichnet.[58] In ihr werden lediglich wesentliche zentrale Regeln festgelegt. Die übrigen Bereiche bleiben flexibel und werden nur mithilfe intensiver Kommunikation fallweise geregelt, um die Organisation anpassungsfähig zu erhalten.

Aus der Sicht der Komplexitätstheorie ist außerdem in Organisationen wie einer Unternehmung das Ausmaß der Selbstorganisation und der Selbstkontrolle sowie deren Verhältnis zueinander zentral.[59] In diesem

---

[53] Vergleiche dazu die „inertia theory" von Hannan/Freeman 1977.
[54] Vergleiche dazu Campbell 1969; Levinthal 1995; Weick 1979.
[55] Vgl. Miner 1994.
[56] Vgl. dazu insbesondere Anderson 1999; Beinhocker 1997; Brown/Eisenhardt 1997.
[57] Brown/Eisenhardt 1998, 14.
[58] Vgl. Brown/Eisenhardt 1997.
[59] Vgl. Miles et al. 1997.

Anforderungen der Populationsökologie an die „Theory of the Firm" 183

Sinne unterscheiden sich Organisationen auch ganz wesentlich von biologischen Organismen. Maturana und Varela verweisen diesbezüglich auf die zentralen Unterscheidungen zwischen den biologischen Organismen und den menschlich-sozialen Systemen wie Organisationen. Sie betonen, dass die Komponenten im Organismus für das System da sind, dass sich hingegen in Organisationen die Komponenten – wie z.b. das Management – des sozialen Systems bedienen können. Die Organisation gewinnt somit gegenüber der Umwelt eine viel größere Autonomie als dies beim Organismus der Fall ist. Die Komponenten des Systems können die Organisation für ihre Zwecke nutzen. Damit entsteht auf der Ebene des Systems bzw. der Organisation die Möglichkeit zu handeln, um beispielsweise Identität zu wahren oder zu verändern.[60]

*2.3 Dynamik*

Die Dynamik des Wandels einer Organisation entwickelt sich im Spannungsfeld von Antrieb und Trägheit. Die „inertia theory" fokussiert, wie bereits erwähnt, die zunehmende Trägheit von Organisationen mit fortschreitendem Alter.[61] Als eine wichtige Erklärung dafür wird angeführt, dass Unternehmungen bei Erfolg dazu neigen, ihre Werte und Normen durch Mythen und Legenden so stark zu verfestigen, dass eine Anpassung an sich ändernde Umstände schwierig wird.[62] Es werden folglich organisationale Routinen[63] geschaffen, auf die die Mitglieder einer Unternehmung insbesondere in unsicheren Situationen zurückgreifen. Die Populationsökologie bestätigt damit auch die These von Giddens über die gegenseitige Verquickung von Handlung und Struktur: Durch die Handlungen der sozialen Akteure entsteht der Erfolg einer Unternehmung. Die Mitglieder dieser Unternehmung verfestigen die Erfolgsgeschichte in Legenden und Mythen, wobei sie Regeln festlegen, die sich ihnen wiederum als Handlungsbedingungen in Form von verfestigten Normen und Werten präsentieren. Dadurch kann systeminterne Unsicherheit reduziert

---

[60] Vgl. Maturana/Varela 1987.
[61] Vgl. Hannan/Freeman 1977; 1984.
[62] Vgl. Tushman et al. 1986.
[63] Vgl. dazu u.a. Miner 1994; Shapira 1994.

resp. Angst kann durch diese routinisierten Handlungen kontrolliert werden. Damit entsteht aber auch die Gefahr, dass ein Zustand zementiert wird, der entweder zum Untergang führt oder durch einen Akt des radikalen Wandels überwunden werden muss.

Die Perspektive der Populationsökologen betrachtet die Dynamik vor allem als den evolutionären Prozess aufgrund treibender oder bremsender Faktoren[64], welche Variations-, Selektions- und Retentionsprozesse ermöglichen resp. verhindern. Je nachdem neigen Organisationen zu Trägheit oder Veränderung durch Lernen. Dabei werden Entwicklungsmuster in der Vergangenheit untersucht, welche die Pfadabhängigkeiten von solchen Organisationen bezüglich Trägheit bzw. Lernfähigkeit erklären. Wichtige Erklärungselemente sind dabei sowohl die Pfade als auch die Rate der Veränderungen.

Die Populationsökologie thematisiert vor allem auch die Verlaufsmuster dynamischer Veränderungen (diskontinuierlich, kontinuierlich). Für den diskontinuierlichen Verlauf sprechen die Trägheit der Grundstrukturen, von Gersick auch „deep structure"[65] genannt, und radikale Änderungen in der Umwelt.[66] Für den kontinuierlichen Verlauf spricht das Überleben jener Organisationen, die sich in der Balance zwischen Ordnung und Chaos halten konnten und sich kontinuierlich in kleinen Schritten verändern.[67] Brown und Eisenhardt sehen dabei Organisationen wie beispielsweise Unternehmungen einem unbarmherzigen und kontinuierlichen Wandel ausgesetzt. Sie stellen fest, dass erfolgreiche Unternehmungen in der Lage sind, Wandel zu choreographieren, indem sie Änderungen aufgrund eines gewollten Rhythmus kontinuierlich und vorausschauend festlegen.[68]

Ob Wandel graduell oder punktualistisch verläuft, hängt stark von der Betrachtungsebene ab. Während Gersick sich mit grundlegenden Auffassungen organisationaler Phänomene („deep structures") befasste, analysieren Brown und Eisenhardt schwergewichtig Produktinnovationen. Damit wird die Rate der Veränderung auch aus der Sicht des „multilevel

---

[64] Vgl. dazu Barnett/Burgelman 1996; Baum/Singh 1994a; Hannan/Freeman 1984.
[65] Vgl. Gersick 1991.
[66] Vgl. dazu v.a. Romanelli/Tushman 1994.
[67] Vgl. Brown/Eisenhardt 1997; Gersick 1991.
[68] Brown/Eisenhardt 1998.

research" angesprochen.[69] Es werden dabei verschiedene Raten der Veränderung über die Ebenen hinweg erfasst und deren Rhythmen interaktiv betrachtet.

Eine besondere Bedeutung bezüglich der Dynamik von Veränderungen wird immer wieder den Pfadabhängigkeiten zugemessen. Die Pfadabhängigkeiten beziehen sich auf die Interaktionen zwischen den Veränderungsmustern der Vergangenheit und denjenigen der Gegenwart resp. der Zukunft. Brown und Eisenhardt bezeichnen dies als „competing on the edge of time": „Change requires thinking simultaneously about multiple time horizons. Successful change involves relying partially on past experience, while staying focused on current execution, and still looking ahead to the future".[70] Damit sind Untersuchungen über gesellschaftliche Institutionen nicht nur aus dem jeweiligen Zeitgeist heraus zu verstehen, sondern eben auch aus der Vergangenheit heraus.[71] In der empirischen Forschung hat dies zur vermehrten Forderung nach Langzeitstudien geführt.[72]

## 3. Konklusionen

Zusammenfassend ergeben sich aus einer populationsökologischen Perspektive folgende wesentlichen Anforderungen an eine moderne „theory of the firm":

Erstens wird an eine moderne „theory of the firm" die Forderung gestellt, verschiedene Ebenen des Wandels von Unternehmungen interaktiv zu berücksichtigen. Die externen Ebenen der organisationalen Evolution werden vor allem durch die konventionelle Populationsökologie thematisiert. Moderne Populationsökologen betonen demgegenüber auch interne organisationale Ebenen der Evolution, wie etwa die Bedeutung des mittleren Managements und der von ihnen ausgehenden emergenten „bottom-up"-Prozesse.

---

[69] Vgl. House et al. 1995; Klein et al. 1999; Virany et al. 1992.
[70] Brown/Eisenhardt 1998, 12.
[71] Vgl. dazu auch Weick 1979.
[72] Vgl. dazu etwa Brown 1998; Pettigrew 1995.

Zweitens wird durch die Sichtweise der Adaptionisten wie auch der Selektionisten sowohl die zufällige als auch die absichtsvolle Steuerung der Evolution hervorgehoben. Wie insbesondere im Zusammenhang mit dem Komplexitätsaspekt gezeigt wurde, wird in verschiedenen Ansätzen der Populationsökologie die Evolution als eine Abfolge von Ereignissen gesehen, die teilweise zufällig (emergent) auftreten, teilweise aber von den beteiligten Akteuren absichtsvoll gestaltet werden. Diese Mischung von Zufall und Absicht kann dabei sowohl bei der Variation wie bei der Selektion auftreten und auf interne oder externe Ursachen zurückgeführt werden. Mit dem Einbezug solcher Aspekte wird eine zu abstrakte Modellierung der Unternehmung verhindert. Man will im Gegenteil die Unternehmung in ihrer komplexen Realität verstehen und erklären.

Drittens wird in der Populationsökologie die Unternehmung nicht nur deterministisch einem Gleichgewichtsprozess von rein exogenen Größen ausgesetzt, wie dies die neoklassische Theorie weitgehend annimmt, sondern es wird die Bedeutung von absichtsvollen endogenen Einflussgrößen (endogene Neuerungsentstehung) speziell betont. Lernprozesse, „tacit knowledge" und Motivationsprozesse sind dabei wesentliche Elemente.

Viertens wird von der Populationsökologie generell die begrenzte Rationalität der Manager anerkannt und in die Begründungszusammenhänge eingebaut. Sie beruht vor allem auf Phänomenen wie begrenztes Wissen, begrenzte kognitive Kapazität und Begrenzungen durch Routinen. Generell erfahren damit die Verhaltensannahmen einer „theory of the firm" eine differenzierte Sichtweise.

Fünftens wird in der Populationsökologie organisationale Evolution als Balance zwischen Identitätserhaltung und Adaptation gesehen. Sie basiert auf festgelegten grundlegenden Regeln, aber auch auf der Lernfähigkeit. Dabei wird u.a. auch die Bedeutung sowohl kooperativer wie auch kompetitiver Prozesse für eine „theory of the firm" offensichtlich.

Sechstens ist die Sichtweise der Populationsökologie aufgrund des punktualistischen wie auch des graduellen Wandels unter Berücksichtigung der Pfadabhängigkeiten dynamisch. Es wird in der zeitlichen Dimension eine Verbindung von der Vergangenheit über die Gegenwart zur Zukunft gesucht. Sie findet vor allem Ausdruck in einer vermehrten longitudinalen Empirie. Die Gesetzmäßigkeiten des Wandels werden aufgrund treibender und bremsender Faktoren durch den Einbezug des

Entstehens von Neuem (Hervorbringung von Vielfalt) und von nachhaltigem Wachstum unter Berücksichtigung der Pfadabhängigkeiten („history matters") untersucht. Die Trägheit von Organisationen wird durch die Sichtweise der „inertia theory" eingebracht. Der Verlauf des Wandels wird durch die Interaktionen mehrerer Ebenen mit unterschiedlicher Dynamik in ihrer jeweiligen Entwicklung charakterisiert. Diese Perspektiven des Verlaufs von Wandlungsprozessen in Organisationen stellen ebenfalls Herausforderungen für eine dynamische „theory of the firm" dar.

Siebtens zeigt die Populationsökologie, dass jene Organisationen erfolgreich mit Wandel umgehen, welche bei ihrer Entwicklung den Zusammenhang zwischen Vergangenheit, Gegenwart und Zukunft berücksichtigen. Die Beherrschung des Wandels über die Zeit kann auch eine besondere Begründung für die Unterschiedlichkeit von Unternehmungen und damit für den strategischen Erfolg (strategiebedingte Rente) liefern. Dies macht die Erfolgsrelevanz der Vergangenheit und der Beherrschung des Wandels auch für eine moderne „theory of the firm" sichtbar.

Achtens ist die Populationsökologie ein integrativer Ansatz. Er ist zugänglich für andere disziplinäre Gebiete wie etwa für die evolutionäre Ökonomie, das strategische Management oder die Komplexitätstheorie. Aus diesen Quellen können weitere vielfältige Auswirkungen für eine „theory of the firm" geschöpft werden.

*Literaturverzeichnis*

Aldrich, H. E. (1979): Organizations and environments, Englewood Cliffs, NJ.

Amburgey, T. L., Rao, H. (1996): Organizational ecology – Past, present, and future directions, in: Academy of Management Journal, 5, S. 1265-1286.

Anderson, P. (1999): Complexity theory and organization science, in: Organization Science, 3, S. 216-232.

Arino, A., de la Torre, J. (1998): Learning from failure – Towards an evolutionary model of collaborative ventures, in: Organization Science, 3, S. 306-325.

Barnett, W. P., Burgelman, R. A. (1996): Evolutionary perspectives on strategy, in: Strategic Management Journal, Special Issue Summer, S. 5-19.

Barnett, W. P., Carroll, G. R. (1987): Competition and mutualism among early telephone companies, in: Administrative Science Quarterly, 3, S. 400-421.

Barnett, W. P., Greve, H. R., Park, D. Y. (1994): An evolutinary model of organizational performance, in: Strategic Management Journal, Special Issue Winter, S. 11-28.

Baum, A. C., Oliver, C. (1991): Institutional linkages and organizational mortality, in: Administrative Science Quarterly, 2, S. 187-218.

Baum, J. A. C. (1989): A population perspective on organizations – A study of diversity and transformation in child care service organizations, Toronto.

Baum, J. A. C. (1996): Organizational ecology, in: Clegg, S. R., Hardy, C., Nord, W. R. (eds.): Handbook of organization studies, London, S. 77-114.

Baum, J. A. C., Singh, J. V. (Hrsg.) (1994a): Evolutionary dynamics of organizations, New York.

Baum, J. A. C., Singh, J. V. (1994b): Organizational hierarchies and evolutionary processes – Some reflections on a theory of organizational evolution, in: Baum, J. A. C., Singh, J. V. (eds.): Evolutionary dynamics of organizations, New York, S. 3-20.

Beinhocker, E. D. (1997): Strategy at the edge of chaos, in: The McKinsey Quarterly, 1, S. 24-39.

Bowman, E. H. (1984): Content analysis of annual reports for corporate strategy and risk, in: Interfaces, 1, S. 61-71.

Brandenburger, A., Nalebuff, B. J. (1996): Co-opetition, New York.

Bromiley, P. (1991): Testing a causal model of corporate risk taking and performance, in: Academy of Management Journal, 1, S. 37-59.

Brown, S. L., Eisenhardt, K. M. (1997): The art of continuous change – Linking complexity theory and time-paced evolution in relentlessly shifting organizations, in: Administrative Science Quarterly, 1, S. 1-34.

Brown, S. L., Eisenhardt, K. M. (1998): Competing on the edge – Strategy as structured chaos, Boston, MA.

Brown, W. A. (1998): Dimensions of effectiveness in nonprofit human service organizations, Paper presented at the Annual Meeting of the Academy of Management, San Diego, CA, August 1998, Departement of Psychology, School of Behavioral and Organizational Sciences, Claremont Graduate University.

Burgelman, R. A. (1996): A process model of strategic business exit – Implications for an evolutionary perspective on strategy, in: Strategic Management Journal, Special Issue Summer, S. 193-214.

Burgelman, R. A., Mittman, B. S. (1994): An intraorganizational ecological perspective on managerial risk behavior, performance, and survival – Individual, organizational, and environmental effects, in: Baum, J. A. C., Singh, J. V. (eds.): Evolutionary dynamics of organizations, New York, S. 53-75.

Campbell, D. T. (1969): Variation and selective retention in socio-cultural evolution, in: General Systems, , S. 69-85.

Carroll, G. R. (1984): Organizational ecology, in: Annual Review of Sociology, S. 71-93.

Coase, R. H. (1937): The nature of the firm, in: Williamson, O. E., Winter, S. G. (eds.): The nature of the firm – Origins, evolution, and development, New York, S. 18-33.

D'Aveni, R. A. (1994): Hypercompetition – Managing the dynamics of strategic maneuvering, New York.

Dosi, G., Teece, D., Winter, S. G. (1992): Toward a theory of corporate coherence – Preliminary remarks, in: Dosi, G., Gianetti, R., Toninelli, P. A. (eds.): Technology and enterprise in a historical perspective, Oxford, S. 185-211.

Doz, Y. L. (1996): The evolution of cooperation in strategic alliances – Initial conditions or learning processes?, in: Strategic Management Journal, Special Issue Summer, S. 55-83.

Dyer, J. H., Singh, H. (1998): The relational view – Cooperative strategy and sources of interorganizational competitive advantage, in: Academy of Management, 4, S. 660-679.

Eldredge, N. (1995): Reinventing Darwin – The great debate at the high table of evolutionary theory, New York.

Eldredge, N., Grene, M. (1992): Interactions – The biological context of social systems, New York.

Gersick, C. J. G. (1991): Revolutionary change theories – A multilevel exploration of the punctuated equilibrium paradigm, in: Academy of Management Review, 1, S. 10-36.

Good, M., Campbell, A., Alexander, M. (1994): Corporate-level strategy – Creating value in the multibusiness company, New York.

Hall, R. H. (1992): The strategic analysis of intangible resources, in: Strategic Management Journal, 2, S. 135-144.

Hannan, M. T., Freeman, J. (1977): The population ecology of organizations, in: American Journal of Sociology, 5, S. 929-964.

Hannan, M. T., Freeman, J. (1984): Structural inertia and organizational change, in: American Sociological Review, 2, S. 149-164.

Hannan, M. T., Freeman, J. (1989): Organizational ecology, Cambridge, MA.

House, R. J., Rousseau, D. M., Thomas-Hunt, M. (1995): The MESO paradigm – A framework for the integration of micro and macro organizational behavior, in: Staw, B. M., Cummings, L. L. (eds.): Research in organizational behavior, Greenwich, CT, S. 71-114.

Klein, K. J., Tosi, H., Canella JR., A. A. (1999): Multilevel theory building – Benefits, barriers, and new developments, in: Academy of Management Review, 2, S. 243-248.

Levinthal, D. A. (1995): Strategic management and the exploration of diversity, in: Montgomery, C. A. (ed.),: Resource-based and evolutionary theories of the firm, Boston, MA, S. 19-42.

Maturana, H. R., Varela, F. J. (1987): Der Baum der Erkenntnis – Die biologischen Wurzeln des menschlichen Erkennens, Bern.

McKelvey, B. (1982): Organizational systematics – Taxonomy, evolution, classification, Berkeley, CA.

McKelvey, B. (1994): Evolution and organizational science, in: Baum, J. A. C., Singh, J. V. (eds.): Evolutionary dynamics of organizations, New York, S. 314-326.

Miles, R. E., Coleman, H. J., Snow, C. S., Miles, G., Matthews, J. A. (1997): Complexity theory and the evolution of organizational forms, Working paper, Haas School of Business, University of California.

Miner, A. S. (1994): Seeking adaptive advantage – Evolutionary theory and managerial action, in: Baum, J. A. C., Singh, J. V. (eds.): Evolutionary dynamics of organizations, New York, S. 76-89.

Nelson, R. R. (1995): Recent evolutionary theorizing about economic change, in: Journal of Economic Literature, 1, S. 48-90.

Nelson, R. R., Winter, S. G. (1982): An evolutionary theory of economic change, Cambridge, MA.

Noda, T., Bower, J. L. (1996): Strategy making as iterated processes of resource allocation, in: Strategic Management Journal, Special Issue Summer, S. 159-192.

Penrose, E. T. (1995): The theory of the growth of the firm, Oxford.

Pettigrew, A. M. (1995): Longitudinal field research on change, in Huber, G. P., Van de Ven, A. H. (eds.): Longitudinal field research methods – Studying processes of organizational change, London, S. 91-125.

Romanelli, E., Tushman, M. L. (1994): Organizational transformation as punctuated equilibrium – An empirical test, in: Academy of Management Journal, 5, S. 1141-1166.

Rosenkopf, L., Tushman, M. L. (1994): The coevolution of technology and organization, in: Baum, J. A. C., Singh, J. V. (eds.): Evolutionary dynamics of organizations, New York, S. 403-424.

Schumpeter, A. J. (1912): Theorie der wirtschaftlichen Entwicklung, Leipzig.

Shapira, Z. (1994): Evolution, externalities, and managerial action, in: Baum, J. A. C., Singh, J. V. (eds.): Evolutionary dynamics of organizations, New York, S. 117-124.

Simon, H. A. (1977): Models of discovery, Dordrecht, Boston.

Singh, K., Mitchell, W. (1996): Precarious collaboration – Business survival after partners shut down or form new partnerships, in: Strategic Management Journal, Special Issue Summer, S. 99-115.

Stuart, T. E., Podolny, J. M. (1996): Local search and the evolution of technological capabilities, in: Strategic Managment Journal, Special Issue Summer, S. 21-38.

Teece, D. J., Pisano, G., Shuen, A. (1997): Dynamic capabilities and strategic management, in: Strategic Management Journal, 7, S. 509-533.

Tushman, M. L., Newman, W. H., Romanelli, E. (1986): Convergence and upheaval – Managing the unsteady pace of organizational evolution, in: California Management Review, 1, S. 29-44.

Virany, B. B., Tushman, M., Romanelli, E. (1992): Executive succession and organizational outcomes in turbulent environments, in: Organizational Science, 1, S. 72-91.

Waddock, S. A., Graves, S. B. (1996): Good management and good stakeholder relations – Are they synonymous?, in: Logsdon, J. M., Rehbein, K. (eds.): Proceedings of the Seventh Annual Meeting of the International Association for Business and Society, S. 611-616. Santa Fe, New Mexico.

Weick, K. (1979): The social psychology of organizing, Reading, MA.

Witt, U. (1996): A „Darwinian revolution" in economics?, in: Journal of Institutional and Theoretical Economics, S. 707-715.

# Koordination, Motivation und Wissensmanagement in der Theorie der Unternehmung

## Zum Steuerungsrepertoire von Organisationen

*Margit Osterloh und Jetta Frost*

### 1. Einleitung

„Warum existieren Unternehmen?" „Was bestimmt deren Größe und Ausdehnung?" Die Beantwortung dieser Fragen ist Gegenstand der modernen Theorie der Unternehmung[1], die durch die ökonomischen und evolutionstheoretischen Theorien eine Neubelebung erfahren haben. Ursprünglich haben vor allem organisationsökonomische Erklärungsansätze zur Erklärung der Existenz und Größe von Unternehmen dominiert. Danach existieren Unternehmen, weil sie bestimmte Transaktionen effizienter als der Markt abwickeln können. In der Auseinandersetzung mit diesen Ansätzen hat in letzter Zeit der ressourcenorientierte Ansatz („resource-based theory of the firm") große Aufmerksamkeit gefunden, dessen Wurzeln vor allem in der evolutorischen Ökonomik liegen.[2] Dieser Ansatz stellt eine zusätzliche Frage: „Warum sind die Fähigkeiten einiger

---

[1] Vgl. Holmström/Tirole 1989, 65.

[2] Vgl. hierzu z.B. Barney 1991; Conner/Prahalad 1996, Wernerfelt 1984 sowie die Aufsätze in dem von Cynthia Montgomery 1995 herausgegebenen Band zu ressourcenorientierten und evolutionären Theorien der Unternehmung.

Unternehmen nachhaltig besser als die ihrer Konkurrenten?"[3] Danach haben Unternehmen im Unterschied zu Märkten die Fähigkeit, gemeinsam geteilte, schwer imitierbare und schwer handelbare Ressourcen entwickeln zu können. Deren Existenz determiniert die Grenzen der Unternehmung und sind Grundlage für die Entwicklung von Kernkompetenzen.

In unserem Beitrag erweitern wir den ressourcenorientierten Ansatz zu einer *wissen- und motivationsbasierten Theorie der Unternehmung*. Wir zeigen, dass gemeinsames Wissen und gemeinsame Routinen die wichtigste Grundlage für schwer imitierbare und schwer handelbare Ressourcen sind. Die Herausbildung dieser spezifischen Ressourcen wird durch ein *Steuerungsrepertoire* ermöglicht, das im Vergleich zu dem von Märkten viel reichhaltiger ist. Es umfasst die Motivation als eine endogen gestaltbare Variable. Annahmen zur Motivation sind bisher in die Theorie der Unternehmung lediglich exogen eingeführt worden. Wir zeigen, warum eine Endogenisierung notwendig ist und wie diese zu leisten sein könnte.

## 2. Ansätze der Theorie der Unternehmung

Wie beantworten moderne Theorien der Unternehmung die Frage nach der Existenz und nach der Ausdehnung von Unternehmen? Im Abschnitt 2.1 diskutieren wir die Grundlagen organisationsökonomischer Theorien der Unternehmung. Abschnitt 2.2 ist dem ressourcenorientierten Ansatz gewidmet, und in Abschnitt 2.3 erweitern wir dessen Grundideen zur wissens- und motivationsbasierten Theorie der Unternehmung.

### 2.1 Organisationsökonomische Theorien der Unternehmung

In organisationsökonomischen Theorien haben Unternehmen die Aufgabe, angemessene Anreizstrukturen zu schaffen: Anreize in Unternehmen sind darauf gerichtet, bei der Investition in komplementäre Vermö-

---

[3] Barney/Hesterly 1996; Nelson/Winter 1982.

gensteile bzw. transaktionsspezifische Investitionen die Gefahr von „hold-up"[4] und „shirking"[5] zu minimieren.

### a) Transaktionskostentheorie

Die Transaktionskostentheorie wurde von Coase (1937) begründet. Er sieht Unternehmen als alternative Koordinationsform zum Markt:

> „The main reason why it is profitable to establish a firm would seem to be that there is a cost of using the price mechanism. [...]. A firm will tend to expand until the costs of organizing an extra transaction within the firm become equal to the costs of carrying out the same transaction by means of an exchange in the open market or the costs of organizing in another firm."[6]

Coase unterscheidet zwischen zwei verschiedenen Steuerungsmechanismen. Auf Märkten kommt der Preismechanismus zum Einsatz, in Unternehmen hingegen wird durch Anordnungen und Weisungen gesteuert. Während damit bei Coase noch das Koordinationsproblem im Vordergrund steht, sind in den letzten Jahren das „hold-up"- und das Anreizproblem in den Mittelpunkt gerückt.[7]

Im Hinblick darauf untersucht Williamson, welche Arten von Transaktionen in welchen institutionellen Arrangements, nämlich Markt und Hierarchie, mit geringsten Kosten abgewickelt und organisiert werden können.[8] Es handelt sich um Anbahnungs-, Vereinbarungs-, Kontroll- und Anpassungskosten.[9] Ihre Höhe wird gemäß Williamson durch trans-

---

[4] „Hold-up"-Probleme entstehen bei unvollständigen Vertragssituationen, z.B. wenn eine Partei nach dem Tätigen einer transaktionsspezifischen Investition befürchten muss, durch nachträgliche Verhandlungen mit ihrem Vertragspartner schlechter gestellt zu werden, vgl. z.B. Hart 1995; Holmström/Roberts 1998; Klein/Crawford/Alchian 1978; Williamson 1985.

[5] „Shirking" bedeutet Drückebergerei oder Mogeln, vgl. Alchian/Demsetz 1972.

[6] Coase 1937, 390ff.

[7] Vgl. Holmström/Roberts 1998.

[8] Vgl. Williamson 1985, 41.

[9] Vgl. Picot 1982.

aktionsspezifische Investitionen, Unsicherheit und Häufigkeit bestimmt.[10]

Bei hohen transaktionsspezifischen Investitionen, hoher Unsicherheit und hohen Kosten der Leistungsmessung entsteht das Risiko des Opportunismus und der Drückebergerei. In diesen Fällen sollen Transaktionen vermehrt aus dem Markt in nicht-marktliche Formen, d.h. in hybride Organisationsformen mit langfristigen relationalen Verträgen oder in Hierarchien (Unternehmen) verlagert werden. Dies deshalb, weil der Opportunismus innerhalb von Unternehmen durch Anordnung und Überwachung in Schach gehalten werden kann. Letztlich begründet damit die Opportunismusannahme, dass Märkte versagen und Organisationen existieren.[11]

### b) Vertragstheorie

Im Gegensatz zur Transaktionskostentheorie betont die Vertragstheorie nicht die Unterschiede, sondern die Gemeinsamkeiten zwischen Unternehmen und Märkten. Diese bestehen darin, dass sowohl in Firmen als auch auf Märkten Vertragsbeziehungen die Grundlage der Transaktionsbeziehung darstellen. Auch firmeninterne Transaktionen enthalten Marktbeziehungen, und der Markt muss organisiert werden:

> „[...] it is not quite correct to say 'the firm' supersedes 'the market'. Rather, one type of contract supersedes another type."[12]

So unterscheidet sich der Vertrag eines Restaurantbesitzers mit einer Lieferantin einerseits und mit dem Koch andererseits in seiner Länge, seinen Bedingungen und in den Bezahlungsmodalitäten. Es sind verschiedene Verträge, aber beides sind Verträge.[13] Die Vertragstheorie will die Frage „when is a nexus of contracts more firm-like?" beantworten.[14] Untersuchungsgegenstand sind Verfügungsrechte, die so strukturiert und verteilt

---

[10] Vgl. Williamson 1985, 52ff.
[11] Vgl. Williamson 1990, 75.
[12] Cheung 1983, 10.
[13] Vgl. Cowen/Parker 1997, 42.
[14] Vgl. Demsetz 1991, 170.

werden sollen, dass der Nettonutzen einer Transaktion maximiert werden kann.

Eine der bekanntesten Konzeptionen stammt von Alchian/Demsetz (1972). Sie begründen in der Teamtheorie die Existenz von Firmen mit Mess- und Anreizproblemen bei der *Teamproduktion* und mit *Skalenvorteilen* bei der Produktion. Unternehmen sind eine spezifische Form der Teamproduktion, weil mehrere Organisationsmitglieder zusammen mehr produzieren können als die Summe der Einzelnen. Deshalb haben sie einen Anreiz, miteinander zu kooperieren und einen gemeinsamen Output zu erarbeiten. Die Interdependenzbeziehungen zwischen den Teammitgliedern erschweren jedoch die Zurechnung der erbrachten Leistung auf das einzelne Teammitglied, sofern es keine Kontrolle oder Überwachung gibt. Es besteht die Gefahr der Drückebergerei bzw. des Trittbrettfahrens. Aus diesem Grund haben die Teammitglieder ein Interesse daran, einem Mitglied die Rolle des zentralen Agenten (als „residual claimant") zu übertragen. Diese Person überwacht die erbrachten Leistungen der einzelnen Teammitglieder und kann gegebenenfalls die Gruppenzusammensetzung verändern, d.h., sie erhält das Recht der Kontrolle und das Recht, als einzige mit allen anderen Akteuren Verträge abzuschließen. Damit der „residual claimant" im Interesse aller Teammitglieder handelt und um seinerseits Drückebergerei auszuschließen, erhält er keinen Fixlohn, sondern den Residual-Erlös.[15] Verträge innerhalb von Firmen unterscheiden sich nach dieser Sicht von denen auf Märkten lediglich dadurch, dass innerhalb der Unternehmung der „residual claimant" das Risiko trägt, während alle Ansprüche der übrigen Akteure eindeutig in Verträgen regelbar sind. Deshalb machen nach Alchian/Demsetz organisatorische Koordinationsmechanismen wie Weisungen und Anordnungen *nicht* die Essenz von Unternehmen aus, sondern die *Verfügungsrechte* des zentralen Agenten in einem Prozess der Teamproduktion.[16] Dies funktioniert allerdings nur unter der Voraussetzung, dass die Verfügungsrechte auf die überwachende Person übertragen werden können und Drückebergerei auch tatsächlich feststellbar und damit sanktionierbar ist.[17]

---

[15] Vgl. hierzu auch Grossman/Hart 1986; Hart 1995 und Hart/Moore 1998.
[16] Vgl. Alchian/Demsetz 1972, 783.
[17] Vgl. Milgrom/Roberts 1992, 293.

In der von Alchian/Demsetz (1972) modellierten Vertragssituation sind alle Ansprüche außer denen des „residual claimant" eindeutig geregelt. In neueren Arbeiten der Vertragstheorie wird jedoch argumentiert, dass sich Vertragsbeziehungen in Unternehmen von denen auf Märkten gerade dadurch unterscheiden, dass sie durch *Unvollständigkeit* gekennzeichnet sind.[18] Man kann bei der Vertragsschließung die Leistung der Arbeitnehmerin ex ante nicht genau spezifizieren. Wäre dies der Fall, so gäbe es keinen Grund, die entsprechende Leistung nicht über den Markt zu beziehen. Die Unvollständigkeit des Arbeitsvertrages wird dadurch kompensiert, dass der Inhaber der Eigentumsrechte in unbestimmten Situationen die größere Verhandlungsmacht hat. Letztendlich läuft dieses aber wieder auf eine Befolgung von Weisungen hinaus. Diese wären dann doch die Essenz von Organisationen und würden den wichtigsten Unterschied zu Märkten ausmachen. Das ist allerdings nicht neu (z.B. Barnard 1938; Coase 1937; Simon 1951).[19]

Die organisationsökonomischen Ansätze stellen *drei* Steuerungsmechanismen zur Diskussion, die jedoch die größere Vielfalt des Steuerungspotentials von Unternehmen im Vergleich zu Märkten nur unzureichend erfassen.

Im Vordergrund stehen *erstens Motivations- und Anreizmechanismen*. Allerdings gehen die organisationsökonomischen Ansätze mit der Annahme des *Opportunismus* von einem zu engen Konzept des menschlichen Verhaltens aus. Diese Annahme wird – wie später zu zeigen ist – zu einer sich selbst erfüllenden Prophezeiung.[20] Sie vernachlässigt, dass es verschiedene Formen von Motivation gibt, welche ihrerseits beeinflussbar sind.[21]

*Zweitens* werden zwar im Rahmen des Transaktionskostenansatzes *Anordnungen und Weisungen* als unternehmensinterne Steuerungsmechanismen behandelt, allerdings in einer wenig detaillierten Form. So er-

---

[18] Vgl. Grossman/Hart 1986; Hart 1995.
[19] Holmström/Roberts (1998, 79) kritisieren darüber hinaus, dass dieses Modell zwar eine präzise Definition von Märkten gibt, nämlich als Institutionen, die das Recht zum Verhandeln und zur Exit Option haben. Hingegen sind Firmen äußerst schwach definiert.
[20] Vgl. Ghoshal/Moran 1996.
[21] Vgl. Osterloh/Frey/Frost 1999.

fasst Williamson (1991) die vielfältigen Erscheinungsformen der Organisation nur sehr pauschal mit der Gegenüberstellung von M- und U-Form oder im Vergleich von Markt, hybriden Organisationsformen und Hierarchien.[22] Der Grund ist darin zu sehen, dass er die interne Organisation ohnehin ansieht als „last resort, to be employed when all else fails".[23] Schon aus diesem Grund ist von diesem Ansatz eine differenzierte Behandlung des nicht-marktlichen Steuerungsrepertoires von Organisationen nicht zu erwarten.

Daraus folgt *drittens*, dass in organisationsökonomischen Ansätzen der Schwerpunkt auf Transaktionen und Vertragsbeziehungen, d.h. auf dem Steuerungsmechanismus „*Preis*" liegt. Damit stellen sie in erster Linie auf die *Tauschsphäre* und viel zu wenig auf die *Produktionssphäre* ab:[24]

> „firms aren't held together solely by the thin glue of transaction-cost minimization, but rather by the thicker glue of capabilities. A key aspect of the capabilities critique of the modern economics of organization is that it too strictly dichotomizes production and organization/exchange".[25]

Es wird davon ausgegangen, dass die Produktionsfunktionen der konkurrierenden Firmen mehr oder weniger identisch sind, weshalb man sich auf die Allokation und den Austausch von gegebenen Gütern und Leistungen konzentriert.

> „Contracts and marketplace decisions are regarded as primary and active, production as consequent and passive."[26]

Das Denken in gegebenen „choice sets" blockiert jedoch die Entwicklung von neuen Alternativen in der Produktion. Die organisationsökonomischen Ansätze stellen damit – wie Williamson auch zugibt – auf *statische Effizienz* ab.[27] Die Nichtberücksichtigung von dynamischer Effizienz in

---

[22] Zu dieser Kritik vgl. auch Theuvsen 1997.
[23] Williamson 1996, 52.
[24] Vgl. zu einer ähnlichen Kritik Fransman 1994; Hodgson 1998 und Loasby 1998.
[25] Langlois/Foss 1999, 213.
[26] Hodgson 1998, 186.
[27] Vgl. Williamson 1985, 144.

Form von Innovationen und Wissensgenerierung stellt damit eines der Hauptprobleme der ökonomischen Ansätze dar. Schließlich sind Innovationen und Wissensgenerierung in vielen Fällen der entscheidende Produktionsfaktor, der zugleich erklärt: „why are firms different, and how does it matter".[28] Als Beispiel sei Microsoft genannt: Aus der Börsenkapitalisierung dieses Unternehmens ergibt sich ein „Wert pro Angestellten" von mehr als 10 Millionen US Dollar.[29] Diese Summe lässt sich nur mit dem gemeinsamen Wissens- und Innovationspotential der dort tätigen Mitarbeiterinnen und Mitarbeiter und nicht mit individuellen Eigentumsrechten begründen. Dieses Potential ist aber eine Ressource, die nicht (oder allenfalls bei einer Firmenübernahme) über den Markt gekauft werden kann, sondern im Unternehmen selbst erzeugt werden muss.

## 2.2 Ressourcenorientierte Theorien der Unternehmung

Ressourcenorientierte Theorien der Unternehmung und evolutorische Ökonomik konzentrieren sich im Gegensatz zu den organisationsökonomischen Ansätzen vermehrt auf die *Produktionssphäre*.

> „Both [ressourcenorientierter Ansatz und evolutorische Ökonomik, die Verf.] stress the existence of fundamental diversity among firms, the recognition of which is an essential starting point for analysis and description. Ultimately, it is a firm's path-dependent, hence „sticky", knowledge endowment that differentiates it from other firms, allowing it to articulate unique profit-seeking strategies".[30]

Grundidee ist es, die Entwicklung nachhaltiger Wettbewerbsvorteile eines Unternehmens über die Existenz einzigartiger und *unternehmensspezifischer Ressourcenbündel* zu begründen (z.B. Barney 1991; Grant 1991; Wernerfelt 1984).[31] Argumentiert wird, dass Unvollkommenheiten auf dem Absatzmarkt keinen langfristigen Schutz vor Konkurrenten bieten.

---

[28] Nelson 1991, 61.

[29] Vgl. Holmström/Roberts 1998.

[30] Foss/Knudsen/Montgomery 1995, 3.

[31] Wichtige Vorläuferarbeiten stammen von Penrose 1955, 1959 und Selznick 1955.

Langfristig ist jede monopolartige Stellung angreifbar, wenn alle Unternehmen auf die gleichen Ressourcen zurückgreifen können. Je unvollkommener deshalb der Ressourcenmarkt ist, desto größer ist die Wahrscheinlichkeit, dass die entsprechende Ressource einen nachhaltigen Wettbewerbsvorteil begründet. Dies bedeutet, dass die Ressourcenbündel nicht handelbar sein dürfen, sondern im Unternehmen selbst erzeugt werden müssen. Damit geht ein Perspektivenwechsel „from the historically dominant theme of value appropriation to one of value creation" einher.[32]

Die *Heterogenität* von Ressourcen bildet einen der wesentlichen Eckpfeiler.[33] Heterogene Unternehmensressourcen werden jedoch erst dann zur Grundlage eines nachhaltigen Wettbewerbsvorteils, wenn sie folgende vier Eigenschaften aufweisen: (1) Generierung von *Wert bzw. Nutzenstiftung*, d.h., die Kunden müssen bereit sein, für den durch diese Ressource begründeten Zusatznutzen zu bezahlen, (2) *Knappheit* bzw. *Unternehmensspezifität*, (3) *Nicht-Substituierbarkeit* und (4) *Nicht-Imitierbarkeit*, d.h., die Ressourcen sind nicht ohne weiteres durch ein anderes Unternehmen kopierbar.[34] Die Nicht-Imitierbarkeit nimmt dabei die wichtigste Rolle ein. Nicht oder nur schwer imitierbar sind insbesondere solche Ressourcen, die *erstens* in der Geschichte des Unternehmens begründet sind, d.h. durch organisatorische Erbschaften oder Pfadabhängigkeiten geprägt sind,[35] *zweitens* durch diffuse Kausalzusammenhänge gekennzeichnet sind[36] sowie *drittens* auf Akkumulationseffizienzen beruhen, d.h. leichter erworben werden können, wenn bereits ein gewisser Bestand dieser Ressourcen im Unternehmen existiert.[37]

Damit erweitert der ressourcenorientierte Ansatz die Theorie der Unternehmung in der Definition von Holmström/Tirole (1989) um die Frage, warum bei ähnlichen Branchenbedingungen die Fähigkeiten einiger Unternehmen nachhaltig besser sind als die der Konkurrenten. Die Antwort lautet: Unternehmen existieren, weil sie im Unterschied zu Märkten ein spezifisches, erfolgspotentialgenerierendes Ressourcenbündel ausge-

---

[32] Nahapiet/Ghoshal 1998, 242.
[33] Vgl. Peteraf 1993.
[34] Barney 1991; 1992.
[35] Vgl. Teece et al. 1994.
[36] Vgl. z.B. Rumelt 1984.
[37] Vgl. Dierickx/Cool 1989.

bildet haben. Dieses bildet die Grundlage für die Produktion von immer wieder neuen Ressourcen. Diese Ressourcen können zwar – ähnlich wie in der Transaktionskostentheorie – als transaktionsspezifische Investitionen interpretiert werden. Jedoch steht im Mittelpunkt des ressourcenorienten Ansatzes nicht die Frage, wie diese Investitionen vor opportunistischem Verhalten der externen Vertragspartner zu schützen sind, sondern wie die dazu nötigen firmenspezifischen Ressourcen intern entwickelt werden können.

Daraus folgt, dass in diesem Ansatz der Fokus auf internen, nichtmarktlichen Steuerungsmechanismen liegt. Dabei rücken Koordinationsmechanismen in das Zentrum des Interesses, die von den traditionellen organisationsökonomischen Ansätzen völlig vernachlässigt wurden: *Pfadabhängigkeiten* und *Routinen*.[38] Pfadabhängigkeiten sind vor allem in der Vergangenheit getätigte, irreversible Investitionen, die den Pfad eines Unternehmens auch in Zukunft bestimmen. Routinen werden von Nelson und Winter (1982), den prominentesten Vertretern der evolutorischen Ökonomik, als Verhaltensregeln beschrieben, die organisatorisch verankerte personenübergreifende Problemlösungsregeln verkörpern.[39] Pentland/Rueter charakterisieren Routinen als Handlungsgrammatiken („routines as grammars of action").[40] Ebenso wie die Grammatik einer Sprache keine inhaltlich konkreten Sätze vorgibt, determinieren organisationale Routinen keine konkreten Inhalte, sondern stecken vielmehr die Bandbreite an möglichen Handlungen ab. Dies verdeutlicht die Entlastungsfunktion von Routinen. Die Organisationsmitglieder verfügen nur über begrenzte kognitive Kapazitäten und können nicht alle anfallenden Informationen aufnehmen, interpretieren und verarbeiten. Routinen entlasten die Organisationsmitglieder von ständig wiederkehrenden Interpretationsleistungen und wirken auf die organisatorischen Abläufe stabilisierend.

Dennoch ist auch der ressourcenorientierte Ansatz noch weit davon entfernt, die Reichhaltigkeit des firmeninternen Steuerungsrepertoires zu erfassen:

---

[38] Vgl. z.B. Langlois/Foss 1999, Nelson/Winter 1982, Teece et al. 1994.
[39] Vgl. auch Winter 1995.
[40] Pentland/Rueter 1994, 489ff.

*Erstens* gibt es im ressourcenorientierten Ansatz noch zu wenig *operationalisierbare* Kriterien für die Ausgestaltung der Grenzen der Unternehmung sowie deren interner Koordinationsmechanismen. So kritisiert Williamson zu Recht, dass bloße „Erfolgsstories" zur Definition der Fähigkeiten- und Kompetenzkonstrukte unzureichend sind.[41]

*Zweitens* ist der ressourcenorientierte Ansatz zu wenig an den aktiven Prozessen der Ressourcengenerierung interessiert. Stattdessen wird der Entstehungsprozess von Ressourcenbündeln auf die Existenz von organisatorischen Erbschaften und Pfadabhängigkeiten reduziert.[42] Damit werden jedoch die diesen Ressourcenbausteinen zugrundeliegenden Interaktionsbeziehungen und insbesondere die Bedeutung der organisatorischen Wissensgenerierung nicht deutlich genug herausgearbeitet. Erst dies würde jedoch die eigentliche Dynamik der Ressourcengenerierung ausmachen.[43]

*Drittens* vernachlässigt der ressourcenorientierte Ansatz das *Motivationsrepertoire* fast vollständig:

„Incentive issues are suppressed in favor of a focus on problems of coordinating knowledge and expectations."[44]

Im Gegensatz zu den organisationsökonomischen Ansätzen wird nicht von opportunistischem Verhalten, sondern von einer voraussetzungslosen Kooperationsbereitschaft ausgegangen. Wann und warum diese jedoch existiert, wird nicht problematisiert. Kooperationsbereitschaft wird damit – vergleichbar der Opportunismusannahme in den organisationsökonomischen Ansätzen – exogen eingeführt.[45] Es wird nicht gefragt, welche spezifischen Formen der Motivation nötig sind, gemeinsame Ressourcenbündel aufzubauen und wie diese gefördert werden können. Damit bleibt unklar, warum die Organisationsmitglieder bereit sind, gemein-

---

[41] Vgl. Williamson 1999, 1093f.
[42] Vgl. Nonaka/Takeuchi 1995; Teece/Pisano 1998.
[43] Vgl. Grant 1996; Spender 1996.
[44] Langlois/Foss 1999, 211.
[45] Vgl. z.B. bei Conner/Prahalad 1996.

same Ressourcenbündel miteinander aufzubauen und dabei auf Drückebergerei zu verzichten.[46]

### 2.3 Wissens- und motivationsbasierte Theorie der Unternehmung

Heute ist Wissen die wichtigste unternehmerische Ressource. Organisationales Wissen ist die Grundlage für die Entwicklung immer neuer Produkte und Leistungen:[47] Es verkörpert „the least definable kinds of productive resources".[48] Organisationales Wissen lässt sich jedoch nicht im „Hauruck-Verfahren" aneignen oder kaufen. Vielmehr muss es in langwierigen Lernprozessen aufgebaut werden, die sich aus komplexen Interaktionsbeziehungen herausbilden.[49] Damit ist organisationales Wissen eine besondere Ressource. In Routinen kristallisiertes organisatorisches Wissen stellt nicht nur einen Koordinationsmechanismus, sondern einen *„common organizational communication code"*[50] und zugleich einen *Wissensspeicher* dar.[51] Die betriebsspezifische Einbettung und multipersonale Verankerung des organisationalen Wissens schützen vor Imitation und verhindern einen Transfer über die Unternehmensgrenzen hinaus. Es ist nicht ohne weiteres handelbar.

Zwar kann man Wissen teilweise auch auf dem Markt kaufen, z.B. in Form von Büchern oder Zeitungen. Dabei handelt es sich um *explizites* Wissen. Es ist schriftlich oder symbolisch darstellbar und kann leicht multipliziert werden. Jedoch ist nur ein kleiner Teil des Wissens explizit, weil wir „mehr wissen, als wir zu sagen wissen".[52] *Implizites* Wissen ist im Unterschied zu explizitem Wissen nicht in Buchstaben, Zahlen oder

---

[46] Gemeinsame Ressourcenbündel haben vielfach den Charakter von betriebsspezifischen Gemeingütern oder Poolressourcen, bei denen die Kosten der Herstellung sowie des Verbrauchs nicht eindeutig zurechenbar sind und Drückebergerei deshalb schwer zu entdecken ist, vgl. Osterloh/Weibel 2000.

[47] Vgl. Teece/Pisano 1998.

[48] Loasby 1998, 144.

[49] Vgl. Teece/Pisano 1998.

[50] Monteverde 1995, 1629.

[51] Vgl. Fransman 1994.

[52] Polanyi 1985, 14.

Zeichnungen darstellbar. Es existiert in den Köpfen und Fähigkeiten der Menschen, die es beherrschen. Es ist nur durch diese übertragbar und nicht durch Papier oder Informationstechnologien. Implizites Wissen besteht zum einen aus kognitiven Regeln und Routinen, die nur zum Teil bewusst, d.h. explizierbar sind. Beispiele sind Intuition oder „Fingerspitzengefühl". Zum anderen besteht es in der Beherrschung körperlicher Routinen, wie z.B. der komplexen Feinmotorik einer Chirurgin.

Es besteht weitgehende Übereinstimmung, dass die Nicht-Imitierbarkeit von Ressourcen vor allem auf der Beherrschung von implizitem Wissen beruht.[53] Dafür gibt es zwei Gründe:

*Erstens* ist implizites Wissen viel schwerer und kostspieliger zu übertragen als explizites Wissen, weil seine Übertragung und Verbreitung Personen und nicht bloß Informationstechnologien voraussetzt. Zudem lässt es sich nicht billig multiplizieren, z.B. über Buchdruck oder elektronische Medien.

*Zweitens* kann implizites Wissen nur von denjenigen genutzt werden, die an seiner Produktion beteiligt waren. Deswegen hat implizites Wissen den Charakter eines sogenannten privaten Gutes, d.h. eines Gutes, von dessen Nutzung diejenigen ausgeschlossen werden können, die zu seiner Erstellung nichts beigetragen haben. Hingegen hat explizites Wissen den Charakter eines öffentlichen Gutes (außer es wird durch Patente oder Copyrights geschützt), d.h. eines Gutes, von dessen Gebrauch niemand ausgeschlossen werden kann, sobald es einmal erstellt wurde.[54] Ist einmal ein Aufsatz gedruckt, fällt es schwer, das Kopieren oder Vervielfältigen zu verhindern. Das im Aufsatz enthaltene explizite Wissen stellt keinen Wettbewerbsvorteil mehr dar.

Dies bedingt jedoch eine besondere *Zurechnung- und Motivationsproblematik*. Zwar kann man einem einzelnen Wissenschaftler die residualen Eigentumsrechte an seinen Forschungsergebnissen zurechnen. Wird jedoch das implizite Wissen von *mehreren* Personen in ein Team eingebracht, zum Beispiel bei der Produktion eines komplexen Produktes oder eines ausgefallenen Werbekonzeptes, kann der Beitrag eines Einzelnen nicht mehr zugerechnet und entsprechend entlohnt werden. Das im Pro-

---

[53] Vgl. z.B. Grant 1996, Nonaka/Takeuchi 1995, Spender 1996.
[54] Zur genaueren Unterscheidung von privaten und öffentlichen Gütern vgl. z.B. Frey/Kirchgässner 1994, 51ff.

dukt inkorporierte Wissen hat hier den Charakter eines teamspezifischen öffentlichen Gutes. Wie bei allen öffentlichen Gütern besteht die Gefahr, dass sich die Teammitglieder als Trittbrettfahrer verhalten – es sei denn, sie sind in ihrer Arbeit selbst (intrinsisch) motiviert.

Zugrunde liegt die Unterscheidung zwischen zwei Formen der Motivation:[55]

Die *extrinsische Motivation* ist auf indirekte Bedürfnisbefriedigung gerichtet. Sie beruht auf einem Antrieb durch externe Belohnung, z.B. durch „pay for performance", Anerkennung oder Status. So sollen Organisationsmitglieder durch die Gewährung von extrinsischen Anreizen dazu veranlasst werden, ihre eigenen Ziele mit denen des Unternehmens zu koppeln und ihre Leistung zu steigern.[56] Frey/Bohnet (1994) sprechen in diesem Zusammenhang von einem Disziplinierungs-Effekt, bei dem die Opportunitätskosten des nicht belohnten Verhaltens steigen. Extrinsische Motivation hat primär einen kontrollierenden Aspekt.

Bei der *intrinsischen Motivation* stellt die Tätigkeit selbst eine unmittelbare Bedürfnisbefriedigung dar. In diesem Fall kann die Motivation fast nie mit externen Belohnungen erzeugt werden, sondern nur über einen interessanten und herausfordernden Arbeitsinhalt. Werden in Unternehmen Anreizsysteme als psychologische Verträge oder als Transformationssysteme gestaltet, so erfolgt die Mobilisierung intrinsischer Motivation durch eine *aufgabenorientierte* Arbeitsgestaltung. Darunter versteht Ulich (1991) einen Zustand des Interesses und Engagements, der durch bestimmte Merkmale der Aufgabe oder des Arbeitsinhalts hervorgerufen wird. Ziel ist weitgehende Selbstkontrolle der Organisationsmitglieder, so dass sie über einen maximalen subjektiven *Handlungsspielraum* verfügen. Sie sind intrinsisch motiviert, wenn sie Interesse an der Tätigkeit haben, über persönliche Beziehungen und Kommunikationsmöglichkeiten in ihrem Arbeitsumfeld verfügen, Mitentscheidungsmöglichkeiten haben, sich mit den Unternehmenszielen identifizieren können und gewisse Normen um ihrer selbst verfolgen.[57]

---

[55] Vgl. z.B. Deci 1975.
[56] Vgl. Schanz 1991.
[57] Vgl. Hackman/Oldham 1980.

Obwohl viele Ökonomen die Existenz intrinsischer Motivation nicht bestreiten,[58] beschäftigen sie sich damit kaum, weil sie schwierig zu analysieren und zu steuern sei.[59] Wichtiger noch ist, dass sie Eigennutz und opportunistisches Verhalten deshalb in den Vordergrund stellen, weil mit Hilfe eines solchen „worst-case"-Szenarios geeignete Vorsichtsmaßnahmen ergriffen werden können.[60] Ein solches Vorgehen führt jedoch nur dann zu brauchbaren Ergebnissen, wenn die extrinsische die intrinsische Motivation nicht verdrängt. Das ist empirisch aber nicht der Fall. Vielmehr führen institutionelle Arrangements auf dem Hintergrund des „worst-case"-Szenarios zu einer sich selbst erfüllenden Prophezeiung.[61] Sie verstärken die Auswirkungen des Opportunismus, zu dessen Kontrolle sie eigentlich dienen sollen. Der Grund ist, dass extrinsische und intrinsische Motivation nicht additiv wirken, d.h. die intrinsische Motivation durch extrinsische Anreize unterhöhlt oder gar zerstört wird. Es tritt ein *Verdrängungseffekt* auf.[62] Der ursprünglich angestrebte Disziplinierungseffekt der extrinsischen Motivation bewirkt längerfristig, dass die Organisationsmitglieder nur noch gegen Belohnung arbeiten. Dies ist immer dann der Fall, wenn der kontrollierende Aspekt einer Belohnung den informierenden Aspekt übersteigt. Gemäß der Theorie der kognitiven Selbstbestimmung[63] wird die Verantwortung für die Aktivität dem Kontrollierenden zugerechnet.[64]

---

[58] Vgl. die Behandlung intrinsisch motivierten Verhaltens beispielhaft als Vertrauen oder Unternehmensloyalität bei Baker/Jensen/Murphy 1988 oder als Gefühle bei Frank 1992.

[59] Vgl. z.B. Williamson 1975, 256.

[60] Vgl. Milgrom/Roberts 1992, 42.

[61] Vgl. Ghoshal/Moran 1996.

[62] Vgl. Frey 1997; Osterloh/Frey/Frost 1999; Osterloh/Frey im Druck. Vgl. auch zum Konstrukt der „hidden costs of rewards" Lepper/Greene 1978. Der Verdrängungseffekt wurde in einer großen Anzahl von Laborexperimenten aufgezeigt und durch umfangreiche Meta-Analysen bestätigt, vgl. z.B. Deci/Koestner/ Ryan (im Druck).

[63] Vgl. Deci/Ryan 1985; Deci/Flaste 1995.

[64] Der „Locus of Control" wird von external nach internal verschoben, vgl. Rotter 1966. Eine weitere Erklärung für den Verdrängungseffekt ergibt sich aus der Theorie der psychologischen Verträge (Rousseau 1995; Schein 1965). Danach enthalten Kontrakte in nichtanonymen Beziehungen einen transaktionalen und einen relationalen Aspekt. Der relationale Aspekt ist auf die wechselseitige Würdigung der in-

Das für Ökonominnen und Ökonomen Bemerkenswerte an diesen Befunden ist nicht, dass es intrinsische Motivation oder nicht-materielle Präferenzen gibt, sondern dass diese durch Einwirkungen des Preis-Effektes oder durch Anordnungen systematisch verändert werden können. Das steht im Gegensatz zu der in der Ökonomik als grundlegend unterstellten Annahme, dass zwischen Präferenzen und Restriktionen (zum Beispiel Preisen) strikt getrennt werden könne und dass die Präferenzen konstant seien.[65] Damit ist deutlich geworden, dass die Wahl von Koordinationsmechanismen und die Ausgestaltung organisatorischer Einheiten Auswirkungen auf die intrinsische Motivation oder die Präferenzen haben.

Der Verdrängungseffekt ist dort relevant, wo intrinsische Motivation in Unternehmen bedeutsam ist:

Dies ist *erstens* bei wenig standardisierbaren und innovativen Arbeitsleistungen der Fall. Monetäre Anreize bewirken in neuartigen Situationen, dass Individuen zu stereotypen Wiederholungen von bereits Bewährtem neigen.[66] Weil „people do what they are measured to do" ist es schwierig oder gar unmöglich, exakte Maßstäbe für noch unbekannte Alternativen zu setzen und daran eine Belohnung zu knüpfen.[67]

Daraus ergibt sich *zweitens*, dass intrinsische Motivation einen erheblichen Beitrag zur Überwindung des sogenannten „multi-task"-Problems leistet.[68] „Multi-task"-Situationen sind durch komplexe Aufgaben mit verschiedenen gut messbaren Zielen gekennzeichnet. Werden Organisationsmitglieder in diesen Situationen leistungsabhängig entlohnt, so werden sie sich auf die gut messbaren Aufgabenteile konzentrieren und die schlecht messbaren vernachlässigen, weil die individuellen Opportunitätskosten für die schlecht messbaren Aktivitäten steigen. Extrinsische Belohnungen greifen nur dann, wenn Indikatoren über alle gewünschten

---

trinsischen Motive gerichtet. Wird diese Anerkennung verweigert und durch Bezahlung ersetzt (etwa, wenn man bei einer Einladung dem Gastgeber statt einer symbolischen Geste Geld anbieten würde), wird der Kontrakt in einen ausschließlich transaktionalen umgewandelt.

[65] Vgl. beispielsweise Kirchgässner 1991, 38ff.
[66] Vgl. Amabile 1997; Schwartz 1990.
[67] Vgl. Kreps 1997.
[68] Zum „multi-task"-Problem vgl. Gibbons 1998; Holmström/Milgrom 1991, Prendergast 1999.

Leistungsmerkmale der Arbeit vorliegen, was aber bei komplexen Tätigkeiten, wie z.B. der Software-Produktion nicht möglich ist.[69]

*Drittens* ist – wie dargestellt – eine intrinsische Motivation unverzichtbar, wenn implizites Wissen innerhalb von Teams generiert und übertragen wird.

Dennoch darf in einem Unternehmen nicht nur auf *intrinsische* Motivation abgestellt werden, weil diese auch Nachteile hat.[70] Zum *ersten* ist sie viel schwieriger zu erzeugen als die extrinsische Motivation. Zum *zweiten* ist die Richtung der intrinsischen Motivation nicht punktgenau zu beeinflussen. Schließlich geht es nicht um intrinsische Motivation schlechthin, sondern um Motivation in die gewünschte Richtung. Die Organisationsmitglieder sollen ihre eigenen Ziele möglichst auf das Unternehmensziel ausrichten. *Drittens* hat intrinsische Motivation nicht immer einen positiven Inhalt. Rachsucht, Neid und Geltungssucht sind Beispiele dafür.

Deshalb kann auf die extrinsische Motivierung nicht verzichtet werden. Die Gestaltung der *Motivationsdimension*, d.h. der Anreizsysteme im Unternehmen bedingt deshalb, dass das „richtige" Verhältnis zwischen intrinsischer und extrinsischer Motivation gefunden werden muss. Dieses bestimmt sich aus dem *Nettoeffekt* zwischen dem Verdrängungs-Effekt und dem Disziplinierungs-Effekt.[71] Ein Unternehmen muss die Schwierigkeiten bei der Erzeugung und Verdrängung intrinsischer Motivierung mit der Verdrängungs- und Sanktionswirkung extrinsischer Motivierung ins *Verhältnis* setzen und daraus Erkenntnisse für die Gestaltung der Arbeit und Anreize ableiten. Die Operationalisierung dieser Überlegungen existiert bisher allerdings erst in Ansätzen.[72]

Im *Ergebnis* differenziert der wissens- und motivationsbasierte Ansatz das traditionelle Steuerungsrepertoire der Organisation, das hauptsächlich aus Koordinationsmechanismen besteht, um das *Motivations- und Orientierungsrepertoire*. Der Einsatz des Orientierungrepertoires wird häufig

---

[69] Vgl. Austin 1998.
[70] Vgl. Frey/Osterloh 1997.
[71] Vgl. Frey/Osterloh 1997, 313f.
[72] Vgl. Osterloh/Frey/Frost 1999 und Osterloh/Frey (im Druck). Vgl. zur Operationalisierung des Orientierungsrepertoires (Wissensmanagement) z.B. Frost 1998; Nonaka/Takeuchi 1995.

auch als Wissensmanagement bezeichnet. Der Vorteil dieses Ansatzes besteht darin, dass er die *dynamische Effizienz* in den Mittelpunkt stellt, d.h. die Prozesse der Wissensgenerierung und -diffundierung hervorhebt. Zusätzlich werden Motivationsaspekte *endogenisiert*, d.h. innerhalb der Theorie erklärt und nicht wie in den beiden anderen diskutierten Theorien der Unternehmung exogen eingeführt.

## 3. Ergebnis: Das Steuerungsrepertoire der Organisation

Welches sind nun im Ergebnis die Elemente des Steuerungsrepertoires, das Unternehmen zur Verfügung steht und wie unterscheidet es sich vom Steuerungsrepertoire auf Märkten? Wir unterscheiden das Koordinations-, Orientierungs- und Motivationsrepertoire.

### a) Das Koordinationsrepertoire

Das Koordinationsrepertoire ist durch die drei Steuerungsmechanismen „Anordnungen und Weisungen", „(interne) Märkte und Preise" sowie „Selbstabstimmung" gekennzeichnet. Die Koordination über den *Preismechanismus* findet sowohl auf Märkten als auch im Unternehmen in Form von Verrechnungspreisen statt. *Anordnungen und Weisungen* hingegen sind ein spezifisches unternehmensinternes Koordinationsinstrument. Sie machen die Essenz von Unternehmen im Unterschied zu Märkten aus[73] und waren schon immer Gegenstand der Organisationsforschung.[74] Erst neuerdings werden durch den Einbezug der ressourcenorientierten Ansätze sowie der evolutorischen Ökonomik *Selbstabstimmungsmechanismen* in Form von gemeinsamen Routinen und Pfadabhängigkeiten diskutiert. Sie können sich nur durch gleichgerichtete, kooperative Interaktionen herausbilden. Deshalb können sie auf Märkten nicht systematisch erzeugt werden.

---

[73] Vgl. z.B. Coase 1937; Kieser/Beck/Tainio 1998; Simon 1951.
[74] Vgl. z.B Barnard 1938; Frese 1998; Grochla 1966; Kosiol 1962, Simon 1951.

*b) Das Orientierungsrepertoire*

Das Orientierungsrepertoire ist dadurch gekennzeichnet, dass Unternehmen im Unterschied zu Märkten die Fähigkeit haben, nicht handelbares, organisationsspezifisches Wissen sowie gemeinsame Routinen und Regeln *entwickeln* und *speichern* zu können, welche die Effizienz der Produktion von neuem Wissen und verbesserten Routinen steigern. Es geht um *gemeinsames* Wissen, das nicht auf dem Markt gekauft werden kann. Im Unterschied zur Vorstellung von Hayek (1945) handelt es sich nicht um Wissen, das bereits in marktfähigen Produkten und Dienstleistungen inkorporiert ist und das deshalb über das Preissystem am effizientesten verteilt werden kann. Vielmehr handelt es sich um Wissen, das nicht in einzeln handelbare Bestandteile zerlegbar ist, sondern in kollektivem Regelwissen inkorporiert ist. Erst dieses führt zur effizienten gemeinsamen Produktion von Produkten und Dienstleistungen sowie von neuem Wissen und verbesserten Routinen. Das kollektive, sich ständig entwickelnde Regelwissen ist eine gepoolte Ressource, welche über das Markt- und Preissystem nicht erzeugt werden kann.[75]

Weil auf Märkten das Preissystem die wichtigste Orientierungsgrundlage darstellt, stellen diese systematisch auf extrinsische Motivation ab. Intrinsische Motivation kann eine Rolle spielen, ist aber zum Funktionieren von Märkten nicht notwendig. *Innerhalb* von Organisationen spielen *extrinsische und intrinsische* Motivation eine Rolle: Arbeitsverträge dienen der Einkommenserzielung, und Weisungen sind in der Regel sanktionsgestützt. Jedoch muss bei der Selbstabstimmung, der Generierung und dem Transfer von Wissen extrinsische Motivation durch intrinsische Motivation ergänzt werden. Unternehmen müssen deshalb im Gegensatz zu Märkten das Motivationsinstrumentarium umfassender einsetzen, d.h. eine Balance zwischen extrinsischer und intrinsischer Motivation herstellen.

---

[75] Vgl. Hardin 1968; Osterloh/Weibel 2000; Ostrom 1990.

*Abb. 1: Das Steuerungsrepertoire der Organisation*

Quelle: eigene

Das Motivationsrepertoire von Unternehmen wurde zwar schon in den motivationsorientierten Ansätzen[76] in bezug auf die intrinsische Motivation und in den ökonomischen Ansätzen[77] in bezug auf die extrinsische Motivation ausführlich behandelt. Jedoch erst der hier entwickelte wissens- und motivationsbasierte Ansatz behandelt beide Motivationsarten in ihrer Wechselwirkung und zeigt, wie die adäquate Beeinflussung der Motivation das unternehmensinterne Steuerungspotential erhöht.

Zusammenfassend können wir feststellen, dass die organisationsökonomischen Ansätze die Essenz von Unternehmen in Anordnungen und Weisungen sehen. Die ressourcenorientierte Ansätze und die evolutorische Ökonomik legen ihr Augenmerk vor allem auf *Selbstabstimmungsmechanismen* in Form von gemeinsamen Routinen und Pfadabhängig-

---

[76] Vgl. z.B. Argyris 1964; Likert 1967; McGregor 1960.

[77] Vgl. z.B Laux 1998; Milgrom/Roberts 1992.

keiten. Der Preismechanismus (Verrechnungspreise) kommt nur im Zusammenhang mit diesen Koordinationsmechanismen vor.[78] Diese Sichtweise greift jedoch zu kurz. Diese Ansätze leisten damit nur einen Beitrag zur Diskussion des Koordinationsrepertoires. Wir haben gezeigt, dass Unternehmen aber über ein viel reichhaltigeres Steuerungsrepertoire verfügen, sobald man die besonderen Charakteristika von organisatorischem Wissen als gemeinsamer Ressource einbezieht. Erst der virtuose und orchestrierte Einsatz des Koordinations-, Orientierungs- und Motivationsrepertoires verhilft Unternehmen zu nachhaltigen, schwer imitierbaren Wettbewerbsvorteilen. Auch wenn die Operationalisierung des Orientierungs- und Motivationsrepertoires noch in den Anfängen steckt, können wir hoffen, damit der Antwort auf die Frage näher gekommen zu sein, warum Firmen existieren und bessere Fähigkeiten als ihre Konkurrenten erzielen.

*Literatur*

Alchian, A.A.; Demsetz, H. (1972): Production, Information Costs and Economic Organization, in: American Economic Review, 62, S. 777-795.

Amabile, T.M. (1997): Motivation Creativity in Organizations: On Doing What You Love and Loving What You Do, in: California Management Review, 40, S. 39-58.

Argyris, C. (1964), Integrating the Individual and the Organization, New York.

Austin, R. D. (1998): Measuring and Managing Performance in Organizations. New York.

Baker, G.P.; Jensen, M.C.; Murphy, K.J. (1988): Compensation and Incentives: Practice vs. Theory, in: Journal of Finance, 43, No. 3, 1988, S. 593–616.

Barnard, C.I. (1938): The Functions of the Executive, Cambridge, MA.

Barney, J.B. (1991): Firm Resources and Sustained Competitive Advantages, in: Journal of Management, 17, S. 99-120.

Barney, J.B. (1992): Integrating Organizational Behavior and Strategy Formulation Research, in: Shrivastava, P./Huff, A./Dutton, J. (Hrsg.): Advances in Strategic Management, 8, Greenwich, S. 39-61.

---

[78] Vgl. Frese 1998, 217ff.

Barney, J.B.; Hesterly, W. (1996): Organizational Economics: Understanding the Relationship between Organizations and Economic Analysis, in: Clegg, S.R./Hardy, C./Nord, W.R. (Hrsg.): Handbook of Organization Studies, London/Thousand Oaks, S. 115-147.

Cheung, S.N.S. (1983): The Contractual Nature of the Firm, in: Economica, 4, S. 386-405.

Coase, R.H. (1937): The Nature of the Firm, in: Economica, Vol. 4, S. 386-405.

Conner, K.R.; Prahalad, C.K. (1996): A Resource-based Theory of the Firm: Knowledge versus Opportunism, in: Organization Science, 7, S. 477-501.

Cowen, T.; Parker, D. (1997): Markets in the Firm. A Market-Process Approach to Management, London: The Institute of Economic Affairs.

Deci, E.L. (1975): Intrinsic Motivation, New York.

Deci, E.L.; Flaste, R. (1995): Why We Do what We Do: The Dynamics of Personal Autonomy, New York.

Deci, E.L.; Koestner, R.; Ryan, R.M. (im Druck): Extrinsic Rewards and Intrinsic Motivation: A Clear and Consistent Picture After All, in: Psychological Bulletin.

Deci, E.L.; Ryan, R.M. (1985): Intrinsic Motivation and Self-Determination in Human Behavior; New York.

Demsetz, H. (1991): The Theory of the Firm Revisited, in: Williamson, O.E.; Winter, S.G. (Hrsg.): Nature of the Firm; New York/Oxford, S. 159-177.

Dierickx, I.; Cool, K. (1989): Assets Stock Accumulation and Sustainability of Competitive Advantage, in: Management Science, 35, S. 1504-1511.

Foss, N.J.; Knudsen, C.; Montgomery, C.A. (1995): An Exploration of Common Ground: Integrating Evolutionary and Strategic Theories of the Firm, in: Montgomery, C.A. (Hrsg.): Resource-Based and Evolutionary Theories of the Firm. Towards a Synthesis, Boston u.a, S. 1-18.

Frank, R.H. (1992): Die Strategie der Emotionen; München.

Fransman, M. (1994): Information, Knowledge, Vision and Theories of the Firm, in: Industrial and Corporate Change, 3, S. 713-757.

Frese, E. (1998): Grundlagen der Organisation. Konzept – Prinzipien – Strukturen, 7. Aufl., Wiesbaden.

Frey, B.S. (1997): Markt und Motivation: Wie Preise die (Arbeits-)Moral verdrängen; München.

Frey, B.S.; Bohnet, I. (1994):Die Ökonomie zwischen extrinsischer und intrinsischer Motivation, in: Homo Oeconomicus, Band XI, 1, S. 1-19.

Frey, B.S.; Kirchgässner, G. (1994): Demokratische Wirtschaftspolitik, 2. Aufl. München.

Frey, B.S.; Osterloh, M. (1997): Sanktionen oder Seelenmassage? Zu den motivationalen Grundlagen der Unternehmensführung, in: Die Betriebswirtschaft, 57, S. 307-321.

Frost, J. (1998): Die Koordinations- und Orientierungsfunktion der Organisation; Bern/Stuttgart.

Gibbons, R. (1998): Incentives in Organizations, in: The Journal of Economic Perspectives, 12(4), S. 115–132.

Ghoshal, S.; Moran, P. (1996): Bad for Practice: A Critique of the Transaction Cost Theory, in: Academy of Management Review, 21, S. 13-47.

Grant, R.M. (1991):The Resource-Based Theory of Competitive Advantage: Implication for Strategy Formulation, in: California Management Review, 33, S. 114-135.

Grant, R.M. (1996): Toward a Knowledge-based Theory of the Firm, in: Strategic Management Journal, 17, S. 109-122.

Grochla, E. (1966): Automation und Organisation, Wiesbaden.

Grossman, S.; Hart, O.D. (1986): The Cost and Benefits of Ownership: A Theory of Vertical and Lateral Integration, in: Journal of Political Economy, 94, S. 691-719.

Hackman, R.J./Oldham, G.R. (1980): Work Redesign, Reading Mass.

Hardin, G. (1968): The Tragedy of the Commons, in: Science 162, S. 1243-1248.

Hart, O. (1995): Firms, Contracts, and Finance Structure, Oxford.

Hart; O.D.; Moore, J. (1998): Foundations of Incomplete Contracts, LSE Working Paper TE/98/358.

Hayek, F.A. (1945): The Use of Knowledge in Society, in: American Economic Review, 35, S. 519-530.

Hodgson, G.M. (1998): Competence and Contract in the Theory of the Firm, in: Journal of Economic Behavior & Organization, 35, S. 179-201.

Holmström, B.R; Tirole, J. (1989): The Theory of the Firm, in: Schmalensee, R./Willig, R.D. (Hrsg.): Handbook of Industrial Organization; Amsterdam, 1, S. 61-133.

Holmström, B.R; Milgrom P. (1991): Multitask Principal-Agent Analyses: Incentive Contracts, Asset Ownership and Job Design, in: Journal of Law, Economics & Organization, 7 (Special Issue), S. 24-52.

Holmström, B.R.; Roberts, J. (1998): The Boundaries of the Firm Revisited, in: Journal of Economic Perspectives, 12, S. 73-94.

Kieser, A.; Beck, N.; Tainio, R. (1998): Limited Rationality, Formal Organization Rules, and Organizational Learning, Working Paper 98-02; Universität Mannheim.

Kirchgässner, G. (1991): Homo Oeconomicus: Das ökonomische Modell individuellen Verhaltens und seine Anwendung in den Wirtschafts- und Sozialwissenschaften, München.

Klein, B.; Crawford, R.; Alchian, A. (1978): Vertical Integration, Appropriable Rents, and the Competitive Contracting Process, in: Journal of Law and Economics, 21, S. 201-228.

Kogut, B.; Zander, U. (1996): What Firms Do: Coordination, Identity and Learning, in: Organization Science, 7, S. 502–518.

Kosiol, E. (1962): Organisation der Unternehmung, Wiesbaden (2. Aufl. 1976).

Kreps, D.M. (1997): Intrinsic Motivation and Extrinsic Incentives, in: American Economic Review, 87, S. 359-364.

Langlois, R.N.; Foss, N.J. (1999): Capabilities and Governance: The Rebirth of Production in the Theory of Economic Organization, in: Kyklos, 52, S. 201-218.

Laux, H. (1998): Risikoteilung, Anreiz und Kapitalmarkt, Heidelberg/Berlin/New York.

Likert, R. (1967), The Human Organization, New York.

Loasby, B.J. (1998): The Organization of Capabilities, in: Journal of Economic Behavior & Organization, 35, S. 139-160.

Lepper, M.R.; Greene, D. (Hrsg.) (1978): The Hidden Costs of Reward: New Perspectives on the Psychology of Human Motivation, Hillsdale, N.Y.

Mahoney, J.T./Panidan, R.J. (1992): The Resource-based View within the Conversation of Strategic Management, in: Strategic Management Journal, 13, S. 363-380.

McGregor, D. (1960), The Human Side of Enterprise, New York.

Milgrom, P. R.; Roberts, J. (1992): Economics, Organization and Management, New Jersey.

Montgomery, C.A. (1995) (Hrsg.): Resource-Based and Evolutionary Theories of the Firm. Towards a Synthesis, Boston u.a.

Monteverde, K. (1995): Technical Dialog as an Incentive for Vertical Integration in the Semiconductor Industry, in: Management Science, 41, S. 1624-1638.

Nahapiet, J.; Ghoshal, S. (1998): Social Capital, Intellectual Capital and the Organizational Advantage, in: Academy of Management Review, 23, S. 242-266.

Nelson, R.R. (1991): Why Do Firms Differ and How Does it Matter?, in: Strategic Management Journal, 12, Special Issue Winter, S. 61-74.

Nelson, RR.; Winter, S.G. (1982): An Evolutionary Theory of Economic Change, Cambridge, MA.

Nonaka, I.; Takeuchi, H. (1995): The Knowledge-Creating Company; New York and Oxford.

Osterloh, M.; Frey, B.S. (im Druck): Motivation, Knowledge Transfer, and Organizational Form, in: Organization Science.

Osterloh, M.; Frey, B.S.; Frost, J. (1999): Was kann das Unternehmen besser als der Markt?, in: Zeitschrift für Betriebswirtschaft, 69, S 1245-1262.

Osterloh, M.; Weibel, A. (2000): Ressourcensteuerung in Netzwerken: Eine Tragödie der Allmende?, in: Sydow, J./Windeler, A. (Hrsg.): Steuerung von Netzwerken. Konzepte und Praktiken, Opladen, S. 88-106.

Ostrom, E. (1990): Governing the Commons. The Evolution of Institutions for Collective Art, Cambridge.

Picot, A. (1982): Transaktionskosten, in: Die Betriebswirtschaft, 45, S. 224-225.

Pentland, B.T./Rueter, H.H. (1994): Organizational Routines as Grammars of Action, in: Administrative Science Quarterly, 39, S. 484-510.

Penrose, E.T. (1955): Limits to the Growth and Size of Firms, in: American Economic Review, Paper and Proceedings, 55, S. 531-543.

Penrose, E.T. (1959): The Theory of the Growth of the Firm, Oxford.

Peteraf, M.A. (1993): The Cornerstones of Competitive Advantage: A Resource-based View, in: Strategic Management Journal, 14, S. 179-191.

Polanyi, M. (1985): Implizites Wissen, Frankfurt a.M. (engl. Erstausgabe: The Tacit Dimension, London 1966).

Prendergast, C. (1999): The Provision of Incentives in Firms, in: Journal of Economic Literature, 37, S. 7-63.

Rotter, J.B. (1966): Generalized Expectancies for Internal Versus External Control of Reinforcement, in: Psychological Monographs, 80(1), S. 1–28.

Rousseau, D.M. (1995): Psychological Contracts in Organizations: Understanding Written and Unwritten Agreements, Thousand Oaks/London/New Dehli.

Schanz, G. (1991): Motivationale Grundlagen der Gestaltung von Anreizsystemen, in: Schanz, G. (Hrsg.): Handbuch Anreizsysteme in Wirtschaft und Verwaltung, Stuttgart, S. 257-274.

Schein, E. (1965): Organization Psychology. Englewood Cliffs, N.J.

Schwartz, B. (1990): The Creation and Destruction of Value, in: American Psychologist, 45, S. 7–152.

Selznick, P. (1957): Leadership in Administration: A Sociological Interpretation, New York.

Simon, H.A. (1951): A Formal Theory of the Employment Relationship, in: Econometrica, 19, S. 293-305.

Spender, J.-C. (1996): Making Knowledge the Basis of a Dynamic Theory of the Firm, in: Strategic Management Journal, 17, S. 45-62.

Teece, D.J.; Pisano, G. (1998): The Dynamic Capabilities of Firms: An Introduction, in: Dosi, G./Teece, D.J./Chytry, J. (Hrsg.): Technology, Organization and Competitiveness, Oxford, S. 193-212.

Teece, D.J.; Rumelt, R.P.; Dosi, G.; Winter, S.G. (1994): Understanding Corporate Coherence. Theory and Evidence, in: Journal of Economic Behavior and Organization, 23, S. 1-30.

Theuvsen, L. (1997): Interne Organisation und Transaktionskostenansatz, in: Zeitschrift für Betriebswirtschaft, 67, S. 971-996.

Ulich, E. (1994): Arbeitspsychologie, 2. Aufl., Zürich.

Wernerfelt, B. (1984): A Resource-Based View of the Firm, in: Strategic Management Journal, 5, S. 171-180.

Williamson, O.E. (1975): Markets and Hierarchies: Analysis and Antitrust Implications: A Study in the Economics of Internal Organization; New York.

Williamson, O.E. (1985): The Economic Institutions of Capitalism, Firms, Markets, Relational Contracting; New York.

Williamson, O.E. (1990): Organization Theory: From Chester Barnard to the Present and Beyond; New York.

Williamson, O.E. (1991): Comparative Economic Organization: The Analysis of Discrete Structural Alternatives, in: Administrative Science Quarterly, 36, S. 269-296.

Williamson, O.E. (1996): Economic Organization: The Case for Candor, in: Academy of Management Review, 21, S. 48-57.

Williamson, O.E. (1999): Strategy Research: Governance and Competence perspectives, in: Strategic Management Journal, 20, S. 1087-1108.

Winter, S.G. (1995): Fours Rs of Profitability: Rents, Resources, Routines and Replication, in: Montgomery, C.A. (Hrsg.): Resource-Based and Evolutionary Theories of the Firm. Towards a Synthesis, Boston u.a, S.147-178.

# Schumpeter, Strategie und evolutorische Ökonomik

Eine kritische Analyse der theoretischen Wurzeln des Ressourcenorientierten Ansatzes im Strategischen Management

*Dirk Fischer und Alexander T. Nicolai*

*1. Einleitung*

Wieso sind Unternehmen unterschiedlich? Eine Frage, die dem Laien zu Recht eher eigenartig erscheint (wieso sollten sie gleich sein?), nimmt in der fachwissenschaftlichen Strategie-Diskussion eine zentrale Rolle ein. Betrachtet man als Ziel des strategischen Managements die Schaffung nachhaltiger Wettbewerbsvorteile, ist das Argument der Verschiedenartigkeit von fundamentaler Bedeutung. Schließlich kann nur ein Unternehmen, das anders als seine Konkurrenten ist, einen solchen Vorteil erlangen und bewahren.

Das Anfang der 80er Jahre mit Porters Arbeiten zur Wettbewerbsstrategie[1] einsetzende Bemühen, die Ökonomie als Theoriegrundlage des Strategischen Managements zu nutzen, machte die scheinbare Selbstverständlichkeit zum erklärungsbedürftigen Phänomen. Denn im neoklassischen Grundmodell der ökonomischen Theorie ist kein Platz für Differenzen zwischen Unternehmen, die anonymen Marginalanbieter verhalten

---

[1] Vgl. Porter 1980.

sich völlig synchron. Die Annahmen dieses Modells scheinen überhaupt jeglicher Vorstellung von einer Strategiekonzeption zu widersprechen. Der Wettbewerb bei vollkommener Konkurrenz bestraft jede Abweichung vom Optimierungskalkül mit dem Verschwinden vom Markt. Strategisch notwendige Handlungsspielräume existieren nicht, die Unternehmensführung beschränkt sich auf eine mechanische Anpassungsleistung.[2] Sogar der Preis wird von dem anonymen Wettbewerb diktiert. Die strategisch bedeutsame Frage, warum empirisch nachhaltige überdurchschnittliche Erfolge beobachtet werden können,[3] bleibt ungeklärt. Der Wettbewerb müsste diese sofort wegerodieren. Fragen der Implementation, der historischen Abhängigkeit oder der Lernfähigkeit stellen sich überhaupt nicht, im Grunde existiert noch nicht einmal ein identifizierbares Unternehmen, sondern nur eine körperlose Produktionsfunktion.[4]

Die Brücke zwischen Ökonomie und Strategie wurde von beiden Seiten her errichtet. Auf der Seite des Strategischen Managements wuchs in den 70er Jahren der Bedarf an deduktiven Methoden, wie sie die ökonomische Theorie bereitstellt. Die bis dahin weit verbreitete induktive Vorgehensweise, normative Aussagen auf der Grundlage von breitangelegten Feldstudien zu gewinnen, geriet zunehmend in Kritik. Ohne die Möglichkeit, die erhobenen Daten sinnvoll zu interpretieren, lief diese Methode Gefahr, zum „aimless number crunching"[5] zu verkommen.[6]

Auf der Seite der ökonomischen Theorie ermöglichten Weiterentwicklungen wie der Transaktionskostenansatz, die Agency Theory und die Spieltheorie durch die Lockerung der restriktiven Annahmen des neoklassischen Gleichgewichtsmodells eine Annäherung an das Strategieproblem. Bains industrieökonomischer Ansatz, auf den Porter später aufbaute, ist wohl das erste ökonomische Modell, mit dem mögliche Strategien untersucht werden konnten.[7] Mit der Berücksichtigung von Marktzutrittsbarrieren und dem Limit Price-Konzept hat Bain die An-

---

[2] Vgl. bspw. Latsis 1972, Schreyögg 1984, 8ff.
[3] Vgl. z.B. Mueller 1986.
[4] Vgl. Seth/Thomas 1994, 168f., Archibald 1987.
[5] Hambrick 1990, 242.
[6] Vgl. auch Montgomery/Wernerfelt/Balakrishnan 1989.
[7] Vgl. Bain 1968.

nahme des freien Marktzutritts aufgehoben. Ein erster Weg zur theoretischen Erklärung des für die Strategieforschung zentralen Phänomens der dauerhaft übernormalen Gewinne wurde auf diese Weise geebnet.

Foss, Knudsen und Montgomery nennen als einen weiteren wesentlichen Beitrag zum „economic turn in strategy thinking": „the attempts of economists to adress in evolutionary terms the consequences of essential diversity among firms"[8]. Tatsächlich ist die Annahme der Verschiedenartigkeit von Unternehmen in evolutorischen Ansätzen zentral. Während die orthodoxe Ökonomie – an deterministischen Gleichgewichtsvorstellungen aus der Physik orientiert[9] – vollkommene Information, rationale Entscheidungen und perfekte Anpassung zum Zweck der Gewinnmaximierung unterstellt, geht die Evolutorik von unvollkommener Information, beschränkter Rationalität und Ungleichgewichtslagen aus.[10] Änderungen der Umweltbedingungen werden nicht als exogen vorgegeben betrachtet, sondern als durch die Handlungen der Unternehmen endogen erzeugt. Unter diesen – realitätsnäheren – Bedingungen sind optimale Anpassungen, die letztlich alle Unterschiede zwischen Unternehmen einebnen würden, nicht möglich. Die Komplexität der Welt inklusive der Unvorhersehbarkeit künftiger Zustände führt zu Handlungsspielräumen, unterschiedlichen Handlungen und damit zu Diversität, wie Nelson verdeutlicht:

> „Thus diversity of firms is just one would expect under evolutionary theory. It is virtually inevitable that firms will choose somewhat different strategies. These, in turn, will lead to firms having different structures and different core capabilities, including their R&D capabilities"[11].

Angesichts dieser Grundannahmen wundert es nicht, dass die evolutorische Theorie zunehmend Eingang in die Strategiediskussion findet. Eine explizite Nutzung für Fragen der strategischen Unternehmensführung im Sinne einer Ableitung auch normativer Empfehlungen ist bisher allerdings ausgeblieben. Ebenso wie bei der ursprünglichen Industrieöko-

---

[8] Foss/Knudsen/Montgomery 1995, 2.
[9] Vgl. Schneider 1996.
[10] Vgl. Nelson/Winter 1982, 4ff.
[11] Nelson 1991, 69.

nomik liegt der Fokus der evolutorischen Ökonomik auf der Branchenebene und nicht auf der Ebene des einzelnen Unternehmens. In Analogie zur Darwinschen Lehre dominiert eine phylogenetische Sichtweise, d.h. man betrachtet die Entwicklung von „Populationen" und nicht die von einzelnen Lebewesen.[12]

Einige wesentliche Ideen der evolutorischen Theorie finden sich allerdings im Ressourcenorientierten Ansatz (Resource-based View), der in den vergangenen Jahren enorme Bedeutung in Theorie und Praxis des Strategischen Managements erlangt hat. Anhand der klassischen Unterscheidung von Erklärungs- und Gestaltungsfunktion von Wissenschaft[13] untersuchen wir im folgenden, inwieweit dieser Ansatz dem selbst gesteckten Anspruch gerecht wird, eine Antwort auf die Frage nach der Erlangung dauerhaft supranormaler Gewinne zu geben. In der Strategiediskussion wird der Ressourcenansatz zumeist als Beitrag im Rahmen des „economic turn" verstanden. Diesem (Selbst-)Verständnis entsprechend, analysieren wir, wie tragfähig das ökonomie-theoretische Fundament tatsächlich ist, und gehen dann der Frage nach, inwieweit die Nutzung von Elementen der evolutorischen Ökonomik weiteren Erkenntnisgewinn verspricht. Die Fragestellung macht es erforderlich, den Ressourcenorientierten Ansatz differenzierter als üblich zu betrachten. Anders als der marktorientierte Bezugsrahmen Porters ist er nicht das Produkt einiger weniger grundlegender Buchveröffentlichungen, sondern aus einer Diskussion entstanden, die sich in verschiedenen US-amerikanischen Fachzeitschriften entwickelt hat, vor allem im Strategic Management Journal.[14]

Es lassen sich zwei Hauptströmungen in der Diskussion identifizieren, die als „Structural School" und als „Process School" des Ressourcen-

---

[12] Vgl. Foss/Knudsen/Montgomery 1995, 5 u. 13.

[13] Vgl. Heinen 1985, 25. In der Strategischen Unternehmensführung wird in ähnlicher Form zwischen einem präskriptiven Zweig und einem deskriptiven Zweig der Disziplin unterschieden (vgl. Schreyögg 1984, Mintzberg 1990).

[14] Wernerfelt schreibt in einem Rückblick, dass er nur den Grundstein für diese Diskussion gelegt hat, während eine Reihe von anderen Autoren den Ansatz ausgebaut hat. Vgl. Wernerfelt 1995, 171.

orientierten Ansatzes bezeichnet werden können.[15] Die eher statische Variante („Structural School") greift auf die ökonomische Theorie im engeren Sinne zurück. Demgegenüber weist der stärker prozessorientierte Zweig („Process School") in seiner Argumentation deutliche Ähnlichkeiten mit der evolutorischen Ökonomik auf. Winter interpretiert sogar den dieser Richtung zurechenbaren „dynamic capabilities approach" von Teece, Pisano and Shuen[16] als Synthese zwischen (statischem) Resource-based View und evolutorischer Ökonomik.[17]

## 2. Ressourcen als Quellen supranormaler Gewinne

### 2.1 Was sind Ressourcen?

Während die aus der Industrieökonomik hervorgegangene marktorientierte Sichtweise Porters zur Beantwortung der Frage nach den Ursachen von Wettbewerbsvorteilen und damit nach den Quellen unternehmerischen Erfolges das Hauptaugenmerk auf unternehmensexterne Faktoren, nämlich die jeweils gegebenen Markt- und Branchenstrukturen, richtete, betont der Ressourcenorientierte Ansatz die Bedeutung interner Faktoren. Wie bei Penrose, auf die die Grundideen dieser Sichtweise zurückgehen,[18] werden Unternehmen als Bündel von Ressourcen verstanden. Unterschiede im Erfolg werden auf unterschiedliche Ressourcenausstattungen zurückgeführt. Es wird untersucht, welche Ressourcen Erfolg generieren und unter welchen Bedingungen dieser Erfolg Bestand hat.

Welche unternehmensinternen Faktoren in diesem Sinne als Ressourcen angesehen werden können, ist keineswegs eindeutig. Weder über die

---

[15] Vgl. Schulze 1994. Vgl. auch Foss (1997), der ganz ähnlich zwischen „Mark 1"- und „Mark 2"-Variante des Ressourcenorientierten Ansatzes unterscheidet.

[16] Teece/Pisano/Shuen 1997.

[17] Vgl. Winter 1995, 151.

[18] Vgl. Penrose 1959. Foss (1997) arbeitet heraus, dass eigentlich nur die prozessorientierte Version des Ressourcenorientierten Ansatzes auf Penrose zurückgeht (und damit gleiche Wurzeln hat wie der evolutionsökonomische Ansatz von Nelson und Winter). Die am neoklassischen Gleichgewichtsmodell orientierte Variante führt er demgegenüber auf Demsetz zurück.

Definition des Begriffes noch über eine weitergehende Ressourcentypologie besteht Einigkeit. Es herrscht „semantische[.] Anarchie"[19].

Bestenfalls lässt sich die Ressourcendefintion Wernerfelts als Minmalkonsens identifizieren. Der Begründer des Ansatzes verwies lediglich auf die interne Seite des traditionellen SWOT-Schemas,[20] als er Ressourcen allgemein als „anything which could be thought of as a strength or weakness of a given firm"[21] definierte.

*Abb. 1: Ressourcentypologie*

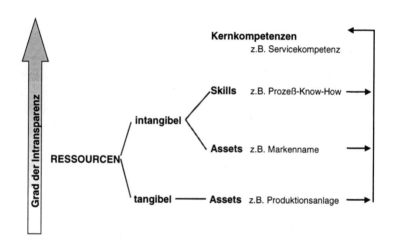

Quelle: eigene, nach Hall 1992

Ausgehend von dieser Fassung kann „Ressource" als genereller Oberbegriff fungieren.[22] Zur Präzisierung kann zwischen tangiblen und intan-

---

[19] Hinterhuber/Friedrich 1997, 1015, Anm. 31.
[20] Vgl. Learned et al. 1965.
[21] Wernerfelt 1984, 172.
[22] Vgl. Grant 1991, 118.

giblen Ressourcen unterschieden werden.[23] Der Begriff „tangible Ressourcen" bzw. „physische Ressourcen" bezeichnet die materielle Ausstattung eines Unternehmens. Mit dem Begriffspaar „Assets" und „Skills" kann eine weitere Differenzierung nach dem Kriterium der Übertragbarkeit und Aneignungsfähigkeit von Ressourcen und der unterschiedlichen Spezifizierung der Verfügungsrechte über diese vorgenommen werden. Demnach sind Assets solche Ressourcen, die sich von einem Unternehmen auf ein anderes übertragen lassen. Dies bedeutet, dass alle tangiblen Ressourcen als Assets bezeichnet werden können, während intangible Ressourcen zu unterteilen sind in Assets und Skills. Skills, als Fähigkeiten, lassen sich nicht übertragen, was auf die geringe Spezifikation der Verfügungsrechte zurückgeführt werden kann. Intangible Ressourcen, die nach dieser Abgrenzung als Assets gelten, sind beispielsweise Patente, geschützte Designs und Markennamen. Das Know-how der Mitarbeiter oder in der Unternehmenskultur verankerte Kommunikationsfähigkeiten sind Beispiele für Skills. Der verbreitete Begriff „Kernkompetenz" bezeichnet die spezifische Kombination verschiedener Ressourcentypen.

## 2.2 Kennzeichen erfolgsgenerierender Ressourcen

Es ist leicht einsehbar, dass, wenn Ressourcen überhaupt einen Wettbewerbsvorteil begründen sollen, sie die Kriterien der Werthaltigkeit und der Knappheit erfüllen müssen.[24] Mehr Aufmerksamkeit wird in der Diskussion um den Ressourcenorientierten Ansatz der Frage geschenkt, welcher „Isolating Mechanism"[25] verhindert, dass Wettbewerbsvorteile entgegen neoklassischen Annahmen nachhaltig Bestand haben können und nicht vom Wettbewerb „wegerodiert" werden. Erklärt wird dies durch Faktoren, die andere Unternehmen hindern, durch Imitation oder Substi-

---

[23] Vgl. zu der folgenden Abgrenzung Hall 1992. Andere Typologien finden sich bei Black/Boal 1994, Teece/Pisano/Shuen 1997.

[24] Vgl. bspw. Barney 1991. Unklar ist dabei, ob Werthaltigkeit eher Folge als Ursache eines Wettbewerbsvorteils ist. Vgl. Knyphausen-Aufseß 1997b, 468. Hier deuten sich bereits die zirkulären Verwicklungen an, die weiter unten noch angesprochen werden.

[25] Rumelt 1984.

tution der Ressourcen die Unterschiede in der Wettbewerbsposition einzuebnen.[26]

Der Ressourcenorientierte Ansatz konzentriert sich vor allem auf die Ursachen für Imitationsbarrieren. Genannt werden u.a. „Time Compression Diseconomies"[27], Pfadabhängigkeiten[28], Selbstverstärkungseffekte und Verbundeffekte. Weiter zurückgeführt werden können viele Imitationsbarrieren auf kausale Ambiguität, die nach Reed und DeFillippi aus sozialer Komplexität, nicht explizierbarem Wissen („Tacit Knowledge"[29]) und der Spezifität der Ressourcen resultieren.[30] Letztlich rührt die Nicht-Imitierbarkeit einer Ressource aus ihrer Nicht-Beobachtbarkeit.[31]

Unter dem Gesichtspunkt der Nachhaltigkeit sind insbesondere intangible Ressourcen interessant. Intangible Ressourcen sind in der Regel unternehmensspezifisch, schwer zu beobachten, kaum in harte Daten zu fassen und besitzen vielfältige Interdependenzen zu anderen Ressourcen.

---

[26] Gelegentlich wird als weitere Bedingung die Aneignungsfähigkeit der sich durch einen Wettbewerbsvorteil ergebenen Renten angegeben. Vgl. z.B. Grant 1991, 128f. So könnten die Träger von bestimmten Fähigkeiten von anderen Unternehmen möglicherweise abgeworben werden und diese Tatsache in Gehaltsverhandlungen ausnutzen, um sich selbst den übernormalen Gewinnanteil anzueignen. Allerdings müsste der strategische Faktormarkt für Arbeitskräfte in diesem Fall funktionieren und die Fähigkeiten der Mitarbeiter müssten für das abwerbende Unternehmen den gleichen Wert besitzen. Wenn die oben genannten Bedingungen erfüllt sind, kann dies nicht der Fall sein, also schließen sie die Frage der Aneignungsfähigkeit schon mit ein.

[27] Diese Form von Ineffizienz kann auftreten, wenn ein Unternehmen innerhalb eines kürzeren Zeitraums versucht, einen gleichwertigen Ressourcenbestand aufzubauen wie der Wettbewerber. Vgl. Dierickx/Cool 1989, 1507. Werden beispielsweise über Jahre hinweg kontinuierlich Investitionen in das Erscheinungsbild einer Marke getätigt, kann ein Wettbewerber dies durch das schlagartige Hochfahren der Ausgaben im Marketingbereich nicht ausgleichen, selbst wenn die Summe seiner Investitionen ebenso hoch ist.

[28] Teece/Pisano/Shuen 1997.

[29] Polanyi 1967.

[30] Vgl. Reed/DeFillippi 1990.

[31] Vgl. Godfrey/Hill 1995, 522f.

Tangible Ressourcen hingegen sind zumeist handelbar. Es gilt: „[T]he assets that really count are the ones the accounts cannot count"[32].

## 2.3 Structural School

Die bisher skizzierte Grundform des Ressourcenorientierten Ansatzes kann der Structural School zugeordnet werden.[33] Diese Schule geht zwar nicht wie das neoklassische Grundmodell von einer Betrachtung vollkommen statischer Märkte aus, unterstellt aber als „Normalfall" weitgehend stabile Gleichgewichtslagen. Abweichungen vom Gleichgewicht sind schnell vorübergehende Ausnahmen. Effizienzrenten und inframarginale Renten[34] – und damit Wettbewerbsvorteile, die zu solchen führen – werden nicht betrachtet, da sie in einem Marktsystem, das zu stabilen Gleichgewichtslagen tendiert, nur kurzfristig erzielt werden können. Implizit liegt hier die neoklassische Annahme zugrunde, dass der Wettbewerb zu einem schnellen Angleichen der Effizienzverbesserungen führt und derartige Renten in kurzer Zeit verschwinden.[35]

Das vorrangige Interesse der Vertreter der Structural School gilt solchen Ressourcen, die zu sogenannten Ricardorenten führen, die auch im Marktgleichgewicht erzielt werden können.[36] Ricardorenten fließen dem Unternehmen zu, das überlegene Ressourcen besitzt, deren Bestand nicht ausgeweitet werden kann. Der Marktpreis bleibt davon unberührt, weil es

---

[32] Fortune vom 2.10.1995 zitiert nach Hinterhuber/Friedrich 1997, 993.

[33] Vgl. z.B. Wernerfelt 1984, Dierickx/Cool 1989, Barney 1986a, 1991.

[34] Supranormale Gewinne mit Renten zu begründen, ist nicht unproblematisch. Zum einen sind die verschiedenen Rentenbegriffe nicht eindeutig definiert (vgl. Schoemaker 1990, 1179f.). Zum anderen kann von Renten nicht direkt auf Gewinne geschlossen werden (vgl. Peteraf 1994). Um die unterschiedlichen Argumentationsgänge der beiden Schulen aufzuzeigen, reicht hier jedoch Schulzes weniger strenge Verwendung des Rentenbegriffs aus (vgl. Schulze 1994), zumal auch in der Literatur zum Ressourcenorientierten Ansatz diese Differenzierung zwischen Gewinn und Rente praktisch keine Rolle spielt.

[35] Vgl. Schulze 1994, 134; zu den unterschiedlichen Rentenkonzeptionen: Dagnino 1996.

[36] Vgl. Schulze 1994, 134, Dagnino 1996, 220f.

anderen Anbietern nicht möglich ist, qualitativ gleichwertige Ressourcen zur Anwendung zu bringen.[37] Der Bestand an solchen idiosynkratischen Ressourcen, die entsprechende Renten auch im Gleichgewicht generieren können, wird dabei nicht als konstant angesehen, sondern man geht davon aus, dass externe Änderungen, wie die Wettbewerbsintensität, die Marktkomplexität und Umweltturbulenzen zur Änderung des relativen Wertes der jeweils verfügbaren Ressourcen führen. Dies bedeutet, dass das Management Renten nicht aktiv erzeugen kann. Seine Aufgabe besteht darin, Ressourcen zu identifizieren, zu beschaffen und zu kontrollieren, die aufgrund externer (Markt-)Bedingungen zum jeweiligen Zeitpunkt die Erzielung von Renten ermöglichen. Die leitende Frage der Structural School lautet: Wie kann man einzigartige, rentengenerierende Ressourcen intern entdecken, ausnutzen und schützen?[38]

### 2.4 Process School

Die bekannteste Ausprägung der Process School ist das Konzept der Kernkompetenzen von Prahalad und Hamel, das der Ressourcenperspektive auch in der Praxis zur Popularität verholfen hat.[39] Stärker theoretisch ausgerichtete Arbeiten machen deutlich, dass sich die Process School in dem zugrunde liegenden Rentenkonzept grundsätzlich von der ursprünglichen Structural School unterscheidet.[40]

Die Process School geht von dynamischen Märkten aus, die zwischen Gleichgewichts- und Ungleichgewichtslagen hin- und herschwanken. Das Handeln von Unternehmen wird nicht allein als Anpassungsbewegung an das extern vorgegebene Markgleichgewicht verstanden, sondern zudem durch endogene Faktoren erklärt. Unter diesen Bedingungen fließen Unternehmen Renten zu, wenn sie bestehende Ressourcenkombinationen besser einsetzen (Effizienzrenten) oder neuartige Ressourcenkombinatio-

---

[37] Vgl. Rumelt 1987, 142, Peteraf 1993, 180f.

[38] Vgl. Schulze 1994, 137.

[39] Vgl. Prahalad/Hamel 1990.

[40] Vgl. Grant 1991, Amit/Schoemaker 1993, Mahoney 1995, Teece/Pisano/Shuen 1997.

nen kreativ erschaffen (Schumpeterrenten).[41] Demnach kann nicht nur der auf Glück beruhende Besitz idiosynkratischer Ressourcen zu nachhaltigen Wettbewerbsvorteilen führen (Ricardo- und Landrenten), sondern auch die aktive Leistung des Managements.

Ressourcen bilden auch in der Process School die Grundelemente der Analyse. Allerdings ergeben sich Wettbewerbsvorteile nicht direkt aus Ressourcen. Sie resultieren vielmehr aus den Capabilities, aus organisationalen Fähigkeiten, Ressourcen und Handlungen zu kombinieren und zu koordinieren, und aus der Fähigkeit, neue Fähigkeiten zu entwickeln (Dynamic Capabilities) oder allgemeiner, Neues hervorzubringen.[42] Da Capabilities selbst wiederum aus Ressourcen bestehen,[43] sind sie gleichzeitig Produkt und Produzent des Ressourcenbündels. Nach dem evolutionsökonomischen Konzept von Nelson und Winter entstehen organisationale Capabilities dann, wenn organisationale Routinen durch andere, höherstufige Routinen so kombiniert werden, dass sie zur Erfüllung bestimmter Aufgaben geeignet sind.[44]

Die verfügbaren Ressourcen eines Unternehmens (vor allem die intangiblen) begründen zwar die Organizational Capabilities, es existiert aber keine eindeutige, vorgegebene funktionale Beziehung. Unternehmen mit identischen Ressourcen können unterschiedliche Capabilities herausbilden.

Mit dem Begriff der Capabilities sind die sogenannten „Kernkompetenzen" von Prahalad und Hamel verwandt.[45] Auch diese Autoren sehen in den Fähigkeiten des Managements, die verschiedenen Ressourcen eines Unternehmens zu bündeln, die wahre Quelle eines strategischen Vorteils.

---

[41] Vgl. Rumelt 1987, Schulze 1994, 135ff.
[42] Vgl. Knyphausen-Aufseß 1995, 96.
[43] Vgl. Grant 1991, 119, Hall 1992, 135f. u. Mahoney/Pandian 1992, 366.
[44] Vgl. Nelson/Winter 1982, S. 96ff., Nelson 1991, 68.
[45] Capabilities oder eine Kombination von Capabilities können als Kernkompetenz bezeichnet werden, wenn sie für die Überlebenssicherung eines Unternehmens einen zentralen Beitrag leisten. Was als Kernkompetenz zu gelten hat, kann daher nur im Vergleich zum Wettbewerb beurteilt werden. Kernkompetenzen münden in Kernprodukte, aus denen ein Vorteil bei der Herstellung von Endprodukten resultiert. Vgl. Prahalad/Hamel 1990, Teece/Pisano/Shuen 1997, 516f.

## 3. Erklärungs- und Gestaltungsfunktion des Ressourcenorientierten Ansatzes

### 3.1 Tautologische Erklärung der Structural School

Aus ökonomischer Perspektive ist es erklärungsbedürftig, wie sich Differenzen im strategischen Erfolg als Folge unterschiedlicher Ressourcenausstattungen überhaupt herausbilden können. Denn mit Barneys Konzept der „strategischen Faktormärkte" kann zunächst angenommen werden, dass strategisch bedeutsame Ressourcen auf Faktormärkten handelbar sind.[46] So werden zum Beispiel F&E- oder Managementkompetenzen auf dem Arbeitsmarkt für Wissenschaftler oder Führungskräfte gehandelt, ganze Bündel von Ressourcen können auf dem Markt für Unternehmen durch Akquisition erworben werden. Funktionieren diese Märkte perfekt, dann entspricht der Preis der Ressourcen dem erwarteten Wert für künftige Produkt-/ Markt-Strategien. Mit anderen Worten, die Kosten für den Erwerb der Ressource würden jeglichen supranormalen Teil des antizipierten Gewinns von vornherein kompensieren.

Bei asymmetrischen Erwartungen, also bei einem unvollkommenen Faktormarkt, sind entsprechende Gewinne denkbar. Wird etwa der Wert einer Ressource von Wettbewerbern und Besitzern der Ressource unterschätzt, ist der Marktpreis unangemessen niedrig. Ein besser informiertes Unternehmen kann dann durch den Erwerb der Ressource einen supranormalen Gewinn erwirtschaften. Besitzen alle Akteure die gleichen Erwartungen, so erklärt nur Glück eine überlegene Gewinnsituation. Die realisierten Erlöse stellen sich dann ex post höher heraus als erwartet. Ungewissheit kann als Ursache für die Unvollkommenheit der strategischen Faktormärkte angesehen werden. Je nachdem, wie sich die Ungewissheit auf die Akteure verteilt, kommt asymmetrischen Erwartungen oder Glück eine größere Bedeutung bei der Erklärung von Wettbewerbsvorteilen zu.

Barneys Konzept des strategischen Faktormarkts kann jedoch entgegenhalten werden, dass nicht alle Ressourcen auf Märkten gehandelt werden können. Dierickx und Cool weisen darauf hin, dass strategische Faktormärkte mitunter nicht nur unvollkommen sondern auch unvoll-

---

[46] Vgl. Barney 1986a.

ständig sind.[47] Das heißt, bestimmte Ressourcen wie bspw. Mitarbeitermotivation, Kundentreue oder Loyalität der Zulieferer werden nicht über Märkte akquiriert, sondern intern akkumuliert. Dies gilt vor allem für intangible Ressourcen. Der Fokus verschiebt sich damit weg von Fließgrößen, wie z.B. Aufwendungen für F&E, die relativ zeitunabhängig erworben werden können, hin zu sog. „Asset Stocks", wie zum Beispiel angesammeltes Know-how, die nur über einen bestimmten Zeitraum hinweg aufgebaut werden.

Wenngleich die von Dierickx und Cool getroffene Unterscheidung in Asset Stocks und Fließgrößen eine wichtige analytische Erweiterung in der Diskussion um die Ressourcenperspektive ist, so hebt sie Barneys Argumentation im Kern nicht auf. Die Asset Stocks entsprechen im wesentlichen den unternehmenskontrollierten Ressourcen, von denen Barney spricht. Da das schrittweise Aufkumulieren von Asset Stocks nicht kostenfrei erfolgt, müssen auch Dierickx und Cool von unvollkommenen strategischen Faktormärkten ausgehen, aus denen die strategischen Inputs bezogen werden. Liegen die Gesamtkosten für die Akkumulation unter dem Wert des Asset Stocks bzw. der auf diese Weise kontrollierten Ressourcenausstattung, sind supranormale Gewinne möglich.

Hiergegen ließe sich einwenden, dass die Akkumulation weniger eine Frage des Glücks oder der überlegenen Information auf den strategischen Faktormärkten ist, sondern vielmehr eine interne Aufgabe darstellt, zu der es überlegener Managementfähigkeiten bedarf. Aber auch Managementfähigkeiten sind eine Ressource, die auf strategischen Faktormärkten erworben werden kann. Unterschiede in der Fähigkeit, Asset Stocks zu bilden, ließen sich demnach auch auf Unvollkommenheiten in diesen Märkten zurückführen und damit wiederum auf Glück.[48]

Glück beschreibt per definitionem Nicht-Erklärbares. Die Erklärung eines nachhaltigen Wettbewerbsvorteils ist dann in den Ursachen für überlegene Information zu suchen. Was ein Informationsvorteil ist, definiert sich jedoch erst ex post aus dem Faktum supranormaler Gewinne. Informationen gelten gleichzeitig als Bestandteil der Ressourcen-

---

[47] Vgl. Dierickx/Cool 1989.
[48] Vgl. Barney 1989.

ausstattung. Damit schließt sich ein tautologischer Zirkel.[49] Bei einer zeitpunktbezogenen Betrachtung gilt: Supranormale Gewinne resultieren aus einer überlegenen Ressourcenausstattung und eine überlegene Ressourcenausstattung definiert sich ex post über supranormale Gewinne. Ex ante lässt sich naturgemäß nicht bestimmen, was eine Ressource ist, die später nachhaltige Wettbewerbsvorteile zeitigt.[50] Wäre diese möglich, würde auf den strategischen Faktormärkten ihr Wert antizipiert werden und damit wäre die Chance auf solche Gewinne vertan. So „erklärt" die Structural School – zumindest so lange sie ökonomisch argumentiert – eine vorteilhafte Wettbewerbsposition nur durch einen Faktor: Glück.[51]

*Abb. 2: Erklärungsschema der Structural School*

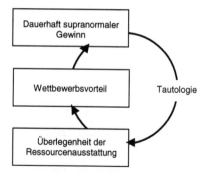

Quelle: eigene

---

[49] Porters Kritik an dem Ressourcenorientierten Ansatz weist in die gleiche Richtung: „At its worst, the resource-based view is circular" (Porter 1991, 108).

[50] Vgl. Spender 1992, 20.

[51] Vgl. auch Hinterhuber/Friedrich 1997, 997.

## 3.2 Gestaltungsparadox der Structural School

In präskriptiver Hinsicht lässt sich die zirkuläre Argumentation zunächst aufbrechen. Nicht mehr Glück bei dem Erwerb von Managementfähigkeiten auf den strategischen Faktormärkten ist der Ausgangspunkt der Betrachtung, sondern die Verbesserung der Managementfähigkeiten durch das Analyseraster, das die Structural School bereitstellt. Nachhaltige Wettbewerbsvorteile entstehen dann durch die Anwendung der Theorie des Strategischen Managements selbst. Barney wendet zum Beispiel die Untersuchungsmethode des Ressourcenorientierten Ansatzes auf Konzepte der Umweltanalyse an, wie sie unter anderem von Porter entworfen wurden.[52] Aus diesen könnten keine Wettbewerbsvorteile erwachsen, da sie öffentlich zugänglich seien und kein privilegierter Zugang bestimmter Unternehmen zu Umweltinformationen anzunehmen sei.[53] Stelle man allgemein auf die Fähigkeiten zur Umweltanalyse ab, bliebe zu berücksichtigen, dass auch diese auf Märkten erworben werden können, etwa durch die Konsultierung von Unternehmensberatungen.

Ein anderes Bild ergebe sich bei der internen, organisationalen Analyse: „While firms cannot obtain systematic expectational advantages from an analysis of the competitive characteristics of their environment, it may be possible, under certain conditions, to obtain such advantages by turning inwardly and analyzing information about the assets a firm already controls"[54]. Dies bedeutet nichts anderes, als die Ressourcenperspektive auf sich selbst anzuwenden. Der Ressourcenansatz selbst wird damit zur möglichen Quelle supranormaler Gewinne. Wie Münchhausen versucht sich die Structural School am eigenen Zopf aus dem Sumpf zu ziehen.

An diesem Punkt tritt ein Grundlagenproblem jedweder Theorie des Strategischen Managements zutage. Sinnvollerweise muss eine solche

---

[52] Vgl. Barney 1986a, 1238f.

[53] Schon am Anfang des Ressourcenorientierten Ansatzes stand diese Beobachtung. In einem Rückblick begründet Wernerfelt sein Unbehagen mit dem extern ausgerichteten Harvard-Modell: „[I]f all MBAs learn to identify the 'most attractive' niche, who will get it and why will competition not destroy the attractiveness?" (Wernerfelt 1995, 172).

[54] Barney 1986a, 1239.

Theorie davon ausgehen, dass sie in der Praxis Anwendung findet.[55] Damit taucht sie selbst in ihrem Objektbereich auf. Dies ist das Meta-Problem selbstbezüglicher Theoriebildung.[56] Die zirkuläre Konstruktion einer derartigen Theorie ist stets paradoxie- oder tautologieverdächtig.[57] Das Beispiel einer Aussage, die eine Aussage über ihren eigenen Wahrheitsgehalt macht, bringt diesen Zusammenhang in der einfachsten Form zum Ausdruck. Sie führt in eine Paradoxie („Dieser Satz ist falsch") oder in eine Tautologie („Dieser Satz ist wahr").

Wird in präskriptiver Absicht der Erklärungszirkel der Structural School durchbrochen und angenommen, dass sich gewinnbringende Ressourcen identifizieren lassen, wird die Tautologie in ein Paradox gewendet. Definiert man eine Ressource als Schlüsselfaktor, muss sich diese dem Zugriff des Managements entziehen, denn eben diese Eigenschaft kennzeichnet sie als einen solchen Faktor. Die Unternehmenskultur mag beispielsweise in vielen Fällen eine wertvolle, knappe, nicht-substituierbare und nicht-imitierbare Ressource sein. Wäre diese Ressource für das Management verfügbar, wie es ein Großteil der Managementliteratur suggeriert, dann wäre sie weder nachhaltig noch ein spezifischer Vorteil eines einzelnen Unternehmens. Nur wenn es nicht möglich ist, eine Unternehmenskultur wie gewünscht zu managen oder gar zu erwerben, ist sie nicht imitierbar und kann Quelle nachhaltiger Wettbewerbsvorteile sein.[58]

Es ist ausgeschlossen, konsistente Handlungsempfehlungen aus der Structural School des Ressourcenorientierten Ansatzes abzuleiten; der implizite Ressourcendeterminismus lässt keinen Freiraum für strategische Entscheidungen.

---

[55] Die Erfolgsfaktorenforschung hat paradoxerweise zum großen Teil das Gegenteil angenommen, wie Wensley (1982) kritisierte.

[56] Das Problem klingt an, wenn Kirsch (1992) inspiriert von neueren systemtheoretischen Überlegungen seine Führungslehre als „Lehre von der Führung für die Führung" konstruiert. Vgl. mit weiteren (Selbst-)Reflexionen auch Knyphausen-Aufseß 1997a.

[57] Vgl. Luhmann 1984, 58ff.

[58] Vgl. Barney 1986b.

### 3.3 Process School: Erklärung ohne Ende

Zunächst scheint der Ansatz der Process School, die organisationalen Fähigkeiten in den Vordergrund zu rücken, tatsächlich einen Erklärungsvorteil gegenüber der Structural School zu bieten. Gerade die impliziten, schwer definierbaren Eigenschaften eines Unternehmens erfüllen die Voraussetzung der Nicht-Imitierbarkeit. Die Argumentation läuft dann von den materiellen über die immateriellen Ressourcen hin zu den organisationalen Fähigkeiten. Doch auch an diesem Punkt hat die Argumentationskette zur Erklärung eines nachhaltigen Wettbewerbsvorteils nicht ihren logischen Endpunkt. Denn überlegene Fähigkeiten lassen sich mit der besseren Fähigkeit, die eigenen Fähigkeiten zu entwickeln, also mit einer Meta-Fähigkeit, begründen. Meta-Fähigkeiten lassen sich wiederum durch Meta-Meta-Fähigkeiten erklären usw. Beispielsweise können ausgehend von einzigartigen Produkteigenschaften bestimmte F&E-Fähigkeiten als Quelle von nachhaltigen Wettbewerbsvorteilen ausgemacht werden. Diese lassen sich durch eine bessere Kommunikationskultur zwischen dem Vertrieb und der F&E-Abteilung begründen, die wiederum ihre Ursache in der Lernfähigkeit der gesamten Organisation hat. Am Ende der Erklärungskette stünde die Fähigkeit, Lernen zu lernen zu lernen usw.[59] Aber auch in andere auf sich selbst anwendbare Begriffe mag die Analyse münden. So könnten etwa die Fähigkeit, Innovationen zu innovieren, die Fähigkeit der Organisation, die Organisation zu organisieren, oder die Fähigkeit des Managements, das Management zu managen, genannt werden.

Die Vielfalt der verschiedenen Zugänge zu dem noch jungen Begriff der organisationalen Fähigkeiten bzw. der Organizational Capabilities sowie die unklare Abgrenzung zu den Begriffen der Ressource und des Assets lässt sich sicher auch auf Unsicherheiten darüber zurückführen, auf welcher Abstraktionsebene jeweils argumentiert wird.[60]

Die Argumentation, die sich bei der statischen Structural School tautologisch im Kreis bewegt, wird bei der dynamisierten Betrachtung der Process School in der Spirale eines infiniten Regresses über die Zeit ge-

---

[59] In der Literatur zur lernenden Organisation wird dieses Hinaufsteigen auf höhere Stufen des Lernens thematisiert. Vgl. z.B. Argyris/Schön 1978.
[60] Vgl. zu den verschiedenen Zugängen Knyphausen-Aufseß 1995, 94ff.

dehnt. Collis weist auf dieses Phänomen hin und zeigt, dass sich eine derartige Erklärungsstrategie jeder Falsifikation entzieht:

„Every failure of a test to demonstrate a link between capabilities and performance can be rescued by arguing that a higher-order capability will explain the remaining variance"[61].

*Abb. 3: Erklärungsschema der Process School*

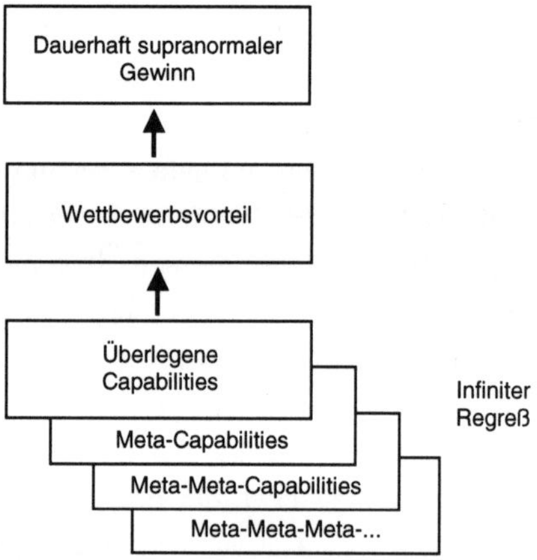

```
┌─────────────────────┐
│ Dauerhaft supranormaler │
│       Gewinn        │
└─────────────────────┘
           ▲
┌─────────────────────┐
│  Wettbewerbsvorteil │
└─────────────────────┘
           ▲
┌─────────────────────┐
│     Überlegene      │
│     Capabilities    │
└─────────────────────┘      Infiniter
   │  Meta-Capabilities │     Regreß
      │ Meta-Meta-Capabilities │
         │ Meta-Meta-Meta-... │
```

Quelle: eigene

## 3.4 Das organisatorische Dilemma in der Process School

Es bleibt zu überprüfen, ob der Blick auf die organisationalen Fähigkeiten die Gestaltungsfunktion der Disziplin des strategischen Managements bereichert. Gelingt es einem Unternehmen – auf welcher Abstraktionsebene auch immer – mit Hilfe der Process School des Ressourcenorien-

---

[61] Collis 1994, 148, Fn. 10.

tierten Ansatzes die eigenen Fähigkeiten besser zu analysieren, so mag es mit Aussicht auf Erfolg Strategien entwickeln, die auf den eigenen spezifischen Fähigkeiten aufbauen.

Auch für Capabilities gilt, dass sich ihre Nicht-Imitierbarkeit letztlich auf soziale Komplexität und kausale Ambiguität begründet. Dies schließt ein vollständiges Verständnis für das Zusammenspiel und die Ursachen der Fähigkeiten aus. In dem häufigen Fall, dass die spezifischen Fähigkeiten an das Wissen einzelner Mitarbeiter gekoppelt sind, wäre zudem mit wachsender Transparenz des Wirkungsgefüges die Aneignungsfähigkeit gefährdet. Mit dem Wissen um ihr Wissen werden die Kompetenzträger in die Lage versetzt, dieses zum eigenen Vorteil an die Konkurrenz weiterzugeben.[62] „The most obvious problem is", schreibt Coff, „that the firm's assets walk out the door each day, leaving some question about whether they will return"[63].

Kausale Ambiguität und soziale Komplexität müssen also auch in der Wahrnehmung des betroffenen Unternehmens selbst Gültigkeit haben. Daher lässt sich nicht voraussagen, ob bei einer Übertragung auf veränderte Umweltbedingungen die Vorteile der Fähigkeiten ausgespielt werden können. Jede strategische Veränderung ist mit der Gefahr verbunden, genau jene Routinen zu zerstören, die den spezifischen Vorteil des jeweiligen Unternehmens ausgemacht haben.[64]

Die Orientierung an den bestehenden Capabilities ist gleichbedeutend mit der Einschränkung des Handlungsspielraums. Fähigkeiten, die eng an die einzigartigen historischen Gegebenheiten gebunden sind, können auf diese Weise zu einer gefährlichen strategischen „Zwangsjacke" geraten. Kehrseite der Core Capabilities sind innovationsverhindernde „Core Rigidities"[65].

Gleichzeitig lehrt die Process School, dass man sich nicht auf die aktuell verfügbaren Capabilities verlassen kann. Permanent sind Unternehmen dem Risiko ausgesetzt, dass Wettbewerber höherstufige Fähigkeiten entwickeln oder besitzen, die bestehende Fähigkeiten obsolet machen.[66]

---

[62] Vgl. Rasche/Wolfrum 1994, 505.
[63] Coff 1997, 375.
[64] Vgl. Collis 1994, 147.
[65] Vgl. Leonard-Barton 1992.
[66] Vgl. Collis/Montgomery 1995.

So führt ein spezifisches Prozess-Know-how nicht zu nachhaltigen Gewinnen, wenn Wettbewerber überlegene Fähigkeiten bei der Entwicklung von Prozessen besitzen.

Unternehmen, die versuchen, mit Hilfe der Process School Gestaltungshinweise zu generieren, werden mit der Trade-Off-Beziehung zwischen Imitationsschutz und Flexibilität konfrontiert.[67] Vor einseitigen Generalisierungen zugunsten der Pflege von bestehenden Capabilities ist zu warnen. Damit werden zwar Imitationsschutz und Effizienz gesteigert, für die Unternehmung wird es jedoch schwerer, neue Antworten auf veränderte Umweltbedingungen zu finden.[68] Letztlich reformuliert die Process School lediglich das altbekannte organisatorische Dilemma.[69]

Die Alternative zu der Beschränkung auf die bestehenden Fähigkeiten bestünde in der Empfehlung, höherstufige Fähigkeiten zu entwickeln. Aber auch hier stellt sich das Problem, dass schon unklar sein muss, warum die bestehende Fähigkeiten beherrscht werden. Worauf lässt sich dann die Entwicklung aufbauen? Außerdem gerieten von Stufe zu Stufe die Handlungsanweisungen immer abstrakter. Bis hin zu der unbrauchbaren Empfehlung, dass „Universalfähigkeiten" anzueignen sind, mit denen alles besser gemacht werden kann. Von der ursprünglichen Idee des Ressourcenorientierten Ansatzes, dass ein nachhaltiger Wettbewerbsvorteil auf die einzigartige Ressourcenausstattung eines Unternehmens gründet, bliebe am Ende nichts mehr übrig.

### *4. Zur Eignung der ökonomischen Theorie als Fundament der Strategischen Unternehmensführung*

#### *4.1 Erklärungs-Gestaltungs-Paradox*

Die aufgezeigten Probleme des Ressourcenorientierten Ansatzes sind Symptome eines tieferliegenden Problems, das als das Erklärungs-Gestaltungs-Paradox der ökonomischen Theorie bezeichnet werden kann. Be-

---

[67] Vgl. Rasche/Wolfrum 1994, 504.

[68] Vgl. Grant 1991, 122f.

[69] Vgl. Wiegand 1995, 48.

greift man die ökonomische Theorie als einen Beitrag, der die erklärende Funktion von Wissenschaft übernimmt, dann wäre sie umso sinnloser, je erfolgreicher sie ist. Denn wenn in der Praxis tatsächlich exakt nach der ökonomischen Theorie gehandelt würde, gäbe es überhaupt keinen Grund, die Praxis zu verändern – sie „rationaler" zu gestalten.[70] Auf die Spitze getrieben heißt dies, bei maximaler Gültigkeit hätte sie sich ihrer Berechtigung beraubt. Versteht man die ökonomische Theorie hingegen im Sinne der Gestaltungsfunktion von Wissenschaft, dann befinden sich genau die Bereiche in ihrem blinden Fleck, an denen gestaltend angesetzt werden kann. Die Anekdote vom 20$-Fund verdeutlicht das Paradox auf ironische Weise:

> „Two economists, one an eminent efficient-market type and the second a bright young assistant professor, are walking down the street. Suddenly the young economist bends down and reaches, trying to pick up something from the sidewalk. ‚What are you doing?' asks the older professor. ‚There's a 20$ bill on the ground,' replies the young assistant. ‚Nonsense,' retorts the older man. ‚If there were really a 20$ bill on the ground, someone else would have already picked it up'"[71].

Gewinngelegenheiten sind für den orthodoxen Ökonomen unsichtbar. Die Vertreter der ökonomischen Strategieansätze tragen dem Sachverhalt, dass (dauerhafte) Gewinne empirisch feststellbar sind, Rechnung, indem sie die Annahmen des neoklassischen Gleichgewichtsmodells aufweichen. Der Ressourcenorientierte Ansatz geht von der Heterogenität von Unternehmen aus und unterstellt damit von vornherein, dass Gewinne realisiert werden. Die Ursachen für die Unterschiede in der Ressourcenausstattung sind aus dieser Perspektive genauso zufällig wie ein Geldfund auf der Straße. Die Unternehmensleitung als handelnder Akteur gerät nicht in den Blick. Kritischer Faktor bleibt die Umwelt. Ihre ungewisse Entwicklung entscheidet, ob die Zufälle sich als Glück oder Pech erweisen.

Die Imitationsbarrieren des Ressourcenorientierten Ansatzes oder die Marktzutrittsbarrieren bei Porter sichern zwar ex post den Zufluss von Renten, aber um hinter diese „Isolating Mechanisms" zu „springen",

---

[70] Vgl. Schreyögg 1984, 218.
[71] Oster 1994, 20.

muss Ungewissheit den ex ante-Preis von dem ex post-Wert einer Ressource bzw. einer Marktposition trennen.[72] Bei nicht in Risiko transformierbarer Ungewissheit[73] kann die Strategiewahl nicht zweckrational vorgenommen werden.

## 4.2 Das Schumpeter-Dilemma

Es war Schumpeters Verdienst, die Bedeutung einer Kraft jenseits der ökonomischen Rationalität erkannt zu haben, die aus dem schöpferischen Potential des Unternehmers entspringt. Ausgangspunkt seiner Arbeiten war die neoklassische Gleichgewichtstheorie. Wie die Strategietheoretiker sah sich Schumpeter dem Problem gegenüber, dass diese „reine Ökonomie" die Existenz von Unternehmergewinnen nicht erklären kann.[74] Sein Ziel war zunächst nicht die Widerlegung der statischen Gleichgewichtstheorie, sondern deren Ergänzung um eine dynamische Theorie, mit der sich dieses Problem lösen lässt.[75] Kausaler Faktor in Schumpeters Darstellung der wirtschaftlichen Entwicklung ist der schöpferische Unternehmer. Er passt sich nicht passiv den gegebenen Daten an, sondern gestaltet aktiv Neues. Der Schumpeter-Unternehmer durchbricht das wirtschaftliche Gleichgewicht mit der Durchsetzung grundlegend neuer Ressourcenkombinationen und erzielt damit Gewinne.[76]

Zunehmend werden in der Strategieliteratur diese Eigenschaften des Schumpeter-Unternehmers als der Kern der Strategie betrachtet.[77] Strategie in der reinsten Form ist nach dieser Auffassung die Gründung eines neuen Unternehmens.[78] Insofern ist die Strategieforschung, wie Rumelt bemerkt,[79] stärker mit Schumpeters Vision der „schöpferischen Zerstö-

---

[72] Vgl. Rumelt 1984, 567f.

[73] Vgl. zur klassischen Unterscheidung von Risiko und Ungewissheit Knight 1921.

[74] Vgl. Schumpeter 1908, 587.

[75] Vgl. Kesting 1996, 59.

[76] Vgl. Schumpeter 1912, 103ff.

[77] Vgl. Bourgeois 1984, Rumelt 1987, Spender 1993, Aharoni 1993, Porter 1996.

[78] Vgl. Spender 1993, 28.

[79] Vgl. Rumelt 1984, 560.

rung" verbunden, als mit den statischen Gleichgewichtsbedingungen der neoklassischen Theorie.[80] In die gleiche Kerbe schlägt Jacobson,[81] der beobachtet, dass sich als Gegenentwurf zu den Strategiearbeiten der industrieökonomischen Tradition eine von Schumpeters Ideen geprägte „Austrian School of Strategy" formiert. Uneinigkeit besteht darüber, inwieweit es gelingen kann, die Schumpeterschen Ideen mit der neoklassischen Theorie zu versöhnen. Rumelt sieht keine prinzipiellen Schwierigkeiten, „Entrepreneurship" zu modellieren und einer neoklassischen Analyse zugänglich zu machen.[82] Andere Autoren bezweifeln, dass dies ohne unzulässige Simplifikationen gelingen kann.[83] Das Werk von Schumpeter selbst unterstützt diese Zweifel am nachdrücklichsten.

Eine theoretische Integration des Unternehmertums in den ökonomischen Rahmen ist Schumpeter nie gelungen. Das unternehmerische Handeln selbst kann von ihm nicht ökonomisch begründet werden.[84] Das Motiv des Unternehmers sei nicht das Streben nach Gewinn oder Bedürfnisbefriedigung, sondern die „Freude am Neugestalten", die sich auch in dem „schöpferischen Tun des Künstlers" wiederfindet.[85] Die Loslösung von der ökonomischen Rationalität ist Voraussetzung dafür, dass der Unternehmer die vorgezeichneten Bahnen des statischen Wirtschaftskreislaufes verlassen kann. Paradoxerweise führt diese Form der Irrationalität zu supranormalen Gewinnen, also zu einem höchst rationalen Ergebnis. Gerschlager bezeichnet das Resultat als „Schumpetersches Dilemma":

---

[80] In der deutschsprachigen Literatur dokumentiert sich die Nähe in der erstaunlichen Parallele zwischen den von Schumpeter angeführten Funktionen des Unternehmers und Gälweilers Charakteristik des strategischen Erfolgspotentials. Man muss annehmen, dass sich Gälweiler bei dem Entwurf seines Erfolgspotentialkonzepts direkt von Schumpeter hat inspirieren lassen. Bei beiden finden sich in gleicher Reihenfolge: Produktentwicklung, Aufbau von Produktionskapazitäten bzw. Produktionsmethoden, Erschließung neuer Märkte und die Gestaltung der Organisation. Vgl. Schumpeter 1912, 159, Gälweiler 1990, 26.

[81] Vgl. Jacobson 1992.

[82] Vgl. Rumelt 1984.

[83] Vgl. Witt 1987, 56ff., Jacobson 1992.

[84] Vgl. Dopfer 1990, 29f.

[85] Vgl. Schumpeter 1912, 142.

„Die Konsequenz besteht darin, dass man es mit dem Widerspruch zu tun bekommt, der dann unvermittelt stehen bleibt: nämlich die Tatsache, dass der Unternehmer gleichzeitig im Zentrum der ökonomischen Reflexion steht (womit auch das Neue zur ökonomischen Kategorie wird) und doch jenseits des ökonomischen Bereichs angesiedelt wird"[86].

Die Process School des Ressourcenorientierten Ansatzes berücksichtigt zwar beide Seiten des Problems, indem sie sowohl auf Effizienzrenten als auch auf Schumpeter-Renten abstellt, sie löst das Dilemma jedoch nicht auf. Solange sie mit Effizienzrenten ökonomisch argumentiert, verliert sie sich bei der Erklärung eines supranormalen Gewinnes in einem infiniten Regress. Dieser kann nur durch den Rückgriff auf nichtökonomische Theorietraditionen unterbrochen werden. So versuchen einige Autoren, die Ressourcenperspektive mit Theorien des Organisationalen Lernens zu verknüpfen.[87] Versteht man Lernen als einen selbstbezüglichen Prozess – als „Meta-Lernen", „Double-Loop-Learning", „Lernen 2. Ordnung", kurz: als Lernen zu lernen – lässt sich die Entstehung von Capabilities als ein endogener Vorgang beschreiben. Damit gerät die Process School in Konflikt mit ihren ökonomischen Wurzeln, denn höherstufiges Lernen ist ein Phänomen, das sich in ökonomischen Kategorien nicht hinreichend fassen lässt.[88] Die Process School nimmt eine „Zwitterstellung" zwischen der orthodoxen Mikroökonomik, der evolutorischen Ökonomik und Ansätzen ein, die hauptsächlich aus der Organisationssoziologie und den Verhaltenswissenschaften stammen. Die verschiedenen Theorietraditionen werden jedoch nicht konsistent zusammengefügt, sondern ohne Rücksicht auf tieferliegende Widersprüche ad hoc miteinander kombiniert.

Diese Vorgehensweise ist durchaus kennzeichnend für die gesamte Disziplin der Strategischen Unternehmensführung. Sie wird jedoch immer seltener als Ausdruck eines gewinnbringenden Theoriepluralismus geschätzt, sondern vielmehr als Folge einer lähmenden Orientierungslosigkeit im Strategiefeld angesehen.[89]

---

[86] Gerschlager 1996, 127.

[87] Vgl. Mahoney 1995, Lei/Hitt/Bettis 1996, Raub/Büchel 1996.

[88] Vgl. Osterloh/Grand/Tiemann 1994.

[89] Vgl. Daft/ Buenger 1990, Foss 1996.

Interessanterweise spiegelt das Werk desjenigen, der als erster die Brücke zur ökonomischen Theorie geschlagen hat, genau diese Entwicklung wider. Porter beschreibt in seinem programmatischen Aufsatz „Towards a Dynamic Theory of Strategy" die Notwendigkeit zu einer „paradigmatischen" Umorientierung im Strategiefeld.[90] Um zu den wahren Wurzeln eines Wettbewerbsvorteils vorzudringen, so Porter, müsse die künftige Strategieforschung dynamisch angelegt sein und sich der Frage nach den Möglichkeiten, kreativ eine Wettbewerbsposition zu erschaffen, zuwenden. So finden sich in Porters letzter großer Buchveröffentlichung wiederholt Verweise auf Schumpeters Entrepreneur.[91] Gleichzeitig spielt die Industrieökonomik praktisch keine Rolle mehr und die inzwischen vorliegenden Weiterentwicklungen der ökonomischen Theorie werden in seiner Sicht den Anforderungen an eine dynamische Strategietheorie nicht gerecht.[92] Von Porters ursprünglichem Optimismus – er schrieb „there is gold to mine in applying IO concepts to strategy formulation"[93] – ist wenig geblieben. Vielmehr lässt sich, wie Foss darlegt,[94] die Entwicklung von Porters Denken als eine „Flucht" vor der ökonomischen Theorie in einen unkontrollierten Eklektizismus beschreiben.

## 5. Schlussbemerkungen

Das Ergebnis der vorangegangen Analyse erscheint radikal: Auf die fundamentale Frage nach dauerhaft supranormalen Gewinnen kann der Ressourcenorientierte Ansatz keine Antwort geben. Die Structural School ist in der erklärenden Funktion von Wissenschaft tautologisch, in der gestaltenden Funktion führt sie in eine Paradoxie. Die Process School als Erklärungsansatz verliert sich in einem infiniten Regress, als Gestaltungsansatz verfängt sie sich in dem hinlänglich bekannten Problem des organisatorischen Dilemmas.

---

[90] Vgl. Porter 1991.
[91] Vgl. Porter 1990.
[92] Vgl. Porter 1991, 106ff.
[93] Porter 1981.
[94] Vgl. Foss 1996.

*Abb. 4: Grundprobleme des Ressourcenorientierten Ansatzes*

|  | **Erklärung** | **Gestaltung** |
|---|---|---|
| **Structural School** | Tautologie | Paradoxie |
| **Process School** | Infiniter Regress | Organisatorisches Dilemma |

Quelle: eigene

Die theoretischen Schwächen erklären auch die Probleme bei der Operationalisierung des Ressourcenorientierten Ansatzes. Ein überzeugender „Lackmus-Test", mit dem die kritischen Ressourcen oder Kernkompetenzen identifiziert werden können, liegt nicht vor. Bisweilen werden Kernkompetenzen mit dem Ungeheuer von Loch Ness verglichen, von dem jeder redet, das jedoch noch niemand gesehen hat.[95] Wernerfelts Analyseansatz beschränkt sich auf die Formulierung von wenigen Fragen wie „Among the resources we own, which are unique?"[96]. Inwieweit Wernerfelt und andere um Operationalisierung bemühte Autoren[97] über das „Everyman's conceptual scheme"[98] zur Stärken-Schwächen-Analyse von Learned et al. hinausgehen, ist nicht erkennbar. Eigentümlich substanzlos bleiben auch jene Konzepte, die versuchen, Gestaltungsempfehlungen aus dem Ressourcenorientierten Ansatz abzuleiten. So sind etwa die Arbeiten von Prahalad und Hamel mit Appellen an ein „übersinnli-

---

[95] Vgl. Deutsch et al. 1997, 15.
[96] Wernerfelt 1989, 6.
[97] Vgl. bspw. Friedrich (1995), der im wesentlichen nicht mehr empfiehlt, als möglichst schnell das „Kompetenz-Gap" zwischen dem Ist- und Soll-Kompetenz-Profil zu schließen und bestehende Kompetenz zu erhalten.
[98] Learned et al. 1965, viii.

ches Gefühl"⁹⁹ oder „tiefinnerliche Überzeugungen"¹⁰⁰ und mit Leerformeln wie „Augen [...] auf ferne Gestade richten"¹⁰¹ durchsetzt.

Die oben als „Grundprobleme" titulierten Befunde gelten in ihrer Strenge nur, wenn der Ressourcenorientierte Ansatz auf seinen ökonomischen Argumentationskern reduziert wird. Es ist sicher ein Verdienst des Ansatzes, dass er mit der einseitig internen Ressourcenperspektive die einseitig externe Marktperspektive des lange dominierenden Porterschen Ansatzes relativiert hat. Die ihm zuzurechnenden Arbeiten enthalten darüber hinaus wertvolles Erfahrungswissen und hilfreiche Systematisierungen. Dies leistete aber schon die induktive Forschungstradition der strategischen Unternehmensführung. Gerade mit der deduktiven Methode der ökonomischen Theorie wurde die Hoffnung verknüpft, die zentralen Krisenerscheinungen dieser Forschungstradition zu überwinden: Die Vieldeutigkeit und begriffliche Unschärfe, die Beschränkung auf nicht falsifizierbares „Checklisten-Wissen" oder die mangelhafte Kumulation des disziplinären Wissens, weil das jeweils aktuelle induktive Strategiekonzept den Vorgänger eher ersetzte als auf ihm aufbaute.¹⁰² Es wurde gezeigt, dass der Ressourcenorientierte Ansatz mit denselben Problemen behaftet ist.

Die Befürchtungen, dass ein neuer ökonomischer Imperialismus auf dem Feld der strategischen Unternehmensführung Platz greift,¹⁰³ erscheinen daher genauso unbegründet, wie die teilweise euphorischen Hoffnungen, die mit der Entdeckung der ökonomischen Theorie verbunden sind. Der Kern der Strategie, das kreative Entrepreneurship im Schumpeterschen Sinne, lässt sich mit der ökonomischen Theorie nicht erfassen. Zur Entwicklung von schöpferischen Strategien lassen sich keine allgemeingültigen Gesetzmäßigkeiten aufstellen. Schoemaker stellt fest:

„A central issue in the question of rent seeking is that of creativity. Can individual or organizations be *systematically* creative? I personally doubt wether true creativity can ever be captured in systematic

---

⁹⁹ Hamel/Prahalad 1992, 45.

¹⁰⁰ Hamel/Prahalad 1992, 45,

¹⁰¹ Hamel/Prahalad 1992, 55.

¹⁰² Vgl. Camerer 1985.

¹⁰³ Vgl. Hirsch/Friedman/Koza 1990.

rules and programmes. As such, there may not exist general formulas for rent creation. If they existed, they would presumably self-destruct through diffusion"[104].

Der Ressourcenorientierte Ansatz hat sich jedoch inzwischen von seinem ökonomischen Fundament wegentwickelt. Die noch eng an der orthodoxen Mikroökonomie angelehnten Wurzeln der Structural School spielen mittlerweile nur noch eine untergeordnete Rolle. Schon werden mancherorts Plädoyers für eine „non-economic based resource-based theory"[105] gehalten. Die Process School mit ihren Elementen aus der evolutorischen Ökonomik hat sicher einen wichtigen Beitrag zu dieser Ablösung geliefert. Zwar verfängt sich die Process School in ähnliche Problemlagen wie die Structural School. Es kann daher bei dieser Schule auch kaum von einer „angewandten evolutorischen Ökonomik" gesprochen werden. Doch gerade in den Punkten, in denen sie sich von der orthodoxen Mikroökonomie distanziert, sind Ansätze zu finden, die für das Verständnis einer (erfolgreichen) Strategieentwicklung höchst bedeutsam sind, nämlich bei der Überwindung einer vereinseitigenden Effizienzperspektive und der Überwindung der Anpassungslogik. Es geht dabei weniger um ein unmittelbar anwendbares Set von Handlungsempfehlungen, als vielmehr um eine spezifische Grundhaltung zu dem strategischen Problem.

Es wurde gezeigt, dass die Process School in präskriptiver Hinsicht in das altbekannte organisatorische Dilemma mündet. Sie liefert sowohl Argumente für eine bessere Ausnutzung der bestehenden Capabilities (Effizienzrenten: „Die Dinge richtig tun") als auch Argumente dafür, das Bestehende zu überwinden und durch die einzigartige Rekombination von Capabilities grundlegend neue Wege im Wettbewerb zu beschreiten (Schumpeter-Renten: „Die richtigen Dinge tun"). Gerade die von der ökonomischen Theorie inspirierten und andere auf klassischen Rationaliätsprämissen basierende Arbeiten – weit über die des Ressourcenorientierten Ansatzes hinaus – besitzen eine starke Schräglage zu der erstgenannten Seite des Dilemmas. Das gilt insbesondere für die Vielzahl der modernen Managementkonzepte, die seit vielen Jahren die globale Wettbewerbslandschaft prägen. Ob TQM, Benchmarking, Lean Management

---

[104] Schoemaker 1990, 1181.
[105] Brumagim 1995.

oder Business Process Reengineering: all diese Ansätze zielen darauf ab, die bestehenden Aktivitäten auf eine effizientere Weise (bessere Qualität, schnellere Prozesse, niedrigere Kosten usw.) abzuwickeln. So wichtig dies ist, es berührt doch nur die eine Seite der unternehmerischen Herausforderungen. Es war in jüngerer Zeit vor allem Michael E. Porter, der auf diese Vereinseitigung hingewiesen hat.[106] Er stellt die Notwendigkeit heraus, jenes stärker in den Blick zu bekommen, was hier als das Unternehmerische im Sinne Schumpeters behandelt wurde. Im übrigen hat sich Porter damit ebenfalls weit von dem „economic turn" im Strategischen Management entfernt, den er mit seinem Import industrieökonomischer Erkenntnisse Anfang der 80er Jahre selbst maßgeblich befördert hatte. Die Process School kann zwar das Dilemma, das zwischen den genannten Herausforderungen besteht, ebenso wenig theoretisch auflösen wie Porter, sie betrachtet aber immerhin beide Seiten der Medaille und liefert so ein ausgewogeneres Bild der Strategieentwicklung als bei vergleichbaren Ansätzen üblich.

Die Frage „Why do Firms Differ?" wird von der orthodoxen Mikroökonomik marginalisiert oder gar nicht behandelt. Die Structural School greift die Frage zwar auf, aber sie überführt sie in eine Tautologie und lässt eine andere Frage unbeantwortet zurück: „Why do Firm-Resources Differ?". Dabei ist die Frage nach den Unterschieden von Unternehmen nur scheinbar trivial. Sie reicht hinunter bis zu den erkenntnistheoretischen Basisannahmen, mit denen eine Theorie des Strategischen Managements betrieben wird. Und sie hat Auswirkungen auf die Perspektive, von der aus in der Unternehmenspraxis die Strategieentwicklung angegangen wird. Dies wird deutlich, wenn man die Frage umkehrt: Warum sollten Unternehmen einander gleichen bzw. welche Kräfte sorgen dafür, dass sie sich angleichen?

Die orthodoxe Mikroökonomik geht von einem positivistischen Wissenschaftsverständnis aus. Das impliziert, dass es eine gegebene Realität außerhalb der handelnden Akteure gibt, der sich die Beteiligten anzupassen haben. Die Rede vom optimalen Preis-Mengenverhältnis bzw. vom „one best way" zeugt von dieser Vorstellung. Wenn die Realität als gegeben angenommen wird und wenn es nur eine Wahrheit gibt, ist die logische Folge, dass Unternehmen versuchen, diesen Punkt ausfindig zu ma-

---

[106] Vgl. Porter 1996.

chen und einzunehmen. Die Angleichung von Unternehmensstrategien ist damit die erwartbare Folge von verbesserten Analysemethoden. Dem stellt die Evolutionäre Ökonomik entgegen: „If one thinks within the frame of evolutionary theory, it is nonsense to presume that a firm can calculate an actual ‚best' strategy."[107] Ohne dass die evolutorische Ökonomik die erkenntnistheoretischen Annahmen herausarbeitet, bewegt sie sich damit in die Richtung einer konstruktivistischen Erkenntnistheorie.

Einen Kerngedanken dieser Epistemologie umschreibt Heinz von Foerster mit der Formulierung, daß die Welt, so wie wir sie wahrnehmen, von uns nicht *gefunden*, sondern *erfunden* wird.[108] Die von den ökonomischen Ursprüngen gelöste Idee von der Strategieentwicklung auf der Grundlage von Kernkompetenzen besitzt insofern ein konstruktivistisches Element, als dass hierbei die Anpassungslogik klar überwunden wird. Was das für das Verständnis von Strategieentwicklung bedeuten kann, hat kürzlich Hamel herausgestellt.[109] Er zeigt, dass erfolgreiche Unternehmen sich nicht dadurch ausgezeichnet haben, dass sie die (vermeintlich gegebenen) Spielregeln der Branche beherrscht haben. Im Gegenteil, die untersuchten Unternehmen erzielten supranormale Gewinne, indem sie die bestehende Branche neu erfunden haben und ganz andere Spielregeln etablierten. Oder sie erfanden komplett neue Branchen. Strategieentwickelung beinhaltet offenbar mehr, als nur die Analyse der „laws of the market-place".

Eine derartige Sicht ist freilich nicht neu. Schumpeter charakterisierte den Unternehmer (noch beschränkt auf die marktliche Umwelt) genau so: „Unser Mann der Tat folgt nicht einfach gegebener Nachfrage. Er nötigt seine Produkte dem Markte auf. [...] Keine neue Maschine, keine neue Marke eines Genussgutes wird unter dem Drucke vorhandener Nachfrage erzeugt"[110]. Doch diese Perspektive ist in der Betriebswirtschafts- und Managementlehre nicht wirklich ernsthaft verfolgt worden. Der Process School ist anzurechnen, dass sie wichtige, in diese Richtung gehende Akzente gesetzt hat.

---

[107] Nelson 1991, 69.
[108] Vgl. Foerster v. 1985, S. 51.
[109] Vgl. Hamel 1997.
[110] Schumpeter 1912, 133f.

*Literatur*

Argyris, C./Schön, D. (1978): Organizational Learning: A Theory of Action Perspective, Reading (Mass.) et al.

Aharoni, Y. (1993): In Search for the Unique: Can Firm-Specific Adavantages Be Evaluated? in: Journal of Management Studies, Vol. 30 (1993), S. 31-49.

Amit, R./Schoemaker, P. J. H. (1993): Strategic Assets and Organizational Rent, in: Strategic Management Journal, Vol. 14 (1993), S. 33-46.

Archibald, G. C. (1987): Theory of the firm, in: Eatwell, J./Milgate, M./Newman, P. (Hg.): The New Palgrave: a dictionary of economics, Vol. 2, London, S. 357-362.

Bain, J. S. (1968): Industrial Organization, 2nd ed., New York.

Bamberger, I./Wrona, Th. (1996): Der Ressourcenansatz und seine Bedeutung für die Strategische Unternehmensführung, in: Zeitschrift für betriebswirtschaftliche Forschung, Nr. 48, H. 2 (1996), S. 130-153.

Barney, J. B. (1986a): Strategic Factor Markets: Expectations, Luck and Business Strategy, in: Journal of Management, Vol. 32 (1986), Nr. 10, S. 1231-1241.

Barney, J. B. (1986b): Organizational Culture: Can It Be a Source of Sustained Competitive Advantage, in: Academy of Management Review, Vol. 11 (1996), S. 356-365.

Barney, J. B. (1989): Asset Stocks and Sustained Competitive Advantage: A comment, in: Management Science, Vol. 35 (1989), Nr. 12, S. 1511-1513.

Barney, J. B. (1991): Firm Resources and Sustained Competitive Advantage, in: Journal of Management, Vol. 17 (1991), S. 99-120.

Barney, J. B. (1994): Commentary: A Hierarchy of Corporate Resources (A.L. Brumagim), in: Advances in Strategic Management, Vol. 10a (1994), S. 113-125

Becker, G. S. (1976): The Economic Approach to Human Behavior, Chicago/London.

Black, J. A./Boal, K. B. (1994): Strategic Resources: Traits, Configurations and Paths to Sustainable Competitive Advantage, in: Strategic Management Journal, Vol. 15 (1994), S. 131-148

Bourgeois, L. J. (1984): Strategic Management and Determinism, in: Academy of Management Review, Vol. 9 (1984), No. 4, S. 586-596.

Brumagim, A. L. (1995) Toward a Non-Economics Centered Resource Based View of the Firm, in: Advances in Strategic Management, Vol. 12B/ 1995, S. 183-192.

Bühring-Uhle, M. (1995): Reflexive Unternehmensführung – Systemtheoretische Grundlagen rationalen Managements, Wiesbaden.

Camerer, C. (1985): Redirecting Research in Business Policy and Strategy, in: Strategic Management Journal, Vol. 6 (1985), S. 1-15.

Coff, R. W. (1997): Human Assets and Management Dilemmas: Coping With Hazards on the Road to Resource-Based Theory, in: Academy of Management Review, Vol. 22 (1997), S. 374-402.

Collis, D. J. (1994): How valuable are Organizational Capabilities?, in: Strategic Management Journal, Vol. 15 (1994), S. 143-152.

Collis, D. J./Montgomery, C. A. (1995): Competing on Resources: Strategy in the 1990s, in: Harvard Business Review, July-August (1995), S. 118-128.

Daft, R. L./Buenger, V. (1990): Hitching a Ride on a Fast Train to Nowhere – The Past and Future of Strategic Management Research, in: Fredrickson, J. W. (Hrsg.): Perspectives on Strategic Management, Grand Rapids et al., S. 81-103.

Dagnino, G. B. (1996): Understanding the Economics of Ricardian, Chamberlinian and Schumpeterian Rents. Implication for Strategic Management, in: Rivista Internationale di Scienze Economiche e Commerciali, Vol. 43 (1996), S. 213-235.

Deutsch, K. J./Diedrichs, E. P./Raster, M./Westphal, J. (1997): Kernkompetenzen – Jungbrunnen für das Unternehmen, in: dies. (Hrsg.): Gewinnen mit Kernkompetenzen – Die Spielregeln des Marktes neu definieren, München/Wien, S. 15-19.

Dierickx, I./Cool, K. (1989): Asset Stock Accumulation and Sustainability of Competitive Advantage, in: Management Science, Vol. 35 (1989), Nr. 12, S. 1504-1511.

Dopfer, K. (1990): Elemente einer Evolutionsökonomik: Prozess, Struktur und Phasenübergänge, in: Witt, U. (Hrsg.): Studien zur Evolutorischen Ökonomik I, Schriften des Vereins für Socialpolitik, Bd. 195/ 1, Berlin, S. 19-47.

Foerster, H. v. (1985): Sicht und Einsicht, Braunschweig/ Wiesbaden.

Foss, N. J. (1996): Research in Strategy, Economics, and Michael Porter, in: Journal of Management Studies, Vol. 33 (1996), S. 1-24.

Foss, N. J. (1997): Equilibrium vs Evolution in the Resource-Based Perspective: The Conflicting Legacies of Demsetz and Penrose, DRUID Working Paper No. 97-10, Kopenhagen.

Foss, N. J./Knudsen, C./Montgomery, C. A. (1995): An Exploration of Common Ground: Integrating Evolutionary and Strategic Theories of the Firm, in: Montgomery, C. A. (Hg.): Resource-Based and Evolutionary Theories of the Firm: Towards a Synthesis, Boston et al., S. 1-17.

Gälweiler, A. (1990): Strategische Unternehmensführung, 2. Aufl., Frankfurt a.M./ New York.

Galtung, J. (1982): Struktur, Kultur und intellektueller Stil. Ein vergleichender Essay über sachsonische, teutonische, gallische und nipponische Wissenschaft, Berlin.

Gerschlager, C. (1996): Konturen der Entgrenzung: Die Ökonomie des Neuen im Denken von Thomas Hobbes, Francis Bacon und Joseph Alois Schumpeter, Marburg.

Godfrey, P. C./Hill, C. W. L. (1995): The Problem of Unobservables in Strategic Management Research, in: Strategic Management Journal, Vol. 16 (1995), S. 519-533.

Grant, R. M. (1991): The Resource-Based Theory of Competitive Advantage: Implications for Strategy Formulation, in: California Management Review, 33, S. 114-135.

Hall, R. (1992): The Strategic Analysis of Intangible Ressources, in: Strategic Management, Vol. 13 (1992), S. 135-144.

Hambrick, D. C. (1990): The Adolescence of Strategic Management, 1980-1985: Critical Perceptions and Reality, in: Fredrickson, J. (Hrsg.): Perspectives on Strategic Management, Cambridge (MA), S. 237-253.

Hamel, G. (1997): Killer Strategies that Make Shareholders Rich, in: Fortune, June 23, 1997, S. 22-33.

Hamel, G./Prahalad, C.K. (1992): So spüren Unternehmen neue Märkte auf, in: Harvard Manager, H. 2 (1992), S. 44-55.

Heinen, E. (1985): Einführung in die Betriebswirtschaftslehre, 9., verb. Aufl., Wiesbaden, 1985

Hinterhuber, H. H./Friedrich, St. A. (1997): Markt- und ressourcenorientierte Sichtweise zur Steigerung des Unternehmungswertes, in: Hahn, D./ Taylor, B. (Hrsg.): Strategische Unternehmensführung – Stand und Entwicklungstendenzen. 7. Aufl., Heidelberg, 1997, S. 988-1015.

Hirsch, P. M./Friedman, R./Koza, M. P. (1990): Collaboration or Paradigm Shift?: Caveat Emptor and the Risk of Romance With Economic Models for Strategy and Policy Research, in: Organization Science, Vol. 1 (1990), No. 1, S. 87-97.

Jacobson, R. (1992): The „Austrian" School of Strategy, in: Academy of Management Review, Vol. 17 (1992), No. 4, S. 782-807.

Kesting, P. (1996): Zwischen Positivismus und Historismus: Das ökonomische Werk Joseph A. Schumpeters aus wissenschaftstheoretischer Perspektive, Diss. Universität Hamburg.

Kirsch, W. (1992): Kommunikatives Handeln, Autopoiese, Rationalität – Sondierungen zu einer evolutionären Führungslehre, München.

Kirsch (1996): Wegweiser zur Konstruktion einer evolutionären Theorie der strategischen Führung, München.

Knight, F. H. (1921): Risk, Uncertainty and Profit, Neuauflage 1971, Chicago.

Knyphausen, D. zu (1993): „Why are Firms different?" – Der „Ressourcenorientierte Ansatz" im Mittelpunkt einer aktuellen Kontroverse im Strategischen Management, in: Die Betriebswirtschaft, Jg. 53, Heft 6 (1993), S. 771-792.

Knyphausen-Aufseß, D. zu (1995): Theorie der strategischen Unternehmensführung – State of the Art und neue Perspektiven, Wiesbaden.

Knyphausen-Aufseß, D. zu (1997a): Möglichkeiten und Grenzen der wissenschaftlichen Unternehmensführung – Auf dem Weg zu einer organisationstheoretischen Betrachtung der Theorie/ Praxis-Problematik, in: Kahle, E. (Hrsg.): Betriebswirtschaftslehre und Managementlehre. Selbstverständnis – Herausforderungen – Konsequenzen, Wiesbaden, 1997, S. 99-142.

Knyphausen-Aufseß, D. zu (1997b): Auf dem Weg zu einem ressourcenorientierten Paradigma? – Resource Dependence-Theorie der Organisation und Resource-based View des Strategischen Managements im Vergleich, in: Ortmann, G./ Sydow, J./ Türk, K. (Hrsg.): Theorien der Organisation – Die Rückkehr der Gesellschaft, Opladen, S. 452-480.

Latsis, S. J. (1972): Situational Determinism in Economics, in: The British Journal for the Philosophy of Science, Vol. 23 (1972), No. 3, S. 207-245.

Learned, E. P./Christensen, C. R./ Andrews, K. R./ Guth, W. D. (1965): Business Policy. Text and Cases, Homewood (Ill.).

Lei, D./Hitt, M. A./Bettis, R. (1996): Dynamic Core Competences through Meta-Learning and Strategic Context, in: Journal of Management, Vol. 22 (1996), No. 4, S. 549-569.

Leonard-Barton, D. (1992): Core Capabilities and Core Rigidities: A Paradox in Managing New Product Development, in: Strategic Management Journal, Vol. 13 (1992), S. 111-125.

Luhmann, N. (1984): Soziale Systeme – Grundriss einer allgemeinen Theorie, Frankfurt a.M.

Mahoney, J. T. (1995): The Management of Resources and the Resource of Management, in: Journal of Business Research, Vol. 33. (1995), S. 91-101.

Mahoney, J. T./Pandian, J. R. (1992): The Resource-based View within the Conversation of Strategic Management, in: Strategic Management Journal, Vol. 13 (1992), S. 363-380.

Mintzberg, H. (1990): Strategy Formation: Schools of Thought, in Fredrickson, J. W. (Hrsg.): Perspectives on Strategic Management, Grand Rapids et al., S. 105-235.

Montgomery, C. A./Wernerfelt, B./Balakrishnan, S. (1989): Strategy Content and the Research Process: A Critique and Commentary, in: Strategic Management Journal, Vol. 10 (1989), S. 189-197.

Mueller, D. (1986): Persistent Performance among Large Corporations, in: Thomas, L. G. (Hrsg.): The Economics of Strategic Planning, Lexington (Mass.), S. 31-62.

Nelson, R. R./Winter, S. G. (1982): An Evolutionary Theory of Economic Change, Cambridge (Mass.).

Nelson, R. R. (1991): Why Do Firms Differ, and How Does it Matter?, in: Strategic Management Journal, Vol. 12 (1991), S. 61-74.

Oster, S. M. (1994): Modern Competitive Analysis, 2. Aufl., New York/ Oxford, 1994.

Osterloh, M./Grand, S./Tiemann, R. (1994): Organisationales Lernen – Was kann die ökonomische Theorie dazu beitragen?, in: Nutzinger, H. G. (Hrsg.): Wirtschaftsethische Perspektiven II, Berlin, 1994, S. 37-75.

Penrose, E. (1959): The Theory of the Growth of the Firm, 2nd. ed. 1980, Oxford.

Peteraf, M. A. (1993): The Cornerstones of Competitive Advantage: A Resource-Based View, in: Strategic Management Journal, Vol. 14 (1993), S. 179-191.

Peteraf, M. A. (1994): Commentary: The Two Schools of Thougt in Resource-Based Theory: Definitions and Implications for Research (W. S. Schulze), in: Advances in Strategic Management, Vol. 10a (1994), S. 153-158.

Polanyi, M. (1967): The Tacit Dimension, Garden City (New York).

Porter, M. E. (1980): Competitive Strategy. Techniques for Analyzing Industries and Competititors, New York, 1980.

Porter, M. E. (1981): The Contributions of Industrial Organization To Strategic Management, in: Academy of Management Review, Vol. 6 (1981), No. 4, S. 609-620.

Porter, M. E. (1990): The Competitive Advantage of Nations, London/ Basingstoke.

Porter, M. E. (1991): Towards a Dynamic Theory of Strategy, in: Strategic Management Journal, Vol. 12 (1991), S. 95-117.

Porter, M. E. (1996): What Is Strategy?, in: Harvard Business Review, November/ December (1996), S.61-78.

Prahalad, C.K./Hamel, G. (1990): The Core Competence and the Corporation, in: Harvard Business Review, Vol. 68 (1990), S. 79-91.

Rasche, C. (1993): Kernkompetenzen, in: Die Betriebswirtschaft, 53. Jg., Nr. 3, (1993), S. 425-427.

Rasche, C. (1994): Wettbewerbsvorteile durch Kernkompetenzen – Ein ressourcenorientierter Ansatz, Wiesbaden.

Rasche, C./Wolfrum, B. (1994): Ressourcenorientierte Unternehmensführung, in: DBW, Heft 4 (1994), S. 501-517.

Raub, S./Büchel, B. (1996): Organisationales Lernen und Unternehmensstrategie – „core capabilities" als Ziel und Resultat organisationalen Lernens, in: zfO, Heft 1 (1996), S. 26-31.

Reed, R./DeFillippi, R. J. (1990): Causal Ambiguity, Barriers to Imitation, and Sustainable Competitive Advantage, in: Academy of Management Review, Vol. 15 (1990), S. 88-102.

Rumelt, R. P. (1984): Towards a Strategic Theory of the Firm, in: Lamb, R. B. (Hrsg.): Competitive Strategic Management, Englewood Cliffs (New Jersey), S. 556-570.

Rumelt, R. P. (1987): Theory, Strategy, and Entrepreneurship, in: Teece, D. J. (Hrsg.): The Competitive Challenge – Strategies for Industrial Innovation and Renewal, New York, 1987, S. 137-158.

Rumelt, R.P./Schendel, D./Teece, D. J. (1991): Strategic Management and Economics, in: Strategic Management Journal, Vol. 12 (1991), S. 5-29.

Schneider, D. (1996): Biologische Vorbilder für eine evolutorische Theorie der Unternehmung? In: zfbf, Nr. 48 (12/1996), S. 1098-1114.

Schoemaker, P. J. H. (1990): Strategy, Complexity and Economic Rent, in: Management Science, Vol. 36 (1990), S. 1178-1192.

Schreyögg, G. (1984): Unternehmensstrategie – Grundfragen einer Theorie strategischer Unternehmensführung, Berlin/ New York.

Schulze, W. (1994): The two Schools of Thougt in Resource-based Theory: Definitions and Implications for Research, in: Advances in Strategic Management, Vol. 10A (1994), S. 127-158.

Schumpeter, J. A. (1908): Das Wesen und der Hauptinhalt der theoretischen Nationalökonomie, 2., unveränd. Aufl., Berlin , 1970.

Schumpeter, J. A. (1912): Theorie der wirtschaftlichen Entwicklung, Leipzig.

Seth, A./Thomas, H. (1994): Theories of the Firm: Implications for Strategy Research, in: Journal of Management Studies, Vol. 31 (1994), S. 165-191.

Spender, J.-C. (1992): Strategy Theorizing: Expanding the Agenda, in: Advances in Strategic Management, Vol. 8 (1992), S. 3-32.

Spender, J.-C. (1993): Some Frontier Activities Around Strategy Theorizing, in: Journal of Management Studies, Vol. 30 (1993), Heft 1, S. 11-30.

Teece, D. J. (1984): Economic Analysis and Stategic Management, in: California Management Review, Vol. XXVI (1984), S. 87-110.

Teece, D. J. (1990): Contributions and Impediments of Economic Analysis to the Study of Strategic Management, in: Fredrickson, J. W. (Hrsg.): Perspectives on Strategic Management, Grand Rapids et al., S. 39-80.

Teece, D. J./Pisano, G./Shuen, A. (1997): Dynamic Capabilities and Strategic Management, in: Strategic Management Journal, Vol. 18 (1997), S. 509-533.

Teece, D. J./Winter, S. G. (1984): Economic Theory and Management Education – The Limits of Neoclassical Theory in Management Education, in: American Economic Review, Vol. 74 (1984), S. 116-121.

Wensley, R. (1982): PIMS and BCG: New horizons or false dawn, in: Strategic Management Journal, Vol. 3 (1982), S. 147-158.

Wernerfelt, B. (1984): A Resource-based View of the Firm, in: Strategic Management Journal, Vol. 5 (1984), S. 171-180.

Wernerfelt, B. (1989): From Critical Resources to Corporate Strategy, in: Journal of General Management, Vol. 14 (1989), No. 3, S. 4-12.

Wernerfelt, B. (1995): The Resource-Based View of the Firm: Ten Years After, in: Strategic Management Journal, Vol. 16 (1995), S. 171-174.

Wiegand, M. (1995): Prozesse organisationalen Lernens. Wiesbaden 1995.

Winter, S. G. (1995): Four Rs of Profitability: Rents, Resources, Routines, and Replication, in: Montgomery, C. A. (Hg.) (1995): Resource-Based and Evolutionary Theories of the Firm: Towards a Synthesis, Boston et al., S. 147-178.

Witt, U. (1987): Individualistische Grundlagen der evolutorischen Ökonomik, Tübingen.

# Dissipationsökonomie
# „in between virtual and learning organizations"

*Birger P. Priddat*

Unternehmensorganisationen agieren auf Märkten, sind aber selber nicht wie Märkte organisiert, sondern Hierarchien. Die Mitarbeiter können nicht wie Marktakteure nach den besten Opportunitäten agieren, sondern sind an Planungszusammenhänge und Ausführungsregeln gebunden. Unternehmensorganisationen verbieten, als Hierarchien, intern den Markt, für den sie extern arbeiten. Als Hierarchien sind sie regelorientiert und erlauben den Mitarbeitern nicht, immer wieder neue Verträge einzugehen, wie im Marktgeschäft.

Doch ändert sich das: Unternehmensorganisationen holen den Markt in die Unternehmensorganisation hinein. Das geschieht in vorsichtiger Weise, wenn z.B. die Unternehmensorganisation in diverse „profit-centers" aufgeteilt wird, die sich zum Markt wie untereinander als Wettbewerber verhalten. In zweiter Konsequenz müssen die „profit-centers" – nehmen wir an, sie gehören zu einem Konzern – aussuchen dürfen, mit welchen internen Abteilungen oder anderen „profit-centers" sie zusammenarbeiten und mit welchen nicht. Wenn die Konzernbuchhaltung zu langsam arbeitet und zu teuer ist, muss das „profit-center" sich gegebenenfalls eine externe Buchhaltung leasen können etc. Indem so das Wettbewerbsprinzip intern zugelassen wird, gelten die üblichen Selektionsmechanismen für alle Abteilungen. Der Konzern zieht sich funktional auf eine Holding zurück, d.h. auf eine Finanzzentrale oder eine Art Bank, mit der die einzelnen Abteilungen als „profit-centers" für Investitionen verhandeln können und an die ausgehandelte Profits gehen.

Nennen wir diesen Prozess einen Zerfällungs- oder Dissipationsprozess, der noch komplexer wird durch die möglichen Käufe und Verkäufe (mergers & acquisitions), die die Holding tätigen kann. Die dissipierten kleineren Leistungseinheiten stellen nicht nur Produkte her, sondern sind selber Produkte auf einem Unternehmensmarkt. Wenn der eine Markt nicht läuft, läuft der andere Markt; Unternehmen haben eine Option mehr, indem sie nicht nur ihre Produkte oder Leistungen verkaufen können, sondern auch sich selbst. Durch diese Dissipation 2. Ordnung nimmt die Menge der Handlungsmöglichkeiten für die Holding zu (Aufbau heterogener und/oder optimaler Produktketten), insbesondere die Wettbewerbsstruktur kann sich schnell ändern

Das Unternehmen hat den Markt in sein Unternehmen hereingelassen, was funktional-organisatorisch bedeutet, dass die ehemalige Arbeitsteilung zwischen den Bereichen zurückgenommen wird auf die selbständigen „profit-centers", die nun die ganze Leistungspalette von kleinen Unternehmen bieten müssen: d.h. Produktion, Entwicklung, Vertrieb, Marketing, etc. Ökonomisch sinnvoll ist die Dissipation 1. Ordnung nur dann, wenn die Produktivität im Holding-Bereich steigt. Das geschieht, wenn die dissipierten Leistungsbereiche mit ihren Produkten und Leistungen Spezifität mitproduzieren, d.h. wenn sie sehr viel genauer als zuvor Kundenwünsche bedienen können. Die Produktpalette wird „getuned" oder „taylor-made".

Die Logik der Dissipation 1. Ordnung (Unternehmensplitting) beruht auf einer schnellen und intensiveren Marktdifferenzierung; die Logik der Dissipation 2. Ordnung (mergers & acquisitions) beruht auf einer schnellen Änderung der Wettbewerbsstruktur, die gewisse Konzentrationen und Dekonzentrationen erreichen will, um den Fokussierungsprozess, der mit der Dissipation 1. Ordnung läuft, zu unterstützen. Anstatt neue Unternehmen zu gründen, neue Märkte zu erobern, werden Leistungseinheiten gekauft, die für das kaufende Unternehmen „Innovationen" einspielen („relative Innovation", d.h. relativ für das kaufende Unternehmen).

Dissipationen 1. und 2. Ordnung verlangen unterschiedliche organisatorische Anpassungen. „Mergers" und „acquisitions" fordern eine „post-merger-integration", die zum einen in die „merger-costs" einzurechnen oft vergessen wird, zum anderen einen Aufwand an unternehmenskulturellem Integrationsmanagement, auf den die Vorstandsequipe selten eingestellt und dafür trainiert ist.

Die Verträge der Fusionen und Firmenkäufe bleiben unvollständig, ihre Transaktionskosten un- oder nur teilkalkuliert. Es reicht nicht, die Transaktionen zu tätigen, sondern sie müssen a posteriori gemanaged werden. Die „mergers" und „acquisitions" sind Transaktionen, deren Vertrag nur den Anfang eines Prozesses darstellt, der nicht mehr nur als Integration einer Organisation in die andere aufgefasst werden kann, sondern auch als Reorganisation beider Komponenten, die untereinander eine Subsequenz informeller und neuer formeller Verträge aushandeln müssen, aus denen neue Regeln und Hierarchien entstehen können (nicht nur bei „mergers of equity").

Da die Reorganisationen (Dissipation 1. Ordnung) und „mergers" und „acquisitions" (Dissipation 2. Ordnung) aber weitergehen in dynamischen Marktumgebungen, verflüssigt sich die Organisationsstruktur und „Organisation" wird zum ständigen, fluiden Organisationsprozess, der zwischen internem wie externem „bargaining" und Regelhierarchien oszilliert. In dem beschleunigten Wettbewerbsfeld, das wir global „globalization" und lokal „Internationalisierung" nennen, wird Organisation zu einem Prozess ständiger Vertragsanpassungen und „recontractings".

Die Verträge, insbesondere die informellen, die man im Organisationskontext eingeht, müssen offene Verträge sein, da die Erstellungs-, Folge- und Realisierungskosten unsicher bleiben. Die Organisationsverträge sind transaktionskostenunbestimmt, und das neue Management erfordert Einschätzungen, die die Transaktionskosten zu minimieren in der Lage sind. Wenn die Organisationen in der Dissipationsökonomie stärker auf temporäre Formen der Kooperationen umstellen, werden die Transaktionskosten der zunehmenden „contractings" und „recontractings" hochbedeutsame Kostenpositionen, auf die sich das Management einstellen muss, um am „post-merger" und an den Organisationskonstellationen nicht zu scheitern. Management wird, stärker als bisher, Transaktionskostenmanagement.

In den „virtuellen Organisationen" wird wegen der Spezifität der geforderten Produkte und Leistungen der Konzern nach Kernkompetenzen der neuen, kleineren Leistungseinheiten dissipiert. Die Unternehmung wird auf einen Kern (Kernkompetenz) reduziert. Die Verkleinerung ist ein Prozess der Fokussierung auf Spezifität, d.h. von Markt- und Produktdifferenzierung. Der Rest der Leistungen wird durch externe Auftragnehmer erledigt, die als Satellitenwolke ein Netzwerk von potentiellen Ko-Operateuren um die Kernkompetenz legen. Die früher klare Grenze von innen/außen der Unternehmensorganisationen wird geöffnet. Je weiter die Leistung der neuen Einheiten von der Kernkompetenz entfernt ist, desto eher wird sie anderen Unternehmen übertragen. Man will keine Vermittelständigung der Konzerne erreichen, sondern ihre Entbeamtung: Der Kern der Mitarbeiterschaft bleibt in den Leistungszentren, der Rest der Arbeit wird, „part-time", hinzugekauft. Das wird z.T. als „outsourcing" bezeichnet. Wir sprechen dann von „virtual organizations".

Die Unternehmen werden nicht nur als neue Leistungseinheiten kleiner, sondern die Leistungseinheiten verkleinern sich selber auf ihren Kompetenzkern, um den Rest ihrer Arbeit an den Markt abzugeben. Mit dieser Bewegung erzeugen die Unternehmen (die sich nicht auf Konzerne begrenzen) zum einen, qua „outsourcing", weniger Beschäftigte. Zum anderen aber benötigen sie mehr Anbieter, die ihnen ihre Nicht-Kernkompetenzen erledigen. Dafür entlassen die verkleinerten Unternehmen teilweise Mitarbeiter, die nicht in ihren Kompetenzkern passen. Zudem bilden sich, z.T. aus diesen Mitarbeitern, neue kleine Anbieter, die für die herausgelagertern Arbeiten bereitstehen („outsourcing").

Die hier sich vollziehende Verschiebung von abhängiger Beschäftigung in freie Arbeit ist Lösung und Problem zugleich. Wenn die Zukunft der Arbeit, wie bisher, als „recontracting" betrachtet wird, d.h. als Wiedergewinnung abhängiger Arbeitskontrakte, formulieren wir sie als Problem. Diese Zukunft hat bereichsweise aufgehört und wechselt in eine Zukunft der freien Arbeit, die wir unter den Bezeichnungen „Gründungsinitiative", „neue Selbständigkeit", „new work" etc. noch vage beschreiben. Doch folgt diese Ausweitung der „freien Arbeit" keinen normativen Bestrebungen, sondern der Logik der Dissipation, die eine neue Entwicklung in den Arbeitsvertragsstrukturen in Gang setzt (die für die deutsche Arbeitsmentalität einigermaßen neu ist).

*Zwei Basistypen*

Wir befinden uns an der Schwelle der endgültigen Aufgabe abendländischer Reste der Zunftmonente im Unternehmensorganisationskorpus.

Zünfte waren die Kooperationsinstitutionen der Handwerke und Gewerbe über Jahrhunderte in Europa. Natürlich war die Erfindung der „fabrique" und der Manufaktur, der Geburtsstätte der modernen Industrieunternehmung, anti-zünftig eingestellt. Aber die Unternehmensorganisationen haben sich im Laufe des 19. Jahrhunderts darauf eingestellt, für die Arbeiter ähnliche Kooperationsmodi anzubieten, wie sie die Zünfte für ihre Meister und Gesellen boten. Das geschah immer dann, wenn eine gewisse Unternehmenskultur mit gewissen Gewährleistungen entstand, oft aus patriarchalischer Fürsorge, manchmal aus Bindungskalkül (um der „exit-option" von nachgefragten Facharbeitern entgegenzutreten). Das zünftige Modell wurde natürlich transformiert, aber in seiner Sicherungs- und Gewährleistungskomponente tendenziell beibehalten. Auf dieser Basis entwickelt sich die Anschauung, dass man ein Leben lang in einer Firma arbeiten könne. Die Firma sorge für einen, usw. Arbeit war in der Industrieepoche verknüpft mit einem Arbeitskontrakt, der längerfristig angelegt sein sollte, d.h. als eine Art von Gewährleistung gegen Arbeitslosigkeit (vornehmlich später durch gewerkschaftliche Tarifregime).

Folglich war Arbeitslosigkeit, d.h. ein Zustand der Kontraktlosigkeit mit Unternehmen, ein Zustand, der staatlich durch soziale Systeme kompensiert werden musste. Das konnte durch einen Vertrag mit einem – in Deutschland halb- oder parastaatlichen – Versicherungsinstitut geschehen (Sozialversicherung), oder durch einen Vertrag mit dem Staat, der Sozialzahlungen generierte, genauer gesagt: Durch einen politischen Vertrag, den wir in Deutschland generell „Sozialpartnerschaft" nennen.

Die Sozialpartnerschaft zieht ihre Geltung und Legitimität aus der Fähigkeit, langfristige Bindungen zwischen kooperierenden Wirtschaftssubjekten aufzubauen, die wechselseitig Vorteile aus dieser Kooperation realisieren wollen. Gegenüber dieser „rheinischen Variante" der Marktwirtschaft steht das „neo-amerikanische" oder „neo-liberale" Modell, das seine Legitimation aus der möglichst ungehinderten Mobilität der Ressourcen zieht.

Im „neo-amerikanischen" Modell, das die Herkunft der „virtuellen Organisation" markiert, spielen langfristige Bindungen zwischen Vertragsparteien eine geringe Rolle. Spotmärkte und die Fähigkeit, sich schnell von unzuverlässigen Vertragspartnern zu trennen und neuen Vertragspartnern zuwenden zu können, haben hohe Bedeutung („exit-option", im Gegensatz zu der in starken Vertragsbindungen gewöhnlichen „voice-option", dem Aushandeln und Druck-Machen).

Der Vorteil der neo-liberalen Version ist die hohe Flexibilität, Mobilität und Marktanpassung aller Akteure. Nachteile sind die daraus entspringenden „disincentives" für die Qualifizierung der Arbeitskräfte. Wegen der hohen Mobilität lohnen sich keine spezifischen Investititionen, weil die dafür notwendige Erwartung langfristiger Kooperation fehlt. Mit der leicht möglichen Abwanderung gehen auch betriebsspezifische Erfahrungen und Wissen verloren.

Der Vorteil des „rheinischen" Modells, das in Deutschland, unter dynamischen Wettbewerbsbedingungen, die Form der „learning organization" annimmt, besteht darin, dass alle Beteiligten aufgrund vergleichsweise hoher Abwanderungskosten eine längerfristige Zusammenarbeit erwarten (die Basis des Vertrauens, für die deutsche Wirtschaftskultur als typisch angesehen (wie auch für die japanische)). Das erhöht den Anreiz, in betriebsspezifische Qualifikationen zu investieren, Erfahrungen weiterzugeben, Verbesserungen auszuarbeiten etc., d.h. gemeinsam zu „lernen", den Leistungsprozess voranzutreiben.

Der Vorteil der Stabilisierung einer längerfristigen vertrauensvollen Kooperation geht allerdings parallel mit dem Nachteil des Ausschlusses derjenigen, die schwer die Schwelle über diesen „closed shop" finden: Neuanfänger, Arbeitslose, aber auch Unqualifizierte.

Die Dissipation transformiert die deutsche Wirtschaft in Richtung des amerikanischen Modells bzw. in Richtung „virtual organization". Das ist der signifikante Wandel: Die Dissipation produziert freie Arbeit, die nicht mehr automatisch in Arbeitslosigkeit münden muss, d.h. nicht in unternehmenskontraktlose Zustände, sondern wegen der Dissipationsevolution in den Netzwerkbereich der neuen Wirtschaftsstruktur eintreten kann. Das gelingt dann, wenn die „freie Arbeit" sich als freier Anbieter in der dissipativen Ökonomie definiert, d.h. vornehmlich in kurzfristigen Verträgen. Das kann über Teilzeitarbeitsverträge laufen oder über den Übergang in selbständige Tätigkeiten.

## Wissen, Netzwerke, Risiko

Doch haben wir es nicht nur mit neuen Kontraktstrukturen zu tun, sondern parallel mit einem neuen Basisprozess: Die Wissensressource ändert sich. Der Vorteil kooperativer längerfristiger Bindungen von Mitarbeitern in Unternehmen bestand in einem Wissenskapital, das akkumulierte Erfahrungen besaß: für die internen wie für die externen Prozesse. In schnell sich ändernden Wissenslandschaften, in schnell sich ändernden Märkten, in schnell veraltenden Wissensbeständen der „informational technology" etc. ändert sich die Strategie, in Mitarbeitern akkumuliertes Wissen bereitzuhalten, in die Strategie, jederzeit frischen Zugriff auf neues Wissen zu bekommen, mit der Konsequenz, die „knowlegde base" im Unternehmen kleiner zu halten als früher und sich das aktuell benötigte aktuelle Wissen partiell zuzukaufen. Dem folgt die Organisationsentwicklung in Richtung Dissipation, infrastrukturell unterstützt durch die „electronic media", die ein „world wide web" des Wissenszugriffes anbieten, und durch die neuen Netzwerkarbeitsanbieter.

Wenn die auf Kernkompetenzen reduzierten neuen Leistungseinheiten ihre aktuellen Wissensressourcen (neben anderen Leistungen natürlich) aus dem Markt beziehen, bedarf es eines neuen Schnittstellenmanagements, das die Innen-/Außen-Beziehungen hantiert. Das betrifft nicht nur die Manager, sondern die Mitarbeiter selbst, die nun gewärtig und kompetent sein müssen, auf allen Ebenen mit Externen zusammenzuarbeiten. Die interne Zusammenarbeit wird durch eine externe Zusammenarbeit parallelisiert. Das bedeutet eine höhere Entscheidungskompetenz und -autonomie für alle Mitarbeiter, die in diesen Schnittstellen agieren. Denn jeder Auftrag nach außen ist eine Art von Investition, deren Erträge durch die Minimierung der dafür aufzuwendenden Kosten bemessen werden können. Die informellen Organisationanteile werden externalisiert. Zudem entstehen ständig, und variierend, virtuelle Teams; die Geschlossenheit und relative Abgeschirmtheit der Mitarbeiter, die klassische Unternehmen kennzeichnete, ihre Eingliederung in Standardlinien, ändert sich zugunsten einer Marktöffnung, die die Mitarbeiter stärker in unternehmerische Handlungsweisen einlässt.

Man beginnt, die Angestellten und Arbeiter als „kleine Unternehmer" zu betrachten, als „intrapreneurs". Diese „Verunternehmerung" der Mitarbeiter ist erst einmal mehr eine Vision als eine dominante Strategie, folgt aber der Logik der Dissipation, die ich als den Evolutionspfad der Organisationsänderung mit der größten Änderungsdimension hervorheben will. Mit der Verunternehmerung der Mitarbeiter erreicht man eine Dimension, die wir noch viel zu wenig beachten und die die Zukunft der Arbeit stärker beeinflussen wird als die anderen Beobachtungen, wie die der Automatisierung und insbesondere die der Elektronisierung. Ich meine die Einführung des Risikos für die Mitarbeiter in Organisationen wie für die herausgenommenen („outsourced") Externen, die „networkers".

Der Wechsel der Kontraktstrukturen, die Bevorzugung kurzfristiger Verträge, die die Kooperation von Kernunternehmen und „freier Arbeit" dominieren, indem externe Unternehmer im Netzwerkverbund der Kernkompetenzunternehmen („extrapreneurs") integriert werden, findet seinen Komplementärprozess in der Entwicklung der Mitarbeiter der Kernkompetenzunternehmen zu „internen Unternehmern" („intrapreneurs"). Für die „intrapreneurs" wechselt nicht die Arbeitsvertragsform (wenn sie auch umsatzorientiert oder anders ergebnisorientiert variiert wird), aber ihre Vertragsfähigkeit gegenüber dem Markt wird ausgebaut (bzw. ihre interne Vertragsfähigkeit, mit anderen Mitarbeitern schnell wechselnde Kooperationen auszuhandeln). Wir beschreiben diesen Prozess noch momentan unter einem anderen Namen: „Kundenorientierung". Das ist ein harmloser Name für grundlegende Änderungen in der Organisation.

Die Dissipationsökonomie erreicht eine höhere Marktintegration, indem sie

1. einen Teil ihrer Leistungen, die vordem rein interne hierarchische Regelungen waren, über Marktkontrakte abwickelt (Kooperation mit der „freien Arbeit", den „extrapreneurs") und indem sie

2. die Marktkontraktkompetenz der Kernmannschaft erhöht.

Beide Prozesse bedeuten eine Ökonomisierung der Organisationen, wenn man „Ökonomisierung" einen Prozess nennt, der „market behaviour" forciert (und die organisierte Kooperationskompetenz, typisch für „klassische" Unternehmensorganisationen, abbaut). „Market behaviour" ist hier nur ein anderer Name für die Einführung des Risikos, Anschlussaufträge zu verlieren oder aus bestimmten avancierten Positionen im Unternehmen herausgenommen zu werden. Zugleich ist „market behaviour" auch ein Name für die Vervielfältigung der Anreize, d.h. der Chancen, seine Erträge zu steigern.

Auffällig ist die Typusänderung bei den „free lancers" (und, neuerdings, bei den „e-lancers"), d.h. bei den hochkompetenten ehemaligen Mitarbeitern, die sich selbständig machen und mit ihren – ehemaligen – Unternehmen nurmehr noch Netzwerkbeziehungen aufrechterhalten. Netzwerkbeziehungen sind vertragliche Beziehungen von eigenständigen Leistungsträgern, die gewisse Kontraktionsvorrechte haben (wer im Netzwerk Mitglied ist, wird eher angesprochen als Nichtnetzwerkmitglieder). Allein um die Disposition aufrechtzuerhalten, im Netzwerk jemanden beanspruchen zu können, sind Verträge nötig. Anderweitig ist der so vertraglich nur noch lose gekoppelte neue Selbständige („networker") allen anderen Verträgen außerhalb des Netzwerkes offen. Dispositionsverträge in Netzwerkbeziehungen sind Zwischenstrukturen, die eine gewisse Sicherheit der Vertragsbindung mit einer neuen Selbständigkeit des Erwerbs verknüpfen, gleichsam eine Halb-Freiheit (die Akquisitionskosten senkt). Man sieht, dass in dieser Halbordnung der Kontraktformen eine Transitionsmöglichkeit liegt, die bei vielen „outsourcings" tatsächlich wahrgenommen wird.

Die Sicherheit fester Arbeitskontrakte wird durch eine, zeitlich begrenzte, Vertragsbindung bezüglich Leistungsbeziehungen ersetzt, gleichsam als eine Art Auslöse- und Startkapital für die neue Selbständigkeit. Diese Form der Kontraktierung freier Arbeit wird von den so Herausgenommenen („outsourced") akzeptiert, weil die Alternative, arbeitslos zu werden, minder einkommensträchtig ist als das Risiko, selbständig zu werden mit einem Anfangskontrakt längerfristiger Leistungsbindung.

Was für die „outgesourcten" Mitarbeiter an neuer Selbständigkeit gewonnen ist, gilt für die intern verbleibenden Mitarbeiter in gewissem Maße auch. Innerhalb der neuen dissipierten Organisationen sind die Intrapreneurs allerdings erst einmal nur Semi-Unternehmer. Es wird von ihnen erwartet, dass sie unternehmerisch selbständig agieren können, aber das Risiko bleibt das der Unternehmensorganisation. Sie setzen kein eigenes Kapital ein, gefährden allerdings ihre Gehaltsauszahlungshöhen (wenn entsprechende variante Vertragsformen vorliegen). Der feste Kontrakt bleibt bestehen, aber innerhalb des Kontraktes wird eine höhere Variabilität eingeführt, die sich z.B. an Umsatzentwicklungen orientiert. Innerhalb der formellen Verträge erhöht sich die Menge der möglichen informellen Verträge.

Indem sie persönlich marktunmittelbarer agieren, sind Erfolge wie Fehler natürlich persönlich zurechenbarer als in hierarchischen Organisationen. Die Organisationsform macht jedes Handeln transparenter, die handelnden Personen evaluierbarer. Das hat Folgen für die Bewertung und für den Personaleinsatz. Wissens-, Entscheidungs- und Kommunikationsdifferenzen werden schärfer und klarer beobachtbar. Man wird sich schneller dafür entscheiden, in bestimmten Positionen andere Mitarbeiter einzusetzen oder die nötigen Kompetenzen auf dem Markt einzukaufen. Der „human capital"-Umsatz wird steigen. In Antizipation dieses Trends werden die „high qualified workers and employees" von sich aus in die interessanteren Projekte einsteigen, d.h. den Wechsel der Tätigkeit auf dem Markt so lange verfolgen, wie sie nachgefragt werden. Jeder „high-knowledge-worker" ist potentiell in der Lage, aus einem längerfristigen Arbeitskontrakt in „freie Arbeit" zu wechseln – eine Tatsache, die nicht nur das Kontrakteinkommen steigert, sondern auch Rückwirkungen hat auf die Organisationsform, die auf eine höhere Autonomie zugeschnitten werden muss, um die Leute zu halten.

Es bildet sich eine „high-quality-worker"-Elite heraus, die nicht allein durch ihr Wissen definiert ist, sondern durch die Wissensdynamik, d.h. die Aktualität (und permanente Aktualisierung) ihres Wissens in schnell entwertenden Wissenslandschaften. Die Nachfrage wird ständig größer sein als das Angebot, was nicht nur die Preise erhöht, sondern es für die high-knowledge-Anbieter attraktiv macht, ihre Kompetenz nicht nur einer Organisation zur Verfügung zu stellen, sondern, spektral, mehreren. Weil die Nachfrage aus den Organisationen höher ist als das jeweils aktuelle Angebot, müssen sich die Organisationen auch aus diesem Grund auf Dissipation umstellen. Sie haben, bei diesen „high-level-positions", gar nicht die Chance, solche Leute permanent einzustellen oder sie vertraglich längerfristig und ausschließlich zu binden (wie sie sich umgekehrt an potentiell entwertbare Ressourcen nicht binden wollen). Sie müssen sie über befristete Aufträge binden, und ihre Organisation so organisieren, dass sie über diese Schnittstellen arbeiten kann (es sei denn, wie öfters geschehen, die Holding kauft ein neues Unternehmen zu, allein um die „high-level-manpower" zu ergattern, die sie auf dem Arbeitsmarkt gar nicht mehr bekommt).

Die Risikoproblematik, die ich vorhin bezüglich der Kontraktformen ansprach, bekommt noch eine zusätzliche Nunace. Die Risiken bestehen vornehmlich in der Entwertung des privaten „knowledge" oder „human capital" (mit der Konsequenz, dass wir einen sich ausweitenden Wissensmarkt bekommen werden, auf dem einerseits Wissen für die laufende Unternehmensarbeit angeboten wird, andererseits aber Ausbildung zum Wissenserwerb. Der Bildungsmarkt wird stark expandieren und im neuen Jahrhundert eine neue Wachstumsbranche werden). Die Risiken bestehen darin, aktiv sich aus der Unternehmensorganisation auszugrenzen oder ausgegrenzt zu werden. Längerfristige Vertragsbindungen lohnen sich dann nur noch für die Mitarbeiter, aber nicht mehr für die Unternehmen.

Es gibt Parallelkonzepte, z.B. das der „learning organization". Hier wird angestrebt, das ganze Unternehmen lernen zu lassen anstatt wissensdynamische Positionen im Unternehmen auszuwechseln oder zuzukaufen. In den „learning organizations" wird versucht, das („rheinische") Modell längerfristiger Vertragsbindungen mit den Flexibilisierungsanforderungen so zu verknüpfen, dass der Netzwerkbedarf nicht steigt und Dissipationen vermieden werden. Der Organisationsentwicklungsaufwand ist erheblich, hoch versagensanfällig, vor allem wegen der Idee der alle Mitarbeiter betreffenden Parallelität bzw. Gleichmäßigkeit der Wissensdynamik. Ich halte das für die gefährdetere Variante, die allerdings den Vorteil hat, gelänge sie, die „corporate identity" zu halten und zu verstärken und die bewährten Formen organisierter Kooperation zu stärken. Denn in den dissipativen Organisationen werden die traditionellen Formen der Zusammenarbeit durch neue, weniger gesellige, vor allem in den Konstellationen wechselnde Formen abgelöst.

Es wird allerdings schwierig, von einer „corporate identity" zu reden, wenn sich der organisatorische Korpus, der vordem immer eine Raum/Zeit-Einheit darstellte, ins „communicational network" der neuen Arbeits- und Organisationsbeziehungen auflöst. In „virtual organizations" wird die „corporate identity" ein spezifisch zu managender Prozess der ständigen Wiedergewinnung von „corporate integrity". Identität wird zur Flussgröße, ist keine unternehmenskulturelle Ressource mehr, auf die man meint, beliebig zurückgreifen zu können, sondern ein Prozess des „value managements", der „trust-relations" ständig neu generieren und kommunizieren muss.

Was ich hier benenne, gilt nur für die „high-knowledge"-Elite, die allerdings größer wird, weil sie nicht nur die sogenannten Experten umfasst, sondern jeden, der in der Wissensdynamik avantgardistisch agiert. So wie die dissipierten Leistungseinheiten Produzent und Produkt zugleich sind, werden die Arbeitsplätze ebenso bivalent bewertet werden: Welche Kompetenzausübung sie gestatten und welches Wissen sie zu generieren helfen. Der Schritt in die Selbständigkeit ist leicht getan (insbesondere wegen der oft nur geringen nötigen Kapitalausstattung), so dass die Unternehmen beide Optionen verfolgen müssen:

1. attraktive Arbeitskontrakte anbieten, aber

2. auch „best competences" von außen einzukaufen.

Typisch sind hierfür Netzwerkorganisationen. Netzwerke bestehen aus „weichen Verträgen", haben die Gefahr hoher Transaktionskosten, aber dynamische Eigenschaften, insbesondere eine hohe Anpassungsfähigkeit. Einerseits ermöglicht die Redundanz für das Netzwerk insgesamt ein hohes Maß an Flexibilität, auch wenn die einzelnen Netzwerk-Unternehmen relativ inflexibel sind. Andererseits induziert weich kontrahierte, kooperative Arbeitsteilung mit mehreren Partnern Lerneffekte, ist also förderlich für die Diffusion von Innovationen („strength of weak ties").

Netzwerke sind Formen virtueller Organisationen, die durch die Kooperation „lernen", nicht als Kooperationsgebilde, wie die „learning organization". Virtuelle Organisationen bilden eine „coopetition" aus, eine Mischung von „cooperation" und „competition". Diese duale Struktur ist adaptionsfähiger als das schwerflüssigere Gebilde der „learning organization", das die Kosten des Misslingens internalisieren muss (während die „virtual organization" sie externalisieren kann).

„Learning organizations" und „virtual organizations" sind zwei diametral entgegengesetzte Enden eines Organisationsspektrums, in dem die meisten Unternehmen Mischformen darstellen. Beide Endungen unterscheiden sich von den alten hierarchischen Firmen durch ihre dynamische Modulation; beide müssen neue Flexibilitäten und Marktadaptionen erzeugen. Beide leisten das durch unterschiedliche Vertragsstrukturen, die unterschiedliche Formen der Arbeit konfigurieren.

In Deutschland wird sich ein besonderer Mix herausbilden, der sich einerseits auf die Virtualisierung der Organisationsstrukturen einlassen muss, andererseits aber die „learning organization" beibehält, und zwar im Kompetenzkern. Hier werden sich längerfristige Verträge halten und konzentrieren, und auch eine Form der Vertrauenskultur. Dieser „German mix" wird die kontinentale Tradition der Unternehmens- und damit der Wissensbindung weiter pflegen, aber nur im Kern, während die Satellitenwolke des Netzwerks eine „virtual organization" bilden wird, mit hoher Austauschbarkeit oder Variabilität der Leistungsbeziehungen (und natürlich mit Oszillationen zwischen Kern und Satellitenwolke).

Diese „Spektralanalyse" ist schematisch. Praktisch werden nicht nur Mischungen, sondern auch Phasenverschiebungen bedeutsam. Eine „virtual organization" kann sich unter Wettbewerbsbedingungen in eine geschlossenere Form der Organisation transmutieren, nicht nur im Kompetenzkern. Über die Stabilitäten von „virtual organizations" wissen wir noch zu wenig. Möglicherweise eignen sich „virtual organizations" nur für bestimmte Organisationsbereiche; möglicherweise bekommen wir es mit Oszillationen um die beiden Spektralformen zu tun. Die beiden Endungen definieren nur folgende signifikante Differenz:

– Bindung von Wissen über längerfristige Verträge / Kauf und Verkauf von Wissen, mit kurzen Verträgen.
– Wechsel von der einen zu anderen Formen sind nicht symmetrisch (jedenfalls nicht unter den institutionellen Bedingungen deutschen Tarifrechts). Wechselt man zu längerfristigen Verträgen, geht man hohe „human capital"-Bindungen ein. Ein Rückwechsel in „virtual organizations" ist nicht ohne hohe Kosten möglich.

Wir stehen erst am Beginn dieser Entwicklung der dissipativen Ökonomie. Gewiss ist es, dass wir ein reichhaltigeres Formenspektrum von Organisationen bekommen werden, mit unterschiedlichen Vertragsmodalitäten. Die Tendenz zu kurzen Verträgen nimmt zu.

Was geschieht mit den anderen, die nicht zu dieser „highknowledge"-Elite gehören? Viele der Arbeiten werden stärker als bisher standardisiert werden, mit dem Vorteil, dass man die Branchen besser wechseln kann, wenn man z.B. eine WINDOWS-Kompetenz hat. Natürlich wird ein Großteil der Arbeit routinisiert bleiben, ohne unternehmerische Komponente. Der „intrapreneurialen Dimension" sind Grenzen gesetzt. Allerdings gehört auch zu diesen Arbeiten in unternehmerischer gestrickten

Umgebungen eine erhöhte Kommunikationsagilität und Organisationskompetenz. Jede Arbeit in den dissipierten Unternehmen wird stärker als bisher, oder überhaupt erstmals, als „service" verstanden werden für die Kunden außerhalb oder für die Intrapreneurs innerhalb. Man arbeitet nicht mehr in einer Fachabteilung, sondern projektbezogen, d.h. leistet „services" für agile Projekte, was auch bei diesen Tätigkeiten ein höheres Maß an Flexibilität anfordert.

Das Spektrum der Lohn- und Gehaltsdifferenzierung wird ausgeweitet werden. Was in Deutschland tarifvertraglich in einem hohen Einkommenskorridor gehalten wird, wird sich durch die Zeit- und Projektverträge flexibilisieren, ein gewerkschaftlich kaum noch zu reglementierender Bereich. Wenn das Einkommen über ein Tätigkeitsportfolio gewonnen wird, in dem verschiedene, nichtsynchronisierte Jobs parallel ausgeübt werden, erhöht sich die Opportunität, offene, gegebenenfalls auch einkommensniedere Verträge einzugehen, weil die Einkommenskontinuität höher bewertet wird als die Qualität tarifvertraglich geschlossener Verträge. Die Höhe des Einkommens und andere Absicherungen sind in einer Welt singulärer und längerfristig abgeschlossener Verträge weitaus bedeutsamer als in einer Tätigkeits-Portfolio-Welt kurzfristiger Projektarbeitsverträge. Natürlich will man auch in der Portfolio-Welt sein Einkommen hoch halten und verbessern, aber in Zeiten schwieriger Vertragssuche und -findung ist die Vertragsanschlussfrequenz höher gewichtet als die jeweilige Einkommensoptimierung.

Die höhere Flexibilität und Marktreagibilität wird an der Schnittfläche von Organisation und Markt oft als „Kundenorientierung" erwartet. Das bedeutet nicht nur eine Neuorientierung der Kompetenz von Mitarbeitern, sondern auch eine Reordination der internen Beziehungen: interne Abteilungen werden zu „service"-Abteilungen der Kundenfrontmitarbeiter. Kundenorientierung ist nur der Name für eine Reordination der Unternehmen, deren Tragweite noch kaum abzusehen ist. „Kundenorientierung" läuft auf eine horizontale Steuerung der Wertschöpfungsprozesse der Organisation hinaus: Der Kundenkontakter muss die Autorität haben, die Organisation auf die Realisation der Kundenwünsche zu fokussieren, in real time.

Die eine Dimension dieses neuen Prospektes der Organisationsentwicklung heißt „Kundenintegration". Dazu zählen alle Formen neuer Organisations/Kunden-Beziehungen, die unter den Namen „prosumtion" laufen. In der „prosumtion" arbeiten die Kunden an der Erstellung der Produkte oder Dienstleistungen mit: im Selbstbedienungsrestaurant, bei IKEA, dessen Möbel man selber zuende bauen muss, am Bankautomaten, und beim zukünftigen Autokauf, wo man am Display mit den Kundenberater zusammen das eigne Auto „konstruieren" wird. Die letztere Form der „prosumtion" wird hoch individualisierte („mass customization") Produkte innerhalb der Massenfertigung zulassen. Die Kunden steuern den Produktionsprozess unmittelbar (man lässt sich z.B. den Körper mit Laser vermessen und bekommt sein individuell zugeschnittenes Kleidungsstück etc.), aber innerhalb eines Organisationsregimes, das diese Steuerung wiederum steuert.

Die nächste Dimension wird, allein der Logik dieser Entwicklung folgend, eine fortgeschrittene Kundensteuerung der Organisation in dem Sinne sein, dass virtuelle Organisationen – andere haben diese Flexibilität womöglich gar nicht – nur für spezifische Kundenbedürfnisse gegründet werden und, bei deren Nachlassen, sofort wieder aufgelöst werden. Die virtuelle Organisation wird als temporäres Projekt betrieben. Silicon Valley arbeitet längst nach diesem Modell. Büroräume und Produktionsanlagen sind nurmehr eine generelle Infrastruktur, die durch ständig neue Organisationen besetzt und wieder entsetzt wird. Die paar Schreibtische und Computer, die man dafür braucht, sind für diese Organisationen marginale Materiatur ihres Leistungsprozesses; das „main capital" sind ihre Ideen und ihre Mitarbeiter, die diese Ideen haben und umsetzen. Wir können diesen Prozess durchaus „kapitalistischen Platonismus" nennen. Der energetische Einsatz wird minimiert, dafür steigt die Wissens- und Ideenanforderung und damit die Wissengenerierung an. Die Kundensteuerung dieser Prozesse hat einen höheren Grad als jemals zuvor, weil die Schnelligkeit des Organisationswechsels keine stabilen Organisationsstrukturen mehr herausbilden lässt, die ihre Eigengesetzlichkeit in Anschlag bringen.

Organisationen werden unter diesen Bedingungen fluide Hüllen für wechselnde Ideenproduzenten und -umsetzer, die sich anstelle von hierarchischen Organisationsregeln durch heterarchische Kommunikationsformen verbinden. Der Habitus der Kooperateure wird ein entscheidendes Organisationskoppelungsmoment werden. Überhaupt wird die Organisation eher als Kooperationsmodus denn als Organisation beschrieben werden, in der Dualität von Kooperation und Kompetition.

## Kommunikation, Vertrauen, Identität

Virtuelle Organisationen können ihre Identität nicht mehr durch andauernde Mitgliedschaft, durch Anstellungsverhältnisse und interne Kooperationsroutinen definieren. Ihnen fehlt das (relative) Vertrauen, das sich in lernenden Organisationen ausbilden kann. Marktbeziehungen sind verschieden von hierarchischen Koordinations- und Kooperationsbeziehungen. Deshalb ist es für virtuelle Organisationen sehr viel schwieriger, eine „corporate identity" herzustellen. Die marktlich koordinierten Leistungsbeziehungen unterliegen dem Wettbewerb, d.h. sie bilden selten wiederkehrende Kooperationsmuster aus.

Virtuelle Organisationen müssen ihre Identität über die Attraktivität ihres „brands", ihrer Produkte und Leistungsangebote herstellen. Es ist vorteilhaft für sie, eine „story" zu haben. Mit einem spezifischen Kompetenzkern zusammenzuarbeiten, muss nicht nur profitabel sein, sondern auch statusaufwertend. Für virtuelle Organisationen ist ihr Marketing nicht nur für die Kundenbeziehungen, sondern auch für die Wertigkeit der Leistungsbeziehungen signifikant. Mit erfolgreichen Unternehmen zu kooperieren, die auch sagen, dass sie erfolgreiche Unternehmen sind, erhöht den eigenen Value im Netzwerk.

Anstelle von Kooperationsidentitäten haben wir es im Falle der virtuellen Organisation vornehmlich mit *Kommunikationsidentitäten* zu tun. Man kooperiert über marktliche Leistungsbeziehungen eher mit Kompetenzkernen, die einen höheren gesellschaftlichen Kommunikationswert haben (oder einen höheren Potentialwert, der allerdings nur gilt, wenn er auch kommuniziert wird, z.B. an Börsen). Um es genauer zu sagen:

- *Lernende Organisationen* bilden ihre Identitätsmuster durch die Formen der Kooperation innerhalb des Unternehmens aus, d.h. durch vertrauensvolle Zusammenarbeit. Gelungene Zusammenarbeit ist gelungene *interne Kommunikation*.

- *Virtuelle Organisationen* bilden hingegen ihre Identitätsmuster über gelungene *externe Kommunikation* aus. Es kommt nicht nur darauf an, wie Kompetenzkern und Netzwerksatellit zusammenarbeiten (natürlich muss auch das stimmen), sondern auch darauf, wie der Kompetenzkern (oder der Netzwerksatellit) in der Öffentlichkeit kommuniziert wird. Gesellschaftliche Erwartungen sind hierbei orientierend und die Produktion dieser Erwartungen. Differenzieren wir:

- *Lernende Organisationen* kommunizieren mit den Kunden wie mit den Mitarbeitern der Organisation extern, um die Transaktionschancen, intern, um die Kooperationschancen zu erhöhen.
- *Virtuelle Organisationen* kommunizieren intern wie extern nach dem gleichen Muster, zugleich aber noch mit der Gesellschaft, über alle relevanten Medien.

Denn weil die virtuellen Organisationen für Kunden wie für Mitarbeiter identitätsloser sind als lernenden Organisationen, können sie die Identitätsmarkierungen nicht über Organisation lösen, sondern nur über symbolische Bedeutungen und Kommunikation.

Sie müssen ihre Identität in eine Metapher, in ein Symbol „auslagern", damit sie 1. erkennbar bleiben und 2. dennoch flexibel sein können. Unter der Invarianz des Symbols kann sich die virtuelle Organisation elastisch formieren und re-formieren.

Die lernende Organisation – als anderer Extremtypus – muss ihre Identität mit ihren Lernschritten mitverwandeln. Ihre Identität ist deswegen variabel, weshalb der Änderungsprozess der lernenden Organisation immer auch ein Identitätsrestabilisierungsprozess ist. Der Lernprozess kann zu einem Identifikationsmerkmal werden, aber das bleibt ambivalent.

Die Auswirkungen auf die Identitätsmuster sind erheblich. Wenn man virtuelle Organisationen als lose Netzwerkkopplungen mit ihren Satelliten beschreibt, ist die Demission der „corporate identity" offensichtlich. Dass sich im Satellitennetzwerk neue Kooperationsformen ausbilden, ist eine Gegentendenz („guilds"). Zugleich erfordert die virtuelle Organisation eine Umdefinition von Kooperation.

Die Netzwerkwolken um die Kompetenzkerne der virtuellen Organisationen sind besondere Strukturen: weder Markt noch Hierarchie. Kompetenzkerne haben besondere, prioritäre Vortragsbeziehungen zu den Netzwerken. Man geht nicht „in den Markt", sondern „in sein Netzwerk", weil man seine Netzwerkpartner besser kennt als anonyme Marktpartner.

In diesem Sinne ist es ungenau, zu sagen, dass sich virtuelle Organisationen in Marktbeziehungen auflösen. Sie „lösen sich auf", „sourcen out", verkaufen etc., aber sie bevorzugen spezifische Transaktionsbeziehungen zu spezifisch ausgewählten Partnern. Gewisse Vertrauensbeziehungen spielen eine herausgehobene Rolle. Wir haben es mit Netzwerken zu tun, d.h. mit „Halb-Märkten". Mit Partnern, mit denen man gut kooperiert, arbeitet man immer wieder zusammen, so dass eine stabile Leistungsbeziehung entsteht. Nicht der Wille zur Kooperation, sondern die Konkurrenz anderer möglicher Kooperationspartner ist das Problem.

Die Beziehungen der Kompetenzkerne zu ihren Netzwerksatelliten sind neuer Art. Zum einen sind es Marktbeziehungen, d.h. man kontrahiert nur, wenn man die Satelliten für die Aufgabenerledigung braucht. Zum anderen aber sind Netzwerkbeziehungen keine rein kontingenten Marktbeziehungen, sondern Vertragsdispositive, die gewisse Bindungsqualitäten haben. Netzwerkbeziehungen sind vorvertragsartige Primärrelationen: bevor man auf den Markt geht, geht man erst ins Netzwerk.

Das heißt, dass die Kompetenzkerne (d.h. die Unternehmen, die sich auf ihre Kernkompetenzen reduziert haben) mit ihren Netzwerkpartnern eher zusammenzuarbeiten als mit Nichtnetzwerkpartnern. Daraus entstehen Kooperationsmuster neuer Art, deren Identitätsmerkmale noch schwierig einzuschätzen sind (mangels längerfristiger Erfahrungen). Natürlich werden gute Kooperationen Vertrauen erzeugen. Gemeinsames Wissen und eingeübte Kommunikation senken die Transaktions- und Kooperationskosten.

Doch wird dieses neue Kooperationsmuster, das eigene Identitäten in der Kooperation erzeugen kann, immer wieder kompetitiv unterbrochen durch höhere Attraktivität anderer Kooperationspartner. Die Kompetenzkerne werden ein neues Kooperationsmanagement entwickeln müssen. Denn die Netzwerksatelliten werden ihre eigene Identität als hochqualifizierter Partner avancierter Kompetenzkerne nicht durch einseitige Bindung an einen Kompetenzkern lädieren. Ihre Qualität besteht ja gerade darin, im Netzwerk zwar Kooperationsressourcen zu haben, aber potentiell auch für andere attraktiv zu werden.

Die Qualität der Zusammenarbeit wird dadurch nicht mehr allein durch die Qualität der Zusammenarbeit definiert, sondern durch die in der Zusammenarbeit bewiesene Attraktion für andere, ebenfalls eine Zusammenarbeit anzustreben.

Das Kooperationsmanagement muss

1. die Zusammenarbeit bewerten und
2. die eigene Fähigkeit, andere von der Zusammenarbeit abhalten zu können.

Die Identität der Satelliten bzw. die Identität der Mitglieder in den Satelliten speist sich dann vornehmlich daraus, auch für andere kooperationsattraktiv zu sein. Sie beruht nicht mehr nur auf gelungener Zusammenarbeit und guter Kooperation, sondern zusätzlich auf deren potentieller Aufhebbarkeit. Damit aber kommt eine Asymmetrie in die Kooperation, eine „co-opetition":

Kooperation unter Kompetitionsbedingungen unterscheidet sich von innerorganisationaler Kooperation. Die unter „co-opetition" ausgebildete Identität ist ambivalenzerprobter; sie bewertet die möglichen Kooperationen, welche Investition in „human capital", in Kompetenzausweitung sie bieten.

Die Kooperationschancen, die die Kompetenzkerne ihren Netzwerkpartnern zu eröffnen haben, müssen dynamische Qualitäten anbieten: nicht nur Entgelt und „income", nicht nur gutes „teamwork", sondern auch Qualifizierungsspezifität. Die exzellenten Satelliten können sich die Netzwerkkooperationen danach aussuchen, welches neue Wissen sie erwerben. Die neue Identität, die im Kontext der virtuellen Organisation entsteht, ist nicht nur an die Kompetenz gekoppelt, seine Kompetenz gut einsetzen zu können und anerkannt zu bekommen, sondern darüber hinaus an die Kompetenz, neue Kompetenzen zu entwickeln oder zu erwerben.

Die Kompetenzkerne müssen dann in der Lage sein, ein Integrationsmanagement zu betreiben, das, auf das jeweils anstehende Kooperationsprojekt bezogen, neben dem Angebot zur Zusammenarbeit zudem ein Angebot zur Wissensgenerierung bietet. Das können sie tun, weil sie davon ausgehen können, dass die Satelliten in anderen Kooperationen mit anderen Unternehmen ebenfalls neues Wissen generieren, das sie für ihr Projekt geliefert bekommen. Die Netzwerksatelliten werden zu Relais der schnelleren Wissensdiffusion im Wettbewerbskontext. Das unterscheidet sie von reinen „service-units", die mit Unternehmenskernen kooperieren und macht sie, bei aller Riskanz, selbstbewusst. Die „neue Identität" entwickelt sich nicht vornehmlich über die quasi-unternehmerische Selbständigkeit, auch nicht besonders über die Kooperationsmuster mit den Kompetenzkernen, sondern über die transversale Wissens-Relais-Funktion. Die Netzwerksatelliten stehen zum einen im Wettbewerb, zum anderen ständig in diversen Kooperationen, und in dieser „co-opetition" bilden sie eine Struktur, die quer zum Markt liegt, über mehrere Unternehmen gehend, deren Wissen sie verknüpft, indem sie es verteilt.

In diesem Sinne kooperieren die einzelnen Kernkompetenz-Unternehmen indirekt über die „brokerage" ihrer Netzwerksatelliten. Neue Marktstrukturen entstehen; der Markt wird nicht mehr als reines Koordinationsagens verstanden, sondern als „co-opetition"-Arena. Wissensgenerierung und -diffusion wird zum zentralen agens movens der Optionengewinnung. Das Profitspiel der Unternehmen wird von einem Optionenspiel überlagert, das in den „new markets" selber zum Profitspiel wird. Optionen sind keine Produkte, sondern Bewertungen zukünftiger Marktpotentiale, was den „Markt für Unternehmen" einschließt. Wenn Unternehmensorganisationen den Marktwert ihrer Produkte/Leistungen wie ihren eigenen Marktwert parallel steigern, sind sie bi-präsent: auf mindestens zwei Märkten gleichzeitig. Sie steigern ihre Markt- wie Fusionspotentiale.

Wenn Unternehmensorganisationen aber potentiell akquisitionsfähig sind, sind ihre eigenen Organisationsentwicklungen wie die eigenen Herausbildungen von Organisationsdesigns von vornherein zeitlich begrenzte Prozesse, in die Fusionen verschwinden und dann völlig neu sortiert und neu angegangen werden. Die jeweiligen spezifischen Organisationsdesigns sind temporäre Zustände in einem dynamischen Markt, die jederzeit rekonstelliert werden können. Deshalb wird die „virtual organization" eine dominante Organisationsform werden, weil sie den höheren Dispositionswert hat bezüglich allfälliger Reorganisationen und Rekonstellationen.

# TEIL III

# Unternehmensethische und sozialökologische Öffnungen für die Theorie der Unternehmung

# Evolutorische Ökonomik, verstehende Soziologie und Wirtschaftsethik*

## Thomas Beschorner

„Zwar hat es den Anschein, dass es eine Art von Organisation durch Gewohnheiten, Regeln und Prinzipien gibt, die wir regelmäßig und mit Erfolg anwenden, aber der Ursprung unserer Gewohnheiten liegt fast außerhalb unserer Kontrolle, und die Regeln, die wir anwenden, sind Faustregeln, und ihre Gültigkeit wurde niemals verifiziert". (Alfred Schütz)[1]

### 1. Vorbemerkung

Den neueren Entwicklungen der Evolutorischen Ökonomik kommt eine kaum zu unterschätzende Bedeutung zu: Sie unternimmt den Versuch, das neoklassische Paradigma zu falsifizieren. Nichts neues? Diese Einschätzung täuscht, wenn man davon ausgeht, dass das Aufzeigen „kleiner" Anomalien zwar eine notwendige, jedoch noch keine hinreichende Bedingung für die Falsifizierung einer (gesamten) Theorie ist. Ergänzend bedarf es nämlich einer Theoriealternative, die „besser" als das vorherrschende Paradigma ist „und das bedeutet: Theorien nicht nach idealen Kriterien, sondern nach ihrer *relativen Vorzugswürdigkeit* zu bewerten"[2]. Der Anspruch der relativen Vorzugswürdigkeit verbindet sich nach meiner Einschätzung mit dem Forschungsprogramm der Evolutorischen

---

* Für wichtige Hinweise und Anregungen danke ich Prof. Dr. Reinhard Pfriem (Oldenburg), Dr. Olaf Schumann (Tübingen), Prof. Dr. Hans G. Nutzinger (Kassel/Erfurt) und Prof. Dr. Egon Matzner (Erfurt).

[1] Schütz 1943/1972, 32.

[2] Suchanek 1999, 89.

Ökonomik. Sollte sich dieser Anspruch als berechtigt herausstellen, wird für eine Vielzahl angrenzender (Sub-)Disziplinen zu fragen sein, inwieweit sich dieser Ansatz für theoretisch-konzeptionelle und praktisch-empirische Fragestellungen nutzen lässt, die über die Kernthematik der Evolutorischen Ökonomik hinaus reichen. Mehr noch: es wird reflektiert werden müssen, welche Modifikationen und Erweiterungen für die relevanten Fragen von Nöten sind; auch um diese gegenüber dem evolutorischen „mainstream" zu spiegeln.

## *Ziel*

Mit diesem Beitrag wird versucht, eine derartige Reflexion anzustellen, indem ein möglicher wirtschafts- und unternehmensethischer Zugang skizziert wird, der das Betreiben von *Wirtschafts- und Unternehmensethik als Handlungstheorie* vorschlägt und sich dabei Theorieelemente der Evolutorischen Ökonomik und der verstehenden Soziologie zu eigen macht. Handlungstheorie ist dabei nie nur auf Entscheidungen oder Handlungen begrenzt, sondern kennt neben der Mikroebene (die Akteure) eine Makroebene (handlungsleitende Institutionen oder Ordnungen) und vermag diese rekursiv zu verbinden. Mit diesem Forschungsprogramm verbindet sich ein dreifacher Anspruch:

(i) Ansatzpunkte für eine handlungstheoretische Wendung werden insbesondere in der Konzeption von Idealtypen und einer subjektiv-verstehenden Methode gesehen. Damit wird eine „Korrektur" auf der Mikroebene möglich, die *neben* dem Nutzenkalkül insbesondere Handlungsroutinen sowie wertrationale Überlegungen thematisiert und durch den Dreischritt „Handlungen – soziale Beziehungen – Ordnungen" zu einem fundierten *sozialwissenschaftlichen Erklärungsmodell* führt.

(ii) Dem wertrationalen Handeln kommt in diesem Zusammenhang ein methodischer Doppelstatus zu, indem es sowohl als idealtypische Handlungskategorie als auch als ideales Handeln im ethischen Sinne begriffen wird – ohne, dass es sich dabei um Identitäten handelt. Insofern ermöglicht diese Konzeption eine *Verbindung von positiver und normativer Theoriebildung* und ist sozialphilosophisch anschlussfähig.

(iii) Der entwickelte Ansatz gestattet durch (der Realität angenäherte) Idealtypen sowie eine lebensweltliche Perspektive sowohl einen empirischen Zugang zu entwickeln als auch Gestaltungsempfehlungen hinsichtlich der Implementierung von Ethik- oder Umweltmanagementsystemen zu formulieren.

*Gang*

Im Anschluss an sechs Thesen zum Minimalkonsens in der aktuellen wirtschafts- und unternehmensethischen Diskussion (Kap.2) werden einige methodologische Ausführungen zum idealtypischen Konzept, gewissermaßen ein Gegenentwurf zur „als-ob-Methodologie" der traditionellen Ökonomik, diskutiert. Die Arbeiten von Karl Homann dienen dabei als kontrastierende Folie (Kap.3.1). Methodisch wird – damit zusammenhängend – auf eine subjektiv-verstehende Methode (Kap. 3.2) umgestellt. Auf dieser Basis lassen sich drei relevante Handlungstypen entwickeln: das traditionale, routinemäßige Handeln, das zweckrationale Handeln und das wertrationale Handeln, wobei Handlungsroutinen, mögliche Mischformen sowie Wertrationalität im Zentrum des Interesses stehen (Kap. 3.3). Darüber hinaus wird die „Einbettung" von Handlungen in soziale Beziehungen und Ordnungen dargelegt (Kap. 3.4).

Durch diese methodologische und methodische Umstellung ergeben sich weitreichende Konsequenzen für eine Wirtschafts- und Unternehmensethik: Unternehmen werden zuerst als ein „System von Gewohnheiten" entwickelt (Kap. 4.1), sodann skizziere ich ihre Stellung in der Gesellschaft (Kap. 4.2), um anschließend „Unternehmen zwischen Wettbewerbsfähigkeit und Legitimation" zu diskutieren (Kap.4.3). Im letzten Abschnitt (Kap. 5) fasse ich den systematischen Kern der Ausführungen thesenartig zusammen und deute mögliche Forschungsperspektiven an.

*2. Zum Minimalkonsens in der Wirtschafts- und Unternehmensethik*

Es gibt sie nicht, *die* Wirtschaftsethik. Die wirtschaftsethische Diskussion ist vielmehr dadurch gekennzeichnet, dass eine Vielzahl heterogener

– und nicht widerspruchsfreie – Ansätze miteinander konkurrieren, wobei die vormals Ingolstädter, jetzt Münchner Schule (Karl Homann), die Erlanger Schule um Horst Steinmann und das Institut für Wirtschaftsethik in St. Galler (Peter Ulrich) die zentralen Eckpfeiler einer *umfassenderen* Diskussion bilden. Bei aller Unterschiedlichkeit der Zugänge scheint aus meiner Sicht jedoch in einigen Punkten Einigkeit darüber zu bestehen, wie eine Wirtschafts- und Unternehmensethik zu konzipieren ist bzw. (zukünftig) konzipiert werden sollte:

*Erstens*, die Ziele der Ethik selbst (z.B. der Gerechtigkeit, der Nachhaltigkeit o.ä.) scheinen unstrittig.[3] Kontrovers hingegen sind die Mittel zur Erreichung dieser Ziele, was wiederum mit der jeweils unterschiedlichen Theoriearchitektur der Ansätze zusammenhängt.[4]

*Zweitens*, es herrscht Einigkeit darüber, dass eine moderne Wirtschafts- und Unternehmensethik als Institutionen- *und* Individualethik konzipiert werden muss. Institutionen gelten in einer anonymen Gesellschaft als wichtige Koordinations- oder Steuerungsgrößen, aus denen ethisch erwünschtes Verhalten resultieren soll. Auf Individualethik kann gleichwohl schon allein deshalb nicht verzichtet werden, weil zum einen nur Individuen ethisch handeln können und zum anderen Verbesserungen der institutionellen Arrangements nur aufgrund individueller Handlungen möglich sind.[5]

---

[3] So beispielsweise Homann/Blome-Drees 1992, 186; Homann 1997a, 140 f. Gleichwohl kann festgestellt werden, dass Homann (1996)dem Prinzip der Nachhaltigkeit zwar formal i.S. einer regulativen Idee für den gesellschaftlichen Suchprozess zustimmt, eine Konkretisierung für den operationalen Gebrauch jedoch ablehnt. Vgl. dazu eingehender die Kritik von Lerch und Nutzinger (1998).

[4] Homann und Mitarbeiter beginnen deduktiv, „von oben her" und sehen den systematischen – wenn auch nicht einzigen – „Ort der Moral in der Rahmenordnung" (Homann/Blome-Drees 1992; Homann/Pies 1994); Steinmann/Löhr (1991; 1995) hingegen wählen unter Einbeziehung der Teilnehmerperspektive einen induktiven, erfahrungsgestützten Zugang, wobei in Konfliktfällen das „Friedensprinzip" dem „Effizienzprinzip" systematisch vorgeordnet ist, das Gewinnprinzip aber prinzipiell (normativ) anerkannt wird; Ulrich (1996; 1997) wiederum vertritt einen diskursethischen Ansatz, der eine Verständigungsorientierung unterstreicht. Die Richtigkeitsvermutung des Gewinnprinzips wird abgelehnt.

[5] So selbst Homann, der die stärkste Akzentuierung auf einen institutionenethischen Zugang legt. Er erkennt nicht nur an, dass Moral von Individuen mit einem reichhaltigen Spektrum von Motiven generiert wird (Homann 1997b, 20 ff.), sondern

*Drittens* wird zugestanden, dass Wirtschaftsethik nie nur eine Ausgestaltung der Rahmenordnung bedeuten kann, sondern darüber hinaus eine konsistente Einbindung von Unternehmensethik von Nöten ist. Wirtschafts- *und* Unternehmensethik sind konstitutiv für einen umfassenden wirtschaftsethischen Ansatz. Die drei Diskutanten unterscheiden sich „lediglich" – hier aber erheblich – in ihren Akzentuierungen und ihrem Zugang (von Unternehmensethik zur „Verbesserung" der Rahmenordnung bis hin zu Unternehmen als „neuen" Akteuren einer Verständigungsorientierung).

*Viertens* wird damit zusammenhängend davon ausgegangen, dass Unternehmensethik, vor dem Hintergrund der Globalisierung und einem damit einhergehenden abnehmenden nationalstaatlichen Einfluss, in den letzten Jahren an Bedeutung gewonnen hat und weiterhin an Bedeutung gewinnen wird.[6] So vertritt Wieland – dessen Ansatz hier als vierte, neuere Schule genannt werden soll – die These, dass der zurückgehende Einfluss des Nationalstaates zu neuen Handlungsspielräumen der Unternehmen geführt hat, die wiederum einhergehen mit einem Ansteigen der Zurechnung von moralischer Verantwortung auf Unternehmen durch eine kritische Öffentlichkeit.[7]

*Fünftens* sehe ich eine prinzipielle Offenheit darin, die – gerade im deutschsprachigen Raum dominante – „Grundlagendebatte"[8] dahinge-

---

benennt so etwas wie ethische Reflexionsfähigkeit (moralische Diskurse, Erziehung zum ethisch reflektierten Handeln etc.) als durchaus bedeutsam, denn um „moralische Ideale und Utopien weiterzuentwickeln, bedarf es individueller moralischer Erfahrung und Erkenntnisse" (Homann/Pies 1994, 11; ähnlich und weiterführend auch Homann 1997a). Zur Frage „Individual- versus Institutionenethik" vgl. auch die Beiträge im gleichnamigen Schwerpunktheft 1/1 (2000) der „Zeitschrift für Wirtschafts- und Unternehmensethik" (zfwu).

[6] So auch Homann (2000, 40): „Auf nationalstaatliche Ordnungen und supranationale formelle Institutionen wird man nicht verzichten können, aber sie spielen zunehmend eine eher subsidiäre Rolle in einem auf Jahrzehnte, vielleicht Jahrhunderte zu veranschlagenden Prozess der Selbstorganisation, der vor allem von den Unternehmen, aber auch von anderen Organisationen und von den Bürgern selbst vorangetrieben wird." Ähnlich m.E. bereits Homann/Blome-Drees (1992, 123).

[7] Vgl. Wieland 1999, 16.

[8] Dabei geht es „vornehmlich um Fragen der philosophischen (Letzt-)Begründung ethischer Prinzipien und das Problem der grundsätzlichen ökonomischen ‚Leistbarkeit' von Verantwortung im Wettbewerb" (Steinmann/Löhr 1995, 170).

hend „schlüssig zu ergänzen", dass auch gegenüber Unternehmen konkretere Empfehlungen hinsichtlich der Einbindung von „Ethikmanagementsystemen" in die betriebliche Organisation ausgesprochen werden können.[9]

Es scheint letztlich, *sechstens*, nicht kontrovers, dass derartige Empfehlungen wohl nicht in „Kochrezepten" für die Unternehmenspraxis münden können und, dass „ohne reflektierten [theoretischen?, T.B.] Umgang mit diesen Fragen (..) die Gefahr besteht, (..) das Kind mit dem Bad [auszuschütten]".[10]

### 3. Ansatzpunkte für eine handlungstheoretische Wendung

Die in diesem Beitrag gewagte Perspektive schlägt vor, Wirtschafts- und Unternehmensethik als Handlungstheorie zu betreiben und versucht damit ein Erklärungs- und Gestaltungsprogramm zu konzeptualisieren, das in der bisherigen Diskussion nicht in systematischer Form entwickelt werden konnte.[11] Ansatzpunkte für eine handlungstheoretische Wendung lassen sich aus meiner Sicht innerhalb der Evolutorischen Ökonomik ausmachen, die insbesondere in ihrer sogenannten *ontogenetischen* Aus-

---

[9] Ulrich (1999, 86) nennt jene Praktiken etwas abschätzig „ethisch orientierte Sozialtechniken", sieht aber durchaus deren Notwendigkeit. Steinmann und Mitarbeiter registrieren einen „stark abnehmenden Grenzertrag einer weiteren Reflexion über die verschiedenen unternehmensethischen Konzeptionen und ihre Begründung" (Steinmann/Olbricht 1998, 173) und schätzen zukünftig „die gemeinsame Überzeugungsarbeit, die die praktische Bedeutung der Unternehmensethik und ihre Umsetzung im Unternehmensalltag in den Mittelpunkt stellt, besonders wichtig" ein (Steinmann/Scherer 2000, 93). Homann (2000, 37) betrachtet die pragmatischen Lösungsansätze der Business-Ethics-Bewegung als „eine Bereicherung der oft theorielastigen deutschen Diskussion". Wielands Ansatz steht durch eine Vielzahl theoretischer und empirischer Arbeiten (besonders: 1993; 1999; 2000) programmatisch für ein derartiges Verständnis.

[10] Ulrich 1999, 75.

[11] Gleichwohl lassen sich Anknüpfungen zu anderen Entwürfen ausmachen. So z.B. zur handlungsorientierten Wirtschaftsethik von Georges Enderle (1993; 2000) oder zur Entscheidungsethik von Hartmut Kreikebaum (1996).

richtung[12] möglicherweise die vielversprechendste (Teil-)Alternative zum Rational-Choice-Paradigma der traditionellen Ökonomik darstellt. Der Begriff „Handlung" deutet bereits darauf hin, dass das hier zugrundegelegte Verständnis von Evolutorischer Ökonomik eher eine lose Analogie zur biologischen Evolutionstheorie zieht, mithin keine blinde Übertragung biologischer Kategorien auf den Bereich der Sozialwissenschaften erfolgen soll; ebenso wurde damit weitestgehend auf die Verwendung biologischer Begrifflichkeiten verzichtet. Von zentraler Bedeutung ist weiterhin und ganz zentral die Konzeptualisierung einer *zielgerichteten* Handlungstheorie. Inspiriert durch einen Beitrag von Richard Langlois[13] wird im Folgenden ein Zusammenhang zwischen Evolutorischer Ökonomik und verstehender Soziologie hergestellt, der es erlaubt, Evolutorische Ökonomik als Handlungstheorie zu betreiben.

*3.1 Idealtypen*

Eine handlungstheoretisch umformulierte Wirtschafts- und Unternehmensethik einzufordern, verlangt wenigstens in Ansätzen einige Ausführungen zum veränderten methodischen und methodologischen Gewand zu formulieren. Methodisch, das wird noch deutlich werden, wird in Abgrenzung zu Homanns objektiv-verstehendem Ansatz ein subjektiv-verstehender Zugang vorgeschlagen. Damit wird auch ein veränderter methodologischer Rahmen notwendig, da eine auf der Handlungs- und Ordnungsebene erweiterte Perspektive nicht mit einer Situationstheorie

---

[12] Der Begriff selbst stammt aus der Biologie und steht in einem engen Zusammenhang mit zwei Traditionen: dem Darwinismus (der Selektion) und dem Lamarckismus der Zielgerichtetheit eines absichtsvollen Handelns, wie Hodgson (1993, 40) zeigt: „Today Lamarckism is generally rejected by biologists because no mechanism has been widely accepted as an explanation of how an acquired character would be encoded in the genes and thus passed on to future progeny. However, it is widely accepted the socioeconomic evolution can be Lamarckian, at least in a broader rather than a stricter sense; acquired characteristics of an individual or institution can be passed on to, or imitated by, others. Hence there are no advocates of strict Darwinian evolution, as understood to, in the socioeconomic context."

[13] Vgl. Langlois 1998.

i.S. Homanns möglich ist. Deutlich geeigneter scheint hingegen eine Bestimmung über Idealtypen, der ich mich durch einen Rekurs auf die Arbeiten von Karl Homann und Mitarbeitern[14] annähern möchte.

### 3.1.1 Exkurs: Homann und Popper

Homann und Mitarbeiter rekurrieren in ihrem situationstheoretischen Ansatz auf die Handlungsrestriktionen, die sie insbesondere durch die Mitakteure in Gestalt des Gefangenendilemmas charakterisiert sehen. Poppers Situationslogik stellt den zentralen Bezugspunkt dar, wobei unter Verwendung einer konstruierten Situation mit Popper davon ausgegangen wird, „daß die verschiedenen eine Rolle spielenden agierenden Personen *adäquat oder zweckmäßig* – das heißt der Situation entsprechend – handeln".[15]

Homann et al. interpretieren Poppers Rationalitätsbegriff als zweckrationales Handeln, indem sie ein – wie ich meine – über Popper hinausgehendes Argument formulieren und in „einer gewissen Nähe" zu Friedmans as-if-Methodologie stehen: Friedman schlägt vor, den homo oeconomicus als methodisches Konstrukt zu verwenden, mit dessen Hilfe Hypothesen abgeleitet werden können, die dann wiederum einer empirischen Überprüfung unterzogen werden sollen.[16] Darüber hinaus wird die ökonomische Rationalität zudem mit einem Selektionsargument begründet, wie Friedman anhand des Beispiels der „rationalen Blätter"[17] veranschaulicht: Er schlägt vor, von der Hypothese auszugehen, dass die Blätter eines Baumes „sich so verhalten", *als ob* sie die Aufnahme des eintretenden Sonnenlichtes maximieren würden. Es ist offensichtlich, dass die Blätter zwar nicht aktiv ihren Nutzen maximieren, das empirische Ergebnis aber so interpretierbar ist, *als ob* sie rationale Nutzenmaximierer wären.

Homann und Koautoren betreiben gleichwohl keine blinde als-ob-Methodologie und monieren an den Überlegungen Friedmans – analog zu

---

[14] Dies sind insbesondere Andreas Suchanek, Ingo Pies, Franz Blome-Drees und Uwe Gerecke.

[15] Popper 1967/1995, 352.

[16] Bis hier hin auch noch Popper 1967/1995, 353.

[17] Friedman 1953, 19.

Albert beispielsweise[18] –, dass es sich bei der Verwendung des homo oeconomicus um eine ad-hoc-Annahme handelt, ebenso könne beispielsweise der homo sociologicus zugrunde gelegt werden.[19] Sie beschreiben einen Mittelweg zwischen dem Forschungsprogramm Milton Friedmans und dem Credo „realitätsnäherer Annahmen" und gehen insofern (in ihrer Explikation) über Becker hinaus[20]. Dabei wird die zentrale These vertreten,

> „daß der Homo oeconomicus ein *problemorientiertes Konstrukt zu Zwecken positiver Theoriebildung* darstellt – darin liegt die Nähe zu M. Friedman –, für dessen Wahl aber nicht nur die Fruchtbarkeit in einem Forschungsprogramm, sondern auch *eine bestimmte Art von ‚Realitätsnähe der Annahmen'* ausschlaggebend ist, womit Grundgedanken der Popperschen Methodologie Rechnung getragen wird. Allerdings bezieht sich die ‚Realitätsnähe' *nicht auf die (sozial-) psychologische Ausstattung des ‚Homo', des ‚Menschen', sie bezieht sich vielmehr auf die ‚Situation', in der die Menschen agieren, und die von dieser ‚Situation' ausgehenden Handlungsanreize".*[21]

Homann und Mitarbeiter lehnen also den homo oeconomicus nicht nur als Menschenbild ab, sondern schließen auch eine handlungstheoretische Verwendung aus und versuchen der ad-hoc-Annahme Friedmans neue Plausibilität zu verleihen, indem sie ihren homo-oeconomicus-Ansatz als Situationstheorie (um-)formulieren. Analog zum „Badewannenmodell" von Coleman[22] bedürfe es zwar – ausgehend von der Makroebene – einer Mikro*fundierung*, um wiederum Makrophänomene gehaltvoll erklären zu

---

[18] Vgl. Albert 1967, 338 ff.; 1998, 224 ff.

[19] Vgl. Homann 1997b, 18.

[20] Es scheint in Becker/Stigler (1977, 76) nicht ganz deutlich, ob die Autoren mit Formulierungen wie, „It is a thesis that does not permit of direct proof because it is an assertion about the world, not a proposition in logic", nicht vielleicht doch anthropologisch argumentieren. Schramm (1996, 235) meint hingegen auch in den Arbeiten Beckers einen situationslogischen Ansatz zu sehen, den ich nicht erkennen kann.

[21] Homann 1997b, 18.

[22] Vgl. Coleman 1990/1995, 8 ff.; dazu eingehender Beschorner 2000b.

können, nicht jedoch einer Mikro*theorie*.[23] Bei der mikroökonomischen Fundierung bedient man sich der „Heuristik"[24] des rein nutzenmaximierenden homo oeconomicus. Die Verwendung dieses Konstruktes wird sowohl als „Situationstheorie" gerechtfertigt als auch als nützliche Vereinfachung einer notwendigen Komplexitätsreduktion begriffen. Diesbezüglich wird dazu aufgerufen, möglichst sparsam mit Annahmen auf der Mikroebene zu hantieren, denn „je mehr Komplexität auf der Mikroebene zugelassen wird, desto beschränkter ist das Potential für Ableitungen auf der Makroebene".[25] Für ein sozialwissenschaftliches Erklärungsprogramm seien lediglich externe, objektive Beobachtungen und damit die Wirkungsmächtigkeit der beobachteten Situation von Belang, nicht jedoch die tatsächlichen Gründe des Akteurs. Zwei zentrale Anfragen wären an die Autoren zu richten:

*Erstens* müsste gezeigt werden, dass die herangezogene spieltheoretische Modellierung als nicht-kooperatives Zwei-Personen-Gefangenendilemmas ohne Iteration eine bestimmte Art von *„Realitätsnähe der Annahmen"* ist. Weise hat diesbezüglich größere Zweifel und auch die Autoren selbst gestehen ein, dass es sich bei der Verwendung des Gefangenendilemma eher um eine Illustration, denn um eine analytische Fundierung ihres Ansatzes handelt.[26] Inwieweit Homann und Koautoren dem

---

[23] Vgl. Homann 1997b, 25 ff.; Gerecke 1998, 164 ff. Gerecke (1998, 162 ff.) weist richtigerweise darauf hin, dass sich die soziologische Bedeutung der Begriffe Mikro und Makro von dem in der Ökonomik gängigen Gebrauch unterscheiden.

[24] Suchanek 1994, 102.

[25] Gerecke 1998, 170.

[26] Vgl. Gerecke 1998, 174. Ein anderer Anspruch würde dem Paradigma der modernen Spieltheorie wohl auch nicht gerecht werden, wie Weise (1997; 2000) zeigt: Denn Dilemma-Situationen können spieltheoretisch nicht nur als Zwei-Personen-Gefangenendilemma, sondern beispielsweise auch als Evolutions-Spiel, als Chicken-Spiel, als Mehr-Personen-Gefangenendilemma oder als Koordinationsspiel gefasst werden. Darüber hinaus handelt es sich bei der von Homann und Mitarbeitern herangezogenen Metapher um die einfachste Form des Gefangenendilemmas. Kooperatives Handeln kann sich aber durchaus auch lohnen, wenn durch ein Defektieren in der ersten Spielphase mögliche Gewinne in weiteren Spielrunden entgehen, wenn also bei iterativen Spielen der „Schatten der Zukunft" groß genug ist, dann kann kooperatives Handeln durchaus stabil sein. Es wäre demnach im Detail zu prüfen, ob die Ergebnisse des Gefangenendilemmas analog auch für die oben genannten Dilemmasituationen gelten. Weise (1997, 67) kommt jedenfalls zu

Gefangenendilemma vor diesem Hintergrund einen derart zentralen Stellenwert einräumen können, ist mir offengestanden nicht mehr klar.

*Zweitens* scheint mir Karl R. Popper ein denkbar schlechter Kronzeuge für den methodologischen Rahmen Homanns zu sein. Michael Schmid zeigt in einer sehr schönen Darstellung, dass sich bei Popper keine inhaltliche Bestimmung des Rationalitätsprinzips als zweckrationales Handeln findet, da das Individuum in unübersichtlichen Handlungssituationen aufgrund seiner begrenzten Kalkulationsfähigkeit nur beschränkt urteilsfähig ist.[27] Popper beabsichtigt in einem ersten Schritt lediglich zu plausibilisieren, dass Akteure ihre Probleme lösen wollen und dass dies in einer rationalen Art und Weise als situationsangemessenes Verhalten geschieht. Es heißt bei Popper nicht umsonst „adäquat *oder* zweckmäßig"[28] und ich sehe mit Schmid überhaupt keinen Grund, eine Akteurstheorie mit der ökonomischen Rationalitätsannahme zu belasten. Popper ging es mit seiner „Logik der Situation" nicht um die Bestimmung eines „Situations- oder Selektionsdeterminismus" (des Marktes), sondern um den wichtigen und richtigen Hinweis möglicher „Gefahren des Psychologismus"[29] und der damit verbundenen Befürchtung, einer derartigen Theorie läge eine Theorie der „geschichtlichen Entwicklung"[30] zugrunde. Es besteht aus meiner Sicht nicht der geringste Zweifel daran, dass es nicht die (zentrale) Aufgabe der Ökonomik – oder allgemeiner der Sozialwissenschaften – ist, das Verhalten psychischer Systeme zu prognostizieren, sondern die Funktionsweise *sozialer* Systeme zu erklären.[31] Ob dafür allerdings der homo oeconomicus ein geeigneter Kandidat ist, scheint mir mehr als fraglich. Zweckrationales Handeln als Ergebnis eines Selektionsprozesses zu interpretieren scheint mir

---

dem Ergebnis, dass „in jeder Dilemma-Situation (..) die Anreize unterschiedlich [sind], so daß Moral einerseits entstehen und überleben kann, andererseits gefährdet ist und vergehen kann".

[27] Vgl. Schmid 1996, 85 ff., 161 ff.

[28] Betonungen geändert, T.B., Popper 1967/1995, 352.

[29] Zumindest aus heutiger Sicht erscheint mir dies mit Schmid (1996, 25) als eine Argumentation gegen einen „Feind", wo keiner ist, da die moderne Psychologie heute weitestgehend selbstverständlich soziale Faktoren berücksichtigt.

[30] Schmid 1996, 25.

[31] Vgl. Gerecke 1998, 158 ff.; Albert 1999, 221 ff.

zusammenfassend – insbesondere mit Popper – mit größeren Problemen verbunden.

Zweckrationalität ist ein methodisches Konstrukt, nicht mehr und nicht weniger. Eine sinnvolle Verwendung scheint mir nur als solche möglich. Popper selbst deutet an, wie er sich einen solchen Gebrauch vorstellt:

> „man konstruiert ein Modell auf Grund der Annahme, daß alle beteiligten Individuen sich vollkommen rational verhalten (und vielleicht auch, daß sie im Besitze des vollständigen Informationsmaterials sind), und dann schätzt man die Abweichung des tatsächlichen Verhaltens dieser Individuen vom Modellverhalten, wobei dieses als eine Art Nullkoordinate dient".[32]

### 3.1.2 Die Idealtypische Methode der verstehenden Soziologie

Poppers Zero-Methode steht in einer gewissen Nähe zu derjenigen Methodologie, die von den Vätern der verstehenden Soziologie als maßgeblich für ihren Ansatz herangezogen wurde: eine Konstruktion über *Idealtypen*. Max Weber – und in seiner Nachfolge Alfred Schütz – ging davon aus, dass idealtypische Konstrukte durchgängig als eine widerspruchsfreie „Utopie an sich, die durch gedankliche Steigerung bestimmter Elemente der Wirklichkeit gewonnen ist"[33], entwickelt werden können. Dabei nimmt der Sozialwissenschaftler die Geschehnisse der „sozialen Welt" in den Augenschein und typisiert diese Ereignisse, indem er die Handelnden „auf der sozialen Bühne beobachtet" und „durch Puppen, die er selbst schuf, ersetzt".[34] Er schreibt den Konstrukten typische Motive zu, die als invariabel unterstellt werden und auf diejenigen Elemente beschränkt sind, die zur Bewältigung der Situation relevant erscheinen. Schließlich werden die Idealtypen mit „Segmenten eines Lebensplan" sowie einem „Erfahrungsbestand" als imaginären Horizont der Puppen versorgt.

---

[32] Popper 1965/1987, 110-111.
[33] Weber 1904/1988, 190.
[34] Schütz 1960/1972, 19.

„Der Sozialwissenschaftler stellt diese konstruierten Typen in eine Umgebung, die alle jene sozialweltlichen *Situationselemente* enthält, welche für die Ausübung des fraglichen und typischen Handelns relevant sind. (...) So kommt er zu einem Modell der sozialen Welt, oder besser zu einer Rekonstruktion".[35]

Doch worin besteht nun der eigentliche Unterschied zur Methodologie im ökonomischen Ansatz (z.B. nach Homann)? Er besteht aus meiner Sicht (i) in der *Adäquanz* für den Handelnden, (ii) in der *Relevanz* des Bezugsschemas, (iii) in der Konzeptualisierung *weiterer Idealtypen* und dessen *Varianz*, (iv) in der *prinzipiellen Falsifizierbarkeit* von Idealtypen als Hypothesen und (v) in der *Differenz* zwischen Beobachter- und Teilnehmerperspektive.

*ad (i) Adäquanz:* Idealtypen in einem handlungstheoretischen Ansatz werden nicht durch ein externes Selektionskriterium gebildet, sondern sind durch einen lebensweltlichen Zugang bestimmt, der verlangt, dass die Konstruktion des Typus „sowohl für den Handelnden selbst wie auch für seine Mitmenschen vernünftig und verständlich ist."[36] Diesem Postulat kommt eine zentrale Bedeutung zu, weil die Tatsache, dass die Interpretation „durch den Sozialwissenschaftler für ihn, für den Handelnden und dessen Partner stets die gleiche sein kann" zum einen gewährleistet, dass ein lebensweltlicher Bezug für den Wissenschaftler überhaupt möglich ist.[37] Zum anderen wird damit ein Kriterium genannt, dass dafür einsteht, idealtypisches Verstehen nicht als subjektiv willkürlich zu interpretieren.[38]

Als *ein* derartiges idealtypisches Konstrukt kann durchaus der Rationalitätsbegriff der traditionellen Ökonomie verstanden werden, indem anzunehmen wäre, dass zweckrationales Handeln als (Teil-) Selbstzuschreibung der Handelnden akzeptiert würde und insofern dem Postulat der Adäquanz der alltäglichen Handlungen im Allgemeinen sowie in der wirtschaftlichen Sphäre im Besonderen Rechnung trägt. Sodann wäre zu

---

[35] Hervorhebung von mir, T.B., Schütz 1960/1972, 20.
[36] Schütz 1960/1972, 21.
[37] Schütz 1943/1972, 47.
[38] Vgl. Esser 1999, 481. Um ein gängiges Missverständnis gleich zu Beginn zu vermeiden, sei darauf hingewiesen, dass mit Idealtypen *nicht* „ideal" im Sinne einer ethisch-normativen Forderung gemeint ist.

untersuchen, wie ökonomisches Handeln abliefe, wenn zum einen strikt zweckrational gehandelt würde und dies zum anderen frei von jedweden Störungen wäre.[39]

*ad (ii) Relevanz:* Das Prinzip der Relevanz meint, dass ein angemessener Bezugsrahmen für die jeweilige Fragestellung gewählt wird, innerhalb dessen die Idealtypen gebildet werden (Schütz 1960/1972, 21). Bei Homann und Mitarbeitern scheint mir die Wahl des Bezugsschemas durch die „Logik des Marktes" und die Ableitung des homo oeconomicus als alleinigem Idealtyp charakterisiert. Dieser Ansatz zeichnet sich dadurch aus, dass er in der Tat eine Reihe sozialer Prozesse – auch in imperialistischer Manier, außerhalb des Gegenstandsbereiches Wirtschaft – sehr gut erklären kann. Die erklärbaren Phänomene reduzieren sich damit jedoch notwendigerweise auf *eine* besondere Form von Koordinationsmechanismen, nämlich die einer marktwirtschaftlichen Ordnung, einer Ordnung kraft Interessenkonstellation. Und sie reduzieren sich damit auch auf *eine* besondere Form der sozialen Beziehungen, nämlich ausschließlich auf Tauschakte.[40]

Wenn wir dem selbst formulierten Forschungsziel Homanns et al. folgen und uns im Gegensatz zur Psychologie nicht primär mit der Verhaltensweise von Individuen befassen, sondern es um die Erklärung sozialer Ereignisse und Entwicklungen geht, dann scheint es gleichwohl geboten, zum einen weitere Ordnungen in den Blick zu nehmen und zum anderen die „Interdependenz der Ordnungen" zu erklären.[41] Darüber hinaus führt diese Typisierung zu erheblichen Problemen hinsichtlich der – ja auch von Homann geforderten – konsistenten Einbindung einer eigenständigen Unternehmensethik.[42] Mit anderen Worten: Die (alleinige) Relevanz des von Homann und Koautoren gewählten Bezugsrahmens wird hier bestritten.

---

[39] Dazu besonders Weber 1903/1988, 130; Weber 1921/1980, 4, 10.

[40] Vgl. dazu auch eingehender die Kritik von Nutzinger (1994, 203 ff.), der darauf hinweist, „daß diese Hervorhebung des Ökonomischen einhergehen muß mit einer Ausblendung anderer, für manche sozialen Situationen und Institutionen weitaus wichtigerer Merkmale und Aspekte" (210).

[41] Eucken 1952/1967, 124 ff.

[42] Vgl. dazu Ulrich (1996) und Osterloh (1996).

*ad (iii) Weitere Idealtypen und Varianz:* Die idealtypische Methode ist keineswegs auf einen (Handlungs-)Typ begrenzt, sondern ermöglicht bzw. fordert geradezu, unter Verwendung der oben – am Beispiel der Zweckrationalität – illustrierten Herangehensweise, die Konstruktion weiterer Idealtypen, indem „mit einem *Wechsel der Problemstellung* ein *Wechsel des Idealtypus* selbst vollzogen werden [kann]".[43] So findet sich beispielsweise in der Handlungstheorie Max Webers neben dem zweckrationalen Handeln der affektuelle, der traditionale und der wertrationale Handlungstyp.[44] Sie sind als heuristisches Instrument zu verstehen, denen eine klassifikatorische oder begriffskonstitutive Aufgabe zukommt, indem sie „Ansatzpunkte (...) aus der Mannigfaltigkeit des Gegebenen" herausgreifen.[45] Sie stellen in dieser Form in der Tat „Fiktionen" dar, die nur sehr selten – oder überhaupt nicht – der empirischen Wirklichkeit entsprechen und deren Gütekriterium gerade darin besteht, dass „je weltfremder sie (...) sind, desto besser leisten sie ihren Dienst, terminologisch und klassifikatorisch sowohl wie heuristisch".[46] Der Idealtypus als Begriff hat insofern *nicht* den Status einer Hypothese, „will [aber] der Hypothesenbildung die Richtung weisen".[47]

Mit zunehmender Komplexität des Untersuchungsobjektes stößt eine Bearbeitung zunehmend an dessen Grenzen, zumal seine Falsifizierung definitorisch ausgeschlossen ist. Deshalb bietet es sich an, zwischen dem Idealtypus als Begriff/ als Heuristik und dem Idealtypus als Hypothese zu unterscheiden.[48] Letztere sind dadurch gekennzeichnet, dass sie zum einen verifiziert oder falsifiziert werden können und zum anderen „die exklusive Zuordnung von Handlungs- und Ordnungstypen" entfällt.[49] Man könnte bezogen auf die Handlungsorientierung der Akteure hier von gemischten Rationalitäten sprechen.

Ein analoger Gedanke findet sich bei den Vertretern der Evolutorischen Ökonomik: So konstatiert Langlois für einen evolutorischen An-

---

[43] Schütz 1932/1993, 269).
[44] Vgl. Weber 1921/1980, 12 f.
[45] Weber 1907/1988, 341.
[46] Weber 1921/1980, 10.
[47] Weber 1904/1988, 190.
[48] Vgl. Weber 1903/1988, 130; Schmid 1994, 422 ff.
[49] Schwinn 1993, 228.

satz, dass „agents are allowed to vary along some dimensions".[50] Ebenso sieht Hodgson beispielsweise das zentrale methodologische Problem in der Frage nach der geeigneten Verwendung von Idealtypen:

> „The crucial question, of course, is which ideal type is to be selected in the analysis of a given phenomenon. To answer this question requires a methodology to distinguish between the general and the specific aspects of any given phenomenon. By making this distinction, and perhaps by using comparative material from other socio-economic systems, it is possible to construct and develop hypothesis concerning the key causal linkages behind the observed phenomena."[51]

Der Rückgriff auf weitere Idealtypen und die Rekonstruktion relevanter Mischformen, so soll noch gezeigt werden, führt zu einem besseren Verständnis von Handlungen, von sozialen Beziehungen und von Ordnungen als einer möglichen Grundvoraussetzung zum Betreiben von Wirtschafts- und Unternehmensethik.

Homann und Mitarbeiter hingegen halten es für ein Missverständnis, dass eine „Theorie sozialer Systeme" *nur* durch eine genaue Beschreibung der „Systemelemente" möglich sei.[52] Eine solche Position ist aus meiner Sicht nicht wirklich strittig, denn neben der neoklassischen ökonomischen Theorie verdeutlicht nicht zuletzt die Systemtheorie Luhmanns, dass durchaus theoretische Ansätze möglich sind, die von ihren „Elementen" in hohem Maße abstrahieren und trotzdem recht gute Erklärungen für gesellschaftliche Prozesse entwickeln. Man kann allerdings hier wie dort fragen, inwieweit durch die „nützlichen Vereinfachungen" nicht auch auf der Makroebene notwendigerweise bestimmte Ordnungskategorien ausgeschlossen werden. Die Problematik für die ökonomisch-orientierte Wirtschaftsethik verstärkt sich jedoch insofern, weil sich bei Luhmann „das Fehlen eines normativen Programms auf die positive Theorie aus[wirkt]", so Homann![53] Ihm geht es hingegen um eine Verbindung von positiver und normativer Theoriebildung, die meines

---

[50] Langlois 1998, 4.
[51] Hodgson 1998, 174.
[52] Vgl. Gerecke 1998, 164.
[53] Homann 1994, 7.

Erachtens nicht ohne eine weitergefasste Mikrofundierung oder gar *Mikrotheorie* auskommt.

*ad (iv) Falsifizierbarkeit:* Für Idealtypen als *Begriffe* wurde bereits unter (i) das Relevanzkriterium genannt. Für Idealtypen als Mischformen, also diejenigen, die dem Problemfeld stärker angenähert sind, gilt, dass sie nur (prinzipiell) falsifizierbare Annahmen enthalten dürfen.[54] Durch die Konfrontation der individuellen Idealtypen mit der sozialen Praxis „unterliegen diese Konstruktionen einer ständigen Regulierung und Korrektur durch die umweltliche und mitweltliche Erfahrung, die dem Beobachter ständig zuwächst".[55]

*ad (v) Differenz zwischen Teilnehmer- und Beobachterperspektive:* Es wird von einer prinzipiellen Differenz zwischen Teilnehmer- und Beobachterperspektive ausgegangen, die durch den objektiv-erklärenden Ansatz in der traditionellen ökonomischen Theorie zusammenfällt. Es ist nicht nur danach zu fragen, was die soziale „Welt für die Sozialwissenschaftler bedeutet", sondern auch, was „sie den Handelnden in dieser Welt bedeutet".[56] Damit wird es für den hier vorgeschlagenen Ansatz auch möglich, das Verhältnis zwischen den „subjektiven Theorien" der Akteure und den „objektiven Theorien" der Wissenschaft mitzudenken und den Einfluss von „objektiver" Theoriebildung auf die soziale Praxis zu reflektieren.

## *3.2 Subjektiv-verstehende versus objektiv-verstehende Methode*

Der Reduktion des Rationalitätsprinzips auf eine strikt „ökonomische Vernunft" liegt die bereits oben angesprochene „Logik der Situation" als objektiv-verstehende Methode zugrunde.[57] Dieser Ansatz steht im Gegensatz zur subjektiv-verstehenden Methode in der Tradition von Max Weber und Alfred Schütz, „welche soziales Handeln deutend verstehen

---

[54] Vgl. Schütz 1943/1972, 48; Schütz 1960/1972, 21.
[55] Schütz 1932/1993, 272.
[56] Schütz 1960/1972, 6.
[57] Vgl. Suchanek 1994, 90 ff.

und dadurch in seinem Ablauf und seinen Wirkungen ursächlich erklären will".[58] Beiden Herangehensweisen geht es um den Versuch, Handeln und Objekt aufeinander zu beziehen, also Handeln als einen relationalen Begriff zu entwickeln und „inneres" und „äußeres" miteinander zu verknüpfen. In der Art und Weise, wie diese Verbindung herzustellen ist, unterscheiden sich objektiv-verstehende und subjektiv-verstehende Methode jedoch fundamental.

Homann und Mitarbeiter sehen eine systematische Verknüpfung zwischen den Situationsbedingungen und dem individuellen Umgang mit der Situation durch das (ökonomische) Rationalitätsprinzip gewährleistet,[59] womit man sich Gary S. Becker und dessen systematischer Trennung von (relativ) stabil unterstellen Präferenzen und veränderlichen Restriktionen anschließt.[60] Das zentrale Argument der Autoren, das Rationalitätsprinzip gewissermaßen als Arbeitsbegriff der Situationslogik zu verwenden, bezieht sich insbesondere auf die Möglichkeit, bei der Inbetrachtnahme von Veränderungen der „äußeren" situativen Bedingungen auf gut beobachtbare Fakten zurückgreifen zu können. Die objektiv-verstehende Methode habe außerdem den Vorteil, dass sie durch die Verwendung des Rationalitätsprinzips einen einheitlichen konsistenten Bewertungsmaßstab biete, der deshalb wichtig sei, weil damit die Handlungsfolgen kommensurabel gemacht werden könnten und insofern ein Kristallisationspunkt für institutionelle Gestaltungen zur Verfügung steht.[61] Es handelt sich also um eine rein funktionale Bestimmung menschlichen Handelns durch die ökonomische Rationalität und so überrascht es kaum, dass dem Rationalitätsprinzip in der ökonomischen Theorie eine ähnlich Bedeutung eingeräumt wird, wie dem Kausalitätsprinzip für die Naturwissenschaften.[62]

Die Vertreter der subjektiv-verstehenden Methode grenzen sich scharf von einem derartigen Vorgehen ab und gehen über eine – den Naturwissenschaften ähnliche – funktionale Erklärung hinaus. Max Weber macht diesen Aspekt ganz deutlich:

---

[58] Weber 1921/1980, 1.
[59] Vgl. Suchanek 1994, 116 ff.
[60] Vgl. Becker 1976/1993, 3; Becker/Stigler 1977, 76 ff.; Kirchgässner 1991, 27.
[61] Vgl. Becker 1976/1993, 3 ff.; Suchanek 1994, 110 ff.
[62] Vgl. Kirchgässner 1991, 12-18.

Evolutorische Ökonomik, verstehende Soziologie u. Wirtschaftsethik   297

„Wir sind ja bei ‚sozialen Gebilden' (...) in der Lage (...) etwas aller ‚Naturwissenschaften' (...) ewig Unzugängliches zu leisten: eben das ‚Verstehen' des Verhaltens der beteiligten *Einzelnen*, während wir das Verhalten z.B. von Zellen nicht ‚verstehen', sondern nur funktionell erfassen und dann nach Regeln seines Ablaufes feststellen können."[63]

Im Gegensatz zur objektiv-verstehenden Methode werden bei der subjektiv-verstehenden Methode zwar auch Handeln und Objekt, „Inneres" und „Äußeres", aufeinander bezogen, jedoch *nicht* unter Verwendung des „objektiven" Rationalitätsprinzips, sondern durch die Sinndimension des Handlungsbegriffes. Das „sinnhafte Handeln" wird somit zu einem Teil der Situation, da die Situation nicht objektiv gegeben ist, sondern von dem Handelnden für sich definiert werden muss. Erst im Anschluss daran kann innerhalb eines bestimmten *frames* überhaupt entschieden werden. Die „Definition der Situation" ist also der eigentlichen Entscheidungssituation systematisch vorgeordnet.[64] Sie restringiert gewissermaßen den Entscheidungsraum, was jedoch nicht heißen kann, dass die Sinndimension und die Wahrnehmungsprozesse in die Restriktionen zu verbannen sind. Diese sind schließlich als „Dispositionen" der Akteure offensichtlich etwas Inneres.[65]

## 3.3 Handlungen

Der zentrale Beitrag der Evolutorischen Ökonomik ist aus meiner Sicht darin zu sehen, dass ein Gegenentwurf zum Rational-Choice-Paradigma entwickelt wurde, indem das Handeln der Akteure grundsätzlich als *routinemäßiges Handeln* verstanden wird. Die dahinterstehende Idee ist

---

[63] Weber 1921/1980, 7.

[64] Vgl. Esser 1996; Schluchter 1998, 348 f.

[65] Karl Homann hat in einem neueren Aufsatz einige interessante Hinweise zu einem weiterführenden Forschungsprogramm formuliert, das durch eine interdisziplinäre Ausrichtung zu einem „Modell des erweiterten Restriktionssets" entwickelt werden soll (Homann 1999, 340). Ob es sich dabei um die notwendige Ergänzung der „Logik der Situation" durch die „Definition der Situation" handelt, blieb bisher offen. Es würde allerdings (unter den genannten Einschränkungen) in die richtige Richtung weisen.

denkbar einfach: Die Theorie der rationalen Wahl lässt sich nur aufrechterhalten, wenn dem Akteur vollständige Entscheidungs*kompetenz* zugesprochen wird. Da diese Annahme weder intuitiv plausibel noch logisch durchzuhalten ist[66], werden Ansätze erforderlich, die der *kognitiven* Begrenztheit des Akteurs Rechnung tragen und berücksichtigen, dass die *subjektiven Modelle oder Interpretationen* ihre ökonomische Wirklichkeit konditionieren:[67]

> An implication of this view is that agents are more than Popperian ‚zeros' (...). That is to say, behavior is not best analyzed as simply the application of a rationality principle to the logic of the situation. Rather, agents come equipped with an internal make-up consisting of decision-rules (‚theories') that may be changed, (...) but which typically are relatively stable over time."[68]

### 3.3.1 Idealtypen: Handlungen <u>als</u> „dumpfes Reagieren" und (zweckrationale) Reflexion

Von besonderer Bedeutung sind in diesem Zusammenhang Gewohnheiten und Routinen, mit denen zweierlei gemeint ist: Es ist zum einen „sehr oft nur ein dumpfes, in der Richtung der einmal eingelebten Einstellungen ablaufendes Reagieren auf gewohnte Reize", das Max Weber auch als traditionales Handeln, als einen Handlungstyp, der an der Grenze des sinnhaften Handelns überhaupt liegt, bezeichnet hat.[69] In bestimmten Situationen, so die Behauptung „the decision maker has not given any thought to whether *X* matters or not".[70] Routinen werden zum anderen jedoch auch begriffen als „relatively constant dispositions and strategic heuristics that shape the approach of a firm to the nonroutine problems in

---

[66] Ein guter Überblick findet sich bei Conlisk (1996).
[67] Vgl. z.B. Nelson/Winter 1982/1996, 37; Witt 1988, 74 ff.
[68] Foss 1997, 7.
[69] Weber 1921/1980, 12.
[70] Nelson/Winter 1982/1996, 67. Es ist ein rein reaktives Sich*verhalten* unter Unsicherheit, das als Differenz zwischen Handlungskompetenz und Entscheidungsproblem (das sogenannte C[ompetence]-D[ecision]-Gap) die Ursache für Handlungsroutinen darstellt (dazu insbesondere Heiner 1983; Nelson 1995/1997).

faces".[71] Man kann insofern von verschiedenen „Graden" routinemäßigen Handelns sprechen, also einer Hierarchie von Routinen, wobei eine Steuerung der unteren Ebenen durch Routinen auf einer höheren Ebene erfolgt. Man bedient sich dabei Elementen der Kognitionspsychologie, die sich gegen die behavioristische Vorstellung schlichter Reiz-Reaktionsbeziehungen wendet und stattdessen auch die subjektiv erlebbaren Zustände, die zwischen Wahrnehmung und Handlung vermitteln, einbezieht:

> „Kognition bezieht sich auf komplexe, für den Organismus *bedeutungsvolle*, d.h. für Leben und Überleben (besonders auch das psychosoziale Überleben) relevante und deshalb meist erfahrungsabhängige Wahrnehmungs- und Erkenntnisleistungen. Diese arbeiten in der Regel mit Repräsentationen im Sinne einer ‚Stellvertretung' sowie mit rein internen ‚Modellen' der Welt und der Handlungsplanung, *gleichgültig ob diese bewußt oder unbewußt sind".*[72]

In ganz ähnlicher Weise werden Handlungsroutinen sowohl von den Vertretern der Evolutorischen Ökonomik als auch in den Arbeiten von Alfred Schütz und der Wissenssoziologie von Peter Berger und Thomas Luckmann verwendet:

Vorausgesetzt werden muss ein *impliziter, lebensweltlicher Wissensvorrat* („stock of knowledge"), dessen Genese auf vormalige Erfahrungen zurückzuführen ist und diesen weiterhin aufbaut. Die Erfahrungen – und damit auch der Wissensbestand – sind dabei, Schütz und Luckmann folgend, durch Räumlichkeit, Zeitlichkeit und durch eine soziale Einbettung restringiert. Ihrem (objektiven) Inhalt nach sind die zugrundegelegten Situationen demnach zwar unendlich variabel, durch die dem Subjekt auferlegte „Struktur der Lebenswelt" aber begrenzt, da jede Situation unter Verwendung des Wissensvorrat definiert und bewältigt wird.[73]

> „Bei all dem handelt es sich nicht um spezifische, konkrete und variable Erfahrungen, sondern um Grundstrukturen der Erfahrungen der Lebenswelt überhaupt. Im Gegensatz zu spezifischen Erfahrungen kommen diese Grundstrukturen in der natürlichen Einstellung nicht als

---

[71] Nelson/Winter 1982/1996, 15.

[72] Roth 1994/1996, 31.

[73] Vgl. Schütz/Luckmann 1975/1994, 133 ff.

Erfahrungskern in den Griff des Bewußtseins. Sie sind aber eine Bedingung einer jeglichen Erfahrung der Lebenswelt und gehen in den Erfahrungshorizont ein. (...) [Es] kann nie problematisch werden, wird aber darum in der natürlichen Einstellung auch nie als spezifisches Wissen artikuliert".[74].

Wir wollen mit Esser *vorläufig* zwei Modi, nämlich den *automatisch*-spontanen (as) und den reflexiven (r) Modus[75], unterscheiden, die als Heuristiken die Art der Informationsverarbeitung näher bestimmen. Der as-Modus ist dadurch gekennzeichnet, dass die Situation für den Akteur völlig stimmig ist. Er handelt in solchen Fällen routinemäßig, indem gewohnte Skripten abgerufen werden. Die „objektive" Wirklichkeit wird insofern mit einem „Hypothesensystem" vergleichen und für kompatibel mit den Eindrücken befunden. „Alles kommt dabei auf die Passung, auf den ‚*Match*' zwischen den äußeren Reizen und den inneren Erwartungen an".[76] Ist es nicht kompatibel, kommen also Zweifel und Fragen auf, „ob das jeweilige Modell das richtige und das damit verbundene Tun das angemessene ist"[77], dann greift der reflexive Modus.

### 3.3.2 Optimierung der Orientierung?

Für Esser, der als moderater Rational-Choice-Vertreter versucht die verstehende Soziologie nach Schütz mit der Theorie der rationalen Wahl zu verbinden, ist dieses *explizite Wissen* durch Entscheidungen aufgrund von Nutzenmaximierung gekennzeichnet – allerdings in einer äußerst raffinierten Variante: Es unterscheidet nämlich zwischen Handlungsmodi, den diese Handlungstypen rahmenden Modellen der Situation und

---

[74] Schütz/Luckmann 1975/1994, 137-138. Vgl. ähnlich in Berger/Luckmann 1966/1996, 44 ff.

[75] Vgl. Esser 1996, 17 ff. Esser spricht genauer gesagt von rc-Modus (rational choice-Modus). Ich verwende hier die Bezeichnung „reflexiver Modus" und meine damit eine Reflexion „bei aufkommenden Zweifeln und Fragen", die neben zweckrationalen auch wertrationale Handlungen kennt. Es wird noch deutlich werden, dass der von Esser zugrundegelegt rational-choice-Modus eine unangemessene Verkürzung von Reflexionsprozessen darstellt. Siehe dazu eingehender Kapitel 0.

[76] Esser 2000, Kap. 44.

[77] Esser 1996, 17.

der „Wahl" eines Modells. Auf der Ebene der konkreten Handlungen kennt Esser mit Weber (mindestens) vier Modi bzw. Typen: das traditionale, das affektuelle, das zweckrationale und das wertrationale Handeln. Eine bestimmte Handlung findet auf der Grundlage eines von der Situation abhängigen Modells der Situation statt. Entscheidend für das „gewählte" Modell ist für Esser dabei „ein *Code* der Rahmung der Situation (..), mit dem ein Akteur eine Situation betrachten ‚muß', und unter der er sie klugerweise subjektiv definiert".[78] In Abhängigkeit von der Codierung der Situation, von den gesellschaftlichen Sphären sind auch hier vielfältig Orientierungsstandards denkbar; dazu gehören beispielsweise auch „normativ institutionalisierte Vorgaben, wie in einer Situation gehandelt werden soll".[79]

Letztlich bleibt die Frage, auf welcher Grundlage das Modell der Situation von dem Handelnden bestimmt wird. Diesbezüglich gibt es aus meiner Sicht auch bei Esser keine plausible Antwort. Für ihn als Rational-Choice-Theoretiker steht letztlich fest, dass

> „ein Akteur (..) jenes Modell oder jenen Modus [‚wählt'], der für eine bestimmte Situation am wahrscheinlichsten *und* in seinen Konsequenzen im Vergleich zu anderen Modellen und Modi des Handelns am günstigsten erscheint. Also: Affektuell oder kreativ etwa dann, wenn es jeweils ‚angesagt', möglich und möglichst günstig ist und zweckrational eben *nur* dann, wenn das angesagt und auch möglich und vergleichsweise günstig ist. Kurz: Modell und Modus der Selektion des Handelns werden – als innerliches Tun – ihrerseits nach den Regeln der subjektiven Vernunft selektiert".[80]

> „Die unreflektierte ‚Wahl' von Habits und die spontane Orientierung an bestimmten Frames – mit allen anderen Merkmalen als eines ‚kalkulierten' zweckrationalen Handelns – werden somit gleichwohl als Spezialfälle der Grundregeln der ‚rationalen' Wahl erkennbar".[81]

Diese „Optimierung der Orientierung", die von Esser im Grund nur als „unaufgebbares Ergebnis der Evolution des homo sapiens" gerechtfertigt

---

[78] Esser 1999, 228.
[79] Esser 1999, 228.
[80] Esser 1999, 238.
[81] Esser 1991, 72.

werden kann,[82] scheint etwas dürftig und kommt meines Erachtens schlichtweg einer ad-hoc-Annahme gleich. Sein Zusatz, „eine andere Regel [als die Regel der Optimierung] wäre kaum vorstellbar", lässt mich jedenfalls fragen: warum nicht?

Der Ansatz von Esser ist zweifelsohne ein wichtiger Beitrag zur Erweiterung der ökonomischen Theorie. Er geht allerdings aus meiner Sicht weiterhin von zu starken Prämissen hinsichtlich der Rationalität des Akteurs aus. Nutzenmaximierendes Handeln in Reinform – das Esser in letzter Konsequenz unterstellt – ist nur als „reiner" Idealtyp denkbar, dessen Reichweite aus den oben genannten Gründen beschränkt ist. Es bedarf, ausgehend vom automatisch-spontanen und vom reflexiven Modus einer Entwicklung relevanter Mischformen. Ein evolutionsökonomischer Ansatz stellt hier systematisch um und auch Alfred Schütz würde der These Essers wohl nicht zustimmen.[83]

### 3.3.3 Idealtypen: Handlungen zwischen „dumpfem Reagieren" und (zweckrationaler) Reflexion

An hervorragender Stelle in einem evolutionsökonomischen Ansatz stehen Handlungsroutinen, die eine Mittelstellung zwischen den Grundelementen des *impliziten* Wissensbestandes und dem *expliziten* Wissen einnehmen. Schütz/Luckmann und Nelson/Winter unterscheiden – trotz unterschiedlicher Terminologie – fast analog drei Hierarchiestufen des Routinehandelns, die in aufsteigender Form den Grad der Reflexivität charakterisieren: (i) „Fertigkeiten" und „Fähigkeiten" (skills), (ii) „Gebrauchswissen" bzw. „tacit knowledge" sowie (iii) „Rezeptwissen" bzw. „choices – but to a considerable extent the options are selected automatically and without awareness that a choice is being made".[84]

*ad (i) Fertigkeiten und Fähigkeiten* kennzeichnen nach Schütz und Luckmann fundamentale habitualisierte Gewohnheiten, die auf das Funktionieren des Körpers und der Körperbewegungen abstellen:[85] Wir

---

[82] Esser 1999, 241.
[83] So die Einschätzung von Langlois 1998, 11.
[84] Dazu eingehender insbesondere Schütz/Luckmann 1975/1994, 139-145; Nelson/Winter 1982/1996, 72-85; Langlois 1998, 11 ff.
[85] Vgl. Luckmann 1975/1994, 139-140.

gehen ohne uns über die Physiognomie unseres Körpers Gedanken zu machen, wir schwimmen ohne uns des Zusammenspiels grob- und feinmotorischer Bewegungen bewusst zu sein. Sogar das Betrachten eines Fußballspiels gehört zu den rudimentären Fertigkeiten – ganz abgesehen von dem Verstehen der Spielregeln. Die entwickelten Fertigkeiten waren vormals durchaus abgehoben gegenüber dem Selbstverständlichen. Es ist für ein Kind jedoch ein unglaublicher Sprung über das Krabbeln hinaus, die ersten Schritte zu gehen. Ist es jedoch einmal geglückt, dann ist dieses Problem in der Regel „endgültig" gelöst und bleibt wie selbstverständlich erhalten. Die Tätigkeiten können nur in ihrer konkreten Ausführung wieder problematisch werden: das Gehen fällt nach langer Bettlägerigkeit schwer; es muss es erst wieder erlernt werden.

Fähigkeiten (*skills*) in der terminologischen Verwendung bei Nelson und Winter meinen im Grunde etwas ähnliches, auch wenn nicht explizit auf das Wissen über Körperbewegungen abgestellt wird, sondern *skills* als Automatismen interpretiert werden, die zwar auch physiognomische Kategorien beinhalten, jedoch nicht auf diese reduziert sind.[86] Bei aller Vorsicht der verwendeten Analogie stellen die Autoren einige weitläufige Parallelen zwischen skills und (Computer-)Programmen her, um ihre begriffliche Verwendung zu veranschaulichen. Computerprogramme wie skills funktionieren als Einheit, die – verglichen mit dem einleitenden Impuls – eine relativ komplexe Prozedur ausführen. Das grundlegende Organisationsschema sind „Schleifen" und „go to-Befehle". Programme und skills haben einen Anfang und ein Ende; und bei Programmen ebenso wie bei *skills* führen unerwartete Unterbrechungen oder Abstürze zu Störungen und Problemen; man beginnt in beiden Fällen am besten wieder von vorne. Letztlich findet die Ausführung der Prozeduren durch einen sehr einfachen Impuls statt (Enter-Taste) und verlaufen bis zum Ende buchstäblich „automatisch" und zwar in dem Sinne, „that most of the details are executed without conscious volition".[87]

ad (ii): Gebrauchswissen bzw. „Tacit Knowledge" baut auf Fertigkeiten und Fähigkeiten auf und kann als ein Bündel dieser beschrieben werden, wobei die Übergänge fließend sind. Beispiele wären Rauchen, Klavierspielen, Kuchenbacken oder das Landen eines Flugzeuges.

---

[86] Vgl. Winter 1982/1996, 74-76.
[87] Nelson/Winter 1982/1996, 75.

Gebrauchswissen dient dem Erreichen von Handlungszielen und den damit verbundenen Mitteln zum Zweck, die in ihrem Ursprung problematisch waren, nun jedoch gelöst und zu automatisierten Tätigkeiten geworden sind, mithin den Charakter von Handlungen weitestgehend verloren haben. Sie mussten zwar einst erlernt werden, die permanente Realisierung der Ziele und die Brauchbarkeit der verwendeten Mittel führten jedoch zu einer subjektiven Sicherheit über die Situation, die ein Nachdenken über den Mitteleinsatz zunehmend überflüssig machten.[88]

Die Umschreibung von Gebrauchswissen als ein „Bündel von Fertigkeiten und Fähigkeiten" darf gleichwohl nicht dahingehend missverstanden werden, dass dieses lediglich die Summe der rudimentären Programme repräsentiert, wie Nelson und Winter meinen: „In fact, it seems likely that someone could learn all the individual acts that are required in order to execute the Plan, and still be unable to land [an airplane, T.B.] successfully".[89] Am Beispiel des Tanzens einer Tangofigur kann dies verdeutlicht werden: Es genügt nicht die Schritte des Grundschrittes korrekt aufzuführen, die richtige Tanzhaltung einzunehmen, den Takt zu wählen und zu halten etc.; all diese einzelnen Tätigkeiten müssen auch in irgendeiner Form koordiniert und aufeinander abgestimmt sein. Man könnte davon sprechen, dass es eines übergreifenden Wissens bedarf, um zu einem guten Tangotänzer zu werden; ganz abgesehen von der Tatsache, dass eine „Abgleichung" dieses Wissens mit dem Tanzpartner erfolgen muss, doch zu beidem später mehr.

Was bei all dem bisher Beschriebenen – und noch Folgenden – beachtet werden muss, ist die Tatsache, dass die Handlungen für den Handelnden in irgendeiner Art und Weise eine *Relevanz* besitzen müssen: mittelbare oder unmittelbare praktische Zwecke sollen durch ihren Vollzug erreicht werden, gleichgültig, ob diese egoistisch oder altruistisch motiviert sind. Die Mannigfaltigkeit der Wirklichkeit zwingt uns zu einem selektiven Blick, die wir nach Relevanzen gliedern: „Die Wirklichkeit der Alltagswelt erscheint uns immer als eine Zone der Helligkeit vor einem dunklen Hintergrund. Einige Zonen der Wirklichkeit sind hell,

---

[88] Vgl. Schütz/Luckmann 1975/1994, 140-141.
[89] Nelson/Winter 1982/1996, 77.

andere liegen im Schatten. Ich kann einfach nicht alles wissen, was über sie und von ihr gewußt werden muß".[90]

*ad (iii):* Es deutet sich ein System von Routinen an, bei denen die Handlungsroutinen unterer Ebene (z.B. Fertigkeiten) von übergeordneten Ebenen (z.B. Fähigkeiten) gesteuert werden, diese wiederum von Handlungsroutinen auf der darüber liegenden Hierarchiestufe (z.B. Gebrauchswissen) beeinflusst sind usw. usf. Man kann dieses System als ein Spektrum des schrittweisen Übergangs *von Routinen zu Regeln* beschreiben. Diese Hierarchisierung setzt sich auch auf der höheren Ebenen des Rezeptwissens fort. Auch hier gibt es abermals Überschneidungen zur unteren Stufen. Rezeptwissen ist jedoch im Gegensatz zum Gebrauchswissen nicht mehr direkt mit den Fertigkeiten verbunden, gleichwohl immer noch automatisiert. Beispiele wären, sich auf Wetteränderungen einzustellen für einen Seemann oder Bergsteiger, mit anomalen Turbulenzen beim Anflug auf einen Flughafen umzugehen für einen Piloten oder sich auf einer überfüllten Tanzfläche weiterhin tanzend zu bewegen für einen Tangotänzer.[91]

Ich möchte dies hier nicht weiter vertiefen, sondern vielmehr auf die sich aufdrängende Frage eingehen, ob durch das zunehmende Entfernen von der Überschneidung mit dem Gebrauchswissen am Ende der Skala ein System mit spezifischen Teilinhalten steht, das der rationalen Wahl im ökonomischen Sinne („choice") entspricht oder ob das ökonomische Kalkül sinnvoller Weise als „vorprogrammierte" Wahl („skillful acts of selection") interpretiert werden sollte.[92]

### *3.3.4 Optimierung als eine Art der Orientierung*

Die Antwort ist einfach und radikal zugleich: Aus der skizzierten evolutorischen Perspektive ist die konzeptionelle Einbeziehung von Nutzenmaximierung im Sinne des homo oeconomicus nur als Idealtyp in Reinform, nur als äußerster Rand eines breiten Spektrums von „realen" Handlungen möglich. Als zentrale Kategorie einer mikrotheoretischen Fundierung ist sie jedoch gänzlich ungeeignet. Rationale Entscheidungen

---

[90] Berger/Luckmann 1966/1996, 46.
[91] Vgl. Schütz/Luckmann 1975/1994, 141 ff.
[92] Nelson/Winter 1982/1996, 82 ff.

können zum einen selbst als (automatisierte) Regeln beschrieben werden: „Optimizing procedures always involve rules: namely the rules of computation and optimization".[93] Sie unterliegen zum anderen immer dem Handlungsvermögen des Akteurs: „they are ‚choices' embedded in a capability".[94] Es macht aus einer lebensweltlichen Perspektive insofern lediglich Sinn von Zweck*orientierung*, nicht aber von Zweck*rationalität* zu sprechen; es sei denn als Heuristik (siehe Kap. 0).

Der Vorschlag läuft also darauf hinaus, das Augenmerk auf Handlungsroutinen (bzw. routinemäßig ablaufende Handlungsregeln) sowie auf die relevanten, handlungsleitenden Institutionen zu richten – zu letzterem kommen wir gleich – und durch einen empirisch-vergleichenden Ansatz zu einem besseren Verständnis sozialer Prozesse beizutragen. Das Paradigma der rationalen Wahl ist darin eingeschlossen, jedoch lediglich als Spezialfall einer umfassenderen Mikrotheorie: es ist keine „Optimierung der Orientierung", sondern eine (auch) „Orientierung an ‚Optimierung'",. Der entscheidende Unterschied zur orthodoxen Ökonomie scheint mir darin zu bestehen, dass ein evolutorischer Ansatz (bereits auf der Handlungsebene) räumliche, zeitliche und soziale Momente – man könnte auch von „Kultur" und „Geschichte" sprechen – impliziert. Damit wird es möglich, sowohl den Handelnden als auch die ihn umgebenden Institutionen zu kontextualisieren und durch einen – in anderen Disziplinen längst vollzogenen – „cultural turn" auf eine Ökonomie als Kulturwissenschaft hinzuarbeiten.[95] Was hier betrieben wird ist gleichwohl immer noch Ökonomie, und der Versuch einer Verknüpfung mit Elementen einer bestimmten soziologischen Tradition ist nicht mehr und nicht weniger als ein interdisziplinäres Programm. Es ist gleichwohl der Versuch einer „Redefinition" der Ökonomie, die sich nicht über ihre Methode definiert, sondern sich mit der Erklärung und Gestaltung des ökonomischen Systems beschäftigt.

---

[93] Hodgson 1998, 186.
[94] Nelson/Winter 1982/1996, 84.
[95] Dazu der Überblick bei Daniel 1997.

### 3.3.5 Werte, Wertrationalität und Ethik

Völlig unbeantwortet ist bislang die Frage, inwieweit Werte respektive wertrationales Handeln konzeptionell einbezogen werden kann. Bislang ging es ja lediglich um Routinen und rationale Wahlhandlungen. In systematischer Hinsicht befindet sich das wertrationale Handeln ebenso wie das zweckrationale Handeln weitest möglich von „dumpfen" Handlungsroutinen entfernt. Der zentrale Unterschied beider Handlungstypen besteht jedoch mit Weber im Anschluss an Kant darin, dass mit der Wertrationalität ein Typus eingeführt wird, der *nicht* „die praktische Notwendigkeit einer möglichen Handlung als Mittel" (Zweckorientierung) charakterisiert, sondern er „wird (..) als *an sich gut* vorgestellt, mithin als notwendig in einem an sich der Vernunft gemäßen Willen" zu handeln.[96]

Hartmut Esser schlägt vor, das wertrationale Handeln i.S. Webers unter Verwendung seines Framing-Konzeptes (die „Modelle der Situation") zu interpretieren. Wertrationalität wird − analog beispielsweise zum gewohnheitsmäßigen Handeln − als ein besonderer Frame verstanden, der der Situation einen dominanten Rahmen verleiht. Innerhalb dessen finden zwar (idealtypisch) nur wertrationale Überlegungen statt, die Wahl des Rahmens jedoch ist das Ergebnis zweckrationaler Überlegungen.[97] Esser unterscheidet mithin das „Modell der Rahmung der Situation", das in letzter Konsequenz immer zweckrational ist, und verschiedene Typen oder Modi des Handelns (traditionales, zweckrationales und wertrationales Handeln).[98] Letzterem stimme ich zu, ersteres hingegen scheint mir nicht konsistent und, analog zu meiner Argumentation im Abschnitten 0, mit zu starken Rationalitätsannahmen behaftet. Noch einmal: Es ist überhaupt nicht einsichtig, warum das „Modell der Rahmung" *beispielsweise* nicht durch wertrationale, affektuelle oder sonst irgendwelche Erwägungen definiert werden kann.

Ich möchte hingegen − bei prinzipieller Zustimmung zum Framing-Konzept − vorschlagen, wertrationales Handeln in einem *ersten Schritt* als „moralische Dispositionen" und insofern als *einen* Bestandteil des

---

[96] Kant 1785/1956, 43.

[97] Vgl. Esser 1991, 72 f.

[98] Vgl. Esser 1991, 73; Esser 1996, 30f.

"stock of knowledge" zu begreifen.[99] Diese sind nicht gottgegeben, sondern auf vormalige Erfahrungen zurückzuführen (siehe Kap. 0).[100] Damit entscheidet man sich in einer bestimmten Situation *nicht* für einen Rahmen, man „ruft ihn vielmehr ab"; überspitzt: der Akteur wird in eine Situation gestellt, die er selber aufgrund vormaliger Erfahrungen definiert. Hinsichtlich der *Typen der Handlungen* ist, wie gesagt, Esser dahingehend zuzustimmen, dass es sich hierbei um originäre Modi handelt, wobei in diesem Zusammenhang insbesondere „die Rechenhaftigkeit des Handelns" (Zweckrationalität) und „der hervorgehobene Eigenwert des Handelns" (Wertrationalität) von Bedeutung sind.[101]

Das klingt haarspalterisch, ist jedoch von systematischer Bedeutung. Ergänzend zu meiner Kritik an Essers ad-hoc-Annahmen spricht nämlich noch ein weiteres Argument dafür, eine Unterscheidung zwischen einer kalkulierten und einer erfahrungsbezogen „Wahl" des „Modells der Rahmung" zu treffen. Wertrationalität nach Max Weber ist nämlich in doppelter Hinsicht interessant: als Baustein für ein sozialwissenschaftliches und für ein philosophisches Forschungsprogramm. Ihr kommt bei Weber ein interessanter methodischer Doppelstatus zu, indem wertrationales Handeln als *idealtypische* Handlungskategorie *und* als *ideales* Handeln im ethischen Sinne begriffen wird. Weber transformiert insofern einerseits die Kantschen Kategorien in ein sozialwissenschaftliches Forschungsprogramm. Er bleibt aber andererseits (Neu-)Kantianer und ermöglicht insofern eine Verbindung von positiver und normativer Theoriebildung:[102] Ethik in diesem Sinne befasst sich mit der philosophischen Reflexion einer bereits vorhandenen Moral. Die jeweiligen Maximen sind immer schon in Kulturen, in gewachsenen Sinnzusammenhängen

---

[99] Dieser Gedanke findet sich nicht explizit in den oben zitierten Arbeiten von Schütz, Luckmann und Berger, er scheint jedoch relativ mühelos integrierbar.

[100] Ein interessanter Vorschlag zur Einbeziehung „moralischer Dispositionen" findet sich bei Viktor Vanberg (1994, Kap. 3; 1998). Vanberg zeigt unter Bezugnahme auf die Arbeit von Gary S. Becker, dass zwar eine Integration in die ökonomische Theorie möglich ist, eine Dichotomie zwischen (stabilen) Präferenzen und Restriktionen gleichwohl ebenso wenig haltbar ist wie die strikte Unterscheidung zwischen dem subjektiv Inneren und dem objektiv Äußeren (zu letzterem vgl. auch die Kritik von Weise 1997; Weise 2000).

[101] Vgl. Esser 1991, 73.

[102] Dazu eingehender Schluchter 1998, 324 ff.

verankert.[103] Insofern ist die Ethikkonzeption kontextualistisch und geht von einem bereits vorhandenen Moralkodex als einer sinnvollen Grundvoraussetzung zum Betreiben von Ethik aus. Sie ist dialogisch in zweifacher Hinsicht: als Dialog zwischen dem *Seienden* (dem faktisch Vorherrschenden) und dem *Seinsollenden* (der idealen Norm).[104] Und sie wäre – wohl über Weber hinausgehend – als „fairerer" Dialog moralischer Subjekte zu konzipieren, die immer schon in symbolisch vermittelte Interaktionen eingebettet sind.[105]

Esser kann mit seinem Ansatz normative Fragen nicht bearbeiten (was man ihm vielleicht nicht vorwerfen kann, da es nicht seine Absicht ist). Ein handlungstheoretischer Ansatz, der beansprucht, an eine bestimmt Tradition (zumindest) sozialphilosophisch anschlussfähig zu sein, darf keine „vorkalkulierte" zweckrationale Wahl des „Modells der Rahmung" kennen, weil eine solche Ethik eine bedingte, und somit keine (kantsche) Ethik wäre.

*3.4 Handlungen, soziale Beziehungen und Ordnungen*

Bisher könnte der Eindruck entstanden sein, hier würde nur auf die Mikroebene abgestellt – insofern (Moral-)Psychologie betrieben – und das ganze hätte mit einem sozialwissenschaftlichen geschweige denn mit einem kulturwissenschaftlich-orientierten Forschungsprogramm wenig zu tun. Aus diesem Grund wende ich mich im Folgenden der Verknüpfung von (individuellen) Handlungen und (überindividuellen) Ordnungen (Mikro-Makro-Link) zu, wobei dies aus Platzgründen eher kursorisch passiert, zumal dies an anderer Stelle ausführlicher erörtert wurde.[106]

Es muss davon ausgegangen werden, dass die Vielzahl der individuellen Handlungen zusammenwirken und zu emergenten Ordnungskonfigurationen führen, die nicht nur intendierte, sondern auch *uninten-*

---

[103] Vgl. Schluchter 1998, 324 ff., 357 ff.; Schwinn 1998, 270.
[104] Vgl. Weber 1904/1988, 148.
[105] Vgl. Schluchter 1998, 324 ff.
[106] Dazu Beschorner 2000a; Beschorner 2000b.

*dierte* Effekte zur Folge haben.[107] Damit ist – Coleman folgend – nicht gemeint,

> „daß die Erklärung von Systemverhalten einzig und allein individuelle Handlungen und Einstellungen umfaßt, die dann aggregiert werden. Die Interaktion zwischen Individuen wird so gesehen, dass sie neu entstehende (emergente) Phänomene auf der Systemebene zur Folge hat, d.h. Phänomene, die von den Individuen weder beabsichtigt noch vorhergesehen worden sind".[108]

Dieses auch aus der Synergetik (der Lehre vom Zusammenwirken) bekannte Prinzip geht von der wechselseitigen Verbundenheit von Individuen und einer damit zusammenhängenden „neuen" Qualität auf der makroskopischen Ebene aus. Durch diese Überlegung ist es prinzipiell möglich, soziale Normen als Koordinationsmechanismen menschlichen Handelns analytisch einzubeziehen.[109] Diese Ordnungen wirken gleichzeitig auf die Handlungen der Akteure zurück, womit ein interdependentes Verhältnis zwischen den *Handlungen* sowie den entstandenen und sich verändernden *Ordnungen* unterstellt wird: „Both individuals and institutions are mutually constitutive of each other. Institutions mold, and are molded by human action".[110]

Wenn wir sodann fragen, um welche Arten von Ordnungen es sich genauer handelt, scheint ein erneuter Bezug auf die Arbeiten Max Webers hilfreich: Weber unterscheidet analog zu der Einteilung der Handlungstypen, drei mit diesen korrespondierende Ordnungstypen: dies sind als Pendant zum traditionalen Handeln die Ordnung „Brauch und Sitte", als ordnungstheoretische Entsprechung zum zweckrationalen Handeln eine „Ordnung kraft Interessenkonstellation" (Märkte) sowie das Tandempaar Wertrationalität und „Ordnung kraft Normenmaxime".[111]

---

[107] Vgl. Esser 1993/1996, 23 ff.; Homann 1997a, 150 ff.
[108] Coleman 1990/1995, 6.
[109] Vgl. Eger/Weise 1995; Haken 1996.
[110] Hodgson 1998, 181.
[111] Vgl. Weber 1921/1980, 12-16; vgl. auch Schluchter 1998, 336. Ein Seitenblick auf Homann et al. macht deutlich, dass in den Arbeiten der Autoren eine Reduktion auf das Pärchen „Zweckrationalität – Markt" erfolgt. Ausgeblendet werden durch die homo oeconomicus-Konstruktion jedoch weitere Handlungstypen und damit

# Evolutorische Ökonomik, verstehende Soziologie u. Wirtschaftsethik 311

Bevor ich andeuten werden, welche Erklärungskraft für eine Wirtschafts- und Unternehmensethik aus dem entwickelten analytischen Rahmen hervorgeht, scheinen mir noch einige Bemerkungen notwendig, die gewissermaßen das vermittelnde Glied zwischen Handlungen und Ordnungen betreffen: die sozialen Beziehungen, die in Webers „soziologischen Grundbegriffen" ihren systematischen Platz zwischen den Handlungstypen (§2) und den Ordnungstypen (§4) im § 3 finden. Sie beschreiben ein „aufeinander gegenseitig eingestelltes und dadurch orientiertes Sichverhalten mehrerer" und bestehen „in der *Chance*, daß ein seinem Sinngehalt nach in angebbarer Art aufeinander eingestelltes Handeln stattfand, stattfindet oder stattfinden wird", gleichgültig, ob es sich dabei um den gleichen Sinngehalt der Beteiligten handelt oder nicht.[112] Soziale Beziehungen stellen für einen lebensweltlichen Zugang allein deshalb schon ein wichtiges Element innerhalb der theoretischen Konstruktion dar, weil „die Lebenswelt des Alltags nicht eine private, sondern eine intersubjektive und somit soziale Wirklichkeit ist, [die] für die Konstitution und Struktur des subjektiven Wissensvorrates eine Reihe äußerst wichtiger Folgen [hat]".[113]

Wichtig ist mir in diesem Zusammenhang abschließend noch der Begriff der Relevanzstrukturen, genauer die interessanten Fälle *unterschiedlicher Relevanzstrukturen*. Die meisten Interaktionen in der alltäglichen Praxis gelingen, obwohl wir nicht über *eine* objektive Welt, sondern lediglich über individuelle, subjektive Deutungen der Wirklichkeit verfügen. Dass überhaupt ein „aufeinander eingestelltes Handeln" stattfinden kann, ist u.a. eine Folge der *sozialen Objektivationen*.[114] Uns werden fertig konstituierte Erfahrungstypisierungen bereitgestellt, die gewissermaßen den Status eines gesellschaftlichen Apriori besitzen.[115]

---

auch notwendigerweise weitere Ordnungsarten, was zu gravierenden Problemen in der wirtschafts- und unternehmensethischen Konzeption führt.

[112] Weber 1921/1980, 13.

[113] Schütz/Luckmann 1975/1994, 293.

[114] Kreikebaum (1996, 173-174) beschreibt unter Bezugnahme auf den Sozialisationsprozess etwas ähnliches als „Enkulturation", also die Übernahme „kultureller Elemente", wie „Verhaltensschemata, gesellschaftliche Werte und Normen sowie Überzeugungen".

[115] Diese werden durch Zeichen und Zeichensysteme vermittelt und gehen über das unmittelbare „Hier und Jetzt" hinaus. Das wichtigste (aber nicht das einzige) Zei-

Ebenso kennen wir Gegenteiliges: „Wir haben uns nichts zu sagen", was zum einen daran begründet sein kann, dass wir die spezifischen Sprachspiele des anderen nicht kennen (der Wissenschaftler, der von der betrieblichen Praxis nicht (mehr) verstanden wird und umgekehrt). Zum anderen kann die jeweilige Thematik des anderen für uns keine Relevanz besitzt (interessieren Sie sich für die Spielregeln beim Baseball?). Damit wird deutlich, dass „ein wichtiger Bestandteil meines Alltagswissen (..) das Wissen um die Relevanzstrukturen von anderen [ist]".[116] Bei weitem interessanter sind jedoch – meine Relevanzstrukturen mal unterstellt – diejenigen Fälle, bei denen zwar keine (vollständige) Deckung zwischen dem aktuellen Thema und den potentiell relevanten Wissenselementen vorliegt, sich thematische Relevanzen jedoch in zunehmenden Maße „aufdrängen". Beispiel: Man lebt in den USA und möchte aus irgendeinem Grunde gerne mitreden über das letzte Spiel der „Red Socks".

In ganz ähnlicher Weise drängen sich heute für Unternehmen Themen auf, die für sie vor wenigen Jahren noch überhaupt keine oder eine untergeordnete Relevanz besaßen. Dies gilt nicht nur, aber im besonderen Maße für die Themen „Umwelt" und „Ethik". Ich komme darauf noch zurück.

### 4. Wirtschafts- und Unternehmensethik als Handlungstheorie

Vor diesem Hintergrund lassen sich Ansatzpunkte für eine Wirtschafts- *und* Unternehmensethik entwickeln, die sich sowohl auf die Ausgestaltung der betrieblichen Organisation als auch auf das Verhältnis von Unternehmen zu ihrer gesellschaftlichen Umwelt beziehen.

---

chensystem der Gesellschaft ist die Sprache. Sprache strukturiert einerseits die Entstehung von Typen, gleichzeitig führt ihre Reproduktion zu deren Stabilisierung; dies betrifft die Syntax ebenso wie den Inhalt des Gesagten (ähnlich Berger/ Luckmann 1966/1996, 36 ff.).

[116] Berger/Luckmann 1966/1996, 47.

## 4.1 Das Unternehmen als „System von Gewohnheiten"

Betrachtet man volkswirtschaftliche Überlegungen zur Theorie der Firma, so lässt sich feststellen, dass sich jenseits der strikten produktionstheoretischen Orientierung der neoklassischen Unternehmenstheorie drei idealtypische Strömungen entwickelt haben, denen die oben skizzierten Formen der Handlungskoordination einer (i) Ordnung kraft Normenmaxime, (ii) einer Ordnung kraft Interessenkonstellation sowie (iii) einer Ordnung durch „Brauch und Sitte" zugrunde liegen:[117]

*ad (i):* Coase'[118] Einsicht war, dass es sich bei Märkten und Organisationen um genuin unterschiedliche Koordinationssysteme handelt und eine Steuerung von Organisationen eher durch *autoritäre Anweisungen* als durch Tausch erfolgt. Autorität ist demnach „ein zu Preisen alternativer Steuerungsmechanismus in der Wirtschaft, so wie die Organisation eine Alternative zum Markt ist".[119]

*ad (ii):* Alchian und Demsetz hingegen betrachten Unternehmen als einen hochspezialisierten Surrogatmarkt, der nach der prinzipiell gleichen Logik funktioniert wie der „richtige" Markt. Dieser Ansatz konnte sich m.E. nicht durchsetzen.[120]

*ad (iii):* Letztlich entwickelte sich in den letzten Jahren eine weitere Perspektive, die das routinemässige Handeln der Akteure unterstreicht sowie hinsichtlich der Handlungskoordination Vorschläge entwickelt hat, die auf die spezifischen „Bräuche und Sitten" der Unternehmung fokus-

---

[117] Dazu eingehender Schlicht 1998, 214; Beschorner 2000b.

[118] Vgl. Coase 1937/1991.

[119] Wieland 1996, 5. Oliver E. Williamson (1985/1990, 19) formulierte im Anschluss an Coase die zentrale These, „daß die ökonomischen Institutionen des Kapitalismus hauptsächlich die Einsparung von Transaktionskosten bezwecken und bewirken". Im Gegensatz zu Coase fokussiert Williamson jedoch stärker die Unternehmensorganisation (*organizational design*) und sieht die Möglichkeit der Einsparung von Transaktionskosten in einer differenzierten Ausgestaltung des Beherrschungs- und Überwachungssystems. Er gelangt zu diesem Ergebnis durch die Betrachtung unterschiedlicher *Vertragsformen* (Planung, Versprechen, Wettbewerb sowie Beherrschung und Überwachung) in Abhängigkeit zu den von ihm unterstellten Verhaltensannahmen (begrenzte Rationalität, Opportunismus) sowie zur Faktorspezifität (35 ff).

[120] Vgl. Alchian/Demsetz 1972/1977.

sieren, „by a specific system of customs. This gives rise to its identity. The concern with ‚corporate culture' and ‚corporate identity' may be understood from this perspective".[121]

Ich richte im Folgenden mein Augenmerk auf „Unternehmen als ein System von Gewohnheiten". Auch wenn diese Betrachtungsweise von Organisationen dabei mit einigem Nachdruck vertreten wird, so handelt es sich dennoch *nur* um *eine* Forschungsperspektive; allerdings, wie ich meine, um eine wichtige und in der Literatur vernachlässigte Sichtweise. Unternehmen können durch eine ausschließliche Verwendung dieses Standpunktes eben so wenig verstanden werden, wie durch eine ausschließliche Verwendung der beiden erstgenannten „Theorien der Unternehmung".[122] Unternehmen als ein System von Gewohnheiten zu interpretieren, ist mithin kein hinreichender, sehr wohl aber ein notwendiger Erklärungsansatz.

Unterstellt man eine Selbstähnlichkeit von Mikroebene (Akteur) und Mesoebene (Organisation), dann gehören „Bräuche und Sitten" zu den relevantesten handlungsleitenden Institutionen innerhalb eines Unternehmens. Wir finden sie ganz konkret durch eine Vielzahl von informalen und formalen *organisatorische Regeln* repräsentiert: von der Kleiderordnung bis zum Organigramm, Unternehmensphilosophien oder –verfassungen. Eine Abgrenzung von den Ordnungstypen kraft Normenmaxime und kraft Interessenkonstellation fällt dabei nicht immer leicht.

Ich werde im Folgenden mein Augenmerk zuerst auf „Bräuche und Sitten", also auf ein „System von Gewohnheiten" richten, das für Organisationen im Allgemeinen und Unternehmen im Besonderen deshalb unverzichtbar ist, weil es zentrale *Funktionen* zur Koordination im Organisationsprozess übernimmt. Ihre Relevanz bezieht sich ebenso auf (i) individuelle Entscheidungen wie auf die (ii) Koordination sozialer Prozesse. Aus dieser Perspektive können Unternehmen als ein (iii) „Bündel von Ressourcen" interpretieren werden. Neben den dargelegten Funktionen lassen sich aber auch eine Reihe von (iv) Dysfunktionen ausmachen. Die gravierendste Dysfunktion ist darin zu sehen, dass sie die „Gefahr" eines latenten Konservatismus birgt. Die Organisation als „iron cage"

---

[121] Schlicht 1998, 208.
[122] Vgl. Schlicht 1998, 208 ff.

scheint in einer sich immer schneller veränderten Umwelt nicht überlebensfähig.

*ad (i) Entscheidungsprozesse:* „Bräuche und Sitten" sind handlungsleitende Institutionen, formaler oder informaler Art. Sie reduzieren Unsicherheit und Komplexität im konkreten Entscheidungsprozess, da durch sie aus einer Vielzahl möglicher Entscheidungen einige wenige „selektieren". Sie „geben dem Verhalten grob die Richtung vor, wie Verkehrszeichen dem Verkehr die Richtung weisen".[123] Formale Informationssysteme unterstützen eine „Auswahl" in erheblichem Maße: „Decision makers do not have to define and characterize their environment themselves, the organization defines it for them and thus narrows their focus of attention [their „frame", T.B.]".[124]

*ad (ii) Koordination im sozialen Prozess:* „Bräuche und Sitten" übernehmen darüber hinaus eine ganze Reihe von sozialen Funktionen, wobei insbesondere hier nicht mehr ganz trennscharf von Ordnungen kraft Interessenlagen und kraft Normenmaxime unterschieden werden kann. Zu allererst dienen sie dazu die Schnittmengen zwischen den individuellen Relevanzstrukturen zu vergrößern respektive möglichst groß zu halten, um – damit zusammenhängend – für eine Erwartungssicherheit des Verhaltens anderer Sorge zu tragen. Sie definieren dafür Rollen im intraorganisationalen Prozess, was besonders deutlich bei der Integration neuer Mitglieder wird. Insbesondere formale organisatorische Regeln bieten neuen Mitarbeitern Anknüpfungspunkte für die Skriptenbildung.[125] Sie dienen des weiteren der Verbindung von individuellen und sozialen Zielen.

*ad (iii) Fähigkeiten als ein Bündel von Ressourcen:* Die in Organisationen wirkenden Institutionen sind einerseits – insbesondere durch formale Regeln, seien es Stellenbeschreibungen, Arbeitsabläufe, Kontroll- oder Anreizsysteme – gestaltungsfähig. Sie spiegeln andererseits jedoch ein komplexes, interdependentes Gefüge aus (teilweise konkurrierenden) informalen und formalen Regeln wider, die als Ganzes eher einen evolutorischen Entwicklungsprozess abbilden, als das Ergebnis eines „super-

---

[123] Kieser 1998, 54.

[124] Kieser/Beck/Tainio 1998, 6.

[125] Vgl. Kieser 1998, 54; Kieser/Beck/Tainio 1998, 3-6.

rationalen" Organisationsexperten.[126] Organisationen können aus dieser Perspektive als eine spezifische Ansammlung von Wissen aufgefasst werden;[127] ein Wissen, das zwar auf dem individuellen Wissen der Mitarbeiter fußt und trotzdem einen überindividuellen Status besitzt (Mitarbeiter kommen und gehen).

Diese, im sogenannten „Resource-Based View of the Firm" unterstellte, Annahme schreibt Unternehmen spezifische Fähigkeiten durch ein *„Bündel von Ressourcen"* zu, „die wertvoll, aber nicht handelbar sind, nicht substituiert und vor allem schwer durch Wettbewerber imitiert werden können".[128] Dies ist nun in doppelter Hinsicht interessant, denn zum einen lässt sich aus dieser Perspektive die alte Frage nach der *Existenz von Firmen* neu beantworten.[129] Zum anderen – und das soll uns im Folgenden interessieren – ergeben sich interessante Anknüpfungspunkte an die *Organisationstheorie*, indem die Fähigkeiten als „Aktiva" interpretiert werden, „die auf implizitem Wissen (tacit knowledge), spezifischen Erfahrungen, sozialen und organisationalen Prozessen (...) oder sehr seltenen, firmenspezifischen Qualifikationen von Mitarbeitern (...) beruhen".[130]

*ad (iv) Die Organisation als „iron cage":* Im Gegensatz zu verhaltenswissenschaftlichen Ansätzen, die eher eine lose Verbindung zwischen der Organisation und Umwelt unterstellen, betont jeder evolutorische Ansatz – sei es der „Resource-Based View" oder in verschärfter Form der „population-ecology-Ansatz" – ein Lernen von Erfahrungen durch das Feedback der Umwelt.[131] Der für eine Organisation denkbar schlimmste Fall tritt ein, wenn Lernerfahrungen aufgrund einer mangeln-

---

[126] Vgl. Kieser/Beck/Tainio 1998, 4.

[127] Vgl. Nelson/Winter 1982/1996, 105; Kieser/Beck/Tainio 1998, 8.

[128] Steger 1997, 9, vgl. auch die dort zitierte Literatur.

[129] Im Gegensatz zu einer funktionalen Erklärung, wie sie insbesondere aufgrund der unterschiedlichen Koordinationsmechanismen (Beherrschung und Überwachung versus Wettbewerb) im Transaktionskostenansatz vollzogen werden, betonen evolutorische Ansätze eine entwicklungstheoretische Perspektive, indem auf die Entstehung von betrieblichen Organisationen und ihren Wandel in der Zeit abgestellt wird. Vgl. dazu beispielsweise (Rathe/Witt 1999).

[130] Steger 1997, 9.

[131] Vgl. Kieser/Beck/Tainio 1998, 12.

den Organisation der Feedbackprozesse nicht gemacht werden können. In solchen Organisationen führt das „Eigenleben" – das jeder Organisation immanent ist – direkt in das „stählerne Gehäuse", in den „iron cage", in dem im schlechtesten Sinne des Wortes „Bürokratie" herrscht.

Jeder Organisation ist insbesondere aus den beiden nachfolgenden Gründen eine *latent konservative Haltung* immanent: Erstens, „Brauch und Sitte" – als wichtige Charakteristika eines latenten Konservatismus in Organisationen – übernehmen die oben skizzierten Funktionen bei Entscheidungsprozessen sowie hinsichtlich der sozialen Koordination im intraorganisationalen Prozess („Bräuche und Sitten" reduzieren Transaktionskosten innerhalb der Organisation). Zweitens wird in der Literatur davon ausgegangen, dass die Akteure einer Organisation lediglich eine geringe Motivation besitzen die vorhandenen Regeln zu ändern, da mit einer Regeländerung zugleich ihr Wissen verfallen würde.[132]

All das ist nicht „optimal", es scheint jedoch die betriebliche Praxis besser widerzuspiegeln als realitätsferne Konstrukte. Neben jener Antwort auf die Frage, warum die Tätigkeit eben so und nicht anders ausgeführt wird, nämlich dem klassischen „Weil wir es schon immer so gemacht haben!" geben auch die in immer neuen Wellen auftretenden „Managementmoden"[133] einen Hinweis auf die Bedeutung von „Brauch und Sitte" und den damit verbundenen „organisatorischen Konservatismus". Diese Moden scheinen den Wunsch nach erhöhter *Reflexivität* widerzuspiegeln, also dem Festhalten am Status quo entgegenzuwirken „und die damit verbundene zögerliche Anpassung an veränderte Umweltbedingungen" zu beschleunigen.[134] Notwendig werden solche Maßnahmen, weil nichtanpassungsfähige Unternehmen mit einem Verlust an Wettbewerbsvorteilen rechnen müssen. Langfristig werden solche Unternehmen von den Marktkräften eliminiert.[135]

Wenn wir dies zugrunde legen und damit der These zustimmen, dass die Überlebensfähigkeit einer Unternehmung in hohem Masse von ihrer

---

[132] Vgl. Kieser/Beck/Tainio 1998.

[133] Kieser/Hegele 1998, 25 ff.

[134] Kieser/Hegele 1998, 133.

[135] Mit der *strengen* Annahme der Gewinnmaximierung haben Ansätze der Evolutorischen Ökonomik jedoch wenig gemein (Hodgson 1993, 200 ff.; Nelson 1995/1997, 120).

Anpassungsfähigkeit an die Umweltbedingungen abhängig ist, dann wird schnell klar, dass die Reflexivität (man könnte auch von Lernfähigkeit sprechen) als spezifische Kompetenz des Unternehmens eine Schlüsselrolle spielt.[136]

### 4.2 Unternehmen und Gesellschaft

Das Verhältnis zwischen Unternehmen und Gesellschaft lässt sich stark vereinfacht auf zwei Aspekte zuspitzen: Zum einen kreist die Diskussion um die Kontroverse zwischen Shareholder- und Stakeholderansatz. Zum anderen geht es um die Frage nach der Rolle des Unternehmens innerhalb der Gesellschaft: Nimmt dieses eher einen passiven, lediglich auf Marktsignale reagierenden Part ein oder können Unternehmen als aktive gesellschaftliche Akteure begriffen werden?

Der oben dargelegte Zusammenhang zwischen Handlungstypen und Handlungskoordination macht nicht an den Unternehmensgrenzen halt, sondern hat seine Entsprechung auch in der Unternehmensumwelt. Die Ordnung „Brauch und Sitte", gewissermaßen die Moral der Gesellschaft im Sinne gewachsener Lebensformen, die „Ordnung kraft Interessenkonstellation", also der Markt und die politisch gesetzte „legitime Ordnung" haben ihre Entsprechung im Umfeld der Unternehmung und lassen sich aus meiner Sicht sehr gut durch das Stakeholdermodell abbilden:[137]

„Marktliche, politische und gesellschaftliche Anspruchsgruppen kann man als institutionelle Repräsentanten von drei unterschiedlichen Lenkungssystemen ansehen, die auf die Unternehmung einwirken. Im einzelnen handelt es sich dabei um die Lenkungssysteme Markt, Politik und Öffentlichkeit".[138]

Aus evolutorischer Perspektive bedeutet dies dreierlei: *Erstens* sind analog zum klassischen Stakeholdermodell die Ansprüche auch nicht-markt-

---

[136] Ähnlich Steger 1997, 9.

[137] Zum Stakeholdermodell vgl. erstmals Freeman (1984) sowie zur hier vorgenommenen Bündelung in Lenkungssysteme Dyllick/Beltz (1995, 58), Beschorner (1998).

[138] Dyllick/Beltz 1995, 58.

licher Akteure aus strategischen Gründen im betrieblichen Entscheidungsprozess zu berücksichtigen. Damit geht es um die enge Verzahnung zwischen Legitimation und wirtschaftlichem Handeln.

*Zweitens*, jenseits einer eher defensiven Strategie, bei der die Interessen deshalb einbezogen werden, um „negative Aufmerksamkeit" (Nell-Breuning) zu vermeiden, verspricht eine Rezeption über die Betrachtung von Marktstrukturen hinaus, eine Rezeption also der Lenkungssysteme Öffentlichkeit und Politik, ein mögliches Innovationspotential. Unternehmen können ihr „Überleben" in einer sich schnell verändernden Umwelt sichern, indem sie Impulse aus der Unternehmensumwelt konstruktiv verarbeiten und ihre Anpassungsfähigkeit steigern. Diese „Fitnessbedingungen" sind kompliziert und komplex[139]: Zum einen liegen neben den Beziehungen des Unternehmens zu seinen Anspruchsgruppen solche auch zwischen den Anspruchsgruppen vor. Wir haben es mit einer gegenseitigen Einflussnahme zu tun, bei der die Kombination unterschiedlicher Interdependenzen vorstellbar ist. Zum anderen deutet sich damit an, dass der Stakeholderansatz sinnvoller Weise nicht als statisches Modell gedacht werden kann. Die Beziehungen der Anspruchsgruppen unterliegen einer Veränderung in der Zeit. Sie sind extrem dynamisch und damit komplex.

*Drittens* kann eine Einflussnahme auch in die umgekehrte Richtung laufen: Unternehmen sind in der Lage, sich ihre Umwelt ein Stück weit zu gestalten und sie tun dies bei genauerem Hinsehen bereits längst. Man könnte in evolutionsökonomischer Terminologie von einer *Einflussnahme auf die Fitnessbedingungen* sprechen (Akkommodation). In eine ähnliche Richtung weist die „Ethik der Governance" von Josef Wieland, der davon ausgeht, dass moralische Kommunikation insofern bedeutsam ist, als sie als „Element der Atmosphäre ökonomischer Transaktionen"[140] über die Menge möglicher Kooperationen entscheidet und damit die Existenz eines Unternehmens sichern kann oder eben nicht.

---

[139] Gemäß der Unterscheidung bei Ulrich/Probst (1995, 58): Komplexität beschreibt, im Gegensatz zu Kompliziertheit, nicht das statische Vorhandensein einer Vielzahl von Zustandsmöglichkeiten, sondern die „Fähigkeit eines Systems, in einer gegebenen Zeitspanne eine grosse Zahl von verschiedenen Zuständen annehmen zu können" (Betonung getilgt).

[140] Wieland 1999, 19.

All das hat mit Ethik an dieser Stelle noch nichts zu tun. Es ist, wenn man so will, ein Wertemanagement, das die Unternehmensumwelt fokussiert und aus der Beteiligung von Unternehmen am gesellschaftlichen Suchprozess ökonomische Vorteile rekonstruiert, die die Überlebensfähigkeit eines Unternehmens wahrscheinlicher machen. Mit Rudi Kurz kann man zusammenfassend von einem langfristigen Nutzen durch eine Verbesserung der *Wahrnehmungsfähigkeit* von Organisationen, einer Erhöhung der *Anpassungsfähigkeit* und einer Steigerung der *Gestaltungsfähigkeit* der Umweltbedingungen sprechen.[141]

*4.3 Unternehmen zwischen Wettbewerbsfähigkeit und Legitimation*

Im Folgenden wird zum einen angedeutet, wie ein Wertemanagement operationalisiert werden kann. Zum anderen wird zu fragen sein, wo ein originär ethisches Element jenseits der ökonomischen Klugheit ins Spiel kommen kann. Um die theoretischen Überlegungen in praktischer Hinsicht zu veranschaulichen, werden *exemplarisch* zwei mögliche Bausteine einer Unternehmenspolitik skizziert: die Bedeutung von *Unternehmensphilosophien* und das Konzept der *Pfadabhängigkeit*. Ökonomische und ethische Argumente laufen quer zu diesen beiden Aspekten, wobei die Trennlinie bewusst unscharf gehalten ist, nicht als analytisches Defizit, sondern zur Ermöglichung eines Entwicklungspfades für eine Unternehmenspolitik, die *nicht ausschließlich* am Kosten-Nutzen-Denken orientiert ist.

*4.3.1 Unternehmensphilosophien*

Es ist zwar vorstellbar, dass organisatorische Regeln lediglich durch „dumpfes" Abarbeiten praktiziert werden, gleichwohl muss – da ja reflexionsfähige Akteure unterstellt werden – davon ausgegangen werden, dass eine Vielzahl von Regeln Handlungen nicht nur durch „Brauch und

---

[141] Vgl. Kurz 1997.

Sitte" koordinieren, sondern eine Koordination wert- oder zweck*orientiert, also regelgeleitet* erfolgt.

Unternehmensphilosophien sind ein Beispiel dafür. Sie charakterisieren aus ökonomischer Sicht Regeln, die den Akteuren Handlungsorientierungen bieten und die Koordination der soziale Beziehungen unterstützen. Unternehmensphilosophien – als Teilaspekte eines „Code of Conducts" – sind institutionalisierte „Rahmungen" von Situationen. Sie reduzieren Transaktionskosten,[142] indem sie die Handlungen des Akteurs für den Gegenüber antizipierbar respektive wahrscheinlicher machen – sowohl im intraorganisationalen Prozess als auch hinsichtlich der Interaktion zwischen Organisationen.[143]

Eine weitere wichtige Funktion fällt Unternehmensphilosophien durch die Abstraktheit ihrer Formulierungen zu. Sie enthalten üblicherweise keine konkrete Handlungsanweisungen zur Umsetzung bestimmter Leitbilder, sondern sind „‚Deutungsmuster', die ihre Stärke gerade aus ihrer Unbestimmtheit gewinnen (...). Leitbilder beinhalten keine zwingenden Vorgaben für das organisatorische Gestaltungshandeln, machen jedoch bestimmte Handlungen wahrscheinlich, andere unwahrscheinlich oder gar unmöglich, weil mit den Deutungsmustern vereinbar bzw. unvereinbar".[144] Unternehmensphilosophien gewährleisten insofern nicht nur eine gewisse Erwartungssicherheit, sondern lassen zudem genügend Raum für die konkrete Ausgestaltungen, als eine Grundbedingung für Anpassungs- und Veränderungsprozesse. Unternehmensphilosophien als Elemente eines Wertemanagements zielen anders formuliert zum einen darauf ab, „Erwartungsunsicherheit ex ante in Sicherheit zu transformieren",[145] nach innen wie nach außen. Würde man Wertemanagement jedoch lediglich auf diese Form der *Kooperationsökonomik* reduzieren, hieße dies, Unternehmen ein hohes Maß an Regeldichte und damit Bürokratisierung zu empfehlen. Es bedarf mithin der Ergänzung um eine *Innovationsöko-*

---

[142] Vgl. besonders Wieland 1999.
[143] Vgl. Kieser/Beck/Tainio 1998, 6.
[144] Kieser 1998, 57.
[145] Wieland 1999, 31.

*nomik*, die nur durch Handlungsspielräume möglich ist.[146] Damit deutet sich ein interessanter „trade off" an, der mir in der wirtschaftsethischen Literatur bis zum jetzigen Zeitpunkt (auch bei Wieland) noch etwas unterbelichtet zu sein scheint. Governancestrukturen müssen nämlich beides sein: *stabilisierend und wandlungsfähig*. Unternehmensphilosophien tragen i.d.R. beide Elemente in sich. Sie verleihen Regeln durch ihre (üblicherweise) schriftliche Fixierung zum einen ein größeres Gewicht, sie beinhalten zum anderen Handlungsspielräume für die Akteure und können es zudem ermöglichen, Änderungen komplexer Handlungsgefüge zu initiieren.[147]

Ein strukturell ähnlicher Gedanke findet sich bei Ulrich, hier allerdings hinsichtlich der Frage nach einer „*Balance* zwischen (diskurs-) öffnenden und (handlungsoptions-) schließenden ‚Ethikmaßnahmen'.[148] Ulrich beobachtet zwei grundsätzliche Wirkungsrichtungen einer praktischen Unternehmensethik: Zum einen gilt es betriebliche Strukturen und Entscheidungsprozesse nach innen und nach außen zu öffnen, um damit diskursive Klärungen von „Verantwortungs- und Zumutbarkeitsfragen" zu ermöglichen und zu institutionalisieren. Zum anderen stellt sich jedoch die Notwendigkeit, die betriebliche Organisation gegenüber ethisch unerwünschten Handlungen zu schließen, „indem das gesamte unternehmerische Handeln an deklarierte, nachprüfbare normative Standards gebunden wird".[149] Letzteres sieht Ulrich durch Compliance-Programme repräsentiert, ersteres hingegen (in Ansätzen) durch einen diesem entgegengestellten Integrity-Ansatz.[150] Er fordert eine gewisse Ausgewogenheit beider Stoßrichtungen. Weder ein einseitiges Öffnen noch ein ein-

---

[146] Insofern wäre einer, wie von Lammers und Schmitz (1995, 119 f.) geforderten, Ergänzung von Leitbildern durch konkrete Handlungsanweisungen nur bedingt zuzustimmen.

[147] Vgl. Kieser 1998, 53 f.

[148] Vgl. Ulrich 1999, 86 ff..

[149] Ulrich 1999, 86.

[150] Ulrich (1999, 87) sieht gleichwohl die Voraussetzungen für einen offenen Diskurs auch im Integrity-Ansatz nicht gewährleistet, der seiner Meinung nach „im Grunde bloß die legalistischen ‚Compliance Standards' kulturalistisch durch verinnerlichte ‚Company Values' zu ersetzen [versucht]". Zum Integrity- und zum Compliance-Ansatz vgl. auch den guten Überblick bei Steinmann/Olbricht (1998, 175-179) und Steinmann/Scherer (2000).

seitiges Schließen würde zu erwünschten ethischen Verhaltensweisen führen.[151]

Unternehmensphilosophien dienen des weiteren dazu, das wirtschaftliche Handeln zu legitimieren, wie Wieland in seiner „Ethik der Governance" zeigt.[152] Er beobachtet vor dem Hintergrund der abnehmenden Reichweite des Nationalstaates und dem zunehmenden Einfluss von Unternehmen „eine Progression in der Zurechnung von moralischer Verantwortung auf Unternehmen durch die Gesellschaft", wofür die Erfahrungen des Shell-Konzerns paradigmatisch stehen. Man kann in diesem Zusammenhang auch davon sprechen, dass sich den Unternehmen neue „Relevanzen" aufdrängen, was an dem von Wieland herangezogenen Fall „Brent Spar" besonders gut deutlich wird (zum Begriff der Relevanzstrukturen) siehe auch Kap. 0): Der Shell-Konzern und Greenpeace als, wenn man so will, professionelle Repräsentanten der Öffentlichkeit redeten über weite Teile der Kontroverse aneinander vorbei. Shell argumentierte anfangs juristisch (die Handlung ist legal), dann ökologisch (das Versenken der Plattform ist die umweltverträglichste Lösung), die Öffentlichkeit empfand es jedoch als einen „symbolischen Akt" einer nichtverallgemeinerbaren Handlung und als illegitim. Die Relevanzstrukturen waren anfangs nicht „geeicht". Shell musste diese spezifische Form des Diskurses erst erlernen und gab durch eine weitangelegte Medienkampagne („Wir werden uns ändern") letztlich nach.

Dieses populäre Beispiel wurde herangezogen, da es in systematischer Hinsicht interessant ist. Es deutet sich nämlich an, dass Wertemanagement mehr ist als „Moralcontrolling", als eine bestimmte Form der In-

---

[151] Bei voller Zustimmung der Analyse und des daraus resultierenden Vorschlages wäre allerdings an Ulrich die Frage zu richten, inwieweit bei einer – von Ulrich ja anerkannten Notwendigkeit – der Schließung des Diskurses noch in sinnvoller Weise von einer republikanischen Unternehmensethik gesprochen werden kann. So macht Nutzinger (2000, 12) in einer jüngeren Kritik deutlich, dass „das Modell der ‚Republik' (..) nur sehr begrenzt und unter Beachtung sehr einschneidender Differenzierungserfordernisse als regulative Idee lebensdienlichen Wirtschaftens brauchbar [ist]". Nutzinger stellt dabei auf so wichtige innerbetriebliche Komponenten wie Vertraulichkeit und Loyalität ab, die „der regulativen Idee des offenen Diskurses (..) enge Grenzen setzen (und zwar auch aus ethischen Gründen!)" (Nutzinger 2000, 12).

[152] Vgl. Wieland 1999, 16.

stitutionalisierung von Moral also, dessen vorrangiger Zweck darin besteht, einen Mechanismus zu implementieren, der Kooperationen ermöglicht. Wertemanagement kann des weiteren als innovatives Element verstanden werden. Es beinhaltet aber *darüber hinausgehend* – und das wird bei Unternehmensphilosophien und Leitbildern besonders deutlich – einen performativen Handlungsakt, der weit mehr ist, als „in terms of economics" zu kommunizieren: Plötzlich redet man über Werte, über außerökonomische Kategorien, deren Nichteinhaltung vor dem Hintergrund des Ver*sprechens* von Medien und Öffentlichkeit genau registriert wird. Unternehmen müssen antworten, sie werden ver*antwortlich* gemacht.

*4.3.2 Ein Pfad zum ethischen Handeln in Unternehmen*

Rekapitulieren wir kurz: Ich schlage vor, Routinen und Gewohnheiten respektive „Bräuche und Sitten" als Ausgangspunkt für theoretische Analysen und empirische Untersuchungen wirtschafts- und unternehmensethischer Fragen heranzuziehen. Hier beginnend ist sodann nach dem reflexivem Moment zu fragen. Dabei wurden zwei prinzipielle Handlungsorientierungen unterschieden: das wertrationale und das zweckrationale Handeln. Obwohl es sich bei diesen beiden Handlungstypen um zwei nicht aufeinander reduzierbare Kategorien handelt, ist ihre Gemeinsamkeit darin zu sehen, dass sie von (nicht reflektierten) Handlungsroutinen (as-Modus) weitest möglich entfernt sind. Ihre Gemeinsamkeit besteht anders formuliert in dem (r-)Modus der Reflexion. Jeder Reflexionsprozess ermöglicht – hybride Formen einmal ausgespart – entweder eine Orientierung an Zwecken oder eine Orientierung an Werten, und sie erfolgen – gleichgültig, ob zweck- oder wertrational – immer aufgrund bekannter Interpretationsmuster. Daraus ergeben sich einige Hinweise für einen Pfad zum ethischen Handeln in Unternehmen.

Reflexionsprozesse stellen einen entscheidenden Schritt dar, über den Status quo hinausgehend Veränderungen in Unternehmen zu initiieren. Damit sind ökonomische Vorteile verbunden, indem über die tradierten Verhaltensmuster gewissermaßen „buchhalterisch" reflektiert und ein neuer Suchraum erschossen wird. Bestimmte institutionelle Arrangements in einem Unternehmen machen das „Entdecken" von neuen Entscheidungsalternativen wahrscheinlicher, andere unwahrscheinlicher. Reflexionen finden gleichwohl *nicht nur* aufgrund von zweckrationalen Überlegungen statt, sondern sind prinzipiell auch wertrational möglich. Auch hier gilt, eine bestimmte institutionelle Ausgestaltung kann dies ermöglichen oder versagen. Ein solcher Reflexionsprozess setzt beispielsweise bei der Formulierung von Unternehmensphilosophien ein und findet in Führungsgrundsätzen seinen Ausdruck, oder aber er „drängt" sich in ethisch relevanten Konfliktfällen auf.[153]

Was mir an dieser Stelle wichtig ist, betrifft zum einen den Sachverhalt, dass zweck- und wertrationale Überlegungen auf einer „Ebene" liegen, der „Ebene" der Reflexion; trotzdem unterscheiden sie sich fundamental. Zum anderen wurde gezeigt, dass es einen engen Zusammenhang zwischen der institutionellen Beschaffenheit von Organisationen und der Ermöglichung von Reflexionsprozessen gibt. Die Herausforderung für eine praktisch wirksame Unternehmensethik liegt demnach m.E. in einem ersten Schritt darin, diejenigen sozialen und institutionellen Konfigurationen (empirisch-vergleichend) festzustellen, die Reflexions- respektive Lernprozesse am besten ermöglichen. Sodann wäre im zweiten Schritt danach zu fragen, inwieweit ethische Reflexionen bereits wirksam sind bzw. wie „Ethikmaßnahmen" institutionalisiert werden können. Damit einher geht und darin inbegriffen ist die Aufforderung zur „rationalen" Reflexion im Allgemeinen (auch aus ökonomischen Gründen) und zur wertrationalen (ethischen) Reflexion im Besonderen[154] sowie zur Entwicklung von Unternehmenszielen und zur Schaffung prozedural angelegter, dialogischer Verfahren als Teilaspekte einer institutionellen Ausgestaltung der betrieblichen Organisation.

Reflexionen vollziehen sich nicht atomistisch im Vakuum, sondern fußen in jedem Fall auf zurückliegenden Erfahrungen und historisch begründeten Einschätzungen. Gleiches gilt selbstverständlich auch für Entscheidungen und Handlungen in Unternehmen. Sie sind ebenso sozial, kulturell und historisch eingebettet wie Unternehmen selbst. Insofern können *Unternehmen als sozial-historische Gebilde* rekonstruiert werden, die einen Prozess der „organisationalen Sozialisation" durchlau-

---

[153] Vgl. Kreikebaum 1996, 217.

[154] Ähnlich Talaulicar 1998, 168 f.

fen und eine „pfadabhängige Entwicklung"[155] vermuten lassen. Oder allgemeiner mit Hodgson formuliert: „We are all born into and socialized within a world of institutions. Recognizing this, institutionalists focus on the specific features of specific institutions, rather than building a general and ahistorical model of the individual agent".[156]

Die Ausführungen verdeutlichen zum einen, dass, bei aller Notwendigkeit der (theoretischen) Generalisierung, die spezifischen Situationsbedingungen des konkreten Unternehmens Beachtung finden müssen. Es scheint somit geboten, das Unternehmen bei seinem jeweiligen Entwicklungsstand „abzuholen", um – hier ansetzend – Veränderungsprozesse zu initiieren. Zum anderen leitet sich daraus eine Strategie der „kleinen Schritte" ab: Damit können sowohl Überforderungen der Akteure vermieden als auch Fehler schneller korrigiert werden. Insgesamt scheint es wohl geboten, dass jeder „kleine Schritt" einen spürbaren ökonomischen Nutzen für das Unternehmen mit sich bringt. Eine unternehmensethische Konzeption, will sie denn mehr sein als ein moralpositivistisches Wertemanagement, hätte allerdings einem derartigen Stufenmodell eine weitere, querlaufende Ebene hinzuzufügen. Insofern plädiere ich mit Ulrich dafür, einen ethischen Standpunkt als regulative Idee einzubeziehen (das zugrundegelegte handlungstheoretische Konzept ermöglicht dies ja ausdrücklich). Die Überlegungen gehen allerdings deutlich über Ulrich hinaus, indem nicht (nur) „Grundlagenreflexion für eine Managementlehre [sic!]"[157] zu leisten ist. Es gilt vielmehr die externen sozialen Konfigurationen mit den internen organisatorischen Aspekten eines Unternehmens in einen fruchtbaren Zusammenhang zu bringen und die ablaufenden Prozesse (positiv) *zu erklären*. Der „moral point of view" muss anschlussfähig gehalten werden und richtet sich dabei sowohl an die Managementlehre *als auch an die betrieblichen Akteure selbst*, indem sie ihnen als Handlungsorientierungen und als Richtschnur zur institutionenethischen Ausgestaltung zur Seite stehen.

---

[155] Der Begriff der Pfadabhängigkeit unterstellt nicht notwendigerweise einen linearen Entwicklungsprozess, auch Entwicklungssprünge sind selbstverständlich möglich.

[156] Hodgson 1998, 172.

[157] Ulrich 1997, 448.

## 5. Zusammenfassung und Forschungsperspektiven

Ich schließe mit sechs Schlussfolgerungen, die sowohl einige Kernaussagen noch einmal zusammenfassen als auch mögliche Forschungsperspektiven andeuten:

*Erstens*, ich schlage vor, Wirtschafts- und Unternehmensethik als Handlungstheorie zu betreiben, die ihren Ausgangspunkt bei den individuellen Handlungen der Akteure nimmt, darüber hinaus aber eine Verbindung mit Institutionen und Ordnungen ermöglicht und insofern individual- *und* institutionenökonomisch bzw. –ethisch angelegt ist.

*Zweitens*, der entwickelte handlungstheoretische Ansatz ist individualistisch fundiert, ohne dass auf eine verkürzte homo-oeconomicus-Perspektive zurückgegriffen werden muss. Zweckrationalität ist in einer allgemeineren Handlungstheorie inbegriffen – nicht jedoch als der konstitutive Typus. Durch einen idealtypisierenden Zugang erfolgt darüber hinaus eine theoretische Annäherung an „reale Phänomene", womit sowohl empirische Forschung prinzipiell möglich wird als auch konkrete Gestaltungsempfehlungen an die betriebliche Praxis gegeben werden können.

*Drittens* wurde gezeigt, dass Handlungen niemals atomistisch erfolgen, sondern immer in räumliche, zeitliche und soziale Kontexte eingebettet sind. Erfahrungen ebenso wie die „Strukturen der Lebenswelt" haben einen erheblichen Einfluss auf das Handeln der Akteure. Aus der Erfahrungsbezogenheit des Handelns im Allgemeinen und des ökonomischen Handelns im Besonderen lassen sich die praktischen Empfehlungen weiter konkretisieren: Es gilt, Unternehmen bei ihrem jeweiligen Entwicklungsstand abzuholen und durch eine „Strategie der kleinen Schritte" weiterzuführen.

*Viertens*, Wirtschafts- und Unternehmensethik muss mehr sein als moralpositivistisches Wertemanagement, darf die Praxis umgekehrt jedoch nicht moralisch überfordern, will sie denn wirkungsvoll werden. Sie ist darüber hinaus dahingehend weiterzuführen, dass sie das alltägliche Handeln der Akteure zum Gegenstand hat und – bei allem heuristischen Wert – nicht die „großen Konflikte" in den Mittelpunkt stellt. Es geht aus meiner Sicht weniger um die spektakulären Fällen und ein damit in aller Regel verbundenes Ringen zwischen „Ökonomie" und „Ethik", als vielmehr um die Entwicklung lernfähiger Organisationen, die eben auch moralisch handlungs- und lernfähig sind. Zukünftig gilt es, ein „System organisierter Verantwortung" zu entwickeln, das seinerseits flexibel genug auf Veränderungen reagieren können muss. Von zentraler Bedeutung ist in diesem Zusammenhang die Entwicklung interner und externer institutioneller Arrangements (Makroebene), die (zweck- und wertrationale) Reflexionsprozesse ermöglichen respektive fördern (Mikroebene). Einige „günstige" institutionelle Konfigurationen wurden aus theoretischer Perspektive hier und an anderer Stelle vorgeschlagen.[158] Sie sind weder erschöpfend noch sollten sie darüber hinweg täuschen, dass es dabei in erster Linie um eine empirisch-vergleichende Aufgabe geht.

*Fünftens*, die Kontextualisierung von Handlungen ermöglicht einen kulturwissenschaftlichen Zugang, der mir, besonders vor dem Hintergrund einer enger zusammenrückenden Welt und den heterogenen Wertmaßstäben unterschiedlicher Kulturen, unabdingbar erscheint. Jeder wirtschafts- und unternehmensethische Ansatz wird dies auch in theoretischer Hinsicht zukünftig leisten müssen.

*Sechstens,* obgleich viele wichtige Elemente zur Beschreibung und Erklärung von Unternehmen ausgeklammert wurden (z.B. opportunistisches Verhalten, machtpolitische Aspekte) – und man zurecht den Vorwurf einer zu harmonisch angelegten Konzeption erheben kann –, tendiert der Ansatz sicherlich zur Komplexität. Er öffnet jedoch wichtige Untersuchungsfelder – allen voran durch einen Fokus auf Handlungsroutinen und der Interpretation von Unternehmen als ein „System von Gewohnheiten". Ökonomie als Handlungstheorie kann dazu beitragen, die Komplexität der ökonomischen Realität besser zu verstehen und zu erklären, um dadurch Gestaltungsempfehlungen formulieren zu können.

---

[158] Vgl. Beschorner 2000a; Beschorner 2000b.

*Literatur*

Albert, Hans (1967): Modell-Platonismus: Der neoklassische Stil des ökonomischen Denkens in kritischer Beleuchtung, in: Maus, Heinz /Fürstenberg, Friedrich (Hrsg.): Marktsoziologie und Entscheidungslogik. Ökonomische Probleme in soziologischer Perspektive, Neuwied, Berlin, 331-367.

Albert, Hans (1998): Marktsoziologie und Entscheidungslogik: zur Kritik der reinen Ökonomik, Tübingen.

Albert, Hans (1999): Die Soziologie und das Problem der Einheit der Wissenschaften, in: Kölner Zeitschrift für Soziologie und Sozialpsychologie, 51/2, 215-231.

Alchian, Armen A./Demsetz, Harold (1972/1977): Production, Information Costs and Economic Organization, in: Economic Forces at Work. Selected Works by Armen A. Alchian, 73-110.

Becker, Gary S. (1976/1993): Ökonomische Erklärung menschlichen Verhaltens, 2. Auflage, Tübingen.

Becker, Gary S./Stigler, George J. (1977): De Gustibus Non Est Disputandum, in: American Economic Review, 67/ 2, 76-90.

Berger, Peter L./Luckmann, Thomas (1966/1996): Die gesellschaftliche Konstruktion der Wirklichkeit. Eine Theorie der Wissenssoziologie, unveränderte Übernahme der 5. Auflage, Frankfurt a.M.

Beschorner, Thomas (1998): Informationssysteme und Theorie der Unternehmenspolitik – zum Beziehungsgefüge von Erklärungs- und Gestaltungsansätzen einer sozial-ökologischen Betriebswirtschaftslehre, in: Freimann, Jürgen (Hrsg.), Werkstattreihe Betriebliche Umweltpolitik, Kassel, Band 11.

Beschorner, Thomas (2000a): „Achte auf Deine Gewohnheiten ..." – eine institutionenethische Betrachtung aus Sicht der Evolutorischen Ökonomik, in: Zeitschrift für Wirtschafts- und Unternehmensethik (zfwu), 1/1, 64-83.

Beschorner, Thomas (2000b): Wertorientierte Unternehmensführung einmal anders... – Überlegungen zu einer Wirtschaftsethik nach Max Weber, in: Die Unternehmung, 54/3, im Erscheinen.

Coase, Ronald (1937/1991): The Nature of the Firm, in: Williamson, Oliver E./Winter, Sidney G.: (Hrsg.): The Nature of the Firm. Origins, Evolution, and Development, Oxford [u.a.], 18-33.

Coleman, James S. (1990/1995): Grundlagen der Sozialtheorie. Handlungen und Handlungssysteme (Band 1), München.

Conlisk, John (1996): Why Bounded Rationality?, in: Journal of Economic Literature (JEL), 34/June, 669-700.

Daniel, Ute (1997): Clio unter Kulturschock. Zu den aktuellen Debatten der Geschichtswissenschaft, in: Geschichte in Wissenschaft und Unterricht, 48, 195-218 und 259-278.

Dyllick, Thomas/Beltz, Frank (1995): Anspruchsgruppen im Öko-Marketing. Eine konzeptionelle Erweiterung der Marketing-Perspektive, in: Umwelt-WirtschaftsForum, 3/95, 56-61.

Eger, Thomas/Weise, Peter (1995): Die Evolution von Normen aus Unordnung: Ein synergetisches Modell, in: Jahrbuch für Ökonomie und Gesellschaft, Frankfurt a.M., New York, Band 11, 192-209.

Enderle, Georges (1993): Handlungsorientierte Wirtschaftsethik. Grundlagen und Anwendungen, Bern, Stuttgart, Wien.

Enderle, Georges (2000): A conceptual framework for business ethics in the global context, ULR: http://www.synethos.org/isbee/C2K/Contributed%20Papers/list_view.htm <Accessed 15.05.2000>, Diskussionspapier für den „Second ISBEE World Congress for Business, Economics and Ethics, Sao Paulo", 19.-23.7.2000.

Esser, Hartmut (1991): Alltagshandeln und Verstehen. Zum Verhältnis von erklärender und verstehender Soziologie am Beispiel von Alfred Schütz und ´rational choice´, Tübingen.

Esser, Hartmut (1993/1996): Soziologie. Allgemeine Grundlagen, 2., durchges. Auflage, Frankfurt a.M., New York.

Esser, Hartmut (1996): Die Definition der Situation, in: Kölner Zeitschrift für Soziologie und Sozialpsychologie, 48/1, 1-34.

Esser, Hartmut (1999): Soziologie. Spezielle Grundlagen, Band 1: Situationslogik und Handeln, Frankfurt a.M., New York.

Esser, Hartmut (2000): Soziologie. Spezielle Grundlagen, Band 2-6, im Erscheinen, Frankfurt a.M., New York.

Eucken, Walter (1952/1967): Grundsätze der Wirtschaftspolitik, 8. Auflage, Reinbek

Foss, Nicolai J. (1997): On the Relations between Evolutionary and Contractual Theories of the Firm. DRUID Working Paper 97-4, Kopenhagen.

Freeman, Edward R. (1984): Strategic management. A stakeholder approach, Boston [u.a.].

Friedman, Milton (1953): Essays in Positive Economics, Chicago, London.

Gerecke, Uwe (1998): Soziale Ordnungen in der modernen Gesellschaft: Ökonomik – Systemtheorie – Ethik, Tübingen.

Haken, Hermann (1996): Synergetik und Sozialwissenschaften, in: Ethik und Sozialwissenschaften, 7/4, 587-599.

Heiner, Ronald (1983): The Origin of Predictable Behavior, in: American Economic Review, 73/4, 560-595.

Hodgson, Geoffrey (1993): Economics and Evolution. Bringing Life Back into Economics, Cambridge.

Hodgson, Geoffrey (1998): The Approach of Institutional Economics, in: Journal of Economic Literature, 36/March, 166-192.

Homann, Karl (1996): Sustainability: Politikvorgabe oder regulative Idee?, in: Gerken, Lüder (Hrsg.): Ordnungspolitische Grundfragen einer Politik der Nachhaltigkeit, 33-47.

Homann, Karl (1997a): Die Bedeutung von Anreizen in der Ethik, in: Harpes, Jean-Paul/Kuhlmann, Wolfgang (Hrsg.): Anwendungsprobleme der Diskursethik in Wirtschaft und Politik. Dokumentation des Kolloquiums in Luxemburg, Münster, 139-166.

Homann, Karl (1997b): Sinn und Grenzen der ökonomischen Methode in der Wirtschaftsethik, in: Aufderheide, Detlev/Dabrowski, Martin (Hrsg.): Wirtschaftsethik und Moralökonomik. Normen, soziale Ordnung und der Beitrag der Ökonomik, Berlin, 11-42.

Homann, Karl (1999): Die Relevanz der Ökonomik für die Implementation ethischer Zielsetzungen, in: Korff, Wilhelm (Hrsg.): Handbuch der Wirtschaftsethik, Band 1, Gütersloh, 322-343.

Homann, Karl (2000): Laudation auf die Preisträger (des Max-Weber-Preises für Wirtschaftsethik 1998), in: Institut der deutschen Wirtschaft (Hrsg.), Ökonomie als ethisches Prinzip, Köln, 35-42.

Homann, Karl /Blome-Drees, Franz (1992): Wirtschafts- und Unternehmensethik, Göttingen.

Homann, Karl /Pies, Ingo (1994): Wirtschaftsethik in der Moderne: Zur ökonomischen Theorie der Moral, in: Ethik und Sozialwissenschaften, 5/1, 3-14.

Kant, Immanuel (1785/1956): Grundlegung zur Metaphysik der Sitten. Werke in zwölf Bänden, Band 7, Frankfurt a.M.

Kieser, Alfred (1998): Über die allmähliche Verfertigung der Organisation beim Reden. Organisieren als Kommunizieren, in: Industrielle Beziehungen, 5/1, 45-75.

Kieser, Alfred/Beck, Nikolaus/Tainio, Risto (1998): Limited Rationality, Formal Organizational Rules, and Organizational Learning, SFB504 discussion paper 98-02, Mannheim.

Kieser, Alfred/Hegele, Cornelia (1998): Kommunikation im organisatorischen Wandel, Stuttgart.

Kirchgässner, Gebhard (1991): Homo oeconomicus. Das ökonomische Modell individuellen Verhaltens und seine Anwendung in den Wirtschafts- und Sozialwissenschaften, Tübingen.

Kreikebaum, Hartmut (1996): Grundlagen der Unternehmensethik, Stuttgart.

Kurz, Rudi (1997): Unternehmen und nachhaltige Entwicklung, in: Gijel, Peter de et al. (Hrsg.): Jahrbuch Ökonomie und Gesellschaft, Nachhaltigkeit in der ökonomischen Theorie, Band 14, Frankfurt a.M., New York, 78-125.

Lammers, Jost/Schmitz, Oliver (1995): Der moralische Handlungsspielraum von Unternehmen: eine institutionenethische Perspektive, Marburg.

Langlois, Richard N. (1998): Rule-Following, Expertise and Rationality: A New Behavioral Economics?, ULR: http://www.lib.uconn.Economics/Working/RATIONL2.html <Accessed 01.10.98>, auch in: Kenneht Dennis (Hrsg.), Rationality in Economics: Alternative Perspectives, Dordrecht.

Lerch, Achim /Nutzinger, Hans G. (1998): Nachhaltigkeit. Methodische Probleme der Wirtschaftsethik, in: Zeitschrift für Evangelische Ethik, 42/3, 208-223.

Nelson, Richard R. (1995/1997): Recent Evolutionary Theorizing About Economic Change, erstmals erschienen in Journal of Economic Literatur 33/1995, 48-90, in: Ortmann, Günter/Sydow, Jörg/Türk, Klaus: (Hrsg.): Theorien der Organisation. Die Rückkehr der Gesellschaft, 81-123.

Nelson, Richard R./Winter, Sidney G. (1982/1996): An Evolutionary Theory of Economic Change, 6. Auflage, Cambridge, London.

Nutzinger, Hans G (1994): Unternehmensethik zwischen ökonomischen Imperialismus und diskursiver Überforderung, in: Forum für Philosophie (Hrsg.): Markt und Moral – Die Diskussion um die Unternehmensethik, Bern, Stuttgart, Wien, 181-214.

Nutzinger, Hans G. (2000): Integration oder Subordination? Vernünftiges Wirtschaften in einer wohlgeordneten Gesellschaft, in: Ethik und Sozialwissenschaft (im erscheinen).

Osterloh, Margit (1996): Vom Nirwana-Ansatz zum überlappenden Konsens. Konzepte der Unternehmensethik im Vergleich, in: Nutzinger, Hans G. (Hrsg.): Wirtschaftsethische Perspektiven III. Unternehmensethik, Verteilungsprobleme, methodische Ansätze, Berlin, 203-229.

Popper, Karl. R. (1965/1987): Das Elend des Historizismus, 6., durchgesehene Auflage, Tübingen.

Popper, Karl R. (1967/1995): Das Rationalitätsprinzip, in: Miller, David (Hrsg.): Lesebuch. Ausgewählte Texte zu Erkenntnistheorie, Philosophie der Naturwissenschaften, Metaphysik, Sozialphilosophie, Tübingen, 350-359.

Rathe, Klaus/Witt, Ulrich (1999): The „Nature" of the Firm – Functional vs. Developmental Views, Paper for the Workshop on Austrian Economics and the Theory of the Firm, 16.-17. Ausgust 1999, Copenhagen.

Roth, Gerhard (1994/1996): Das Gehirn und seine Wirklichkeit. Kognitive Neurobiologie und ihre philosophischen Konsequenzen, 5. Auflage, Frankfurt a.M.

Schlicht, Ekkehart (1998): On Custom in the Economy, Oxford.

Schluchter, Wolfgang (1998): Replik, in: Bienfait, Agathe/Wagner, Gerhard (Hrsg.): Verantwortliches Handeln in gesellschaftlichen Ordnungen. Beiträge zu Wolfgang Schluchters Religion und Lebensführung, Frankfurt a.M., 320-365.

Schmid, Michael (1994): Idealisierung und Idealtyp. Zur Logik der Typenbildung bei Max Weber, in: Wagner, Gerhard/Zipprian, Heinz (Hrsg.): Max Webers Wissenschaftslehre. Interpretation und Kritik, Frankfurt a.M., 415-444.

Schmid, Michael (1996): Rationalität und Theoriebildung. Studien zu Karl R. Poppers Methodologie der Sozialwissenschaften, Amsterdam, Atlanta.

Schramm, Michael (1996): Ist Gary S. Beckers 'ökonomischer Ansatz' ein Taschenspielertrick?. Sozialethische Überlegungen zum 'ökonomischen Imperialismus', in: Nutzinger, Hans G. (Hrsg.): Wirtschaftsethische Perspektiven III – Unternehmensethik, Verteilungsprobleme, methodische Ansätze, Berlin, 231-258.

Schütz, Alfred (1932/1993): Der sinnhafte Aufbau der sozialen Welt. Eine Einleitung in die verstehende Soziologie, 6. Auflage, Frankfurt a.M.

Schütz, Alfred (1943/1972): Das Problem der Rationalität in der sozialen Welt, in: Brodersen, Arvid (Hrsg.): Gesammelte Aufsätze. Band II: Studien zur soziologischen Theorie, Den Haag, 22-50.

Schütz, Alfred (1960/1972): Die soziale Welt und die Theorie der sozialen Handlung, in: Brodersen, Arvid (Hrsg.): Gesammelte Aufsätze. Band II: Studien zur soziologischen Theorie, Den Haag, 3-21.

Schütz, Alfred/Luckmann, Thomas (1975/1994): Strukturen der Lebenswelt, 5. Auflage, Frankfurt a.M.

Schwinn, Thomas (1993): Max Webers Konzeption des Mikro-Makro-Problems, in: Kölner Zeitschrift für Soziologie und Sozialpsychologie, 45/2, 220-237.

Schwinn, Thomas (1998): Wertsphären, Lebensordnungen und Lebensführungen, in: Bienfait, Agathe/Wagner, Gerhard (Hrsg.): Verantwortliches Handeln in gesellschaftlichen Ordnungen. Beiträge zu Wolfgang Schluchters Religion und Lebensführung, Frankfurt a.M., 270-319.

Steger, Ulrich (1997): Konzeption und Perspektiven des integrierten Umweltmanagements, in: Steger, Ulrich (Hrsg.): Handbuch des integrierten Umweltmanagements, München, Wien, 1-29.

Steinmann, Horst/Löhr, Albert (1991): Grundlagen der Unternehmensethik, Stuttgart.

Steinmann, Horst/Löhr, Albert (1995): Unternehmensethik als Ordnungselement in der Marktwirtschaft, in: Zeitschrift für betriebswirtschaftliche Forschung, 47/2, 143-174.

Steinmann, Horst/Olbricht, Thomas (1998): Ethik-Management: Integrierte Steuerung ethischer und ökonomischer Prozesse, in: Steinmann, Horst/ Wagner, Gerd Rainer (Hrsg.): Umwelt und Wirtschaftsethik, Stuttgart, 172-199.

Steinmann, Horst/Scherer, Andreas G. (2000): Freiheit und Verantwortung in einer globalisierten Wirtschaft, in: Hungenberg, Harald/Schwetzler, Bernhard (Hrsg.): Unternehmung, Gesellschaft, Ethik. Erfahrungen und Perspektiven, Wiesbaden, 93-115.

Suchanek, Andreas (1994): Ökonomischer Ansatz und theoretische Integration, Tübingen.

Suchanek, Andreas (1999): Kritischer Rationalismus und offene Gesellschaft: Zur Theorie einer demokratischen Wissensgesellschaft, in: Pies, Ingo/Leschke, Martin (Hrsg.): Karl Poppers kritischer Rationalismus, Tübingen, 85-104.

Talaulicar, Till (1998): Vorschläge zur Konkretisierung eines Grundsatzes der sozialen und ethischen Zuträglichkeit, in: Die Unternehmung, 52/3, 161-174.

Ulrich, Hans/Probst, Gilbert J. B. (1995): Anleitung zum ganzheitlichen Denken und Handeln. Ein Brevier für Führungskräfte, 4., unveränderte Auflage, Bern, Stuttgart, Wien.

Ulrich, Peter (1996): Unternehmensethik und „Gewinnprinzip", in: Nutzinger, Hans G. (Hrsg.): Wirtschaftsethische Perspektiven III – Unternehmensethik, Verteilungsprobleme, methodische Ansätze, Berlin, 137-171.

Ulrich, Peter (1997): Integrative Wirtschaftsethik. Grundlagen einer lebensdienlichen Ökonomie, Bern, Stuttgart, Wien.

Ulrich, Peter (1999): Zum Praxisbezug der Unternehmensethik, in: Wagner, Gerd Rainer (Hrsg.): Unternehmensführung, Ethik und Umwelt, Wiesbaden, 74-94.

Vanberg, Viktor J. (1994): Rules and Choice in Economics, London, New York.

Vanberg, Viktor J. (1998): Zur ökonomischen Erklärung moralischen Verhaltens, in: Pies, Ingo/Leschke, Martin (Hrsg.): Gary Beckers ökonomischer Imperialismus, Tübingen, 141-146.

Weber, Max (1903/1988): Roscher und Knies und die logischen Probleme der historischen Nationalökonomie, in: Gesammelte Aufsätze zur Wissenschaftslehre, 7. Auflage, Tübingen, 1-145.

Weber, Max (1904/1988): Die „Objektivität" sozialwissenschaftlicher und sozialpolitischer Erkenntnis, in: Gesammelte Aufsätze zur Wissenschaftslehre, 7. Auflage, Tübingen, 146-214.

Weber, Max (1907/1988): R. Stammlers „Überwindung" der materialistischen Geschichtsauffassung, in: Gesammelte Aufsätze zur Wissenschaftslehre, 7. Auflage, Tübingen, 291-359.

Weber, Max (1921/1980): Wirtschaft und Gesellschaft. Grundriß der verstehenden Soziologie, 5., rev. Auflage, Tübingen.

Weise, Peter (1997): Ökonomik und Ethik, in: Aufderheide, Detlev/Dabrowski, Martin (Hrsg.): Wirtschaftsethik und Moralökonomik. Normen, soziale Ordnung und der Beitrag der Ökonomik, Berlin, 59-69.

Weise, Peter (2000): Individualethik oder Institutionenethik? Die Resozialisierung des homo oeconomicus, in: Zeitschrift für Wirtschafts- und Unternehmensethik (zfwu), 1/1, 9-30.

Wieland, Josef (1993): Formen der Institutionalisierung von Moral in amerikanischen Unternehmen : die amerikanische Business-Ethics-Bewegung: why and how they do it, St. Galler Beiträge zur Wirtschaftsethik, Band 9, Bern [u.a.].

Wieland, Josef (1996): Ökonomische Organisation, Allokation und Status, Tübingen.

Wieland, Josef (1999): Die Ethik der Governance, Marburg.

Wieland, Josef/Grüninger, Stephan (2000): EthikManagementSysteme und ihre Auditierung – Theoretische Einordnung und praktische Erfahrungen, in: Bausch, Thomas/Kleinfeld, Annette/Steinmann, Horst (Hrsg.): Unternehmensethik in der Wirtschaftspraxis, München, Mering, 155-189.

Williamson, Oliver E. (1985/1990): Die ökonomischen Institutionen des Kapitalismus: Unternehmen, Märkte, Kooperationen, Tübingen.

Witt, Ulrich (1988): Eine individualistische Theorie der Entwicklung ökonomischer Institutionen, in: Boettcher, Erik (Hrsg.): Jahrbuch für Neue Politische Ökonomie, Bd. 7, Tübingen, 72-95.

# Kontingenz, Pfadabhängigkeit und Lock-In als handlungsbeeinflussende Faktoren der Unternehmenspolitik

*Marco Lehmann-Waffenschmidt und Markus Reichel*

*1. Einleitung*

Der Leser dieses Bandes, in dem man sich mit dem Gegenstand „Unternehmung" vorrangig aus der Perspektive der evolutorischen Ökonomik beschäftigt, wird nicht erstaunt sein, dass sich hinter den Termini „Kontingenz, Pfadabhängigkeit und Lock-In" im Titel dieses Beitrags in erster Linie der Aspekt der Zeit verbirgt. Die Begriffe „sozialökologisch" und „Unternehmenspolitik" in der Überschrift des Kapitels, zu dem dieser Beitrag gehört, geben eine weitere Konkretisierung des Erkenntnisinteresses. Es geht in diesem Beitrag im Hinblick auf unternehmerische Handlungs- und Gestaltungsmöglichkeiten um unternehmenspolitische Grundprobleme und –überzeugungen, die sich in einer umfassenden Sicht auf Bedingungen und Folgen von unternehmensrelevanten Entwicklungen und Prozessen beziehen. Der besondere Fokus dieses Beitrags liegt auf der Frage nach dem Grad der kausalen Bedingtheit von Prozessverläufen, die als konsekutive Ereignisabfolgen in chronologischer Zeit aufgefasst werden, und weiter auf der Frage nach ihrer Gestaltbarkeit oder Nicht-Gestaltbarkeit. Grob gesagt ist dabei von einem Prozeß, der in seinem konkreten Verlauf stark durch interne Einflüsse bedingt wird, eine geringere Steuerbarkeit zu erwarten als von einem Prozeß, dessen Ereignisse sich in ihrer Abfolge schwach bedingen, der also, um einen terminus technicus vorwegzunehmen, der später exakt definiert wird, schwach bzw. gar nicht pfadabhängig ist. Als Anwendungsbereich kann dabei vor allem an die Diffusion einer neuen Technologie oder der Marktdurchdringung eines neuen Produkts gedacht werden.

In der Erkenntnistheorie schon seit Aristoteles bekannt, hat der allgemeine Begriff der Kontingenz[1] vor allem durch seine Verwendung innerhalb einer Richtung der Evolutionsbiologie, die insbesondere durch Stephen J. Gould und Richard Dawkins[2] vertreten wird, in den letzten Jahren erneut verstärkt Aufmerksamkeit erlangt. Es geht um nicht mehr und nicht weniger als um die Frage, ob der zurückliegende Entwicklungspfad der biologischen Evolution zwangsläufig war (und weiterhin sein wird) oder nicht. Daran knüpft sich, neben vielen anderen eminent wichtigen Problemen, vor allem auch die Frage an, ob die heute existierenden Spezies der irdischen Fauna und Flora, also auch homo sapiens sapiens, tatsächlich „Optimierungsresultate" sind und damit eine Interpretation der biologischen Artenentwicklung als „Anagenese", also als Fortschritts- und Aufwärtsentwicklung zulässig ist.[3] Denn nur so könnte dem Menschen die wissenschaftlich längst angezweifelte Rolle als „Krönung der Schöpfung" zumindest teilweise wieder zugesprochen werden.

Hier fällt die Antwort der „Kontingenzvertreter" der Evolutionsbiologie allerdings eindeutig negativ aus (vgl. Fußnote 2). Denn in der Entwicklungsgeschichte des organismischen Lebens seien an zahlreichen Stellen „Multifurkationsstellen" aufgetreten, also multiple Verzweigungen, an denen grundsätzlich viele mögliche Weiterentwicklungen im Einklang mit den Naturgesetzen möglich waren. Lediglich auf Grund kleiner und unsystematischer Einflüsse, d.h. eben „kontingent", sei dann diejenige Entwicklung ausgewählt worden, die letztlich realisiert wurde und somit auch homo sapiens sapiens zur Existenz verhalf.

---

[1] Bubner u.a. 1985, Baumann 1995, Blumenberg 1959, Bubner u.a. 1985, Fulda, Lehmann-Waffenschmidt, Schwerin 1998, Hartmann 1966, Hoering 1976, Inciarte 1985, Janich/Kuno 1980, Lehmann-Waffenschmidt/Schwerin 1997, 1998, Lorenz 1984, Marquard 1986, Müller 1994, Ortmann 1995, Platt 1991, Rorty 1989, Schmucker 1969, Stegmüller 1970.

[2] Dawkins 1996, 1998, Gould 1994, 1998, Monod 1996.

[3] Mit dieser Formulierung wird stillschweigend die grundsätzliche Gültigkeit der Hypothese einer biologischen Evolution, wie sie z.B. im evolutionstheoretischen Mainstream als die sogenannte „neodarwinistische Synthese" vertreten wird, im Gegensatz zur Kreationismusthese vorausgesetzt.

Das Wesen des Kontingenzkonzepts zeigt sich in diesem Kontext darin, dass sich die organismischen Entwicklungslinien – dem heutigen Stand der Wissenschaft entsprechend – ex post kausal-logisch zurückverfolgen lassen. Umgekehrt ist demnach aber ex-ante bzw. aus der gegenwärtigen Sicht in einer sogenannten „ex-post Prognose" der heutige Stand der organismischen Welt keineswegs zwingend logisch-kausal erklärbar, ebenso gut hätte sich eine andere Entwicklung herausstellen können. Die tatsächlich realisierte Entwicklung ist also der Überzeugung der Vertreter des Kontingenzansatzes gemäß nicht als zwangsläufig aufgrund von Naturgesetzen anzusehen, sondern als von kleinen Zufällen mit bedingt – allerdings eben nicht in einer beliebigen, sondern in einer auf bestimmte Art vorstrukturierten Weise, wie es weiter unten noch genauer dargestellt wird (vgl. auch Fußnote 1).[4]

Ein pointiertes Beispiel aus der Schönen Literatur für Kontingenz findet man in Max Frischs Bühnenstück „Biografie: Ein Spiel"[5]. Hier werden im Jenseits alternative biographische Verläufe der handelnden Hauptpersonen durch „gespielt", wobei die Verzweigungspunkte möglicher weiterer Prozessverläufe vom Autor besonders deutlich gemacht werden. Cineastisch wurde die Kontingenzthematik vielfach aufgegriffen, und zwar in geradezu klassischer Weise in dem Film „It's a Beautiful Life" aus den 50er Jahren sowie z.B. in den Filmen „Zurück in die Zukunft (Teil I – III)" aus den 80er sowie „Lola rennt", „Und täglich grüßt das Murmeltier" und „Sie liebt ihn, sie liebt ihn nicht" aus den 90er Jahren. Immer geht es dabei um die Darstellung alternativer, durch kleine, „leicht" zu realisierende Änderungen von Ereignissen an „Verzweigungspunkten" der Entwicklung ausgelöste biographische Verläufe, was nicht selten am Ende in die Alternative Tod oder glückliches Leben mündet. Ein weiteres historisch prominentes Beispiel für einen kontingenten Prozeßverlauf findet man in der Entwicklung des Englischen zur heute weltweit dominierenden Sprache. Als Ausgangspunkt dieser Entwicklung kann eine historische Beschlussfassung über die künftige Spra-

---

[4] Überlegungen zur Gerichtetheit bzw. zu Mustervoraussagen bei der biologischen Evolution findet man z.B. Kauffman 1995, Schlicht 1997, Schlicht/Kubon-Gilke 1998. Einen lesenswerten Überblick über sozialwissenschaftliche Rezeption und Anwendungspotential des Kontingenzbegriffs bietet Priddat 1996.

[5] Max Frisch 1995.

che der Kolonien in der Neuen Welt angesehen werden, die mit einem äußerst knappen Abstimmungssieg der Befürworter der englischen Sprache über die des konkurrierenden Deutschen ausging.[6,7]

Kontingenz bedeutet also weit mehr als das Wirken des „kleinen Zufalls". Wie auch in den gerade genannten Beispielen sind kontingente Verläufe nicht einfach nur zufällig, sondern unterliegen durchaus der Vorstrukturierung der möglichen Alternativen, d.h. es sind nur bestimmte Alternativen als „Elemente des Möglichkeitenraumes" zulässig. Kontingenz bietet damit als erkenntnistheoretisches Instrument zugleich den konzeptionellen Rahmen für eine graduelle Charakterisierung der Eigenschaft von Prozessabläufen, beliebig bzw. zwangsläufig – und damit auch mehr oder weniger gut gestaltbar zu sein. Die „Vermessung" eines Prozeßverlaufs in Hinsicht auf seine Freiheitsgrade geschieht dabei in der Weise, dass die Möglichkeiten alternativer Realisierungen des jeweils betrachteten Prozeßverlaufs durch inhaltliche, konkrete, auf das untersuchte System bezogene Überlegungen abgeschätzt werden. In einer solchen Alternativenanalyse werden die Ereignisse des untersuchten Prozeßverlaufs zu potentiellen „windows of opportunity" mit einer multiplen Möglichkeitsmenge für die Bestimmung des weiteren Verlaufs. Im retrospektiven Fall spricht man von einer „kontrafaktischen" Analyse, da ja der historisch realisierte Entwicklungspfad, an dem zwangsläufig alle Alternativen gemessen werden müssen, bereits existiert.

Die Übertragung dieser Begrifflichkeiten auf ökonomische Prozesse liegt nahe.[8] Verlaufen ökonomische Prozesse innerhalb ihrer gegebenen Rahmenbedingungen zwangsläufig, so liegt eine andere Situation der Gestaltbarkeit vor, als wenn dies nicht der Fall ist (vgl. Fußnote 6). „Hoch

---

[6] Für weitere (wirtschafts)historische Beispiele s. z.B. Braudel 1992, Lehmann-Waffenschmidt/Schwerin 1997, 1998, Metz 1997, 1999, Ricoeur 1986, Schwerin 1996, wobei Braudel und Ricoeur zu den Klassikern zu zählen sind.

[7] Einen anderen Aspekt des Kontingenzbegriffs hebt Scheibe 1985 hervor. Demnach ist die Entwicklung zumindest der Physik und Astronomie durch eine Zunahme von Kontingenz zu charakterisieren in dem Sinne, dass Erkenntnisfortschritt hier bedeutet, dass bislang für unabhängig gehaltene „Rahmenbedingungen" von Prozessen selbst als von weiteren, zuvor nicht bekannten Faktoren bedingt erkannt werden.

[8] Ökonomische Beispiele zu den eingeführten Konzepten Kontingenz, Lock-In und Pfadabhängigkeit findet der Leser in Abschnitt 3 des Beitrags.

kontingente" Prozessabläufe, die also an mehreren Verzweigungsstellen ihres Verlaufs realistische alternative Verlaufsmöglichkeiten aufweisen, sind offensichtlich eher zu steuern als stark determinierte, die wenige oder eventuell gar keine Freiheitsgrade in ihrem Verlauf aufweisen. Dabei ist natürlich der Begriff der Steuerbarkeit und der Steuerung zu spezifizieren. Eine „kontingente" Steuerung, oder Gestaltung, eines Prozeßverlaufs bedeutet in diesem Beitrag eine Auswahl innerhalb der kontingenten Möglichkeitenmenge alternativer Verläufe, die in dieser Arbeit auch Entwicklungspfade oder „Trajektorien" genannt werden, und ist damit etwas konzeptionell anderes als eine Steuerung durch Veränderung des äußeren Rahmenkontextes, die möglicherweise eine ganz neue Möglichkeitsmenge alternativer kontingenter Trajektorien zuläßt[9].

Mit dieser Sichtweise geht die vorliegende Untersuchung stillschweigend von dem üblichen Verständnis einer Dichotomie von äußeren und inneren Entwicklungsbedingungen eines evolvierenden Systems aus. Dass diese dem „adaptionistischen" Paradigma entsprechende Sichtweise vereinfacht ist, indem damit alle Interdependenzen zwischen äußeren und inneren Entwicklungsbedingungen vernachlässigt werden, braucht nicht betont zu werden. Allerdings kann hier um der Fokussierung auf den eigentlichen Untersuchungsgegenstand dieser Arbeit willen dieser Aspekt nicht weiter vertieft werden. Eine ausführliche Behandlung erfährt diese Problematik in der Literatur zur Komplexitätsforschung und zum konstruktivistischen Diskurs.[10] Dennoch verlässt man auch schon mit dieser Sichtweise der Kontingenz realer Prozessverläufe die neoklassische

---

[9] Der Begriff „kontingente Steuerung" könnte auch so verstanden werden, dass die Steuerung selbst der Kontingenz unterliegt, also verschiedene Freiheitsgrade hinsichtlich ihrer Ausgestaltung besitzt. Dies mag tatsächlich in vielen Anwendungsfällen der Fall sein. In dieser Arbeit sei aber unter „kontingenter Steuerung" die oben beschriebene Steuerung im Fall kontingenter multipler Möglichkeiten gemeint.

[10] In der Literatur zum konstruktivistischen Diskurs wird vor allem ein weiterer Aspekt thematisiert, auf den der vorliegende Beitrag ebenfalls nicht eingehen kann: Äußere Handlungsrestriktionen sind demnach nicht als vermeintlich „objektive" Bedingungen als handlungs- und ergebnisrelevant zu verstehen, sondern ausschließlich als subjektiv wahrgenomme (konstruierte) Bedingungen, d.h. relativ und durch den jeweiligen Beobachter bedingt. Die Redensart „Der Glaube versetzt Berge" bringt diesen Gedanken für die Situation einer subjektiv nicht als handlungsbeschränkend empfundenen Restriktion deutlich zum Ausdruck.

Denkrichtung. Schließlich postuliert das Paradigma des Gleichgewichtsdenkens, dass ökonomische Prozesse grundsätzlich einem bestimmten ökonomischen Bewertungskriterium folgen und sich dementsprechend am Referenzzustand des modellentsprechend definierten Gleichgewichtsbegriffs orientieren bzw. im Idealfall dorthinein konvergieren. Dass in allen Modellwelten der Neoklassik die Gleichgewichtsmenge ohne weitere Verfeinerungs- und Selektionskonzepte aber eben gerade nicht eindeutig, sondern multipel ist, zeigt das Dilemma, in das die – im übrigen sicherlich theoretisch nicht leicht aus den Angeln zu hebende – ökonomische Gleichgewichtslogik führt.

Diese Überlegungen treffen mutatis mutandis auch auf den Begriff der „Pfadabhängigkeit" (path dependence) zu, der zunächst ganz allgemein die kausale Bedingtheit späterer Ereignisse in der Ereigniskette eines Prozessverlaufs durch frühere bezeichnet.[11] Dieses Konzept kann einerseits als „querliegend" zu den beiden Konzepten der Kontingenz und des Lock-In angesehen werden, indem es nicht die Freiheitsgrade an eventuellen Furkationsstellen einer Trajektorie mißt, sondern lediglich eine auf eine Richtung eingeschränkte intertemporale kausale Wirkung von früheren auf spätere Zustände in einer Ereigniskette bezeichnet. Auf der anderen Seite kann man das Konzept der Pfadabhängigkeit aber auch direkt mit den beiden anderen Konzepten in Verbindung bringen, indem man hoch kontingenten Prozeßverläufen eine „schwache" und stark determinierten Verläufen eine „starke" Pfadabhängigkeit zumisst.

Der dritte in der Überschrift genannte Begriff „Lock-In" (vgl. Fußnote 11), zu Deutsch „Verriegelung", stellt einen Spezialfall der Pfadabhängigkeit dar. Man kann ihn zudem einerseits als begrifflich-logischen Gegenpol zum Kontingenzbegriff ansehen sowie andererseits auch als Sonderfall innerhalb des Kontingenzkonzepts. Im Fall eines Lock-In sind die alternativen Freiheitsgrade des weiteren Verlaufs des betrachteten Prozesses auf Null reduziert, und damit ist der weitere Prozessverlauf eindeutig festgelegt, also auf eine fest determinierte Entwicklung fixiert. Im Extremfall kann er sogar im stationären, bereits erreichten Zustand verharren. Anders gesagt wird der weitere Prozessverlauf auf eine ganz bestimmte Ereignisabfolge oder Trajektorie festgelegt bzw. „eingelockt",

---

[11] Arthur 1989, 1997, Cowan 1990, David 1985, Friedrich 2000, Liebowitz und Margolis alle Beiträge im Literaturverzeichnis, Reichel 1998, Witt 1997.

bzw. die gesamte weitere Entwicklung wird sogar auf den bereits erreichten und damit stationären Zustand beschränkt. Im letzteren Fall wirkt die Pfadabhängigkeit wie ein Fixpunkt eines „Transformationsoperators", der frühere Zustände in spätere transformiert. Offensichtlich sind in diesem extremen Fall die gestalterischen Möglichkeiten des Prozessverlaufs ebenso extrem beschränkt.

Die einzige Gestaltungsmöglichkeit zur Veränderung eines „Lock-In" kann nur ein Aufbrechen sein, also ein Verlassen der „eingelockten" Position der Trajektorie zugunsten einer bislang im „Lock-Out" befindlichen, also „ausgeriegelten", Alternative. Falls es wegen des Fehlens alternativer Möglichkeiten in der Möglichkettenmenge keine „kontingenten" Gestaltungsmöglichkeiten gibt, bleibt zur Realisierung eines solchen „Lock-In-Breaks" nur die Möglichkeit einer grundsätzlichen Änderung der Rahmenbedingungen. Dass ein solches Vorgehen aber durchaus einer Analyse mit einem ökologischen, sprich ganzheitlich systemorientierten, Anspruch zugänglich ist und sich nicht auf die Formulierung eines bloß interventionistischen Maßnahmenkatalogs zu beschränken braucht, wird in den Fallbeispielen in Abschnitt 4 dieser Arbeit verdeutlicht. Zuvor werden im zweiten Abschnitt die apostrophierten evolutorischen Analyseinstrumente präzise definiert, wofür eine behutsame Formalisierung nicht ganz zu vermeiden sein wird. Abschnitt drei enthält anschließend eine genauere Erläuterung anhand von Beispielen mit dem Ziel, die vorgestellten Instrumente auf ihre Eignung für ein evolutorisches Analyse- und Gestaltungskonzept für Unternehmenspolitik zu untersuchen. Vereinfacht gesagt steht dabei für die Unternehmenspolitik das Vermeiden von Lock-Ins sowie das Realisieren von Lock-In-Breaks und die Aufhebung eines Lock-Outs einer Alternative im Vordergrund. Dabei kann die Kontingenz eines Prozessverlaufs ein wichtiges Hilfsmittel sein.

Zum Abschluß dieser Einleitung sei nochmals an das Ziel dieses Beitrags erinnert. Zum einen soll die Aufmerksamkeit auf die eingangs ausführlich erläuterte Fragestellung gelenkt werden, und zum anderen soll mit Hilfe der erkenntnistheoretisch gestützten evolutorischen Konzepte Kontingenz, Lock-In und Pfadabhängigkeit anhand konkreter Fallstudien die analytische Brauchbarkeit dieser Herangehensweise für die Fragestellung der Arbeit belegt werden, nämlich wie Prozeßverläufe im unternehmerischen Kontext grundsätzlich gestaltet werden können.

## 2. Zur Begriffsbestimmung von Kontingenz, Pfadabhängigkeit, Lock-In, Lock-Out und Lock-In-Break

Um für die anwendungsbezogenen Überlegungen der folgenden Abschnitte 3 und 4 auf sicherem begrifflichem Boden zu stehen, seien in diesem Abschnitt zunächst die *Konzepte von Kontingenz, Pfadabhängigkeit und Lock-In* sowie *die beiden aus dem Lock-In-Konzept abgeleiteten Konzepte Lock-Out und Lock-In-Break* unter Verwendung eines einfachen Formalismus definiert, der zugleich allgemeingültige und einheitliche Definitionen ermöglicht. Den Ausgangspunkt bildet dabei für alle fünf Konzepte ein realisierter Prozessverlauf *V* (oder: Entwicklungspfad, Trajektorie, Ereigniskette) eines in historischer Zeit evolvierenden ökonomischen Systems *S*, der als chronologische Ereignis- oder Zustandsfolge *V* = A, B, C, D, E .... aufgefaßt wird.[12]

A, B, C, D, E .... bilden also ausgehend vom Anfangszustand A eine chronologisch geordnete Ereigniskette, wobei A, B, C, D, E .... auch die Zeitpunkte bezeichnen, an denen die Zustände A, B, C, D, E ... realisiert werden. In der Sprache der nichtlinearen Dynamik kann man für jedes Ereignis, z.B. D, auch von einem *„Transformationsoperator"*, $T_D$ für das Beispiel, sprechen, der in der Trajektorie *V* das Ereignis D in das nachfolgende Ereignis E überführt: $T_D(D)=E$.

Die Frage, auf die die hier zu definierenden Konzepte jeweils eine unterschiedliche Antwort geben, ist nun, *wie die chronologisch aufeinanderfolgenden Zustände A, B, C, D, E usw. kausal miteinander in Beziehung stehen*. Anders gesagt ist die *Leitfrage der Untersuchung, ob die Trajektorie A, B, C, D, E .... notwendig so und nicht anders realisiert werden musste, oder ob vom selben Anfangszustand A aus jeweils auch alternative Zustände an den chronologischen Punkten B, C, D, E ... hätten realisiert werden und dabei möglicherweise eine ganz andere Trajektorie A, B', C', D', E' ... hätte entstehen können, deren Ereignisse dann möglicherweise auch zu anderen Zeitpunkten liegen könnten.*

Das **Kontingenzkonzept** – um mit dem allgemeinsten Konzept zu beginnen – gibt hierauf die Antwort, dass der realisierte Verlauf A, B, C, D, E .... nur eine Auswahl aus der Menge der möglichen alternativen Ver-

---

[12] Die diskrete Darstellungsweise wurde wegen ihrer größeren Anschaulichkeit anstelle der theoretisch ebenso möglichen kontinuierlichen Darstellungsform gewählt.

läufen ist bzw. in jedem Ereignis der Ereigniskette eine Auswahl aus dem jeweiligen Möglichkeitenraum darstellt. Dabei ist diese Auswahl aber keineswegs zwingend, sondern hätte mit jeweils höherem **Kontingenzgrad** an den einzelnen Ereignissen der Trajektorie A, B, C, D, E ...., die damit zu Verzweigungspunkten oder Multifurkationsstellen werden, auch mit jeweils höherer Wahrscheinlichkeit anders sein können, z.B. A, B', C', D', E' .... . Der Transformationsoperator wird so zum „*Selektionsoperator*". Ein Kontingenzgrad von null an einem Ereignis (z.B. C) bedeutet, dass die weitere Entwicklung von hier aus überhaupt keine Freiheitsgrade besitzt, sie ist determiniert: $T_C(C)=D$.

Im Unterschied zu einer reinen Wahrscheinlichkeitsargumentation gibt das Kontingenzkonzept aber im konkreten Anwendungsfall zugleich eine nähere inhaltliche Beschreibung der Möglichkeitsräume für die weitere Entwicklung der Trajektorie an jedem Verzweigungspunkt. Der nach A mögliche Zustandsraum, aus dem B im tatsächlichen Verlauf *V* realisiert wurde und z.B. B' hätte ebenfalls realisiert werden können, sei mit *A* bezeichnet, der nach B mögliche Zustandsraum, aus dem das Ereignis C realisiert wurde, mit *B* usw. Der Möglichkeitenraum nach dem Ereignis C mit dem Kontingenzgrad null aus obigem Beispiel ist einpunktig: *C*={D}. Insbesondere können, wie bereits bemerkt, die chronologischen Zeitpunkte von kontingent alternativ realisierten Ereignissen A, B', C', D', E' ... anders liegen als die de facto realisierten A, B, C, D, E .... In der Formalisierung mit Hilfe des Transformationsoperators $T_A$ gilt also: $T_A: A \to A$ und $T_A^R(A)=B$, wobei $T_A$ ein *stochastischer Operator* und $T_A^R(A)=B$ die Realisation von $T_A$ im Punkt A ist.

Das Konzept der *Pfadabhängigkeit* besagt allgemein, dass überhaupt eine kausale Wirkung von früheren Ereignissen der Ereigniskette A, B, C, D, E .... auf spätere vorliegt, dass also die Möglichkeitsräume und die Transformationsoperatoren an jedem Ereignis von diesem Ereignis selbst abhängen, also für das Ereignis D z.B. gilt: *D*=f{D} und $T_D=g${D}, wenn man die gerade beschriebene Abhängigkeit in Funktionsschreibweise wiedergeben möchte. *Schwache Pfadabhängigkeit an einem Ereignis*, z.B. B, liegt vor, wenn der Kontingenzgrad der Ereigniskette an B hoch ist, d.h., anstatt des Ereignisses C hätte auch ein anderes Ereignis aus dem Möglichkeitsraum *B* realisiert werden können. Umgekehrt liegt *starke Pfadabhängigkeit am Ereignis* B vor, wenn der Kontingenzgrad an B niedrig ist, im Extremfall null, so dass das Ereignis C nach dem Ereignis B determiniert ist.

Die Antwort des *einfachen Lock-In-Konzepts* auf die obige Leitfrage lautet, dass die Ereignistrajektorie A, B, C, D, E .... irgendwann in einen stationären, iterierten Zustand L gerät, den man auch als Fixpunkt oder Attraktor des ab dann nicht mehr stochastischen Transformationsoperators $T_L$ ansehen kann. Die Trajektorie wird also zu A, B, C, D, E, ..., J, K, L, L, L, ....., und L ist Fixpunkt des Transformationsoperators $T_L$ (außerdem ist natürlich L ε *L*). Dabei ist zu unterscheiden, ob *L*= {L} einelementig ist und die auf L eingelockte Trajektorie damit voll deterministisch verläuft, oder ob *L* mehrelementig ist. In letzterem Fall sind alle anderen Zustände $L_i$ ε L mit $L_i \neq L$ *„ausgelockt"* oder *„ausgeriegelt"*, d.h. im *Lock-Out* in Relation zum eingelockten Zustand L.[13]

*In einer erweiterten Sichtweise bedeutet das Lock-In-Konzept,* dass sich die Trajektorie ab einer bestimmten Stelle, z.B. C, nicht auf einen Zustand, also C, fixiert, sondern lediglich in ihrem weiteren Verlauf determiniert wird, d.h. deterministisch in ihren weiteren Entwicklungspfad $C_1, C_2, C_3, C_4, ...$ eingelockt wird: Die Trajektorie wird zu A, B, C, $C_1, C_2, C_3, C_4, ...$ mit $T_C(C)=C_1, T_{C1}(C_1)=C_2$ usw., wobei $C=C_1, C_1=C_2$ usw. jeweils entweder alle einelementige oder gemischt ein- und mehrelementige Möglichkeitsräume sind und die Transformationsoperatoren $T_C, T_{C1}$, ...in jedem Fall nicht stochastisch sind. Analog zum Fall des einfachen Lock-In spricht man im ersten Fall einelementiger Möglichkeitsräume von einer voll determinierten Trajektorie und im Fall mehrelementiger Möglichkeitsräume davon, dass alle möglichen, nicht realisierten *Trajektorien ausgelockt (ausgeriegelt) bzw. im Lock-Out* in Relation zur eingelockten Trajektorie $C_1, C_2, C_3, C_4, ...$ sind.

Ein *Aufheben eines Lock-In* bedeutet **im Fall des einfachen Lock-In** als *starkes Lock-In-Break*, dass die Möglichkeitsmenge *L* mehrelementig wird und der Transformationsoperator $T_L$ zu einem modifizierten Transformationsoperator $T'_L$ geändert wird, für den der Zustand L kein Fixpunkt mehr ist. Die Änderung von $T_L$ zu $T'_L$ kann auch gezielt so gestaltet sein, dass auf L ein bestimmter gewünschter Zustand M folgt, der zuvor ausgelockt (ausgeriegelt) war, also $T'_L(L)=M$. M kann sogar selbst

---

[13] Das Konzept des Lock-Out wurde explizit zum ersten Mal in Reichel 1998 eingeführt.

wieder als erwünschter stationärer Zustand eingelockt werden: $T_M(M) = M$.[14] Ein *schwaches Lock-In-Break* liegt vor, wenn $T_L$ zu irgendeinem Zeitpunkt wieder ein stochastischer Operator und *L* mehrelementig wird und $T_L$ den Zustand L nicht mehr in L abbildet: $T_L^R(L)=M'$. Damit wird der „eingelockte" Zustand L wieder verlassen zugunsten des Zustands M', ohne dass der gesamte Operator verändert werden müsste.

Analog sind die beiden beschriebenen *Lock-In-Break-Konzepte* zu übertragen auf den zweiten *Fall eines erweiterten Lock-In.* Sowohl im Fall eines *starken* als auch eines *schwachen Lock-In-Breaks* für diesen Fall eines erweiterten Lock-In-Breaks müssen natürlich auch hier die einpunktigen Möglichkeitsräume der Zustände C, $C_1$, $C_2$, $C_3$, $C_4$, ... ab irgendeiner Stelle $C_i$ mehrpunktig werden, d.h. es müssen jeweils mindestens zwei Alternativen enthalten sein.

Für die weitere Analyse wird allerdings noch eine weitere Unterscheidung notwendig. Ein *Lock-Out vom Typ A einer Alternative* ist gegeben, wenn die ausgeriegelte Alternative schon zum Zeitpunkt der Entstehung des Lock-Ins vorhanden war. Demgegenüber liege ein *Lock-Out vom Typ B einer Alternative* vor, wenn die ausgeriegelte Alternative erst nach dem Lock-In in den Möglichkeitsmengen enthalten ist. Formal ausgedrückt bedeutet ein *Lock-Out vom Typ A einer Alternative* N *für ein einfaches Lock-In,* dass N ε *L,* und für ein *erweitertes Lock-In,* dass N ε C, N ε $C_1$, N ε $C_2$ usw. Ein *Lock-Out vom Typ B der Alternative* N bedeutet für das einfache Lock-In-Konzept, dass N erst nach dem Lock-In in L in *L* enthalten ist, und für das erweiterte Lock-In-Konzept, dass N frühestens in $C_2$ enthalten sein kann und dann für alle folgenden i in $C_i$ enthalten ist.

---

[14] Der erwünschte stationäre Zustand (z.B. der Zustand O) kann eventuell auch erst über mehrere Zwischenstufen erreicht werden, also z.B. T'(L)=M, T'(M)=N, T'(N)=O, T'(O)=O usw.

## 3. Kontingenz, Pfadabhängigkeit, Lock-In, Lock-Out und Lock-In-Break als Instrumente eines evolutorischen Analyse- und Gestaltungskonzepts von Unternehmenspolitik

Nachdem im letzten Abschnitt die evolutorischen Analyseinstrumente Kontingenz, Pfadabhängigkeit, Lock-In, Lock-Out und Lock-In-Break allgemein und formal definiert wurden, soll in diesem Abschnitt die Eignung und Bedeutung dieser Instrumente für ein evolutorisches Analyse- und Gestaltungskonzept von Unternehmenspolitik untersucht werden. Hierzu werden alle Instrumente nochmals gestreift und mit Beispielen aus dem Bereich technologischer Entwicklungen unterlegt, d.h. die Ereignisse und Alternativen der allgemeinen Definitionen in Abschnitt 2 sind hier Zustände technologischer Entwicklungspfade bzw. technologische Innovationen.

Bei *Pfadabhängigkeit* wird die Entwicklung eines Systems in einer besonderen Weise von seiner vergangenen Entwicklung beeinflußt. Aufgegriffen und propagiert wurde diese Idee seit Ende der siebziger Jahre vor allem von W. Brian Arthur und Paul A. David[15]. Arthur nennt vier grundlegende Eigenschaften solcher Systeme: Die Systementwicklung ist zwar im nachhinein logisch-kausal nachvollziehbar, es existiert ex ante aber eine *Unvorhersagbarkeit* der Systementwicklung, das System reagiert *unflexibel*, das System ist *nicht-ergodisch*, d.h. kleine Ereignisse können die Systementwicklung nachhaltig beeinflussen, und hinsichtlich der Systementwicklung im ökonomischen Bewertungskontext besteht eine *potentielle Ineffizienz*. Liebowitz und Margolis[16] unterscheiden im Hinblick auf die Frage der Optimierungsleistung von Wettbewerbsprozessen im wesentlichen zwei Typen von Pfadabhängigkeiten. Eine *Pfadabhängigkeit erster Ordnung* liegt vor, wenn sich eine technisch inferiore Technologie gegen superiore Varianten durchsetzt, wobei die Unterlegenheit erst zu einem späteren Zeitpunkt bekannt wird. Von einer *Pfadabhängigkeit zweiter Ordnung*, einer „*echten Pfadabhängigkeit*", sprechen die Autoren dann, wenn die technologische Unterlegenheit schon ex ante bekannt war und dennoch Effekte wie z.B. Häufigkeitsschwelleneffekte, Netzwerkeffekte oder strategisches Abwarten unter den Verbrau-

---

[15] Arthur 1989, 1997, David 1985.

[16] Liebowitz und Margolis, alle Beiträge im Literaturverzeichnis.

chern letztlich die Oberhand gewinnen, die die Entwicklung schließlich zugunsten der inferioren Technologie verlaufen lassen.

Die Idee der Pfadabhängigkeit ökonomischer Systeme hat ein erhebliches Interesse im Bereich der evolutorischen Ökonomik gefunden, zugleich aber auch Kritik von Mainstream-Ökonomen hervorgerufen[17]. Die Ursachen der Kritik sind vielfältig. Zum Teil ergeben sie sich aus Mißverständnissen, zum Teil aber auch daraus, dass die Annahmen, die pfadabhängigen Systemen zugrunde liegen, und die Implikationen, die sich aus ihnen ergeben, wie z.b. für das Gleichgewichtsparadigma (vgl. Einleitung), an einigen Paradigmen der Neoklassik rütteln. Hinzu kommt, dass es sich um ein vergleichsweise junges Konzept handelt, dessen theoretische Durchdringung noch nicht abgeschlossen ist.

Im folgenden wird ausgehend von einer Reihe populärer Beispiele aus dem ökonomischen Bereich erläutert, wie die im letzten Abschnitt eingeführten *evolutorischen Analyseinstrumente* systemtheoretisch zu deuten sind, und welche ökonomischen Ursachen ihnen zugrunde liegen. Dabei wird zunächst eine Betrachtung auf der Ebene einer Volkswirtschaft bzw. einer Branche gewählt, indem die Frage der Ausbreitung der Anwendung einer spezifischen Technologie diskutiert wird. Später wird die Betrachtung auf die Relevanz für die Unternehmenspolitik hin erweitert, indem einerseits auf die Bedeutung von Branchenentwicklungen für die Gestaltung und Umsetzung einer Unternehmenspolitik hingewiesen wird. Abgesehen hiervon kann jedoch andererseits auch ein neues Framing vorgenommen werden, indem ein Unternehmen selbst als System betrachtet wird, innerhalb dessen Verriegelungseffekte auftreten.

Die in der Literatur zur Pfadabhängigkeit und *Lock-In* angeführten Beispiele basieren zumeist auf selbstverstärkenden Effekten wie z.B. Häufigkeitsabhängigkeiten, kritische Massephänomene, Netzwerkeffekte sowie stategisches Abwarten der Konsumenten auf Grund fehlender Komplementärprodukte (z.B. Tonträger und Abspielgeräte). Typisch dafür sind kumulative Technologien, d.h. Technologien, bei denen Lern-, Skalen- oder Netzwerkeffekte auftreten. Dies wird an folgenden Beispielen deutlich[18]:

---

[17] Zu diesem Diskurs seien als non-mainstream-Autoren z.B. Arthur 1989, 1997, David 1985, Friedrich 2000, Reichel 1998 und Witt 1997 genannt.

[18] Arthur 1989, Cowan 1990, David 1985, Friedrich 2000, Reichel 1998.

- die QWERTY-Tastatur, die sich gegenüber der allgemein als effizienter beschriebenen Dvorak-Tastatur durchgesetzt hat, weil kumulative Netzwerkeffekte durch Schreibmaschinenschulen wirksam wurden,
- die Entwicklung der Nukleartechnologie mit dem Ergebnis eines Lock-In zugunsten der Leichtwasserreaktortechnologie,
- die Dominanz des mit einem Windows-Betriebssystem und seinen kompatiblen Anwenderprogrammen ausgestatteten PC gegenüber der Macintosh-Technologie und anderen Betriebssystemen und deren kompatiblen Anwenderprogrammen,
- das Scheitern der bild- und tontragenden high fidelity Laserdisc in den achtziger Jahren und die Dominanz der technologisch inferioren Videokassettentechnologie auf Grund unzureichender Standardisierung der verschiedenen Hersteller sowie mangelnder Werbung bei der Markteinführung der Laserdisc, so dass der kritische Massenschwellenwert nie überschritten werden konnte,
- die Dominanz des VHS-Systems gegenüber Betamax oder Video 2000 auf dem Videorecordermarkt auf Grund eines durch technologische Effizienz nicht begründbaren kleinen Anfangsvorteils,
- das Scheitern der Quadrophonie in den achtziger Jahren und die Dominanz der technologisch inferioren Surround-Technologie auf Grund fehlender Standardisierung und daher mangelhafter Komplementierungsmöglichkeiten zwischen Abspielgerät und Tonträgern für die Konsumenten,
- die Entwicklung von benzin- bzw. dieselgetriebenen Kraftfahrzeugmotoren gegenüber dampfgetriebenen,
- die gegenüber den USA wesentlich stärkere Entwicklung dieselgetriebener Fahrzeuge in Deutschland auf Grund steuerpolitischer Anreize in den Zwischenkriegsjahren,
- die Dominanz der Chlorchemie gegenüber chlorfreien Alternativen.

Bei sämtlichen dieser Beispiele treten positive Rückkopplungseffekte auf, wobei häufig zudem davon ausgegangen wird, dass sich ein ineffizienter Zustand eingestellt habe. Der Einfluß des Faktors Zeit ist aber noch unter einem anderen Blickwinkel zu betrachten: Dominiert eine

Technologie einen Markt, dann kann es trotz einer späteren Invention von effizienteren Substitutionstechnologien dazu kommen, dass eine – gesellschaftlich vorteilhaftere – Innovation der bereits vorhandenen Alternative ausbleibt, d.h., es liegt ein Lock-Out vom Typ B dieser Alternative vor. Nicht erschlossene Lern- und Skaleneffekte sowie das Verfehlen einer kritischen Masse können dies verhindern.[19] Reichel[20] weist einen solchen Fall einer *Ausriegelung,* oder *Lock-Out,* für die Windkraftnutzung nach.

Beispiele für Ausriegelung und erfolgreiches *Lock-In-Break* könnten sich in der nahen Zukunft sowohl im Audio-Technologie-Bereich als auch im Bild-Tonträger-Technologie-Bereich ereignen. Dabei könnte sogar die jeweils bisher ausgeriegelte superiore Technologie – die Quadrophonie-Technologie bzw. die Laserdisc-Technologie – in einer gegenüber ihrem früheren Zustand freilich deutlich weiterentwickelten Form „eingeriegelt" werden. Im Audio-Technologie-Bereich hat zwar die CD die LP in den späten 80er Jahren erfolgreich abgelöst, aber diese Innovation bezog sich allein auf die Art der technischen Speicherung der Klanginformationen, nicht auf die Qualität der Raumtiefenwirkung der Wiedergabe. Die hierfür in den 70er Jahren entwickelte Quadrophonie-Technologie konnte allerdings, wie in der obigen Aufzählung bereits gesagt, die kritische Massenschwelle der Diffusion nie überwinden und verschwand Ende der achtziger Jahre ganz vom Markt. Statt dessen setzte sich die technologisch inferiore Surround-Technologie durch, die für viele Jahre einen Lock-In der Entwicklung im Audio-Technologie-Bereich darstellte. Seit kurzem aber zeichnet sich eine neue Technologie der Klangaufzeichnung mit Raumtiefenwirkung ab, der Digital Sound.[21]

Im Bild-Tonträger-Technologie-Bereich wird die jahrelang in einem Lock-In dominierende Videokassettentechnologie, die die technologisch superiore Laserdisc-Technologie ausriegelte, gerade von der technologisch überlegenen und qualitätsmäßig der Laserdisc gleichkommenden dvd -Technologie (digital versatile disc) angegriffen, so dass es in abseh-

---

[19] Vgl. Erdmann 1993, Friedrich 2000, Witt 1997.
[20] Reichel 1998.
[21] Die Digital Sound-Technologie kann als Weiterentwicklung der Quadrophonie-Technologie der 70er Jahre angesehen werden. Für eine Diskussion s. Hönemann 2000.

barer Zeit zu einem Lock-In-Break kommen könnte.[22] Faßt man die dvd-Technologie als eine „verborgene" Weiterentwicklung der allerdings nie nennenswert am Markt präsenten Laserdisc-Technologie auf, könnte man hier sogar von einem Lock-In-Break mit Einriegeln der bisher im Lock-Out befindlichen Alternativtechnologie sprechen.

Schon an diesen beiden ausführlicher geschilderten Beispielen, die übrigens beide ein *Lock-In zweiten Grades* in der Taxonomie von Liebowitz/Margolis darstellen, sieht man, dass ein Lock-In in der Realität in der Regel in der erweiterten Form auftritt, d.h., dass sich die eingeriegelte Technologie, also die Surround-Technologie im Audio-Technologie-Bereich und die Videokassetten-Technologie im Bild-Tonträger-Technologiebereich, auch (mehr oder weniger) weiterentwickelt und nicht statisch auf dem einmal erreichten Zustand stehen bleibt. Zudem ist aber bei diesen Beispielen auch zu erkennen, dass sich vor allem auch ausgeriegelte Technologien während des Ausriegelungszustand technologisch weiterentwickeln können, also sozusagen nicht nur passiv im „technologischen Gedächtnis" erhalten bleiben, sondern dort aktiv weiterentwickelt werden.

Ein *Lock-Out vom Typ A* entsteht, wenn sich die Konkurrenzsituation bereits am Markt nachgefragter Technologien in der beschriebenen Form verändert hatte, d.h. zu einem selbstverstärkenden Kostenvorsprung einer der Technologien führte. Die Verriegelung führt zum langfristigen Lock-Out der kurzfristig dominierten Technologie. In diesem Fall war die Entwicklung nur bis zu jenem Ereignis nicht determiniert; das „kleine historische Ereignis" etablierte die Dominanz. Sofern hieraus eine gesellschaftlich nachteilige Situation auftritt, ist in diesem Sinne letztlich eine Ausriegelung das Ergebnis eines Prozesses, der das Spiegelbild eines Verriegelungsprozesses darstellte.

---

[22] Friedrich 2000.

Kontingenz, Pfadabhängigkeit und Lock-In 353

*Abbildung 1: Kontingenz und Lock-Out vom Typ A*

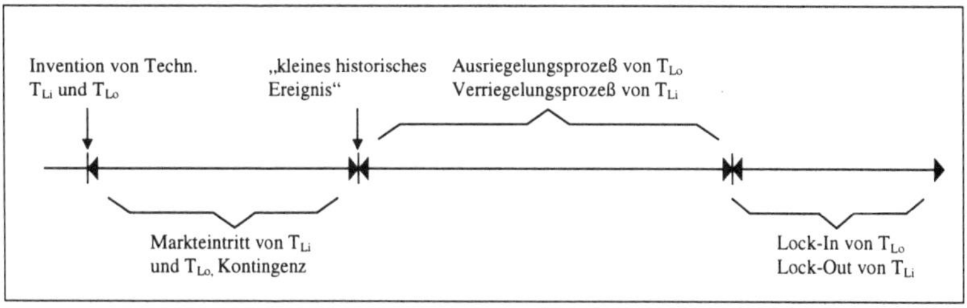

[Zeitachse mit Markierungen:
- Invention von Techn. $T_{Li}$ und $T_{Lo}$
- "kleines historisches Ereignis"
- Ausriegelungsprozeß von $T_{Lo}$, Verriegelungsprozeß von $T_{Li}$
- Markteintritt von $T_{Li}$ und $T_{Lo}$, Kontingenz
- Lock-In von $T_{Lo}$, Lock-Out von $T_{Li}$]

Quelle: eigene

Demgegenüber liegt ein *Lock-Out vom Typ B* vor, wenn die Invention einer (potentiellen) Konkurrenztechnologie erst nach dem Verriegelungszeitpunkt der etablierten Technologie stattfindet. Die Verriegelung führt im Modell dazu, dass es ohne exogene Einflüsse gar nicht zum Markteintritt der neuen Technologie kommen wird. Somit ist der Lock-Out vom Typ B nicht das Ergebnis eines Ausriegelungsprozesses, sondern lediglich die Konsequenz eines Verriegelungsprozesses.

*Abbildung 2: Lock-Out vom Typ B (keine Kontingenz)*

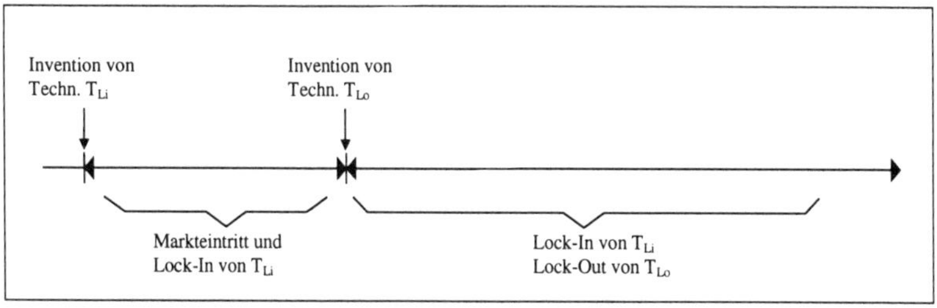

[Zeitachse mit Markierungen:
- Invention von Techn. $T_{Li}$
- Invention von Techn. $T_{Lo}$
- Markteintritt und Lock-In von $T_{Li}$
- Lock-In von $T_{Li}$, Lock-Out von $T_{Lo}$]

Quelle: eigene

Sofern nicht gesondert gekennzeichnet, bezeichnet der Begriff „Lock-Out" im weiteren immer einen Lock-Out vom Typ B. Bei einer Ausriegelung wird eine bestimmte Technologie bzw. Routine nur deswegen nicht genutzt, weil sie potentielle Skaleneffekte infolge der Marktdominanz einer alternativen Technologie nicht realisieren kann und daher ein selbsttragender Marktdurchdringungsprozess nicht beginnen kann, obgleich er gesamtgesellschaftlich vorteilhaft wäre. Dieser wäre erst nach Überschreitung einer Potentialschwelle zu erwarten, die aber eben aufgrund der Lock-Out-Position nicht erreicht werden kann. Ein derartiger Ausriegelungsprozeß kann durch die grafische Veranschaulichung in Abbildung 3 verdeutlicht werden.

Die zu $h_0$ (d.h. zu $s \equiv \underline{0}$, d.h. ohne externe Einflußnahme zur Veränderung einer etwaigen Lock-In-Situation) gehörige Kurve ist als (individuelles) Kostengebirge aufzufassen; die Entwicklung des technologischen Systems – repräsentiert durch die Variable x, die den Marktanteil der ausgeriegelten Technologie 1 angibt – ist mit dem Lauf einer Kugel zu vergleichen, die das jeweils nächste erreichbare relative Minimum sucht. Links des Maximalpunktes ist das $x^1 = 0$; rechts hingegen wird ein Marktanteil von $x = x^2$ angestrebt. Selbstverstärkende Effekte führen also zu einer Verminderung bzw. Erhöhung des Marktanteils. In derartigen Minima nimmt die Kugel dann eine stabile Stellung ein, d.h. die Technologiewechsel auf Ebene der individuellen Akteure gleichen sich gerade aus. Die zweite Kurve $K_{ges}$ hingegen repräsentiert die mit einer jeweiligen technologischen Struktur x verbundenen (gesellschaftlichen) Kosten. Im Sinne des staatlichen Politikgestalters sollte daher sein, ausschließlich dann die Überwindung von Potentialschwellen zu unterstützen, wenn hieraus eine Verbesserung der gesamtgesellschaftlichen Kostensituation erreicht werden kann. In der Abb. 3 ist dies exemplarisch der Fall, wenn – um einen Übergang von $x^1$ zu $x^2$ und somit eine gesellschaftliche Kostenverbesserung um $\Delta K$ zu erreichen – die durch die Politik eingesetzten Mittel sich aus dieser Kostenverringerung tilgen lassen.[23]

---

[23] Hier noch aufzufassen als staatliche Politik; bei verändertem Kontext hingegen auch die Unternehmenspolitik.

*Abbildung 3: Lock-Out einer Technologie*

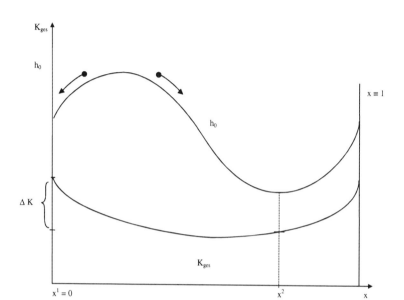

Quelle: eigene

Ist die Relevanz der Existenz von Lock-Outs festgestellt, muss nach Möglichkeiten ihrer Überwindung, also gleichbedeutend nach den Möglichkeiten eines Lock-In-Breaks, gefragt werden. Hierzu muss in vielen Fällen, wie z.B. im Fall regenerativer Energiegewinnung (s. Abschnitt 4.1), der Impuls von außerhalb des betrachteten Systems kommen.[24] Dann wird offensichtlich ein Kriterium zur Beurteilung der Effizienz eines eingesetzten Instrumentes zur Aufhebung von Lock-Outs erforderlich. Als Ansatzpunkt dient im folgenden die Forderung, dass ein Instrumentarium[25], ausgehend von der Annahme eines technologischen Lock-

---

[24] Die zuvor ausgeführten Beispiele im Bereich audio-visueller Medientechnologien stellen allerdings Fälle von Lock-In-Breaks dar, die ohne Intervention zu funktionieren scheinen, also selbstorganisiert.

[25] Das staatliche Instrumentarium wird im weiteren i.d.R. als *Markteinführungspolitik* bezeichnet.

Outs, in der Lage sein muß, mit minimalen und befristeten Mitteln auf der Ebene der individuellen Akteure eine Marktdiffusion anzuregen, die unter Einbeziehung der gesellschaftlichen Kosten des Instrumentes selbst gesellschaftliche Nettovorteile bringt. Dieses hier entwickelte Kriterium – bezeichnet als *Entriegelungseffizienz* – führt durch seine Verbindung zwischen individueller Diffusionsdynamik und gesamtgesellschaftlichen Kostenaspekten den in der Literatur eingeführten Ansatz der *Evolutionseffizienz* fort.[26]

*Abbildung 4: Gestaltung eines staatlichen Instrumentariums zur Aufhebung eines technischen Lock-Outs / Lock-In-Break*

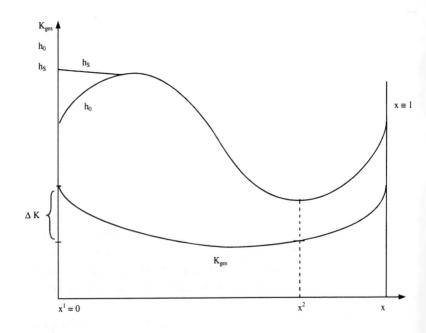

Quelle: eigene

---

[26] Vgl. Erdmann 1993, S. 187; Reichel 1998, S. 122.

Eingezeichnet ist in Abb. 4 – neben der ursprünglichen Funktion $h_0$ – eine Variation des individuellen Kostengebirges durch die Wahl eines Markteinführungs- bzw. Subventionsinstrumentariums s. Durch dieses kann die existierende Potentialschwelle in ihrer Wirkung aufgehoben werden, was erneut durch eine Kugel veranschaulicht werden kann, die nun in das Tal des individuellen Kostengebirges bei x² rollt und damit einen Punkt mit geringeren gesellschaftlichen Kosten $K_{ges}(x^2)$ als in $x^1$ erreicht. Insbesondere kann nach Überschreiten des vormaligen Gipfels der Potentialschwelle die Subvention s zurückgenommen werden; denn sie sollte lediglich befristet wirken, um das Ziel der Aufhebung eines Lock-Outs kosteneffizient zu erreichen.

Im Fokus der Analyse von *Lock-Outs vom Typ B* stehen prognostische Aussagen über die Notwendigkeit und Vorteilhaftigkeit ihrer Aufhebung. Lock-Outs vom Typ B (im Gegensatz zu solchen vom Typ A) beruhen nun immer ausschließlich auf zukunftsorientierten Betrachtungen; entsprechend können Lock-Outs vom Typ A immer auf solche vom Typ B zurückgeführt werden, indem Prozesse der Vergangenheit aus der Betrachtung ausgeklammert werden. Somit ist die Untersuchung letzterer von größerer Relevanz für die Gestaltung einer Innovationspolitik .

Wie ist nun die Querbeziehung zwischen dem Auftreten von *Lock-Outs* und *Kontingenz* genauer?

Im Falle eines Lock-Out vom Typ A wird durch ein „kleines historisches Ereignis" eine weitere Entwicklung geschaffen, die mit Kontingenz adäquat beschrieben wird: Durch das besagte Ereignis wird die bislang gegebene Zukunftsoffenheit des vorausgegangenen Pfades aufgehoben. Es kann im nachhinein festgestellt werden, dass infolge des eingetretenen Ereignisses zwar kausal die weitere zeitliche Entwicklung vorgegeben war, dass aber eben dieses Ereignis in dieser Art eintreten mußte, kann nachträglich in keiner Weise als ex ante kausal unumgänglich rekonstruiert werden.

Die bisherige Interpretation von Verriegelungseffekten ist nun stark technologiebezogen und orientiert sich auf einen stark aggregierten Bezugsrahmen. Durch eine Interpretation des Begriffes „*Technologie*" durch „*Routine*" – also eine zielgerichtete Kette von Handlungsabläufen – gelingt jedoch die Übertragung der Definition auf die Ebene von Unternehmen als mikroökonomischen Einheiten.

Es ist daher sinnvoll, im Rahmen dieses Beitrages den Begriff des Lock-Outs dahingehend zu erweitern, dass er die Erklärung von Verriegelungseffekten bei unternehmenspolitischen Fragestellungen erlaubt und insbesondere dazu dient, zu erklären, aus welchen Gründen heraus einzelne Probleme im Rahmen der Realisierung einer Unternehmenspolitik auf betrieblicher Ebene keine Lösung erfahren. Damit werden Kontingenz und Lock-Out als *handlungsbeeinflussende Faktoren im Rahmen der ökologischen Unternehmenspolitik* herausgestellt.

Es ist hierzu explizit zwischen der *Mikro- und der Makroebene* zu unterscheiden. Auf der Makroebene ist das Ergebnis eines Verriegelungseffektes darin zu sehen, dass bestimmte Technologien bzw. Verfahren nicht zur Nutzung kommen, weil ein technologischer Lock-Out dies verhindert. Damit werden offenkundig auf dieser Ebene bereits Rahmenbedingungen für die betriebliche Ebene geschaffen, indem technologische Optionen nicht zur Verfügung stehen. Zusätzlich kann unabhängig von der Existenz von Lock-Outs auf dieser Ebene festgestellt werden, dass ein Wechsel der Bezugsebene auf die Mikroebene sinnvoll ist, mit dem gefragt wird, inwiefern einzelne Unternehmen einen geeigneten Bezugsrahmen zur Feststellung von Verriegelungseffekten und – entsprechend – auch für ihre Aufhebung darstellen. Bezogen auf die Thematik des vorliegenden Bandes bedeutet dies, zu fragen, ob spezielle Routinen unternehmensintern nicht eingeführt werden, da ihnen Potentialschwellen entgegenstehen und nicht ohne externe Anschubwirkung überwunden werden können, obgleich dies letztlich für das Unternehmen vorteilhaft wäre.

*4. Zwei Fallstudien zur Relevanz der vorgestellten Instrumente eines evolutorischen Analyse- und Gestaltungskonzepts für die Unternehmenspolitik*

In Abschnitt 3 zeigte sich, dass Verriegelungseffekte – je nach Wahl des Bezugssystems – entweder auf der Branchenebene oder aber auf der Unternehmensebene vermutet werden können. Im Folgenden soll nun durch zwei Fallstudien für jeden dieser beiden Fälle ein Beispiel dargestellt werden.

Zunächst werden hier Lock-Out-Situationen konstatiert – einmal im Falle der Windkraftnutzung als Option der elektrischen Energieerzeugung, dann hinsichtlich der Anwendung von kostensenkenden Umweltschutzmaßnahmen innerhalb eines polnischen Zulieferunternehmens der deutschen Textilindustrie. Abschließend werden diese Ergebnisse jeweils in den Zusammenhang des Lock-In- und des Kontingenz-Konzepts gestellt.

*4.1 Regenerative Energieerzeugung in Deutschland als Beispiel für einen technologischen Lock-Out (Typ B) und ein Lock-In-Break*

Ein erstes Beispiel bezieht sich auf den Nachweis der Existenz eines Lock-Outs der Windkraft innerhalb der Energiewirtschaft Deutschlands.[27] Es ergibt sich, dass ohne staatliche Förderung der Windkraft eine Ausweitung des Anteils dieser Energienutzung nicht zu erwarten ist, mit Hilfe einer derartigen Förderung aber die entgegenstehende Potentialschwelle überwunden werden kann und zudem – unter Berücksichtigung der „externen Effekte" der Energieversorgung – sich die Kosten dieser Markeinführung gesamtgesellschaftlich amortisieren.

Im Rahmen der Untersuchung wurden systematisch die beiden Einflußgrößen eines *Lock-Outs* geprüft. Zunächst erfolgte eine abschnittweise Bestimmung der Kurve der „gesamtgesellschaftlichen" Kosten der Energieversorgung, der Kurve $K_{ges}$ in Abb. 3. Im Anschluß daran wurde eine Simulation der Summe dezentraler Entscheidung zur Nutzung der alternativen Technologie unter Subventionierung ihrer Anwendung einerseits und ihres steigenden Marktanteils andererseits durchgeführt, d.h eine Bestimmung der Kurve $h$ (vgl. Abb. 3).

Im weiteren soll etwas detaillierter auf die Bestimmung von $K_{ges.}$ eingegangen werden. Hierzu wurde der deutsche Kraftwerkspark hinsichtlich seiner technologischen sowie seiner Altersstruktur abgebildet. Es ergab sich hieraus, dass im Laufe der Jahre bis 2010 ein erheblicher Ersatzbedarf für veraltete Kraftwerkstechnologien in Deutschland besteht,

---

[27] Vgl. Reichel 1998.

andererseits aber ein beträchtlicher Anteil des Kraftwerksparks als festgelegt anzusehen ist.[28]

*Tabelle 1: Struktur und Charakterisierung der fossil-nuklear bis 2007 zu ersetzenden Nettokraftwerksleistung (vgl. Reichel 1998, S. 156)*

| Stillgelegte Nettokraftwerksleistung (Energieträger) [MW] | Prod. Strommengen [TWh/a] |
|---|---|
| Kernkraft [5.400 MW] | 34,5 |
| Braunkohle [11.100 MW] | 65,7 |
| Steinkohle [9.050 MW] | 43,8 |
| Gasturbine [14.150 MW] | 18,5 |
| Summe [39.700 MW] | 162,5 |

Durch diesen zeitlichen Prozeß besteht ein „Spielraum", eine Erhöhung der in Windkraftanlagen installierten Leistung abzupuffern, indem für die technisch veränderte Erzeugungsstruktur angepaßte komplementäre Kraftwerke eingesetzt würden. Aufgrund der meteorologisch bedingten teilweisen kurz- und mittelfristigen Unregelmäßigkeit der Windenergie eignen sich hierfür rasch regelbare Gaskraftwerke, die nur mit geringen Fixkosten verbunden sind und kostengünstig auch für windarme Phasen zur Verfügung stehen.

In der Vergangenheit war der Anteil der Windkraft an der deutschen Stromproduktion mit ca. 2 % immer nur marginal. Sollte nun aufgrund politischer Vorgaben dieser Anteil maßgeblich erhöht werden, so würden selbstverstärkende Effekte zur weiteren Nutzung wirksam werden. Hierzu zählen Lerneffekte in der Produktion sowie Kapazitätseffekte infolge einer räumlich verbreiteten Nutzung der Windkraft.

---

[28] Im Jahr 1996 betrug die gesamte installierte Kraftwerksleistung Deutschlands 99.535 MW.

Die Bestimmung der gesellschaftlichen Kosten der politisch initiierten Nutzung der Windkraft sind für die relevanten Bereiche in der Abbildung 5 dargestellt. Dabei wurden ein Szenario ohne weitere Internalisierung sozialer und ökologischer Kosten der Energieversorgung sowie zwei mit Internalisierung berücksichtigt. Die einkalkulierten Verteuerungen der verschiedenen Energieträger sind in der Tabelle 2 dargestellt (Szenario A bzw. B).

*Tabelle 2: Szenarienannahmen über die Höhe der externen Kosten der Stromerzeugung (nach Rennings/Koschel 1995, S. 14)*

| Energieträger | Szenario A | Szenario B |
|---|---|---|
| Kernenergie | 0,0003 | 0,003 |
| Braunkohle | 0,0044 | 0,044 |
| Steinkohle | 0,0044 | 0,044 |
| Erdgas | 0,003 | 0,03 |
| Windenergie | 0,0006 | 0,006 |

Alle Angaben in DM/kWh$_{el}$

Abbildung 5 zeigt, dass im Falle des Szenarios B eine Ausweitung des Anteils der Windenergie an der Stromerzeugung, also der Durchdringung der Stromerzeugung durch Windkraft, die jährlichen Gesamtstromerzeugungskosten des Sektors senken, im Falle von 6% um rd. 0,2 Mrd. DM/a. In diesem Falle ist eine politisch initiierte Markteinführung der Windenergie bereits gesamtgesellschaftlich vorteilhaft; die zusätzlichen Kosten der Markteinführung der Windenergie sind innerhalb von rd. 15 Jahren getilgt.

Simulationen[29] weisen zugleich nach, dass durch die infolge von Skaleneffekten erreichten Kostensenkungen dieser Technologie im Anschluß an einen Subventionszeitraum eine selbsttragende Ausweitung des Marktanteils der Windenergie zu erwarten ist.

---

[29] Reichel 1998, S.173ff

Damit ist – bei Annahme von Szenario B – die Existenz eines *Lock-Outs* (vom Typ B) dieser Technologie plausibel:

- Ohne politische Unterstützung hätte die Winenergienutzung keine Realisierungschance gegenüber den bereits im *Lock-In* befindlichen Technologien zur Energieerzeugung auf fossiler Basis.

- Durch einen politischen zeitlich begrenzten Stimulus könnte der Nutzungsprozeß selbsttragend initiiert werden.

- Die finanziellen Kosten dieser politischen Maßnahme amortisieren sich unter plausiblen Annahmen zu dem mit ihr verbundenen sozialen und ökologischen Nutzen.

*Abbildung 5: Veränderung der Gesamtkosten der deutschen Energieerzeugung ohne Einbeziehung externer Effekte sowie unter zwei Szenarien der Einbeziehung der externen Kosten bei verschiedenen Durchdringungsgraden der Energieerzeugung mit Windenergie (in Mrd. DM/a) (eigene Berechnungen)*

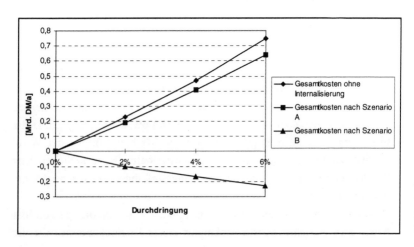

Quelle: eigene

Durch dieses Beispiel konnte gezeigt werden, inwieweit *Lock-Outs* in der ökonomischen Realität nachgewiesen werden können und die Unternehmenspolitik einer ganzen Branche bestimmen. So ist es ein leichtes, anhand von Konfrontationen zwischen Windenergiebefürwortern und – gegnern, zu denen häufig auch Vertreter der etablierten Energiewirtschaft gehörten, nachzuweisen, inwieweit sich der technologische Lock-Out von der Branchenebene auf die Ebene der Unternehmenspolitik auswirkte. Da „nicht sein kann, was nicht sein darf", werden technologische Alternativkonzepte in den Lock-Out gedrängt.

Lock-Outs (vom Typ B) gehen nicht explizit auf die Pfade der Vergangenheit ein, sondern beurteilen den Status-Quo hinsichtlich von Pfadabhängigkeiten für die Zukunft. Weiterführende Untersuchungen verweisen jedoch darauf, dass zu Anfang des 20. Jahrhunderts bei der Entscheidung zwischen zentraler und dezentraler Energieversorgung letztlich eine Kontingenzsituation vorlag, die in der Verriegelung der Großkraftwerkstechnologie ihr Ergebnis fand.[30] Durch derartige Prozesse werden aber zugleich die Voraussetzungen für den späteren Lock-Out der Windenergienutzung als innovativer dezentraler Form der Energieerzeugung geschaffen.

*4.2 Beispiel für ein Lock-Out kosteneffizienter und ökologisch vorteilhafter Technologien und Routinen in polnischen Zulieferbetrieben der deutschen Textilindustrie*

Das zweite Fallbeispiel – nunmehr auf Unternehmensebene – bezieht sich auf die Ergebnisse eines Forschungsprojektes, im Rahmen dessen in einen repräsentativen Unternehmen untersucht wurde, inwieweit in polnischen Zulieferbetrieben der deutschen Textilindustrie Umweltschutzmaßnahmen möglich sind. Dieser Fragestellung liegt die Erkenntnis zugrunde, dass zwar der betriebliche Umweltschutz bei den deutschen Unternehmen sehr fortgeschritten sein kann, jedoch die Fertigungsdichte in Deutschland so niedrig ist, dass ein glaubhaftes Umweltmanagement sich auch auf die Auswahl der Zulieferer zu beziehen hat. Angesichts des Kostendrucks insbesondere in der Textilbranche, sind jedoch Maßnah-

---

[30] Für einen Überblick über die wirtschaftshistorische Literatur zu diesem Thema vgl. Reichel 1998, S. 135ff.

men zu betrachten, die gleichzeitig zu einer Produktionskostensenkung führen.

Die Ergebnisse zeigen, dass eine Reihe von Technologien und Verhaltensweisen nicht genutzt werden, obgleich sie sich als ökonomisch *und* ökologisch vorteilhaft erwiesen. Ihre Nutzung befindet sich im *Lock-Out*. Dies verdeutlicht die Relevanz der vorgestellten evolutorischen Analysekonzepte auch für unternehmenspolitische Fragestellungen unmittelbar auf Unternehmensebene.

Im folgenden werden exemplarisch die komplexe Projektmethodik sowie ausgewählte Projektergebnisse vorgestellt.

In der *Istanalyse* erfolgte eine Bewertung des aktuellen Umweltzustandes des Unternehmens. Durch quantitative und qualitative Ermittlung unternehmensbezogener Analyseindikatoren, wie z.B. der Input-Ouptut-Ströme, der heutigen Kosten der Inanspruchnahme der Umwelt (Abgaben etc.), des technologischen Standards und der für das Unternehmen relevanten Rahmenbedingungen wurde der Istzustand des Unternehmens dargestellt und der umweltbezogene Handlungsbedarf eingegrenzt. Das dabei zunächst erarbeitete Stärken-Schwächen-Profil des Unternehmens, in dem v.a. die *qualitativen* Daten der Istanalyse zusammengefaßt wurden, zeigte deutlich, dass sich Ansatzpunkte eines kostenorientierten Umweltschutzes u.a. in den Bereichen Abfall, Wasser/Abwasser, Energie/ Emissionen ergeben können, da die größten Umweltbelastungen beim Waschen/Färben (Abfälle, Abwässer, Emissionen) und beim Sandblasting/ Scraping (Abfälle, Emissionen) entstehen.[31] Die *quantitative* Bewertung des Istzustandes und die Eingrenzung des Handlungsbedarfs erfolgte mit Hilfe einer angepassten Portfolio-Analyse. Zur Bewertung des Handlungsbedarfs erfolgte im Rahmen der Istanalyse eine Gegenüberstellung der Kostenbelastung und der Umweltbelastung der untersuchten Input- und Outputfaktoren. Die Kostenbelastung wurde dabei in PLN[32] angegeben und die Umweltbelastung durch eine Einschätzung des Umweltbeauftragten des analysierten Unternehmens auf einer Skala von 0-3 nach Erfahrungswerten quantifiziert (s. Abb. 6). Als obere Trennlinie für die Portfoliofelder 1 und 2 wurde der Maximalwert der Kostenbelas-

---

[31] Vgl.: Kramer; Brauweiler; Reichel 1999.

[32] 1 PLN = ca. 0,5 DM

tung (200.000 PLN für den Inputfaktor Öl)[33] bzw. als äußere Trennlinie für die Felder 2 und 3 der Maximalwert der Umweltbelastung (3), als Trennlinie für die Portfoliofelder 3 und 4 die jeweiligen Mittelwerte der Maximalwerte gewählt.

*Abbildung 6: Kosten- und Umweltbelastung ausgewählter Input- und Outputfaktoren des polnischen Beispielunternehmens*

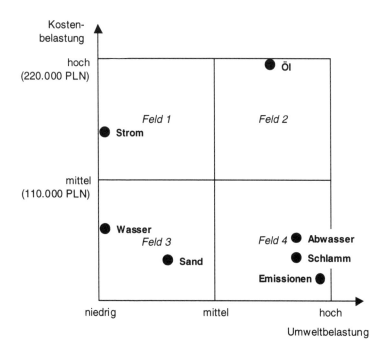

Quelle: eigene

Durch eine Zuordnung der analysierten Bereiche in das Portfolio können für die jeweiligen Portfoliofelder und für die untersuchten Faktoren unter Umwelt- und Kostengesichtspunkten folgende Feststellungen getroffen werden:

---

[33] Alle weiteren Kostenangaben beziehen sich auf das 1. Quartal 1998.

- Nur der Inputfaktor *Öl* befindet sich in Feld 2 und ist sowohl durch eine hohe Kosten- als auch eine relativ hohe Umweltbelastung gekennzeichnet. Für diesen Bereich ist somit ein hoher Handlungsbedarf zur Verbesserung des Umweltzustandes erkennbar.

- Der Inputfaktor *Strom* ist durch eine hohe Kostenbelastung, aber durch eine niedrige Umweltbelastung charakterisiert. Der Handlungsbedarf wird hier ausschließlich aus betriebswirtschaftlichen Gründen als mittlerer Bedarf eingeschätzt.

- Die Outputfaktoren *Abwasser, Schlamm und Emissionen* in Feld 4 sind dagegen durch eine relativ niedrige Kosten- aber durch eine hohe Umweltbelastung charakterisiert. Für sie wird aus Umweltgesichtspunkten ein mittlerer Handlungsbedarf festgestellt.

- Für die Inputfaktoren *Wasser* und *Sand* besteht in Feld 3 aufgrund einer sehr geringen Kosten- und Umweltbelastung kein Handlungsbedarf.

Der auf dieser Basis festgestellte Handlungsbedarf (Feld 1, 2 und 4), wurde in der zweiten Projektphase einer *strategischen Planung* zugeführt. Ziel dieser Planung war die konkrete Erarbeitung von Handlungsvorschlägen.

In Tabelle 3 werden die wichtigsten Kosten- und Umwelteffekte der erarbeiteten Umweltschutzmaßnahmen zusammenfassend dargestellt. Dazu ist es notwendig, die absoluten *Kosten- und Umweltbelastungen* im analysierten Bereich (Abfall, Abwasser, Energie), die *Investitionskosten* der Maßnahmen, die durch die vorgeschlagene Umweltschutzmaßnahme erreichbaren absoluten und relativen *Kosten- und Umweltentlastungseffekte* sowie die *Amortisationsdauer* zu quantifizieren. Die Berechnung der erwarteten Amortisationsdauer wurde mit Hilfe statischer und dynamischer Verfahren durchgeführt. In den dynamischen Berechnungen werden zugleich verschiedene Szenarien analysiert. Mit diesen Szenarien sollen Unsicherheiten in der Abschätzung der Höhe der zukünftigen Rückzahlungen (aufgrund Unwägbarkeiten in der Gesetzgebung, aber auch aufgrund von Preisunsicherheiten) abgebildet werden.

Tabelle 3a: *Mögliche Maßnahmen zur gleichzeitigen Verminderung von Umweltbelastungen und Produktionskosten nach Bereichen (Fortsetzung s. nächste Seite)*

| Bereich | a) Absolute Kostenbelastung (in PLN/Quartal) b) Absolute Umweltbelastung | Umweltschutzmaßnahme | Investitionskosten in PLN (ca.) | Kostenentlastung a) absolut (in PLN/Quartal) b) relativ( in %) | Umweltentlastung a) absolut b) relativ( in %) | Amortisationsdauer in Jahren a) Statisch b) Szenario 1 c) Szenario 2 d) Szenario 3 (* nach 25 Jahren) |
|---|---|---|---|---|---|---|
| Schlamm (Abfall) | a) 17.400 b) 349m³/ Quartal | Schlammpresse zur Verminderung des Schlammvolumens um 20% | 400.000 | a) 895 b) 5,1 | a) 23m³/ Quartal b) 6,6 | a) 112 b) zu 12,6 %* c) zu 9,4 %* d) 17,6 %* |
| Abwasser | a) 32.705 b) 35.940 m³/Quartal | Bau einer neuen Kläranlage zur Gewährleistung der Kreislaufführung des Abwassers | 3.000.000 | a) 18.350 b) 56,1 | a) 35.940/ Quartal b) 100,0 | a) 40 b) zu 34,5 %* c) zu 25,6 %* d) zu 48,1 %* |

*Tabelle 3b: Mögliche Maßnahmen zur gleichzeitigen Verminderung von Umweltbelastungen und Produktionskosten nach Bereichen (Fortsetzung)*

| | | | | | |
|---|---|---|---|---|---|
| Öl (Energie) | a) 220.235 (Öl)<br>b) 293.646 l Heizöl/Quartal | Wärmetauscher auf Abwasserabflußrohr zur Erwärmung des Frischwassers mit Hilfe der Abwärme des Abwassers | 375.000 | a) 71.700 l/Quartal<br>b) 32,5 | a) 102.000 l/Quartal<br>b) 34,7 | a) 1,3<br>b) – d) unter 2 Jahre |
| Öl Emissionen (Energie) | a) 220.235 (Öl)<br>b) 293.646 l Heizöl/Quartal | Substitution der Hauptenergiequelle Öl durch Erdgas | 650.000 | a) 32.500<br>b) 45,0 | a) 2.740 kg Emissionen/Quartal<br>b) 75,0 | a) 1,64<br>b) – d) unter 2 Jahre |
| Emissionen Strom | a) 125.000 (Strom)<br>b) 524.320kWh/Quartal | Installation eines Blockheizkraftwerkes zur effizienten Energieversorgung bei gleichbleibender Wärmeversorgung | 578.000 | a) 18.300<br>b) 14,6 | a) 2.338 kg Emissionen/Quartal<br>b) 64,0 | 1,8 unter Berücksichtigung von Strompreiserhöhungen 5,5 Jahre |

Es wurden jeweils 3 Szenarien geprüft (mit Ausnahme der Maßnahme „Errichtung eines Blockheizkraftwerks"): Szenario 1: reale jährliche Rückflüsse bleiben konstant, Szenario 2: reale jährliche Rückflüsse müssen um den Faktor 0,97 korrigiert werden (Rückflüsse wachsen schwächer als die Inflationsrate), Szenario 3: reale jährliche Rückflüsse müssen um den Faktor 1,03 korrigiert werden (Rückflüsse wachsen stärker als die Inflationsrate).

*Abbildung 7: Amortisationsdauer und prozentuale Umweltentlastung ausgewählter Umweltschutzmaßnahmen des polnischen Beispielunternehmens*

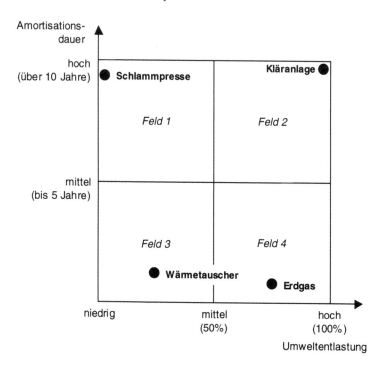

Quelle: eigene

Die Eingrenzung aussichtsreicher Handlungsbereiche wurde auch in dieser Projektphase mit Hilfe der Portfolio-Technik durchgeführt (s. Abb. 7). Dabei wurde die statische Amortisationsdauer der Maßnahmen ihrer jeweiligen prozentualen Umweltentlastung gegenübergestellt. Der jeweilige Mittelwert stellt die Trennlinie der Portfoliofelder 3 und 4 dar. Folgende Abbildung stellt beispielhaft dar, in welcher Form nun einzelne exemplarische Maßnahmen bewertet wurden.

Die Ergebnisse der Untersuchungen zeigen, dass beachtliche, ökonomisch vorteilhafte Potentiale für den breiteren Einsatz von Umwelttechnik und damit eine Vertiefung des Umweltschutzes in den polnischen Betrieben bestehen. Wieso werden diese jedoch nicht genutzt?

Als Gründe ergeben sich z.T. betriebswirtschaftliche, d.h. Finanzierungsschwierigkeiten, z.T. ist jedoch auch die Abhängigkeit von *Entwicklungspfaden* der Vergangenheit als Erklärungsoption heranzuziehen:

– Zu Beginn der Betriebsaufnahme (1993) innerhalb einer kontingenten Situation getroffene Entscheidungen über Produktionsstrukturen führten zu versunkenen Kosten und zugleich zur mangelnden Offenheit gegenüber alternativen Technologien.

– Die schlicht mangelnde Kenntnis der Handlungsoption im Betrieb führt dazu, dass sie nicht geprüft wurde.

Damit wurde ein *Lock-In* in einer sowohl unter ökologischen wie inzwischen auch unter ökonomischen Gesichtspunkten nachteiligen Situation erreicht. Der *Lock-Out* alternativer Technologien verengt die Gestaltungsmöglichkeiten der Unternehmenspolitik, obgleich diese verbal dem Ziel der ökologischen Verträglichkeit der Produktionsprozesse anhängt. Dies verdeutlicht, wie die Realisierung der Umweltpolitik durch Pfadabhängigkeiten von der Implementierung kodifizierter Ziele abweichen kann.

## 5. Epilog

Mit diesem Beitrag verfolgen die Autoren im wesentlichen drei Ziele: zunächst für die in der Einleitung erläuterte Leitfragestellung zu werben, also für die Frage nach dem Grad der kausalen Bedingtheit von Prozessverläufen, die als konsekutive Ereignisabfolgen in chronologischer Zeit aufgefasst werden, und damit vor allem auch für die Frage nach ihrer Gestaltbarkeit oder Nicht-Gestaltbarkeit im Kontext der Unternehmenspolitik. Zweitens geht es den Autoren darum, die eigene Herangehensweise und insbesondere die Analyseinstrumente Kontingenz, Pfadabhängigkeit, Lock-In, Lock-Out und Lock-In-Break konzeptionell systematisch und verständlich zu entwickeln und schließlich drittens die Analysekraft der gesamten Herangehensweise und der verwendeten Instrumente durch Fallbeispiele zu illustrieren und zu belegen. Hierzu wurden in Abschnitt 4 die Beispiele der Windkraftnutzung in Deutschland für die volkswirtschaftliche (Makro) Ebene und für die Mikroebene die Diskussion um sowohl ökonomisch als auch ökologisch effizientere Technologien und Routinen in polnischen Zulieferfirmen der deutschen Textilbranche gewählt.

Damit erwiesen sich die eingesetzten Konzepte als geeignet, um die Beschränkung von Handlungsmöglichkeiten insbesondere auf Unternehmensebene infolge „verriegelter" Technologien und Verhaltensweisen bzw. Routinen zu erklären. In den Beispielen wurde auf Quantifizierbarkeit der gewählten Indikatoren Wert gelegt. Zugleich ist aber darauf hinzuweisen, dass auch nichtquantifizierbare Vorgänge Lock-Out-Phänomenen unterliegen können (so z.B. die Ausbreitung von Denkmustern u. dgl.m.).So kann in diesem Zusammenhang danach gefragt werden, inwieweit gegenwärtig Unternehmenspolitiken durch „in Mode befindliche" Erklärungsansätze (z.B. Outsourcing, Konzentration auf Kernkompetenzen) in einen Lock-In gelenkt werden: Viele „flache Unternehmen" gelten als unfähig, auf die wechselnden Anforderungen des Marktes ausreichend elastisch antworten zu können – mit der Folge eines Lock-Ins, der u.U. mit dem Auscheiden aus dem Markt bezahlt werden muß.

Derartigen, für jedes einzelne Unternehmen denkbaren Fehlentwicklungen kann durch die Einbeziehung des Lock-In-/Lock-Out-Konzeptes in die Ex-ante- und Ex-post-Bewertung von Unternehmenspolitiken, aber auch schon durch ein verbessertes Verständnis für die Relevanz kontingenter Situation und von Bifurkationen als handlungsbeeinflussende Faktoren in der Entwicklung eines Unternehmens entgegengewirkt werden. Die vorliegende Untersuchung möchte als „Frühwarnanleitung" zur Unterstützung erforderlicher unternehmenspolitischer Weichenstellungen einen Beitrag dazu leisten.

## *Literatur*

Arthur, W.B. (1989): Competing Technologies, Increasing Returns and Lock-In by Historical Events, in: Economic Journal 99, S. 116-131.

Arthur, W.B.(1997): Increasing Returns and Path Dependence In The Economy, The University of Michigan Press, 1997.

Baumann, Z. (1995): Moderne und Ambivalenz. Das Ende der Eindeutigkeit, Frankfurt a.M..

Biervert, B., Held, M. (Hrsg.) (1992): Evolutorische Ökonomik, Frankfurt a.M.

Blumenberg, H. (1959): Kontingenz, in: Die Religion in Geschichte und Gegenwart, Bd. 3, 3. Aufl., Tübingen.

Braudel, F. (1992): Karl V. Die Notwendigkeit des Zufalls, in: Schriften zur Geschichte Bd. 2, S. 179-226, Stuttgart.

Bubner, R., Cramer, K., Wiehl, R. (Hrsg.) (1985): Neue Hefte für Philosophie, 24/25, Kontingenz, Göttingen.

Cowan, R. (1990): Nuclear Power Reactors: A Study in Technological Lock-In, in: The Journal of Economic History, Vol. L, No. 3, S. 541-567 .

David, P.A. (1985): Clio and the Economics of QWERTY, in: American Economic Review (Papers and Proceedings), Vol. 75, 1985, S. 332-337.

Dawkins, R. (1996): Das egoistische Gen, Erstveröffentlichung 1976, Hamburg

Dawkins, R. (1999): Gipfel des Unwahrscheinlichen – Wunder der Evolution, 1. Aufl., Erstveröffentlichung 1996, Hamburg.

Dennett, D. (1995): Darwin's Dangerous Idea. Evolution and the Meanings of Life, Penguin Group, London, New York.

Eigen, M., Winkler, R. (1996): Das Spiel. Naturgesetze steuern den Zufall, 4. Auflage, München.

Ekeland, I. (1996): Zufall, Glück und Chaos. Mathematische Expeditionen, dtv, München.

Erdmann, G. (1993): Elemente einer evolutorischen Innovationstheorie, Tübingen.

Essler, W. K. (1972): Analytische Philsosophie I, Stuttgart.

Friedrich, C. (2000): Pfadabhängigkeit, Kritische Masse, Lock-In und Netzwerke – Logische Interdependenzen der evolutorischen Methoden zur Analyse des Wettbewerbs, erscheint in: Dresdner Beiträge zur Volkswirtschaftslehre, Dresden.

Frisch, M. (1995): Biografie: Ein Spiel, Neue Fassung 1984, 6. Auflage, Frankfurt.

Fulda, E., Lehmann-Waffenschmidt, M., Schwerin, J. (1997): Zwischen Zufall und Notwendigkeit – zur Kontingenz ökonomischer Prozesse aus theoretischer und historischer Sicht, in: Wegner, G., Wieland, J. (Hrsg.): Formelle und informelle Institutionen – Genese, Interaktion und Wandel, Marburg.

Gould, S. J. (1994): Zufall Mensch, München.

Gould, S. J. (1998): Illusion Fortschritt. Die vielfältigen Wege der Evolution, engl. Originalausgabe 1996 „Full House", Frankfurt a. M. .

Hargreaves-Heap, S., Hollis, M. (1987): Determinism, in: Eatwell, J., Milgate, M., Newman, P. (Hrsg.): The New Palgrave. A Dictionary of Economics, Bd. 1, Macmillan Press, London, S. 816-818.

Harth, D. (1985): Schatten der Notwendigkeit, in: Bubner u.a., S. 79-105

Hartmann, N. (1966): Möglichkeit und Wirklichkeit, Walter de Gruyter, 3. Auflage, Berlin.

Heiden, U. an der (1996): Chaos und Ordnung, Zufall und Notwendigkeit, in: Küppers (1996), Stuttgart, S. 97-121 .

Hesse, G. (1995): Wirtschaftswissenschaftliche Evolutionstheorie. Gründe und Beispiele, in: Haupt, R., Lachmann, W. (Hrsg.), Selbstorganisation in Markt und Management? Neuhausen, S. 25-36.

Heuß, A. (1985): Kontingenz in der Geschichte, in: Bubner u.a., S. 14 – 43.

Hönemann, K. (2000): Quadrophonie, analoge Quadrophonie- & Surroundtechnologie heute! Die Technik der aktuellen analogen Surroundsysteme. (von Klaus Hönemann, 1997, aktualisiert Nov. 1999), http://home.t-online.de/home/klaus.hoenemann/digital.htm, 17.04.2000, 20:58.

Hoering, W. (1976): Kontingenz, in: Historisches Wörterbuch der Philosophie, Ritter, J., Gründer, K. (Hrsg. ), S. 135-138, Basel, Stuttgart.

Hondrich, K. O. (1985): Begrenzte Unbestimmtheit als soziales Organisationsprinzip, in: Bubner u.a., S. 59-78.

Hügli, A., Lübcke, P. (1991): Philosophielexikon. Personen und Begriffe der abendländischen Philosophie von der Antike bis zur Gegenwart, S. 326, Reinbek bei Hamburg.

Inciarte, F. (1985): Kontingenz und Willensfreiheit, in: Bubner u.a., S. 106-145

Janich, P., Kuno L. (1980): Aristoteles, in: J. Mittelstraß u.a. (Hrsg.): Enzyklopädie Philosophie und Wissenschaftstheorie, Band 1. Mannheim u.s.w.; 167-175.

Kauffman, S. (1995): Der Öltropfen im Wasser. Chaos, Komplexität, Selbstorganisation in Natur und Gesellschaft, München .

Kramer, M., Brauweiler, J., Reichel, M. (1999): Kostenorientiertes Umweltmanagement und Umwelttechniktransfer – dargestellt am Beispiel eines polnischen Textilunternehmens in: UmweltWirtschaftsForum, 4/1999, S. 29-33.

Küppers, G., Paslack, R. (1996): Die natürlichen Ursachen von Ordnung und Organisation, in: Küppers, G., S. 44-60.

Küppers, G. (1996) (Hrsg.): Chaos und Ordnung. Formen der Selbstorganisation in Natur und Gesellschaft, Stuttgart.

Landes, D. (1994): What room for accident in history?: explaining big changes by small events, Econ. History Review, S. 637-656.

Lehmann-Waffenschmidt, M. (1995): Neues in der Zeit. Konsequenzen aus evolutorischer Perspektive, in: Zeit in der Ökonomik, Biervert, B., Held, M. (Hrsg.), Frankfurt a.M.

Lehmann-Waffenschmidt, M., Schwerin, J. (1997): Strukturähnlichkeiten ökonomischer Prozesse im Zeitablauf, in: Mörke, O., North, M. (Hrsg.): Die Entstehung des modernen Europa: Langfristige Entwicklungen in Politik, Gesellschaft und Wirtschaft 1600 – 1900, S. 121-148, Köln.

Lehmann-Waffenschmidt, M., Schwerin, J. (1998): Kontingenz und Strukturähnlichkeit als Charakteristika selbstorganisierter Prozesse in der Ökonomie, in: Selbstorganisation. Jahrbuch für Komplexität in den Natur-, Sozial- und Geisteswissenschaften, Berlin, S. 187-208.

Liebowitz, S.J./Margolis, Stephen E. (1994): Network Externality: An Uncommon Tragedy, http://wwwpub.utdallas.edu/~liebowit/jep.html, vom 10.12.1999, 19:27, veröffentlicht in: Journal of Economic Perspectives 8, 1994, S. 133-50.

Liebowitz, S.J./Margolis, Stephen E. (1995): Path Dependence, Lock-In and History, http://wwwpub.utdallas.edu/~liebowit/paths.html, vom 10.12.99, 18:55, veröffentlicht in: Journal of Law, Economics, and Organization 11, 1995, S. 205-226.

Liebowitz, S.J./Margolis, Stephen E. (1995a): Are Network Externalities a New Source of Market Failure?, http://wwwpub.utdallas.edu/ ~liebowit/ netwextn.html, vom 10.12.1999, 20:13, veröffentlicht in: Research In Law And Economics 17, 1995, S. 1-22.

Liebowitz, S.J./Margolis, Stephen E. (1998): Path Dependence, http://www pub.utdallas.edu/~liebowit/palgrave/palpd.html, vom 10.12.1999, 19:37, veröffentlicht in: The New Palgraves Dictionary of Economics and the Law, MacMillan, 1998.

Liebowitz, S.J./Margolis, Stephen E. (1998a): Network Externalities, http://wwwpub.utdallas.edu/~liebowit/palgrave/network.html, vom 10.12.1999, 21:07, veröffentlicht in: The New Palgraves Dictionary of Economics and the Law, MacMillan, 1998

Lorenz, K. (1984): Modalität / Modalkalkül / Modallogik, in: Mittelstraß, J. u.a. (Hrsg.), Enzyklopädie Philosophie und Wissenschaftstheorie, Band 2. Mannheim u.s.w.; S. 904-911.

Marquard, O. (1986): Apologie des Zufälligen, Philosophische Studien, Stuttgart.
Metz, R. (1997) Trends, Zyklen und der Zufall: Eine kritische Betrachtung neuerer Forschungen zur Industriellen Revolution in Großbritannien, in: Die Entstehung des modernen Europa: Langfristige Entwicklungen in Politik, Gesellschaft und Wirtschaft 1600 – 1900, North, M. (Hrsg.), Köln.
Metz, R.: Der Zufall und seine Bedeutung für die Entwicklung des deutschen Bruttoinlandprodukts: 1850 – 1990, Jahrbücher für Nationalökonomie und Statistik, 1998, S. 308-333.
Monod, J. (1996): Zufall und Notwendigkeit. Philosophische Fragen der modernen Biologie, München.
Müller, P. H. (1994): Zufall oder Notwendigkeit? in: Almanach des deutschen Hochschulverbandes, VII, S. 137-144.
Ortmann, G. (1995): Formen der Produktion. Organisation und Rekursivität. Köln.
Platt, D. (1991): The Gift of Contingency, New York, Bern, Frankfurt a.M., Paris.
Priddat, B. (1996): Risiko, Ungewißheit und Neues: Epistemologische Probleme ökonomischer Entscheidungsbildung, in: Banse, G. (Hrsg.), Risikoforschung zwischen Disziplinarität und Interdisziplinarität: Von der Illusion der Sicherheit zum Umgang mit Unsicherheit, edition, S. 105 – 124.
Reichel, M. (1998): Markteinführung von erneuerbaren Energien: Lock-Out-Effekte und innovationspolitische Konsequenzen für die elektrische Wind- und Solarenergienutzung, Wiesbaden.
Rescher, N. (1996): Glück. Die Chancen des Zufalls, Berlin.
Rennings, K., Koschel, H. (1995): Externe Kosten der Energieversorgung und ihre Bedeutung im Konzept einer dauerhaft-umweltgerechten Entwicklung, ZEW-Dokumentation Nr. 95-06, Mannheim.
Ricoeur, P. (1986): Zufall und Vernunft in der Geschichte, konkursbuch-Verlag Claudia Gehrke, Tübingen.
Rorty, R. (1989): Kontingenz, Ironie und Solidarität, Frankfurt a.M.
Sachsse, H. (1979): Kausalität – Gesetzlichkeit – Wahrscheinlichkeit. Die Geschichte von Grundkategorien zur Auseinandersetzung des Menschen mit der Welt, Darmstadt.
Scheibe, E. (1985): Die Zunahme des Kontingenten in der Wissenschaft, in: Bubner, R. u.a., S. 1-13.
Schlicht, E. (1997): Patterned Variation: The Role of Psychological Dispositions Social and Economic Evolution, Journal of Institutional and Theoretical Economics, 153(4), S. 722-736.

Schlicht, E./Kubon-Gilke, G. (1998): Gerichtete Variationen in der biologischen und sozialen Evolution („Directed Variation in Biological and Social Evolution"), Gestalt Theory , 20(1), 1998, 48-77.

Schmucker, J. (1969): Das Problem der Kontingenz der Welt. Versuch einer positiven Aufarbeitung der Kritik Kants am kosmologischen Argument, Freiburg, Basel, Wien .

Schwerin, J. (1996): Lehren aus der Geschichte für die aktuellen Systemtransformationen aus kliometrischer Sicht. in: Schweickart, K., Witt, R. (Hrsg.): Systemtransformation in Osteuropa: Herausforderungen an Unternehmen beim Übergang von der Planwirtschaft in die Marktwirtschaft, S. 53-63, Stuttgart.

Stegmüller, W. (1970): Das Problem der Kausalität, in: Aufsätze zur Wissenschaftstheorie, Darmstadt, S. 1-20 (zuerst 1960 in: Topitsch, E. (Hrsg.), Probleme der Wissenschaftstheorie. Festschrift für Victor Kraft, Wien, S. 171-190).

Witt, U. (1997): „Lock-In" vs. „Critical Masses" – Industrial Change under Network Externalities, in: Antonelli, C.; David, P.A. (Eds.): The Economics of Path-Dependence in Industrial Organization, International Journal of Industrial Organization Vol. 15, Nr. 6, S. 753-773.

# Das nachhaltige Unternehmen –
# Versuch einer Begriffsbestimmung[1]

*Helge Majer*

*1. Das Problem*

*1.1 Wissenschaftliche Disziplinen und Betrachtungsebenen*

Ich sehe es als ein großes Unglück an, dass die Wirtschaftswissenschaften in Betriebs- und Volkswirtschaftslehre und weitere Bereiche zerfallen sind, und wir sollten alles tun, diese unselige Trennung zu überwinden. Vielleicht könnte ein Anreiz zur Re-Integration darin bestehen, wenn deutlich wird, dass die wesentlichen Erkenntnisfortschritte in den Wirtschaftswissenschaften aus dem Überschreiten der Grenzen kommen.

Für die Konzeption der Nachhaltigkeit liegt es für mich in besonderer Weise nahe, die Grenzen zu überwinden. Nachhaltigkeit ist eindeutig ein globales Problem und in traditioneller Sicht somit Untersuchungsgegenstand der Volkswirte, Nachhaltigkeit kann aber sicher nicht ausschließlich mit einem „Top-down"-Ansatz verwirklicht werden; es müssen wohl gleichzeitig die mikroökonomischen, betriebswirtschaftlichen und die regionalen Ebenen betrachtet werden. Die Umsetzung des Leitbildes Nachhaltigkeit sollte sowohl „top-down" als auch „bottom-up" erfolgen. Dafür aber müssen die Begriffe und Bedeutungszuweisungen von Nachhaltig-

---

[1] Wertvolle Hinweise verdanke ich Horst Ellringmann, Ulrich Witt und Malte Faber. Herr Dipl.-Betriebswirt Kai Weinmüller hat die Auswertung der Befragung von nachhaltigen Unternehmen durch die Enquete-Kommission zum Schutz des Menschen und der Umwelt durchgeführt.

keit auf den unterschiedlichen Betrachtungs- und Realisierungsebenen zueinander passen.

*1.2 Paradigmenwechsel in der Volkswirtschaftslehre?*

In der Volkswirtschaftslehre entstand Mitte der 1990er Jahre eine sehr rührige Gruppe von Wissenschaftlerinnen und Wissenschaftlern, die sich in unterschiedlichen Vereinen organisiert mit Ökologischer Ökologie beschäftigten. Sie können heute auf zahlreiche einschlägige (Lehr)Bücher[2] und auch Zeitschriften („Ecological Economics") zurückgreifen. Die „stylized facts" dieser ökologischen Ökominnen und Ökonomen lassen sich im Anschluss an Herman E. Daly, Robert Costanza, Richard Norgaard und anderer wie folgt zusammenfassen:

– Der neue Blick[3] auf die Naturwissenschaften, insbesondere die Physik, brachte Nicholas Georgescu-Roegen zu seiner Entropie-Stundenglas-Analogie, mit der anhand des Konzepts der Entropie die Endlichkeit wirtschaftlichen Wachstums auf der Erde überzeugend aufgezeigt wurde (siehe unten),

– der naturwissenschaftlichen Begrenzung durch Entropie entspricht die wirtschaftswissenschaftliche des „scale" (Daly),

– Gestaltung der Zukunft (auch zur Gefahrenabwehr) setzt valide Prognosen voraus. Diese werden bei irreversibler Zeit (für einzelne Zustände in der Zukunft) unmöglich (Faber/Proops),

– die Konsequenz heißt Ko-Evolution von ökonomischem und ökologischem System, wobei das ökonomische in das ökologische eingebettet ist. Das ist nachhaltige Entwicklung, die auch durch das nachhaltige Unternehmen getragen wird.

Wir stellen uns ein geschlossenes Stundenglas vor mit einer konstanten Menge an Sand, die sich nicht verändert (analog zum ersten Gesetz der

---

[2] Vgl. Daly 1996 sowie Costanza et al. 1997.

[3] Der alte Blick ruhte auf Isaac Newton; seitdem waren die Ökonomen weitgehend mit sich selbst beschäftigt.

Thermodynamik der Konstanz von Masse und Energie). Der Sand rieselt vom oberen Teil des Stundenglases in den unteren. Der Sand im unteren Teil des Glases hat seine (Fall)Energie verbraucht und ist von hoher Entropie oder nicht verfügbare Masse/Energie. Der Sand im oberen Teil weist immer noch seine (Fall)Energie auf, hat niedrige Entropie und ist verfügbare Masse/Energie (analog zum zweiten Gesetz der Thermodynamik, nach dem die Entropie in einem isolierten System steigt). Es besteht auch eine Analogie zum Zeitpfeil (Irreversibilität) der neuen Physik, auch deshalb, weil angenommen wird, dass das Stundenglas nicht auf den Kopf gestellt werden kann.

„Scale" bedeutet, dass es eine kritische Menge an materiellen Gütern gibt, die hergestellt werden kann, ohne die „Tragfähigkeit" der Öko-Systeme zu übersteigen. Die Tragfähigkeit („carrying capacity") ist ein Begriff aus der Biologie und er beschreibt im übertragenen Sinn die Fläche in Ausdehnung und Güte, die langfristig in der Lage ist, eine „Population" zu „ernähren".[4] Alle Studien über diesen Sachverhalt stimmen darin überein, dass die Tragfähigkeit der Erde schon seit den 1970er Jahren weit überschritten ist. Daly hat vorgeschlagen, die nachhaltige Entwicklung mit Hilfe von Managementregeln zu sichern (siehe unten),

Die Konsequenz von Unvorhersagbarkeit aus der Tatsache irreversibler Zeit ist für das gewohnte Reparaturhandeln mit Hilfe von technischen Innovationen katastrophal, denn wir können nicht mehr zwischen Ursache und Wirkung unterscheiden. Wo sollen Maßnahmen zur Abwendung von „nicht-intendierten Nebenfolgen" (Ulrich Beck) ansetzen? Hinzu kommt, dass die beobachteten Prozesse nicht-linear verlaufen und somit durch Rückkoppelungen Selbstverstärkungen auftreten. M.a.W.: Auch wenn wir die naturwissenschaftlichen Grenzen des wirtschaftlichen Wachstums auf unserem Planeten erkennen, es wird sehr schwer, geeignete Maßnahmen zu finden, die der Komplexität der Systeme gerecht werden.

Ko-Evolution ist zentral für nachhaltige Entwicklung. Ko-Evolution bedeutet nicht nur die abgestimmte Entwicklung von ökonomischem und ökologischem System, sondern sie bedeutet auch eine Anpassung der Geschwindigkeit anderer Sub-Systeme wie Gesellschaft (und Soziales), Politik, Kultur, Technik. Diese Anpassung der Geschwindigkeiten muss

---

[4] „Population" und „ernähren" sollten weit interpretiert werden.

nicht eine Verschlechterung von Lebensqualität bedeuten oder ein Wegbrechen von unternehmerischen Erfolgsfaktoren. Wie Sten Nadolny zeigt, kann die „Entdeckung der Langsamkeit" lebensrettend und sehr befriedigend sein.

### *1.3 Paradigmenwechsel in der Betriebswirtschaftslehre*

Die traditionelle Betriebswirtschaftslehre hat sich in den letzten Jahrzehnten fast ausschließlich auf „den Betrieb" konzentriert, und sie hat für Fragen der institutionellen Ausgestaltung der Umgebungsbedingungen andere als zuständig erklärt. Dadurch ist die Sicht fürs Ganze weitgehend verloren gegangen. Soweit ich dies beurteilen kann, deutet sich aber in der Betriebswirtschaftslehre ein Paradigmenwechsel an. Ich sehe wichtige Anstöße hierzu bei Peter Ulrich und der St. Gallener Schule; dort steht allerdings die Konzeption der Nachhaltigkeit nicht im Mittelpunkt der Überlegungen. Diese hat Ulrichs Schüler Reinhard Pfriem aufgenommen[5] und (als wesentlicher Motor) u.a. im ersten ökologischen betriebswirtschaftlichen Studiengang Deutschlands, an der Carl von Ossietzky Universität in Oldenburg verwirklicht. Allerdings kann man auch sagen, dass ökologisch orientierte Studiengänge und Wahlpflichtfächer inzwischen an einer ganzen Reihe von Universitäten angeboten werden.[6] Neue Akzente setzt auch der Sammelband Theorien der Organisation (Die Rückkehr der Gesellschaft) von Ortmann, Sydow und Türk.[7] Dies ist auch ein wesentliches Anliegen meines Beitrags: Hinzuweisen auf die Notwendigkeit der Einbettung des Unternehmens in gesellschaftliche Zusammenhänge und auf die Notwendigkeit der Einbettung des Produktionssystems in Unternehmenszusammenhänge, gestützt auf das Haupt-

---

[5] Vgl. Pfriem 1995.
[6] Nach meinen eigenen Erhebungen dürften es inzwischen ein gutes Dutzend sein; in Stuttgart wird ein Wahlpflichtfach „Umweltökonomik", das interdisziplinär ausgerichtet ist, trotz massiver Konkurrenz traditioneller Fächer der BWL gut angenommen. Ergänzend erwähne ich die neue „Vereinigung Ökologische Ökonomie", die sich u.a. die Förderung ökologisch orientierter Studieninhalte und Studiengänge auf die Fahnen geschrieben hat.
[7] Vgl. Ortmann et al 1997.

kriterium nachhaltiger Entwicklung, die Ganzheitlichkeit.[8] Meine Zielsetzung ist dabei etwas bescheidener: es geht mir darum, den Begriff der Nachhaltigkeit so zu füllen, dass er in Bezug auf die verschiedenen Akteure und Betrachtungsebenen konsistent ist. Einige meiner Ergebnisse sind nicht neu und finden sich in neueren Arbeiten der Betriebswirtschaftslehre; aufschlussreich sind sie dennoch, denn ihre Ableitung erfolgt aus einer ganz anderen „Ecke", der der Analyse von Nachhaltigkeit.

*1.4 Vorgehen und Schwerpunkte*

Meine Fragen lauten: (1) Durch welche Kriterien kann ein nachhaltiges Unternehmen gekennzeichnet werden? (2) Welche gesellschaftlichen Bedingungen müssen vorliegen, damit sich ein Unternehmen dem Nachhaltigkeitsziel nähern kann?

Ich konzentriere mich auf die erste Frage und gebe für die Antwort auf die zweite nur einige Hinweise. Auf zwei wichtige Probleme gehe ich gar nicht ein. Erstens kann man sich zu Recht die Frage stellen, ob ein Güter produzierendes Unternehmen überhaupt nachhaltig – im strengen Sinn des Begriffs „strong sustainable" – sein kann. Es lassen sich Gründe zusammentragen, mit denen diese Frage verneint werden muss. Aber es lassen sich auch einige Gründe angeben, nach denen es sinnvoll ist, die Kriterien eines nachhaltigen Unternehmens zu erfragen. Ein wichtiger besteht darin, dass es auf jeden Fall wenig hilfreich ist, nur nach besten Lösungen zu suchen. Über die Zeit einen Strukturwandel einzuleiten, der vielleicht nur zu zweitbesten Lösungen führt, die nicht im puristischen Sinne der „strengen" Nachhaltigkeit entsprechen, liegt näher. Zweitens kann ich die damit verbundene zeitliche Entwicklung nicht darstellen. Hierfür müsste sowohl für das Unternehmen, als auch für Wirtschaft und

---

[8] In dem erwähnten Sammelband von Ortmann/Sydow/Türk. Insbesondere geht es (1) um die Einbettung der Firma in die Gesellschaft: den kapitalismuskritisch argumentierenden Bruch 1997, 181-210 sowie der Kommentar von Krebs 1997, 211-217 sowie der diskurs-orientierte Ansatz von Braczyk 1997, 530-575, (2) um selbstorganisatorische Steuerung: etwa bei Martens 1997, 262-311 (insbes. 262-275) und (3) um die Anwendung institutionentheoretischer Erkenntnisse: Ortmann et al. 1997, 315-354 sowie Frank H. Witt 1997, 424-448, schließlich (4) netzwerktheoretische Ansätze: vgl. ebenda.

Gesellschaft beschrieben werden, wie durch Innovationen in Technik, Verhalten und Institutionen über lange Zeiträume ein Strukturwandel stattfindet, der sich dem Ziel einer nachhaltigen Struktur nähert.

Zur ersten Frage: Ich gehe davon aus, dass Verantwortung in der Zeit, Ganzheitlichkeit die Erfüllung der sog. Managementregeln der Nachhaltigkeit (H. Daly) als entscheidende „stylized facts" von Nachhaltigkeit („sustainability") angesehen werden können. Ich frage daher, welche Konsequenzen diese stylized facts auf das Unternehmen haben, und zwar auf dessen Zielsystem und Maßnahmenebene. Aus dieser Betrachtung lassen sich einige Kriterien ableiten, mit denen ein nachhaltiges Unternehmen gekennzeichnet werden kann. Daraus und aus einigen weiteren Überlegungen leite ich drei Leitbilder ab, an denen sich ein nachhaltiges Unternehmen orientieren sollte. Dieser Teil wird abgerundet durch einige empirische Überlegungen. Ich prüfe anhand der Ergebnisse einer wichtigen Befragung, die bisher nicht veröffentlicht wurde, ob die von mir abgeleiteten Leitbilder empirisch relevant sind.

Dieses „Herunterbrechen" eines Meta-Begriffs auf die Ebene der Akteure erscheint mir sehr wichtig für die praktische Umsetzung des Leitbildes. Wie ich von der Umweltpsychologin Lenelis Kruse-Graumann während eines Symposiums in Rotis gelernt habe, müssen wir dabei die Bedeutungszuweisungen beachten, die die einzelnen Akteure diesen Begriffen geben. Dies herauszufinden, ist eine wichtige Diskursaufgabe. Ich habe seit 1993 mit dem Ulmer Initiativkreis Nachhaltige Wirtschaftsentwicklung e.V. (unw) versucht, diesen Diskurs mit einer Reihe von Unternehmern zu führen.[9]

Die Antwort auf die zweite Frage betrifft die Einbettung der Firma in ein passendes wirtschaftliches und gesellschaftliches Umfeld. Ich verwende ein von mir entwickeltes Anreizsystem, um hierzu einige kurze Überlegungen vorzutragen. Meine Schlussfolgerungen beziehen sich darauf, inwieweit sich die „sustainable firm" von der „neoclassical firm" unterscheidet.

---

[9] Vgl. dazu Majer et al. 1999a und dieselben 1999b sowie die Unternehmergespräche mit ca. zwei Dutzend Top-Managern aus der Region, die der Ulmer Initiativkreis Nachhaltige Wirtschaftsentwicklung e.V. (unw) jährlich organisiert.

## 2. Definitionen von Nachhaltigkeit

### 2.1 Globale, regionale und sektorale Nachhaltigkeit

Inzwischen gibt es zahlreiche Definitionen von Nachhaltigkeit, ein ursprünglich forstwirtschaftlicher Begriff, der offensichtlich in einer Leipziger Publikation 1713 zum ersten Mal auftauchte. Ich will auf diese Literatur hier nicht eingehen[10] und konzentriere mich auf neuere Interpretationen:

- Nachhaltigkeit bedeutet seit dem Bericht der Brundtland-Kommission von 1987, dass die heute lebenden Menschen sich bei der Befriedigung ihrer Bedürfnisse so einrichten sollen, dass die Lebensqualität zukünftiger Generationen nicht beeinträchtigt wird. Hieraus ergibt sich für die jetzige Generation eine konkrete intertemporale und interregionale Verantwortung.

- Die sog. Drei-Säulen-Theorie besagt, dass die Dimensionen Ökologie, Ökonomie und Soziales in ein (dynamisches) Gleichgewicht zu bringen sind. Diese Dimensionen werden auch mit den Eckpunkten eines Dreiecks beschrieben.[11] Dies lässt sich auch so ausdrücken, dass die Ziele Wirtschaftlichkeit, Umwelt-, Sozial- und Internationalverträglichkeit gleichzeitig verwirklicht werden sollen[12], wobei die Umweltverträglichkeit mit den Nachhaltigkeitsregeln beschrieben ist[13] und mit Sozial- und Internationalverträglichkeit nationale und internationale Gerechtigkeit angesprochen wird. Eindeutig ist Nachhaltigkeit, insbesondere nach der von der UN-Konferenz für Umwelt und Entwicklung in Rio de Janeiro 1992 verabschiedeten „Agenda 21", ein globales Konzept, das von den Staaten der Erde durch enge internationale Zusammenarbeit angegangen werden soll[14].

---

[10] Vgl. Majer 1995b, 220 –230.
[11] Vgl. Enquete-Kommission 1999.
[12] Vgl. Majer 1998a.
[13] Diese werden weiter unten in Kapitel 4 erläutert.
[14] Ich gehe davon aus, dass die Relevanz ökologischer Probleme und die Notwendigkeit von Konsequenzen für Wirtschaftsweisen und Lebensstile nicht strittig ist.

- Ich definiere Nachhaltigkeit als einen ganzheitlichen Begriff, der in der Sache, im Raum und in der Zeit beschrieben werden kann.
- Ökologische Nachhaltigkeit lässt sich definieren über die sog. Managementregeln der Nachhaltigkeit. Diese ergeben sich aus einer Materialbilanz, in der ein langfristiges Gleichgewicht von Ökologie und Ökonomie angenommen wird.

In der Agenda 21 wird betont, dass eine Umsetzung nur möglich ist, wenn alle wesentlichen Akteure auf allen Handlungsebenen daran mitwirken. Der regionale oder lokale Aspekt ist im Kapitel 28 mit der „lokalen Agenda 21" angesprochen, die Wirtschaft wird mit dem Kapitel 30 eingebunden[15]. Nachhaltigkeit ist demnach ein regionales und sektorales Konzept, das global eingebunden ist.

## 2.2 Konsequenzen

Daraus ergeben sich mehrere Konsequenzen. Erstens muss deutlich sein, dass die Forderung der Brundtland-Kommission nach interregionaler und intertemporaler Gerechtigkeit nicht aus der Luft gegriffen ist, sondern aus deren (teils massiver) Verletzung resultiert (vgl. auch 1.3). Für das Unternehmen als einen Akteur, der durch seine Nutzungsansprüche an die Öko-Systeme (und wohl auch Sozial-Systeme) dazu beiträgt, bedeutet dies: Die Wirtschaftsweisen der Unternehmen müssen so eingerichtet werden, dass die natürlichen Lebensgrundlagen gesund erhalten werden. Das bedeutet, dass ihre Funktionsfähigkeit nicht beeinträchtigt oder zerstört wird. Die Verantwortung dafür müssen auch die Unternehmen

---

[15] Es handelt sich hier nicht nur um unverbindliche Formulierungen durch eine internationale Organisation. Vielmehr haben zahlreiche Handlungsträger auf anderen Ebenen die Ziele der Agenda 21 übernommen. Siehe etwa die Beschlüsse des Deutschen Bundestags und der Konferenz der Ministerpräsidenten und von über 1000 Gemeindeparlamenten sowie die Aktivitäten der Enquete-Kommission zum Schutz des Menschen und der Umwelt des Deutschen Bundestags (vgl. den Zwischenbericht von 1997 und den Endbericht von 1999), der Akademie für Technikfolgenabschätzung in Baden-Württemberg und zahlreicher anderer Institutionen. Dass das Leitbild nachhaltiger Entwicklung weithin beachtet und diskutiert wird, zeigt auch eine gerade erschienene Arbeit des Instituts der Wirtschaft.

wahrnehmen, und dies sollte im Zielsystem jedes Unternehmens an erster Stelle erscheinen. Zweitens muss das Unternehmen mit den anderen Akteuren aktiv Bündnisse eingehen, um diese Ziele zu verwirklichen; es geht darum, den „stakeholder-value" zu maximieren.[16]

## 3. Nachhaltigkeit als ganzheitliche Konzeption

### 3.1 Die Wiederentdeckung der Ganzheit

Das entscheidende Merkmal von Nachhaltigkeit dürfte im holistischen Anspruch liegen; für alle Aktionsbereiche wird eine ganzheitliche Sicht gefordert, Ganzheitlichkeit in der Sache, in der Zeit und im Raum. Dieser Anspruch enthält Chancen und Risiken zugleich. Die Chancen bestehen darin, dass sich

- die wissenschaftlichen Disziplinen aus ihrer verengenden Sicht lösen und sich neuen Einsichten von Vertretern anderer Fächer wieder öffnen,
- die verengende Sicht der Politik auf Wirtschaft oder auf Umwelt oder auf soziale Probleme wieder auf ganzheitliche Prozesse richtet und vielleicht Kooperationen zwischen den einzelnen Politikbereichen auslöst oder intensiviert,
- der holistische Anspruch auch auswirkt auf die Entwicklung und Weiterentwicklung von neuen Methoden, die geeignet sind, ganzheitliche und damit komplexe Systeme und Sachverhalte zu untersuchen.

Das wichtigste Risiko sehe ich darin, dass sich Nachhaltigkeit in einer Leerformel (Christiane Busch-Lüty) auflöst, die für alle denkbaren Fragestellungen missbraucht werden kann.

Ganzheitlichkeit in der Sache betrifft die Dimensionen, die Handlungsebenen, die Akteure, Organisation und Neuerungen. Darauf gehe

---

[16] Werden, wie ich später zeigen werde, die unterschiedlichen Zeitdimensionen betrachtet, dann geht es darum, die Maximierung des „shareholder-value" mittel- und langfristig in die Verwirklichung des Anspruchsgruppenkonzepts einzubinden.

ich zunächst ein, um daran anschließend die Ganzheitlichkeit von Zeit und Raum zu betrachten.

### 3.2 Die Dimensionen, Handlungsebenen und Akteure

Nachhaltigkeit betrifft nicht nur die Dimension Ökologie, sondern versucht, diese mit den Dimensionen Ökonomie und Soziales zu verbinden. Diese drei Dimensionen müssen in Bezug auf die Akteure horizontal und in Bezug auf die Handlungsebenen vertikal koordiniert werden. Sie erhalten auf den einzelnen Handlungs- und Betrachtungsebenen unterschiedliche Bedeutungszuweisungen oder Interpretationen. Die Frage lautet: Wie können die drei Dimensionen der Nachhaltigkeit auf den einzelnen Handlungsebenen entwickelt werden, so dass sie strukturkonform sind? Strukturkonformität bedeutet, dass die Begriffe, Ziele, Maßnahmen, Handlungsweisen zusammenpassen oder (strukturell) aufeinander abgestimmt sind. Dies geht aus der folgenden Übersicht hervor.

*Übersicht 1: Nachhaltigkeitsdimension auf den Handlungsebenen*

| Handlungsebene für Nachhaltigkeit | Ökologie | Ökonomie | Soziales | Bemerkungen |
|---|---|---|---|---|
| Globale Ebene | Ökologie | Ökonomie | Soziales | Brundtland Bericht |
| Nationale Ebene | Umwelt | Wirtschaft | Gesellschaft | |
| Regionale Ebene | Natur | Technik | Mensch | Z.B. Expo 2000 |
| Lokale Ebene | Standort | Infrastruktur | Bürger | |
| Akteurs-Ebene, hier: Unternehmensebene | Boden Natur | Kapital Technik | Arbeit Mitarbeiter | Produktionsfaktoren |

Quelle: eigene

Ganzheitliche Betrachtung in Bezug auf alle Handlungsebenen heißt dann, dass alle anderen Ebenen im Blickfeld bleiben. Isolierte Nachhaltigkeitsaktivitäten auf einzelnen Ebenen dürften auf Dauer kaum erfolgreich sein. Der holistische Anspruch fordert, dass auf allen Ebenen Aktivitäten stattfinden, die sich durch vertikale Informations- und Kommunikationsprozesse verbunden sind.[17] Dies trifft auch für die Akteure zu: Isolierte Nachhaltigkeitsaktivitäten einzelner Akteure dürften auf Dauer kaum erfolgreich sein. Der holistische Anspruch fordert, dass alle Akteure Aktivitäten durchführen, die sie durch horizontale Informations- und Kommunikationsprozesse verbinden.

Für den vorliegenden Beitrag interessiert vor allem die Unternehmensebene. Für die Handlungsebene Unternehmen heißt Nachhaltigkeit, alle drei Produktionsfaktoren Mensch, Naturnutzung und Technik (Sachkapital) gleichgewichtig zu kombinieren. Wir entdecken die Interdependenz der „Produktionsfaktoren" Arbeit, Kapital und Boden wieder. Moderner könnten wir die Produktionsfaktoren wie folgt bezeichnen: Mensch (Wissen), Technik und Natur (Nutzung von Quellen und Senken). Die enge Verzahnung dieser Produktionsfaktoren wurde als ein wesentliches Kennzeichen des „Drei-Säulen-Modells" der Nachhaltigkeit beschrieben. Dies bezieht sich natürlich auch auf die einzelnen Unternehmensbereiche, die über die Unteilbarkeit von Mensch, Technik und Natur miteinander verknüpft sind. Die Portersche Wertschöpfungskette wird zu einem Wertschöpfungsring mit den einzelnen Wertschöpfungsbereichen $W_1$ bis $W_n$ (siehe Schema 1).

Wendet man diese Ergebnisse auf die Unternehmung an, dann ergibt sich die Forderung: Alle drei Produktionsfaktoren müssen gemeinsam entwickelt werden, Technologie und Technik, Human- und Naturressourcen.[18]

---

[17] Man könnte auch sagen: „die vertikal koordiniert und organisiert werden". Ich vermeide diese strenge Formulierung, denn ich stelle mir vor, dass eine selbstorganisatorische Abstimmung stattfindet. Hierfür müssen allerdings bestimmte institutionelle Voraussetzungen gegeben sein (z.B. freie Presse, verständliche Codes der Sender und Empfänger, funktionsfähige technische Systeme).

[18] Ich meine, dass in der Zukunft vor allem die Human- und Naturressourcen für die Unternehmen wichtig werden, die ersteren wegen des Strukturwandels zur sog. Wissensgesellschaft, letztere wegen ihrer zunehmenden Knappheit durch Übernutzung.

### 3.3 Ganzheitlichkeit für die Organisierung des Unternehmens

Der erste Schritt: Aus Wertschöpfungsketten werden Wertschöpfungsringe. Dieser Gedanke wurde von Meffert und Kirchgeorg in die betriebswirtschaftliche Diskussion eingebracht.[19] Meine eigene Interpretation verläuft entlang des Schemas 1: Die einzelnen Wertschöpfungsbereiche entwickeln sich auf dem Zeitpfad in vielen Zwischenstufen und unter permanenter Kommunikation zu nachhaltigem Wirtschaften. Auf den Pfeilen der schematischen Darstellung ist die Zeit aufgetragen.

*Schema 1: Wertschöpfungsring*

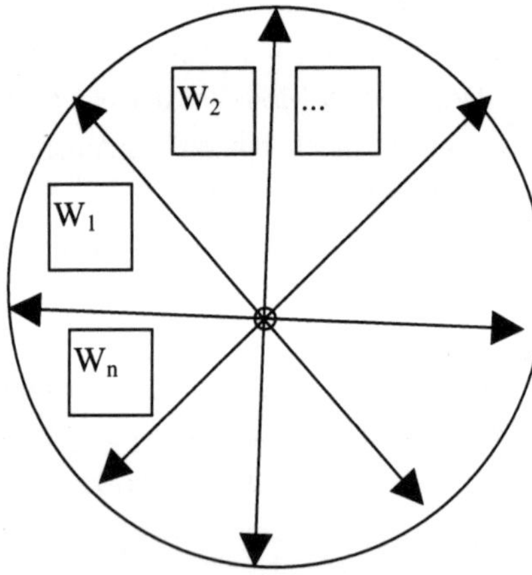

Quelle: eigene

Zweitens: Die Autonomie der traditionellen Unternehmensbereiche wird abgebaut, ihr strikt hierarchischer Aufbau wird verflacht. Die Selbstverantwortung der Abteilungen und der Mitarbeiter wird gestärkt. Es entstehen Netzwerke. Interdependenz der Akteure (Objekte und Subjekte) und

---

[19] Vgl. Meffert/Kirchgeorg 1993, 216. Vgl. auch Majer 1995a.

das Vorliegen von Netzwerken beschreiben wichtige Gestaltungsprinzipien im nachhaltigen Unternehmen.

Die Existenz von Netzwerken bedeutet, dass ein Unternehmen gesehen werden kann als ein Beziehungsgeflecht von Akteuren, in dem Kernakteure über spezifische Machtkonzentrationen verfügen.[20] Die Netzwerkbeziehungen der Akteure sind gekennzeichnet durch die Ziele und Aktivitäten, die sie mit ihren Ressourcen (Sachmittel, Personal, Finanzmittel, Wissen, etc.) verfolgen. Veränderungen des Netzwerks ergeben sich daraus, wenn Ziele, Aktivitäten und Ressourcen sich verändern und/oder wenn Lernprozesse oder Machtverschiebungen auftreten.[21] Über die Netzwerkbetrachtung erhält man somit nicht nur die Sichtweise, dass ein Unternehmen mit seinen Akteuren auf Gegenseitigkeit, Vertrauen, loser Kopplung der Beziehungen etc. aufgebaut ist, sondern auch, dass es sich verändert durch Lernprozesse („organisationales Lernen", „selbstreflexive Gruppen"), durch Veränderung der Ziele (z.B. Nachhaltigkeitsziele) und Ressourcen (z.B. Verfügbarkeit der Mitarbeiter über Wissen oder finanzielle Mittel), und durch Veränderungen von Macht einzelner (Kern-)Akteure.

Eine wichtige Konsequenz dieser Sichtweise ist auch, dass der Produktionsbereich von den anderen Bereichen des Unternehmens (Beschaffung, Forschung und Entwicklung, Verwaltung, Verkauf, Öffentlichkeitsarbeit) nicht getrennt werden darf. Meine Schlussfolgerung lautet, dass die Vorgänge im Produktionsbereich nur dann hinreichend erklärt werden können, wenn man die angrenzenden Bereiche mitbetrachtet. Wichtige Produktionsprozesse wie Gruppenarbeit, Robotereinsatz und dergleichen können nur „von außen" erklärt werden. Dies gilt vor allem für Überlegungen, die „im Sinne des nachhaltigen Unternehmens" zu einem signifikanten Prozess der Veränderung im Produktionsbereich füh-

---

[20] So auch die neuere betriebswirtschaftliche Organisationstheorie. Vgl. Ortmann et al. 1997 und zum Machtproblem den Beitrag von Kappelhoff 1997, 219-258, insbes. 226ff. Diese Sichtweise scheint zunächst den Überlegungen von Coase oder Williamson entgegenzulaufen, wonach die Begründung der Institution Unternehmen vor allem in der Existenz von Transaktionskosten gesehen wird. Doch warum soll man nicht bei der Netzwerkbetrachtung Transaktionskosten berücksichtigen? Und warum soll man nicht den Machtaspekt in der „governance-structure" berücksichtigen?

[21] Vgl. hierzu Grabher 1993.

ren. Ich nenne einige Beispiele: Vom Produkt zu den Leistungen, vom Verbrauch zur Nutzung, Langlebigkeit und Service, Auslagerungen von Leistungen, Integration von Forschung, Entwicklung und Produktion, Integration von Produktion und Verkauf, das Produkt als Erlebniswelt und Symbol.[22] All diese Änderungen kommen von außen und es wäre wohl sehr kurz gegriffen, wollte man diese in einem Partialmodell als externe Schocks behandeln.

Kooperation stellt ein wesentliches Lebensprinzip des Unternehmens dar, und zwar sowohl im Innen-, als auch im Außenverhältnis.[23] Kooperation und Konkurrenz liegen als Extrempositionen an den beiden Enden eines Kontinuums (T.C. Schelling). Partnerschaft und Kooperation enthält damit immer auch ein Element von Wettbewerb. Beides, und nur beides, bestimmt die Evolution.[24] Die theoretische Konsequenz daraus bedeutet, in Netzwerkbeziehungen, Kreisläufen, Symbiosen etc. zu denken. Gegenseitigkeit, Verlässlichkeit und Vertrauen, loose coupling, diese Begriffe werden entscheidend.

Die dynamische Veränderung von Systemen wird durch das Prinzip der Koevolution beschrieben.[25] Dies ist bei komplexen Tatbeständen wichtig: je größer die Zahl der Subsysteme und deren autonome Entwicklungsgeschwindigkeiten, desto größer ist der Anpassungs- und Koordinationsbedarf.

Neben den sozialen und Kommunikationskreisläufen spielen in der Ökonomie Stoff- und Energiekreisläufe eine entscheidende Rolle. Das nachhaltige Unternehmen muss alle denkbaren Kreisläufe im Unternehmen und mit anderen Unternehmen schließen.[26]

---

[22] Ich verweise auf den „Nike-shop" auf der 5th Avenue in New York. Hier geht es nicht mehr um Schuhe oder Sportkleidung, sondern um die Vermittlung von Erlebnis und von Lebenswelten. Vgl. auch das wichtige Buch von Lash/Urry 1996.
[23] Vgl. Aulinger, 1996.
[24] Aus der biologischen Evolution lernen wir, dass Kooperation und Koevolution entscheidende Voraussetzungen für Wandel waren und sind. Doch die einseitige Interpretation der Thesen von Darwin hält wie Pattex.
[25] Vgl. Norgaard 1997, 17-29. Vgl. zum Zusammenspiel unterschiedlicher Systeme auch Faber/Proops. 1997.
[26] Das extremste Beispiel einer Kreislaufwirtschaft ist das der Industriesymbiose Kalundborg. In der dänischen Gemeinde Kalundborg sind Erdöl-Raffinerie, Kraftwerk, Zementwerk, Biotechnische Fabrik, Fischzucht, lokale Landwirtschaft, Schweinezucht, Gipskarton-Fabrik, Schwefelsäureproduktion, Strassenbau in einem

„Die Flexibilität eines Ökosystems ist eine Folgeerscheinung seiner vielfachen Rückkoppelungsschleifen, die im allgemeinen das System wieder ins Gleichgewicht zurückbringen, wenn es ‚aufgrund sich verändernder Umweltbedingungen' zu einer Abweichung von der Norm gekommen ist."[27] Die damit angesprochene Art von Flexibilität hat nur entfernt etwas zu tun mit der technisch-ökonomischen Effizienz, die unser heutiges Denken dominiert. Ich verweise auch hier auf die grundlegenden Einsichten der Netzwerktheorie.

Vielfalt bedeutet, dass ein System oder Gemeinschaft eine Vielzahl von sich gegenseitig überlappenden Funktionen enthält, das es „befähigt..., sich veränderten Bedingungen anzupassen."[28] Das Konzept der Vielfalt könnte dem vorherrschenden Denken vollständig zuwiderlaufen. Wir gehen heute noch vielfach davon aus, dass es uns gelingen wird, eine und zwar die optimale Lösung zu finden.[29]

Für das nachhaltige Unternehmen ergibt sich aus diesen Überlegungen eine Vielzahl von Vorschlägen für die Organisierung der Unternehmen, die sich ganz auf der Höhe des Forschungsstandes befinden: Unternehmenskultur, Selbstorganisation, flache Hierarchien, Netzwerke, Eigenverantwortung der Mitarbeiterinnen und Mitarbeiter, Wertschöpfungsringe, Kreislaufführung, etc.

*3.4 Ganzheitlichkeit bei den Neuerungen (Innovationen)*

Die traditionelle Forschung über technischen Fortschritt und Innovation sieht Innovationen und Neuerungen eher von der technisch-ökonomischen Seite, und hier werden fast ausschließlich neue und wesentlich verbesserte Produktionsprozesse betrachtet. Ich gehe mit Ulrich Witt

---

Kreislauf so zusammengebunden, dass ein Minimum an Schad- und Reststoffen die Region verlässt. Das Beispiel einer Kreislauflösung für abfallwirtschaftliche Probleme von KMUs finden wir für das Industriegebiet Pfaffengrund in Heidelberg.
[27] Capra 1996, 348, zitiert nach Biesecker 1997, 58.
[28] Ebenda.
[29] Wie anders soll auch jemand denken können, der oder die in unzähligen Veranstaltungen und Schriften die Gleichgewichtslösung als die Lösung aller Lösungen kennengelernt hat? Vergessen wird oft (trotz Malinvaud), dass es sich um eine Kunstlösung handelt in einer ungleichgewichtigen Welt.

davon aus, dass Neuerungen alle Handlungsmöglichkeiten umfassen. Innovationen haben einen technischen, einen verhaltensbezogenen und einen institutionellen Aspekt. Dies soll mit einem „Röhrenmodell" (Schema 2) verdeutlicht werden.[30]

Interpretiert man das Leitbild Nachhaltigkeit unter rein ökologischen Aspekten, dann lassen sich die Ziele definieren als Erfüllung der sog. Nachhaltigkeitsregeln (siehe Kapitel 4): Es müssen (muss)

– Quellen eingespart und substituiert,

– nicht-regenerative durch regenerative Quellen substituiert,

– nicht abbaubare Rest- und Schadstoffe durch von den Ökosystemen abbaubare substituiert,

– der Eintrag von Rest- und Schadstoffen in die Senken reduziert

– Flächenverbrauch reduziert und durch Kompensation und Rückbau konstant gehalten werden.

Diese Ziele sind in der Zeile dargestellt. Um sie zu erreichen, müssen neue Handlungsmöglichkeiten angewandt werden in Technik, Verhalten und Institutionen. Zur Erläuterung gehe ich im Schema 2 vom Feld links oben aus. Das Ziel soll darin bestehen, mit technischen Innovationen Energie (fossile Energie, z.B. Erdöl) einzusparen. Nehmen wir an, die technische Lösung bestehe darin, dass der Fuhrpark der Firma umgestellt wird auf Fahzeuge mit Treibstoff sparenden Motoren, die auf einem neuen Verdichtungsprinzip beruhen. Die ganzheitliche Betrachtung in der Röhrendarstellung zeigt in der vertikalen Betrachtung, dass diese technische Neuerung verbunden werden muss mit verhaltensbezogenen und institutionellen Neuerungen: Die neuen Fahrzeuge müssen mit einer neuen Fahrweise bedient werden, damit die Einsparung möglich ist, und dies muss begleitet werden durch neue Nutzungsregeln informeller und formaler Art. Dabei bestimmen die institutionellen Innovationen die

---

[30] Die Darstellung in einer Matrix mit der Zeile „Verbesserung der Quellen und Senken" und der Spalte „Art der Neuerung" ist unzureichend, weil zwischen den einzelnen Matrix-Feldern Interdependenzen bestehen. Daher muss die zweidimensionale Matrix „eingerollt" werden und es entsteht ein „Röhrenmodell", in dem alle vertikalen und horizontalen Verknüpfungen dargestellt werden können.

neuen Handlungsmöglichkeiten, und diese bestimmen die technische Innovation.[31]

*Schema 2: Wege zur Nachhaltigkeit: Innovationen in einem „Röhrenmodell"*

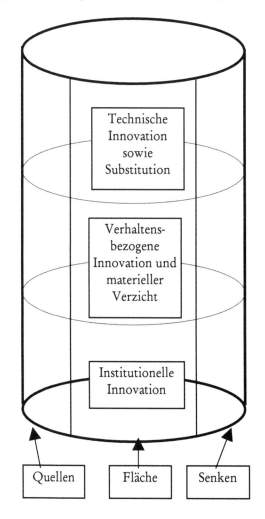

Quelle: eigene

---

[31] Hier muss allerdings getrennt werden zwischen Forschung, Produktion und Nutzung.

In der horizontalen Betrachtung zeigt die Röhrendarstellung, dass die Veränderungen auf der Quellenseite (weniger Treibstoffe) Veränderungen bei den Senken (und vielleicht auch in der Fläche) nach sich ziehen. Konkretisiert man diese Darstellung, dann erhält man eine Öko-Bilanz.

Für das nachhaltige Unternehmen ergibt sich aus der Drei-Dimensionalität von Innovationen eine neue Strategie der Sicherung der Technologieressourcen. Nun geht es nicht mehr ausschließlich darum, Ingenieure und Naturwissenschaftlicher mit FuE-Aufgaben zu betrauen mit dem Ziel, technische Neuerungen zu entwickeln. Vielmehr müssen diese Aktivitäten eingebettet sein in institutionelle Neuerungen und neue Verhaltensweisen. Die Verhaltensweisen betreffen die Nutzer und die Betroffenen, die Institutionen betreffen neue formale und informelle Regeln. Für diese FuE-Tätigkeiten müssen Forscher aus vielen wissenschaftlichen Disziplinen zusammenarbeiten. Die FuE-Aktivitäten sind geprägt von problemorientierter Technikfolgenabschätzung, mit der die Wissenschaftler ihre Verantwortung für die (unbeabsichtigten) Folgen (Ulrich Beck) der Neuerungen wahrnehmen.

*3.5 Ganzheitlichkeit in der Zeit*

Planungshorizonte der Akteure und „Geschwindigkeiten" der Akteure und Systeme sollten aufeinander abgestimmt sein. Die herrschende Praxis ist gekennzeichnet durch die kurze Frist. Eine Zigarettenreklame verkündet: „Lebe heute". Der Planungshorizont des „shareholder value" wird kurzfristig verstanden. Die Zeiten des „return on investment" sollen möglichst unter einem Jahr liegen (womit für Umweltprojekte fast keine Chance besteht, verwirklicht zu werden). Die Marktökonomie drückt auf kurzfristigen Erfolg und größtmögliches Tempo. Kurzfristige Erfolge und Geschwindigkeit hängen positiv miteinander zusammen.

Ganzheitlichkeit in der Zeit bedeutet nun, dass die kurzfristigen Ziele in mittel- und langfristige Ziele und Leitbilder eingebettet werden. Für das Unternehmen ist die Erhaltung der Liquidität zu jeder Zeit lebensnotwendig; dies gilt auch für die Produktion. Dieses kurzfristige Ziel muss aber eingebettet sein in die mittelfristigen der Auftragsakquisition, der Absatzpolitik und der Investitionsplanung. Und diese wiederum müssen konsistent sein mit dem Ziel der langfristigen Existenzsicherung des Unternehmens. Nachhaltigkeit konzentriert sich vor allem auf die langfristigen Ziele der Ressourcensicherung.[32] Die Übersicht 2 stellt die Zusammenhänge her.

*Übersicht 2: Die Einbettung der Ziele des Unternehmens in das der langfristigen Existenzsicherung*

| *Bereich* | *Kurzfristige Ziele* | *Mittelfristige Ziele* | *Langfristige Ziele/ Nachhaltigkeitsziele* |
|---|---|---|---|
| Ökonomie | Sicherung der täglichen Liquidität | Sicherung eines kontinuierlichen Auftragseingangs | Sicherung der *Technologieressourcen* (durch Forschung und Entwicklung, konstruktive Entwicklung, technologische und technische Kooperation) |
| Ökologie, Naturnutzung | Effizienzsteigerung durch Erhöhung der Ressourcenproduktivität (Kostensenkung) | Risikominimierung Öko-Audits (Umweltberichterstattung und Umweltmanagement) | Sicherung des Zugangs zu *Naturressourcen* Quellen (Rohstoffe, Energie und Fläche) Senken (Möglichkeit des Eintrags von Rest- und Schadstoffen in Luft, Boden und Wasser) |
| Soziales, Mensch | Steigerung der Arbeitsproduktivität Qualitätssicherung (TQM) | Betriebsklima Unternehmenskultur Mitarbeitermotivation | Sicherung der *Humanressourcen* Im Unternehmen (Ausbildung, Weiterbildung) Außerhalb des Unternehmens (regionaler und überregionaler Arbeitsmarkt) |
| Gesellschaft | Problemmanagement (Betriebsräte, Gewerkschaften, Umweltamt, Gewerbeaufsichtsamt) | Offene Informationspolitik Gespräche mit einzelnen Gruppen Teilnahme an gesellschaftlichen Veranstaltungen | Sicherung der *Standortressourcen* (stakeholders) Vertrauensvolle Zusammenarbeit mit politischen, gesellschaftlichen, wirtschaftlichen, kirchlichen, administrativen und sonstigen Gruppen |

---

[32] Vgl. Knyphausen-Aufseß 1997 mit dem Kommentar von Georg Schreyögg 1997, 452-486.

Der zweite oben genannte Punkt betraf die Geschwindigkeiten der unterschiedlichen Subsysteme.[33] Die Tempi der ökonomischen, ökologischen und sozialen Systeme müssen sich aneinander anpassen, sollen Krisen (ökologische Knappheiten, soziale Unruhen, ökonomische Schocks) vermieden werden.[34]

Für das individuelle Unternehmen sind in der Regel nur die Geschwindigkeiten der unmittelbaren Konkurrenten relevant und es versucht, diese durch Innovieren (i.w.S. von Chamberlain) zu übertreffen, diese also mit noch größerer Geschwindigkeit zu überholen. Neuerdings scheint aber durch die Diskussion und das Erlebnis der Globalisierung eine weitere (internationale) Aufholjagd anzustehen, die sowohl Nationen als auch Unternehmen erfasst. Die Möglichkeit, sich hiervon abzukoppeln, scheint sehr gering. Sie ist jedenfalls mit hohen Risiken verbunden.[35] Auf der anderen Seite steht das Risiko, den Wettlauf mit der Verknappung der Ressourcen und Umweltmedien zu verlieren, wenn die „ökologischen Rucksäcke" (Wuppertal-Institut) zu groß und zu schwer werden. Konsequenterweise schlägt E. U. v. Weizsäcker dafür auch eine „Effizienz-Revolution" (Faktor 4) vor.[36]

Mit der (langfristigen) Zeit und deren Irreversibilität sind ganz entscheidende Elemente von Nachhaltigkeit herausgestellt. Das nachhaltige Unternehmen muss versuchen, seine kurzfristigen Ziele und Aktivitäten in mittelfristige einzubetten, und diese müssen in die lange Frist eingefügt werden. Das Vorliegen von Irreversibilität bedeutet, dass konkrete Ereignisse in der Zukunft prinzipiell unvorhersagbar sind. Beides heißt, dass das nachhaltige Unternehmen auf allen seinen Handlungsgebieten

---

[33] Vgl. hierzu Majer 1996a, 239-262, der sich insbesondere auf Faber/Proops 1998 stützt. Joseph Huber handelt diese Frage (in einem weiteren Sinn) unter der Überschrift „Konsistenz" ab.

[34] Zu den Anpassungsprozessen vgl. Faber/Proops 1998.

[35] Edzard Reuter ist mit seiner Vision des „Technologiekonzerns" gescheitert, der letztlich darauf hinauslief, sich von der gefährlichen „Geschwindigkeit" der Automobilgesellschaft abzukoppeln. Dormann versucht, Hoechst von der (gefährlichen) Chlorchemie abzukoppeln und das Unternehmen zu einem Anbieter von „life products" umzustrukturieren. Die Geschwindigkeit des Umstellungsprozesses selbst birgt jedoch, wie alle schnellen Prozesse, eine große Gefahr von Fehlern (und Fehlentscheidungen).

[36] Vgl. v. Weizsäcker/Lovins/Lovins 1995.

strategische Elemente beachten muss und, im Zweifel, unterlässt statt unternimmt.

### 3.6 Ganzheitlichkeit im Raum

Aus Unternehmenssicht heißt Ganzheitlichkeit im Raum „globale Märkte". Andererseits produziert auch das globale Unternehmen an konkreten Orten. Da sich diese einzelnen Standorte (inzwischen auch bei KMUs) weltweit verteilen und durch höchst effiziente Kommunikationssysteme miteinander verbunden sind, befindet sich das Unternehmen gleichzeitig in der Region und in der Welt.[37]

Ein Unternehmen muss für den lokalen Standort Verantwortung übernehmen, wenn es auf langfristige Existenz ausgerichtet ist. Globale Produktionsstätten und Märkte ermöglichen allerdings für relativ lange Zeit, dass sich Unternehmen mit einem weltweiten „Vagabundieren" der Verantwortung für den Standort (Raum) entziehen.[38]

Ganzheitlichkeit im Raum bedeutet auch die Rückkehr des Unternehmens in die Gesellschaft, wie der Untertitel des Sammelbandes von Ortmann, Sydow und Türk, Theorien der Organisation heißt.[39] Dort werden auch die sehr wichtigen neueren Untersuchungen über selbstreflexive Modernisierung von Ulrich Beck und Anthony Giddens aufgenommen mit der Frage nach den Faktoren für Stabilität und Zukunft.[40] In ähnlicher Richtung argumentiert Gernot Grabher und argumentieren die von ihm versammelten Autoren mit der Konsequenz, dass die Einbettung einen eigenen analytischen Ansatz, die Netzwerkanalyse, verlangt.[41]

---

[37] Giddens beschreibt diesen Spagat als „Entbettungsvorgänge", die wesentlich gestützt werden durch Vertrauen in Expertensysteme (Geld, Fluglinien, e-mail etc.). Vgl. Giddens 1995.

[38] Hierunter rechne ich die Drohungen einer Abwanderung ins Ausland als Folge hoher sozialer und umweltbezogener Standards (z.B. der Diskussion über die Einführung einer ökologischen Steuerreform, die energie- und rohstoffintensive Branchen zu solchen Abwanderungsdrohungen veranlasst).

[39] Vgl. mein erstes Kapitel, 2. Abschnitt.

[40] Vgl. Ortmann/Sydow/Windeler 1997, 315-354.

[41] Vgl. Grabher 1993.

Für das nachhaltige Unternehmen ergibt sich daraus die Konsequenz, jenseits von Erfordernissen der sog. Globalisierung den jeweiligen Standort zu pflegen (langfristig zu sichern).

### 3.7 Zwischenergebnis

Welche Konsequenzen ergeben sich aus diesen Darlegungen für die Ziele und Maßnahmen eines nachhaltigen Unternehmens? Wir stehen vor einem weitreichenden Paradigmenwechsel. Es gilt, die Aufspaltung, Zerhackung, Taylorisierung, Abschottung von Zuständigkeitsbereichen, extreme Spezialisierung aufzuheben zugunsten einer ganzheitlichen Betrachtung, einer Handlungseinheit, die der beobachteten Komplexität Rechnung trägt. Letztlich wird der Erfolg eines ganzheitlichen Konzepts davon abhängen, ob ein Kommunikations- und Informationssystem in der Firma erarbeitet und eingerichtet werden kann. Dieses Kommunikationssystem wird ein implizites sein. Das bedeutet, dass das Lenkungssystem („governance structure") von der Hierarchie zu Netzwerken und selbstorganisatorischen (auch selbstreflexiven) Mechanismen mutieren muss. Innerhalb dieses Systems erweist sich der heute angewandte Effizienzbegriff als ungeeignet, letztlich wird seine Anwendung (Kostenrechnung, Controlling) in vielen Fällen zu Ineffizienzen führen.

Wir können inzwischen diese Komplexität analysieren. Vieles kann mit leistungsfähigen Rechnern bewältigt werden, einiges mit neuen Methoden; inzwischen liegen wichtige neue Einsichten in verschiedenen Wissenschaftsbereichen vor, die kooperative Lösungen und ganzheitliche Analysemethoden möglich machen (die „neue Physik", die Synergetik als die „Lehre vom Zusammenwirken", Autopoiesis, Polit-Ökonomie, etc.).

Das nachhaltige Unternehmen entpuppt sich als ein ganzheitliches Unternehmen, in dem

– alle Akteure (Mitarbeiter und Mitarbeiterinnen und alle „stakeholder") auf

– allen hierarchischen Ebenen aus allen Bereichen der Firma

- alle Produktionsfaktoren (Arbeit, Kapital und Naturnutzung) in Abstimmung mit
- allen Handlungsebenen (international, national, lokal) kombinieren und mit
- neuen Handlungsmöglichkeiten in Technik, Verhalten und Institutionen in der
- Zeit (kurz-, mittel- und langfristig) und im
- Raum (global, national, regional) koordinieren.

Diese Kennzeichen eines nachhaltigen Unternehmens verlangen spezifische Lenkungsstrukturen, die eher bei Netzwerken denn bei Hierarchien, die eher bei Kooperation denn bei Märkten und die eher bei impliziten (Selbstorganisation) denn expliziten Systemelementen liegen. Insbesondere Selbstorganisation und Netzwerke gewährleisten die notwendige Kommunikation und Abstimmung, um die Konsequenzen aus der Ganzheitlichkeit zu ziehen.

## 4. Ökologische Nachhaltigkeit: Die Managementregeln

### 4.1 Vorbemerkungen

Nachhaltigkeit als ganzheitliche Konzeption weist der Ökologie die gleiche Bedeutung zu wie den anderen beiden Dimensionen Ökonomie und Soziales. Dies wird zwei Strömungen nicht gerecht: Erstens einer wichtigen Gruppe ökologischer Ökonomen, die von einer festen Beziehung zwischen künstlichem und natürlichem Kapital ausgehen und damit die fundamentale Annahme der Neoklassiker, die Substitutionalität, bestreiten. Damit sind eindeutige Grenzen des ökonomischen Wachstums vorgegeben.[42] Zweitens muss heute von einer gravierenden Übernutzung der weltweiten Öko-Systeme ausgegangen werden. Diese Situation stellt die Bedeutung von Ökologie akut in den Vordergrund.

---

[42] Die Annahme der Substitutionalität gewährleistet unendliches quantitatives Wachstum, da natürliches Kapital stets durch künstliches (Sachkapital) ersetzt werden kann.

Die Management-Regeln der Nachhaltigkeit lassen sich aus einem Materialbilanzansatz ableiten, wenn man die Frage beantwortet, unter welchen Bedingungen ein langfristiges Zusammenspiel zwischen dem ökologischen und dem ökonomischen System möglich ist.[43] Die Regeln (können) lauten:[44]

- Substitutionsregel auf der Quellen- und Senkenseite,
- Abbauregel für regenerative Quellen,
- Assimilationsregel für abbaubare Rest- und Schadstoffe,
- Erhaltungsregel.

Welche Bedeutung haben diese Regeln für ein nachhaltiges Unternehmen?

## 4.2 Substitutions- (und Kompensations-)Regeln (Quellen, Fläche, Senken)

Die Substitutionsregel der Nachhaltigkeit hat drei Aspekte: In Bezug auf die

- Quellen wird gefordert, dass nicht-erneuerbare Quellen (nicht nachwachsende Rohstoffe, fossile Energieträger) ersetzt werden durch regenerative (nachwachsende Rohstoffe, regenerative Energieträger),
- Senken wird gefordert, dass Rest- und Schadstoffe, die von Öko-Systemen nicht abgebaut werden können, ersetzt werden durch abbaubare,

---

[43] Vgl. Majer 1998a.
[44] Die Enquete-Kommission zum Schutz des Menschen und der Umwelt definiert: „Die Abbaurate erneuerbarer Ressourcen soll ihre Regenerationsrate nicht überschreiten. Nicht-erneuerbare Ressourcen sollen nur in dem Umfang genutzt werden, in dem ein physisch oder funktionell gleichwertiger Ersatz in Form erneuerbarer Ressourcen oder höherer Produktivität der erneuerbaren sowie der nicht-erneuerbaren Ressourcen geschaffen wird. Stoffeinträge in die Umwelt sollen sich an der Belastbarkeit der Umweltmedien orientieren. Das Zeitmaß anthropogener Einträge bzw. Eingriffe in die Umwelt muss im ausgewogenen Verhältnis zum Zeitmaß der für das Reaktionsvermögen der Umwelt relevanten natürlichen Prozesse stehen."

- Fläche wird davon ausgegangen, dass die heute genutzte Fläche ökologische Funktionen beeinträchtigt und nicht weiter ausgedehnt werden darf („precautionary principle"). Ausweitungen der Nutzung sollten daher kompensiert werden, indem Ausgleichsflächen geschaffen werden.

- Es sollte außerdem gewährleistet sein, dass im Rahmen der Substitutionsmaßnahmen keine medialen „Verschiebungen" auftreten.[45]

Wie können diese Regeln auf das Unternehmen angewandt werden? Die Maßnahmen lassen sich sehr schwer an einem absoluten Nachhaltigkeitsziel ausrichten. Auch wenn es möglich wäre, für die einzelnen Faktoren auf der Quellen- und Senkenseite globale Nachhaltigkeitsgrenzwerte zu ermitteln,[46] könnte man das anschließende Zu- und Verteilungsproblem nicht lösen.[47]

Geht man aber „wohl mit einigem Recht" davon aus, dass für alle oder die große Mehrzahl von Elementen auf der Quellenseite sowie für die Menge von Rest- und Schadstoffen eine Übernutzung vorliegt (deren Ausmaß, wie gesagt, nicht genau bekannt ist), dann ist eine Reduzierung und Substitution auf lange Zeit hin auf jeden Fall eine zukunftsfähige Strategie.

Das Unternehmen muss auf dem Weg zur Nachhaltigkeit daher die Rohstoff-, Energie- und Flächenproduktivität steigern.[48] Es wäre ausgesprochen günstig, wenn diese Einsparungen korreliert wären mit Kostensenkungen und somit beide Ziele förderten, das der Wirtschaftlichkeit und das der Umweltverträglichkeit. Diese Zielkonformität gilt für die Substitution in vielen Fällen nicht; der Strukturwandel nimmt längere Zeit in Anspruch und die heute üblichen „pay-off" Perioden der Unternehmen liegen weit unter dem für ökologische Investitionen notwendigen

---

[45] Z.B. „thermische Verwertung" von Abfall.
[46] Dies unterstellt, dass Nachhaltigkeitsgrenzen wissenschaftlich festlegbar sind. Neben den wissenschaftlichen Überlegungen müssen politische und gesellschaftliche (Gesundheit) angestellt werden. Vgl. hierzu Majer et al. 1996b.
[47] Welche Menge des Rohstoffs X darf das Unternehmen Y verbrauchen?
[48] Ich schreibe ausdrücklich „Produktivität" statt „Effizienz", wie dies in der populäreren Diskussion („Faktor 4") üblich ist, denn Produktivitätssteigerung ist möglich durch Substitution und durch technischen Fortschritt, und technischer Fortschritt (diffundierte Neuerungen oder Innovationen) ist hier in einem weiten Sinne aufgefasst und enthält Technik, Verhalten und Institutionen.

Zeitmaß. Die Preise nicht-regenerativer Energieträger liegen weit unter den Preisen einer Backstop-Technologie. Wichtige nicht-abbaubare Rest- und Schadstoffe bilden immer noch die Basis für national bedeutende Industriesektoren (z.B. Chlorchemie). Geht man jedoch nicht von einer raschen Wende, sondern von einem „Kurswechsel"[49] mit langfristigen Übergangszeiten und Anpassungsprozessen aus, dann ist der Weg zur Erfüllung der Substitutions- und Kompensationsregeln ohne übermäßige Risiken begehbar. Voraussetzung ist dann ein geeignetes Ziel- und Managementsystem, das z.B. durch das Öko-Audit der EU-VO verlangt wird.[50]

### 4.3 Abbauregel (quantitativ und qualitativ)

Die Abbauregel betrifft regenerative Quellen, also Rohstoffe und Energieträger, die nachwachsen. Sie besagt, dass

– von regenerativen Rohstoffen und Energieträgern nur die Menge abgebaut werden darf, die wieder nachwächst, und dass

– das Wachstumspotenzial erhalten werden muss.

Damit sind ausschließlich Wirtschaftssektoren betroffen, die mit dem Abbau von Rohstoffen und Energieträgern befasst sind. Bei Energieträgern geht es „nach heutigen Kenntnissen" ausschließlich um Sonnenenergie (einschl. Wasserkraft und Windenergie sowie Erdwärme, die ebenfalls von der Sonne abhängen). Da die Sonnenenergie unendlich verfügbar ist, gilt die Abbauregel nur beschränkt. Kurzum: wenn Sonnenenergie verfügbar ist (örtliche und zeitliche Verfügbarkeit), dann ist sie unendlich verfügbar. Allenfalls beim qualitativen Aspekt müssen bestimmte Bedingungen beachtet werden.

---

[49] So der Titel eines bemerkenswerten Buches des Schweizer Industriellen Stephan Schmidheiny, der den Weg zu Nachhaltigkeit durch „Öko-Effizienz" nicht nur theoretisch beschreibt, sondern selbst die asbest-produzierenden Teile seines Konzerns radikal umgebaut hat und nun Substitutionsstoffe verarbeitet.
[50] Die EU-Verordnung beruht, nach weitgehend übereinstimmender Interpretation, auf dem Nachhaltigkeitprinzip.

Damit ist die Abbauregel nur für nachwachsende Ressourcen (Holz, Fischbestände, Wild) relevant. Allerdings sind nicht-extraktive Wirtschaftssektoren indirekt von der qualitativen Abbauregel betroffen, soweit sie durch ihre Aktivitäten die Wachstumspotentiale beeinflussen. Dies kann allerdings in signifikanter Weise der Fall sein: durch Ausstoß von $SO_2$, $No_x$ (saurer Regen und Versäuerung der Waldböden), CO und $CO_2$ (Klimaveränderung), die Bildung von bodennahem Ozon durch die Vorläufersubstanzen (Verminderung des Pflanzenwuchses, Schäden an der menschlichen Gesundheit), FCKW (Vergrößerung des Ozon-Lochs), Nitrat (Verlust der Bodenqualität und Zerstörung der Trinkwasserqualität).

### 4.4. Assimilationsregel

Bei der Assimilationsregel geht es darum, dass bei abbaubaren Rest- und Schadstoffen nicht mehr in die Umweltmedien Luft, Boden und Wasser eingebracht werden darf, als die Öko-Systeme abbauen können.

Die „critical loads" für einzelne Schadstoffe sind nur unvollständig und manchmal gar nicht bekannt. Die critical loads hängen von der Bodenbeschaffenheit, Vegetation und Topographie, vom Wetter und von der Reaktion des betreffenden Schadstoffs mit anderen Stoffen ab. Immerhin gibt es aber für Europa einen $SO_2$-Kataster, der für hunderte von Planquadraten die „critical loads" angibt. Für $CO_2$ scheint weltweiter Konsens darüber zu bestehen, dass die nachhaltige Emission bei etwa 13 Mrd. t/a liegt, d.h. dass die Ökosysteme der Erde etwa diese Menge an $CO_2$ jährlich assimilieren können. Bezogen auf die Weltbevölkerung sind dies etwa 2,3 t/Kopf.[51]

Eine Gleichverteilung der $CO_2$-Emission pro Kopf Weltbevölkerung oder pro Beschäftigte in den Unternehmen (etc.) ist aus verschiedenen Gründen nicht gerecht (Klimaunterschiede, Verfügbarkeit von Ressourcen, etc.), sie ist aber vor allem aus der geopolitischen Machtverteilung (Nord-Süd) heraus auch nicht durchsetzbar. Dennoch liegt auf der Hand,

---

[51] Die tatsächliche Emission liegt weltweit bei ca. 6t/Kopf, mit starken Konzentrationen in Europa (Luxemburg: 28t, Bundesrepublik Deutschland 12t) und den USA (ca. 20t).

dass geographische Konzentrationen von Emissionen auch andere Länder schädigen. Diese Fragen sind aber noch nicht hinreichend untersucht.

Eindeutig dürfte bei vielen wichtigen Schadstoffen die Übernutzung der Umweltmedien Luft, Boden und Wasser sein. Dies bedeutet, dass für die nächsten Jahrzehnte signifikante Reduktionen notwendig sind.[52] Das bedeutet, dass zunächst jedes Unternehmen einen wichtigen Beitrag leistet, wenn es Rest- und Schadstoffe reduziert. Bei den Rest- und Schadstoffen, die von den Ökosystemen nicht abgebaut werden können und die die Gesundheit der Menschen gefährden (FCKW, radioaktive Stoffe, insbes. Plutonium, Giftstoffe wie Dioxin, Chlor der Chemie), müssen Verbote oder drastische Produktions- und Verwendungseinschränkungen (ordnungsrechtlich) verfügt werden.

### 4.5 Erhaltungsregel

Die Erhaltungsregel betrifft einerseits das ästhetische Naturerleben sowie das Bedürfnis der Menschen, mit der Natur zu leben, sie zu genießen und sich an und in ihr zu erholen. Andererseits ergibt sich diese Regel aus einem Vorsichtsmotiv („precautionary principle"). Das tägliche Artensterben verringert in besorgniserregender Weise die Vielfalt von Flora und Fauna und begrenzt damit die Entwicklungsmöglichkeiten von Öko-Systemen.

Die Unternehmen der Wirtschaft und alle anderen Akteure sind verpflichtet auf den haushälterischen und sorgsamen, vorsorgenden Umgang mit der Natur. Auch hier geht es darum, Quellen und Senken zu sparen und zu substituieren.

### 4.6 Weitere Nachhaltigkeitskriterien

Offensichtlich hat die Natur gezeigt, dass sie in der Lage ist, Prinzipien zu entwickeln, die ihr eine dauerhafte Entwicklung ermöglichen. Es liegt

---

[52] Die Reduktionswerte der Wuppertal-Studie „Zukunftsfähiges Deutschland" von 80-90% bis zum Jahr 2050 sind nicht ernsthaft bezweifelt worden.

durchaus in der Tradition evolutorischer Ökonomik, solche Prinzipien der Evolution zu prüfen und zu überlegen, wie sie für die Ökonomik genutzt werden könnten.[53] Fritjof Capra hat in seinem Buch „Lebensnetz" solche Kriterien entwickelt und Adelheid Biesecker hat geprüft, ob sie auf die Beschreibung einer nachhaltigen Wirtschaft übertragen werden können.[54] Die fünf Grundprinzipien von Capra lauten:[55]

– Wechselseitige Abhängigkeit,
– Partnerschaft und Koevolution,
– Zyklizität,
– Flexibilität,
– Vielfalt.

Diese Faktoren ergänzen in vielfältiger Weise, was ich im 3. Kapitel über die Konsequenzen von Ganzheitlichkeit ausgeführt habe.

*4.7 Weitere Faktoren*

Als wichtigsten weiteren Faktor will ich den der prinzipiellen Unvorhersagbarkeit zukünftiger Zustände aufführen. Ich kann mich darauf beschränken, auf die Ausführungen von Malte Faber und John Proops zu verweisen, dass nämlich irreversible Zeit notwendigerweise zu Unvorhersagbarkeit führen muss.[56] Dies muss die niemals bezweifelte Fähigkeit der Technik, zu immer neuen Problemlösungen zu kommen, wesentlich in Frage stellen.

---

[53] Seit Nelson/Winter (1982) ist dies das entscheidende methodische Vorgehen in der evolutorischen Ökonomik. Das Ziel sollte aber nicht nur in der Übertragbarkeit liegen (und damit in der gegenseitigen Befruchtung von Ideen und Konzepten), sondern durch diese methodische und begriffliche Annäherung an die Ökologie sollte auch eine Annäherung und Steuerungsmöglichkeit beider Systeme, im Sinne von Faber/Proops, angestrebt werden.

[54] Die Idee, Capras ökologische Prinzipien auf eine nachhaltige Ökonomie zu übertragen, habe ich von Adelheid Biesecker. Vgl. Biesecker 1997, 51-78.

[55] Ebenda, 56ff.

[56] Vgl. Faber/Proops 1998.

## 4.8 Zwischenergebnis

In welcher Weise betreffen die Nachhaltigkeitsregeln die Ziele und Aktivitäten von Unternehmen der Wirtschaft? Betont sei an dieser Stelle nochmals, dass es nicht darum gehen kann, dass diese Regeln von einer Akteursgruppe, der Wirtschaft und ihren Unternehmen, morgen verwirklicht werden. Wir müssen davon ausgehen, dass es der Anstrengungen aller Akteure auf allen Handlungsebenen in langen Zeiträumen bedarf, um über viele Zwischenziele die Nachhaltigkeitsregeln zu verwirklichen, und dass die Mittel und Wege allenfalls für die erste Wegstrecke bekannt sind. Wir können heute nicht sagen, wie nachhaltige Wirtschaftsweisen und Lebensstile für Milliarden von Menschen auf dieser Erde aussehen könnten.

Die Beschreibung der Nachhaltigkeitsregeln oder Management-Regeln der Nachhaltigkeit zeigt, dass diese direkt auf die Unternehmensebene heruntergebrochen werden können: Substitution von nicht-regenerativen Energieträgern und Rohstoffen durch regenerative, Substitution von den Öko-Systemen unbekannten Stoffen durch bekannte, Erhöhung der Energie-, Rohstoff- und Flächenproduktivität zur Einsparung von Rohstoffen, Energie und Fläche, etc. Diese Konkretisierungen können in die Leitsätze und Elemente eines nachhaltigen Unternehmens eingehen, insbesondere dort, wo es um die Sicherung der Naturressourcen geht.

## 5. Bewertungen

### 5.1 Theoretisch-systematische Überlegungen

Nachhaltigkeit als ganzheitliches Prinzip, ökologische Nachhaltigkeitsregeln, Capras Prinzipien der dauerhaften Entwicklung sowie das Unvorhersagbarkeits-Theorem (Faber/Proops) ergeben eine Reihe von Kriterien, die für das nachhaltige Unternehmen gebündelt und auf die Ziel-Maßnahmenebene gebracht werden können. Ich gehe von den abgeleiteten Kriterien der beiden Zwischenergebnisse aus und versuche dann, diese auf die Ebene von Zielen und Maßnahmen des Unternehmens herunterzubrechen. Dabei versuche ich, strukturähnliche Tatbestände auf verschiedenen Betrachtungsebenen zusammenzubringen.

Wie könnte eine Zusammenfassung der vorgetragenen Überlegungen lauten? Ich sehe insbesondere fünf Punkte, die man wohl auch als Prinzipien der Nachhaltigkeit und eines nachhaltigen Unternehmens bezeichnen könnte:

– Das Prinzip der Ethik: Wie kann ein Unternehmen zusammen mit den anderen Akteuren seine intertemporale und interregionale Verantwortung wahrnehmen? Der entscheidende Faktor in diesem Zusammenhang ist die Zeit.

– Prinzip der Ganzheitlichkeit: Wie kann ein Unternehmen alle Produktionsfaktoren gleichzeitig langfristig koordinieren und sichern, nämlich seine Technologie-, Natur- und Humanressourcen. Da zu allen Akteuren auch die Anspruchsgruppen gehören, die langfristig auch als „Verbündete" bei der Bewältigung von möglichen Krisen gelten können, gehört hierzu auch die Standortsicherung. Die Entwicklung auf dem Zeitpfad verläuft über Innovationen in Technik, Verhalten und Institutionen.

– Das Prinzip der Beachtung ökologischer Belastbarkeit: Was muss ein Unternehmen tun, um (mit anderen) einen Beitrag zu leisten, die globalen Managementregeln der Nachhaltigkeit zu verwirklichen? Dies ist im wesentlichen die Anwendung der bekannten Maßnahmen des integrierten, vorbeugenden Umweltschutzes.

– Das Prinzip der Organisierung: Wie kann ein Unternehmen die genannten Prinzipien organisieren. Das wichtigste Problem ist das der Abstimmung. Hier spricht vieles für implizite Regelungen (Selbstorganisation, flache Hierarchien, Netzwerke, etc.).

Als Antwort lässt sich eine Systematik für die Leitbilder und Ziele des nachhaltigen Unternehmens ableiten:[57]

1. Verantwortung für die Erhaltung der natürlichen Lebensgrundlagen wahrnehmen und diese im Sinne der Nachhaltigkeit zusammen mit der Ökonomie und der sozialen Dimension ganzheitlich entwickeln.

---

[57] Vgl. zu einer detaillierten Darstellung mit spezifischen Zielen und Maßnahmen Majer 1998b.

2. Langfristige Existenzsicherung des Unternehmens, insbesondere Sicherung des Zugangs zu den
   - Technologie-,
   - Natur-,
   - Human- und
   - Standortressourcen.
3. Langfristige Existenzsicherung durch Erhaltung und Fortentwicklung der
   - inneren und
   - äußeren Anpassungsflexibilität des Unternehmens.

### 5.2 Empirische Aspekte

Wie können diese Überlegungen konkretisiert werden? Reichhaltiges Datenmaterial bietet die Befragung der Enquetekommission zum Schutz des Menschen und der Umwelt des Deutschen Bundestages, das anlässlich der öffentlichen Anhörung der Wirtschaft im Frühjahr 1996 vorgelegt wurde. Versucht man, das Material zu sichten und zusammenzufassen, dann ergibt sich eine weitgehende Bestätigung der hier vorgetragenen Gedanken. Ich habe aus dieser Befragung die Fragen ausgewählt, die meine Thematik betreffen und fasse im folgenden zusammen:[58]

- Warum befassen sich die Unternehmen[59] mit Nachhaltigkeit? Langfristige Unternehmenssicherung, Erhaltung der Wettbewerbsfähigkeit durch rechtzeitige und vorausschauende Erfüllung umweltpolitischer Erfordernisse, durch Aufnahme neuer Geschäftsfelder sowie die Er-

---

[58] Kai Weinmüller von der unw-Forschungsgruppe hat das sehr umfangreiche Material der Befragung durch die Enquete-Kommission des Deutschen Bundestages zum Schutz des Menschen und der Umwelt ausgewertet und in eine tabellarische Form gebracht. Daraus habe ich die Fragen und Antworten ausgewählt, die meine Ausführungen betreffen; das sind etwa ein Drittel.

[59] Die folgenden Unternehmen wurden befragt: Chemie: BASF-Schwarzheide, AURO, Henkel; Elektrotechnik: AEG, Rank Xerox; Textil: Kunert,; Maschinen und Anlagen: Lurgi, Mannesmann; Energie/Grundstoffe: Veba, Stahlwerke; Gross- und Einzelhandel: Tengelmann, Schön; Brauerei: Neumarkter Lammsbräu, Warsteiner; Möbel: Wilkhan; Handwerk: Bau-Dupre, Sanitär Pelzer; Papier: Haindl.

schließung neuer Absatzmärkte und – auch dies wird genannt – Wahrnehmung von (ökologischer und sozialer) Verantwortung. Doch auch die Einsparung von Kosten wird angeführt. Die langfristige Existenzsicherung der Unternehmen bezieht sich weitgehend auf Umsatz und Verkauf sowie Umweltschutz. Der „Mensch" als entscheidender „Produktionsfaktor" in einer Wissensgesellschaft wird nicht erwähnt.

- Nachhaltigkeit als Impulsgeber für Innovationen wird von den Befragten voll bejaht. Die Antworten beziehen sich auf die Rolle von Innovationen im Unternehmen, aber auch auf Innovationen, die durch den Strukturwandel zu nachhaltigem Wirtschaften und zu nachhaltigen Lebensstilen angeregt werden. Die Anregungen kamen denn auch von Kunden, Lieferanten, Umweltverbänden und „der" Politik.

- Die explizite Berücksichtigung des Nachhaltigkeitsprinzips in der Unternehmenspolitik wird von allen ausdrücklich herausgestellt („unabdingbar"). Bei Wilkhahn, einem ökologischen Pionierunternehmen, geht Ökologie im Zweifel „vor dem schnellen Gewinn".

- Die Frage nach der Ganzheitlichkeit von Ökologie, Ökonomie und Sozialem wird mit bemerkenswerten Kommentaren beantwortet, in denen einerseits die Definition der Brundtland-Kommission angesprochen wird, in denen andererseits klare Unternehmensziele genannt werden: ganzheitliche Produkte (im Sinne des Lebenszyklus), Partizipation der Mitarbeiter, teilweise gezielter Verzicht auf kurzfristigen Gewinn.

- Die Interpretation des „Nachhaltigkeitspostulats" erfolgt entlang der von mir referierten Definitionen („Drei-Säulen-Modell", Langfristigkeit, Ganzheitlichkeit).

- Wie steht es mit den Bewertungen der wirtschaftlichen, ökologischen und sozialen Zieldimension? Am häufigsten wird von Integration und Gleichwertigkeit gesprochen und nur in wenigen Fällen ist die Ökologie nach- oder untergeordnet. Kurzfristig werden aber doch Zielkonflikte mit dem „Marktumfeld" gesehen. Dass Langfristigkeit hilft, einen möglichen Zielkonflikt aufzulösen, wird nicht erkannt.

- Bei den Ausprägungen für einzelne Bereiche der Wertschöpfungskette zeigt sich, dass die Befragten letztlich doch einen Wertschöpfungsring zugrunde legen. Sehr starker Wert wird auf die Aus- und Weiterbildung der Beschäftigten gelegt. Die Vorschläge sind sehr präzise und zeigen, dass die Unternehmen offensichtlich auf der Bereichsebene sehr aktiv sind, nachhaltiges Wirtschaften umzusetzen.

- Die befragten Unternehmen bewerten die Zukunftschancen für ökologische Produkte sehr optimistisch. Auch in der Vergangenheit seien sehr gute Erfolge zu verzeichnen, teils sogar mit Preissteigerungen verbunden. Es werden weitere Marktanteilsgewinne erwartet.

- Wie ihr (nachhaltiges) Unternehmen in zehn Jahren aussehen würde, wussten die meisten nicht recht zu sagen; vielleicht ist die These der Unvorhersagbarkeit schon breit verankert. Man geht von einer Trendextrapolation aus, die ökologische Technik in den Vordergrund stellt. Nachhaltigkeit orientiert sich vor allem an ökologischen Kriterien.

- Bemerkenswert ist die Kenntnis der Rohstoff- und Energiekreisläufe. Recycling-Prozesse sind gang und gäbe. Alle Befragten haben einen außerordentlich hohen Stand, der auf eine weit entwickelte ökologische Berichterstattung schließen lässt.

- Der Faktor der „Standortsicherung" mit einer Zusammenarbeit mit den „stake-holders" wird sehr positiv beurteilt.

- Wie wirken die Nachhaltigkeitsaktivitäten auf Mitarbeitermotivation und Wettbewerbssituation? Die Akzeptanz der Mitarbeiter und ihre Bereitschaft zum Engagement wird in allen darauf bezogenen Antworten sehr positiv eingeschätzt. Dieses Ergebnis unterstreicht m.E., dass bei den Mitarbeitern noch ein sehr großes Potential liegt, das für die Unternehmensziele genutzt werden könnte. In der Antwort auf eine andere Frage wird darauf hingewiesen, dass nachhaltige Produkte auch ganz besondere Anforderungen an die Kreativität, Lernfähigkeit („lebenslanges Lernen") und die Qualität der Mitarbeiter stellen. Auch die Auswirkungen auf die Wettbewerbssituation werden als sehr positiv beurteilt. Es fällt auf, dass sogar Veba und Stahlwerke diese positiven Einschätzungen grundsätzlich teilen.

- Kostenersparnisse aus Nachhaltigkeitsaktivitäten können nur von den sehr progressiven Unternehmen genannt werden (z.B. Neumarkter Lammsbräu und Kunert). In der Tendenz sind allerdings Kostenersparnisse die Regel; bei einigen Branchen (z.B. Grundstoffe) wird darauf hingewiesen, dass die geforderten pay-off-Perioden für ökologische Investitionen zu kurz sind.

Insgesamt zeigen die Ergebnisse der Befragung, dass die theoretischen Überlegungen als Grundlage für eine realistische Vision des zukunftsfähigen oder nachhaltigen Unternehmens dienen können.

### 6. Das unternehmerische Umfeld: Anmerkungen zu einem nachhaltigkeitskonformen Wirtschaftssystem

#### 6.1 „Sustainable" versus „neoclassical firm"

Ich möchte zur Abrundung dieses Beitrags die Frage stellen, ob ein Unternehmen, das sich an den abgeleiteten Leitbildern ausrichtet oder sie anstrebt, überlebensfähig ist.[60]

Das nachhaltige Unternehmen ist als normativer Entwurf konzipiert. Es ist die mikroökonomische angebotsseitige Konsequenz aus der Forderung einer weltweiten nachhaltigen Entwicklung. Beides kann nur in sehr langen Zeiträumen entstehen. Dabei wird sich mit der Struktur der Mikroebene auch die der Makroebene, und hier nicht nur der Ökonomik, verändern. Da beide Zukünfte nicht vorhersagbar sind, macht die Frage, wie denn nun ein „nachhaltiges Unternehmen", der Zukunftsentwurf, in die heutige Ökonomie und Gesellschaft passt, nur bedingt Sinn. Sicherlich gibt es aber für den Strukturwandel zum nachhaltigen Unternehmen eher freundliche und eher feindliche Umgebungen.[61] Diese lassen sich dann durchaus skizzieren, was ich auch tun will.

---

[60] Ich folge mit dieser Frage einer Anregung von Malte Faber. Ob ein nachhaltiges Unternehmen unter heutigen Bedingungen ein „Pleiteunternehmen" ist – wie Ulrich Witt vermutet – bestreite ich und ich hoffe, dafür einige Argumente beisteuern zu können.

[61] Das „kapitalistische" Wirtschaftssystem fördert das Entstehen und die Entwicklung der „neoclassical firm" und umgekehrt. Die Forelle sucht kein „Karpfenwasser" auf. Der enge Untersuchungsgegenstand und das Ceteris paribus verstellen eher unseren Blick für solche Sichtweisen der Ko-Evolution.

Der Realitätsgehalt des Entwurfs einer nachhaltigen Unternehmung ist nach meiner Erfahrung gegeben. Dies zeigt das im Anhang ausgebreitete Material. Dies zeigt auch das Beispiel von vielen Firmen, die sich nach einzelnen der von mir abgeleiteten Kriterien umorientiert haben, die sich insbesondere in eine andere Unternehmenskultur hineinbegeben (haben).[62] Die wichtigsten Unterschiede zwischen der „sustainable firm" und der „neoclassical firm" sprechen nach m.A. für die erstere (siehe Übersicht 3).

Die entscheidende Frage lautet aber, ob diese Firmen von der „Umgebung" für ihren Strukturwandel belohnt werden. Wird ihr Nutzen (Gewinn) gesteigert, wenn sie Verantwortung „in Raum und Zeit" übernehmen? Kann ein wirtschaftliches Unternehmen, das sich ausschließlich von der moralischen Kategorie Verantwortung leiten lässt, in einem Umfeld überleben, dessen Kategorie Geld heißt?[63] Die Frage muss man wohl verneinen, wenn sie in dieser rigorosen Form gestellt wird.

Das nachhaltige Unternehmen ist aber keine rigoros moralische Veranstaltung. Wenn ich unter dem Ganzheitlichkeitsaspekt argumentiert habe, dass die kurzfristigen Zielsetzungen (z.B. Sicherung der Liquidität) in die mittel- und langfristigen eingebettet sein müssen, dann bedeutet dies, dass sowohl das kurzfristige als auch das langfristige beachtet werden muss. Und jedes gut geführte Unternehmen muss dies ohnehin tun. Evolutionsökonomisch gesprochen bedeutet dies: Wird ein Unternehmen, das sich aus der Schar der Wettbewerber durch eine Innovation in strategischem Verhalten (langfristige Verantwortung für die natürlichen Lebensgrundlagen wahrnehmen) absetzt, sich mit dieser neuen Strategie durchsetzen?[64] Verändert es dadurch auch das Umfeld (die Rahmenbedingungen)?[65]

---

[62] Wie schwierig dies ist, zeigt das Beispiel der Firma Steilmann: Britta Steilmann hatte sich vorgenommen, die Firma Steilmann (mit immerhin 18 000 Beschäftigten) nach den meisten der von mir abgeleiteten Kriterien umzuformen (Vgl. SZ v. 13.6.98). Bekanntlich wurde sie davon abgehalten. Mettler-Toledo ist eines jener Beispiele, wo dieser Umstellungsprozess gelungen ist; die Firma operiert sehr erfolgreich.

[63] Diese Frage könnte mit weiteren Systembegriffen Luhmanns vertieft werden.

[64] Ein Beispiel ist Shell, die aus dem Anti-Klima-Bündnis und dessen Werbekampagnen im US-Fernsehen gegen die Beschlüsse von Kyoto ausgestiegen ist, oder General Motors, das aus eben diesen Beschlüssen die Konsequenz zieht, 3-Liter-Fahrzeuge zu forcieren, oder Hoechst, das aus der Chlorchemie aussteigt und sich

*Übersicht 3: Elemente der nachhaltigen und neoklassischen Firma*

| Kriterium | sustainable firm | neoclassical firm |
|---|---|---|
| Produktionsfaktoren | Mensch, Natur, Technik | Technik |
| Technischer Wandel | Wirtschaftlich, umwelt- und sozialverträglich | Technisch-effizient |
| Zeit | Langfristig | Kurzfristig |
| Zielsetzung | Langfristige Existenzsicherung | (kurzfristige) Gewinnmaximierung |
| Betriebliche Organisation | Netzwerke, Unternehmenskultur, Eigenverantwortung, Ganzheit | Hierarchie, Spezialisierung |
| Gesellschaftliche Organisation | Stakeholder als Verbündete Gesellschaftliche „Veranstaltung" | Isolierte Ökonomie |

Quelle: eigene

## 6.2 „Sustainable firm" und Sustainability-Ethos

Ich habe in einem anderen Beitrag mit Hilfe eines Anreizsystems argumentiert, dass es für den Strukturwandel zu nachhaltigem Wirtschaften einer „weichen Kontextsteuerung" (Wegner) und einer Konzentration auf informelle Regeln, nicht-pekuniäre Sanktionen und informatorische Instrumente bedarf.[66] Diese Sicht ging davon aus, dass ein Anreizsystem aus den Teilsystemen Ziel-, Regel-, Sanktions- und Informationssystem

---

den „life sciences" zuwendet. Ein gutes Beispiel sind auch die Rückversicherer, die sich nicht mehr damit abfinden, die Schäden von (Umwelt)Katastrophen zu bezahlen, sondern die selbst Ursachenforschung betreiben und politischen Einfluss zu nehmen suchen (z.B. Gerling).

[65] Inwieweit können diese Firmen durch ihr „abweichendes Verhalten" das Umfeld verändern?

[66] Vgl. Majer 2000.

besteht (vgl. Übersicht 4), und dass dieses Anreizsystem die Verhaltensweisen und Strategien der Mikro-Akteure bestimmt.[67]

*Übersicht 4: Elemente eines Anreizsystems*

| Teilsystem | Merkmale | Beispiele |
|---|---|---|
| Zielsystem | - individuelle Ziele | kurzfristige Gewinnmaximierung |
| | - gemeinschaftliche Ziele | langfristige Existenzsicherung (Ressourcensicherung) |
| Regelsystem | - formale Regeln | Organisationen, Eigentumsrechte, Verträge, Gesetze, Verordnungen, Märkte |
| | - informelle Regeln | Sitten, Gebräuche, Normen, Netzwerke, Berufskulturen |
| Sanktionssystem | - pekuniäre Belohnungen und Bestrafungen | Subventionen, Geldpreise Steuern, Geldstrafen |
| | - nicht-pekuniäre Belohnungen und Bestrafungen | Ansehen, Ruhm, Auszeichnungen Gesellschaftliche Missachtung, Ächtung |
| Informationssystem | Codes von Sendern und Empfängern müssen – bei freien „Leitungen" – gleich sein | „Fachchinesisch" Cliquensprache „Verstopfte" Transferleitungen |

Quelle: eigene

Nach den oben dargelegten Argumenten ergibt sich (die nicht gerade neue Einsicht), dass sich Akteur und Umfeld in einem Wechselspiel befinden. Somit ist die Forderung eines Sustainability-Ethos des Sachverständigenrats für Umweltfragen (ein Verantwortungs-Ethos) nur konsequent. Damit kann der Boden für eine Veränderung des „gesellschaftlichen Grundkonsens" (im Sinne von Bruno S. Frey) für den beabsichtigten Strukturwandel zu nachhaltigem Wirtschaften besser bereitet werden.

---

[67] Eine mit marktwirtschaftlichen Instrumenten operierende Umweltpolitik würde im Gegensatz zu einer Nachhaltigkeitspolitik auf formale Regeln, pekuniäre Sanktionen und umsetzungsbezogene Information aufbauen.

Andererseits erscheint dann aber auch der Entwurf von neuen Leitbildern für Unternehmen sinnvoll (Zielsystem), um den Akteuren der Wirtschaft die Möglichkeit zu geben, durch Innovieren (hier: neue Strategien oder Handlungsmöglichkeiten) sich besser zu stellen und das Umfeld mit diesen Neuerungen zu beeinflussen.

In diesem Sinne sehe ich eine stetige Transformation des Wirtschafts- und Gesellschaftssystems moderner Industriestaaten: von der reinen (freien) Marktwirtschaft über die soziale, die ökologisch-soziale Marktwirtschaft zu einer nachhaltigen Gesellschaft.

*Literatur*

Aulinger, Andreas (1996): (Ko-)Operation Ökologie. Kooperationen im Rahmen ökologischer Unternehmenspolitik, Marburg.

Biesecker, Adelheid (1997): Neue Formen der Teilung und Verteilung von Arbeit, in: Vereinigung für Ökologische Ökonomie e.V. (Hrsg.), ARBEITEN in einer nachhaltig wirtschaftenden Gesellschaft, Schriftenreihe zur politischen Ökologie, Bd. 4, München, S. 51-78.

Bruch, Michael (1997): Betriebliche Organisationsform und gesellschaftliche Regulation. Zum Problem des Verhältnisses von Organisation und Gesellschaft in polit-ökonomisch orientierten Ansätzen, in: Ortmann et al., S. 181-210.

Capra, Fritjof (1996): Lebensnetz. Ein neues Verständnis der lebendigen Welt, Bern-München-Wien.

Costanza, Robert, Cumberland, John, Daly, Herman, Goodland, Robert, Norgaard, Richard (1997): An Introduction to Ecological Economics, Boca Raton, Florida.

Daly, Herman E. (1996): Beyond Growth . The Economics of Sustainable Development, Boston.

Enquete-Kommission zum Schutz des Menschen und der Umwelt (Hrsg.) (1999): Konzept Nachhaltigkeit. Vom Leitbild zur Umsetzung. Abschlussbericht, Bonn.

Faber, Malte, Proops, John L. R. (1998): Evolution, Time, Production and the Environment, $3^{rd}$ Revised and Enlarged Edition, Berlin, Heidelberg etc.

Giddens, Anthony (1995): Konsequenzen der Moderne, Frankfurt a.M. - New York.

Grabher, Gernot (Hrsg.) (1993): The Embedded Firm. The Socio-economics of Industrial Organization, Berlin.

Knyphausen-Aufseß, Dodo zu (1997): Auf dem Weg zu einem ressourcenorientierten Paradigma? Resource Dependence-Theorie der Organsiation und Resource-based View des Strategischen Managements im Vergleich, mit dem Kommentar von Georg Schreyögg, in: Ortmann/Sydow/Türk, Theorien der Organisation, Opladen 1997, S. 452-486.

Lash, Scott, Urry, John (1996): Economies of Sign and Space, London etc.

Majer, Helge, (1995a): Ökologisches Wirtschaften. Wege zur Nachhaltigkeit in Fallbeispielen, 2. Aufl., Ludwigsburg-Berlin.

Majer, Helge (1995b): Nachhaltige Entwicklung - vom globalen Konzept zur regionalen Werkstatt, in WSI Mitteilungen 4/1995, S. 220 –230.

Majer, Helge (1996a): Das Leitbild „sustainable development" und seine Folgen für die ökonomische Theoriebildung, in B. Biervert, M. Held (Hrsg.), Zeit in der Ökonomik, Frankfurt-New York, S. 239-262.

Majer Helge et al. (1996b): Regionale Nachhaltigkeitslücken. Ökologische Berichterstattung für die Ulmer Region, Ludwigsburg-Berlin.

Majer, Helge (1998a), Wirtschaftswachstum und nachhaltige Entwicklung, 3., völlig neu bearbeitete Auflage von Wirtschaftswachstum. Paradigmenwechsel vom quantitativen zum qualitativen Wachstum, München-Wien.

Majer, Helge (1998b): Leitsätze für Nachhaltige Unternehmensführung, in: Hans-Peter Wruk, Horst Ellringmann (Hrsg.), Praxishandbuch Umweltschutz-Management. Methoden, Werkzeuge, Lösungsbeispiele, Umsetzungshilfen, Köln.

Majer, Helge, et al. (1999a), Nachhaltigkeit als Leitbild eines Umweltbildungssystems für die mittelständische Industrie in der Ulmer Region. Konzeption und Umsetzung, Endbericht eines Forschungsprojekts, unw, Ulm.

Majer, Helge, et al. (1999b), Kooperative Lösungen mit Runden Tischen. Ein Handbuch, unw, Ulm.

Majer, Helge (2000): Institutionentheoretische Aspekte nachhaltiger Entwicklung, in: Hans-Werner Lorenz, Bernd Meyer (Hrsg.), Studien der Evolutorischen Ökonomik IV, Berlin.

Meffert, H., Kirchgeorg, M. (1993): Marktorientiertes Umweltmanagement, 2. Aufl., Stuttgart.

Norgaard, Richard B. (1997): The Coevolutionary Advantage: Arguments for an Additional Framework in Social Theory, in: Vereinigung für Ökologische Ökonomie (Hrsg.), ARBEITEN ..., a.a.O., S. 17-29.

Pfriem, Reinhard (1995), Unternehmenspolitik in sozialökologischen Perspektiven, Marburg.

Ortmann, Günther, Sydow, Jörg, Türk, Klaus (Hrsg.) (1997), Theorien der Organisation. Die Rückkehr der Gesellschaft, Opladen.

v. Weizsäcker, Ernst Ulrich, Lovins, Amory B; Lovins, L. Hunter (1995), Faktor vier. Doppelter Wohlstand - halbierter Naturverbrauch. Der neue Bericht an den Club of Rome. München.

# Nachhaltigkeit und Entrepreneurship in der New Economy

## Zum Verschmelzen von Variation und Selektion in der New Economy- und Nachhaltigkeitsdebatte

*Uwe Schneidewind und Marc Hübscher*

*1. Hinführung: zum evolutorischen Zusammenspiel von Entrepreneurship und unternehmerischer Strukturpolitik*

Betrachtet man „Nachhaltige Entwicklung" als einen denkmöglichen gesellschaftlichen Entwicklungsstand, in dem das Handeln politischer, marktlicher und gesellschaftlicher Akteure im globalen Maßstab so aufeinander abgestimmt ist, dass durch die Handlungsergebnisse weder die Entfaltungsmöglichkeiten heutiger noch diejenigen zukünftiger Generationen über das bestehende Maß hinaus beeinträchtigt werden, so stellt sich die Frage, wie ein solcher Zustand ausgehend von den heutigen – offensichtlich nicht nachhaltigen Handlungskonstellationen – erreicht werden kann.[1]

Da es keine plausiblen Anzeichen dafür gibt, dass sich eine solche Nachhaltige Entwicklung quasi deterministisch im Sinne eines denknotwendigen historischen Prozesses einstellt, bietet sich der Rückgriff auf die evolutorische Ökonomik an. Da diese jedoch kein einheitliches Forschungsprogramm darstellt, sondern als eine Richtung verschiedener wis-

---

[1] Vgl. zu einer solchen institutionellen Perspektive der Nachhaltigkeit Minsch u.a. 1998 und Schneidewind u.a. 1997.

senschaftlicher Strömungen anzusehen ist, die explizit die herausragende Bedeutung des Neuen betont[2], soll dieser Rückgriff in jenem reflexiven Sinne der Moderne gemeint sein[3], mit dem theoretische Bausteine der evolutorischen Ökonomik herausgehoben werden, auf die Praxis angewandt werden und somit wieder Rückwirkungen in die Theorie zulassen.

Kernbereich der evolutorischen Ökonomik ist die Existenz und Erklärung von Innovation. Unter Innovation sollen hier in Anlehnung an Schubert sowohl basale Neuerungen als auch Inventionen verstanden werden.[4] Ferner stellt sich die Frage, auf welche Bereiche sich diese Innovationen beziehen sollen. Sowohl Veblen als auch Schumpeter betonen hierbei die Koevolution von Akteuren und Institutionen bzw. Strukturen.[5]

Demnach führen nachhaltig orientierte Handlungsvariationen einzelner Akteure zu Innovationen im bestehenden gesellschaftlichen Handlungsrepertoire, deren Erfolg sich unter bestehenden marktlichen, politischen und gesellschaftlichen „Selektionsbedingungen" bewähren muss oder gleichsam diese bestehenden Bedingungen „kreativ zerstört".
Eine Nachhaltige Entwicklung wird sich dann einstellen, wenn

1. die Handlungsvariationen in Richtung einer nachhaltigen Entwicklung weisen (z.B. angepasste Konsummuster, öko-effiziente oder konsistente Produktinnovationen, etc.)

2. die bestehenden Selektionsbedingungen die Ausbreitung der entsprechenden Handlungsvariationen fördern und gleichzeitig das Nicht-Auftreten bzw. die Beherrschung nicht nachhaltiger Nebenfolgen der Handlungen gewährleisten.

In beiden Bereichen bestehen heute erhebliche Defizite: Auch wenn auf der Ebene des Konsumenten- und Unternehmenshandelns heute zahlreiche ökologisch orientierte Handlungsmuster zu beobachten sind, erstrecken sich diese nur auf eine kleine Menge von Bürgern und Unternehmen

---

[2] Vgl. Biervert, B./Held, M. 1992, 8.

[3] Vgl. Giddens, A. 1995, 62.

[4] Vgl. Schubert, R. 1990, 117.

[5] Veblen spricht von einer Koevolution von Institutionen und Technologie und Schumpeter akzentuiert die Koevolution von innovativer Akteursdynamik und den vorhandenen Denk- und Verhaltensstrukturen. Vgl. Dopfer, K. 2000.

und sind in ihrer ökologischen Reichweite in aller Regel begrenzt. Insbesondere im Vergleich zu den ansonsten (nicht nachhaltigen) Handlungsvariationen (z.B. im Zuge der Individualisierung und Multioptionierung des Konsumverhaltens oder des insbesondere produktseitigen Innovationshandelns von Unternehmen) spielen Handlungsvariationen in Richtung Nachhaltigkeit eine verschwindend geringe Rolle.

Auch auf der Ebene der Selektionsbedingungen bestehen erhebliche Defizite. Richtiges Handeln erfolgt in der Regel „in falschen Strukturen" und wird dadurch behindert oder sogar verunmöglicht, statt als nachhaltige Handlungsweise aktiv multipliziert zu werden. Dort wo nachhaltige (insbesondere öko-effiziente) Handlungsmuster auf positive Selektionsbedingungen treffen (z.B. duch staatliche Förderung oder gesetzliche Flankierung oder eine besonders hohe Konsumentensensibilität), dort stellt die Selektionsumgebung in den seltensten Fällen sicher, dass das Nachhaltigkeitspotential der Einzelhandlung nicht durch Wachstums- und Effizienzfallen auf aggregierter Ebene konterkariert wird.[6]

Vor dem Hintergrund dieser Problembeschreibung stellen sich für die Möglichkeit einer Nachhaltigen Entwicklung zwei zentrale Fragen:

1. Wie kommen nachhaltige Handlungsvariationen in die Welt?

2. Wie entstehen Selektionsbedingungen, die die Ausbreitung dieser Handlungsvariationen fördern und die Beherrschung ungewollter (nicht nachhaltiger Nebenfolgen) gewährleisten.

Der vorliegende Beitrag konzentriert sich auf die Akteursgruppe der *Unternehmen*, denen in der Nachhaltigkeitsdebatte für beide Themenkomplexe eine Schlüsselbedeutung zugewiesen wird, weil (1) Unternehmen heute der zentrale Innovationsmotor moderner Gesellschaften sind und (2) im Zuge des globalisierungsbedingten Zerfalls klassischer politischer Regulierungsmuster Unternehmen eine immer wichtigere Bedeutung in der Schaffung von „Governance Strukturen"[7] und damit von Selektionsbedingungen für nachhaltige Handungsweisen zukommt.

Der Beitrag entwickelt die These, dass nachhaltige Entwicklung nur eine Chance hat, wenn sich eine neue Form des „sozial-ökologischen

---

[6] Vgl. zu den Wachstums- und Effizenzfallen ökologischer Innovationen Minsch u.a. 1996.

[7] Vgl. u.a. Messner 1995.

Unternehmertums" (Günther/Pfriem)[8] oder des „Sustainopreneurships" (Schaltegger) herausbildet, die sich dadurch auszeichnet, dass sie organisatorische, marktliche, politische und gesellschaftliche Handlungsmodi zu kombinieren oder vollständig zu erneuern und damit klassische Ausdifferenzierungsbarrieren zu überwinden vermag. Mit diesen beiden Möglichkeiten zur Gestaltung von unternehmerischem Handeln finden sich zwei verschiedene Denkansätze zu Erklärung von Neuem. Zum einen die Schumpetersche Vorstrukturierung von Neuem, die sich in der Kombination bestehender Handlungsmodi erkennen lässt und zum anderen eine auf Shackle zurückgehende Perspektive, nach der das Neue gerade keinen expliziten Kontextbezug zu den alten Strukturen aufweist.[9] Es wird gezeigt, dass ein solches Entrepreneurship eine stärkere Rückbesinnung auf die Ebene individuellen Handelns (in Organisationen) bei der Suche nach nachhaltigen Entwicklungspfaden bedeutet, dieses aber auf einer organisationalen und einer gesellschaftlich-institutionellen Ebene eingebettet ist. Ferner soll darauf verwiesen werden, dass die evolutorische Ökonomik, die die Produktion von Innovation in die Akteure endogenisiert[10], gleichsam die Koevolution von Strukturen berücksichtigt, ein aussichtsreicher Kandidat sein könnte, Theoriebausteine für dieses Entrepreneurship zu stellen.

## 2. Entrepreneurship – oder: Wie Handlungsvariationen von Unternehmen in die Welt kommen

Unternehmen produzieren Handlungsvariationen, die nachhaltigkeitsrelevant sind und das auf vielen Ebenen[11]:

– Sie entwickeln neue Produkte und Herstellungsprozesse.

– Sie schaffen Produktkulturen und kanalisieren Kundenbedürfnisse.

---

[8] Günther/Pfriem 1999.

[9] Auf die in diesen Denkansätzen immanenten, auch problematischen Implikationen soll hier nicht weiter eingegangen werden, vgl. ausführlich Wegner, G. 1995.

[10] Vgl. Witt, U. 1997, 164.

[11] Vgl. dazu z.B. Pfriem 1995.

- Sie schaffen neue Organisations-, Geschäfts- und Finanzierungsmodelle.
- Sie entwickeln neue Arbeitszeitmodelle , die auf die Strukturierung der individuellen Lebenswelt Rückwirkungen haben.
- Sie kreieren Sponsoring-Konzepte, mit denen die Förderung von Kunst- und Kulturprogrammen möglich wird.
- ....

Dies sind nur einige Beispiele dafür, die illustrieren, inwiefern durch Unternehmen geschaffene Variationen koevolutive Prozesse im gesellschaftlichen Handlungsrepertoire erzeugen. Gerade im Zeitalter der „New Economy" gewinnen diese Änderungen eine nochmals gesteigerte Dynamik. Jeden Monat entstehen weltweit hunderte neuer Geschäftskonzepte, werden Produkte, Produktionsmuster und Organisationsmodelle in vielen Bereichen revolutioniert. Es kommt mit hoher Geschwindigkeit „Neues" in die Welt, das eigentlich auch die Hoffnungen auf eine Nachhaltige Entwicklung steigern müsste.

Und tatsächlich sind diese Optionen da:

- Ökologisch optimierte Wertschöpfungsketten lassen sich durch IT-Unterstützung leichter koordinieren,
- Ökologische und soziale Produkteigenschaften werden transparenter und lassen sich leichter vermarkten,
- Technologische Optionen diffundieren schneller,
- Umweltschutz- und Sozialorganisationen bekommen neue Formen der Artikulation über das Netz und können ihre Anliegen effektiver einbringen,
- Produkte werden bei identischen oder niedrigeren Kosten zunehmend individualisiert und bieten damit die Chance zu neuen und langlebigen Produktnutzungsmustern,
- Telearbeit eröffnet neue Chancen der Kombination von Erwerbs- und Nichterwerbsarbeit.
- ...

„Es mutiert", könnte man sagen und hoffnungsvoll auf die aus Nachhaltigkeitssicht vielversprechenden Handlungsvariationen schauen. Doch trüben zwei Erkenntnisse den Optimismus:

1. Den positiven Entwicklungstendenzen stehen in New Economy fast ähnlich viele negative Entwicklungstendenzen entgegen.
2. Die Innovationsdynamik an sich trägt erhebliche Instabilitäten in sich.

Ad 1: Den aus Nachhaltigkeitssicht positiven Handlungsvariationen stehen bei näherer Betrachtung mindestens ebenso viele negative Trends entgegen. Hier seien nur einige genannt:

- Internet- und IT-gestützte Produktionsstrukturen ermöglichen einen noch schnelleren Wechsel von Wertschöpfungskonfigurationen. Ganze Regionen können dadurch innerhalb weniger Monate ihre gesamte ökonomische Grundlage verlieren.
- Räumliche Einkaufsbarrieren werden weiter überwunden und führen zu gesteigerten Zentralisierungstendenzen mit in der Regel negativen ökologischen Effekten.
- Durch die Geschwindigkeit von Produktinnovationen werden Produkt- und Nutzungszyklen immer kürzer und führen zur ökonomischen Wertlosigkeit von Produkten weit vor ihrem technischen Lebensende.
- Der Wegfall nationaler Regulierungsmöglichkeiten in der Internet-Ökonomie erschwert den gesetzlichen Schutz von Verbraucherinteressen, aber auch die Erhebung von Steuern zur Finanzierung von öffentlichen Gütern. Er führt zu Einschränkungen beim Verbraucherschutz.
- Sozialstandards und soziale Abfederung von Arbeitsverhältnissen können immer leichter unterlaufen werden.
- ...

Dies sind nur einige Beispiele, die deutlich machen, dass die Zunahme von Handlungsvariationen in der New Economy nicht automatisch eine zunehmende Entwicklung Richtung Nachhaltiger Entwicklung in sich trägt.

Ad 2: Zu diesem Aspekt kommt, dass die New Economy durch ihre aktuelle Entwicklung ein erhebliches Maß an Instabilität in sich trägt. Verantwortlich dafür sind insbesondere drei Formen der *Entkopplung*:

eine *quantitative* Entkopplung, eine *zeitliche* Entkopplung und eine *institutionelle* Entkopplung.

*Quantitative Entkopplung*

Hans Christoph Binswanger hat die Wachstumszwänge jedweder Geldwirtschaft und die sich daraus ergebenden ökologischen Konsequenzen prägnant herausgearbeitet und bis auf die dahinter stehende einzelwirtschaftliche Logik rekonstruiert.[12] In der New Economy präsentieren sich solche Wachstumszwänge in potenzierter Form: Die gewaltige Börsenkapitalisierung der an den Neuen Märkten notierten dot.com-Unternehmen ist nur durch die mit diesen Unternehmen verbundenen Wachstumshoffnungen zu rechtfertigen, die nicht selten bei prognostizierten jährlichen Wachstumsraten für Geschäftstätigkeit und Markt im drei- bis z.T. vierstelligen Prozentbereich liegen. Solche Wachstumsanforderungen bergen erhebliche Risiken in sich, wie die ersten spektakulären Pleiten im Bereich der Internet-Unternehmen (wie z.B. des Textilhändlers Booyoo.com ) zeigen: Die Akquisition geeigneten Personals und die Schaffung angepasster Organisationsstrukturen hält mit dem Unternehmenswachstum nicht Schritt. Schon kleine Einbrüche bei den ehrgeizigen Wachstumsprognosen können zu erheblichem Vertrauensverlust bei Investoren (und damit z.B. zu Problemen bei der Kapitalbeschaffung bei weiteren Finanzierungsrunden) oder dazu führen, dass angesichts der hohen fixen Kosten für Personal und Marketing Illiquidität droht. Und dort, wo die Wachstumshoffnungen eingelöst werden, wissen wir aus Untersuchungen, dass die ökologischen Rucksäcke selbst solcher vermeintlich virtuell scheinender Dienstleistungen erheblich sind und an die industrieller Produktion heranreichen.[13]

Die quantitative Entkopplung hat auch noch eine weitere, nicht monetäre Dimension. Die globale Verbreitung bestimmter Systeme und Standards sowie die auf Sekunden zusammengeschrumpften Übertragungsgeschwindigkeiten machen Netzwerke und Organisationen sehr anfällig gegenüber Störungen und äußeren Eingriffen. Die innerhalb weniger Stunden erfolgte globale Verbreitung und der im Jahr 2000 ausgelöste

---

[12] Binswanger, H. C. 1994.
[13] Vgl. dazu Minsch u.a. 1996.

Schaden des „I-love-You-Virus" auf Microsoft-Rechnerumgebungen hat einen kleinen Eindruck dieser Anfälligkeiten geliefert.

*Zeitliche Entkopplung*

Der Wettbewerb im Bereich des Internet-Business ist im wesentlichen ein Zeitwettbewerb. Dies hängt mit besonderen Knappheiten in diesem Geschäft zusammen: In der Regel werden Informations- und Handelsplattformen sowie Standards etabliert, von denen sich auf mittlere Sicht nur wenige durchsetzen können. Das frühe Etablieren einer erfolgreichen Plattform baut daher in der Regel hohe Markteintrittsbarrieren für Nachfolger auf. Oft entscheiden wenige Wochen Zeitvorsprung über den Erfolg und setzen die Mitarbeiter und Organisationen unter erheblichen Druck. Individuelle Überlastungserscheinungen, insbesondere aber eine äußerst geringe Fehlertoleranz des Organisationshandelns sind die Folge und führen zu einer hohen Instabilität von Unternehmen in den Geschäftsfeldern.

*Institutionelle Entkopplung*

Eine weitere, gerade im Zuge der hier verfolgten Argumentation besonders wichtige Form der Entkopplung sind die vielfältigen institutionellen Entkopplungen, mit denen das Internet-Business einhergeht und die zu einem entscheidenden Teil die Charakteristika der New Economy ausmachen. Die wichtigsten seien im folgenden skizziert:

– Die steuerliche Erfassung (insb. Mehrwertsteuer, Ertragssteuern) von über das Internet gehandelten Produkten und Dienstleistungen gestaltet sich sehr schwierig, da steuerorientierte Standortverlagerungen von Server-Farmen fast ohne Transaktionskosten möglich sind. Viele Internet-Transaktionen finden heute im steuerfreien Raum statt.

– Wichtige Rechtsbegriffe des Vertragsrechtes (z.B. im Rahmen des Vertragsabschlusses über das Internet, die Definition des Gutscharakters) sind im E-Business z.T. unbestimmt und werfen Schwierigkeiten in der rechtlichen Ausgestaltung von Internetgeschäften auf.

- National geregelte Schutzrechte (z.B. Verbraucherschutzrechte, Persönlichkeitsrechte, Regelungen gegen die Verbreitung von pornographischen oder politisch radikalem Gedankengut...) können über das Internet umgangen werden.
- Angesichts der globalen Produktionsstrukturen und der hohen Bedeutung von Telearbeit und -kooperation in der Branche sind auch Arbeitsschutzbestimmungen schwer durchzusetzen.

Eine medizinische Metapher nutzend, handelt es sich hier um ein hochdynamisches und schnell wucherndes Krebsgeschwür, das sich der Kontrolle durch seinen ihn umgebenden Organismus zunehmend entzieht. Dabei handelt es sich hier nur um einen besonders unkontrolliert rollenden Dschagannath-Wagen[14], der durchaus typisch für ausdifferenzierte moderne Gesellschaften ist, die Opfer der ungewollten Nebenfolgen von eigentlich hochproduktiven Entwicklungen werden.[15]

Diese Analyse hilft auch, den Bogen zur Nachhaltigkeitsdebatte zu schließen, die ja ursprünglich von globalen ökologischen Krisenlagen ihren Ausgangspunkt genommen hat und nach neuen Wegen sucht, ökologische, soziale und ökonomische Ansprüche (insb. unterentwickelter Länder) in Einklang zu bringen. Sieht man nämlich ökologische und soziale Krisenlagen nicht als isolierte Problemfelder, die durch geeignete Maßnahmen einzeln bekämpft werden müssen, sondern vielmehr als Kernbereiche einer evolvierenden Ökonomie, erhält man eine Perspektive, die die gewachsenen institutionellen Rahmenbedingungen als sukzessiven Anpassungsprozess an eine industrielle Gesellschaft unter dem Imperativ der Naturbeherrschung zu verstehen hilft[16]. Diese gewachsenen Strukturen stehen einer Koevolution von Ökonomie und Ökologie geradezu diametral gegenüber und können als Symptome für tieferliegende Organisationsprobleme moderner Gesellschaften identifiziert werden, so dass sich „Nachhaltigkeit" als eine institutionelle Herausforderung dar-

---

[14] Vgl. zum Bild des Dschagannath-Wagens aus der hinduistischen Mythologie zur Kennzeichnung von menschgemachten, aber nicht mehr menschkontrollierten Entwicklungen Giddens 1996, 173.

[15] Vgl. Giddens 1996, 72 ff.

[16] Leipert, C. 1992, 171f.

stellt[17]: Ein extremes Maß an Ausdifferenzierung gesellschaftlicher Subsysteme, aber auch unternehmerischer Tätigkeit führt zu einer steigenden Produktivität der Einzeleinheiten bei immer schwierigerer Beherrschung der ungewollten Nebenfolgen dieser Arbeitsteilung: Die oben skizzierten Entkopplungs-, insb. Wachstums- und Beschleunigungsphänomene sind ein Ausdruck davon.

## 3. Entrepreneurship und neue Steuergleichgewichte in der New Economy

Hier setzen die Gestaltungsherausforderungen in der New Economy an. Wie lässt sich

– das Hochmaß an Handlungsvaritationen, das diese Form der Wirtschaftsorganisation erfreulicherweise erzeugt, erhalten,

– dabei ein Maximum an Nachhaltigkeitsvariationen initiieren

– und das Gesamtsystem stabil und (im Sinne von nachhaltigkeits-orientierten Rahmenbedingungen) steuerbar halten,

– sowie eine Koevolution von Ökonomie, Ökologie und Sozialem gleichberechtigt gestalten ?

Dies wäre sozusagen die Perspektive einer nachhaltigen New Economy. Die Ausführungen zu den *institutionellen Entkopplungen* haben verdeutlicht, dass die klassische ordnungspolitische Antwort dafür nicht in Frage kommt. Dies würde heißen, die Akteure weiter wie bisher walten zu lassen, ihnen jedoch geeignete Rahmenbedingungen (oder hier: Selektionsbedingungen) zu setzen, so dass die gewünschten (nachhaltigen) Ergebnisse dabei herauskommen.

Eine institutionell entkoppelte New Economy ist dagegen auf ein erhebliches Maß an Selbststeuerungsmechanismen angewiesen, um das oben angedeutete Gleichgewicht zu realisieren. Das Schaffen von Handlungsvariationen und das Setzen von Selektionsbedingungen verschmelzen in den Akteuren selbst.

---

[17] Vgl. zu einer solchen Argumentation Minsch u.a. 1998, Schneidewind u.a. 1997.

Zentrale These der folgenden Argumentation wird sein, dass diese Verschmelzung primär auf der individuellen Ebene von „Sustainopreneuren" erfolgen muss. Diese wird flankiert durch Rückkopplungsmechanismen auf organisatorischer Ebene und die Setzung von Rahmenbedingungen (klassischen Stils) auf der politischen Ebene.

## 4. Der Sustainopreneur als Schlüsselfiger einer nachhaltigen New Economy

Dass durch Individuen getragenes Unternehmertum gerade in der New Economy wieder neue Bedeutung gewinnt, zeigt die große Zahl an Einzelpersonen, die für den Erfolg der großen IT- und Internet-Start-Ups der letzten Jahre verantwortlich gemacht werden. Personen wie Bill Gates (Microsoft), Michael Dell (Dell Computer) oder Jeff Bezos (Amazon) begründen eine Wiederbelebung des Schumpeterschen Unternehmertums, das in der Phase der Dominanz managementgesteuerter Großunternehmen der 70er- und 80er-Jahre in den Hintergrund gedrängt worden zu sein schien.

Die Bedeutung von Unternehmerpersönlichkeiten ist ein Hinweis auf die gewachsenen Gestaltungsfreiräume in der New Economy, in der es wieder in einer neuen Dimension Chancen zu entdecken, Ideen zu generieren und diese nach eigenen Plänen erfolgreich marktorientiert umzusetzen gilt. Genau dies ist die Aufgabe von Entrepreneuren.

Sustainopreneure, die als subjekt-orientierter Kern einer nachhaltigen New Economy wirken wollen, stehen vor einer doppelten Herausforderung:[18]

- Einerseits müssen sie Markterfolg und Nachhaltigkeitsziele gemeinsam umsetzen. Sie müssen geschäftsstrategische Synthesen[19] aus ökonomischen, ökologischen und sozialen Problemlagen finden und die damit verbundenen Widersprüche beherrschen. Eine solche Synthese muss von Individuen gewollt sein, sie ergibt sich nicht zwangsläufig.

---

[18] Vgl. zur folgenden Argumentation auch Schaltegger/Petersen/Schneidewind 2000.
[19] Vgl. Ulrich 1997.

Sustainopreneurship ist dabei eine spezifische Ausprägung des Entrepreneurships, denn auch der Entrepreneur realisiert in letzter Konsequenz eine individuell geprägte Kombination von zahlreichen Handlungsmöglichkeiten.

– Andererseits reflektieren sie die ökologischen und gesellschaftlichen Nebenfolgen ihres Tuns. Sie sind sich der oben skizzierten Entkopplungen der New Economy bewusst und wirken stabilisierend statt verstärkend.

Neben den Charaktereigenschaften, die Entrepreneure auszeichnen, bedürfen Sustainopreneure, um die oben skizzierten Anforderungen einzulösen, zusätzlicher Fähigkeiten. Denn folgt man der oben skizzierten Argumentation, dass Nicht-Nachhaltigkeit im wesentlichen ein Problem der Ausdifferenzierung moderner Gesellschaften ist, so sind Sustainopreneure gefordert, hier integrierend zu wirken. D.h. sie müssen nicht nur fähig sein, Marktprozesse und –dynamiken zu verstehen, sondern ein ähnliches Gespür für politische und gesellschaftliche Prozesse entwickeln, um Rückkopplungen zu ermöglichen. Diese Anforderung an Sustainopreneure impliziert die Fähigkeit, individuelle Entscheidungen im gesamten Problemkontext zu reflektieren, so dass neben der ökonomischen Reichweite auch die entscheidungsimmanenten Auswirkungen auf die Ökologie und das Soziale konstitutiv berücksichtigt werden. Diese Betonung der von den in der Neoklassik als exogene Größen bezeichneten Einflüsse ermöglicht erst die Koevolution der genannten Nachhaltigkeitsdimensionen.

Auch wenn das „Wollen" zu solchen Synthesen ein individueller Akt ist, so besteht eine wesentliche Herausforderung des Entrepreneurs darin, eine soziale Struktur aufzubauen. Zu dieser Struktur gehören die unternehmensinterne Organisation wie auch Netzwerke mit Kunden, Lieferanten und Anspruchsgruppen.[20] Denn erst vermittelt über die Organisation wird es in der Regel möglich, Ressourcen aufzubauen, die unternehmerische „Strukturpolitik" in Markt, Politik und Gesellschaft ermöglichen.[21]

---

[20] Vgl. Schaltegger/Schneidewind/Petersen 2000.

[21] Vgl. zu den Formen und Möglichkeiten einer solchen Strukturpolitik Schneidewind 1998.

Auch wenn in der New Economy bestehende politische Rahmensetzungen an Bedeutung verlieren und stärker durch politische Governance-Strukturen abgelöst werden, an denen die betroffenen Akteure selbst beteiligt sind, so verliert Rahmensetzung nicht vollständig an Bedeutung. Sustainopreneure kennzeichnet daher immer auch ein Maß an „ordnungspolitischer Mitverantwortung".[22] Diese Mitverantwortung kann im Sinne von North[23] institutionell verankert werden, in dem die Akteure individuelle oder kollektive Grenzen errichten, die sodann veränderte Strukturen für die ökonomische, ökologische, soziale wie auch politische Interaktion schaffen. Bei erfolgreicher Anwendung diesen neuen Strukturen können reflexive Rückkoppelungen in die politisch-gesellschaftlichen Rahmenbedingungen entstehen.

## 5. Sustainopreneure – Fiktion oder Realität?

Wird hier das Bild von Über-Akteuren gezeichnet? Die Hoffnung auf Individuen genährt, die uns schon in eine neue Ära wirtschaftlichen Wohlstands und sozialen sowie ökologischen Gleichgewichts führen werden?

Aus der Perspektive der ökonomischen Neoklassik gesehen müsste die Frage eindeutig bejaht werden. Der Ausgangspunkt der Evolutorischen Ökonomik ist es dagegen, den neoklassischen Sachzwang aufzubrechen und Entscheidungsprobleme wieder zu faktischen Wahlmöglichkeiten werden zu lassen.[24]

Eine theoretische Erklärung für Wahlhandlungen lässt sich mithin bei dem eingangs schon erwähnten Shackle finden. Shackle versteht die gedankliche Vorwegnahme von Zukunftsbildern als Innovation.[25] Dieses Konstrukt bricht mit der neoklassischen Sichtweise, nach der eine sachlogische Entscheidung lediglich eine Wahl zwischen Alternativen ist.

---

[22] Vgl. Ulrich 1997.

[23] Zu einer instruktiven Auseinandersetzung mit der Institutionentheorie von D.C. North vgl. Priddat 1995.

[24] Vgl. Pfriem 1999.

[25] Vgl. ausführlicher Wegner 1997, 196f.

Folglich versteht Shackle unter Entscheidung die Wahl kontingenter Zukunftsentwürfe, die nicht notwendigerweise mit gegenwärtigen Strukturen gekoppelt sind. Hier findet sich sodann ein kreativer Schöpfungsprozess, der für die Umsetzung auf seine Realisationsfähigkeit zu überprüfen ist.[26]

Der Blick auf reale Sustainopreneure ist an dieser Stelle hilfreich, weil er deutlich macht, wofür die Idee eines Sustainopreneurships steht: die Sensibilisierung für die eben angesprochenen vorhandenen Kontingenzen im wirtschaftlichen und gesellschaftlichen Handeln gerade im Zeitalter der New Economy. Der umfassende Optionenreichtum, den uns insbesondere die Welt des E-Business beschert, birgt zahllose Möglichkeiten zu neuen Synthesen im Sinne einer nachhaltigen New Economy in sich, die bisher erst ganz zaghaft umgesetzt werden. Geschäfts- und Organisationsmodelle, die den Pfad klassischer Kommerzialisierungen verlassen und sozial-ökokologisch-integrative Pfade beschreiten, gibt es erst in Anfängen.[27] Sustainopreneurship bedeutet, mehr solche Wege zu wagen. Was sind Beispiele:

– Linus Torvalds, der mit seinem Open Source Project Linux ein Betriebssystem initiiert hat, das dem kommerziellen Produkt des Softwaregiganten Microsoft in vielen Bereich weit überlegen ist und einen Siegeszug um den Globus angetreten ist. Linux steht dabei nur prototypisch für die große Zahl an Open Source-Projekten, die ein Höchstmaß an globaler Wertschöpfung in virtuellen Communities jenseits klassischer Kommerzialisierungspfade schaffen und auf diese Weise Softwareprodukte kreieren, die aufgrund ihrer Transparenz viele der Unsicherheiten und Abhängigkeiten gängiger Produkte zu vermindern helfen.[28]

– Die Akteure, die die Nutzung des Internets für Non Governmental Organizations (NGO's) zur Mobilisierung politischer Gegenmacht insbesondere im internationalen Bereich (z.B. Verhinderung des Multilateralen Investitionsabkommens MAI durch ein Netzwerk global

---

[26] Vgl. ebenda, 230.
[27] Vgl. dazu auch Günther/Pfriem 1999.
[28] Vgl. die weiter oben angesprochenen Instabilitäten z.B. im Kontext des I-love-you-Virus.

über das Internet verbundener NGO's), vorantreiben, sind ebenfalls Beispiele für Sustainopreneurship: Technische Möglichkeiten, die in der Welt des E-Commerce Milliardengewinne versprechen, bewusst im politischen-gesellschaftlichen Feld von NGO's einzusetzen.

- Der Aufbau von Business to Business und Business to Consumer-Plattformen für ökologische Produkte, um deren Absatz erheblich zu steigern[29], ist Beispiel für geschäftsstrategische Synthesen, die den Geist eines Sustainopreneurships in sich tragen.
- Die vielen Zeitpioniere, die ihre IT-Fähigkeiten nutzen, um im E-Business Geld zu verdienen, ohne sich dessen Zeitrhythmus zu unterwerfen, sondern z.B. an angenehmen Orten dieser Welt Entwicklungsarbeiten im eigenen Rhythmus leisten: Beispiel für Sustainopreneurship.
- Personen wie Jost Stollmann (der ehemalige Wirtschafts-Minister im Wahlkampfschattenkabinett von Gerhard Schröder) sind Indiz dafür, dass die New Economy auch Freiräume für „ordnungspolitische Mitverantwortung" schafft, die erste Vertreter der New Economy-Unternehmergeneration durchaus anzunehmen bereit sind.[30]

Die Beispiele verdeutlichen, dass die Idee des Sustainopreneurs über den des Öko-Pionierunternehmers der 80er-Jahre hinausgeht. Jene waren in der Regel Unternehmerpersönlichkeiten, die es verstanden, ökologische Aspekte erfolgreich in ihre Geschäftstätigkeit zu integrieren. In dem Maße, in dem sie es verstehen, auch mit den Instabilitäten und sozialen Herausforderungen der New Economy geeignet umzugehen, mutieren sie auch zu Sustainopreneuren. Sustainopreneure finden sich jedoch auch weit jenseits des ökologischer Unternehmertyps: als Initiatoren von Open Source-Projekten, als Internet-Profis in NGO's, als Zeitpioniere in E-Business-Firmen, ... um die o.g. Beispiele aufzugreifen.

Was sie jedoch alle kennzeichnet, ist die Fähigkeit, unterschiedliche Arenen und multidimensionale Anforderungen zu verstehen und innova-

---

[29] Vgl. zu entsprechenden Beispielen Kolibius/Nachtmann 2000.

[30] Von daher ist es durchaus passend, dass der Klappentext zu Klaus Günthers und Reinhard Pfriems Plädoyer für eine sozialökologische Unternehmergesellschaft (Günther/Pfriem 1999) von eben diesem Jost Stollmann stammt.

tiv mit ihnen umzugehen und auf diese Weise stabilisierend in einer instabilen New Economy zu wirken.

## 6. Fazit und offene Fragen

Die Argumentation des vorliegenden Beitrages war wie folgt: Nachhaltigkeit braucht Handlungsvariation vieler Akteure und geeignete Selektionsbedingungen. Die New Economy ist Brutstätte unendlich vieler Handlungsmöglichkeiten, zugleich birgt sie zahlreiche Entkopplungen in sich und entzieht sich klassischen Steuerungsmechanismen. Gefragt sind daher Wege, die die Vielzahl an Handlungsvariationen erhalten, aber in Richtung Nachhaltigkeit steuerbar machen. Als Antwort wurde die auf Stefan Schaltegger und Holger Petersen zurückgehende Idee des Sustainopreneurs präsentiert, eine Art Schumpeterscher Unternehmer im Nachhaltigkeitsgewand.

Der vorliegende Beitrag konnte nur eine grobe Skizze dieses Sustainopreneurs[31] liefern und Schnittmengen mit der Evolutorischen Ökonomik exemplarisch aufzeigen. Diese Ausführungen sollen jedoch dafür sensibilisieren, dass nach einer Phase der stark technisch und instrumentell geprägten Diskussion über Umwelt- und Nachhaltigkeitsmanagement es an der Zeit zu sein scheint, wieder stärker den innovierenden Akteur in den Blickpunkt der Betrachtung zu nehmen.

### *Literatur*

Biervert, B./Held, M., Hrsg. (1992): Evolutorische Ökonomik. Neuerungen, Normen, Institutionen. Campus, Frankfurt/Main 1992.

Biervert, M./Held, M. (1992): Das Evolutorische in der Ökonomik: Neuerungen – Normen – Institutionen. Eine Einführung, in: Biervert, B./Held, M., Hrsg. (1992): Evolutorische Ökonomik. Neuerungen, Normen, Institutionen. Campus, Frankfurt/Main 1992.

---

[31] Die umfassende Aufarbeitung in Buchform ist als Schaltegger/ Petersen/ Schneidewind 2000 in Vorbereitung.

Binswanger, H.C. (1994): Geld und Wachstumszwang, in: Binswanger, H.C./ Flotow, P. v., Hrsg.: Geld & Wachstum. Zur Philosophie und Praxis des Geldes. Weitbrecht, Stuttgart/Wien 1994, S. 81-124.

Dopfer, K. (2000): Institutionelle Ökonomie. Institutionelle Ökonomie als Evolutionsökonomie und Evolutionsökonomie als Institutionelle Ökonomie. Unveröffentlichter Vortrag am Max-Planck-Institut zur Erforschung der Wirtschaftssysteme, St. Gallen 2000.

Giddens, A. (1996): Konsequenzen der Moderne. Suhrkamp, Frankfurt a.M. 1996.

Günther, K./Pfriem, R. (1999): Die Zukunft gewinnen. Vom Versorgungsstaat zur sozialökologischen Unternehmergesellschaft. Hanser, München 1999.

Kolibius, M./Nachtmann, M. (2000): Eco-E-Commerce im Business-to-Consumer-Bereich – ein Statusbericht, in: Schneidewind, U./Steingräber, G./ Truscheit, A., Hrsg.: Nachhaltige Informationsgesellschaft. Metropolis, Marburg 2000.

Leipert, C. (1992): Die normative Begünstigung wirtschaftlichen Wachstums durch die institutionellen Bedingungen der Marktwirtschaft und ihre Folgen. Das Beispiel Umwelt, in: Biervert, B./Held, M., Hrsg. (1992): Evolutorische Ökonomik. Neuerungen, Normen, Institutionen. Campus, Frankfurt/Main 1992, S. 167-188.

Messner, D. (1995): Die Netzwerkgesellschaft. Wirtschaftliche Entwicklung und internationale Wettbewerbsfähigkeit als Probleme gesellschaftlicher Steuerung. Weltforum-Verlag, Köln 1995.

Minsch, J. u.a. (1996): Mut zum ökologischen Umbau. Innovationsstrategien für Unternehmen, Politik und Akteurnetze, Birkhäuser Verlag, Basel

Minsch, J. u.a. (1998): Institutionelle Reformen für eine Politik der Nachhaltigkeit. Springer-Verlag, Berlin/New York

Pfriem, R. (1995): Unternehmenspolitik in sozialökologischen Perspektiven. Metropolis, Marburg 1995.

Pfriem, R. (1999): Jenseits des Sachzwangs. Unternehmenspolitische Konstruktionen für das 21. Jahrhundert. Schriftenreihe LAUB 1999.

Priddat, B. P. (1997): Ökonomie und Geschichte: Zur Theorie der Institutionen bei D. C. North, in: Priddat, B.P./Seifert, E. K. (1997): Neuorientierungen in der ökonomischen Theorie. Zur moralischen, institutionellen und evolutorischen Dimension des Wirtschaftens. Metropolis, Marburg 1997, S. 205-239.

Priddat, B.P./Seifert, E. K. (1997): Neuorientierungen in der ökonomischen Theorie. Zur moralischen, institutionellen und evolutorischen Dimension des Wirtschaftens. Metropolis, Marburg 1997.

Schaltegger, S., Schneidewind, U., Petersen, H.: Sustainopreneurship. Umweltmanagementlehre aus Akteursperspektive (vorläufiger Titel), erscheint Herbst 2000.

Schneidewind, U. u.a.(1997): Institutionelle Reformen für eine Politik der Nachhaltigkeit: Vom Was zum Wie in der Nachhaltigkeitsdebatte, in: GAIA 6 (1997) no. 3, S. 182-196

Schneidewind, U. (1998): Die Unternehmung als strukturpolitischer Akteur. Metropolis, Marburg

Schneidewind, U./Steingräber, G./Truscheit, A. (2000), Hrsg.: Nachhaltige Informationsgesellschaft. Metropolis, Marburg 2000.

Schubert, R. (1990): Innovation als Strategie der bedingten Risikominimierung, in: Witt, U. (1990): Studien zur Evolutorischen Ökonomik I. Duncker & Humblot, Berlin 1990, S. 115-134.

Ulrich, P. (1997): Integrative Wirtschaftsethik. Grundlagen einer lebensdienlichen Ökonomie. Haupt, Bern u.a. 1997.

Wegner, W. (1997): Innovation, Komplexität und Erfolg. Zu einer ökonomischen Handlungstheorie des Neuen, in: Priddat, B.P./Seifert, E. K. (1997): Neuorientierungen in der ökonomischen Theorie. Zur moralischen, institutionellen und evolutorischen Dimension des Wirtschaftens. Metropolis, Marburg 1997, S. 181-204.

Witt, U. (1990): Studien zur Evolutorischen Ökonomik I. Duncker & Humblot, Berlin 1990.

Witt, U. (1997): Evolutorische Ökonomik. Umrisse eines neuen Forschungsprogramms, in: Priddat, B.P./Seifert, E. K. (1997): Neuorientierungen in der ökonomischen Theorie. Zur moralischen, institutionellen und evolutorischen Dimension des Wirtschaftens. Metropolis, Marburg 1997, S. 153-179.

# Jenseits von Böse und Gut

## Ansätze zu einer kulturwissenschaftlichen Theorie der Unternehmung

*Reinhard Pfriem*

„Es gibt gar keine moralischen Phänomene, sondern nur eine moralische Ausdeutung von Phänomenen." (Friedrich Nietzsche, Jenseits von Gut und Böse)

„Er versuchte es mit anderen Wendungen. Kreative Neuschöpfung der Vergangenheit – normative Neuschöpfung der Vergangenheit – sogar definitive Neuschöpfung der Vergangenheit. Aber so recht konnte er sich für keine entscheiden." (Timothy Findley, Der Gesandte)

„Die Innovation besteht nicht darin, daß etwas zum Vorschein kommt, was verborgen war, sondern darin, daß der Wert dessen, was man immer schon gesehen und gekannt hat, umgewertet wird." (Boris Groys, Über das Neue. Versuch einer Kulturökonomie)

Der folgende Text steht scheinbar *quer* zu den Diskussionen über die Möglichkeit einer Unternehmensethik.[1] Obwohl der Verfasser sich an dieser Diskussion selbst beteiligt hat[2], wird kein Zugriff gewählt, der an diese Diskussion anschließt. Sondern Ausgangspunkt ist die Betrachtung, wie im 20. Jahrhundert insgesamt gesellschaftstheoretisch und gesellschaftspolitisch über die Rolle von Unternehmen gegenüber der Gesell-

---

[1] Als Repräsentanten einer im deutschen Sprachraum seit ziemlich genau 15 Jahren stattfindenden Debatte seien hier (mit frühen Texten) angeführt: Steinmann/Löhr 1989, Ulrich 1986 und 1997 sowie Homann/Blome-Drees 1992, vgl. auch die Beiträge in Wieland 1993.

[2] S. Pfriem 1995, 191-230, sowie Pfriem 1998.

schaft räsoniert wurde. Insofern wird der moralische Duktus kritisiert, mit dem erwerbswirtschaftlich orientierte Unternehmensorganisationen seit Beginn der kapitalistischen Marktwirtschaft häufig entweder als *Verursacher alles Bösen* oder als *Garanten des gesellschaftlichen Fortschritts* behandelt wurden und werden. Dieser moralische Duktus hat starke Wurzeln in der Gestalt der industriellen Fabrik, die die ersten 150 Jahre der kapitalistischen Marktwirtschaft als dominant prägte.

Die postindustriellen Marktwirtschaften erfüllen viele Hoffnungen keineswegs, die ihnen auf den Weg gegeben wurden, fördern aber erstmals in dieser Deutlichkeit eine Konstellation zutage, die in der menschlichen Wahrnehmung die *Zukunft* zu einem *prinzipiell offenen Projekt* werden lässt. Daraus entwickelt sich eine so weitgehende, im Prinzip *unüberschaubare Vielfalt praktischen Unternehmertums* in der Gesellschaft, dass sie jeglichen Versuch binärer Kodierung dieses Handelns nach Gut und Böse zunichte macht. Es bleibt der soziale *Wettbewerb um Anerkennung verschiedener kultureller Optionen*. Damit wiederum lösen sich nicht nur die Grundlagen des genannten moralischen Duktus auf, sondern – weit schwerwiegender – die Rationalitätsmuster, die den ökonomischen Wissenschaften und manchem sozialwissenschaftlichen Reden über Ökonomie noch weithin zugrundeliegen. Es ergeben sich weitreichende Folgen für die Konzeption einer heute angemessenen Theorie der Unternehmung in fachlich-substantieller wie wissenschaftstheoretischer Hinsicht, die die Arbeit an einer *evolutorischen Theorie der Unternehmung* in kulturwissenschaftlichen Perspektiven nahe legen.

Die genauere Argumentation möchte ich in fünf Schritten entwickeln: Ich werde (1) in Anknüpfung an einen Gedanken von Luhmann erläutern, dass die Option auf eine evolutorische Theorie der Unternehmung die Verknüpfung unterschiedlicher Theorietypen erfordert. Dann werde ich (2) zeigen, inwiefern hinter dem eingangs benannten moralischen Duktus gesellschaftliche Konstruktionsleistungen stehen, die ich als externes und internes Zweiweltenmodell bezeichne. Diese Zweiweltenmodelle bezogen im 20. Jahrhundert ihre Geltungskraft aus den materiellen ökonomischen und sozialen Verhältnissen. Mit deren Veränderungen stehen auch einige zentrale Annahmen der ökonomischen Theorie auf dem Spiel. Darauf aufbauend beschäftige ich mich (3) mit Ökonomie als kultureller Veranstaltung. Den insbesondere kulturellen Charakter moderner Ökonomie zeige ich auf drei Ebenen auf mit der Pointe, dass weitreichende

Veränderungen des Gegenstandes entsprechende Veränderungen bei der Theorie hervorrufen sollten, die diesen Gegenstand angemessen bearbeiten will. Eine vernünftige Theorie der Unternehmung braucht einen gehaltvollen Begriff von Unternehmertum. In Auseinandersetzung mit dem heute für diese Frage immer noch herausragenden Schumpeter versuche ich mich (4) dem Unternehmertum in kulturwissenschaftlichen Perspektiven zu nähern. Zum Abschluss des Beitrages werde ich (5) andeuten, inwiefern die künftige Arbeit an einer evolutorischen Theorie der Unternehmung vor allem als kulturwissenschaftliche begriffen werden sollte.

## *1. Die Frage nach dem Theorietypus*

Persönlicher Hintergrund für die nachfolgende Argumentation ist die langjährige Beschäftigung mit der *ökologischen Herausforderung von Unternehmen, Wirtschaft und Gesellschaft*. Diese hat in den vergangenen 15 Jahren[3] außerordentlich viele Ideen transportiert, die häufig eher vom Herantragen guter Wünsche an eine zweckrational vorgestellte Wirklichkeit getragen waren als von einem analytisch nüchternen Blick auf die Entwicklungsbedingungen und -möglichkeiten sozialer Systeme. Dafür steht die appellative Logik, mit der entweder ethisch-pathetisch die notwendige Umkehr gefordert oder diese als gerade erfolgreich vollzogen gefeiert wurde.

Beide Varianten der *appellativen Logik* standen für eine Ökologisierung der Gesellschaft. Davon ist seit einer ganzen Reihe von Jahren nicht mehr so recht die Rede, Umweltschutz hat sich vom gesellschaftlichen Avantgardethema zum Langweiler verwandelt, der unter der heutigen Jugend eher als Ausdruck lebenslustferner Prinzipienreiterei beschrieben wird („ist ja öko..."). Insofern leidet der Ökologiegedanke zwar auch unter den sichtbaren Erfolgen von Umweltpolitik, vor allem wohl aber darunter, dass er die frühere Attraktivität für das Projekt der Veränderung

---

[3] Ich beziehe mich mit dieser Datierung auf die unternehmenspolitisch relevante Gründung der ökologischen Unternehmerinitiativen BAUM und future 1985 sowie unbescheidenerweise auf die im selben Jahr erfolgte Initiierung und Gründung des Berliner Instituts für ökologische Wirtschaftsforschung (IÖW) GmbH durch den Verfasser.

von Wirtschaft und Gesellschaft verloren hat. Die hier vorrangig interessierende theoretische Ebene betrifft im unternehmenstheoretischen Kontext die Transformation ökologischer Ökonomie als eines möglichen neuen Wirtschaftsleitbildes zu einem Umweltmanagement, das für die Betriebswirtschafts- und Managementlehre keine theoretische Herausforderung mehr darstellt.[4] Die sogenannte EG-Öko-Audit-Verordnung[5] stellte in praktischer Hinsicht zwar eine Art Auffangnetz für Bemühungen um ökologische Unternehmensführung in den Betrieben dar, bestärkte die beteiligten Theoretiker aber eher in der Beschäftigung mit umweltpolitischem Instrumentalismus, sodass das anfängliche Interesse nicht speziell mit ökologischer Unternehmensführung befasster Betriebswirtschaftstheoretiker am ökologischen Problem wieder erlahmte. Das Naturmodell des bloßen Bewahrens (umweltpolitisch: des Verhinderns) schien mit dem Interesse an ökonomischen Innovationen inkompatibel zu sein – und ist es wohl auch.

Den wesentlichen Faktor dieser Entwicklung sehe ich heute in einer *strategischen Lücke*, genauer: die Lücke zwischen der normativen Orientierung auf ökologische Ökonomie und den operativen Niederungen des Umweltmanagements nicht durch eine theoretische Integration der ökologischen Herausforderung im Bereich der Unternehmensstrategien gefüllt zu haben. Das hätte den Bogen zu Wettbewerbstheorie, Generierung neuer Märkte und Strukturwandel geschlagen, mit anderen Worten: zur analytischen Beschäftigung mit der Evolution der Wirtschaft. Diese Anschlüsse müssen nun verzögert und anders hergestellt werden.

Die Veränderung von Wirtschaft und Gesellschaft findet vermutlich eher als *Evolution* statt denn als Ergebnis gezielter, planmäßiger Eingriffe. Im Einverständnis mit Luhmann[6] interessiert hier die Realität der Evolution mehr als die von ihm so bezeichnete Poesie der Reformen. Die Enttäuschung, dass die Poesie der Reformen bei näherem Hinsehen so poetisch nicht ist, markiert wie jede Ent-täuschung freilich auch eine Be-

---

[4] Genauer nachgezeichnet und kritisch beleuchtet wird diese Entwicklung bei Pfriem 1999.

[5] Vgl. dazu Fichter 1995 und Burschel/Claes/Hallay/Pfriem 1999.

[6] Vgl. das Kapitel 11 (Struktureller Wandel: Die Poesie der Reformen und die Realität der Evolution) in dessen posthum veröffentlichtem Werk „Organisation und Entscheidung" (2000).

freiung. Der genauere Blick auf die *Entwicklungsbedingungen und -möglichkeiten von Unternehmen und Gesellschaft* lässt nämlich nicht jede Hoffnung auf Poesie fahren, sondern bringt diese nur an den richtigen Ort: da, wo sie geschehen kann.

Die Vorstellung ökonomischer Sachzwänge geht paradoxerweise (vielleicht aus kompensatorischen Gründen) mit arger Machermentalität einher. Wenn wir den Irrglauben an unsere Machermentalität überwinden, dann fangen wir an zu lernen, dass die Dinge sich nicht so entwickeln (müssen), wie es ihnen von außen vorgeschrieben wird. Dieser Lerneffekt sollte weitergehen: auch eine metaphysische Steuerungsinstanz kann nicht als solche funktionieren, weder eine originär metaphysisch gedachte (christlich o.ä. gedachter Weltenlauf) noch eine, die frühmodern Gesetzmäßigkeiten technisch-ökonomischen Fortschritts suggeriert, denen gegenüber sich dann sämtliche ökonomischen Akteure als Anpassungsoptimierer zu betätigen hätten.[7]

Wenn dem so ist, dann gilt der Befund, den Castoriadis an den Schluss seines Hauptwerkes gestellt hat: „Die Selbstverwandlung der Gesellschaft hängt von dem gesellschaftlichen und also im ursprünglichen Wortsinn politischen Tun der Menschen in der Gesellschaft ab – und von nichts sonst."[8] Daran gemessen hat die Luhmannsche Theorie in bewundernswerter Weise die linear-technokratische Macherideologie der Moderne gegen den Strich gebürstet und kritisiert, sich vielleicht aber nicht genügend darauf orientiert, dass die Geschichte noch weiter geht. In dem posthum erschienenen Werk Luhmanns heißt es selbstbewusst: „Die Kontroverse zwischen Planungstheorien und Evolutionstheorien entscheidet sich also letztlich auf dem Boden der Systemtheorie."[9] Die Erläuterung dazu trägt schon von der Formulierung her eher defensive Züge: „Wenn die theoretische Kontroverse Planung vs. Evolution zugunsten der Evolutionstheorie gelöst wird, heißt das selbstverständlich nicht, dass man Planung besser lassen und auf Evolution warten sollte.

---

[7] Zur Kritik dieses verbreiteten ökonomischen Denkens s. Pfriem 2000; die Erkenntnis, dass die Menschen ihre Geschichte selber machen und dies auch reflektieren können (statt nur als Anpassungsoptimierer zu agieren), ist allerdings eigentlich auch schon fast drei Jahrhunderte alt, s. Vico 1990, original 1725.

[8] Castoriadis 1984, 609.

[9] Luhmann 2000, 354.

Eine Systemleitung wäre schlecht beraten, wollte sie sich als Beobachter der Evolution ihres Systems zur Ruhe setzen. Die geplante Selektion von Strukturen (Entscheidungsprämissen) und die Beobachtung des Systems mit Blick auf auftauchende Restrukturierungsmöglichkeiten bleibt wichtig."[10]

Bleibt wichtig? Wird erst wirklich wichtig! Über die Wirklichkeit der Funktionsweisen von Gesellschaft und deren Teilsystemen hat die Luhmannsche Theorie in der jüngeren Vergangenheit sicher stärker aufgeklärt als jene von Habermas – der Funktionalismusvorwurf betrifft freilich immer noch einen real existierenden Rest. Vermutlich lässt sich wissenschaftlich doch mehr machen, wenn man dem – auch systemtheoretischen – Drang zu einem einzigen Theorietypus widersteht und sich ebenso absichts- wie genussvoll darauf einlässt, dass eine Pluralität von Erkenntnisformen weiterführt. In diesem Sinne plädiert Wilber dafür, vier verschiedene „*Antlitze der Wahrheit*"[11] nebeneinander gelten zu lassen, sodass man über eine Matrix von subjektiv/objektiv und individuell/kollektiv zur Relevanz des Zusammenwirkens von Handlungstheorien, Verhaltenstheorien, Kultur und Systemtheorien gelangt (s. Abb. 1).

*Abb. 1: Theorietypen*

|  | **Subjektiv** | **Objektiv** |
|---|---|---|
| **Individuell** | Handlungstheorien | Verhaltenstheorien |
| **Kollektiv** | Kulturtheorien | Systemtheorien |

Quelle: in Anlehnung an Wilber 1999

---

[10] Luhmann 2000, 356.
[11] S. Wilber 1999, 42 ff.

Bezogen auf dieses Vier-Quadranten-Schema lässt sich durchaus die Frage nach Zuordnung des Mainstreams von Betriebs- und Volkswirtschaftslehre stellen. Gehen wir an die Antwort, vermögen wir die enge Bindung beider wirtschaftswissenschaftlicher Teildisziplinen an die grundlegenden Intentionen und den Charakter der frühmodernen Naturwissenschaften zu entbergen: zentral war die Suche nach (möglichst zeitlosen) objektiven Gesetzmäßigkeiten. Typologisch lassen sich nämlich – wenn man, ich wiederhole, den Mainstream betrachtet – die Betriebswirtschaftslehre den Verhaltenstheorien und die Volkswirtschaftslehre den Systemtheorien (natürlich nicht in der Luhmannschen Ausprägung) zuordnen.

Die wissenssoziologische und wissenschaftstheoretische Absicht dieses Beitrags lässt sich demgegenüber nicht auf einen Quadranten bringen, alle vier sind wohl wichtig. Der Text lässt sich aber lesen als Plädoyer dafür, auch die linke, d.h. subjektive Seite zu ihrem Recht kommen zu lassen, also die analytischen Potentiale *handlungstheoretischer* und *kulturwissenschaftlicher* Untersuchungen stärker zu erschließen.

*2. Zwei Zweiweltenmodelle und das Erfordernis ihrer Überwindung*

Der Nietzsche-Titel „Jenseits von Gut und Böse" wurde in der Überschrift dieses Beitrages nicht zufällig umgedreht. Es markiert die mit dem Heraufkommen des kapitalistischen Industriesystems zunächst verbundene Fundamentalkritik, für die als Theorie der Gesellschaft (und ihres Umsturzes) vor allem der Name Karl Marx steht. Das Böse war hier vor allem funktionalistisch gedacht. Man konnte dem einzelnen Unternehmer bzw. Kapitalisten in der Kritik eigentlich gar nicht „böse" sein, denn dieser war ja doch nur eine „Charaktermaske des Kapitals" und insofern der Vollstrecker einer als sachzwanghaft vorgestellten Rationalität. Diese musste – jener Theorie zufolge – aus den Angeln gehoben werden, um wirtschaftliches Handeln zum Wohle der Mehrheit der Menschen möglich zu machen.

Weil Marxens „Kritik der politischen Ökonomie"[12] theorieimmanent Anleitung zum politischen Handeln sein wollte, war der Niedergang der gesellschaftlichen Relevanz dieser Theorie im 20. Jahrhundert zunächst wohl eine unausweichliche Folge des politischen Niedergangs jener staatlichen Ordnungen, die sich selbst als praktische Umsetzung der Marxschen Theorie auserkoren hatten. Das ändert zwar nichts daran, dass – bemerkbar beispielsweise in den Debatten über Globalisierung – Denkmuster immer noch anzutreffen sind, die die Wirtschaft als Reich des Bösen betrachten, als stringente Theorie mit Überlegenheitsanspruch ist die Sache allerdings doch eindeutig vom Tisch.

Logischerweise gilt das gerade nicht für jene theoretischen und gesellschaftspolitischen Positionen, die die Unternehmen (und die Wirtschaft als gesellschaftliches Teilsystem) genau umgekehrt als das Reich des Guten ansehen, als Garanten für gesellschaftlichen Wohlstand und Fortschritt nämlich. Die waren zwar immer schon dominant, haben aber durch den Niedergang der marxistisch inspirierten staatlichen Ordnungen scheinbar endgültigen Auftrieb bekommen. Die auf gesellschaftstheoretischem Terrain derzeit kaum greifbare ökologische Kritik lag übrigens in ihrer starken Phase während der achtziger Jahre bemerkenswert *quer* zu der Alternative von kapitalistischer Markt- und sozialistischer Planwirtschaft, insofern sie in beiden ähnliche zwanghaft auf materielles Wirtschaftswachstum und Naturzerstörung ausgelegte Entwicklungsmuster ausmachte.[13]

Im Rückblick auf die letzten 150 Jahre Wirtschaftsgeschichte und ihre theoretischen Beschreibungsversuche stehen fundamentale Kapitalismuskritik und Lobgesänge auf die Segnungen der kapitalistischen Marktwirtschaft beide als einseitige moralische Ausdeutungen (s. das anfängliche Nietzsche-Zitat) da. An diesen doch zunächst so entgegengesetzten moralischen Ausdeutungen ist allerdings die Gemeinsamkeit binärer Konstruktionen frappant. Die eine binäre Konstruktion bezeichne ich als *externes Zweiweltenmodell*: die Welt der Wirtschaft als Reich ökonomischer Sachzwangrationalität und die Welt von Geist und Kultur

---

[12] Auf diesen terminologischen Nenner brachte Marx selbst sein theoretisches Selbstverständnis, s. Marx 1967.

[13] Wegen des Politik und Theorie integrierenden Anspruchs sei hier erinnert an Strasser/Traube 1981.

werden schematisch gegenübergestellt.[14] In Abgrenzung zu den Leidenschaften hat Hirschman schon 1977 die „Verheißung eines Regimes der Interessen" als ideologische Botschaft beim Aufstieg des Kapitalismus identifiziert.[15]

*Abb. 2: Die beiden binären Konstruktionen der Fabrikgesellschaft*

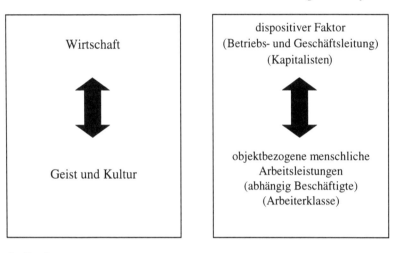

Quelle: eigene

Auf der Ebene des Unternehmens wie der Gesellschaft lässt sich als zweite binäre Konstruktion (zu den beiden binären Konstruktionen s. Abb. 2) ein *internes Zweiweltenmodell* ausmachen, das vom Gegensatz zwischen anordnender und ausführender Arbeit bzw. zwischen Unternehmern und Beschäftigten (oder Arbeiterklasse) geprägt ist. Marx als prominentester Vertreter der fundamentalen Kapitalismuskritik und Gutenberg als prominentester Wegbereiter der deutschen Betriebswirtschaftslehre standen sich diesbezüglich näher, als beiden angenehm

---

[14] Auf Baeckers Feststellung, die Unternehmen seien nicht die Wirtschaft, gehe ich weiter unten ein, nicht hier. Peter Ulrich benutzte übrigens (1987) schon einmal den Begriff „Zwei-Welten-Konzeption" zur Kritik der schematischen Gegenüberstellung von Wirtschaft und Ethik.

[15] Hirschman 1977, u.a. 137 ff.

wäre.[16] Auch hier hilft übrigens ein Begriffspaar von Hirschman weiter, das er noch einige Jahre früher entwickelte, die US-amerikanische Erstveröffentlichung datiert auf 1970: *Abwanderung und Widerspruch*.[17]

Hirschman hat die Reaktionsweise Abwanderung und die Reaktionsweise Widerspruch vor allem auf das Verhalten von Kunden und Organisationsmitgliedern gegenüber den Leitungen dieser Organisationen (insbesondere auch Unternehmen) bezogen. Widerspruch wäre dann freilich nicht nur die historische Figur von gewerkschaftlichem oder Klassenkampf, sondern auch das Eintreten für eine andere Unternehmenspolitik, und zwar nicht unbedingt antagonisierend, sondern vielleicht auch als Überzeugungsarbeit denen gegenüber, die es anders machen sollten. Und über Hirschman hinaus ließe sich die andere Seite, die Abwanderung, auch auf das externe Zweiweltenmodell beziehen: der „Ausstieg" aus dem Unternehmenshandeln, sei es des Managers oder des Arbeiters, der seine Existenz anders zu sichern versucht.

Die Verhaltensmuster von Abwanderung und Widerspruch beziehen sich in gängigen Vorstellungen auf eine ökonomische Rationalität, deren Entwicklungslogik als vorgegebene auftritt und gegenüber der Verhaltensreaktionen angesagt sind. Von der Gesellschaft und deren Entwicklung sind keine revolutionären Veränderungen zu erwarten, die gehen von den technisch-materiellen Verhältnissen aus, ob das bei Marx die Produktivkräfte waren, die seiner Idee zufolge irgendwann die Produktionsverhältnisse sprengen würden, oder im Mainstream ökonomischen und gesellschaftspolitischen Denkens der technische Fortschritt. Eine solche technizistische Vorstellung ökonomischer Evolution hatte in der modernen Wirtschaftsgesellschaft so lange viele Argumente für sich, als diese vom Fabriksystem deutlich dominiert wurde.

Sowohl die Nationalökonomie, später Volkswirtschaftslehre als auch die sich mit der Wende zum 20. Jahrhundert systematisch herausbildende Betriebswirtschaftslehre[18] konstruierten ihren theoretischen Kern erst

---

[16] S. genauer Pfriem 1997.

[17] Hirschman 1974, u.a. 3 ff.

[18] Die immer wieder geäußerten Einwände von Dieter Schneider (man solle die Geschichte der Betriebswirtschaftslehre nicht auf die letzten hundert Jahre eingrenzen) betreffen m.E. zu recht die Entwicklungsgeschichte betriebswirtschaftlichen

einmal der Dominanz des Fabriksystems entsprechend: als *Produktionstheorie*. Allerdings als *Produktionsfaktorentheorie*, und, wie Ulrich Witt einmal auf einer Tagung bemerkt hat, eine Theorie der Produktionsfaktoren ist noch längst keine Produktionstheorie. Das lässt sich im betriebswirtschaftlichen Feld besonders schlüssig zeigen, denn Gutenberg entwickelte den paradigmatischen Kern seiner Konzeption über das Leitbild der Optimierung des betrieblichen Leistungserstellungsprozesses, d.h. die Frage, wie die betrieblichen Elementarfaktoren objektbezogene menschliche Arbeitsleistungen, Betriebsmittel und Werkstoffe durch den dispositiven Faktor am effizientesten kombiniert werden könnten. Damit ist die Frage nach der möglichen Entwicklungslogik eben dieser industriellen Produktion, die – von heute her gesehen – natürlich nicht nur für Volkswirte und Politiker interessant ist, sondern gerade als Bedingungsrahmen und Handlungsfeld eines strategischen Managements, a priori vom Tisch.

Der Frage nach möglichst effizienter Produktion, die bei Gutenberg konsequent eingebettet ist in einen starken Glauben an one-best-way-Lösungen[19], ist in der volkswirtschaftlichen und damit implizit auch gesellschaftstheoretischen Konstruktion die Idee beigefügt, der praktische wie theoretische Ausgangspunkt der Ökonomie bestünde in der Güterknappheit gegenüber als unendlich vorgestellten menschlichen Bedürfnissen: „Das Knappheitsproblem meint die soziale Wahrnehmung der begrenzten Verfügbarkeit von Gütern und Dienstleistungen, die eine soziale Regulation der Zugriffsmöglichkeiten erfordern."[20]

Sowohl die Konzentration auf das Problem der effizientesten Kombination von Produktionsfaktoren als auch das Knappheitsparadigma sind *gesellschaftliche Konstruktionsleistungen*, die in besonderen ökonomischen und gesellschaftlichen Bedingungen wurzeln. Deren Veränderung könnte zu einer neuen Thematisierung darüber führen, was eigentlich die

---

Wissens, nicht aber jene der uns heute als solcher vertrauten akademischen Disziplin.

[19] In seiner Habilitationsschrift formulierte Gutenberg diesbezüglich: „Soviel unrichtige Einkäufe beispielsweise auch getätigt, so viele Fehler auch bei der Preisstellung gemacht werden können, in allen Fällen wäre doch ein Einkauf oder ein Verkauf nach Menge und Preis der richtige gewesen." Gutenberg 1929, 40.

[20] Beckert 1997, 304.

zentralen theoretischen Fragen für ökonomisches Denken sind. Zu dieser Veränderung soll im nächsten Kapitel einiges ausgesagt werden.

### 3. Ökonomie als kulturelle Veranstaltung

Wir können erneut auf Hirschman zurückgreifen. Die Isolierung der Interessen von den Leidenschaften („interest" und „passion"), die Konstruktion eines entsprechenden Menschenbildes (homo oeconomicus) und die Gestaltung einer moralfreien wirtschaftlichen Ordnung, der Marktwirtschaft als Selbstorganisation der Gesellschaft, der gegenüber die Politik sich tunlichst zurückhalten sollte, war eine gesellschaftliche Konstruktionsleistung. Diese Konstruktion ist historisch gescheitert. Mit der *Ablösung des Fabrikzeitalters* kommen die *Leidenschaften* wieder hoch.

Die Konstruktion war natürlich immer schon zweifelhaft. Dazu Hirschman: „Da Veränderungen von Vorlieben und Präferenzen gerade in westlichen Gesellschaften ein unbestreitbarer Tatbestand von erheblicher Tragweite sind, sollte man annehmen, dass sich zu dieser Frage eine umfangreiche Literatur angesammelt habe. Diese Erwartung wird jedoch zumindest im Felde der Wirtschaftswissenschaften weitgehend enttäuscht. Der Grund dafür ist, dass ökonomische Analysen von Präferenzen ausgehen, die (auch wenn sie sich gelegentlich ändern können), als Resultat physischer Bedürfnisse oder psychologischer und kultureller Neigungen bereits als gegeben vorausgesetzt werden."[21]

Die Ausklammerung einer kritischen Analyse des Wandels von Präferenzen (und der normativen Aufgeladenheit dieses Wandels wie ihrer selber) war und ist gleichsam eine methodische Voraussetzung für das ökonomische Handlungsmodell als normative Theorie. Nur dadurch kann der Eindruck erweckt werden, als könnten die ökonomischen Akteure (u.a. Unternehmen) effektive Optimierungsentscheidungen ableiten für Handlungssituationen, die tatsächlich hochgradig kontingent sind.[22] Geschichte ist auch im wissenschaftlichen Bereich *Geschichte der Sieger*, das darf bei theoriegeschichtlichen Rekonstruktionen niemals vergessen

---

[21] Hirschman 1988 (1982), 17.
[22] So auch die Beschreibung bei Beckert 1997, 34.

werden. Denn die Geschichte der modernen ökonomischen Theorien ist voll von Überlegungen, normativen Handlungsorientierungen theoretisch den gebührenden Platz einzuräumen. Das beginnt bei Smith[23] und geht über Veblen[24] und manche andere, von denen man dies kaum annimmt, z.B. Keynes, der Gewohnheiten, Moden und selbst Mimesis für den ökonomischen Entscheidungskontext als wesentlich ansieht.[25]

Wir kommen damit zu der wesentlichen These dieses Kapitels und ein Stück weit auch des gesamten Textes, dessen folgende Ausführungen nicht zuletzt der weiteren Erläuterung dieser These dienen: Unternehmen unterliegen nicht nur normativen und kulturellen Rahmenbedingungen, als Schlüsselakteure moderner Marktwirtschaften *prägen* sie selbst wesentlich den *Prozess der gesellschaftlichen Normenbildung*, die soziokulturellen Entwicklungsmuster, mit anderen Worten: den *„sinnhaften Aufbau der sozialen Welt"*.[26] Wir fügen dieser These noch die ergänzende bei, dass diese Rolle von Unternehmen (an denen eine angemessene Theorie der Unternehmung gleich welcher fachlicher Provenienz unserer Ansicht nach natürlich nicht vorbeigehen darf) latent immer vorhanden war, mit dem Ende des von uns so bezeichneten Fabrikzeitalters aber deutlich an Geltungskraft gewinnt.

Der Beginn des 21. Jahrhunderts läutet insofern für die modernen Wirtschaftsgesellschaften das *Ende jener beiden Zweiweltenmodelle* ein, von denen weiter oben die Rede war. Das interne Zweiklassenmodell auf betrieblicher wie gesellschaftlicher Ebene erodiert durch den ökonomischen Strukturwandel, der wesentlich auch ein Strukturwandel der Arbeit ist[27] und durch Chancen für neues Unternehmertum.[28] Das externe Zweiweltenmodell (dichotomische Trennung des zweckrational gedachten Reichs der Ökonomie gegenüber den Sphären von Geist und Kultur) erodiert durch die nun nicht mehr zu leugnenden Prägungen der Ökonomie durch normative und kulturelle Faktoren, einschließlich eines expandierenden kultur- und erlebnisökonomischen Sektors.

---

[23] S. Smith 1926 (1759).
[24] S. Veblen 1986 (original 1899).
[25] Vgl. hierzu a. Beckert 1997, 65.
[26] So der Begriff bei Schütz 1993 (original 1932).
[27] S. u.a. Willke 1999, Gorz 2000.
[28] Dieser Frage werden wir theoretisch im nächsten Kapitel nachgehen.

Wir können diesen Prozess als Evolution der modernen Wirtschaftsgesellschaft von der Fabrik- und Industriegesellschaft zu einer Gesellschaft beschreiben, für die der Begriff Informationsgesellschaft sicher auch wenig klärend ist (im Begriff der nachindustriellen Gesellschaft schwingen wie bei jenem der Postmoderne die Unfähigkeiten mit, das, was an die Stelle des Vorherigen getreten ist, positiv ausdrücken zu können).

Natürlich existiert eine expandierende Industrie auch im engeren Sinne weiter fort. Mit weitreichenden Folgen für die so bezeichneten ökonomischen Entscheidungen aller individuellen und kollektiven Akteure haben wir es allerdings nun mit einer *kulturellen Aufladung von Ökonomie* zu tun. Ökonomie wird ziemlich anders als vorher zu einer kulturellen Veranstaltung der Gesellschaft. Diese Veränderung lässt sich auf drei Ebenen beschreiben (s. Abb. 3).

*Abb. 3: 3 Ebenen des Übergangs von der Fabrikepoche zu ? (Ökonomie, die am ehesten kulturwissenschaftlich beschrieben werden kann)*

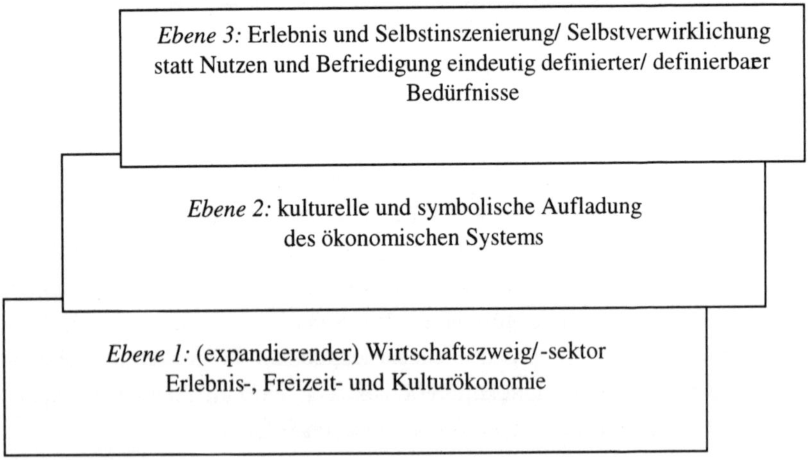

*Ebene 3:* Erlebnis und Selbstinszenierung/ Selbstverwirklichung statt Nutzen und Befriedigung eindeutig definierter/ definierbaer Bedürfnisse

*Ebene 2:* kulturelle und symbolische Aufladung des ökonomischen Systems

*Ebene 1:* (expandierender) Wirtschaftszweig/-sektor Erlebnis-, Freizeit- und Kulturökonomie

Quelle: eigene

(1) es bildet sich ein *kultur- und freizeitökonomischer Sektor der Wirtschaft* heraus, der in Ländern wie Deutschland hinsichtlich des Beitrags zum Bruttosozialprodukt heute bereits traditionell relevante Industrien wie die Stahlindustrie deutlich übersteigt. Opaschowski hat gründliche

Untersuchungen dieses neuen Wirtschaftszweiges angestellt und beschreibt das mit den Worten:

„Die Freizeitindustrie hat sich in der gesamten westlichen Welt als eine widerstandsfähige Wachstumsindustrie erwiesen...Der Anteil des Freizeitmarkts am Bruttosozialprodukt wird auf etwa 15 Prozent geschätzt. Etwa 5 Millionen Erwerbstätige arbeiten in den einzelnen Freizeitindustrien."[29]

Die Betriebswirtschaftslehre (die Volkswirtschaftslehre übrigens auch) hat von dieser neueren Entwicklung sei es aufgrund ihrer produktionstheoretischen Herkunft, sei es wegen ihrer funktionen- statt branchenbezogenen Aufgliederung bislang kaum Notiz genommen.

Dieser aufgrund der sozioökonomischen Bedingungen wie des so bezeichneten Wertewandels der Gesellschaft weiter stark expandierende Wirtschaftszweig hat nicht nur eine Reihe von Besonderheiten nach innen aufzuweisen, die sicher einer gründlicheren Betrachtung bedürften, sondern strahlt gerade wegen seiner Dynamik auf die Gesellschaft wie das Verhalten ihrer Akteure (wo sie Chancen auf Einkommen und Gewinn, auf Arbeit und neue Märkte sehen) nachdrücklich aus.

(2) Mitbegünstigt durch die Ausstrahlungswirkungen dieses kultur-, freizeit- und medienökonomischen Sektors lässt sich auf der Strukturebene ein *Zurücktreten direkt nutzen- und gebrauchswertrationaler Kriterien* bei Produkt- und Marktentwicklungen sowie zugrundeliegenden Strategien beobachten. Aufgrund der dichter gewordenen Interaktionen zwischen Kunden und Anbietern gewinnen die transportierten *symbolischen Gehalte und Vermarktungsmilieus* insbesondere in den endverbrauchsnahen Bereichen merklich an Gewicht.[30]

Wie schon an der in den siebziger Jahren in Deutschland forciert vorangetriebenen Atomenergienutzung sichtbar wurde, finden die Strukturentwicklungsentscheidungen des Systems Wirtschaft keineswegs nach den strengen ökonomischen Kriterien statt, die auch prominente soziologische Theorien wie jene von Luhmann unterstellen. Zuversicht belegende seriöse Wirtschaftlichkeitsrechnungen gab es damals keineswegs,

---

[29] Opaschowski 1995, 23.

[30] Über die Rolle von Produktkulturen informierte schon vor einiger Zeit der Sammelband von Eisendle/Miklautz 1992, vgl. a. Karmasin 1993.

viel wichtiger waren kulturelle Visionen von Unabhängigkeit und Eintritt in ein neues Energiezeitalter. Aktuell ist insbesondere an der euphorisch als new economy bezeichneten Internetökonomie zu sehen, wie die Reproduktion des ökonomischen Systems hinsichtlich ihrer Bedingungen, ihrer materiellen Gehalte und ihrer Folgen die kulturwissenschaftliche Dimension braucht, um angemessen beschrieben zu werden.

(3) Auf der handlungstheoretischen Ebene kommt zum Tragen, warum wir an Nietzsche vor allem positiv anschließen. Seine Philosophie markiert ja nicht zuletzt eine *Aufwertung des Erlebens* gegenüber dem Erkennen. Der Begriff des Erlebnisses ist zentral in Schulzes groß angelegter Untersuchung[31], die trotz ihrer hohen empirischen und theoretischen Relevanz für ökonomische Untersuchungen in den Wirtschaftswissenschaften während der vergangenen Jahre kaum rezipiert worden ist. Schulzes Begriff des Erlebnismarktes[32] ist sicher schon auf der Systembeschreibungsebene von Bedeutung, mehr noch aber über seine Kategorie der Innenrationalität[33] für die handlungstheoretischen Bedingungen derjenigen ökonomischen Akteure, die als Unternehmer (bzw. Manager) oder als Konsumenten Entscheidungen zu treffen haben.

Es sind gerade diese Entscheidungen, die uns den *Abschied vom Knappheitsparadigma* der überkommenen ökonomischen Theorie nahelegen: die strategischen, d.h. wesentlichen Entscheidungen der Unternehmen werden unter der Bedingung prinzipieller Ungewissheit getroffen und sind umso mehr beeinflusst von kulturellen und normativen Orientierungen der Entscheidungsträger; die Konsumenten in den frühindustrialisierten Ländern fällen ihre Konsumentscheidungen mehr denn je im Lichte kultureller Orientierungen, die sich aus Beobachterperspektive im (zugegebenermaßen völlig subjektiven) Spektrum zwischen Selbstverwirklichung und Selbstinszenierung aufspannen lassen. Der *Mangel an Knappheit*, wie sich diese neue Situation vielleicht begrifflich pointieren lässt, beschwört gerade in kulturwissenschaftlicher Sicht neue Probleme herauf: „Das Individuum findet im kulturellen Überangebot nicht mehr zu sich selbst, sondern wird zunehmend aus der Bahn geworfen."[34]

---

[31] Vgl. Schulze 1993.
[32] S. Schulze 1993, 417ff.
[33] S. Schulze 1993, 249ff.
[34] S. Böhme u.a. 2000, 60.

Mit dieser 3-Ebenen-Beschreibung des Wandels von Ökonomie gewinnen wir übrigens ein gewisses methodisches Fundament für einen auf dem Stand der Zeit angemessenen Umgang mit dem Phänomen des wirtschaftlichen Strukturwandels. Ob allerdings auch nur die nächste Stufe von Entwicklung heute schon prognostiziert werden kann, wie Nefiodow das mit Bezug auf Kondratieffs lange Wellen wirtschaftlicher Entwicklung mit dem gesundheitsökonomischen Sektor tut[35], möchte ich eher bezweifeln, auch wenn einiges dafür spricht, dass sich Menschen mit mehr erwerbsarbeitsfreier Zeit mehr mit ihrem körperlichen und seelischen Befinden beschäftigen.

Offen scheint mir nicht nur die wirtschaftsstrukturelle Entwicklung zu sein, sondern auch das Verhalten jener Akteure, die für die wichtigen Entscheidungen zur Weiterentwicklung der (Wirtschafts-)Gesellschaft die entscheidend Wichtigen sind. In dem Maße, in dem es nämlich stimmt, dass die Steuermänner (kaum Frauen) der unmittelbaren Produktionsprozesse in ihrer Relevanz zurücktreten hinter jenen, die die unternehmerischen Entscheidungen für die nachindustriellen Zukünfte treffen, gewinnt ein Problemfeld wieder an Gewicht, das von so unterschiedlichen Theoretikern wie Thorstein Veblen und Rudolf Hilferding schon zum Ende des 19. bzw. in der Frühzeit des 20. Jahrhunderts thematisiert wurde: welchen *ökonomischen und kulturellen Orientierungen* folgen eigentlich diejenigen, die in den oberen Schichten der Gesellschaft ohne direkten Bezug auf die Produktionsprozesse agieren?

Veblen[36] problematisierte seinerseits vor allem die Herausbildung einer „leisure class"[37], deren Neigung zum demonstrativen Konsum und Müßiggang das Risiko einer parasitären Gesellschaftsentwicklung markiert. Hilferding verortete die Abkehr von den produktiven Funktionen der industriellen Unternehmer in der Herausbildung eines Finanzkapitals, das durch die sich nicht direkt auf die industrielle Produktion beziehenden Banken dominiert wird.[38]

Von den frühen wirtschaftsliberalen Ideen her war es gerade der Produktivitäts(steigerungs)stachel des industriellen Unternehmers, der für

---

[35] S. Nefiodow 1997.

[36] S. Veblen 1986, original 1899.

[37] Vgl. hierzu auch Dopfer 2000.

[38] Hilferding 1955, orig. 1910.

den ökonomischen und gesellschaftlichen Fortschritt bürgte und insofern auch den luxusaversen Zukunftsinvestitionsgeist erforderlich machte.[39] Diese *auf Zukunft und Gemeinwohl orientierte Unternehmerrolle* wird weder den Banken zugeschrieben noch erst recht jenen, deren Problem eher die konsumtive Verausgabung materiellen Reichtums zu sein scheint (unter dem Stichwort „Erbengeneration" ist diese Debatte ja jüngst wieder aufgeflammt).

Heute und für die nächste Zukunft steht die Frage nach den Bedingungen, unter denen sich *„neues Unternehmertum"* wohl entfalten kann bzw. entfalten wird. Das fundamentale Unternehmensführungsproblem der strategischen Ungewissheit tritt durch das Ende des Fabrikzeitalters in aller Schärfe zutage, und die Unternehmen stehen in einer Offenheit, die die doppelte Kontingenz Luhmanns[40] im Grunde weit übersteigt, vor der Frage: *was sollen wir wollen?* Die radikale Offenheit, die auch Beckert der Luhmannschen Preisgabe des handlungstheoretischen Maximierungspostulats attestiert[41], gründet ja nicht nur auf der Relation zwischen Kontingenz der eigenen Entscheidung und Kontingenz der Entscheidungen anderer Akteure. Vielmehr hat sich der Horizont des Wirtschaftens mit dem Ende des Fabrikzeitalters ebenfalls verschoben bzw. aufgelöst. Auch wenn heute noch allzuvielen Studierenden der Wirtschaftswissenschaften im Grundstudium beigebracht wird, der Widerspruch zwischen unendlichen menschlichen Bedürfnissen und der Begrenztheit der Mittel ihrer Befriedigung sei der Ausgangspunkt ökonomischen Denkens: *das Knappheitsparadigma hat ausgespielt.*

„Natürlich" verhungern immer noch traurig viele Menschen auf dieser Erde. „Natürlich" ist materieller Überfluss nur für eine kleine Minderheit Bestandteil der persönlichen Lebenssituation. Jedoch: der Sinnzusammenhang, der nach Alfred Schütz die Welt des Sozialen ausmacht und aus den Prozessen menschlichen Handelns entsteht[42], ist auf der Ebene ökonomischer Entscheidungen (von Nachfragern wie Anbietern) weniger denn je im klassischen Sinne knappheitsvermittelt. Die neoklassische Methode der Ökonomie ist nicht abzukoppeln von der Geltungsreich-

---

[39] Die klassische Quelle hierzu ist Weber 1981.

[40] Vgl.a. Beckert 1997, 298 ff.

[41] S. Beckert 1997, 303.

[42] Vgl. Beckert 1997, 360.

weite der Produktionsfunktion sowie der Effizienzkriterien der Fabrikorganisation. Die ökonomische Methode heute muss schon deshalb eine andere sein, weil sich der Horizont des Ökonomischen heute und in Zukunft weniger güterwirtschaftlich erschließt als eher soziokulturell: im breiten *Spektrum zwischen Selbstinszenierung und Selbstverwirklichung* individueller und kollektiver Akteure.

Bemerkenswert in der wissenschaftlichen Diskussion über Kultur ist zunächst einmal, wie durchgängig – exakt im Sinne des von mir oben so bezeichneten externen Zweiweltenmodells – Kultur der Ökonomie entgegengestellt und schon gar nicht als Resultat auch unternehmerischen Handelns betrachtet wird. Priddat hat das sehr schön formuliert: „Kultur ist in unserem Denken gewöhnlich das Gegenteil der Wirtschaft... Künstler verachten die Wirtschaft, lassen sich aber gerne gut bezahlen. Unternehmer/Manager schätzen die Kunst/Kultur, halten sie letztlich aber für Spielerei, realitätsfern etc. Man trifft sich, um es in einem Bild zu fassen, sonntags, sonst aber nie."[43]

*Kultur* allenfalls als Rahmenbedingung, nicht jedoch als *Produkt von Unternehmenstätigkeit* fassen zu können, ist keineswegs Privileg von Texten, die auch sonst nicht auf dem Stand der Dinge wären. In dem guten und gut gemachten Strategiebuch von Hitt u.a.[44] ist nur einseitig die Rede von „cultural contexts in which firms must operate". Malcolm Dunns Buch über die Unternehmung als ein soziales System[45] liefert einen profunden und differenzierten Beitrag zur Neuen Mikroökonomie, Sinn- und Kulturproduktion durch Unternehmen fehlen jedoch nicht nur im Index, sondern spielen auch in der Argumentation keinerlei Rolle. Und bei dem neuen Wurf der Klassiker des organisationalen Lernens[46] werden dessen Bedingungen und Möglichkeiten ebenfalls in keiner Weise zurückgebunden an die kulturellen Orientierungsmuster, an deren Produktion und Veränderung Unternehmen teilnehmen.

---

[43] So Priddat 1999, 105.
[44] Hitt/Ireland/Hoskisson, 3.A. 1999.
[45] Dunn 1998.
[46] Gemeint ist Argyris/Schön 1999 (original 1996), bald 20 Jahre nach ihrem „Organizational Learning"(1978).

Man sollte meinen, mehr als 15 Jahre Diskussion über Unternehmenskultur[47] hätten einen solchen Befund längst hervorgerufen – haben sie aber nicht. Der Unternehmenskulturdiskurs war und blieb im wesentlichen auf das Innere des Unternehmens fixiert (auf die klassische Frage der Bindung der Mitarbeiter an das Unternehmen), obwohl doch Priddats Diktum immer schon stimmte: „Unternehmen bilden, indem sie ihre Unternehmenskultur ausbilden, Kultur aus."[48] Kultur als Unternehmenskultur wurde und wird viel zu oft einseitig bezogen auf die Stabilisierung des Gegebenen, der Unternehmensorganisation nämlich[49], statt über Kultur als *pluralistisches Wertegefüge* des Unternehmens zum *Umgang mit Differenzen* als Innovationsperspektive zu gelangen.

Für die ökonomische Theorie und insbesondere auch für eine Theorie der Unternehmung lohnt es sich jedenfalls, so die hier vorgetragene These, die kulturellen Tatsachen nicht länger als von der Sozialstruktur oder der ökonomischen Basis determiniert zu betrachten, sondern ihre eigene Bedeutung und Dynamik zu analysieren. Wenn wir den Markt als Ort des Austauschs von Anbietern und Nachfragern im Sinne unserer weiter oben gemachten Ausführungen nicht mehr knappheitsbezogen, sondern kulturell verstehen, dann konkurrieren nicht mehr allein Produkte oder Produktionssysteme, sondern *führen kulturelle Angebote den Kampf um Anerkennung.*[50]

Man muss die gängige Sicht der Beziehung von Ökonomie und Kultur nicht unbedingt auf den Kopf stellen[51], vermutlich ist es sinnvoller, im Sinne von Giddens[52] von einer *rekursiven Beziehung* zwischen beiden zu sprechen.

---

[47] S.u.v.a. Peters/Waterman 1983, für die akademische deutsche Diskussion schon früh Ebers 1987, vgl.a. Baecker 1999a, 113-125.

[48] Priddat 1999, 112.

[49] Auch bei Mintzberg 1999, 297 ff.

[50] Zur philosophischen Ausdeutung dieses Begiffs s. Honneth 1992; s. übrigens den ähnlichen Terminus „Kampf um Bedeutungen" bei Grossberg, vgl. Hörning/Winter 1999, 9.

[51] So allerdings Grosz, der formuliert: „Kultur treibt die Wirtschaft und nicht umgekehrt." (Grosz 1999, 12).

[52] Gerade wegen der theoretischen Figur der Rekursivität von Handeln und Struktur ist Giddens in jüngster Zeit einer der meistzitierten sozialwissenschaftlichen Theoretiker, s. Giddens 1984

Für die Beschreibung von Kultur gilt als Charakterisierung etwas, das mangels Phantasie für die Beschreibung des Systems Wirtschaft traditionell eher unterbelichtet oder sogar völlig ausgeblendet bleibt: „Kultur ist für die Cultural Studies nicht stabil, homogen und festgefügt, sondern durch Offenheit, Widersprüche, Aushandlung, Konflikt, Innovation und Widerstand gekennzeichnet."[53] Auch Hall und Grossberg als zwei Pioniere dieser Forschungsrichtung vor allem britischer Provenienz erklären die Vorstellung einer Kultur zum Trugbild.[54] Baecker hat darauf hingewiesen, dass Kultur ein Vergleichsbegriff ist und nur Sinn macht über den Vergleich prinzipiell verschiedener Kulturen. Seine Folgerung: „Der Vergleich setzt kontingent. Er macht darauf aufmerksam, dass das Verglichene nicht so sein muss, wie es ist, sondern auch anders sein könnte. Er löst Notwendigkeiten auf und setzt Kontingenzen an deren Stelle."[55]

Das lässt sich auf das System Wirtschaft und die Unternehmung als daran beteiligte Organisation rückbeziehen. Die Kontingenzen liegen in einer *offenen Zukunft*, in der vieles möglich ist, nur nicht mehr die Fixierung auf das Knappheitsparadigma: „Eine entwickelte Ökonomie kann sich nur dann weiter steigern, wenn sie die natürlichen[56] Bedürfnisse des Menschen übersteigt, wenn der Konsument seine natürlichen Bedürfnisse konsequent durch künstliche, frei erfundene Wünsche ersetzt – wenn er beginnt, nach dem Unnötigen, Überflüssigen, Luxuriösen zu streben."[57] Was der Kulturwissenschaftler Groys unter dem Begriff der Kunst als Avantgarde der Ökonomie diskutiert, ist bemerkenswerterweise schon bei Schumpeter angelegt und führt uns zu einem neuen Blick auf Unternehmertum in kulturwissenschaftlichen Perspektiven.

---

[53] S. Hörning/Winter 1999.
[54] Vgl. die Beiträge von Hall und Grossberg in Hörning/Winter 1999.
[55] Baecker 1999a, 110.
[56] „Natürlich" tut sich hier die Frage auf: was sind die natürlichen Bedürfnisse?
[57] Groys 1999, 21.

*4. Unternehmertum in kulturwissenschaftlichen Perspektiven*

Die neoklassische Richtung der ökonomischen Theorie bezieht ihre Überzeugungskraft u.a. aus der Verbindung der mit dem homo oeconomicus konfigurierten Handlungstheorie mit dem gleichgewichtsorientierten Ordnungsmodell. Lässt die hier vorgeschlagene kulturwissenschaftliche Öffnung überkommenen ökonomie- und unternehmenstheoretischen Denkens eine solche Verknüpfung auf anderen inhaltlichen Grundlagen zu? Diese Frage kann hier erst einmal nur gestellt und noch nicht so sehr beantwortet werden.

Den Unternehmer und das Unternehmertum stelle ich nicht aus Gründen betriebswirtschaftlicher Engführung ins Zentrum der Analyse. Hintergrund dafür ist vielmehr der Befund, dass die Begrifflichkeit Unternehmertum angesichts des gegenwärtigen Strukturwandels von Wirtschaft und Arbeit nicht denjenigen vorbehalten bleiben sollte, die als Eigentümer-Unternehmer oder als Top-Manager eines Unternehmens bisher üblicherweise so zugeordnet werden. Modernes Unternehmertum sollte der Tendenz nach im Sinne jenes *Lebensunternehmertums* konnotiert werden, das u.a. Christian Lutz angedacht hat: „In dieser zunehmend prozesshaften, sich aus Millionen von Einzelimpulsen herausdifferenzierenden Welt haben die vorgefertigten Lebensmuster, die starren Berufsbilder, die statischen Organigramme, die uniformen Kollektivverträge und natürlich auch die beamtenhaften Lebensstellungen ausgedient. Die Menschen sind immer weniger Rädchen in Organisationsmaschinen. Sie emanzipieren sich – den eigenen Bedürfnissen oder der Not gehorchend – von der Firma und werden selber gewissermaßen ein Unternehmen der eigenen Arbeitskraft. Sie haben das Wesentliche bei sich: ihren Kopf und ihr Beziehungsnetzwerk. Sie suchen aus ihrer persönlichen Biographie heraus einen Lebenspfad, der ihren besonderen Stärken und Vorlieben entspricht."[58] Das *Ende einheitlicher Berufsbiographien*, der *Abschied von quasi lebenslanger Arbeit in einem Betrieb bzw. Unternehmen* sowie die *zunehmende Wendung zu Existenzgründungen* lassen sich als sozialökonomische Entwicklung fassen, die die hier angedeuteten Perspektiven eines neuen Unternehmertums begünstigend flankiert.[59]

---

[58] Lutz 1998, 118f.

[59] Vgl. a. Günther/Pfriem 1999, vor allem 109ff.

Das Problem genuiner Ungewissheit bei strategischen Unternehmensentscheidungen verweist auf die geringen Möglichkeiten überkommenen ökonomischen Theoretisierens, zur Erklärung des im unternehmerischen Sinne zentralen Phänomens Innovation tatsächlich substantielle Erkenntnisse beizutragen: „Damit wird von der Maximierungsannahme der neoklassischen Theorie mit ihren rationalen, über vollständige Informationen verfügenden Akteuren explizit abgerückt und ein Übergang zur Berücksichtigung von Weltanschauungen, „beliefs" und in sozialen Praktiken verankerten, institutionalisierten Regeln geschaffen."[60]

Bei dem Phänomen Innovation kommt die *Dimension Zeit* vor allem als Zukunft ins Spiel. Ob im Sinne von Ernst Bloch als Noch-nicht, im Sinne von Castoriadis als *das gesellschaftlich Imaginierte*: diese Zukunft ist prinzipiell offen. Das Verständnis dafür lässt ein Unternehmerbild entstehen, das wesentlich verkoppelt ist mit der Mentalität derjenigen, die unternehmerisch tätig sind, nicht jedoch primär mit ihrer sozialen Rolle, andere „abhängig" zu beschäftigen. Bei Schumpeter hieß das: „Unter unserem Bild vom Unternehmertypus steht das Motto: plus ultra. Wer sich im Leben umsieht, hört es aus dem Typus heraus...."[61] Als zentral sieht Schumpeter drei „Motivreihen": *1) den Traum und den Willen, ein privates Reich zu gründen, 2) Siegeswillen, 3) Freude am Gestalten.* Zur Gestaltungsfreude heißt es in deutlichen Worten: „...unser Typus hat einen Kraftüberschuss, der, wie andere Felder der Betätigung, so auch das wirtschaftliche wählen kann und an der Volkswirtschaft ändert und in der Volkswirtschaft wagt, um des Änderns und Wagens und gerade der Schwierigkeiten willen. Als auch speziell Freude am Werk, an der Neuschöpfung als solcher: Sei das nun etwas Selbständiges oder ununterscheidbar von der Freude am Tun. Auch hier werden Güter nicht aus dem Grund und nicht nach dem Gesetz des Grundes erworben, der den „Sinn" des Gütererwerbs ausmacht."[62]

Es ist also eine im Grunde allgemeine *Lebenseinstellung*, die das Unternehmerische am Unternehmer ausmacht (und deshalb meines Erachtens die Rede vom Lebensunternehmertum umso mehr gerechtfertigt). Das sprengt das in der allgemeinen Vorstellungswelt wie auch akade-

---

[60] Beckert 1997, 89.
[61] Schumpeter 1997, 137 (original – 9.A. – 1934).
[62] Schumpeter 1997, 138f.

misch starke Bild vom möglichst exakten Rentabilitätsrechner ziemlich grundsätzlich, worüber übrigens schon Robert Musil in seinem Roman über den Mann ohne Eigenschaften anhand des dem AEG-Gründer und als deutscher Außenminister später ermordeten Walter Rathenau nachgebildeten Arnheim aufklärte: „Wir Kaufleute rechnen nicht, wie Sie vielleicht glauben könnten. Sondern wir – ich meine natürlich die führenden Leute, die kleinen mögen immerhin unausgesetzt rechnen – lernen unsere wirtschaftlich erfolgreichen Einfälle als etwas betrachten, das jeder Berechnung spottet, ähnlich wie es der persönliche Erfolg des Politikers oder auch des Künstlers tut."[63]

Mit diesen Beschreibungen gewinnen wir weit mehr als das Wissen darum, dass das *Unternehmerische am Unternehmer* weniger in seiner formalen Stellung als in seiner Einstellung beruht. Wir gewinnen insbesondere auch einen freien Blick auf das *gestalterische Potential* (s. Abb.4), dessen Unternehmer (und als ökonomische Institutionen die Unternehmen) gegenüber ihren Umwelten und der Gesellschaft mächtig sind, jenseits des Sachzwangs.[64] Bemerkenswerterweise sprengte Schumpeter auch schon die Idee, die Unternehmen hätten im wesentlichen die vikarische Funktion der Befriedigung gegebener Nachfrage(n), die unter dem Begriff der Konsumentensouveränität nicht nur in der noch jüngeren Marketingwissenschaft, sondern in den Wirtschaftswissenschaften insgesamt in den vergangenen Jahrzehnten vielfach bekräftigt worden ist. Schumpeter liefert dazu einen drastischen Kommentar: „Keine neue Maschine, keine neue Marke eines Genussgutes wird unter dem Druck vorhandener Nachfrage erzeugt."[65]

Diese Betrachtung betrifft allerdings nicht nur die unmittelbare Beziehung zwischen Anbietern und Nachfragern, sondern geht in ihrer theoretischen wie praktischen Bedeutung weit darüber hinaus. Auch aufgeworfen ist damit nämlich die Frage nach den Faktoren des wirtschaftlichen Strukturwandels und der besonderen Rolle, die Unternehmer und Unternehmen dabei spielen. Im Schumpeterschen Sinne formuliert

---

[63] Zu Rathenau als Verkörperung des Schumpeterschen Unternehmers s. a. Buddensieg 1990.

[64] Vgl. nicht nur den Titel, sondern auch die grundlegende Argumentation bei Pfriem 2000.

[65] Hier zitiert nach Nicolai 1999, 69.

Jenseits von Böse und Gut 461

Nicolai: „Exzellente Unternehmen sind keine Anpasser. Sie beherrschen nicht nur die Spielregeln des Wettbewerbs, sondern brechen mit ihnen."[66]

*Abb. 4: Unternehmertum heute...*

**Wettbewerb jenseits von Industriegrenzen**

- Lebensunternehmertum
- Kreativität des Handelns
- Selbstschöpfung der menschlichen Gesellschaft
- Generierung des Neuen

**Neue Märkte als Form angewandter Wirtschaftsentwicklung**

Quelle: eigene

Es geht also bei der Betrachtung des Unternehmertums im Sinne schon Schumpeters „nicht nur" um die „*Kreativität des Handelns*"[67], sondern auch um die Eigenleistung der Organisation Unternehmen, den wirtschaftlichen Strukturwandel zu prägen.[68] Meine Vermutung ist, dass die

---

[66] Nicolai 1999, 69.

[67] So Titel und Thema bei Joas 1996 (original 1992); Dopfer hat darauf hingewiesen, dass die Abgrenzung des kreativ-aktiven gegenüber dem hedonistischen Menschen auch Veblen schon sehr bewegt hat, s. Dopfer 2000, 112 ff.

[68] Es wäre wohl eine absichtsvolle Überinterpretation von Beckert (1997, 329), sich an dieser Stelle auf ihn zu beziehen, weil es ihm a.a.O. um Reduktion von Markt-

auf Williamson und den Transaktionskostenansatz zurückgehende Institutionenökonomie noch recht weit davon entfernt ist, diese Fragerichtung auch nur zu bedenken. Im Rahmen unseres Nachdenkens über unternehmerisches Handeln und gesellschaftliche Entwicklung[69] ist die Ausrichtung dieses rekursiven Zusammenhangs nach der Rolle des modernen Unternehmens als struktur- und kulturbildendem Akteur[70] allerdings von oberstem Interesse.

Einsichten in diese struktur- und kulturbildende Rolle von Unternehmen mögen es vermutlich auch erleichtern, den vor rund 15 Jahren im deutschen Sprachraum begonnenen, seit einiger Zeit eher festgefahrenen und vor allem insgesamt eher wieder verdrängten oder gar diskriminierten unternehmens- und wirtschaftsethischen Diskurs in unsere Gesamtbetrachtungen zu (re-) integrieren, und dies vielleicht in einer auch für jene (viel zu vielen) ökonomischen Theoretiker nachvollziehbaren Weise, die erklärtermaßen alles andere tun wollen, nur nicht (mehr) die Welt zu verändern.

Um die Frage nach der unternehmenspolitischen Verantwortung gegenüber der Gesellschaft und ihrer Entwicklung zu stellen, bedarf es nämlich mitnichten einer besonderen moralisch-ethischen Herangehensweise. Die unternehmenspolitische Verantwortung ergibt sich theoretisch aus dem grundlegenden *Steuerungsdilemma* moderner ausdifferenzierter Gesellschaften[71]. Dieses Steuerungsdilemma besteht im Verschwundensein einer zentralen Entscheidungsinstanz, für die sich auch keine Surrogate finden lassen. Nietzsches Titel wurde nun mit dem Titel dieses Textes nicht nur deshalb umgedreht, um zu transportieren, dass die Verweisung von Unternehmen in das Reich des Bösen als Begleitmusik zu ihren euphorischen Beschreibungen zu Beginn der kapitalistischen Epoche am stärksten war. Es geschah auch, um anzudeuten, dass das knappe Nietzsche-Zitat, das neben zwei anderen dem Text scheinbar als Motto

---

komplexität geht und nicht um wirtschaftlichen Strukturwandel, aber es gehört zu den zahlreichen Verdiensten seiner Arbeit, zumindest in dieser Richtung zu denken.

[69] So der Titel der Monographie von Oesterdiekhoff 1993.

[70] So sollte man im Sinne dieses Textes den Begriff von Schneidewind 1998 erweitern.

[71] Vgl.a. Beckert 1997, 314, Fußnote 219, wo allerdings die Konsequenzen für das Wirtschaftssystem nicht gezogen werden.

vorausgestellt ist, doch nicht so sehr überzeugt. Es gibt nämlich weder moralische Phänomene noch moralische Ausdeutungen von Phänomenen, wenn wir uns von dem Zweiweltenmodell, das zwischen der Welt der Sachzwänge und jener der Werte schematisch trennt, wirklich konsequent verabschieden. Weil jede personal oder sozial relevante Entscheidung (also u.a. alle ökonomischen) auch von moralischer Bedeutung ist, verliert die Aussonderung moralischer Phänomene in unserem Zusammenhang jeden Sinn. Und weil es aber um diese Zusammenhänge geht (z.B. das Gestaltungspotential und die Veränderungsreichweite von Unternehmen gegenüber Gesellschaft) und nicht über die je nach gusto unterschiedlichen moralischen Entrüstungen oder Lobpreisungen, sind die moralischen Ausdeutungen bestenfalls uninteressant. Bei näherem Hinsehen gibt es auch keine, weil alle menschlichen Ausdeutungen normativ aufgeladen und insofern moralisch sind. Was hier interessiert, sind *Rekonstruktionen allemal rekursiver Zusammenhänge*, die für anderes Handeln auf jeden Fall *Aufklärung* schaffen.

Beckert fasst die unternehmenspolitische Bildung eines Erwartungsnetzes vor allem unter dem Gesichtspunkt der Komplexitätsreduktion: „Das in einer Unternehmung manifeste Erwartungsnetz ist Resultat der Entwicklungsgeschichte der Unternehmung und manifestiert sich in Organisationstrukturen, Unternehmensleitbildern, Unternehmenskultur, Unternehmensgeschichte, Führungsstilen und -persönlichkeiten, die allesamt dazu beitragen, die Umweltkomplexität in unternehmensspezifischer Weise zu reduzieren."[72]

Dem ist ohne weiteres zuzustimmen. Im Kontext von Evolutorischer Ökonomik und Theorie der Unternehmung, der durch unser Buch aufgespannt wird, ist allerdings eine andere Dimension von weit größerem Interesse. Wenn denn gegen den Mainstream immer wieder theoretische Ökonomen bemüht waren, den wirtschaftlichen Wandel als Explanandum zu berücksichtigen[73], dann stellt sich für eine evolutorische Theorie der Unternehmung natürlich die Frage nach der besonderen *Rolle des Unternehmens* in diesem Prozess. Sie stellt sich umso mehr, als unter den Bedingungen der so bezeichneten Globalisierung genügend Material und Anlass dafür da ist, dieser Frage empirisch und theoretisch nachzugehen.

---

[72] Beckert 1997, 333.

[73] Vgl. die diesbezüglichen Hinweise zu Veblen bei Dopfer 2000, 103ff.

Das Wettbewerbsleitbild der Fabrikgesellschaft war das der Konkurrenz um bessere, kostengünstigere etc. Produkte und Verfahren, die Wettbewerbskonstellation nach Ende des Fabrikzeitalters lässt sich durchaus treffend mit Titel und Untertitel des Buches eines Vertreters der Boston Consulting Group kennzeichnen: es geht um einen Wettbewerb jenseits von Industriegrenzen, d.h. unternehmenspolitisch um den Aufbruch zu neuen Wachstumsstrategien.[74]

Mit Moore lässt sich auch vom Ende des (klassischen) Wettbewerbs sprechen in dem Sinne, dass die Unternehmen „im Zeitalter unternehmerischer Ökosysteme" die Aufgabe haben, *neue Märkte zu schaffen als eine Form angewandter Wirtschaftsentwicklung.*"[75] Nicht zufällig bezieht sich Moore auf Batesons Gedanken zur Koevolution.

Die neueren technischen Entwicklungen, allen voran das Internet und die damit verbundenen weitreichenden materiellen und kulturellen Veränderungen des ökonomischen Systems, scheinen nun dem Glauben neue Schubkraft zu verleihen, dass wirtschaftlicher Strukturwandel vor allem auf technischem Wandel beruht und Innovation insofern vor allem als technische Innovation begriffen werden sollte. Teilt man die von Vico bis Castoriadis reichende Argumentation dieses Textes, die *Selbstschöpfung der menschlichen Gesellschaft*, also auch Wirtschaft wirklich ernstzunehmen, gelangt man nicht ohne Staunen zu dem Befund, dass die Behandlung des technischen Fortschritts als Surrogat für das, was irgendwie die Gesamtentwicklung vorantreibt, auch bei fortgeschrittenen Vertretern der evolutorischen Ökonomik angetroffen werden kann.[76]

Computer und Internet setzen freilich zum einen die Aufgeladenheit ökonomischer Entscheidungen mit kulturellen und normativen Orientierungen nicht außer kraft, sondern geben dieser – im Vergleich, teils sogar Gegensatz zu den Industrien des frühen 20. Jahrhunderts – wesentlichen Raum. Sozial gesehen ist Technikentwicklung wieder ambivalenter geworden. Nichtsdestotrotz scheint es so, dass lange keine Technik mehr so viel Fetischisierung des Neuen hervorgerufen hat wie die elektronischen Medien. Unter Jugendlichen ist das Handy aktuell wesentliches Mittel

---

[74] So Heuskel 1999.

[75] Vgl. Moore 1998, speziell, 20; vgl. a. die grundlegende Argumentation bei Günther/Pfriem 1999.

[76] Etwa bei Dosi/Nelson 1994, zur Kritik daran Pfriem 1999a.

der Reputation, unabhängig von persönlicher Verschuldung und Substanzlosigkeit der Kommunikationsinhalte.[77]

Das Neue ist bekanntlich nicht immer nur gut und das Alte war nicht immer nur schlecht. Durch die Abkehr von der überkommenen Gleichsetzung „Technischer Fortschritt = gut" hatte die Ökologiebewegung vor 20 Jahren bekanntermaßen neue politische Bündnisse schaffen können. Über *Konservatismus* als die Haltung des Bewahrens wurde danach lange anders diskutiert. Aktuell scheint der Fetisch des Neuen (wieder) so stark zu sein wie selten zuvor.

Dies wäre vermutlich zu bedenken, um einen tatsächlich zukunftsfähigen Begriff von innovativem Unternehmertum zu gewinnen. Schumpeters schöpferische Zerstörung darf nicht zu schlicht interpretiert werden: der intelligente Innovator weiß im Sinne des Satzes von Groys zu Beginn dieses Textes darum, dass es nicht das an sich Alte und das an sich Neue gibt, sondern (kulturelle) Wertzuweisungen die ausschlaggebende Rolle spielen. Das passt vielleicht gut zu einer evolutorischen Theorie der Unternehmung, für die nicht allein von Belang ist, was zerstört werden muss, sondern gerade auch das, was sich bewährt hat.

Als Quelle theoretischer Inspiration reicht Schumpeter dann allerdings auch nicht mehr aus. Zu recht hat Witt darauf hingewiesen, dass Schumpeter das neue Wissen im Grunde voraussetzt und der Frage der *Generierung des Neuen* keine tiefergehende Aufmerksamkeit widmet.[78] Kreativität und Visionen führen nach Witt freilich zur Subjektivität neu geschaffener Ideen.[79] In der Tat ist der Innovationsbegriff bei Schumpeter selbst letztlich technisch enggeführt (auch wenn er auf der Subjektebene den Unternehmer und das Unternehmerische betont, verhält es sich auf der Objektebene so), und nur deshalb kann er dem berühmt gewordenen Begriff der schöpferischen Zerstörung das Wort reden, in der das Bewahrende einer kulturellen Umwertung der Werte tatsächlich nicht mehr vorkommt.

Wegner hat diesen Befund in unserem Sinne präzisiert, indem er auf die enge Bindung des Schumpeterschen Innovationsbegriffs an die in-

---

[77] Für diese gibt es im Italienischen das schöne Verb „chiacchierare".
[78] S. Witt 1995, 159.
[79] S. Witt 1995, 165.

dustrielle Massenproduktion hingewiesen hat.[80] Shackle erscheint Wegner deshalb zukunftsweisender, weil dieser die Nichtantizipierbarkeit von Innovation in Rechnung stelle.[81] Konsequent weiterdenkend gelangt Wegner trotz eher defensiven Beharrens auf den vorhandenen ökonomischen Kategorien zu Beginn seines Textes zu drei Bestimmungselementen von Innovation, die von der Umwertung der Werte bei Groys (und früher einmal Nietzsche) gar nicht mehr so weit entfernt sind:

1. Innovationen sind das *Resultat eines Prozesses ökonomischen Handelns*, nicht zweckrational verfolgbar.

2. Innovationen sind *subjekt- und kontextgebunden* und bringen neue Handlungsmöglichkeiten für den Innovator hervor.

3. Über die Verknüpfung innovatorischen Handelns mit der Erfolgserwartung erfahren Innovationen eine *spezifische Bewertung*.[82]

Auch der mit Bezug auf Shackle vorgetragenen Idee, eine Handlungstheorie der Innovation sei statt einer präskriptiven Theorie eher eine „*Theorie der Entscheidungsspielräume*"[83], können wir uns nur anschließen.[84]

Eine weitere Modifikation der Bezugnahme auf Schumpeter scheint erforderlich. Unternehmertum steht heute unter anderen Bedingungen als zu Zeiten von Schumpeters Theorie der wirtschaftlichen Entwicklung, seine Erfolgsbedingungen haben sich geändert. Die Gründung eines privaten Reiches, die von Schumpeter noch als eines der drei zentralen unternehmerischen Motive ausgezeichnet worden war, in der Reihenfolge sogar als erstes[85], funktioniert heute in der Regel nicht mehr in Gestalt des singulären patriachalischen Genies, sondern über Teamwork. Das beruht nicht nur auf größerer Aufgeschlossenheit zur Kooperation, sondern ebenso auf Erkenntnissen über die unterschiedlichen Anforderungen an Führungskräfte, die sich nur selten in einer Person vereini-

---

[80] Wegner 1995, 183.
[81] S. Wegner 1995, 184.
[82] Wegner 1995, 188 ff.
[83] So Wegner 1995, 192.
[84] Vgl. zum ökologischen Handlungsfeld der Unternehmen Pfriem 1995, 91-119.
[85] Schumpeter 1997, 138.

gen.[86] Ähnliche Veränderungen sind für das Agieren der Unternehmensführung nach außen zu beobachten. Das Umfeld der stakeholders, die auf den Unternehmenserfolg einwirken können, ist komplexer geworden[87] und durch die Verflüssigung von Organisationsstrukturen ergibt sich das Management strategischer Netzwerke als neue unternehmenspolitische Herausforderung.[88] Für erfolgreiches innovatives Unternehmertum sind neue soziale und kommunikative Kompetenzen gefordert.[89]

Plakativ formuliert: ein Unternehmen ist heute und erst recht in der Zukunft so stark wie sein *inneres und äußeres Team*.[90] Meine Vermutung geht dahin, dass die wirtschaftswissenschaftliche Forschung erst am Anfang der Beschäftigung mit diesem Befund steht, erst recht, wo sie sich als Innovationsforschung betätigt.

Zum Abschluss dieses Kapitels sei noch die Frage gestellt, welche Rolle die Unternehmen eigentlich gegenüber dem ökonomischen System einnehmen. Fast emphatisch hat sich Baecker auf die Behauptung festgelegt: die Unternehmen sind nicht die Wirtschaft.[91] Im trivialen Sinne (Wirtschaft umgreift mehr, sollte nicht nur additiv gefasst werden o.ä.) braucht man darüber natürlich gar nicht zu streiten. Darum geht es allerdings nicht, lautet doch Baeckers Definition zur Wirtschaft: „Die Wirtschaft, das sind nicht die Unternehmen, sondern das ist der sich über Preise selbst regulierende und über Märkte selbst beobachtende Kreislauf der Zahlungen."[92]

Bei allem Respekt vor dem hier vorhandenen Respekt vor Luhmanns Auffassung von Wirtschaft: so kommen wir kaum weiter. Baecker ist anscheinend selbst nicht ganz wohl, wenn er an derselben Stelle die Rede vom Kreislauf als optimistische Formulierung bezeichnet und zumindest

---

[86] Vgl. schon Adizes 1981.

[87] Klassische Quelle zum stakeholder approach ist Freeman 1984.

[88] Vgl. dazu Sydow/Windeler 2000.

[89] Das hat natürlich erhebliche Konsequenzen für die Ausbildung von Unternehmerinnen und Unternehmern, wenn sie denn auf dem Stand der Zeit sein will – was hier nicht weiter vertieft werden kann.

[90] Auf diesen Gedankengang kann nicht nur wegen des Begriffs getrost Schulz von Thun 1998 angewendet werden.

[91] Baecker 1999, 300ff.

[92] Baecker 1999, 302.

soziale Ungleichheiten als Folgen ökonomischer Aktivitäten eher dem Agieren von Organisationen als dem freien Spiel der Märkte zurechnet. Das transportiert Unbehagen gegenüber der neoklassischen Ökonomie. Nun beruht der fachdisziplinäre Friede zwischen Soziologie und Ökonomie seit geraumer Zeit darauf, dass die Soziologie der (dominant neoklassischen) Ökonomie ihr Welt-, Gesellschafts- und Menschenbild lässt.[93] Wie, wenn nicht mehr? Es kann sicher nicht darum gehen, dem verbreiteten ökonomischen einen soziologischen Imperialismus entgegenzusetzen, aber die Soziologie des Unternehmens[94] braucht für ihre weitere Ausarbeitung sicher ein angemesseneres Bild des Systems Wirtschaft, jedenfalls nicht das neoklassische.

Wir gelangen damit abschließend zu einer vorsichtigen Annäherung an die möglichen Bestimmungselemente einer evolutorischen Theorie der Unternehmung.

## 5. Auf dem Weg zu einer evolutorischen Theorie der Unternehmung? *Am besten in kulturwissenschaftlichen Perspektiven*

Was ist das Evolutorische an der evolutorischen Ökonomik? In einer Synopse für den 10.Jahrestag des Ausschusses für Evolutorische Ökonomik im Verein für Socialpolitik hatte im Sommer 1999 der damalige Vorsitzende Marco Lehmann-Waffenschmidt eine Vielzahl von Kriterien und Definitionsmerkmalen zusammengetragen.[95] Diese Kriterien und Merkmale liegen zum Teil auf sehr verschiedenen Ebenen und sind auf keinen Fall in eine knappe und dann auch noch unumstrittene Beschreibung zu bringen.

Insofern hat jeder, der sich auf „das Programm" der Evolutorischen Ökonomik bezieht, eine möglichst genaue persönliche Auswahl zu treffen und möglichst auch zu begründen. Ich will das dergestalt tun, dass ich die *Analyse längerfristiger ökonomischer Veränderungen, die Untersuchung der Bedingungen und Möglichkeiten ökonomischen Wandels* für

---

[93] Vgl. dazu a. Beckert 1997, 192f.
[94] So der Titel von Baecker 1999b.
[95] Lehmann-Waffenschmidt 1999.

mich als Kernpunkt einer evolutorischen Ökonomik bezeichne. Das ist mehr als die Verlängerung von Innovationsforschung. Die Begründung für meine Auswahl liegt nicht darin, dass damit ein Feld erschlossen wäre, auf dem besonders gut zu gesicherten wissenschaftlichen Ergebnissen gekommen werden kann. Eher ist das Gegenteil der Fall, zumal wenn wir die schon angesprochene Falle vermeiden, unterschwellig doch einen technischen Wandel zugrundezulegen, der quasi unabhängig von menschlichen Entscheidungen und Handlungen den Fortgang der Ökonomie determiniert.[96]

An dieser Stelle möchte ich übrigens noch einmal auf den ökologiebezogenen Einstieg des Textes zurückkommen. Böhme (in diesem Fall Hartmut, nicht sein Bruder Gernot) hat in kulturwissenschaftlichem Blickwinkel „fünf Naturmodelle, welche in Europa prägend wurden"[97], identifiziert. Er unterscheidet dabei das *kulturelle Projekt der Naturgestaltung* vom *ökologischen der Naturreparatur und -bewahrung*. Meine Vermutung geht dahin, dass das kulturelle Projekt (in deutlicher Abgrenzung vom defensiven ökologischen) der Sache der ökologischen Unternehmensführung im betriebswirtschaftlichen und insgesamt ökonomischen Kontext neue Schubkraft verleihen könnte. Ökologische Ökonomie könnte auf diese Weise (vielleicht sogar in Verbindung mit dem einerseits von einer Spezialgemeinde geführten, andererseits scheinbar allumgreifend adaptierten Nachhaltigkeitsdiskurs) im sozialökologisch, d.h. kulturwissenschaftlich gewendeten Sinne eine neue Rolle im Rahmen ökonomischer Entscheidungen und Zukünfte spielen.[98]

Um den *nichtdeterministischen* Charakter dieser Konstellation zu unterstreichen, spreche ich von der Untersuchung nicht nur der Bedingungen, sondern auch der *Möglichkeiten ökonomischen Wandels*: die Wissenschaft beteiligt sich (übrigens ob sie will oder – etwa durch anhaltend

---

[96] Bei aller Qualität des Buches scheint einer solchen deterministischen Auffassung auch Beckert 1997 an einigen Stellen zuzuneigen, s. etwa S. 90f. und S. 390. Mit dem Risiko technikdeterminanter Ideen im Rahmen einer Evolutorischen Ökonomik, auch z.B. bei Dosi/Nelson, habe ich mich an anderer Stelle auseinandergesetzt, s. Pfriem 1999, 7

[97] Böhme u.a. 2000, 123 (ff.)

[98] Zu meiner Begründung von Sozialökologie s. Pfriem 1995, 60-66, vgl. a. Fischer-Kowalski u.a. 1997, früh schon Böhme/Schramm 1985.

schematische Trennung von Erklärungs- und Gestaltungsfunktion in der Betriebswirtschaftslehre – nicht will) insofern nicht nur an Erklärungen, sondern ebenso an der *Generierung von Optionen*. Weil – wie oben gezeigt – die Kategorien von Effizienz und Knappheit nicht länger die Rolle beanspruchen können, die ausschließlichen Hauptkategorien ökonomischen Denkens zu sein, wird die evolutorische Dimension der Ökonomie so brisant, und zwar sowohl auf der Ebene des unmittelbar Unternehmerischen, wo die Selbstbeobachtung und Selbstbeschreibung des Unternehmers auch zu neuen *Selbstfindungen* führen kann[99], wie auf der Ebene der Wirtschaft, wo die Entwicklung von Struktur und Funktionsmechanismen ja nicht stehen bleibt. Das führt – natürlich – zu der *Frage der fachdisziplinären Konsequenzen*. Ich hatte früher schon einmal das Programm einer Betriebswirtschaftslehre als ökonomischer und Kulturwissenschaft vertreten.[100] Dopfer formulierte in diesem Sinne jüngst: „Der ökonomische Prozess entfaltet sich jedoch langfristig nicht im Rahmen einer biologischen, sondern kulturellen Evolution. Die Ökonomie muss sich in ihrer langfristigen Perspektive als eine Kulturwissenschaft verstehen, die im Hinblick auf grundlegende theoretische Fragestellungen von der Ethnologie, Anthropologie und Soziologie profitieren kann."[101]

Genau darum geht es. Insofern erscheint mir die von Böhme vorgetragene Definition von Kulturwissenschaft für unsere Zwecke durchaus anschlussfähig, obwohl auch der von ihm mit herausgegebene programmatische Band zur Kulturwissenschaft die Ökonomie genau so stark meidet wie der Teufel das Weihwasser: „Kulturwissenschaft erforscht die von Menschen hervorgebrachten Einrichtungen, die zwischenmenschlichen, insbesondere die medial vermittelten Handlungs- und Konfliktformen sowie deren Werte- und Normenhorizonte. Sie entwickelt dabei Theorien der Kultur(en) und materiale Arbeitsfelder, die systematisch wie historisch untersucht werden. Insofern ist für die Kulturwissenschaft die Kultur als Ganzes sowohl das Objekt als auch der Rahmen für ihre eigenen Operationen."[102]

---

[99] Vgl. Baecker 1999, 284.
[100] S. Pfriem 1994.
[101] Dopfer 2000, 137.
[102] Böhme u.a. 2000, 104.

*Abb. 5: Evolutorische Ökonomik ist ein...*

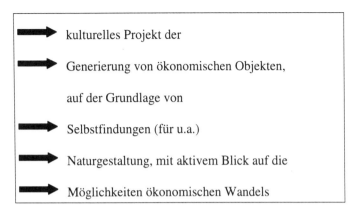

Quelle: eigene

Es wird am Ende dieses Textes der Befund nicht verwundern, dass die *kulturwissenschaftliche Perspektive* dem Ansinnen einer evolutorischen Theorie der Unternehmung besonders stark entgegenkommt (s. Abb. 5), vielleicht nicht nur mehr als die traditionelle ökonomische, auch mehr als die überkommene soziologische Sichtweise einschließlich neuerer Theorieansätze, vermag doch die für so viele Fragen und Probleme hoch anregende und hilfreiche Theorie sozialer Systeme von Luhmann zur Thematisierung soziokulturellen Wandels nicht allzu viel beizutragen.

Es geht freilich nicht um Kulturwissenschaft als neue Schublade für das, was wir als Ökonomen betreiben; eher um eine *Vervielfältigung von Einsichten*, dass die Unternehmen (nach innen und außen) geistig-kulturelle und kommunizierende Gebilde sind, wofür jenes ökonomische Denken, was sich vorrangig an Produktionsfunktionen zu schaffen macht, jedenfalls nicht mehr ausreicht.

Und eine kleine (oder ganz große) Hoffnung sei noch ans Ende gesetzt: zwei Jahrhunderte haben wir es nunmehr zu schaffen mit einer Volkswirtschaftslehre (vorher Nationalökonomie), die sich als Quasi-Naturwissenschaft zu betätigen versucht und dabei den naturwissenschaftlichen Leitbildern des ausgehenden 18. und des 19.Jahrhunderts verwandter zu sein scheint als jenen des 20. Jahrhunderts. Vielleicht kann ein *Bündnis fortgeschrittener betriebswirtschaftstheoretischer mit orga-*

*nisationsökonomischen Überlegungen*, die ihrerseits jüngst zu erstarken scheinen, uns in dieser Hinsicht ent-täuschen, d.h. von dieser Täuschung befreien.

## *Literaturverzeichnis*

Adizes, I. (1981): Wie man Mismanagement überwindet, München.
Argyris, Ch./Schön, D.A. (1999): Die lernende Organisation. Grundlagen, Methode, Praxis. Stuttgart.
Baecker, D. (1999): Organisation als System, Frankfurt.
Baecker, D. (1999a): Kultur im Unternehmen, in: Baecker 1999, S. 113-125.
Baecker, D. (1999b): Soziologie des Unternehmens, in: Baecker 1999, S. 265-296.
Beckert, J. (1997): Grenzen des Marktes. Die sozialen Grundlagen wirtschaftlicher Effizienz, Frankfurt/New York.
Böhme, G./Schramm, E. (Hg.) (1985): Soziale Naturwissenschaft, Frankfurt.
Böhme, H./Matussek, P./Müller, L. (2000): Orientierung Kulturwissenschaft. Was sie kann, was sie will. Reinbek.
Buddensieg, T. (1990): Ein Mann vieler Eigenschaften. Walther Rathenau und die Kultur der Moderne, Berlin.
Burschel, C./Claes, Th./Hallay, H./Pfriem, R. (1999): Umweltpolitik in kleinen und mittelständischen Unternehmen. EG-Öko-Audit, DIN-ISO 14001 ff., Umwelterklärung, München/Wien.
Castoriadis, C. (1984): Gesellschaft als imaginäre Institution. Entwurf einer politischen Philosophie, Frankfurt.
Dopfer, K. (2000): Thorstein Veblens Beitrag zur ökonomischen Theorie, in: Kommentarband zum Faksimilenachdruck der 1899 erschienenen Erstausgabe von Veblen,Th.: The theory of the leisure class, Düsseldorf.
Dosi, G./Nelson, R. (1994).: Theorien der Evolution in den Wirtschaftswissenschaften, in: Braitenberg,V./Hosp,I. (Hg.): Evolution: Entwicklung und Organisation in der Natur, S. 192-234.
Ebers, M. (1987): Organisationskultur, in: Kieser, A./Reber, G./Wunderer, R. (Hg.): Handwörterbuch der Führung, Stuttgart, Sp. 1619-1630.
Eisendle, R./Miklautz, E. (Hg.) (1992): Produktkulturen: Dynamik und Bedeutungswandel des Konsums, Frankfurt/New York.
Fichter, K. (1995): Die EG-Öko-Audit-Verordnung. Mit Öko-Controlling zum zertifizierten Umweltmanagementsystem, München/Wien.

Fischer-Kowalski, M. (1997): Gesellschaftlicher Stoffwechsel und Kolonisierung von Natur, Amsterdam.

Freeman, R.E. (1984): Strategic management: A stakeholder approach, Boston etc.

Giddens, A. (1984): Die Konstitution der Gesellschaft. Grundzüge einer Theorie der Strukturierung, Frankfurt/New York

Gorz, A. (2000): Arbeit zwischen Misere und Utopie, Frankfurt.

Grosz, A. (1999): Gespräch mit D. Delhaes, in: (Hg.) Grosz,A./Delhaes,D.: Die Kultur AG. Neue Allianzen zwischen Wirtschaft und Kultur, München.

Groys, B. (1992): Über das Neue. Versuch einer Kulturökonomie, München.

Groys, B. (1999): Kunst als Avantgarde der Ökonomie, in: (Hg.) Grosz, A./ Delhaes, D.: Die Kultur AG. Neue Allianzen zwischen Wirtschaft und Kultur, München.

Günther, K./Pfriem, R. (1999): Die Zukunft gewinnen. Vom Versorgungsstaat zur sozialökologischen Unternehmergesellschaft, München.

Grossberg, L. (1999): Was sind Cultural Studies? in: (Hg.) Hörning, K.H./Winter, R.: Widerspenstige Kulturen. Cultural Studies als Herausforderung, Frankfurt.

Gutenberg, E. (1929): Die Unternehmung als Gegenstand betriebswirtschaftlicher Theorie, Berlin/Wien.

Hall, St. (1999): Die zwei Paradigmen der Cultural Studies, in: (Hg.) Hörning, K.H./Winter, R.: Widerspenstige Kulturen. Cultural Studies als Herausforderung, Frankfurt.

Heuskel, D. (1999): Wettbewerb jenseits von Industriegrenzen. Aufbruch zu neuen Wachstumsstrategien, Frankfurt/New York.

Hilferding, R. (1955, orig. 1910): Das Finanzkapital, Berlin.

Hirschman, A.O. (1974): Abwanderung und Widerspruch, Tübingen.

Hirschman, A.O. (1977): Leidenschaften und Interessen. Politische Begründungen des Kapitalismus vor seinem Sieg, Frankfurt.

Hirschman, A.O. (1988): Engagement und Enttäuschung. Über das Schwanken der Bürger zwischen Privatwohl und Gemeinwohl, Frankfurt.

Hitt, M.A./Ireland, R.D./Hoskisson, R.E. (1999): Strategic Management. Competitiveness and Globalization, Cincinnati/Ohio.

Hörning, K.H./Winter, R. (Hg.) (1999): Widerspenstige Kulturen. Cultural Studies als Herausforderung, Frankfurt.

Homann, K./Blome-Drees, F. (1992): Wirtschafts- und Unternehmensethik, Göttingen.

Honneth, A. (1992): Kampf um Anerkennung. Zur moralischen Grammatik sozialer Konflikte, Frankfurt.

Janisch, M. (1993): Das strategische Anspruchsgruppenmanagement. Vom shareholder value zum stakeholder value, Bern/Stuttgart/Wien.

Joas, H. (1996): Die Kreativität des Handelns, Frankfurt.

Karmasin, H. (1994): Produkte als Botschaften, Wien.

Lehmann-Waffenschmidt, M. (1999): Synoptische Darstellung zur Evolutorischen Ökonomik, Ms., Reisensburg 1999.

Luhmann, N. (2000): Organisation und Entscheidung.

Lutz, Ch. (1998): Was ist ein „Lebensunternehmer" – Persönlichkeitsbilder und Schlüsselqualifikationen in der nachindustriellen Gesellschaft, in: Politische Ökologie, 16. Jg., H. 54, S. 82ff.

Marx, K. (1967, original 1867): Das Kapital. Zur Kritik der politischen Ökonomie, Frankfurt.

Mintzberg, H. (1999): Strategy Safari. Eine Reise durch die Wildnis des strategischen Managements, Wien/Frankfurt.

Moore, J.F. (1998): Das Ende des Wettbewerbs. Führung und Strategie im Zeitalter unternehmerischer Ökosysteme, Stuttgart.

Nefiodow, L.A. (1997): Der sechste Kondratieff. Wege zur Produktivität und Vollbeschäftigung im Zeitalter der Information, St. Augustin.

Nicolai, A. (1999): Die Fäden zieht der Schöpferische. Warum Unternehmer auch gute Künstler sind, in: (Hg.) Grosz, A./Delhaes, D.: Die Kultur AG. Neue Allianzen zwischen Wirtschaft und Kultur, München.

Oesterdiekhoff, G.W. (1993): Unternehmerisches Handeln und gesellschaftliche Entwicklung. Eine Theorie unternehmerischer Institutionen und Handlungsstrukturen, Opladen.

Opaschowski, H.W. (1995): Freizeitökonomie. Marketing von Erlebniswelten, Opladen.

Peters, T./Waterman, R.H. (1984): Auf der Suche nach Spitzenleistungen. Was man von den bestgeführten US-Unternehmen lernen kann, Landsberg.

Pfriem, R. (1995): Unternehmenspolitik in sozialökologischen Perspektiven, 2. A., Marburg.

Pfriem, R. (1997): Betriebswirtschaftslehre und Theorie der Unternehmung, in: Kahle, E.(Hg.): Betriebswirtschaftslehre und Managaementlehre. Selbstverständnis, Herausforderungen, Konsequenzen, Wiesbaden.

Pfriem, R. (1998): Genug ist nicht genug – was eine sozialökologische (=integrative?) Unternehmensethik möglicherweise gegen die Globalisierungsfalle anrichten kann, in: Maak, Th./Lunau, Y. (Hg.): Weltwirtschaftsethik. Globalisierung auf dem Prüfstand der Lebensdienlichkeit, Bern/ Stuttgart/ Wien.

Pfriem, R. (1999): Vom Umweltmanagement zur auch ökologischen Entwicklungsfähigkeit von Unternehmen. Die zweite Phase ökologischer Unternehmenspolitik, in: Bellmann,K.: Umweltmanagement, Wiesbaden

Pfriem, R. (1999a): Evolution von Unternehmen als Lernen von Entwicklungsfähigkeit, Oldenburg.

Pfriem, R. (2000): Jenseits des Sachzwangs. Unternehmenspolitische Konstruktionen für das 21.Jahrhundert, in: Hejl, P.M./Stahl, H.K. (Hg.): Management und Wirklichkeit, Heidelberg.

Priddat, B.P. (1999): Kultur unternehmen. Skizze zu einigen weniger erwogenen Aspekten des Verhältnisses von Kultur und Wirtschaft, in: Grosz, A./ Delhaes. D. (Hg.): Die Kultur AG. Neue Allianzen zwischen Wirtschaft und Kultur, München.

Schneidewind, U. (1998): Die Unternehmung als strukturpolitischer Akteur, Marburg.

Schütz, A. (1993, orig.1932): Der sinnhafte Aufbau der sozialen Welt, Frankfurt.

Schulz von Thun, F. (1998): Miteinander reden. Das „innere Team" und situationsgerechte Kommunikation, Reinbek.

Schulze, G. (1993): Die Erlebnisgesellschaft. Kultursoziologie der Gegenwart. Frankfurt/New York.

Schumpeter, J. (1997, 1. Auflage 1911): Theorie der wirtschaftlichen Entwicklung. Eine Untersuchung über Unternehmergewinn, Kapital, Kredit, Zins und den Konjunkturzyklus, Berlin.

Smith, A. (1926, orig. 1759): Theorie der ethischen Gefühle, Leipzig.

Steinmann, H./Löhr, A. (1989): Unternehmensethik, Stuttgart.

Strasser, J./Traube. K. (1981): Die Zukunft des Fortschritts. Der Sozialismus und die Krise des Industrialismus, Bonn.

Sydow, J./Windeler, A. (Hg.) (2000): Steuerung von Netzwerken. Konzepte und Praktiken, Opladen.

Ulrich, P. (1986): Transformation der ökonomischen Vernunft: Fortschrittsperspektiven der modernen Industriegesellschaft, Bern/Stuttgart.

Ulrich, P. (1987): Die Weiterentwicklung der ökonomischen Rationalität – zur Grundlegung der Ethik der Unternehmung, in: Biervert, B./Held, M. (Hg.): Ökonomische Theorie und Ethik, Frankfurt/New York

Ulrich, P. (1997): Integrative Wirtschaftsethik. Grundlagen einer lebensdienlichen Ökonomie, Bern/Stuttgart/Wien.

Weber, M. (1981): Die protestantische Ethik, 2 Bde. Gütersloh

Wegner, G. (1995): Innovation, Komplexität und Erfolg. Zu einer ökonomischen Handlungstheorie des Neuen, in (Hg.) Seifert, E.K./Priddat, B.P.: Neuorientierungen in der ökonomischen Theorie. Marburg.

Wieland, J. (Hg.) (1993): Wirtschaftsethik, Frankfurt.

Wilber, K. (1999): Das Wahre, Schöne, Gute. Geist und Kultur im 3. Jahrtausend, Frankfurt.

Willke, G. (1999): Die Zukunft unserer Arbeit, Frankfurt.

Witt, U. (1995): Evolutorische Ökonomik. Umrisse eines neuen Forschungsprogramms, in: Seifert, E.K./Priddat, B.P. (Hg.): Neuorientierungen in der ökonomischen Theorie, Marburg.

Veblen, Th. (1986, original 1899): Theorie der feinen Leute. Eine ökonomische Untersuchung der Institutionen, Frankfurt.

Vico, G.B. (1990, orig. 1725): Neue Wissenschaft – Über die gemeinschaftliche Natur der Völker, Hamburg.

# Die Autorinnen, Autoren und Herausgeber

*Dr. Andreas Aulinger,* Mitarbeiter am Lehrstuhl für Allgemeine Betriebswirtschaftslehre, Unternehmensführung und betriebliche Umweltpolitik, Carl von Ossietzky Universität Oldenburg.

*Prof. Dr. Frank Beckenbach,* Lehrstuhl für Umweltökonomie/Theorie natürlicher Ressourcen, Universität/Gesamthochschule Kassel.

*Dipl.-Oec. Markus Becker,* MPhil (Cantab.), derzeit Promotion bei Prof. G.M. Hodgson am Judge Institute of Management Studies, University of Cambridge.

*Dipl.-Oec. Thomas Beschorner,* Doktorand am Max Weber-Kolleg für kultur- und sozialwissenschaftliche Studien, Universität Erfurt.

*Dipl.-Oec. Dirk Fischer,* Mitarbeiter am Lehrstuhl für Allgemeine Betriebswirtschaftslehre, Unternehmensführung und betriebliche Umweltpolitik, Carl von Ossietzky Universität Oldenburg.

*Dr. Jetta Frost,* Mitarbeiterin am Lehrstuhl für Organisation, Innovations- und Technologiemanagement, Universität Zürich.

*Marc Hübscher,* Mitarbeiter am Lehrstuhl für Produktions- und Umweltmanagement, Carl von Ossietzky Universität Oldenburg.

*Prof. Dr. Marco Lehmann-Waffenschmidt,* Lehrstuhl für Managerial Economics, Technische Universität Dresden.

*Prof. Dr. Helge Majer,* Lehrstuhl für Umwelt- und Innovationsforschung, Universität Stuttgart.

*Dr. Alexander T. Nicolai,* Mitarbeiter am Lehrstuhl für Führung und Organisation, Universität Witten/Herdecke.

*Prof. Dr. Margit Osterloh,* Lehrstuhl für Organisation, Innovations- und Technologiemanagement, Universität Zürich.

*Prof. Dr. Reinhard Pfriem*, Lehrstuhl für Allgemeine Betriebswirtschaftslehre, Unternehmensführung und Betriebliche Umweltpolitik, Carl von Ossietzky Universität Oldenburg.

*Prof. Dr. Birger P. Priddat*, Lehrstuhl für Volkswirtschaft und Philosophie, Universität Witten/Herdecke.

*Klaus Rathe*, lic.oec., Mitarbeiter am Max-Planck-Institut zur Erforschung von Wirtschaftssystemen in Jena, Abteilung für Evolutionsökonomik.

*Dr. Markus Reichel*, Geschäftsführer des deutsch-polnischen Unternehmens EconTrade Deutschland GmbH.

*Prof. Dr. Sybille Sachs*, Assistenzprofessorin am Institut für betriebswirtschaftliche Forschung, Universität Zürich.

*Prof. Dr. Uwe Schneidewind*, Lehrstuhl für Produktions- und Umweltmanagement, Carl von Ossietzky Universität Oldenburg.

*PD Dr. Peter Walgenbach*, Lehrstuhl für Organisationsökonomie und Organisationssoziologie, Universität Erfurt.

*Prof. Dr. Josef Wieland*, Lehrstuhl für Ethik-Management, Fachhochschule Konstanz.

*Prof. Dr. Ulrich Witt*, Lehrstuhl für Evolutionsökonomik, Direktor am Max-Planck-Institut zur Erforschung von Wirtschaftssystemen in Jena.